HEINZ-WERNER LEWERKEN
KOMBINATIONSWAFFEN DES
15.–19. JAHRHUNDERTS

HEINZ-WERNER LEWERKEN

KOMBINATIONS *WAFFEN* DES 15.–19. JAHRHUNDERTS

AUFNAHMEN
VON JÜRGEN KARPINSKI

MILITÄRVERLAG DER
DEUTSCHEN DEMOKRATISCHEN
REPUBLIK

ISBN 3-327-00516-8

1. Auflage

Lizenz-Nr. 5
Printed in the German Democratic Republic
Gesamtherstellung: Druckerei Fortschritt Erfurt
Lektor: Inge Fischer
Gesamtgestaltung: Margit Sibylle Kinast
Redaktionsschluß: März 1988
LSV: 0549
Bestellnummer: 747 022 9
07600

INHALT

VORWORT

Mit dem vorliegenden Buch wird der Versuch unternommen, einen zusammenfassenden Überblick über Kombinationswaffen in ihren verschiedenen Erscheinungsformen für den Zeitraum des 15. bis 19. Jahrhunderts zu geben. Das Hauptaugenmerk liegt hierbei auf den waffentechnisch besonders interessanten und kunsthandwerklich meist reich ausgeschmückten Waffenkombinationen des 16. und 17. Jahrhunderts. Bei der Vielzahl der Varianten kann ein Anspruch auf Vollständigkeit nicht erhoben werden, jedoch bemühte sich der Autor um eine möglichst umfassende, nach systematischen und chronologischen Gesichtspunkten geordnete Darstellung. Die Gliederung des Themas erfolgte entsprechend den differenzierten Formen der Waffen und der sich daraus ergebenden Zugehörigkeit zu bestimmten Hauptgruppen. Wegen der Vielfalt der vorkommenden Waffenkombinationen ist es jedoch nicht immer möglich, diese eindeutig einem bestimmten Kapitel zuzuordnen, da ihre Klassifizierung in manchen Fällen eine Ermessensfrage ist.

Entsprechend dem Anliegen der historischen Waffenkunde, die eine allseitige Erforschung und Betrachtungsweise der geschichtlichen Waffe anstrebt, erstreckt sich die Untersuchung der zu behandelnden europäischen und nordamerikanischen Kombinationswaffen, soweit es im Rahmen dieser Arbeit möglich ist, auf ihre Entwicklung, Konstruktion, Handhabung, kunsthandwerkliche Ausschmückung, zivile oder militärische Verwendung, geschichtliche und kulturgeschichtliche Bedeutung, den Hersteller und gegebenenfalls den Träger der Waffe. Den einzelnen Kapiteln ist jeweils ein kurzer entwicklungsgeschichtlicher Überblick vorangestellt.

Die Arbeit geht aus von der Untersuchung und vollständigen Bestandsaufnahme der heute im Historischen Museum Dresden vorhandenen Kombinationswaffen. Grundlage für die wissenschaftliche Bearbeitung der Objekte des Historischen Museums sind die Inventare der ehemaligen Rüst- und Harnischkammer mit einem Bestand von 212 Bänden sowie das Kunstkammerinventar von 1587. Die Anlage der Rüstkammerinventare erfolgte seit 1567 bis 1732 nach Gemächern, Kammern, Zimmern oder Sälen mit einer gewissen Sachbezogenheit entsprechend der Aufstellung dieser nicht nur Waffen umfassenden Sammlung. Das früheste erhaltene, 1601 Seiten umfassende Gesamtinventar von 1606, das Kunstkammerinventar von 1587 sowie eine Anzahl weiterer Inventare boten wichtige Hinweise. Bei Waffen, die im Inventar nachgewiesen werden konnten, wird im Katalog der entsprechende Inventarnachweis aufgeführt sowie die früheste Beschreibung, die zugleich die älteste Quelle darstellt, im originalen Wortlaut wiedergegeben.

Bedeutende Bestände an Kombinationswaffen besitzen außer dem Historischen Museum Dresden das Kunsthistorische Museum Wien, die Staatliche Ermitage Leningrad, das Metropolitan Museum of Art, New York, der Tower of London, das Museum für Deutsche Geschichte Berlin sowie der Dogenpalast Venedig. Des weiteren finden sich beinahe in allen Museen mit Waffenbeständen sowie in vielen privaten Sammlungen kombinierte Waffen. Im Sinne einer überblicksmäßigen Darstellung des vielschichtigen Themenkomplexes war es erforderlich, waffen- und kulturgeschichtlich besonders interessante Stücke aus anderen Sammlungen in diese Betrachtungen mit einzubeziehen, wobei sich die Beschreibung und Zuordnung der Waffen, die der Verfasser an deren Aufbewahrungsort nicht selbst in Augenschein nehmen konnte, auf bereits veröffentlichte Angaben sowie Auskünfte von Fachkollegen stützen.

Wenngleich in der Fachliteratur der Thematik Kombinationswaffen bis auf wenige, vorwiegend in der Zeitschrift für Historische Waffen- und Kostümkunde erschienene Beiträge mit Untersuchungen über Einzelstücke bisher kaum größere Bedeutung beigemessen worden ist, so boten doch die Publikationen von Lewis Winant «Firearms Curiosa», New York 1962, und das 1978 in El Paso, Texas, in geringer Auflage erschienene Buch «Blades and Barrels» von H. Gordon Frost vor allem für die Bearbeitung der Waffen des 19. Jahrhunderts eine wertvolle Hilfe. Kombinierte Stöcke sind in großer Anzahl und bemerkenswerter Vielfalt in der von Catherine Dike 1982 in Paris veröffentlichten Monographie «Les Cannes à Système» abgebildet. Einen ausgezeichneten Einblick in den Bestand an Kombinationswaffen des Kunsthistorischen Museums Wien gewährt der von Ortwin Gamber und Christian Beaufort-Spontin bearbeitete und 1979 in Wien herausgegebene Katalog «Curiositäten und Inventionen aus Kunst- und Rüstkammer», dem der Verfasser viele Anregungen und Informationen verdankt.

Die vorliegende Publikation entstand mit freundlicher Unterstützung des Generaldirektors der Staatlichen Kunstsammlungen Dresden, Herrn Prof. Dr. Dr. h. c. Manfred Bachmann. Für die Möglichkeit, den hauseigenen Sammlungsbestand an Kombinationswaffen zu bearbeiten, danke ich dem 1986 in Ruhestand getretenen Direktor des Historischen Museums Dresden, Herrn Dipl.-Phil. Johannes Schöbel, sowie dessen Nachfolger, Herrn Dr. Dieter Schaal. Weiterhin danke ich allen Mitarbeitern des Historischen Museums, insbesondere den Restauratoren Winfried Beckert, Armin Börnert, Andreas Frauendorf und Uwe Böckelmann, für ihre Hilfsbereitschaft.

Mein ganz besonderer Dank gilt Herrn Dr. Heinrich Müller, Museum für Deutsche Geschichte Berlin, der diese Arbeit förderte und mir über Jahre hinweg mit seinem profunden fachlichen Wissen stets anregend und beratend zur Seite stand. Umfangreiche Unterstützung gewährte mir Herr Dr. Helmut Nickel, Curator of Arms and Armor am Metropolitan Museum of Art, New York, der mir umfassende Informationen und reichhaltiges Bildmaterial über die in diesem bedeutenden Museum vorhandenen Kombinationswaffen zur Verfügung stellte, wofür ich ihm überaus dankbar bin.

Allen, die meine Arbeit hilfreich unterstützten, sei es durch das Bereitstellen von Objekten, Fotografien, Inventarunterlagen sowie durch wertvolle und nützliche Hinweise, möchte ich an dieser Stelle herzlich danken. Hier sind vor allem zu nennen Herr Heinz Raschke, Güstrow, Herr Dipl.-Hist. Joachim Schardin, Staatlicher Mathematisch-Physikalischer Salon Dresden, Herr Dr. Angelo Walther, Kustos der Gemäldegalerie Alte Meister Dresden, Herr Dr. Günter Thiede, Armeemuseum der DDR, Dresden, Herr Ian Eaves, Rüstkammer des Tower of London, Frau Catherine Dike, Genf, Herr Dr. J. A. Miller, Staatliche Ermitage Leningrad, Herr Dr. Christian Beaufort-Spontin, Direktor der Waffensammlung des Kunsthistorischen Museums Wien.

Zu herzlichem Dank verpflichtet bin ich weiterhin Herrn William Keith Neal, Guernsey, Herrn George D. Moller, Lakewood (Colorado), Herrn Chuk Grimes, Denver (Colorado), Herrn Jürg A. Meier, Bauma (Schweiz), Herrn Eugène Heer, Direktor des Schweizerischen Waffeninstituts Grandson, Herrn Dr. Joachim Kruse, Veste Coburg, dem Auktionshaus Peter Ineichen, Zürich, Herrn Kay S. Nielsen vom Tøjhusmuseet sowie Herrn Niels-Knud Liebgott vom Nationalmuseet Kopenhagen, Herrn Klaus Lochmann, Jagdmuseum Schloß Grillenburg, Herrn Direktor Umberto Franzoi, Dogenpalast Venedig, Herrn Siegfried Ludwig, Stadt- und Bergbaumuseum Freiberg, Herrn H. Ellenberger, Berlin, Herrn Peter Wurzbach, Saalfeld, und Herrn Herbert Vockrodt, Suhl.

Zahlreichen Museen und Sammlungen des In- und Auslandes danke ich für die Zusendung von Fotografien sowie die Erlaubnis, benötigte Aufnahmen zu veröffentlichen. Dazu gehören das Museum für Deutsche Geschichte Berlin, die Staatlichen Museen Heidecksburg, Rudolstadt, das Bayerische Nationalmuseum München, das Keresztény Múzeum Esztergom, das Museo Nazionale del Bargello Florenz, der Tower of London, Glasgow Museum & Art Galleries und die Wallace Collection London.

Schließlich möchte ich dem Verlag sowie dem Fotografen, Herrn Jürgen Karpinski, und Frau Margit Sibylle Kinast, die die Buchgestaltung übernahm, für die gute Zusammenarbeit danken. Es ist mir ein besonderes Bedürfnis, meiner Lektorin, Frau Inge Fischer, aufrichtigen Dank für ihr Engagement und die verständnisvolle Unterstützung auszusprechen. Herzlich danke ich meiner Frau Sabine Lewerken für ihre Mithilfe während der langjährigen Arbeit an diesem Buch.

Dresden, im Februar 1988
Heinz-Werner Lewerken

EINFÜHRUNG

Als Kombinationswaffen bezeichnet man Waffen, die aus der Verbindung verschiedenartiger Waffentypen zu einer Handwaffe entstanden sind. Terminologisch exakt betrachtet, sind bereits die meisten Blankwaffen «Kombinationswaffen», denn das Schwert, ursprünglich nur Stoßwaffe, wird in seiner Entwicklung zur Hieb- und Stoßwaffe ausgebildet. Zum Beispiel stellt die aus mehreren Funktionsteilen bestehende Helmbarte mit Stoßklinge, Beil und Haken eine Verbindung zwischen Hieb- und Stichwaffe, der Morgenstern mit Stoßklinge eine Kombination zwischen Schlag- und Stichwaffe dar. Andere Funktionsteile einer Blankwaffe dienen der Abwehr. So fällt beim Degen dem Gefäß die Aufgabe zu, den gegnerischen Hieb abzuwehren und zugleich die Hand zu schützen. Das im letzten Viertel des 18. Jahrhunderts in fast allen europäischen Heeren vorkommende Faschinenmesser, eine breitklingige, oft mit Sägerücken ausgestattete Hiebwaffe, wurde hauptsächlich von Pionieren, Kanonieren und Infanteristen geführt und diente gleichzeitig als Werkzeug zur Schaffung von Schanzmaterial sowie eines freien Schußfeldes. Diese Waffen werden jedoch nicht als Kombinationswaffen bezeichnet, sondern als nur einem Waffentyp zugehörig empfunden.

Das Bestreben beziehungsweise auch die militärische Notwendigkeit, die Vorzüge verschiedener Waffentypen in einer Waffe zu vereinigen, führte zu den unterschiedlichsten Lösungsmöglichkeiten. Insbesondere seit dem Aufkommen der Feuerwaffen boten sich erfindungsreichen, an technischen Verbesserungen sehr interessierten Handwerkern vielfältige Möglichkeiten der Kombination unterschiedlicher Waffentypen. So entstanden seit der zweiten Hälfte des 15. Jahrhunderts viele Konstruktionen aus der Verbindung zwischen Blank- und Feuerwaffe. Diese Gruppe bildet den eigentlichen Kern dessen, was man allgemein unter dem Begriff «Kombinationswaffe» versteht. Darüber hinaus gibt es jedoch eine nicht geringe Anzahl von Waffen, die zwei oder mehrere Funktionen in sich vereinigen beziehungsweise die mit einem Gebrauchsgegenstand oder Werkzeug für zivile oder militärische Zwecke kombiniert sind. Gleichfalls zählen zu den Kombinationswaffen Handfeuerwaffen mit Klappbajonett, Schilde mit Feuerwaffe, mit Klingen und Klingenbrechern, Blankwaffen mit Springklingen und die sogenannten verborgenen Waffen, wie Stockgewehre und Stockdegen.

Die Benennung und Systematisierung von Waffenkombinationen erfolgt nach dem dominierenden Waffentyp. So werden Verbindungen von Blank- und Feuerwaffen dem Blankwaffentyp zugeordnet, die Feuerwaffe ist hier sekundär.

Die in der Waffenliteratur oft anzutreffenden Termini wie Büchsenschwert, Pistolensäbel, Schießstreitaxt und andere erscheinen nicht exakt, denn sie bezeichnen nicht genau den Zweitwaffentyp. Es wurde deshalb in der vorliegenden Arbeit auf derartige Benennungen verzichtet. Den häufig in der Fachliteratur über Kombinationswaffen getroffenen abwertenden Einschätzungen wie «Absonderlichkeiten, Spielereien, Artistenstücke» kann aufgrund umfassender Untersuchungen der Dresdner Exemplare und der in anderen Sammlungen existierenden Stücke nicht zugestimmt werden, da bis auf Ausnahmen die Möglichkeit ihres praktischen Gebrauchs trotz ihrer sicherlich oftmals überspitzten und komplizierten technischen Ausstattung gegeben ist. Sicherlich ist für die Beurteilung von Kombinationswaffen wie von Waffen überhaupt die Frage nach der Möglichkeit ihres praktischen Gebrauchs von primärer Bedeutung, und dennoch wird diese in gewisser Hinsicht einseitige Betrachtungsweise dem Phänomen Kombinationswaffe nicht umfassend gerecht, da die Beweggründe für ihre Herstellung ebenso vielfältig waren wie ihre Kombinationsvarianten. Wenngleich diese Waffen keine dominierende Gruppe darstellen, so zeichnen sich doch vor allem die während der Epoche der Renaissance gefertigten Kombinationswaffen durch ihre vortreffliche Qualität aus.

In der Renaissance erlebten eine Reihe von Ländern in Süd-, West- und Mitteleuropa eine tiefgreifende progressive gesellschaftliche Umwandlung, die gekennzeichnet ist vom wirtschaftlichen Aufschwung und dem politischen Erstarken des Bürgertums, verbunden mit einem bisher noch nicht gekannten Aufstieg auf den Gebieten der Wissenschaft, der Kunst und Literatur. Die Erfindung der

Buchdruckerkunst, die Entdeckung neuer Erdteile, ausgedehnte Handelsverbindungen zwischen europäischen und asiatischen Ländern, die vielfältigen Fortschritte im handwerklichen und kommerziellen Leben bewirkten eine ungeahnte Erweiterung des geistigen Horizontes. Der Humanismus als neue geistige Strömung mit seiner Begeisterung für die Kultur und Kunst des klassischen griechischen und römischen Altertums und seiner Abkehr vom Dogmatismus der römisch-katholischen Kirche, die die Entwicklung der europäischen Wissenschaft und Kultur hemmte, übte großen Einfluß auf Kunst, Literatur und Wissenschaft aus und war zugleich Träger und Vertreter der Interessen der neu entstandenen Bourgeoisie und des Städtebürgertums. Diese Entwicklung war jedoch auch voller Widersprüchlichkeit; Altes und Neues standen im Widerstreit miteinander.

Das Zeitalter der Renaissance hat neben der Entdeckung auch die Erfindung, die «Invention», und mit ihr den Inventor, den «Ingenieur», hervorgebracht. Bereits um 1400 erschienen in Deutschland technische, vorwiegend kriegstechnische Schriften. So hat der Büchsenmacher und Inventor Konrad Kyeser aus Eichstätt (1366–1415) in seinem zwischen 1400 und 1410 König Ruprecht (Kurfürst von der Pfalz, 1352–1400–1410) gewidmeten Werk «Bellifortis», das in einer vollständigen Fassung in der Universitätsbibliothek Göttingen (cod. phil. 63) erhalten ist, zahlreiche brauchbare und unbrauchbare Erfindungen und technische Verbesserungen vorgestellt. In loser Folge finden sich auf ihre Brauchbarkeit hin nicht geprüfte Geräte aus dem militärischen und zivilen Bereich. Außer Wurfmaschinen, Belagerungstürmen, Sturmwänden, Sturmleitern, Sperren, Pontonbrücken und Orgelgeschützen werden Badehäuser und Destillierapparate behandelt.[1] Konrad Kyesers grundlegendes Werk hat in Deutschland und Italien eine Anzahl technischer und kriegstechnischer Autoren bis hin zu Leonardo da Vinci, der sich auch mit Problemen des Kriegs- und Fortifikationswesens beschäftigte, angeregt und wirkte bis ins 16. Jahrhundert. Ebenso wie Konrad Kyesers technische Erfindungen sind die im Mailänder Codex Atlanticus zusammengefaßten Zeichnungen und Skizzen Leonardo da Vincis mit erstaunlichen technischen und kriegstechnischen Projektionen häufig nicht realisierbar.

Insbesondere seit dem beginnenden 16. Jahrhundert stieg die Freude am Experimentieren und an der wissenschaftlichen Erforschung. Neben zahlreichen Erfindungen und technischen Verbesserungen wie Taschen-, Schiffs- und Tischuhren mit Federuhrwerk, Globen, mathematischen und astronomischen Instrumenten, Bohrmaschinen und Schraubstöcken entstanden auch eine Fülle von Mehrzweckgeräten und komplizierten Automaten, die keinen praktischen Zweck zu erfüllen hatten, die jedoch in ihrer Exklusivität, ebenso wie mathematische und physikalische Instrumente, kostbar gefaßte Naturalien sowie Abnormitäten der Natur und prunkvolle Geräte, zu den Glanzstücken fürstlicher «Kunst- und Wunderkammern» zählten. Die in großer Anzahl hergestellten, scheinbar nutzlosen Automaten des 16. Jahrhunderts dienten nicht nur der Erheiterung und Befriedigung naiver Spielfreuden ihrer meist fürstlichen Besitzer, ihre Faszination beruhte vielmehr auf der Möglichkeit, natürliche Vorgänge und Bewegungen mit mechanischen Mitteln nachvollziehen zu können. Der gleichfalls vielen Kombinationswaffen eigene Überraschungseffekt ließ den Besitz derartiger Waffen, auch wenn sie oftmals für den praktischen Gebrauch nicht sonderlich geeignet waren, erstrebenswert erscheinen.

Kunsthandwerklich reich ausgeschmückte und technisch interessante Kombinationswaffen gelangten als begehrte Sammelobjekte oder als politische Geschenke in die Kunst- und Rüstkammern beziehungsweise waren Auftragswerke. Wenn auch eine Anzahl kombinierter Waffen bereits in der Endphase der Gotik, sicherlich unter dem Eindruck der zahlreich kursierenden technischen Schriften, entstanden ist, so erlebt die Kombinationswaffe ihren eigentlichen Höhepunkt in der Spätrenaissance. Die in dieser Zeit auf der Grundlage einer hochentwickelten Handwerkskunst gefertigten Waffen sind zugleich Zeugnis der noch suchenden und experimentierenden Technik, auch wenn ihnen der zeitbedingte typische Hang des gewissermaßen Spielerischen anhaften mag.

Der relativ reiche Bestand an Kombiantionswaffen des Historischen Museums und der anderer Sammlungen wie des Kunsthistorischen Museums Wien oder der Staatlichen Ermitage Leningrad stammen aus dieser Zeit. Während des Barocks waren Büchsenmacher und Schwertfeger auch weiterhin um die Verbesserung und Herstellung von Kombinationswaffen bemüht, allerdings ist die Anzahl und Vielfalt der in dieser Zeit produzierten Stücke bei weitem geringer.

Die Kombinationswaffe fand seit dem 16. bis ins 19. Jahrhundert im zivilen Bereich weitaus größere Verbreitung als in der militärischen Bewaffnung. In den Söldnerheeren des 16. und 17. Jahrhunderts sowie in den feudalabsolutistischen Heeren des 18. Jahrhunderts konnte die Kombinationswaffe trotz bestimmter Vorzüge keine Bedeutung erlangen. Die militärische Notwendigkeit, bestimmte Waffengattungen mit einer Art «Universalwaffe» auszurüsten, die als Fern- und Nahkampfwaffe gleichermaßen einsetzbar war, führte neben der Konstruktion von Kombinationswaffen zur Herausbildung des Bajonetts, das seit der zweiten Hälfte des 17. Jahrhunderts vor allem in Deutschland und Frankreich an Bedeutung gewann.

Trotz der exponierten Stellung des Bajonetts lassen sich bis ins 19. Jahrhundert immer wieder Versuche nachweisen, den verstärkten Effekt, den die Kombinationswaffe in sich birgt, für bestimmte Waffengattungen, wie zum Beispiel die Marine, zu nutzen. Die reglementierte Bewaffnung der Armeen des 19. Jahrhunderts, die bereits seit dem Aufkommen der Stehenden Heere des Feudalabsolutismus angestrebt wurde, dürfte ein weiterer Grund dafür gewesen sein, daß die Kombinationswaffe weitaus seltener auftrat als in den vorangegangenen Jahrhunderten, in denen die individuelle Bewaffnung noch möglich war.

Allerdings soll nicht unerwähnt bleiben, daß die Kombinationswaffe nur eine Variante der vielfältigen Bemühungen der Büchsenmacher, die der Verbesserung des Wirkungsgrades einer Waffe galten, ist. So setzten Versuche, brauchbare Hinterlader oder mehrschüssige Handfeuerwaffen herzustellen, bereits am Ende des 14. Jahrhunderts ein und bestimmten seit dem 16. Jahrhundert zunehmend die Entwicklung der Handfeuerwaffen.

Die Voraussetzung für die Konstruktion und Produktion brauchbarer Hinterlader mit gasdichtem Verschluß und entsprechender Munition war allerdings erst seit der industriellen Revolution gegeben. Erst der wissenschaftlich-technische Fortschritt ermöglichte es, daß Waffen technisch präzise für differenzierte Zwecke und Aufgaben konstruiert und in hohen Stückzahlen produziert werden konnten. Die Kombinationswaffen, damit sind jetzt in erster Linie die Verbindungen zwischen Blank- und Feuerwaffen gemeint, verloren im 19. Jahrhundert sowohl im militärischen als auch im zivilen Bereich wesentlich an Bedeutung.

Einige europäische und amerikanische Waffenfabriken brachten freilich serienmäßig gefertigte, teilweise fragwürdige, doch technisch interessante Erzeugnisse von Kombinationen zwischen Pistole und Messer oder Revolver auf den Markt. Stöcke mit verborgener Feuerwaffe oder Klinge, meist serienmäßig produziert, erfreuten sich bis gegen Ende des 19. Jahrhunderts und bis ins 20. Jahrhundert einer großen Beliebtheit. Obgleich die technisch aufgefaßte, meist schmucklose Waffe nach der zweiten Hälfte des 19. Jahrhunderts vorherrschte, wurden zahlreiche Kombinationswaffen reich dekoriert und in guter handwerklicher Ausführung beziehungsweise technischer Qualität hergestellt. Die Vorliebe, Waffen für mehrere Zwecke nutzen zu können, läßt sich bis in die Gegenwart verfolgen, jedoch handelt es sich heute vorwiegend um Messer, die mit einem oder auch mehreren Werkzeugen kombiniert sind.

Reiter mit Handrohr-Streitkolben, 1460–1470
Codex germ. 734 fol. 83 v/ 84 r
Bayerische Staatsbibliothek München

KOMBINATIONSVARIANTEN ZWISCHEN BLANK- UND FEUERWAFFEN

Zu den Blankwaffen zählen alle Hieb-, Stoß- und Schlagwaffen sowie einige Typen der Handwurfwaffen, die entsprechend ihren Konstruktionsmerkmalen wiederum in spezifischen Untergruppen zusammengefaßt werden. Trotz unterschiedlicher Konstruktion sind die Blankwaffen, abgesehen von Prunkwaffen mit rein dekorativem Charakter, für den Angriff bestimmt, wobei unter Angriff das bewaffnete Vorgehen gegen einen «Feind» unter dessen gleichzeitiger Abwehr als eine dem Angriff entgegengesetzte Handlungsweise zu verstehen ist.[2] Der Angegriffene beschränkte sich in der Regel also nicht auf die Abwehr, sondern ging selbst zum Gegenangriff über, was wiederum Abwehr (Parade) und erneuten Angriff (Attacke) zur Folge hatte. Wenngleich sich alle Blankwaffen als Offensivwaffen eignen, so sind sie jedoch für die Parade nicht gleichermaßen tauglich. Besonders problematisch war es, wenn sich zwei ungleich Bewaffnete gegenüberstanden, wobei sich der Attackierte eindeutig im Nachteil befand, wenn sein Gegner eine Waffe führte, die der eigenen an Länge, Hieb- und Schlagwirkung überlegen war. Im Zweikampf versuchten sie, die ihnen bekannten Vorteile der eigenen Waffe zu nutzen und zur Geltung zu bringen.

Blankwaffen, die allen Anforderungen gleichermaßen gerecht wurden, gab es demzufolge nicht. Daher bemühten sich ihre Hersteller, sie sowohl für den Angriff als auch für die Abwehr tauglicher zu machen; allgemeine Gewichtsprobleme, der günstige Schwerpunkt einer Waffe, die bequeme Trageweise und anderes mehr spielten dabei eine wesentliche Rolle. Die zusätzlich an Stangenwaffen angebrachten Parierhaken, Klingenfänger und Schaftfedern sowie die durch Stoßklingen und Schlagdorne in ihrer Wirkung verstärkten geschäfteten Hiebwaffen zeugen gleichfalls von diesen Bemühungen. Auch die Entwicklung des Degengefäßes ist unter diesem Aspekt zu sehen. Die regelrechte Anwendung der Blankwaffen war allerdings nur möglich, wenn Zweikämpfe zwischen gleichartig Bewaffneten ausgetragen wurden, was jedoch während militärischer Auseinandersetzungen bei direkter Feindberührung nur selten der Fall war. Für derartige Situationen war es erstrebenswert, eine Waffe zu besitzen, die nach Möglichkeit die Vorzüge einer Blank- und Fernwaffe in sich vereinigte. Eine weitere Ursache für die Herausbildung kombinierter Waffen war sicherlich auch der Umstand, daß der mit einer Fernwaffe ausgerüstete Krieger eine Blankwaffe als Zweitwaffe mit sich trug, um sich im Nahkampf verteidigen zu können. Dabei wurde er von der Fernwaffe (Armbrust oder Feuerwaffe), die er über die Schulter gehängt trug oder in der Hand hielt, erheblich in seinem Aktionsradius behindert. Eine Kombinationswaffe bot zweifelsohne gewisse Vorteile.

Bestimmend für die Kombination zwischen Blank- und Fernwaffe wurde die Feuerwaffe. Bereits seit dem Ende des 14. Jahrhunderts gibt es Streitkolben, die mit einer Faustfeuerwaffe kombiniert sind. Die früheste bildliche Darstellung, eine Federzeichnung aus dem Codex Germanicus 734 (1460–1470) der Bayerischen Staatsbibliothek München (Textabb. 1), zeigt einen geharnischten Reiter, der einen Streitkolben, der mit einem Faustrohr kombiniert ist, auf einen ebenfalls geharnischten, mit dem Schwert bewaffneten Reiter abfeuert. Die Waffe wurde vermutlich mit einer Lunte gezündet, ihr keulenförmiges Aussehen weist sie als Nahkampfwaffe aus. Die häufig anzutreffende Bezeichnung «Schießprügel» läßt vermuten, daß derartige Waffen eine gewisse Verbreitung fanden.

Mit der Erfindung des Radschlosses (vermutlich in Italien oder Deutschland um 1500), dessen Entwicklung bis zur zweiten Hälfte des 16. Jahrhunderts so weit fortgeschritten war, daß es von führenden Büchsenmachern in allen deutschsprachigen Ländern, in Italien und Frankreich hergestellt werden konnte, war ein Schloßmechanismus entstanden, der gegenüber dem Luntenschloß bedeutende Vorteile aufwies. Während im 15. Jahrhundert Handfeuerwaffen ausschließlich von Fußkämpfern geführt wurden – die Handhabung der brennenden Lunte zu Pferde war nicht unproblematisch –, trat mit der Erfindung des Radschlosses eine Wende in der Bewaffnung der Reiterei ein. Die Handfeuerwaffe (Pistole) wurde eine bevorzugte Reiterwaffe, während die einfache Luntenschloßmuskete noch bis zum Ende des 17. Jahrhunderts zur Infanteriebewaffnung gehörte. Mit dem Radschloß war zugleich auch ein Schloßmechanismus geschaffen worden, der kreativen Büchsenmachern im Zusammenwirken mit Schwertfegern und anderen waffenproduzierenden Handwerkern vielfältige Möglichkeiten für die Herstellung brauchbarer Kombinationen zwischen Blank- und Feuerwaffe bot. Die Entwicklung der Handfeuerwaffen und die vielfältigen Versuche, brauchbare Schloßkonstruktionen herzustellen, lassen sich an Kombinationswaffen nur mittelbar nachvollziehen, allerdings folgen sie insgesamt der allgemeinen Entwicklung des Zündprinzips bis hin zu modernen Schloßkonstruktionen mit gasdichter Patrone.

Die Motive für die Herstellung von Kombinationswaffen waren, wie bereits festgestellt, ebenso vielfältig wie deren Varianten. Außer rein praktischen Erwägungen, die dahin zielten, den Wirkungsgrad einer Waffe zu erhöhen, ist ihre Entstehung auch auf die Experimentierfreudigkeit der Meister und deren Bestreben, ihre persönliche Erfindungskraft, Phantasie und Kunstfertigkeit zu demonstrieren, zurückzuführen, wobei in allen Jahrhunderten Waffen von hoher technischer und künstlerischer Qualität bevorzugte Gebrauchs- und Sammelobjekte finanzkräftiger Auftraggeber und Käufer waren.

Obgleich sich die Kombinationswaffe in der militärischen Bewaffnung trotz sicherlich vorhandener Vorzüge nicht durchzusetzen vermochte, entstanden dennoch zahlreiche Konstruktionen, die durchaus den harten Bedingungen bei militärischen Auseinandersetzungen genügen konnten. Diese Waffen waren technische Sonderleistungen, und ihre hohen Herstellungskosten mögen der Grund dafür gewesen sein, daß sie keine weitere Verbreitung fanden. Sie waren bevorzugte Offizierswaffen; so führten Söldnerführer und Kavallerieoffiziere des 16. und 17. Jahrhunderts Streitkolben und Streitäxte, die oftmals mit einer Feuerwaffe ausgestattet waren, als Zeichen ihrer Befehlsgewalt. Bestrebungen, die Kombinationswaffe im militärischen Bereich für bestimmte Waffengattungen einzusetzen, lassen sich jedoch bis in das 19. Jahrhundert nachweisen. Als Beispiel seien angeführt: das Enterbeil mit Steinschloßfeuerwaffe der schwedischen Matrosen von 1703 (Kat.-Nr. 16), die Enterpike der französischen Marine von 1809 (Kat.-Nr. 71), der russische Marine-Offizierssäbel mit doppelter Perkussionsfeuerwaffe von 1844 (Kat.-Nr. 37) sowie der belgische Revolver mit Säbel, um 1865 (Kat.-Nr. 38, Abb. 34).

Im Gegensatz zum militärischen Bereich fanden die Verbindungen zwischen Blank- und Feuerwaffe vor allem in der Kombination mit Griffwaffen für Jagdzwecke weitaus größere Verbreitung. Neben Jagdschwertern, Jagddegen, Jagdplauten und Jagdmessern war der Hirschfänger die bevorzugte Waffe. Dieser Typ kam in zahlreichen Varianten während des 17. und 18. Jahrhunderts und später vor. Auch Jagdstangenwaffen waren oftmals während des 16. und 17. Jahrhunderts mit ein- oder doppelläufiger, seltener mit einer dreiläufigen Feuerwaffe verbunden. Die kombinierten Jagdwaffen des 16. bis zur Mitte des 18. Jahrhunderts waren vornehmlich für die höfische Jagd bestimmt und kommen in vielen Ländern Europas in verschiedenen Varianten vor. Sie zeichnen sich durch technische Perfektion und reiche Dekoration aus.

In der Folgezeit wurden mit Feuerwaffen kombinierte Jagdmesser und Taschenmesser mit feststehender oder einklappbarer Klinge bevorzugt.

Es soll noch erwähnt werden, daß als Fernwaffe auch die Armbrust, die wegen ihres lautlosen Schusses weit bis in das 17. Jahrhundert besonders für die Jagd beliebt war, in Verbindung mit einer Blankwaffe in Frage kam. Ein interessantes Exemplar befindet sich im Museo Nazionale Sant'Angelo in Rom. Diese vermutlich deutsche Armbrust (um 1600) hat anstelle der Säule ein Schwertgefäß. Vor dem stählernen, aus zwei Hälften bestehenden Bogen befindet sich eine kurze Stoßklinge. Der Bogen ist nach innen einklappbar, und die Armbrust kann platzsparend in einem Futteral mitgeführt werden.

KURZSCHÄFTIGE HIEB- UND SCHLAGWAFFEN, KOMBINIERT MIT HANDFEUERWAFFEN

Seit der zweiten Hälfte des 16. Jahrhunderts bis ins 17. Jahrhundert waren außer der Pistole die Streitaxt, der Streithammer und der Streitkolben bevorzugte militärische Reiterwaffen. Sie wurden als Zweitwaffen geführt und kamen im Kampf gegen gepanzerte Reiter wirkungsvoller zum Einsatz als Schwert, Haudegen oder Säbel.

Die zu den Hiebwaffen zählende Streitaxt ist ebenso wie das Beil eine Angriffswaffe. Axt und Beil gehören zu den ältesten, weitverbreitetsten Hiebwaffen, sie waren Waffen und Werkzeuge zugleich und hatten oftmals Symbolcharakter, zum Beispiel als Zeichen von Befehlsgewalt militärischer Reiterführer. Bei den Streitäxten unterschied man zwischen der zweihändigen für Fußkämpfer und der kurzschäftigen, von Reitern geführten Streitaxt. Die vorwiegend in ost- und südeuropäischen Ländern verbreitete Streitaxt besaß stark konvexe Klingen, die orientalischen Einfluß erkennen lassen. Dagegen hatte der mitteleuropäische Typ zumeist ein kleines Bartaxteisen mit nur wenig zum Schaft hingezogener konvexer Schneide. Während in Ungarn und Polen die geradlinige Axtform vorherrschte, war in Italien der S-förmig geschwungene oder halbmondförmige Typ vertreten.

Die Streitaxt, deren eigentliche Funktion auf der spaltenden und schneidenden Wirkung der Klinge basierte, war häufig mit einem Reißhaken, Hammerkopf oder Schlagkopf auf dem Axtrücken ausgestattet, wodurch ihr Funktionsgrad erweitert wurde. Die zumeist lebhaft konturierten Klingen, Haken und Hammerköpfe waren poliert und bei symbolischen Waffen in den verschiedensten Ziertechniken ausgeschmückt. Die meisten Streitäxte besaßen Holzschäfte, die oftmals mit gravierten Beineinlagen verziert waren; hingegen hatten die italienischen Streitäxte überwiegend Ganzmetallschäfte, deren Griffe mit Handschutzteller und Knauf ausgestattet waren.

Versuche, die Streitaxt mit einer Feuerwaffe zu verbinden, gibt es seit der ersten Hälfte des 15. Jahrhunderts. Eine derartige, um 1470 entstandene Waffe besitzt das Schweizerische Landesmuseum in Zürich (Kat.-Nr. 1)[3]. Ihr Schaft geht in einen kräftigen kantigen Eisenlauf über, auf dessen Oberseite sich das Zündloch befindet, auf der Unterseite ist das Axteisen angebracht. Die Zündung erfolgte mittels Lunte, die Anfang des 15. Jahrhunderts das bis dahin übliche Gluteisen ablöste. Das Nichtvorhandensein eines Luntenhalters läßt die Annahme zu, daß die Zündung durch die in der Hand des Schützen gehaltene Lunte erfolgte. Diese Streitaxt bot einem Reiter die Möglichkeit, aus sicherer Distanz seinen Gegner durch einen Schuß aus der Feuerwaffe abzuwehren. Sollte der Schuß fehlgegangen sein, konnte er sich mit der Streitaxt verteidigen beziehungsweise den Kampf zu Ende führen.

Ebenso wie bei den Handfeuerwaffen kommen bei den mit Feuerwaffen kombinierten Hieb- und Schlagwaffen noch in der zweiten Hälfte des 16. bis Anfang des 17. Jahrhunderts solche prinzipiell unterschiedlichen Schloßkonstruktionen wie das Luntenschnappschloß und das weitaus besser geeignete Radschloß zur Anwendung. Es kann jedoch festgestellt werden, daß das einfachere und billiger herzustellende Luntenschnappschloß vorwiegend an schmucklosen, für militärische Zwecke bestimmten Waffen vorkommt, während das komplizierte und kostspielige Radschloß meist mit dekorativen Waffen verbunden ist. Die häufig in der Fachliteratur anzutreffenden Bemerkungen, die Verbindung zwischen Hieb-, Schlag-und Feuerwaffe sei ohne besondere technische Schwierigkeiten und daher leicht zu bewerkstelligen gewesen, ist bei genauer Untersuchung nicht aufrechtzuhalten. Neben einfachen Verbindungen mit bereits bewährten Schloßtypen finden sich vollkommen neue Lösungen, auch wenn sie der allgemeinen Entwicklung des Zündprinzips folgen.

Das trifft besonders für das Radschloß, aber auch für das um 1615 erfundene französische Steinschloß zu. Von besonderem Interesse sind neben den Schloßkonstruktionen die Anbringung des Laufes und derjenigen Funktionsteile, die gleichzeitig als Lauf ausgebildet sind. Die Frage nach dem eigentlichen Hersteller – ob Büchsenmacher oder Klingenschmied – also danach, wer sozusagen das Endprodukt lieferte, ist bei dieser Gruppe leichter zu beantworten als bei den kombinierten Griffwaffen – die Priorität gebührt dem Büchsenmacher, der sich das Axteisen anfertigen ließ. Es lassen sich im wesentlichen zwei Typen herauskristallisieren: Hiebwaffen, deren Läufe im Schaftrücken eingebettet sind und deren Mündung oftmals im durchbrochenen Axtrücken zusätzlich geführt wird – und solche, deren Ganzmetallschäfte gleichzeitig als Lauf dienen. Beim erstgenannten Typ wurden vielfach allgemein übliche Pistolenläufe verwendet, ihre Schloßkonstruktionen zeigen selten konstruktive Besonderheiten. Das Luntenschnappschloß der Streitaxt Kat.-Nr. 3 (Abb. 1) entspricht einem in Deutschland seit 1520 bei militärischen Waffen verbreiteten Typ mit Seitenabdruck, seine Schloßplatte ist allerdings rechteckig und nicht, wie in den meisten Fällen, längsgestreckt ausgebildet. Das Schloß hat nicht den sonst üblichen Luntenhahn, sondern es besitzt ein kurzes zylindrisches Rohrstück zur Aufnahme eines Feuerschwammes. Bei derartigen, auch als Schwammschloß bezeichneten Schlössern wird ein Feuerschwamm in das Rohrstück gesteckt und mit einem Feuerzeug oder mit der Lunte angezündet. Bei Betätigen des Abzuges schlägt der Hahn mit dem glimmenden Feuerschwamm in die Pulverpfanne und entzündet das Pulver.

Die Erfindung des Radschlosses war ein wesentlicher Fortschritt in der Entwicklung der Handfeuerwaffen. Das Radschloß zählt zu den bedeutendsten technischen Konstruktionen des beginnenden 16. Jahrhunderts. Seine Funktion beruhte, ähnlich wie beim später entwickelten Steinschloß, auf der Entzündung des Pulvers mittels Funken. Die Waffe konnte geladen, mit gespanntem und gesichertem Schloß mitgeführt werden, war sofort schußbereit und hierin dem Luntenschloßgewehr weit überlegen.

Die frühesten bildlichen Darstellungen von Radschloßmechanismen stammen von Leonardo da Vinci. Unter seinen im Mailänder Codex Atlanticus zusammengefaßten, heute in der Biblioteca Ambrosiana in Mailand aufbewahrten Skizzen und Zeichnungen mit Entwürfen von technischen und kriegstechnischen Geräten befinden sich zwei zwischen 1500 und 1505 entstandene Zeichnungen von Radschlössern (Textabb. 2). Der Codex Atlanticus enthält etwa 1700 Entwürfe und handschriftliche Aufzeichnungen aus verschiedenen Lebenszeiten Leonardos, die in den Jahren zwischen 1482 bis zu seinem Tod 1519 entstanden sind.

Das Hauptelement dieser Radschlösser war der Hahn, zwischen dessen Lippen ein Feuerstein eingespannt war, der mittels einer Feder auf die geriefelte Mantelfläche eines eisernen Rades drückte. Das mit einem Schlüssel über eine Spiralfeder zu spannende und mit einer kräftigen Gelenkkette verbundene Rad ließ bei Betätigung des Abzugs die Feder entspannen und löste somit durch Reibung von Stein auf Stahl den zur Zündung benötigten Funken aus. Der zweite von Leonardo da Vinci skizzierte Typ zeigt einen Mechanismus, der anstelle der Spiralfeder eine auf der Schloßinnenseite angebrachte Bugfeder besaß. Diese Konstruktion entsprach im wesentlichen dem seit der zweiten Hälfte des 16. Jahrhunderts gebräuchlichen Radschloßtyp. Die frühen italienischen und deutschen Radschlösser waren jedoch meist mit einer außenliegenden Schlagfeder ausgestattet.

Der früheste Hinweis auf das deutsche Radschloß findet sich in der 1505 entstandenen sogenannten Löffelholzhandschrift. In diesem heute leider nicht mehr erhaltenen Manuskript, das für den Nürnberger Patrizier Martin Löffelholz angefertigt wurde, sind neben anderen Erfindungen auch zwei unterschiedliche Feuerzeuge mit Reibrad dargestellt. Während das eine mittels einer Schnur betätigt wurde, ähnelt das zweite dem Entwurf Leonardo da Vincis, allerdings war es mit einer V-förmigen Schlagfeder anstelle der von Leonardo gezeichneten Spiralfeder ausgestattet. Obgleich die frühesten Darstellungen von Radschloßmechanismen von Leonardo da Vinci stammen,

Zeichnungen Leonardo da Vincis von Radschloßkonstruktionen, 1500–1505
Codex Atlanticus, fol. 158, Biblioteca Ambrosiana Milano

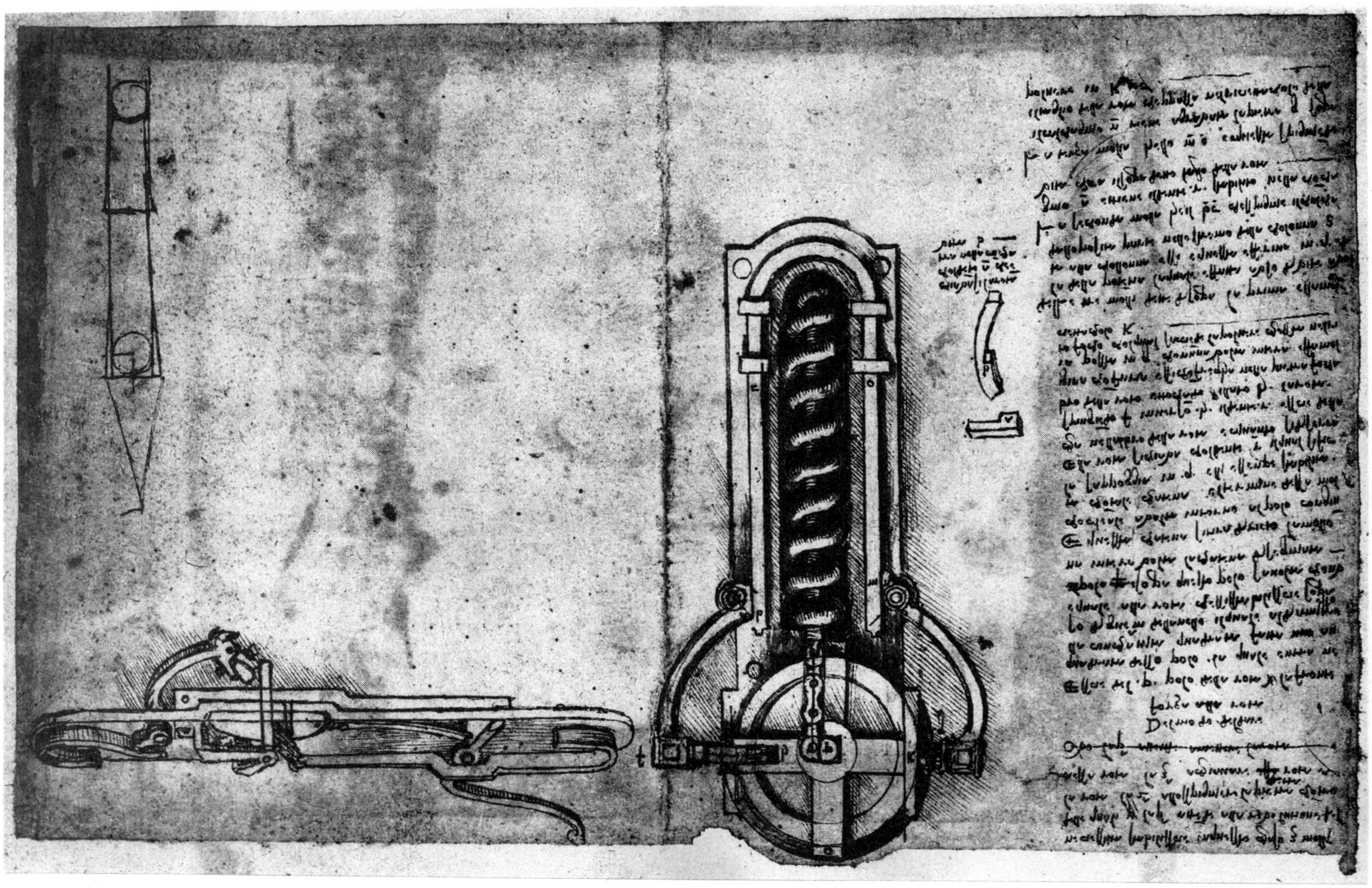

läßt dies jedoch nicht unbedingt den Schluß zu, daß ihm zugleich auch die Erfindung des Radschlosses zugesprochen werden kann. Ebenso ist es möglich, daß er Radschlösser süddeutscher oder braunschweigischer Herkunft kannte und diese vielleicht aus der Erinnerung heraus gezeichnet hat. Neben Nürnberg kommen in Deutschland vor allem Braunschweig und Wolfenbüttel sowie der freien Reichsstadt Goslar große Bedeutung bei der Entwicklung und Produktion von Radschloßfeuerwaffen zu.[4] Vermutlich wurden in diesen Städten die ersten Radschloßwaffen überhaupt hergestellt. So wird als Entstehungszeit der ältesten, heute im Historischen Museum in Hannover aufbewahrten Radschloßpistole aus dem Besitz des Herzogs Erich I. von Braunschweig-Wolfenbüttel die Zeitspanne zwischen 1505 und 1515 angenommen.

Nachweislich wurden auch in Braunschweig und Goslar in der ersten Hälfte des 16. Jahrhunderts Kombinationswaffen hergestellt und verwendet. In der Tafelamtsrechnung der Stadt Goslar aus dem Jahre 1507 ist die Lieferung von einer Armbrust mit einem Schloß von Meister Michel und einer Barte mit einem Schloß von Meister de Heyde an den Rat der Stadt Goslar verzeichnet. Des weiteren sind im Inventar der Harnischkammer des Herzogs Franz zu Braunschweig und Lüneburg auf Schloß Gifhorn (geb. 1508, reg. 1539–1549 in Gifhorn) unter anderem 14 «Feuer-Armberß» (Armbrüste mit Feuerradschloß) aufgeführt.[5] Der um 1510/20 in Braunschweig hergestellte Streitkolben mit Radschloßfeuerwaffe und Klappbajonett belegt gleichfalls die Bedeutung, die dem Land Braunschweig bei der Entwicklung des Radschlosses zukommt.

Wenngleich die Fachliteratur allgemein Italien als das Ursprungsland des Radschlosses ausweist, so überwog doch die deutsche Produktion von Radschloßwaffen bei weitem. Die Anzahl der aus der ersten Hälfte des 16. Jahrhunderts erhaltenen deutschen, italienischen und französischen Radschloßwaffen ist gering, um so erstaunlicher ist die Vielfalt ihrer unterschiedlichen Konstruktionen. Die Büchsenmacher dieser Zeit bemühten sich in erster Linie, den komplizierten Schloßmechanismus zu verbessern, qualitätsvolle Läufe und geeignete Schäfte herzustellen. Erst im letzten Viertel des 16. Jahrhunderts war diese Schloßkonstruktion ausgereift, und ihre Unterschiedlichkeit war bis auf gewisse technische Besonderheiten und territoriale Eigenheiten nicht mehr so gravierend. So war beispielsweise für deutsche Radschlösser um 1560/70 die außenliegende Hahnfeder mit gleichlangen Schenkeln typisch. Im Verlauf der siebziger Jahre wurde sie mit einer Studel versehen, die sie wie ein Steg mit der Hahnschraube verband, wodurch die Bewegung der Feder gesichert wurde. Um 1580 war die Hahnstudel bereits allgemein üblich. Es ließen sich noch weitere territorial unterschiedliche Entwicklungstendenzen bestimmter Funktionsteile wie die des Hahns, der Raddecke, der Sicherung und des Abzugsmechanismus aufzeigen, was jedoch hier zu weit führen würde. Arne Hoff und John F. Hayward haben in ihren Werken diese Entwicklungstendenzen ausführlich kommentiert.

Ein Beispiel für eine Radschloßkonstruktion frühen Typs bietet die im Dogenpalast zu Venedig aufbewahrte Streitaxt Q8 (Kat.-Nr. 2). Die vermutlich um 1520 in Italien hergestellte Waffe besitzt eine außenliegende Schlagfeder, die zugleich auch als Hahnfeder wirkt. Ihr Lauf ist in den kräftigen Eisenschaft eingebohrt, das Schloß mit einem einfachen Hebelabzug ausgestattet. Das Fehlen einer selbsttätigen Vorrichtung zum Öffnen des Pfannenschiebers ist ein wichtiges Merkmal früher Radschloßkonstruktionen. Ähnlich wie beim zeitgenössischen Luntenschloß besaß dieses Radschloß einen mit der Hand zu bedienenden Pfannenschieber. Diese robuste Waffe dürfte ebenso wie eine zweite im Dogenpalast aufbewahrte Streitaxt Q7 von gleicher Konstruktion durchaus für eine militärische Verwendung geeignet gewesen sein.

Ein Beispiel für eine ungewöhnliche und komplizierte Radschloßkonstruktion ist die vollständig aus Eisen gefertigte Streitaxt mit Radschloßfeuerwaffe (Kat.-Nr. 4, Abb. 4 u. 5) aus dem Besitz des Historischen Museums Dresden. Bei dieser Waffe ist in genialer Weise der Radschloßmechanismus in dem kapselförmigen Handteller und im Griff untergebracht. Der kräftige hohle Schaft bildet den Lauf, so daß die Kombination zweier Waffentypen nicht sofort erkennbar ist. Der Mechanismus des Spannens und Auslösens des Rades unterscheidet sich wesentlich vom Grundtyp des Radschlosses. Seine Funktionsteile sind mit großer Präzision nach einem wohldurchdachten Prinzip zusammengestellt. Von ausgezeichneter Qualität ist der feingliedrige Rankendekor in Gold- und Silbertausia der gebläuten Metalloberfläche. Leider ist weder etwas über den Meister noch über die Werkstatt bekannt. Im Inventar von 1606 ist lediglich vermerkt, daß das Stück von einem Schotten am 15. Juli 1591 käuflich erworben wurde. Besonders interessant ist die Ausstattung des Schloßmechanismus mit einer Hauptspiralfeder. Dieses Prinzip wurde, wenn auch in vereinfachter Form, bereits von Leonardo da Vinci verwendet.

Es existieren aus der Mitte des 16. Jahrhunderts noch weitere kombinierte Waffen mit verborgenem Radschloß, die dem Exemplar des Historischen Museums verwandt sind. So befinden sich im Museo Nazionale Florenz eine

Streitaxt und im Musée de l'Armée in Paris ein Streitkolben gleicher Konstruktion.[6] Der Dekor des Axteisens und der Schäfte ähnelt dem der Dresdener Waffe, wobei die Griffe weitaus dekorativer sind. Sie zeigen vorwiegend in Silber getriebene und vergoldete Trophäen. Die Anlage des dicht gedrängten überladenen Dekors ist typisch für den französischen Manierismus des 16. Jahrhunderts. Obwohl die Schloßkonstruktionen nicht typisch für Frankreich sind, weist die kunsthandwerkliche Ausschmückung der Waffen sie als französisch aus. Sie werden mit dem Hof Heinrichs II. von Frankreich in Verbindung gebracht, der sie wahrscheinlich selbst in Gebrauch hatte oder als Geschenk anfertigen ließ.

Im Gegensatz zu dem komplizierten Radschloßmechanismus der Streitaxt Kat.-Nr. 4 können als Beispiele einfacher Verbindungen zwischen Hieb- und Feuerwaffe die Streitäxte mit Radschloßfeuerwaffe Kat.-Nr. 5 (Abb. 3) und Kat.-Nr. 6 (Abb. 2) aus dem Bestand des Historischen Museums Dresden angeführt werden. Diese Waffen sind mit großer Wahrscheinlichkeit süddeutscher Provenienz, sie besitzen typische deutsche Radschlösser, wie sie um 1570/80 üblich waren. Ihre Schlösser sind einheitlich in den Schaft eingelassen, die Läufe sind im Schaftrücken eingebettet und im Bereich der Mündung durch eine Querschraube mit dem Axteisen verbunden. Die weit nach hinten verlegten Abzüge ermöglichten das Auslösen des Schusses, ohne mit der Hand umgreifen zu müssen. Die Schäfte der Streitäxte sind reich mit gravierten Beineinlagen ausgeschmückt – einer Ziertechnik, die in Deutschland während des 16. und 17. Jahrhunderts sehr beliebt war und in der die deutschen Büchsenschäfter eine führende Stellung innehatten.

Die Streitäxte Kat.-Nr. 7 bis Kat.-Nr. 9 (Abb. 7–12) aus dem Bestand des Historischen Museums Dresden können als eine Gruppe zusammengefaßt werden, sie sind von gleicher Bauart und zeichnen sich durch reichen Ätzdekor aus. Diese Ganzmetallwaffen entsprechen dem italienischen Typus mit Handschutzteller und Kugelknauf, ihre Klingen haben einen stark bewegten Umriß; die Schäfte sind gleichzeitig als Lauf ausgebildet, die Schlösser seitlich mit dem Lauf und Griff verbunden. Alle Läufe tragen die Augsburger Beschau. Die Streitaxt mit Radschloßfeuerwaffe Kat.-Nr. 9 (Abb. 7) kann Bernhard Albrecht zugeschrieben werden, dessen Meistermarke – strahlende Sonne und die Initiale «BA» – sich neben der Augsburger Beschau findet. Bernhard Albrecht ist als Büchsenmacher zwischen 1557 und 1587 in Augsburg nachweisbar. Die von ihm gefertigte Waffe besitzt ein außergewöhnliches Radschloß. Anstelle der sonst üblichen Schlagfeder wurde hier eine Spiralfeder (Abb. 10), ähnlich dem Leonardischen Prinzip, verwendet. Die Unterbringung der spiralförmig ausgebildeten Schlagfeder im Griff ermöglichte die engere Bindung des Schloßmechanismus an den Schaft.

Eine bei A. Hoff erwähnte Pistole mit ähnlicher Schloßkonstruktion aus dem Besitz Kaiser Karls V. in der Real Armeria Madrid wird irrtümlich entgegengesetzt ihrer Funktionsweise wie folgt beschrieben: «Die K 63, Abb. 54 a, ist etwas ganz besonderes, da eine Spiralfeder ihre Schlagfeder bildet, die bei der Spannung des Rades auseinander gezogen wird, so daß dadurch ein Zug auf die mit der Radachse verbundene Kette ausgeübt wird.»[7] Dagegen wird ähnlich wie bei der Waffe von B. Albrecht, Augsburg um 1580, die Spiralfeder zusammengedrückt, um sich bei Betätigen des Abzugs zu entspannen, wobei die geradlinige Bewegung der mit der Spiralfeder verbundenen Zahnstange mit Hilfe der Kette in eine rotierende des Rades umgewandelt wird. Zweifelsohne handelt es sich hier ebenfalls um eine äußerst seltene Schloßkonstruktion. In der umfangreichen Handfeuerwaffensammlung des Historischen Museums Dresden konnte bisher keine weitere Waffe mit einem derartigen Radschloß festgestellt werden. Von B. Albrecht sind noch weitere Kombinationswaffen bekannt (siehe Kat.-Nr. 31 und Kat.-Nr. 66), die jedoch mit allgemein üblichen Radschlössern ausgestattet sind. Auffallend ist, daß die überwiegende Anzahl der kombinierten Blankwaffen des Historischen Museums sowie die aus anderen Sammlungen bekannten süddeutscher Provenienz sind – München, Nürnberg und vor allem Augsburg waren seit der zweiten Hälfte des 16. Jahrhunderts Zentren für die Herstellung derartiger Waffen. In diesen Städten wurden zivile und militärische Waffen aller Art produziert. Nürnberg und Augsburg waren als freie Reichsstädte auch für ihr Militärwesen verantwortlich. Jeder Bürger war verpflichtet, sich gegebenenfalls an der Stadtverteidigung zu beteiligen und mußte entsprechend seiner Standeszugehörigkeit in seiner Wohnung Waffen aufbewahren – ein Umstand, der sich günstig auf die Entwicklung des Waffenhandwerks ausgewirkt haben dürfte. Waren es im 15. Jahrhundert noch vorwiegend mechanische Waffen sowie Blank- und Schutzwaffen, kam im 16. Jahrhundert der Feuerwaffe eine größere Bedeutung zu. Das Aufblühen der handwerklich-zunftgebundenen Waffenproduktion wurde durch die hochentwickelte Handelstätigkeit dieser Städte stark beeinflußt. So war Augsburg lange Zeit Verkehrsknotenpunkt zwischen Orient und Nordwesteuropa sowie zwischen Italien und Nordeuropa. Neben militärischen Waffen wurden vorwiegend prunkvolle Waffen exportiert, die an allen europäischen Höfen begehrt waren.

Zwischen Augsburger und Nürnberger Waffen bestehen keine wesentlichen Unterschiede. Die Handwerker beider Städte stützten sich bei der kunsthandwerklichen Ausschmückung der Waffen auf zeitgenössische Musterbücher und Ornamentstichvorlagen. Deshalb ist es kaum möglich, den Entstehungsort der oftmals unsignierten Waffen festzustellen. So wurde vor allem auf Entwürfe und Vorlagen süddeutscher, niederländischer und französischer Künstler zurückgegriffen. Rein italienische Ornamentkompositionen lassen sich kaum auf Waffen süddeutscher Provenienz nachweisen. Zwar waren seit der Renaissance Vorlagebücher mit den Nachzeichnungen römischer Grotesken auch in Deutschland bekannt, doch erfuhren sie hier eine der Mentalität des jeweiligen Landstriches entsprechende Umbildung. Da nicht nur Ornamentstichblätter beziehungsweise -bücher in großer Zahl kursierten, sondern auch viele Künstler anderer europäischer Städte in Augsburg und Nürnberg zeitweise oder ständig seßhaft waren, ist es schwierig, den auf Waffen vorkommenden ornamentalen Schmuck eindeutig zuzuordnen.

Die mit der Augsburger Beschau versehenen Streitäxte Kat.-Nr. 7, 8, 9 sind um 1580 entstanden. Für diesen Zeitraum lassen sich noch eine weitere Anzahl Augsburger Kombinationswaffen nachweisen. Anscheinend spezialisierten sich in den letzten Jahrzehnten des 16. Jahrhunderts die Augsburger Schwertfeger, Messerschmiede und Büchsenmacher auf die Herstellung derartiger Waffen. Die Voraussetzungen hierfür waren in Augsburg durch das vielseitige, hochentwickelte Handwerk denkbar günstig. Ganz gleich, wer als Hersteller in Frage kam – der Büchsenmacher, Schwertfeger oder Messerschmied –, sie waren bei der kunsthandwerklichen Ausschmückung auf eine Reihe von Spezialisten wie Ätzer, Tauschierer, Graveure, Eisenschneider und oftmals auf Gold- und Silberschmiede angewiesen.

Gerade die in hervorragender Weise geätzten Augsburger und süddeutschen Kombinationswaffen lassen den Schluß zu, daß ihre Ausschmückung von qualifizierten Ätzmalern, die vorwiegend Harnische dekorierten, übernommen wurde. So ist der Dekor der Streitäxte Kat.-Nr. 8, 9 (Abb. 7, 8), deren Axteisen Kriegsarmaturen und Trophäen zeigen, identisch mit den häufig auf den Harnischen des Augsburger Plattners Anton Peffenhauser (1525 bis 1603) vorkommenden Mustern. Die Stücke sind vermutlich von dem für A. Peffenhauser tätigen Ätzmaler Jörg Sorg, dessen Arbeiten bis 1591 nachweisbar sind, dekoriert worden.

Wie bereits erwähnt, waren im 15. und 16. Jahrhundert Braunschweig und Goslar bedeutende Zentren für die Herstellung von Feuerwaffen. Das Zeughaus in Braunschweig war bekannt dafür, daß seine Zeugmeister stets darum bemüht waren, Feuerwaffen mit den neuesten technischen Verbesserungen zu benutzen. Als ein besonders interessantes Beispiel Braunschweiger Büchsenmacherkunst aus der zweiten Hälfte des 16. Jahrhunderts soll die Streitaxt mit sechsläufiger Feuerwaffe (Kat.-Nr. 11, Abb. 13) angeführt werden. Diese vermutlich um 1580 in Braunschweig hergestellte, heute im Tower of London aufbewahrte Kombinationswaffe besitzt sechs Läufe und ist mit einem Lunten- und Radschloß ausgestattet. Der hohle Axtkopf der völlig aus Eisen gefertigten Waffe enthält fünf Läufe, deren Mündungen durch einen Scharnierdeckel verborgen sind. Die scharfe Kante des Deckels ist als Axtklinge ausgebildet. Der obere Lauf wird durch ein an der linken Seite des Axtkopfes montiertes Luntenschloß gezündet, dessen Mechanismus von einer Messingplatte in Gestalt eines Löwen verdeckt wird. Der zweite Lauf wird durch ein auf der Gegenseite angebrachtes Radschloß gezündet, dessen Pulverpfanne mit einer kleinen Röhre zur Aufnahme der Lunte ausgestattet ist, wobei die Lunte durch den Zündfunken des Radschlosses zum Glimmen gebracht werden soll. Die übrigen drei Läufe sind mit der Lunte von Hand zu zünden. Der sechste, im Schaft untergebrachte Lauf wird ebenfalls mit der Lunte von Hand gezündet. Wenngleich sicherlich mit dieser Waffe geschossen werden konnte, ist sie jedoch aufgrund ihrer komplizierten Konstruktion eher ein Kunstkammerstück, angefertigt zur Demonstration des handwerklich-technischen Vermögens ihres Herstellers.

Waren die Verbindungen von Hieb- und Feuerwaffe insbesondere während der ersten Hälfte des 16. Jahrhunderts durchaus begründet, so verlieren derartige Kombinationswaffen bereits seit der ersten Hälfte des 17. Jahrhunderts an Bedeutung, was unter anderem auch auf Veränderungen in der militärischen Bewaffnung sowie Taktik zurückzuführen ist. Für den zivilen Bereich lassen sich jedoch noch eine Reihe solcher Kombinationswaffen nachweisen. So wurden vor allem Beile als Attribut bestimmter Berufsgruppen, wie beispielsweise Zunftbeile der Zimmerleute, mit Feuerwaffen verbunden (Kat.-Nr. 13). In Sachsen führten Steiger bei Bergparaden gelegentlich sogenannte Steigerhäckchen, die mit einer Feuerwaffe ausgestattet waren (Kat.-Nr. 14, Abb. 19). In Teschen, Schlesien, wurden während des 17. und 18. Jahrhunderts sogenannte Streithacken in nicht geringer Anzahl hergestellt. Die Nußbaumschäfte dieser Waffen waren meist mit gravierten Bein-, Horn- und Perlmuttereinlagen reich geschmückt. Oftmals waren diese Einlagen auch gefärbt und die Zwischenräume mit Messingnägeln ausgefüllt. Eine sehr dekorative Waffe dieses Typs besitzt das Armeemuseum der DDR (Kat.-Nr. 15, Abb. 18). Ihr schlanker Schaft ist dicht bedeckt mit gravierten Bein- und Perlmuttereinlagen, die sich kontrastreich von dem dunklen Nußbaumholz abheben. Die Streithacke ist mit einer Steinschloßfeuerwaffe ausgestattet, deren Lauf durch die Tülle der Axt geschoben ist. Hinter dem Schloß befindet sich eine eiserne Tülle, die der Arretierung des Stilettgriffes dient. Der Schaft der Streithacke besitzt eine Bohrung zur Aufnahme der schlanken Klinge. Ähnliche Stücke lassen sich in vielen europäischen und amerikanischen Sammlungen nachweisen.

Waren die mit einer Feuerwaffe kombinierten Streitäxte des 16. Jahrhunderts im militärischen Bereich meist Befehlszeichen für Kavallerieoffiziere, hat man den verstärkten Effekt, den derartige Waffen im Nahkampf boten, noch im 18. Jahrhundert für bestimmte Waffengattungen zu nutzen gewußt. Diese Waffen sind jedoch im Vergleich zu den oftmals kunsthandwerklich reich ausgeschmückten Waffen des 16. Jahrhunderts von einfacher, schmuckloser Ausführung. Ein Beispiel dafür ist das Enterbeil mit Steinschloßfeuerwaffe der schwedischen Marine von 1703 (Kat.-Nr. 16). Diese im Tower of London aufbewahrte Waffe besitzt ein kräftiges Axteisen mit hochgezogener Schneide, der Axtkopf trägt einen kantigen Enterhaken. Das Steinschloß ist seitlich in den Schaft eingelassen, der im Schaftrücken eingebettete Lauf ist mit seiner Mündung durch den Axtkopf geschoben, was eine stabile Verbindung garantiert. Am Schaftende befindet sich ein eiserner Bügel für einen Handriemen.

Diese Enterbeile wurden in der Werkstatt von Joachim Ehrenpreuss in Jönköping im Auftrag des schwedischen Kriegskollegiums hergestellt. Am 22. April 1703 schrieb das Kriegskollegium an den Gouverneur und Admiral Eric Siöblad, daß es ein Modell von dieser Enterbeilpistole anfertigen lasse, weil die Waffe von einer guten und zweckmäßigen Beschaffenheit sei. Der Herstellungspreis betrage 6 Taler Silbermünzen. Einige von diesen im Statens Sjöhistoriska Museum Stockholm erhaltenen Waffen tragen das königliche Siegel, zwei Modellwaffen von 1716 das Siegel Karls XII. In welcher Stückzahl diese Waffen gefertigt wurden, ist allerdings nicht bekannt. Enterbeile waren für den Nahkampf bestimmte Waffen und blieben bis in die zweite Hälfte des 19. Jahrhunderts bei der Kriegsmarine allgemein in Gebrauch. Bedingt durch die Veränderungen in der Seekriegsführung und im Schiffsbau (Dampf- statt Segelschiffe) sowie durch die Einführung weittragender Hinterladegeschütze, kam es kaum noch zu Enterkämpfen.

STREITKOLBEN UND STREITHÄMMER MIT FEUERWAFFE

Der Streitkolben, eine Schlagwaffe von zertrümmernder Wirkung, zählt seit dem 13. bis ins 17. Jahrhundert zu den bevorzugten Angriffswaffen der Reiter. Er entwickelte sich aus der einfachen Holzkeule, der wohl ältesten Waffe überhaupt. Im 13./14. Jahrhundert erhielt der Streitkolben einen Schlagkopf aus Bronze oder Eisen, der mit Bukkeln und Spitzen versehen war. Bereits im 15. Jahrhundert wurde der Schlagkopf mit mehreren spitz auslaufenden Schlagblättern versehen. Die überwiegend aus Eisen gefertigten Schäfte waren mit Tragehaken ausgerüstet und hatten runde Griffe mit Handschutzteller und Knauf. Diese Entwicklung resultiert aus dem Bestreben, dem Plattenharnisch eine wirksame Angriffswaffe entgegenzusetzen.

Eine Sonderform stellte der sogenannte Dolchstreitkolben des 14. und 15. Jahrhunderts dar, dessen bronzener Schlagkopf in Form einer zur Faust geballten Hand, die einen Dolch umfaßt, ausgebildet ist. Der Dolchstreitkolben war jedoch nicht nur eine gebrauchsfähige Waffe, er war darüber hinaus ein sichtbares Zeichen der Amtsgewalt seines Inhabers sowie der Gerichtshoheit.

In Mitteleuropa erhielt der Streitkolben in der ersten Hälfte des 16. Jahrhunderts im Vergleich zu den schlanken gotischen Typen mit ihren lebhaft gezackten Schlagblättern eine wuchtigere Form; bei osteuropäischen Streitkolben des 16./17. Jahrhunderts ist der orientalische Einfluß unverkennbar, sie haben vorwiegend zwiebelförmige Schlagköpfe mit gerundeten Schlagblättern. Italienische und ungarische Streitkolben sind in der Regel mit runden Kolbenköpfen ausgestattet, auf deren Oberfläche kleine Stachel – ähnlich dem Morgenstern – aufgesetzt sind. Neben seiner Funktion als Waffe hatte der Streitkolben Bedeutung als Kommandostab und Würdezeichen für Fürsten und hohe Reiteroffiziere. Derartige Exemplare sind in den verschiedensten Ziertechniken ausgeschmückt, ihre Schlagblätter sind mit dekorativen Mustern durchbrochen. In ihrer prunkvollen Ausführung – manche bestanden aus vergoldetem Silber und waren mit Edelsteinen besetzt – glichen sie Zeptern weltlicher Würdenträger. So war in Polen und Ungarn der Streitkolben als Würdezeichen bis in das 18. Jahrhundert in Gebrauch, während er als militärische Waffe bereits gegen Ende des 16. Jahrhunderts allgemein an Bedeutung verlor, weil der schwere Plattenharnisch infolge des Einsatzes der Feuerwaffe aufgegeben wurde.

Eine besondere Form des Streitkolbens ist der sogenannte Morgenstern, in dessen hölzernen runden, zylindrischen oder ovalen Schlagkopf mehrere Eisenspitzen eingesetzt waren. Manche besaßen zusätzlich eine Stoßklinge. Der Morgenstern wurde vorwiegend von Fußkämpfern und in revolutionären Erhebungen von Bauern geführt.

Versuche, den Streitkolben mit einer Feuerwaffe zu verbinden, reichen, wie bereits erwähnt, ins 14./15. Jahrhundert zurück. Für die Entwicklung dieses Waffentyps gelten im wesentlichen die gleichen Kriterien wie für die kombinierten Streitäxte. Ihre weiteste Verbreitung fanden sie ebenfalls seit der zweiten Hälfte des 16. Jahrhunderts; mit dem beginnenden 17. Jahrhundert finden sich nur noch wenige Exemplare.

Im wesentlichen lassen sich zwei Typen erkennen: Streitkolben aus Ganzmetall, deren Schäfte als Lauf dienen, und solche mit Holzschäften, die meistens mehrere Läufe besitzen. Zu den ältesten erhaltenen Streitkolben mit Feuerwaffe zählt die um 1470 entstandene Waffe aus der Ambraser Sammlung (Kat.-Nr. 17). Der in Bronze gegossene, ehemals feuervergoldete Streitkolben, dessen konischer hohler Schaft den Lauf bildet, trägt einen mit sechs Schlagblättern besetzten Kolbenkopf. Die für Luntenhandzündung eingerichtete Waffe besaß ein einfaches Zündloch, das im 16. Jahrhundert zugenietet und durch eine seitlich angebrachte Pulverpfanne ersetzt worden ist. Der gedrechselte Holzschaft ist gleichfalls eine Ergänzung aus dem 16. Jahrhundert.

Den wohl ältesten erhaltenen Streitkolben mit einer Radschloßfeuerwaffe zeigt Kat.-Nr. 18 (Abb. 24). Diese hochinteressante, um 1510/20 in Braunschweig hergestellte Ganzmetallwaffe ist zusätzlich mit einer ausklappbaren Stoßklinge ausgestattet, wodurch die Waffe als Schuß-, Schlag- und Stichwaffe zu verwenden war. Ihr Radschloß mit außenliegender Schlagfeder ist zu den frühesten Radschlössern zu rechnen.

Relativ häufig sind im 16. Jahrhundert Morgensterne oder morgensternähnliche Waffen mit Feuerwaffen kombiniert worden. Ein charakteristisches Beispiel bietet der im Tower of London aufbewahrte, aus dem frühen 16. Jahrhundert stammende Morgenstern (Kat.-Nr. 19, Abb. 25), dessen Schlagkopf mit drei verborgenen Läufen ausgestattet ist. Bei diesem Morgenstern handelt es sich vermutlich um jene Waffe, die im Tower-Inventar von 1574 als «Water sprincles wt thre gonnes in the Topp oone» erwähnt ist. Im Inventar von 1676 wird sie als «Spazierstock Heinrichs VIII.» bezeichnet und erscheint als solcher wiederum in den Inventaren von 1683 und 1688.

Die überwiegende Anzahl der mit Feuerwaffen kombinierten Morgensterne und die mit Schlagspitzen ausgestatteten Streitkolben sind süddeutscher Herkunft. Das Historische Museum Dresden besitzt ein Exemplar, dessen Schloßplatten die Meistermarke des Nürnberger Büchsenmachers Hans Morgenroth tragen (Kat.-Nr. 21; Abb. 21, 22, 23). Diese morgensternähnliche Waffe vereinigt in sich drei Funktionen, sie ist Schlag-, Stich- und Feuerwaffe zugleich. Sie hat zwei Radschlösser und ist mit vier Läufen ausgestattet. Ihre robuste Konstruktion, der lange Schaft ohne Traghaken beziehungsweise Handriemen weisen sie als eine von Fußkämpfern geführte Waffe aus. Ähnliche Exemplare, allerdings mit Luntenschlössern, finden sich im Metropolitan Museum of Art, New York (Kat.-Nr. 20), in der Waffensammlung des Kunsthistorischen Museums Wien und im Tower of London. Im Gegensatz zu diesen Exemplaren ist der Streitkolben Kat.-Nr. 22 (Abb. 20) trotz seiner soliden Konstruktion und Ausführung eher in die Kategorie Repräsentationswaffen einzuordnen. Der in Gold- und Schwarzätzung reich mit Ranken und Blüten geschmückte Streitkolben, dessen hohler Schaft als Lauf ausgebildet ist, war laut Inventar von 1606 (Historisches Museum Dresden) ein Geschenk der Markgräfin Katharina von Brandenburg-Küstrin an den Kurfürsten Christian I. von Sachsen (1591). Ähnliche in qualitätsvoller Ätzung verzierte Stücke, wohl gleichfalls süddeutscher Provenienz, werden im Metropolitan Museum of Art, New York, und im Tower of London aufbewahrt. Italienische Streitkolben mit Radschloßfeuerwaffe waren im Gegensatz zu den süddeutschen meist schmucklose, für den praktischen Gebrauch bestimmte Waffen.

Der Reiterhammer, eine kurze Nahkampfwaffe von zertrümmernder Wirkung, kam in Europa allgemein im 15. Jahrhundert in Gebrauch. Er wurde entweder am Sattel mitgeführt oder am Gürtel des Reiters getragen, weshalb der Schaft mit einem Gürtelhaken versehen war. Das auf einer Seite zu einem stumpfen Schlagkopf ausgebildete Hammereisen war auf der Gegenseite mit einem spitzen, an einen kräftigen Vogelschnabel erinnernden Haken ausgestattet. Dem Reiterhammer, dessen Blütezeit das 16. Jahrhundert war, kam neben seiner Funktion als Waffe besondere Bedeutung als Befehlszeichen für Kavallerieoffiziere zu. Derartige Offizierswaffen waren während des 16. bis zum Beginn des 17. Jahrhunderts oftmals mit einer Feuerwaffe kombiniert. Die Mehrzahl dieser Waffen sind italienischer oder deutscher Herkunft (vgl. Kat.-Nr. 23 bis 25). Meist sind sie aus Eisen gefertigt und besitzen hohle Schäfte, die als Lauf ausgebildet sind. Ein besonders markantes Exemplar aus der Mitte des 16. Jahrhunderts wird im Museo Nazionale del Bargello, Florenz, aufbewahrt (Kat.-Nr. 23). Diese Ganzmetallwaffe hat einen kräftigen Haken in Form eines Rabenschnabels, der Schlagkopf ist mit drei krallenförmigen Schlagdornen besetzt. Das seitlich am Schaft befestigte Luntenschloß hat einen hebelförmigen Abzug. Wie die meisten italienischen Reiterhämmer besitzt die Waffe eine Knaufkugel mit Scharnierdeckel. Während bis zur Mitte des 16. Jahrhunderts die Verbindungen mit dem Luntenschloß dominieren, lassen sich bereits seit der ersten Hälfte des 16. Jahrhunderts Kombinationen mit dem Radschloß nachweisen. Ein besonders interessantes Exemplar ist im Schloß Konopiště, ČSSR, aufbewahrt. Dieser im zweiten Viertel des 16. Jahrhunderts entstandene Reiterhammer besitzt ein Radschloß mit außenliegender Schlagfeder. Das Schloß entspricht den frühen italienischen Radschloßkonstruktionen.

Der langschäftige Fußstreithammer wurde während des 16. Jahrhunderts nur sehr selten mit einer Feuerwaffe verbunden. Hingegen lassen sich für das 17. Jahrhundert einige Waffen, die für Fußkämpfer gedacht waren, nachweisen, wie zum Beispiel der Streithammer mit Hakenspannschloß (Kat.-Nr. 26, Abb. 26), sie waren wohl als Kampfhämmer wenig geeignet.

KOMBINATIONEN VON GRIFF- MIT HANDFEUERWAFFEN

Die Sammelbezeichnung Griffwaffen umfaßt alle am Körper getragenen Hieb- und Stichwaffen mit besonders ausgeprägter Handhabe. Hierzu zählen die Gattungen der Schwerter, Degen, Rapiere, Säbel, Dolche, Messer, Hirschfänger, Griffbajonette und Seitengewehre. Innerhalb der einzelnen Gattungen erfolgt entsprechend ihrer Beschaffenheit, ihrem Verwendungszweck und -bereich eine weitere Differenzierung nach Typen. Die Griffwaffen lassen sich trotz späterer eigener Entwicklungstendenzen auf einen gemeinsamen Ursprung zurückführen – der Dolch dürfte als täglicher Gebrauchsgegenstand, als Werkzeug und Waffe zugleich, der Ausgangspunkt solcher Waffen gewesen sein.

Unter den Griffwaffen nimmt das Schwert eine exponierte Stellung ein. Es zählt über Jahrhunderte zu den edelsten Waffen überhaupt und war seit der Bronzezeit bis ins 18. Jahrhundert als Kampfwaffe gebräuchlich. Es hatte vielfältigen Symbolgehalt, zum Beispiel galt es als das Standeszeichen des Ritters, versinnbildlichte Hoheitsgewalt, das Gerichtswesen und die Gerechtigkeit, diente bei zeremoniellen Handlungen wie dem Ritterschlag.

Das Schwert ist eine für Hieb und Stich ausgelegte Waffe mit gerader, breiter, vorwiegend zweischneidiger Klinge – ein- oder zweihändig zu handhaben. Die seit dem 11. Jahrhundert ausgeprägte Kreuzform des mittelalterlichen Schwertes mit langen, meist geraden Parierstangen – Gefäß und Klinge bildeten eine Kreuzform – änderte sich nicht wesentlich in der Zeitspanne vom 13. bis zum 15. Jahrhundert. Allerdings traten eine Anzahl stilistischer, territorial bedingter Unterschiede in der Gestaltung der Gefäßteile auf.

Bis zur ersten Hälfte des 16. Jahrhunderts gehörte das Schwert noch zu den bevorzugten Griffwaffen der Reiter und des Fußvolkes. Als Reiterwaffe kamen dem Anderthalbhänder mit seiner breiten kräftigen Klinge und dem Bohrschwert, das eine durch einen Mittelgrat verstärkte starre Klinge besaß, besondere Bedeutung zu. Das bereits seit dem Anfang des 14. Jahrhunderts entstandene lange Schwert für zwei Hände (Bidenhänder) mit einer Länge von 160 bis 180 Zentimetern wurde von den sogenannten Doppelsöldnern geführt und blieb ebenfalls bis etwa zur Mitte des Jahrhunderts für bestimmte taktische Zwecke in Gebrauch. Nach der Mitte des 16. Jahrhunderts diente dieser Schwerttyp, der oftmals mit einer geflammten Klinge ausgestattet war, vorwiegend als Parade- oder Zeremonienwaffe. Für den Nahkampf zwischen Fußknechten machte sich die Einführung eines Kurzschwertes erforderlich. In Italien entstand bereits im 15. Jahrhundert nach dem Vorbild des römischen Kurzschwertes (Gladius) die «Cinquedea». Diese Waffe mit kurzer Parierstange und sich zur Spitze stark verjüngender Klinge war gleichermaßen für Hieb und Stich tauglich. In Deutschland, Frankreich und einigen anderen europäischen Ländern fand dieser Waffentyp als Hauswehr oder sogenannte Ochsenzunge Verbreitung. Deutsche und schweizerische Landsknechte führten im 16. Jahrhundert als Kurzschwert den sogenannten Katzbalger mit zweischneidiger Klinge, dessen Parierstange horizontal S- oder achtförmig gebogen war.

Als besondere Form des Schwertes bildete sich seit der Mitte des 16. Jahrhunderts das Richtschwert heraus, das bis zum ersten Viertel des 19. Jahrhunderts als Exekutionswerkzeug gebräuchlich war. Die Klinge trug oftmals Symbole des Strafvollzuges oder war mit Inschriften moralisierenden Inhalts versehen. Ein Schwerttyp, der im 16. Jahrhundert in Norditalien entstand und bis ins 18. Jahrhundert üblich war, ist die Schiavona, die zum Schutz der Schwerthand ein Korbgefäß aus Messing oder flachen Eisenbändern erhielt. Beinahe alle Gattungen der Griffwaffen, jedoch bei weitem nicht alle Typen, wurden seit der Mitte des 16. Jahrhunderts mit Feuerwaffen kombiniert. So wurden vergleichsweise von der Gattung Schwerter nur wenige Typen wie Reiter- und Jagdschwerter mit Feuerwaffen verbunden. Das dominierende Konstruktionsschema kombinierter Griffwaffen war die Verbindung des Laufes und der Schloßteile mit der Klinge. Ein Beispiel hierfür bieten die im Metropolitan Museum of Art, New York, aufbewahrten Reiterschwerter (Kat.-Nr. 27, 28). Bei diesen um 1570/80 in Deutschland hergestellten Waffen sind der Lauf und das Radschloß seitlich mit der Klinge verschraubt. Ihr Gefäß, der Lauf und das Radschloß sind reich ausgeschmückt mit geätzten Ranken und Bandmauresken auf schwarzem Grund. Ein diesen Exemplaren sehr ähnliches, gleichfalls in Deutschland um 1570 hergestelltes Reiterschwert mit Radschloßfeuerwaffe besitzt das Kunsthistorische Museum in Wien.

Das Reiterschwert mit drei Feuerwaffen Kat.-Nr. 29 (Abb. 27, 28) ist ein Geschenk, das die Kurfürstin-Mutter Sophie 1615 dem Kurfürsten Johann Georg I. von Sachsen machte. Es weicht von dem genannten Konstruktionsprinzip völlig ab. Diese Waffe mit kräftiger zweischneidiger, dekorativ durchbrochener Klinge besitzt ein Gefäß aus gegossenem und vergoldetem Messing, dessen gerade Parierstange in Form von Kanonenrohren mit Schildzapfen, profilierter Mündung und Zündkanal ausgebildet ist. Der Knauf ist als kleiner Mörser, dessen Mündung von einem abschraubbaren Deckel verschlossen wird, gestaltet. Der S-förmige Griffbügel von rundem Querschnitt endet in einem stilisierten Vogelkopf, der zur Aufnahme der Lunte stirnseitig geschlitzt ist. Heribert Seitz, der die Waffe in seinem Werk «Blankwaffen», Bd. II, auf Seite 253 abbildet (allerdings ohne die Scheide), verweist sie in die Kategorie «Kuriosa».[9] Unter waffentechnischem Aspekt ist dieser Ansicht zuzustimmen, da die zwar funktionstüchtigen Kanonenrohre sowie der Mörser in der Tat als waffentechnische Spielerei einzustufen sind. Ihre Schußleistung war äußerst gering beziehungsweise beruhte gegebenenfalls auf dem Effekt eines dreifachen Böllerschusses. Durch das Auffinden der bisher nicht bekannten Scheide anhand des Inventars der Jägerkammer von 1668 erlangte diese Waffe jedoch eine andere Wertigkeit. Der Einstufung «Kuriosa» ist nur bedingt zuzustimmen, wenn man bedenkt, daß die Scheide sicherlich nicht ohne Grund mit den von Christoph Trechsler hergestellten und signierten und beim Gebrauch der Waffe sehr hilfreichen Artilleriemeßinstrumenten ausgestattet worden ist.

Christoph Trechsler «der Elder» (1571 bis 1624 in Dresden tätig) war ein bedeutender und äußerst produktiver Hersteller von zahlreichen qualitätsvollen Sonnenuhren, mathematischen Instrumenten, Artilleriemeßinstrumenten und Geschützaufsätzen.[10] Zinner erwähnt ihn auch als Erfinder und Hersteller einer Orgelbüchse mit fünf Läufen. Von 1602 bis 1605 soll er als Verwalter der Büchsenstube der Dresdner Kunstkammer eingesetzt worden sein.[11] Die von ihm gefertigten Artilleriemeßinstrumente (Richtaufsatz und kombinierte Räumnadel mit Meßstab) für die Scheide des Reiterschwertes sowie deren mit dem Mittelschild des Gefäßes identischer Dekor lassen die Vermutung zu, daß er auch als Hersteller des Gefäßes beziehungsweise der Waffe in Betracht kommt. Klingen wurden häufig erhandelt, so daß die Möglichkeit, eine komplette Waffe zu liefern, durchaus gegeben war.

Kurfürst Johann Georg I., der das Reiterschwert 1615 als Geschenk seiner Mutter erhielt, übernahm 1611 nach dem Tod seines Bruders Christian II. die Regierung. Als Herrscher eines wirtschaftlich hochentwickelten protestantischen Landes fiel der albertinischen Linie zugleich die Vormachtstellung innerhalb des protestantischen Lagers zu. Die Zunahme der Machtstellung der Landesfürsten, insbesondere seit der Reformation, führte zur Neuordnung der Verwaltung, Reorganisation des Heeres, Vermessung der Länder, Förderung von Wirtschaft und Wissenschaft. So hat Johann Georg I. bereits 1612 mit der Aufstellung einer neuen Defensionsordnung, die eine enorme Verstärkung des Heeres umfaßte, den Grundstein für ein stehendes Heer gelegt. Ein neues fürstliches Selbstverständnis war Mittel und Folge dieser Entwicklung, mit der das Interesse an Meßinstrumenten und Uhren nur mehr als zufällig korrespondierte, denn das Messen des Raumes verleiht Macht über diesen. Durch die Anwendung neuer Meßverfahren in der Artillerie wurde dieses Machtinstrument erst effektiver.

Dem Reiterschwert Kat.-Nr. 29 kann daher ein gewisser Symbolcharakter, als Waffe ohnehin, verstärkt durch die Zusammenstellung solcher Attribute der Macht, wie sie das in Form von Geschützen gestaltete Gefäß sowie die Artilleriemeßinstrumente verkörpern, nicht abgesprochen werden. Unter diesem Aspekt betrachtet, ist das Reiterschwert durchaus mehr als nur eine technische Spielerei.

Weitaus häufiger als Schwerter wurden Degen, Rapiere und Säbel mit Feuerwaffen kombiniert. Der Degen, der vermutlich zu Beginn des 15. Jahrhunderts in Italien entstand, fand seit der Mitte des 16. Jahrhunderts weite Verbreitung in Europa und löste in der Folgezeit das Schwert ab. Ausschlaggebend für die Entwicklung des Degens zur Modewaffe waren das Aufblühen der Fechtkunst und der Brauch des Duellierens in Europa. Das Duellieren, in Italien und Spanien aufgekommen, erlebte in Frankreich seinen Höhepunkt und verbreitete sich von hier aus seit der zweiten Hälfte des 16. Jahrhunderts über den Kontinent. Umherziehende Fechtmeister richteten Fechtschulen ein, darüber hinaus erschienen Fechtbücher, von berühmten Meistern dieser Kunst verfaßt. Außerdem dürften politische Ereignisse wie die Machtzusammenballung unter Kaiser Karl V., die Einführung neuer Kleidermoden durch die Kavaliere und Offiziere Karls V. und bald auch Ferdinands I. – der Degen wurde zum modischen Attribut und war zugleich Standessymbol – ebenso wie der wachsende Handel und kulturelle Kontakte zwischen Süden und Norden zur schnellen Verbreitung dieser Waffe beigetragen haben.

Die Bezeichnung Degen ist nicht international, sondern typisch für den deutschsprachigen Raum. Sie geht auf das mittelhochdeutsche Wort «degen» zurück, worunter man einen langen, vom Adeligen getragenen Dolch verstand. Der Dolch wird in Frankreich noch heute «dague» genannt, im Spanischen und Italienischen «daga». Im Englischen verwendete man für Degen das Wort «sword» oder auch «small sword». In fast allen europäischen Sprachen wird kein Unterschied zwischen Degen und Schwert getroffen, was auf eine bestimmte Gemeinsamkeit dieser Waffen hindeutet.

Der Degen ist eine vorwiegend für den Stich, weniger für den Hieb eingerichtete Griffwaffe mit gerader, meist zweischneidiger, jedoch auch drei- oder vierkantiger Klinge. Zum Schutz der Fechthand besitzt er ein aus Bügeln und Spangen bestehendes Gefäß. Die in zahlreichen komplizierten Varianten auftretenden Renaissancedegengefäße zeugen von der Gestaltungskraft ihrer Hersteller sowie deren Bemühungen, den Schutz der jetzt ungepanzerten Hand zu erhöhen. Ausgehend von dem kreuzförmigen mittelalterlichen Schwertgefäß erhielt die meist S-förmig gebogene Parierstange zunächst Zusatzbügel wie den Griff-, Faust- und Parierbügel. Später kamen der Klingen-, Terz- und Quartbügel und gegebenenfalls entsprechende Quartspangen hinzu. Während der Degen als Zivil- und Militärwaffe Verwendung fand, bildete sich ein spezieller Degentyp – das Rapier – als Duellwaffe heraus.

Das Rapier, dessen bügelreiches Gefäß zusätzlich zum besseren Abfangen des gegnerischen Stoßes mit einem Stichblatt ausgestattet ist, besitzt eine vorwiegend auf Stoß berechnete zweischneidige lange Klinge. Eine weitere Verbesserung des Handschutzes boten die noch vor 1650 in Spanien entstandenen Schalen- und Glockenrapiere, deren oftmals filigran durchbrochene Gefäße zusätzlich mit einer geraden Parierstange ausgestattet sind. Rapiere sind überwiegend kunsthandwerklich besonders reich ausgeschmückte Waffen, die mit dem in gleicher Weise dekorierten Linkehanddolch eine Garnitur bilden.

Als militärische Waffe für Fußkämpfer war der Degen mit seiner langen Klinge weniger geeignet. In der ersten Hälfte des 17. Jahrhunderts entstand als Militärdegen – Felddegen – eine kürzere Waffe mit kräftiger Klinge und reduziertem Gefäß. Der Klingen- und Parierbügel wurde aufgegeben, dafür erhielt der Militärdegen ein vergrößertes beziehungsweise doppeltes Stichblatt.

Als spezielle Reiterwaffe wurde um 1650 der sogenannte Haudegen eingeführt. Diese Waffe entwickelte sich aus dem Reiterschwert des 16. Jahrhunderts, dessen zweischneidige, bis zu 100 Zentimeter lange Klinge für Hieb und Stich eingerichtet war. Das Gefäß besaß eine S-förmig gebogene Parierstange, die oftmals mit einem Faustschutzbügel ausgestattet war.

Eine weitere typische Reiterwaffe des 16. bis 18. Jahrhunderts, die vorwiegend in Südost- und Osteuropa als Zweitwaffe rechts am Sattel mitgeführt wurde, ist der Panzerstecher. Dieser Stoßdegen mit einer dreikantigen, bis zu 150 Zentimeter langen Klinge besitzt eine gerade Parierstange mit langem Mitteleisen, gegebenenfalls ist die Parierstange zusätzlich mit einem Griffbügel ausgestattet. Die Bezeichnung Panzerstecher wurde auch für einen kräftigen Dolch mit langer dreikantiger Klinge – den sogenannten Gnadgott – angewendet.

Für Reiterformationen des 18. Jahrhunderts blieb die Blankwaffe noch immer die Hauptwaffe. Kürassier- und Dragonerregimenter führten den Pallasch, eine schwere Hieb- und Stichwaffe mit vorwiegend einschneidiger Klinge, dessen Gefäß ein Stichblatt und einen Griffbügel besitzt. Manche Pallaschgefäße bestehen aus mehreren schräg verlaufenden Spangen, die miteinander verbunden sind. Einige Typen besitzen einen Messingkorb, auf dessen Außenseite das Herrscherwappen oder Monogramm angebracht ist.[12]

Der Degen wurde im 18. Jahrhundert als militärische Waffe vorwiegend von Infanterieoffizieren geführt. Seine Wesensmerkmale blieben unverändert, allerdings hielten die Bestrebungen, den Degen zu verkürzen, bei militärischen und insbesondere bei zivilen Waffen an. Während der Offiziersdegen noch eine Gesamtlänge zwischen 85 und 100 Zentimetern erreicht, war der Zivildegen nur noch 50 bis 60 Zentimeter lang. Gerade beim Zivildegen, der in seiner Zierlichkeit kaum noch als Waffe bezeichnet werden kann, wird die Wandlung vom kämpferischen, stets zum Duell bereiten Kavalier der Renaissance zum devoten Höfling absolutistisch regierender Könige und Fürsten deutlich.

In der Waffensammlung der Staatlichen Ermitage Leningrad befindet sich ein sehr interessanter Degen mit Feuerwaffe (Kat.-Nr. 30). Diese um 1575 bis 1585 in Frankreich entstandene, wohl aus dem Besitz des französischen Königs Heinrich III. stammende Waffe besitzt eine geflammte Klinge, auf der terzseitig die Funktionsteile des Radschlosses montiert sind, wobei der Faustschutzbügel zugleich als Hahnfeder dient. Der Hahn ist mit der Parierstange verschraubt, wodurch das Schloß platzsparend mit dem Degen verbunden ist, was eine relativ günstige Handhabung der Waffe ermöglicht. Die Klinge zeigt im oberen Drittel das gravierte französische Königswappen mit dem Monogramm Heinrichs III. sowie dessen Bildnis, die Inschrift V (i) V (e) LE ROY und das Wappen von Avignon. Der Lauf ist quartseitig mit der Klinge verschraubt.

Das Historische Museum Dresden besitzt einen repräsentativen Degen, der mit einer Feuerwaffe verbunden ist. Dieser Degen mit Radschloßfeuerwaffe (Kat.-Nr. 31; Abb. 30, 31, 32) sowie zwei weitere Kombinationswaffen (der Streitkolben Kat.-Nr. 22 und die Helmbarte Kat.-Nr. 66) waren ein Geschenk der Markgräfin (ab 1598 Kurfürstin) Katharina von Brandenburg-Küstrin an den Kurfürsten Christian I. von Sachsen (1591). Degen und Helmbarte können dem Augsburger Büchsenmacher Bernhard Albrecht zugesprochen werden. Der Lauf des Degens und die beiden Läufe der Helmbarte tragen dessen Meistermarke sowie die Augsburger Stadtmarke. Anscheinend hat sich B. Albrecht, der auch die Streitaxt Kat.-Nr. 9 fertigte, auf die Herstellung von Kombinationswaffen spezialisiert. Ob er als Büchsenmacher zugleich auch als der Hersteller beziehungsweise derjenige, der die komplette Waffe lieferte, in Betracht kommt, ist nicht eindeutig zu klären. Die Waffe besticht weniger durch technische Besonderheiten, denn die Schloßkonstruktion sowie die Verbindung des Laufes und des Schlosses mit der Klinge erfolgte nach einem bereits bewährten, relativ unkomplizierten Konstruktionsschema, als vielmehr durch ihre dekorative Klinge und das prachtvolle Gefäß. Die zweischneidige Klinge mit abgeflachtem Mittelgrat ist im oberen Drittel als Rückenklinge ausgebildet; in ihrem terzseitigen Hohlschliff liegt der zweifach verschraubte Lauf. Bis zu ihrem unteren Ende ist die Rückenklinge terzseitig in dichter Folge mit Kriegsarmaturen in Goldätzung auf geschwärztem, geperltem Grund geschmückt, quartseitig zeigt die Klinge Bandmauresken auf schwarzem Grund. Zur Montage des Schlosses ist die Klinge entsprechend bearbeitet. Sie besitzt unmittelbar unter der Parierstange einen herzförmigen Durchbruch zur Aufnahme des quartseitig mit dem Daumen zu bedienenden Abzugs. Die reich mit Bandmauresken in Schwarzätzung verzierte Schloßplatte ist mit der Klinge zweifach verschraubt. Einzelne Schloßteile, wie die messingvergoldete und gravierte, in Form von Monstreköpfen durchbrochene Radkappe, der gravierte und vergoldete Pfannendeckel sowie der vergoldete Druckknopf, die gebläute Hahnfeder und der in Form eines Monstrekopfes gravierte Hahn, bilden einen wirkungsvollen Kontrast zur Schloßplatte. Gleichfalls kontrastreich ist der Dekor des Laufes angelegt, dessen hinterer achtkantiger Teil zwischen Rankenwerk in Schwarzätzung die Augsburger Stadtmarke und die Meistermarke «BA» mit der strahlenden Sonne trägt. Die vordere Laufhälfte dagegen zeigt geätzte Bandmauresken auf schwarzem Grund. Ein weiterer optisch wirkungsvoller Effekt entsteht durch schmale Bänder an der Kammer, der Laufmitte und an der Mündung des Laufes, die Ranken in Goldätzung zeigen. Das bügelreiche Gefäß dagegen ist in einer vollkommen anderen Ziertechnik ausgeschmückt; Knauf-, Mittel- und Endstücke der Gefäßteile nehmen vergoldete Messingmedaillons mit figürlichen Darstellungen, überwiegend in klassischem Kostüm, auf. Während der signierte Lauf die Feuerwaffe als Augsburger Arbeit ausweist, sind Klinge und Gefäß nicht gemarkt. Die Klinge kann jedoch aufgrund ihres Dekors, der dem zeitgenössischer Harnische aus der Werkstatt Anton Peffenhausers entspricht, als Augsburger Arbeit identifiziert werden. Die Lokalisierung des Gefäßes gleicher Provenienz ergibt sich aus dem Vorhandensein der gegossenen und ziselierten Messingmedaillons. J. F. Hayward konnte bei seinen Forschungen zu diesem charakteristischen Gefäßtyp 15 in gleicher Weise und Qualität dekorierte Blankwaffen nachweisen, die sich in den verschiedensten Sammlungen der Welt befinden.[13] Von dieser Gruppe sind 5 Degen, 2 Dolche und 5 Stockdegen mit einer Radschloßfeuerwaffe kombiniert. Ein dem Degen Kat.-Nr. 31 ähnliches Exemplar mit einer ebenfalls von B. Albrecht signierten Radschloßfeuerwaffe befindet sich in der Sammlung der Ermitage in Leningrad.[14] Bei der Demontage des Degens Kat.-Nr. 31 konnte festgestellt werden, daß die Klinge nach dem bereits vorhandenen Schloß hergestellt worden sein muß, denn das vom Schloß bedeckte Klingenstück ist poliert. Außerdem entspricht dieses Klingenstück der konvexen Form des Schlosses. Als Hersteller dieser Kombinationswaffe dürfte daher der Schwertfeger in Betracht kommen, der die Klinge erwarb und sie dem Gefäß anpaßte, das er entweder selbst fertigte oder von einem Gefäß- oder Messerschmied bezog. Ebenso könnte er das Schloß und den Lauf gekauft und die Waffe komplettiert haben.

Bei dem Rapier mit Radschloßfeuerwaffe des Historischen Museums Dresden (Kat.-Nr. 32, Abb. 29) scheint dagegen der Büchsenmacher das Rapier erworben und ein dem Klingenquerschnitt entsprechendes Radschloß montiert zu haben, wobei die Fehlschärfe zur Aufnahme der Abzugsvorrichtung ausgespart worden ist. Der gebläute Lauf liegt im terzseitigen Hohlschliff der Klinge und ist mit dieser verschraubt und verstiftet. Dieses Konstruktionsschema läßt sich bei einer Anzahl von Degen und Rapieren des 16. und 17. Jahrhunderts nachweisen. Das Museo Nazionale del Bargello in Florenz besitzt einen eleganten italienischen Degen mit Feuerwaffe.[15] Bei dieser um 1650 entstandenen Waffe sind das Steinschloß und der Lauf gleichfalls seitlich mit der Klinge verbunden, die verlängerte Stange ragt durch das dekorativ durchbrochene Stichblatt und dient als Abzug. Weitaus häufiger jedoch als Rapiere und Degen sind seit der Mitte des 16. Jahrhunderts bis gegen Ende des 19. Jahrhunderts Säbel mit einer Feuerwaffe kombiniert worden.

Die Hauptwaffe der leichten Reiterei war ursprünglich der Säbel. Er ist eine vorwiegend für den Hieb eingerichtete Griffwaffe mit einer gekrümmten, spitz auslaufenden Klinge; einige Typen sind mit einer kurzen Rückenschneide ausgestattet. Das Gefäß besitzt einen zur Schneide hingebogenen oder abgeknickten Griff, der von einer Griffkappe abgeschlossen wird. Zum Schutz der Hand ist das Gefäß mit einer Parierstange, schmalem Mitteleisen oder mit einem Griffbügel ausgestattet. Allerdings gibt es auch einige Typen, wie beispielsweise die kaukasische Schaschka, die keinen Handschutz haben.

Die Vorteile des Säbels gegenüber anderen Griffwaffen beruhten auf dessen gekrümmter Klinge, die beim Auftreffen außer der Hiebwirkung zugleich auch eine schneidende Wirkung erzielte. Außerdem gestattete der Säbel durch sein geringes Gewicht ein blitzschnelles Agieren im Gefecht.

Ursprungs- und Hauptverbreitungsgebiet des Säbels war der Orient; in Europa konnte sich diese Waffe erst relativ spät durchsetzen, da die schwere Reiterei noch gegen Ende des 16. Jahrhunderts mit dem widerstandsfähigen Plattenharnisch ausgerüstet war. Das Schwert mit seiner geraden kräftigen Klinge war die geeignetere Waffe, um einen geharnischten Reiter anzugreifen. Erst mit dem Eindringen der Türken in Ungarn seit der zweiten Hälfte des 15. Jahrhunderts erlangte der Säbel im europäischen Raum militärische Bedeutung. Er erwies sich im Kampf gegen die nur leicht gepanzerten, schnellen türkischen Reiterformationen als wirksamer als das nur schwerfällig zu handhabende Schwert. Mit der Aufgabe des kompletten Harnisches, bedingt durch die zunehmende Durchschlagskraft der Geschosse der Feuerwaffen, setzt sich der Säbel besonders bei der leichten Reiterei in vielen europäischen, insbesondere osteuropäischen Ländern, durch. Seit der Herausbildung der stehenden Heere des Absolutismus und der damit verbundenen Entwicklung einzelner Waffengattungen erhielten in vielen europäischen Ländern – außer den verschiedenen Kavallerieeinheiten – auch Infanteristen, Artilleristen und Marinesoldaten den Säbel. Manche Einheiten führten den Säbel bis ins 20. Jahrhundert.

Das Historische Museum in Dresden besitzt einen Säbel polnisch-ungarischen Typs, der mit einer Radschloßfeuerwaffe kombiniert ist (Kat.-Nr. 35, Abb. 33). Dieser Säbel wird im Gesamtinventar von 1606 als ein Geschenk erwähnt, das Heinrich von Krinetzki 1569 dem sächsischen Kurfürsten übergab. Bei dieser Waffe sind das robuste Radschloß und der Lauf in simpler Weise mit der Klinge verbunden. Die dazugehörige Scheide ist zur Aufnahme der Feuerwaffe entsprechend erweitert. Ein gleichfalls sehr robust gearbeiteter Säbel mit Radschloßfeuerwaffe befindet sich in der Sammlung der Ermitage in Leningrad. Bei dieser in der Mitte des 16. Jahrhunderts in Italien gefertigten Waffe bildet der lange Lauf den Klingenrücken, das Radschloß ist seitlich mit der Klinge verbunden.

Zwei außerordentlich prachtvolle, wohl in Frankreich um 1555 entstandene Cortellaggios mit verborgener Radschloßfeuerwaffe werden in der Waffensammlung des Kunsthistorischen Museums Wien aufbewahrt (Kat.-Nr. 33, 34). Als Cortellaggio bezeichnet man einschneidige Griffwaffen des 16./17. Jahrhunderts mit breiter, meist schwach gekrümmter Klinge. Die italienische Bezeichnung Coltellacio leitet sich von dem lateinischen Wort cultellus ab, was soviel wie Messer oder Dolch bedeutet. Im Französischen werden lange Messer coutelas, im Englischen cutlass genannt, während man in Skandinavien für kurze Säbel mit mitteleuropäischem Degengefäß das Wort kortlass verwendet.[16]

Bei den Cortellaggios Kat.-Nr. 33 und 34 ist der Lauf durch den kräftigen Klingenrücken gebohrt. Das Radschloß ist bei beiden Waffen in einem kleinen kapselförmigen Gehäuse untergebracht, das im Zentrum der Parierstange angeordnet ist. Die Funktionsweise des Radschloßmechanismus entspricht dem der Streitaxt mit verborgener Radschloßfeuerwaffe (Kat.-Nr. 4, Abb. 4) aus dem Historischen Museum Dresden. Außer den beiden genannten Cortellaggios sind noch zwei weitere, überaus prachtvolle Waffen bekannt. Sie befinden sich in der ehemaligen Sammlung Pauilhac in Paris und in einer amerikanischen

Privatsammlung.[17] Wenngleich diese Waffen zweifelsohne gebrauchs- und funktionstüchtig waren, so sind sie jedoch in erster Linie kostspielige Kunstkammerstücke. In ihrer Exklusivität zählen sie zu den bedeutendsten Leistungen der Büchsenmacher und Schwertfeger jener Zeit.

Obgleich, wie bereits erwähnt, die mit Feuerwaffen kombinierten Griffwaffen im militärischen Bereich keine Bedeutung erlangen konnten, lassen sich besonders für das 19. Jahrhundert immer wieder Versuche nachweisen, diesen Waffentyp für militärische und zivile Zwecke nutzbar zu machen.

Mit dem produktionstechnischen und wissenschaftlichen Fortschritt gegen Ende des 18. Jahrhunderts waren auch die Voraussetzungen für die Erfindungen neuer Zündsysteme bei den Handfeuerwaffen gegeben. Die beinahe 200 Jahre währende Vorherrschaft des Steinschlosses, bei dem die Entzündung des Pulvers durch mechanisch erzeugte Funken erfolgte, wurde zu Beginn des 19. Jahrhunderts durch den Einsatz sogenannter chemischer Schlösser beendet. Beim Steinschloß kam es trotz wesentlich verbesserter Zündung gegenüber früheren Entwicklungen noch immer sehr oft zu Versagern, die teilweise aus dem ungenügenden Schutz des Pulvers auf der Pfanne gegen Nässe, dem häufigen Ausbrennen des Zündloches sowie aus der schnellen Abnutzung der Flintsteine resultierten.

Diese Mängel konnten durch die aufkommende wesentlich sicherere und schnellere Perkussionszündung beseitigt werden, bei der durch Aufschlagen eines Hahnes auf einen Explosivstoff eine Flamme entstand, die durch den Zündkanal in den Pulverraum des Laufes schlug und die Treibladung entzündete. Die ersten hochempfindlichen Explosivstoffe, die anstelle des Feinpulvers auf die Zündpfanne des Steinschlosses gegeben wurden, stellte 1786 der französische Chemiker Claude Louis Berthollet her. Im Jahre 1799 erfand der Engländer Edward Howard das Knallquecksilber, das die Erfindung Berthollets noch übertraf. Aus dem Knallquecksilber wurden Kapseln, Knallperlen und Zündplättchen hergestellt. Ein dem neuen Zündstoff entsprechendes Schloß konstruierte der schottische Geistliche Alexander Forsyth. Bei diesem Schloß, das hauptsächlich bei Jagdgewehren Anwendung fand, ist der Feuerstahl durch ein kleines drehbares, mit Explosivstoff gefülltes Magazin (Flakon) ersetzt worden. An die Stelle des Hahnes mit dem Feuerstein trat ein kleiner Hammer, der auf den Explosivstoff schlug und ihn entzündete.

Mit der Erfindung des mit Knallquecksilber gefüllten Zündhütchens durch den englischen Büchsenmacher J. Manton waren die Voraussetzungen für die Konstruktion des verbesserten Perkussionsschlosses gegeben. Bei diesem Schloß, dessen Innenmechanismus dem des Steinschlosses entspricht, trat an die Stelle der Pulverpfanne ein Piston (Zündkegel), das bis in die Pulverkammer des Laufes hineinreichte. Das Zündhütchen wurde auf das Piston aufgesetzt und durch Aufschlagen (lat. percussio) des mit einer Vertiefung versehenen flachen Hahnes entzündet. Bei Waffen mit Perkussionsschloß traten nunmehr kaum noch Versager auf. Die Schußleistungen der Perkussionswaffen blieben jedoch die gleichen wie die der Steinschloßwaffen. In der folgenden Zeit sind daher zahlreiche Versuche unternommen worden, die ballistischen Leistungen durch die Einführung von Spitz-, Kompressions- und Expansionsgeschossen zu verbessern. Um 1830 hatte sich das Perkussionssystem so weit durchgesetzt, daß fast alle Armeen begannen, Perkussionswaffen einzuführen. Da bei Perkussionswaffen der Ladevorgang noch immer so zeitaufwendig war wie in den vorangegangenen Jahrhunderten, wurden nach wie vor Versuche unternommen , die Kombinationswaffe sowohl für zivile als auch für militärische Zwecke zu nutzen.

Ein Beispiel hierfür bietet der englische Offizierssäbel mit Perkussionsfeuerwaffe (Kat.-Nr. 36), der im Jahre 1822 eingeführt wurde. Das Stichblatt des messingvergoldeten Säbelgefäßes ist mit dem gekrönten Monogramm Georgs IV. geschmückt. Das Perkussions-Kastenschloß ist mit dem unteren Teil des Säbelgriffes verbunden. Der durch das Stichblatt ragende, auf der rechten Klingenseite liegende Lauf trägt die Herstellersignatur «JOHNSTON NEWCASTLE STREET» und die Birminghamer Prüfmarke.

Die Staatliche Ermitage Leningrad besitzt einen Säbel mit doppelter Perkussionsfeuerwaffe, der 1844 in Paris für einen russischen Marineoffizier hergestellt worden ist (Kat.-Nr. 37). Die Perkussionshähne werden von der symmetrisch geteilten Parierstange gebildet und sind nur in gespanntem Zustand erkennbar. Die gebläuten Rundläufe sind rechts und links von der Klinge angeordnet.

1832 konstruierte Casimir Lefaucheux die erste Einheitspatrone mit Selbstdichtung, die er 1835 patentieren ließ. Lefaucheux, der sich lange Zeit intensiv mit dem Perkussionssystem beschäftigte, gelang es, die Zündkapsel und die Patrone, die bei Perkussions-Hinterladerwaffen unabhängig voneinander sind, in einer Patrone zu vereinigen. Die von ihm hergestellte Patrone bestand aus einer Papphülse, die mit einer maschinell gepreßten Hülsenkapsel aus Messing abschloß. Die Patrone besaß eine Pappeinlage, in deren Mitte sich das Zündhütchen betand. Auf dem Zündhütchen saß der Zündstift, der seitlich aus der Messingkapsel herausragte. Beim Schuß schlug der Hahn auf den Zündstift, wodurch die Pulverladung der Patrone entzündet wurde. Nach dem Schuß diente der Zündstift zum Herausziehen der Patronenhülse. Diese Patrone wurde in der Folgezeit von Casimir Lefaucheux und dessen Sohn Eugène verbessert. Die Patrone mit Papphülse wurde von der mit Kupfermantel abgelöst.

Das Lefaucheux-System war 20 Jahre lang dominierend und wurde in zahlreichen Modifikationen beinahe 100 Jahre lang angewendet. In seiner 1845 in Paris gegründeten Waffenfabrik ließ Lefaucheux außer Jagdwaffen in hoher Stückzahl Hand- und Faustfeuerwaffen für die Armee und den zivilen Bereich produzieren. So wurden zwischen 1854 und 1867 in seiner Pariser Fabrik etwa an die 130000 Revolver und 32000 Revolvergewehre erzeugt. Waffen des Systems Lefaucheux wurden jedoch in Lizenz auch in anderen Fabriken, vor allem in Belgien, hergestellt. Insgesamt wurden etwa 1 Million Waffen dieses Systems produziert. Auf der Weltausstellung von 1862 erwiesen sich Lefaucheux' Waffen denen von Colt, Remington und Adams überlegen.[18] Seit dieser Zeit richtete Lefaucheux sein besonderes Augenmerk auf die Herstellung von Prunkwaffen, gleichzeitig entstanden in seiner Fabrik die verschiedensten Kombinationswaffen.

Der in Belgien angefertigte Säbel mit Revolver des Systems Lefaucheux (Kat.-Nr. 38, Abb. 34) hat eine sechsschüssige Trommel für Patronen mit Stiftzündung. Der Revolver ist in das Gefäß des Säbels eingebaut, der Lauf liegt im Hohlschliff der Klinge. Derartige Waffen wurden von berittenen Jägern oder Guiden im Dienste Garibaldis geführt.

In Amerika sind von mehreren Herstellern gleichfalls Säbel mit Revolvern produziert worden. Am 20. September 1864 erhielt der in New York tätige Sive Guilbert das US-Patent 44, 303 für einen Säbel mit sechsschüssigem Double-action Revolver.[19] Die Trommel ist im Knauf eingebaut, der Lauf liegt unmittelbar unter der Fehlschärfe der Klinge. Der am Stichblatt ringförmig ausgebildete Faustschutzbügel dient zugleich als Abzug. Während des amerikanischen Bürgerkrieges (1861–1865) wurden von amerikanischen Waffenproduzenten Patente für Degen-Revolver und vor allem für Kavalleriesäbel-Revolver angemeldet. Die für die Armee hergestellten Kombinationswaffen bewährten sich allerdings unter Feldbedingungen nicht, weshalb sie für den militärischen Dienst nicht übernommen wurden. Trotzdem wurden derartige Kombinationswaffen auch weiterhin produziert. Auf der Pariser Weltausstellung von 1867 stellten vor allem die Waffenfirmen Lefaucheux, Lepage, Devisme und Dumonthier Kombinationswaffen für Stift-, Zentral- und Randfeuerpatrone aus, die den amerikanischen Erzeugnissen überlegen waren. So wurden etwa 30 verschiedene Typen von Degen- und Säbelkombinationen mit eingebautem Revolver gezeigt. In der italienischen Armee waren solche Waffen bevorzugte Offizierswaffen. Säbel-Degen-Feuerwaffenkombinationen wurden während des 19. Jahrhunderts bis ins 20. Jahrhundert in den meisten europäischen Ländern hergestellt, allerdings war die Stückzahl im Vergleich zu der Massenproduktion von Hand- und Faustfeuerwaffen sehr gering.

JAGDGRIFFWAFFEN, KOMBINIERT MIT FEUERWAFFEN

Eine speziell für den Jagdgebrauch konzipierte Griffwaffe entstand erst gegen Ende des 15. Jahrhunderts. Bis dahin war es üblich, das Kampfschwert auch für Jagdzwecke zu benutzen. Das sogenannte Sauschwert mit dem üblichen Schwertgriff diente ausschließlich der Jagd auf Schwarzwild und hatte eine kräftige stabähnliche Vierkantklinge mit einem kurzen, lanzettförmigen Vorderstück. Ein hinter der Schneide angebrachter Querknebel sollte das anlaufende Wild stoppen und verhindern, daß die Waffe zu weit in den Tierkörper eindrang. Derartige Waffen wurden von berittenen Jägern benutzt. Außer dem Sauschwert verwendete der adlige Jagdherr seit Anfang des 16. Jahrhunderts bis etwa zur Mitte des 17. Jahrhunderts ein speziell für den Fangstoß eingerichtetes langes Jagdschwert bei Rot-, Dam- und Schwarzwild. Der Jäger zu Fuß bevorzugte ein Kurzschwert mit ein- oder zweischneidiger Klinge mit kurzer Parierstange und mit einem messerartigen Griff.

Die Schwertscheiden waren auf der Außenseite häufig mit einem Jagdbesteck ausgestattet, das aus verschiedenen Aufbruchmessern, Pfriem und manchmal einem Stahl oder einer Feile zum Schärfen der Klinge bestand. Die Gefäße der Jagdschwerter waren sehr unterschiedlich; neben geraden Parierstangen mit messerartigem Griff waren auch Gefäße mit Faustschutzbügel und Stichblatt üblich. Seit Mitte des 17. Jahrhunderts setzte sich als Jagdgriffwaffe der Hirschfänger allgemein durch. Diese in verschiedenen Varianten auftretende Waffe läßt zwei Haupttypen erkennen: solche mit Kreuzgefäß, bestehend aus Parierstange und Griff, und solche mit Bügelgefäß. Der Hirschfänger mit einer Klingenlänge bis zu 75 Zentimetern diente zum Forcieren des gestellten oder angeschossenen Rot-,

Dam- und Schwarzwildes. Die zweckmäßig gestaltete Klinge erlaubte darüber hinaus weitere Verwendungsmöglichkeiten wie das Zerlegen des Wildes sowie gegebenenfalls das Abschlagen von Geäst. Für bestimmte Jagdarten, wie beispielsweise die Parforcejagd, bildeten sich weitere Jagdgriffwaffen wie die Jagdplaute heraus. Mit dieser Waffe konnte der Jäger dem gestellten Wild die Sehnen der beiden Hinterläufe durchtrennen, so daß der adelige Jagdherr ohne Gefahr dem Wild mit dem Hirschfänger den Fangstoß geben konnte. Der Hirschfänger galt seit dem 18. Jahrhundert als Standeszeichen des ausgebildeten Jägers, der diese Waffe nach einer mehrjährigen Lehrzeit verliehen bekam.

In den stehenden Heeren des 18. Jahrhunderts wurden weidmännisch ausgebildete Jäger, die selbstverständlich gute Schützen waren, in sogenannten Jägerformationen zusammengefaßt. Friedrich II. von Preußen stellte zum Beipiel 1744 ein «Jägercorpus zu Fuß» in einer Stärke von 300 Mann auf. Der zivile Hirschfänger wurde nach dem Siebenjährigen Krieg vom militärischen Feldhirschfänger abgelöst.

Die Verbindungen von Jagdgriffwaffen mit Feuerwaffen waren durchaus begründet, denn es galt, dem angeschossenen oder gestellten Wild den Fangstoß zu geben, was nicht ungefährlich war. Die zusätzliche Feuerwaffe stellte gegenüber dem Wild gewissermaßen eine «doppelte Sicherung» dar. Und so überrascht es keinesfalls festzustellen, daß dieser Form eine dominierende Stellung unter den kombinierten Griffwaffen zukommt. Die beliebteste Kombinationswaffe war seit der Mitte des 17. Jahrhunderts der Hirschfänger, der in den verschiedensten Varianten bis ins 19. Jahrhundert in beinahe allen europäischen Ländern vorkam. Besonders zahlreich trat in England während des 18. Jahrhunderts ein Hirschfängertyp mit gerader Klinge und Steinschloßfeuerwaffe, deren kurzer Lauf meist abschraubbar war, auf. Derartige kombinierte Hirschfänger wurden in England bei der Jagd sowie auch als Reise- und Offiziersseitenwaffe verwendet.

Die auf kurze Schußdistanz berechneten, einfach konstruierten, ausschließlich auf Zweckmäßigkeit ausgerichteten Waffen dienten insbesondere als Verteidigungswaffe gegen räuberische Überfälle. Gleichfalls, wenn auch nicht so häufig, wurden auch andere jagdliche Griffwaffen, wie beispielsweise Weidmesser, Jagdmesser und vor allem Jagdschwerter und Jagddegen, mit Feuerwaffen verbunden. Das Zündprinzip des Schlosses folgte ebenfalls wie bei allen anderen kombinierten Waffen der allgemeinen waffentechnischen Entwicklung, jedoch traten die Schlösser in zahlreichen Modifikationen auf. So unterscheiden sich die Schloßkonstruktionen sowie deren Verbindungen mit der Klinge bzw. dem Gefäß wesentlich voneinander, während die Anbringung der Läufe identisch ist.

Das Metropolitan Museum of Art, New York, besitzt ein sehr dekoratives Weidmesser mit Radschloßfeuerwaffe, dessen Kalenderklinge von Ambrosius Gemlich geätzt worden ist. Von Ambrosius Gemlich, der nachweislich 1527 in München arbeitete und im Jahre 1540 als Ätzer im Dienst Herzog Ludwigs in Landshut tätig war, sind eine Anzahl in hervorragender Weise geätzter Dolch-, Messer- und Schwertklingen erhalten. Das Weidmesser Kat.-Nr. 39 (Abb. 38) kann wohl als die früheste voll signierte Arbeit Gemlichs gelten. Die Waffe trägt an dem Klingenrücken die Inschrift «AMBROSI GEMLICH MITBVRGER ZVO MINICHEN HAD DISS KOLLENDER GEMACH». Der Kalender ist aufgrund der beigegebenen Tabelle für die Jahre 1529–1534 gedacht, die Klinge dürfte deshalb 1528 geätzt worden sein. Die 1546 datierte, gleichfalls reich geätzte Radschloßfeuerwaffe ist demzufolge eine spätere, wenngleich auch nicht zufällige Zutat, denn Lauf und Schloß sind speziell für diese kostbare Klinge gefertigt worden, wobei das Gefäß und die Klinge entsprechend eingerichtet worden sind.

Zwei interessante, völlig unterschiedliche Radschloßkonstruktionen finden sich an den in der ersten Hälfte des 17. Jahrhunderts entstandenen Jagdschwertern aus dem Historischen Museum Dresden (Kat.-Nr. 40; Abb. 35, 37 und Kat.-Nr. 41, Abb. 39). Das Jagdschwert Kat.-Nr. 40 besitzt ein gebräuntes Eisengefäß, dessen einzelne Teile mit geschnittenen Blattranken dekoriert sind. Parierstange und Knauf enden in einem stilisierten Vogelkopf. Die mit geätztem Blattwerk geschmückte Klinge ist im Bereich der Fehlschärfe zur Aufnahme des Radschlosses durchbrochen. Der achtkantige Lauf liegt im quartseitigen Hohlschliff der Klinge. Diese Art der Montage des Schlosses setzt dessen starke Verkleinerung voraus, der sonst übliche Radschloßmechanismus mußte für diesen Zweck entsprechend verändert werden, so daß hier eine sinnreiche, durch ihre Verfeinerung beeindruckende Schloßkonstruktion entstand. Durch das Einlassen des Schlosses in die Klinge wird die Handhabung des Jagdschwertes nur unwesentlich beeinträchtigt, allerdings bewirkt die relativ große Aussparung eine Schwächung der Klinge.

Mit einer eigenwilligen Schloßkonstruktion, die von dem gebräuchlichen Typ total abweicht, ist das Jagdschwert Kat.-Nr. 41 (Abb. 39) ausgestattet. Die Waffe, deren gebläutes Eisengefäß mit geschnittenen Ranken dekoriert ist, besitzt eine zweischneidige Klinge. Das Radschloß ist terzseitig mit der Klinge und der Parierstange verschraubt, wobei wichtige Funktionsteile des Schlosses wie der Hahn, die Schlag- und die Hahnfeder außerhalb der Schloßplatte angeordnet sind. So fungiert der aus Federstahl gefertigte Parierbügel gleichzeitig als Hahnfeder. Die kräftige Schlagfeder ist auf den Faustschutzbügel montiert. Der in unmittelbarer Nähe der Parierstange angeordnete Abzug kann gegebenenfalls sofort mit dem Zeigefinger bedient werden.

Die immer wieder zu stellende Frage nach dem eigentlichen Hersteller der kombinierten Griffwaffen bzw. nach demjenigen, der die komplette Waffe lieferte, ist oftmals nicht eindeutig zu klären. Es kann jedoch anhand von Vergleichen und Untersuchungen der verschiedenen Schloßkonstruktionen und deren Verbindungen mit der Klinge davon ausgegangen werden, daß der Büchsenmacher in Zusammenarbeit mit dem Schwertfeger als Hersteller in Frage kommt, bzw. der Büchsenmacher erwarb eine Griffwaffe und verband sie mit einer Feuerwaffe. Bei dem Jagdschwert Kat.-Nr. 41 kommt anhand des Konstruktionsprinzips des Radschlosses nur der Büchsenmacher als Hersteller der Waffe in Betracht. Gleichfalls als Bestätigung hierfür kann das von dem in Olbernhau (Sachsen) arbeitenden Büchsenmacher J. A. Niefind 1725 gefertigte Hirschfängerpaar mit Steinschloßfeuerwaffe aus dem Historischen Museum Dresden (Kat.-Nr. 42 a/b, Abb. 40–43) angeführt werden. Diese hervorragend gearbeiteten Waffen (der Hirschfänger Kat.-Nr. 42 a trägt auf dem Abzugsblech die Signatur «NIEFIND IN OLBERNHAV») waren ein Geschenk des Oberhofjägermeisters Carl Gottlob von Leubnitz an den sächsischen Kurfürsten und König von Polen, August II.

Die Hirschfänger zeichnen sich durch technische Perfektion und durch den in bemerkenswerter Schönheit ausgeführten Eisenschnitt der Schloßteile und der Läufe aus. Ihre Nußbaumgriffe sind in Form eines Bärenkopfes ausgebildet. Die Verbindung der Schloßteile und der Läufe mit den Klingen weicht von dem sonst um diese Zeit üblichen Konstruktionsprinzip ab. Die Waffen sind ohne vergleichbare Vorbilder entstanden und können als eigenständige Erfindung Niefinds bezeichnet werden. Obgleich die als Paar gearbeiteten Hirschfänger in ihrem konstruktiven Aufbau völlig identisch sind, ist ihr auf französische Vorbilder zurückzuführender Dekor sehr verschieden. In diesem Zusammenhang ist darauf zu verweisen, daß der triumphale Siegeszug des französischen Stils und der Umstand, daß die Musterbücher verhältnismäßig einfach zu beschaffen waren, zu Raubdrucken außerhalb Frankreichs führte. So dürfte der Dekor des mit symmetrischen feingliedrigen Blattranken, Groteskmaske und Vogel verzierten Hirschfängers Kat.-Nr. 42 a (Abb. 41) dem von David Funck unter dem Titel «Neues Büchsenmacher Büchlein zufinden bey David Funck in Nürnberg» herausgegebenen Musterbuch entnommen worden sein.[20] Dieser Raubdruck, dessen Tafeln von Heinrich Raab gestochen worden sind, entstand nach Simonins «Plusieur et Ornaments» von 1683. Der Dekor des gleichzeitig entstandenen Hirschfängers Kat.-Nr. 42 b wirkt moderner. Er ist bereits dem Naturalismus des 18. Jahrhunderts verpflichtet und zeigt Jagdszenen sowie figürliche Darstellungen. Beide Waffen sind trotz unterschiedlichen Dekors einer seit dem Beginn des 18. Jahrhunderts in der Büchsenmacherkunst praktizierten Ziertechnik, deren charakteristisches Merkmal der auf punziertem Hintergrund plastisch herausgearbeitete polierte Eisenschnitt ist, verpflichtet. Diese Waffen machen gleichfalls deutlich, daß in der Büchsenmacherkunst verschiedene Stiläußerungen zur gleichen Zeit auftreten können. So ist für den Schloßdekor im klassischen Stil Louis XIV. (1643–1715) typisch, daß das Ornament hinter dem Hahn in horizontaler Lage lesbar sein sollte – ein Merkmal, das bei den Waffen trotz unterschiedlichen Dekors und späterer Entstehungszeit erkennbar ist.

Die Katalogabbildungen 43 bis 48 (Abb. 44–47) zeigen mit Steinschloßfeuerwaffen kombinierte Hirschfänger deutscher, englischer und spanischer Herkunft des 18. Jahrhunderts, die sich weniger durch dekoratives Beiwerk als vielmehr durch Gebrauchsfähigkeit auszeichnen. Bedingt durch die Perfektionierung der Handfeuerwaffen, besonders seit der zweiten Hälfte des 19. Jahrhunderts, verlor der mit Feuerwaffen kombinierte Hirschfänger wie der Hirschfänger überhaupt an Bedeutung. Der Jäger zog jetzt allgemein den Fangschuß aus sicherer Entfernung dem Fangstoß vor.

DOLCHE UND MESSER, KOMBINIERT MIT HANDFEUERWAFFEN

Verbindungen zwischen Dolchen oder Messern mit Feuerwaffen lassen sich seit der Mitte des 16. Jahrhunderts bis in das 20. Jahrhundert nachweisen.

Ein sehr frühes Beispiel hierfür ist der wohl in Italien um 1550 gefertigte Dolch mit verborgener Radschloßfeuerwaffe (Kat.-Nr. 49; Abb. 48, 49) aus dem Metropolitan Museum of Art, New York. Bei dieser sowohl sehr dekorativen als auch ungewöhnlich komplizierten Waffe sind die

Funktionsteile des Radschlosses in der hohlen Fehlschärfe der Klinge und im Griff untergebracht. Der Lauf wird von der hohlen Mittelrippe der Klinge gebildet, deren abnehmbare pfeilförmige Spitze mit einem Schaft ausgestattet ist, der zugleich als Radschloßschlüssel dient. Das quer zur Laufseele angeordnete Rad sitzt auf einer langen, in den Griff hineinragenden Achse, um die eine Spiralfeder gewunden ist. Zum Spannen des Radschlosses wird der mit der Klingenspitze verbundene Radschloßschlüssel durch eine zylindrische Öffnung im Knauf auf die Radachse gesteckt. Auf kombinierte Blankwaffen, die mit einer ähnlichen Radschloßkonstruktion ausgestattet sind, wurde bereits verwiesen (vgl. Kat.-Nr. 4, 33, 34). Bei dem reich geätzten, in Deutschland gegen Ende des 16. Jahrhunderts entstandenen Dolch Kat.-Nr. 50 aus dem Metropolitan Museum wird der Lauf ebenfalls von der hohlen Mittelrippe der Klinge gebildet, allerdings ist das Radschloß in der üblichen Weise auf die Außenseite der Klinge montiert, was die Waffe ziemlich unhandlich erscheinen läßt. In der Ermitage in Leningrad befindet sich ein sehr schönes, gleichfalls in Deutschland um 1580 gefertigtes Jagdmesser, bei dem der Lauf und das Radschloß auf der Außenseite der Klinge angebracht sind. Die platzsparende Variante, den Lauf in der Mittelrippe oder im Klingenrücken einzuarbeiten, war zweifelsohne technisch nicht unproblematisch und deshalb sehr kostspielig.

Einen interessanten schriftlichen Hinweis zur Herstellung von Kombinationswaffen liefert der im Dienst der Medici stehende Florentiner Büchsenmacher Antonio Petrini.[21] In seinem 1642 Don Lorenzo de Medici gewidmeten Manuskript beschreibt er unter anderem einige besonders hervorragende Waffen aus dem Großherzoglichen Arsenal. Im zweiten Teil seines Manuskripts berichtet er im Zusammenhang mit Erfindungen von Uhrmachern, Schmieden, Schlossern und Messerschmieden auch über von ihm erfundene und hergestellte Kombinationswaffen. Ein Abschnitt seiner Beschreibungen lautet: «Wie man eine Waffe fertigt, die als Dolch und Pistole dient». Weiterhin stellt er einen Degen vor, in dessen Griff eine Mühle zum Kornmahlen verborgen ist. Die von ihm auch zeichnerisch dargestellten Kombinationswaffen entsprechen dem bekannten Typus mit seitlich an der Klinge befestigtem Radschloß und im Klingenrücken integriertem Lauf. Die Wertschätzung, die Petrini in seiner Abhandlung den Kombinationswaffen beimißt, macht deutlich, daß die Herstellung derartiger Waffen besondere handwerkliche Fertigkeiten und konstruktives Denken voraussetzten.

Die Bemühungen der Büchsenmacher, mehrschüssige Handfeuerwaffen herzustellen, führten schon im zweiten Drittel des 16. Jahrhunderts zur Herausbildung von Wenderwaffen und seit der zweiten Hälfte dieses Jahrhunderts in Deutschland zur Entwicklung sogenannter Revolverwaffen. Eine Revolverwaffe in Verbindung mit einer langen Stoßklinge zeigt Kat.-Nr. 51. Bei dieser um 1625 in Spanien entstandenen Miqueletschloß-Waffe dreht sich eine sechsschüssige Trommel um die runde Angel der Klinge. Im Gegensatz zu den bisher in diesem Kapitel vorgestellten Waffen dominiert hier erstmals die Feuerwaffe – eine Tendenz, die vor allem im 19. Jahrhundert an Bedeutung gewinnt.

Eine außergewöhnliche Kombination verkörpert die doppelläufige Steinschloßpistole Kat.-Nr. 52 (Abb. 57, 58), die mit einer Stoß- und einer Messerklinge ausgestattet ist. Die Waffe vereinigt in sich drei Funktionen, sie ist Schuß-, Stich- und Hiebwaffe zugleich. Die Waffe, die sich im Historischen Museum Dresden befindet, konnte bisher in den Inventaren leider nicht nachgewiesen werden. Max v. Ehrenthal erwähnt sie in seinem Führer durch das Königliche Historische Museum als «eine Erfindung des Kapitän-Lieutenants Johann Kaspar Schachtmann, der sie am 27. Januar 1704 dem König August dem Starken verehrte».[22] Diese Pistole war als Fern- und Nahkampfwaffe für die Kavallerie vorgesehen, wurde jedoch vermutlich wegen ihrer ungünstigen Handhabung nicht in die allgemeine Bewaffnung der sächsischen Armee aufgenommen. Sie stellt dennoch einen interessanten, wenngleich etwas unglücklichen Versuch dar, die Kombinationswaffe für militärische Zwecke zu nutzen.

Während im 16. und 17. Jahrhundert noch zahlreiche technisch komplizierte und kunsthandwerklich meist reich ausgeschmückte Kombinationswaffen entstanden, nahm im weitaus rationelleren 18. Jahrhundert das Interesse an der Kombinationswaffe merklich ab. Die Büchsenmacher und Waffentechniker orientierten sich jetzt in erster Linie auf die Verbesserung der Mehrlade-, Hinterlade- und Kipplaufwaffen sowie auf die Herstellung von Handfeuerwaffen mit Doppelläufen. Das gewissermaßen spielerische Element, das waffentechnische Erfindungen und Verbesserungen im 16. und 17. Jahrhundert oftmals noch anhaftete, wich immer mehr praktischen Erwägungen im Sinne der modernen Technik und der Naturwissenschaften. Trotz dieser Tendenz entstanden in der Mitte des 18. Jahrhunderts einige mit Feuerwaffen kombinierte Messer und Eßbestecke, die in ihrer Skurrilität wohl kaum zu übertreffen sind. Die Katalogabbildungen 53 bis 55 zeigen ein Messer und Besteckteile, deren Griffe mit Steinschloßwaffen versehen sind. Die Funktionsteile sind bei allen Exemplaren auf die Außenseiten der Griffe montiert, die Läufe sind bis auf eine Ausnahme in die Griffe eingebohrt. Das reich mit Rocaillen dekorierte Besteck aus der Sammlung von W. Keith Neal (Kat.-Nr. 54, Abb. 50) dürfte der einzige komplette Satz von Messer, Gabel und Löffel sein, bei dem alle Teile mit einer Feuerwaffe ausgestattet sind. Die vergoldeten Bronzegriffe des Messers und der Gabel tragen die Signatur «F. H. RICHTER IN REICHENBERG». Diese kaum noch als Waffen zu bezeichnenden Kreationen von ungewöhnlichem Raffinement sind in gewisser Weise auch ein Ausdruck des Rokoko.

Mit der Erfindung und raschen Verbreitung des Perkussionszündsystems erlangten seit dem zweiten Viertel des 19. Jahrhunderts die mit Pistolen kombinierten Messer eine bisher nicht bekannte Popularität. Das neue Zündsystem bot die Möglichkeit, die Feuerwaffe platzsparend in den Griff eines Messers einzubauen beziehungsweise sie mit einer Messer- oder Dolchklinge zu verbinden. George Elgin aus New York war einer der ersten, der die Perkussionswaffe mit einer Messerklinge kombinierte. Am 5. Juli 1837 erhielt er für seine Messerpistole das US-Patent Nr. 254.[23] Nach seinen in der Patentschrift niedergelegten Angaben verband er eine Bowie-Messerklinge mit einer einschüssigen Perkussionspistole (ein Bowie-Messer ist ein schweres Kampfmesser, benannt nach seinem 1836 in Texas gefallenen amerikanischen Erfinder, Colonel James Bowie). Als in den Jahren 1836/37 die Vereinigten Staaten eine wissenschaftliche Südsee-Expedition vorbereiteten, unterbreitete Elgin am 8. September der US-Regierung schriftlich den Vorschlag, für diese Expedition 150 Messerpistolen zur Bewaffnung der Schiffsmannschaften liefern zu wollen. Ob diese von der Marine-Werft Brooklyn geprüften und als nützlich empfundenen Waffen während der Südsee-Expedition (1838–1842) zum Einsatz kamen, ist jedoch ungewiß, obgleich 150 Messerpistolen bei Elgin in Auftrag gegeben worden waren. Elgins Waffen wurden in der kurzen Zeitspanne zwischen 1837 und 1839 von den Firmen C. B. Allen, Morill, Mosman & Blair und Harrington in drei Typen unterschiedlicher Größe hergestellt. Die von C. B. Allen 1837 in Springfield, Massachusetts, nach Elgins Patent hergestellte Kombinationswaffe Kat.-Nr. 56 besteht aus einer Perkussionspistole, unter deren Lauf eine kräftige Messerklinge mit eingearbeitetem Abzugs- und Faustschutzbügel angeordnet ist. Die dazugehörige Lederscheide mit im Rücken eingeschobenem Ladestock besitzt Neusilberbeschläge. Wenngleich mehrere Firmen Elgins Waffen in unterschiedlicher Ausführung sowohl für den zivilen Bereich als auch für die US-Marine produzierten, blieb der kommerzielle Erfolg, den sich Elgin von seiner Erfindung erhoffte, aus.

Elgins Messer-Pistolen-Kombinationen wurden jedoch richtungsweisend für eine neue Generation von Kombinationswaffen. In Amerika und Europa – hier vor allem in Frankreich, England, Belgien und Deutschland – entstanden seit dem zweiten Viertel des 19. Jahrhunderts eine Vielzahl unterschiedlicher Kombinationswaffen. Zahlreiche Patente sind sowohl für brauchbare Erfindungen als auch für absurde und bizarre Zusammenstellungen von Messer/Dolch und Feuerwaffe verliehen worden, wobei die in rascher Folge entwickelten neuen Zündsysteme stets in irgendeiner Form zur Anwendung kamen. So stellte in der Mitte des 19. Jahrhunderts der in Paris ansässige Büchsenmacher und Waffenfabrikant Dumonthier verschiedene, durchaus zweckmäßige Kombinationswaffen her. Sehr interessant sind die von ihm produzierten Dolche mit doppelläufiger Perkussionsfeuerwaffe Kat.-Nr. 57 (Abb. 52) und Kat.-Nr. 58. Bei dem Dolch mit doppelläufiger Perkussionsfeuerwaffe Kat.-Nr. 57 (Abb. 52) sind die im beiderseitigen Hohlschliff des oberen Klingenstückes liegenden Läufe mit der Parierstange verschraubt. Der Schloßmechanismus ist platzsparend in dem mit spiralförmig gerippten Messingplatten belegten Griff untergebracht. Die Perkussionshähne werden von der eisernen Parierstange, deren oberes Stück symmetrisch geteilt ist, gebildet. Beim Spannen der Hähne klappt der Abzug, der die Hähne nacheinander bedient, heraus. Der ebenfalls von Dumonthier hergestellte Dolch mit doppelläufiger Perkussionsfeuerwaffe (Kat.-Nr. 58) vom gleichen Konstruktionsprinzip besitzt dagegen zwei Abzüge, die beim Spannen der Hähne nacheinander herausklappen, wobei der vordere Abzug den rechten Hahn bedient. Kombinationswaffen des Systems Dumonthier sind von einer Reihe von Büchsenmachern und Waffenfabrikanten nachgebaut und verkauft worden, allerdings ohne die Herkunft dieser Erfindung nachzuweisen. Dumonthier stellte auch eine Anzahl Revolver des Systems Lefaucheux mit feststehender Klinge her, Revolver dieses Systems sind gleichfalls von Lepage in Liège produziert worden. Ein Beispiel für solch einen Kombinationswaffentyp bietet das Revolvermesser Kat.-Nr. 59 (Abb. 56). Dieser von Lepage hergestellte sechsschüssige Single-action-Revolver ist für 11-mm-Stiftpatronen ausgelegt. Die Waffe besitzt eine kräftige, spitz auslaufende Klinge, in deren Rücken der Lauf eingebohrt ist. Der Rahmen und die Klinge sind miteinander verschraubt. Zum Laden der Waffe ist die mit einer Federarretierung ausgestattete Trommelverschlußklappe zu öffnen. Der Abzugsbügel mit Fingerstütze ermöglicht eine sichere Handhabung. Außer der präzisen Ausführung der Funktionsteile ist der reiche Dekor dieser prunkvollen Waffe bemerkenswert. Erwähnenswert ist, daß Samuel Colt bereits 1842 einen Unterhammer-Perkussions-Revolver mit feststehender Klinge konstruierte. Dieser Double-action-Revolver war jedoch wesentlich unhandlicher als der von Lepage hergestellte. Revolvermesser sind bis etwa 1875 in Frankreich von der Firma Dumonthier gefertigt worden.

Weitaus mehr Taschenmesserpistolen als mit Feuerwaffen kombinierte feststehende Messer- oder Dolchklingen wurden seit der ersten Hälfte des 19. Jahrhunderts bis weit in das 20. Jahrhundert hinein in Amerika und vor allem in Europa hergestellt. Diese kleinen, unauffällig in der Tasche eines Bekleidungsstückes zu tragenden Waffen von relativ großer Durchschlagskraft waren in erster Linie Waffen des Selbstschutzes. Sie kamen als Vorderlader für Perkussionszündung und als Hinterlader für Stift-, Rand- und Zentralfeuerpatrone auf den Markt. Bei diesen handlichen, meist ein-, seltener doppelläufigen Waffen waren der Schloßmechanismus sowie die ausklappbaren Messer beziehungsweise Messerklingen im Griff untergebracht, was besondere handwerkliche Fertigkeiten ihrer Hersteller voraussetzte.

Die sehr schön gearbeitete belgische Taschenmesserpistole Kat.-Nr. 60 (Abb. 54) besitzt einen runden Damastlauf mit zentral angeordnetem Piston für Perkussionszündung. Der mit Perlmutterschalen belegte Griffkasten trägt am klingenseitigen Ende eine Zwinge aus Weißkupfer, die Knaufkappe ist gleichfalls aus Weißkupfer. Die Funktionsteile des Schlosses sind im Inneren des Griffes verborgen. Beim Spannen des Hahnes klappt ein korkenzieherartiger gerader Abzug heraus. Nach Abfeuern des Schusses öffnet sich beim nochmaligen Durchziehen des Abzugs automatisch die Messerklinge. Bei der ebenfalls in Belgien um 1850 hergestellten Perkussions-Taschenmesserpistole Kat.-Nr. 61 (Abb. 53) sind die neusilbernen Griffschalen beiderseitig mit gravierten Blüten geschmückt. Die kurze dolchartige Klinge sowie der Abzug müssen bei dieser Waffe von Hand aufgeklappt werden. Im Knauf ist eine Kapsel mit Scharnierdeckel zur Aufbewahrung von Zündhütchen untergebracht.

Besonderer Beliebtheit erfreuten sich die von der englischen Firma Unwin and Rodgers in Sheffield hergestellten Taschenmesserpistolen. Im Sheffielder Branchenbuch von 1828 wird die Firma Unwin and Rodgers, Charles Str. 7, als Hersteller von Schreibfedern, Taschen- und Tischmessern, Schnallen, Klemmen und Spangen erwähnt.[24] Der früheste Hinweis auf die Produktion von Taschenmesserpistolen durch die Firma Unwin and Rodgers findet sich im Sheffielder Branchenbuch von 1841. Die Firma ist hier als Hersteller von Schreibfedern, Taschen-, Tisch-, Frucht-, Tafel- und Selbstverteidigungsmessern, Rasiermessern, Lanzetten und Schreibmaschinen eingetragen. Der illustrierte Reklameteil zeigt neben einer Vielzahl unterschiedlicher Messerschmiedeartikel auch eine Perkussions-Taschenmesserpistole. Diese mit einer Messerklinge ausgestattete Waffe besitzt einen ausklappbaren korkenzieherartigen, auch als Nagelbohrer zu verwendenden Abzug. Am Griffende befindet sich ein ausklappbarer Haken, der als Handstütze dienen kann oder auch zum Entfernen kleiner Steine aus einem Pferdehuf zu verwenden ist. Perkussions-Taschenmesserpistolen wurden von dieser Firma 1861 in verschiedenen Ausführungen gefertigt. Am 14. 5. 1861 erhielten Philip Unwin und James Rodgers das Patent für eine Taschenmesserpistole mit Randfeuerpatrone. Die Firmenreklame im Sheffielder Branchenbuch von 1862 erwähnt unter anderem, daß die wirksame Reichweite der Kugel zwischen 130 und 150 Metern liegt. Die Katalognummern 62 und 63 zeigen zwei von Unwin und Rodgers zwischen 1862 und 1884 hergestellte Taschenmesserpistolen für Randfeuerzündung. Die Läufe der Unwin-and-Rodgers-Waffen sind vorwiegend aus Weißkupfer. Die Patronenhülsen werden mit Hilfe eines Patronenziehers, der mit dem stählernen Verschlußstück verbunden ist, entfernt. Beim Spannen des Hahnes werden die einklappbaren Abzüge in die richtige Position gebracht. Ihre mit dunklen oder hellen Hornplatten belegten Griffe besitzen ein oder mehrere Messer für verschiedene Verwendungszwecke. Die Läufe sind auf der linken Seite bezeichnet mit «LETTERS PATENT», dem Firmennamen und den Birminghamer Beschaumarken. Die rechte Laufseite trägt die Handelsmarke «NON. XLL». Bei einigen Exemplaren ist im Griff ein kleines Fach zum Unterbringen von Patronen eingearbeitet. 1884 scheint die Firma Unwin and Rodgers die Produktion von Taschenmesserpistolen eingestellt und das Patent an eine Firma in Chicago übertragen zu haben. Mit einigen Verbesserungen versehen, wurden Taschenmesserpistolen bis in die vierziger Jahre des 20. Jahrhunderts in den Vereinigten Staaten von Amerika produziert und verkauft. In einem Inserat der American Novelty Co. Chicago, erschienen 1922 im «Popular Science Monthly», wird eine Messerpistole angepriesen, hergestellt in zwei Ausführungen, dem «Jäger» in Form eines Klappmessers und dem «Verteidiger» in Form eines Taschenmessers. Sie sei leicht zu tragen, absolut sicher, habe tausend Gebrauchsmöglichkeiten und verfüge über hervorragende Schußleistungen. Eine Sperrvorrichtung am Lauf mache zufälliges Entladen unmöglich.

Etwas kurios mutet an, daß diese Pistolen im Versandgeschäft verkauft wurden – der Kunde konnte den Preis von 4,45 Dollar an den aushändigenden Postboten entrichten.

STANGENWAFFEN, KOMBINIERT MIT HANDFEUERWAFFEN

Der Sammelbegriff Stangenwaffen umfaßt alle geschäfteten oder langstieligen Schlag-, Hieb- oder Stoßwaffen beziehungsweise Hieb- und Stoßwaffen, deren Gesamtlänge die Körpermaße ihres Trägers meistens überragte.

Für Jagdzwecke und kriegerische Auseinandersetzungen gehörte die Stangenwaffe in ihren verschiedensten Ausbildungen seit urgeschichtlicher Zeit bis ins 17. Jahrhundert zu den bevorzugtesten Waffen. Die Wechselwirkung zwischen neuen gesellschaftlichen und ökonomischen Verhältnissen, militärischer Taktik und Bewaffnung läßt sich am Einsatz der Stangenwaffe besonders deutlich verfolgen. So führte der durch ökonomische Veränderungen verursachte endgültige Rückgang der feudalen Reiteraufgebote um die Wende vom 15. zum 16. Jahrhundert zur Herausbildung der Söldneraufgebote und zu Veränderungen in der Bewaffnung und Taktik. Die Zahl der Fußkämpfer nahm wesentlich zu. Sie führten in der Regel vor allem Stangenwaffen, den langen Spieß, Helmbarten, Partisanen, Cousen, Glefen und andere Spieße mit Nebenspitzen. Insbesondere während des 16. Jahrhunderts erlangten die veschiedensten Stangenwaffentypen militärische Bedeutung. Gleichfalls waren Stangenwaffen während der Renaissance und des Barocks bevorzugte Waffen für Leibgarden, die sogenannten Trabanten zu Fuß. Sie bewachten die Paläste, bildeten die Leibkompanien und begleiteten Angehörige des hohen Adels auf Reisen und Ausflügen. Die Klingen dieser Stangenwaffen waren, entsprechend der dekorativen Kleidung der Trabanten, meist kostbar verziert, vorwiegend in Ätzarbeit. Innerhalb von Rankenwerk standen häufig Wappen, Devisen der Fürsten und Jahreszahlen. Beim Wechsel der Herrscher ließ der neue Würdenträger in der Regel neue Formen mit neuem Dekor herstellen. Dekorativ ausgeschmückte Trabanten- und Jagdstangenwaffen wurden seit der zweiten Hälfte des 16. Jahrhunderts bis zur Mitte des 17. Jahrhunderts gelegentlich mit ein oder zwei Feuerwaffen kombiniert. Trabanten, die während ihres Wachdienstes mit derartigen Waffen ausgerüstet waren, verfügten somit über eine brauchbare langschäftige Hieb- beziehungsweise Stoßwaffe, deren Wirkungsgrad durch die Möglichkeit, ein oder zwei Schüsse auf einen Gegner abfeuern zu können, wesentlich erhöht wurde. Die abgegebenen Schüsse konnten bei einem Überfall auch als Signal dienen, um Verstärkung herbeizurufen. Bei Jagdstangenwaffen ist der Anteil der erhaltenen Kombinationswaffen weitaus größer als bei Trabantenwaffen. Die Verbindung einer Stangenwaffe für Jagdzwecke mit ein oder zwei Feuerwaffen dürfte doch einen erheblichen Vorteil gegenüber der einzelnen Waffe geboten haben. So konnte beispielsweise mit der Saufeder in unmittelbarer Nähe des Schwarzwildes ein gezielter Schuß abgegeben werden, wodurch das anrennende Wild gestoppt wurde.

In der Sammlung des Historischen Museums Dresden sind vier mit Radschloßfeuerwaffen kombinierte Stangenwaffen (Kat.-Nr. 64–67; Abb. 59, 60) des 16. Jahrhunderts erhalten, wovon drei reich geätzte Exemplare für die Jagd bestimmt sind. Dieser kleine Bestand an kombinierten Stangenwaffen läßt trotz unterschiedlicher Typen und verschiedener Hersteller ein bis auf wenige technische Details ähnliches Konstruktionsschema erkennen. Trotz dieser Gemeinsamkeiten ist das Konstruktionsprinzip weitaus komplizierter und mit größerem technischem Aufwand verbunden als bei den kombinierten Griffwaffen. Wenngleich die Schlösser in ihrem konstruktiven Aufbau von den sonst üblichen dieser Zeit nur unwesentlich abweichen, so mußten doch die Schloßplatten für die Verbindung mit der Klinge entsprechend verändert werden. Sehr viel problematischer als die Montage der Schlösser war die der Läufe, die gleichzeitig das Verbindungsstück zwischen dem Schaft und der Klinge darstellen. Bei allen vier Exemplaren sind die senkrecht übereinander angeordneten Läufe, deren Kaliber sich zwischen 9 Millimeter und 11 Millimeter bewegt, mit ihrer vorderen Hälfte in den Mittelgrat der Klinge eingelegt. Zur Stabilisierung sind die Läufe durch eine senkrecht angeordnete Eisenplatte geschoben und mit dieser hart verlötet, des weiteren sind zwischen die Läufe schmale Eisenstege hart eingelötet. Das untere Klingenende ist durch die gleiche Eisenplatte, die die Läufe arretiert, geschoben und mit dieser verstiftet oder hart verlötet. Zwei halbschalenförmige, mit den Schwanzschrauben der Läufe verschraubte Deckplatten, die mit der Tülle des Schaftes verlötet sind, bilden das Verbindungsstück zwischen dem Schaft und den Läufen beziehungsweise mit der Klinge.

Die Schloßplatten besitzen einen zapfenförmigen hinteren Abschluß, der in eine entsprechende Aussparung der Tülle eingreift, weiterhin werden sie mit zwei Schloßschrauben arretiert. Die Abzugsvorrichtungen ähneln sich ebenfalls bei allen Exemplaren. Sie bestehen aus zwei langen Abzugsstangen, die auf die Unterseite der Schaftfedern montiert sind und deren hintere abgewinkelte Enden zugleich als Abzüge dienen. Bei der Saufeder Kat.-Nr. 64 sind die Abzüge bei gespanntem Zustand der Schlösser im Schaft versenkt und werden von einem flachen Sicherungsschieber arretiert. Die Abzüge sind so angeordnet, daß sie bei geradem Stoß mit der Stangenwaffe in Hüfthöhe leicht bedient werden können. Die Partisane Kat.-Nr. 67 ist mit zwei hintereinander angeordneten Abzugsvorrichtungen ausgestattet, wodurch die Feuerwaffen in jeder Situation, ohne mit der Hand umgreifen zu müssen, abgeschossen werden konnten. Der zum Laden der Feuerwaffen unentbehrliche Ladestock ist meist im unteren Drittel des Schaftes eingelassen. Um die Stangenwaffe sicher in der Hand halten zu können, ist die Schaftoberfläche aller Exemplare genoppt und mit aufgenagelten Lederriemen belegt.

Während bei den kombinierten Griffwaffen oftmals als Hersteller sowohl der Schwertfeger als auch der Büchsenmacher in Betracht kommen kann, läßt die komplizierte Verbindung der Feuerwaffen mit der Klinge einer Stangenwaffe den Schluß zu, daß nur der Büchsenmacher in enger Zusammenarbeit mit dem Klingenschmied als deren Hersteller in Betracht kommt. Die Herstellung solcher Waffen erforderte vom Büchsenmacher außer handwerklichen Fertigkeiten vor allem konstruktives Denken, und so ist es nicht verwunderlich, die Signatur hervorragender Meister der Büchsenmacherkunst auf den Läufen dieser Handfeuerwaffen zu finden.

Die Saufeder mit doppelter Radschloßfeuerwaffe Kat.-Nr. 64 (Abb. 61, 62), deren Läufe die Signatur «P» tragen, konnte dem Münchner Uhrmacher und Büchsenmacher Peter Peck zugeschrieben werden, der nachweislich seit 1540 bis 1596 in München tätig war.[25] Peter Peck gilt als besonders erfindungsreicher und experimentierfreudiger Meister, dessen Vielseitigkeit und technisches Können eine Reihe interessanter Waffen dokumentieren, darunter ein leichtes Turmdrehgeschütz mit Hinterladevorrichtung sowie einige Handfeuerwaffen. Er arbeitete im Auftrag des bayrischen Hofes, das heißt für den Herzog Wilhelm IV. und dessen jüngeren Bruder Ludwig X. (seit 1550 für Albert V., seit 1579 für Wilhelm V.) sowie für Kaiser Karl V. und den Prinzen Philipp, den späteren König Philipp II. von Spanien.

E. Schalkhaußer konnte nur 17 erhaltene Feuerwaffen dieses Meisters nachweisen – trotz dessen langer Lebens- und Wirkungszeit.[26] Die kombinierte Saufeder Kat.-Nr. 64 (Abb. 61, 62), die bisher nicht als Arbeit des Peter Peck erkannt worden war, besitzt ebenfalls wie die im Metropolitan Museum, New York, aufbewahrten doppelläufigen Radschloßpistolen für Kaiser Karl V. und weitere für Karl V. gefertigte Pistolen[27] Schlösser mit verdeckter Radkappe. Allerdings verwendete P. Peck bei dieser Waffe eine V-förmige Hahnfeder mit gleichlangen Schenkeln und nicht, wie bei den erwähnten, für Karl V. gefertigten Waffen, eine sichelförmige Hahnfeder. Die kombinierte Saufeder, die sich unter anderem durch ihre dekorative Ausschmückung – alle Teile sind reich geätzt und zeigen Blattranken und Blüten auf schwarzem geperltem Grund – auszeichnet, ist ein weiterer interessanter Nachweis für die Vielseitigkeit und das technische Vermögen des Büchsenmachers Peter Peck.

Der Hersteller der mit zwei Radschloßfeuerwaffen kombinierten Saufeder Kat.-Nr. 65 konnte trotz vorhandener Meistermarke (knieender Engel) nicht identifiziert werden. Das Konstruktionsprinzip sowie die kontrastreiche Dekoration der in Gold- und Schwarzätzung mit Ranken und figürlichen Darstellungen ausgeschmückten Klinge, der Schlösser und Läufe weisen die Waffe gleichfalls als süddeutsche, vermutlich Nürnberger Arbeit aus. Das lanzettförmige Klingenblatt und die kräftige Tülle entsprechen der im 16. und 17. Jahrhundert üblichen Form der Sauspieße. Der zum Abfangen angeschweißten Schwarzwildes sonst übliche, meist aus Hirschhorn gefertigte Auflaufknebel hat bei dieser Waffe die ungewöhnliche Form eines feststehenden, stark reduzierten Helmbarteneisens. Daß sich diese dekorative und interessante Waffe besonderer Wertschätzung erfreute, beweist ihre Aufbewahrung in der Kunstkammer sowie ihre Erwähnung im Kunstkammerinventar von 1587.

Als eine für Jagdzwecke ebenfalls ungewöhnliche Waffe kann die Jagdhelmbarte mit doppelter Radschloßfeuerwaffe (Kat.-Nr. 66, Abb. 59) bezeichnet werden. Der Name dieser wohl weit verbreiteten Stangenwaffe – Helmbarte (Hellebarte, Halmbarte, Halparte) – leitet sich von dem mittelhochdeutschen Wort Halm = Stange und dem althochdeutschen Wort Barta = breites Beil ab und bezeichnet eine gegen Ende des 13. Jahrhunderts bei Schweizer Fußkämpfern aufkommende Waffe, die als eine Verbindung zwischen Speer und Axt anzusehen ist. Mit ihrer schweren Beilklinge war sie für einen wuchtigen Hieb geeignet; die kräftige Stoßklinge eignete sich zum Panzerdurchbohren, und mit dem Reißhaken konnte der Reiter vom Pferd gezogen werden. Die mit Helmbarten ausgerüsteten Schweizer Fußkämpfer schlugen in der Schlacht am Morgarten (1315), bei Sempach (1386), bei Granson (1476) und bei Nancy (1477) österreichische und burgundische Feudalheere vernichtend.[28]

Da seit der zweiten Hälfte des 16. Jahrhunderts die schwere Panzerung der Reiter durch den verstärkten Einsatz der Feuerwaffen weitestgehend aufgegeben wurde, verloren das schwere Beil und der Reißhaken an Bedeutung. Das Beil bildete sich zurück, gleichfalls wurde der Haken schlanker. Die Schlagwirkung des jetzt meist halbmondförmigen oder sichelförmigen Beils war nur noch sehr gering. Dagegen bildete sich eine zumeist vierkantige, sehr lange Stoßspitze in Verlängerung des Schaftes heraus. Die Helmbarte wandelte sich von der Schlag- zur Stichwaffe und fand andererseits auch als Trabantenwaffe mit blattförmiger Spitze und durchbrochener Klinge Verwendung. Die ursprünglich ausschließlich auf Zweckmäßigkeit ausgerichtete Waffe fand nun eine paradebetonte zeremonielle Verwendung. Charakteristische Beispiele hierfür bieten die Trabantenwaffen der kursächsischen Schweizergarde, die Kurfürst Johann Georg I. noch kurz vor seinem Tod 1656 aufstellen ließ. Sein Sohn Johann Georg II. erhöhte auf Wunsch seines Vaters nach dessen Tod die vorher aus etwa 50 Mann bestehende Trabantenleibgarde auf 124 Unteroffiziere und Mannschaft sowie 4 Offiziere.[29] Die Helmbarte Kat.-Nr. 66, deren halbmondförmiges Beil, schnabelförmiger Haken, kräftige Stoßklinge sowie Feuerwaffen in dichter Folge mit Bandmauresken ausgeschmückt sind und deren Beil und Haken beiderseitig Medaillons mit geätzten und vergoldeten Kriegsköpfen zeigen, hat in hohem Grad den Charakter einer Prunkwaffe. Die Klassifizierung als Jagdhelmbarte resultiert aus der für Saufedern typischen lanzettförmigen Spießklinge, des weiteren aus dem Fehlen des für Trabantenwaffen charakteristischen Wappens oder des Herrschermonogramms. Die Waffe war wie der kombinierte Degen Kat.-Nr. 31 ein Geschenk der Markgräfin Katharina von Brandenburg-Küstrin an den Kurfürsten Christian I. von Sachsen (1511). Die Läufe tragen die Augsburger Stadtmarke sowie die Meistermarke «BA» des Augsburger Büchsenmachers Bernhard Albrecht. Das Konstruktionsprinzip, das heißt die Verbindung der Feuerwaffen mit der Klinge, ist identisch mit dem der anderen Stangenwaffen. B. Albrecht hat den gleichen Schloßtyp, mit dem auch der Degen mit kombinierter Radschloßfeuerwaffe Kat.-Nr. 31 ausgestattet ist, in nur geringfügiger Abänderung der Schloßplatten auch für die Helmbarte eingesetzt. Selbst der Dekor sowie die charakteristische, in Form von durchbrochenen Monstreköpfen gestaltete Radkappe sind bei beiden Waffen gleich. Scheinbar hat B. Albrecht gleich eine größere Stückzahl Radschlösser dieses Typs angefertigt und sie selbst für so unterschiedliche Waffen wie Degen und die Helmbarte einzusetzen gewußt. Seine offensichtliche Vorliebe für Zweckmäßigkeit wird auch durch den aus zwei zusammenschraubbaren Hälften bestehenden Schaft belegt, wodurch die schnell zerlegbare Waffe bei Reisen platzsparend mitgeführt werden konnte.

Die wohl früheste der kombinierten Stangenwaffen des Historischen Museums dürfte die Partisane mit doppelter Radschloßfeuerwaffe Kat.-Nr. 67 (Abb. 63) sein. Der Name Partisane ist dem italienischen Wort pertugiana (pertugiare = durchbohren) entlehnt. Die etwa 2,10 bis 2,80 Meter lange Stangenwaffe war speziell für den Stoß eingerichtet. Sie besaß eine kräftige, lange, zweischneidige Klinge mit breiter Basis in Form der sogenannten Ochsenzunge. Im 16. Jahrhundert fand die Partisane weite Verbreitung, ihre Klinge erreichte eine bemerkenswerte Formenvielfalt. Die charakteristische Form, die sich während des 16. Jahrhunderts herausbildete und der Waffe ihr Gepräge gab, war eine kräftige breite Klinge mit zwei seitlich nach oben gekrümmten kleinen Flügeln – Ohren. Ähnlich wie die Helmbarte und die Couse wurde die Partisane während des 16. Jahrhunderts beliebte Trabantenwaffe und Paradewaffe. Besonders während des Barocks erfuhr sie sehr prachtvolle Ausbildungen in unzähligen Varianten. Außerdem wurde sie bereits während des 17. Jahrhunderts als Offizierswaffe im Sinne eines Rangabzeichens eingeführt und hielt sich später unter der Bezeichnung Offiziers- und Unteroffizierssponton bis ins 18. Jahrhundert in der Armee.

Die Partisane mit doppelter Radschloßfeuerwaffe Kat.-Nr. 67 besticht durch ihre beinahe modern wirkende technische Ausführung und Auffassung. Verstärkt wird dieser Eindruck der ganz auf Zweckmäßigkeit ausgerichteten Waffe durch die strenge axialbezogene Linienführung der polierten Eisenteile. Die scharf geschliffene Klinge sowie die präzis montierten Feuerwaffen lassen erkennen, daß die Waffe für den ernsthaften Gebrauch bestimmt war. Die Feuerwaffen erscheinen nicht, wie oftmals bei Kombinationswaffen festzustellen ist, als «Zugabe», sondern sind mit der Klinge gewissermaßen organisch verbunden, sie sind trotz unterschiedlicher Typen zu einer Waffe verschmolzen. Die frühe Datierung um 1560 – der Inventarvermerk gibt keinen genaueren Anhaltspunkt für die Datierung – erfolgte anhand der das Rad umschließenden sichelförmigen Hahnfeder. Arne Hoff verweist auf drei Typen der sogenannten sichelförmigen Hahnfeder, deren verschiedene Entwicklungsstadien er auf etwa 15 Jahre festlegen konnte und die somit eine gute Grundlage für die Datierung der frühen Radschloßfeuerwaffen bieten.[30] Die bei der Partisane verwendete Hahnfeder umschließt das Rad völlig, etwa in der Mitte zweigt ein kurzer Federarm im rechten Winkel ab und greift bis unter den Hahnfuß. Die bei dieser Waffe verwendete Hahnfeder entspricht einem Typ, wie er zwischen 1545 und 1560 in Süddeutschland, vorzugsweise in Augsburg, üblich war. Auf die süddeutsche Provenienz der Partisane weist auch das scheinbar traditionelle Konstruktionsschema der Verbindung zwischen Klinge und Feuerwaffe hin. Der häufig in der Fachliteratur anzutreffenden Behauptung, kombinierte Waffen seien nur technische Spielereien und besäßen sehr selten einen Gebrauchswert, kann am Beispiel der äußerst solid konstruierten kombinierten Stangenwaffen des Historischen Museums Dresden und vergleichbarer, überwiegend in Süddeutschland hergestellter Waffen nicht zugestimmt werden.

Einen interessanten Beweis für den gewiß nicht einmaligen Gebrauch einer kombinierten Stangenwaffe liefert die Saufeder Kat.-Nr. 64, deren Lauf auf der Innenseite gerissen ist. Der Riß, der erst nach der Demontage sichtbar wurde (vgl. hierzu Abb. 62), dürfte weniger auf die eventuell mangelnde Qualität des Laufes zurückzuführen sein, als vielmehr darauf, daß beim Gebrauch der Waffe eine zu starke Pulverladung eingesetzt wurde.

Von dem bisher beschriebenen Konstruktionsprinzip weicht die in Süddeutschland um 1580 entstandene Helmbarte mit Sturmgabel und Radschloßfeuerwaffe aus dem Tower of London (Kat.-Nr. 68) wesentlich ab. Bei dieser Waffe ist das Radschloß ähnlich wie bei manchen Streitäxten seitlich in den Schaft eingelassen, der Lauf liegt im Rücken der Tülle und des Schaftes. Die sonst bei Helmbarten übliche Stoßspitze ist als zweizinkiges Gabeleisen ausgebildet.

Eine sehr prunkvolle, von dem berühmten italienischen Büchsenmacher Giovanni Maria Bergamin aus Brecia um 1620 gefertigte Helmbarte mit Sturmgabel und Radschloßfeuerwaffe befindet sich im Palazzo Ducale in Venedig. Bei dieser Waffe sind das dekorativ durchbrochene und reich geschmückte Helmbarteneisen sowie das zweizinkige Gabeleisen durch eine eiserne Klammer seitlich mit dem Lauf verschraubt. Im Gegensatz zu den relativ zahlreich erhaltenen Exemplaren mit ein- oder doppelläufiger Feuerwaffe gehören Stangenwaffen mit dreiläufiger Feuerwaffe zu den ausgesprochenen Seltenheiten.

Ein besonders prachtvoller Spieß mit dreiläufiger Radschloßfeuerwaffe aus dem Besitz des Nicolas de Lorraine, Herzogs von Vaudemont (geb. 1576), Schwiegervater Heinrichs III. von Frankreich, wird im Musée de l'Armée in Paris aufbewahrt (Kat.-Nr. 69). Diese reich mit Bandmauresken ausgeschmückte, in Süddeutschland um 1570 entstandene Waffe besitzt eine dreischneidige Klinge, in deren Kehlungen die Läufe eingefügt sind. Die Anordnung der Radschlösser und Läufe entspricht dem bei Waffen süddeutscher Provenienz typischen Konstruktionsschema. Ein weiterer, allerdings weniger dekorativer Spieß mit drei Radschloßfeuerwaffen befindet sich in der Staatlichen Ermitage Leningrad. Diese auf 1560/70 zu datierende Waffe süddeutscher Herkunft ist nach dem gleichen Konstruktionsschema aufgebaut.

Die große Experimentierfreudigkeit der Büchsenmacher führte sicherlich auch zu gewissen Übertreibungen. So gibt es einige Exemplare, deren Klingen oder Klingenschäfte zusätzlich mit einer Springklinge ausgestattet sind, wie beispielsweise bei einem um 1580 datierten Augsburger Jagdspieß mit zwei Radschloßfeuerwaffen des Kunsthistorischen Museums Wien. Gleichfalls dürfte der zwar sehr dekorativ ausgeschmückte französische Jagdspieß (Kat.-Nr. 70) der gleichen Sammlung weder als Jagdspieß noch als Feuerwaffe zu gebrauchen sein, da ihre auf das Klingenblatt montierten, relativ schweren Feuerwaffen die Klinge stark reduzierten und außerdem, bedingt durch die ungünstige Masseverteilung, die Waffe unhandlich wurde. Das Museo de la Real Armeria Madrid besitzt eine Turnierlanze, die mit zwei Miqueletschloß-Feuerwaffen ausgestattet ist. Der Verwendungszweck dieser besonders skurrilen Waffe dürfte lediglich darin bestanden haben, den Turnierbeginn durch die Abgabe eines Schusses bekanntzugeben. Obgleich nach der Mitte des 17. Jahrhunderts die kombinierten Stangenwaffen kaum noch in Erscheinung traten, lassen sich jedoch zu Beginn des 19. Jahrhunderts nochmals Versuche nachweisen, diesen Waffentyp für militärische Zwecke nutzbar zu machen. Beispiele hierfür bieten die französische Enterpike mit Steinschloßfeuerwaffe von 1809 (Kat.-Nr. 71) und die Kavallerielanze mit Steinschloßfeuerwaffe (Kat.-Nr. 72) aus dem Museum für Deutsche Geschichte Berlin.

HANDFEUERWAFFEN MIT KLAPPBAJONETT

Die Entwicklung des Bajonetts resultierte aus dem Bestreben, sowohl für den zivilen als auch für den militärischen Gebrauch eine Art Universalwaffe zur Verfügung zu haben, die gleichermaßen Fern- und Nahkampfwaffe war.

Bis zum Ende des 17. Jahrhunderts war es üblich, daß Infanterieeinheiten neben dem Luntenschloß- oder Steinschloßgewehr mit dem Langspieß, der sogenannten Pike, und mit einer Griffwaffe für Hieb und Stich ausgerüstet waren. Die Handhabung des Degens war außerordentlich erschwert, wenn der Soldat noch Gewehr oder Pike tragen mußte. Die Verbindung des langen Lunten- oder Steinschloßgewehres mit einer kurzen Stichwaffe, dem Bajonett, war deshalb für Infanterieeinheiten von großem Vorteil und führte letztlich zur Aufgabe der Pike. An die Stelle des langen Infanteriedegens trat in den meisten Einheiten der Säbel. Der Name «Bajonett» wird vermutlich von der südwestfranzösischen Stadt Bayone hergeleitet, wo seit der Mitte des 16. Jahrhunderts Klingenwaffen dieses Typs hergestellt wurden.

Die frühesten Bajonette waren jedoch nicht für den militärischen Bereich, sondern für Jagdzwecke konzipiert; sie besaßen dolchartige, ein- oder zweischneidige, 45 bis 50 Zentimeter lange Klingen mit kurzer Rückenschneide. Ihr als Spund ausgebildeter runder, nach hinten sich verjüngender Griff mit kurzer Parierstange wurde in den Gewehrlauf gesteckt, dadurch wurde die Handfeuerwaffe zur Stangenwaffe verlängert und eignete sich dazu, dem Wild den Fangstoß zu geben. Gerade bei der Jagd erwies sich diese Art, schnell eine „Stangenwaffe" zur Verfügung zu haben, als vorteilhaft, da oftmals die Zeit zum Nachladen der Handfeuerwaffe nicht ausreichte und ein Jagdspieß oder ein mit einem Jagdspieß ausgerüsteter Jäger fehlte.

Erste schriftliche Belege für die Einführung des Bajonetts in die Armeebewaffnung enthalten die Akten des Dresdner Hauptzeughauses aus dem Jahre 1669, in denen von 125 Musketen mit Feuerschlössern und zugehörigen Messern berichtet wird. Die gleichen Waffen werden in den Akten von 1687 als Bajonette aufgeführt.[31]

Die Befestigung des Spundbajonetts war jedoch sehr mangelhaft und wies erhebliche Nachteile auf. So konnte der Jäger beziehungsweise der Infanterist das Gewehr mit eingeschobenem Bajonett nicht mehr als Schußwaffe benutzen; außerdem bestand die Gefahr, daß der Gewehrlauf beim Stoß mit dem Bajonett beschädigt wurde oder das Bajonett nach dem Stich verlorenging. Diese erheblichen Nachteile führten dazu, daß gegen Ende des 17. Jahrhunderts neue Befestigungsarten entwickelt wurden, die darauf hinzielten, das Bajonett außerhalb des Laufes anzubringen, um somit jederzeit die Gebrauchsfähigkeit der Schußwaffe zu gewährleisten. In der Folgezeit wurden für die europäischen Infanterieeinheiten die verschiedensten Bajonettypen entwickelt, die sich in der Art der Befestigungsvorrichtung und Klingenform unterschieden.

Das Spundbajonett wurde von dem Ringbajonett abgelöst, dessen messerartige Klinge mit einem Holzgriff, durch den zwei bewegliche Ringe führten, verbunden war. Das Bajonett konnte über den Lauf geschoben werden, die federnd gelagerten Ringe rasteten in entsprechende Vertiefungen des Laufes ein.

Eine weitere Verbesserung stellte das Anfang des 18. Jahrhunderts entwickelte Dillen- oder Tüllenbajonett dar. Es besaß eine Stoßklinge, deren Hals um 90 Grad abgewinkelt war, daran schloß sich eine geschlitzte Eisenhülle an, die über einen mit dem Lauf verbundenen Zapfen geschoben wurde. Das Tüllenbajonett wurde, obwohl es das Schießen mit aufgepflanztem Bajonett ermöglichte, vom Soldaten in einer Tasche getragen und erst unmittelbar vor dem Nahkampf aufgesteckt. Nach entsprechenden Reglements wurde die Handhabung des Bajonetts exerziert, wie beispielsweise nach einem Reglement von Brandenburg-Preußen aus dem Jahre 1711.

Die Entwicklung des Bajonetts kann im Rahmen dieser Betrachtung nicht weiter verfolgt werden, es sei jedoch darauf verwiesen, daß das Bajonett im 19. Jahrhundert im wesentlichen von dem Seitengewehr abgelöst wurde, einem Blankwaffentyp, der bis heute zur Ausrüstung des Soldaten gehört.

Die mit dem Bajonett verbundene Handfeuerwaffe stellt zwar eine Kombination zwischen Schuß- und Blankwaffe dar, sie wird aber nicht als Kombinationswaffe empfunden, da ihr Prinzip letztlich auf der Lösbarkeit zweier unterschiedlicher Waffentypen beruht. Hingegen werden Handfeuerwaffen, die mit einem klappbaren Bajonett ausgestattet sind, als Kombinationswaffen bezeichnet.

Zu den ungewöhnlichsten Kombinationsvarianten dürfte die Zusammenstellung eines Spundbajonetts mit einer Feuerwaffe gehören. Das dekorative französische Jagdspundbajonett mit Feuerwaffe Kat.-Nr. 74 war als Stich- und Fernwaffe zu verwenden und konnte zusätzlich in Verbindung mit einem Gewehr gewissermaßen noch als Stangenwaffe dienen.

Der Kaiserliche Feldmarschall Raimund Graf Montecuccoli führte 1666 bei seinem Leibregiment ein Kombinationsgewehr ein, das mit einem Doppelschloß für Lunte und Flintstein ausgestattet war und ein Klappbajonett besaß. Gewehre vom System Montecuccoli wurden auch bei Infanterieeinheiten der Kaiserlichen Armee geführt. Ein ähnliches Exemplar aus dem Museum für Deutsche Geschichte Berlin (Kat.-Nr. 75, Abb. 64, 65) ist gleichfalls mit einem Doppelschloß für Lunte und Flintstein sowie einem Klappbajonett ausgestattet. Allerdings ist bei dieser Waffe im Gegensatz zum Montecuccoli-Gewehr der Kolben durchbrochen. Das Historische Museum Dresden besitzt ein von dem Dresdener Büchsenmacher Christian Martini um 1740 gefertigtes Steinschloßgewehr mit Klappbajonett (Kat.-Nr. 76, Abb. 66). Das Bajonett ist durch ein Scharnier mit dem vorderen Laufstück verbunden und wird im ausgeschwenkten Zustand durch einen Federstift arretiert. Nach Lösen dieser Sperre ist das Bajonett einklappbar und kann mittels eines Schiebers, der über die spießartige Spitze greift, arretiert werden. Der durchbrochene Kolben gewährleistet eine sichere Handhabung der Waffe beim Stoß. Das Martini-Gewehr, das sicherlich nach dem Vorbild des Montecuccoli-Gewehrs entstand, besitzt eine Hakensicherung, der Lauf trägt ein Visier. Letzteres ist bei Infanteriewaffen ungewöhnlich, da entsprechend der Lineartaktik des 18. Jahrhunderts weniger Wert auf Zielgenauigkeit als vielmehr auf eine hohe Feuergeschwindigkeit gelegt wurde. Trotz offensichtlicher Vorteile – wie gute Handhabung der Waffe beim Stoß – sowie der Möglichkeit, das Gewehr schnell in eine Stichwaffe umwandeln zu können, konnten sich derartige Kombinationsgewehre in der Infanteriebewaffnung nicht durchsetzen. Die Ursachen hierfür mögen die niedrigeren Herstellungskosten des aufpflanzbaren Bajonetts sowie dessen größere Stabilität gewesen sein.

Allerdings besaßen Tromblonkarabiner und Tromblonpistolen, mit denen Marineeinheiten bis zur Mitte des 19. Jahrhunderts ausgerüstet waren, oftmals ein Klappbajonett. Tromblons sind ausgesprochene Nahkampfwaffen mit trichterförmiger Laufmündung, aus denen eine große Schrotladung verschossen werden konnte. Derartige, vorwiegend in England gefertigte Waffen fanden auch als Zivilwaffe zur Selbstverteidigung Verbreitung (Kat.-Nr. 77, Kat.-Nr. 78; Abb. 67). So wurden beispielsweise englische Postreiter und Begleitpersonal von Kutschen mit solchen Waffen ausgerüstet.

Als Selbstschutzwaffe kam der Pistole im 18. Jahrhundert eine immer größere Bedeutung zu. Ausschlaggebend hierfür waren die sich häufenden Überfälle und der Straßenraub, die aus den krassen sozialen Widersprüchen zwischen armen und reichen Bevölkerungsschichten resultierten. Die wachsende Unsicherheit Wohlhabender veranlaßte diese, sich zu bewaffnen.

Die Vorliebe für prunkvolle Zivilwaffen ließ spürbar nach. Bevorzugt wurden qualitätsvolle, handliche, unauffällig am Körper zu tragende oder im Reisegepäck zu führende Handfeuerwaffen. In England entstand seit der Mitte des 18. Jahrhunderts ein Pistolentyp mit dem sogenannten Kastenschloß. Dieser Pistolentyp hatte gegenüber dem bisher üblichen Steinschloß mit außenliegendem Hahn, Hahnfeder und Pulverpfanne den Vorteil, daß die Schloßteile im Inneren eines Kastens, der gleichzeitig als Verbindungsstück zwischen Lauf und Schaft diente, untergebracht werden konnten. Der Hahn, die Pulverpfanne und die Batterie lagen auf der Oberseite des Kastens, was eine leichtere Unterbringung der Waffe in der Mantel- oder Jackentasche ermöglichte, außerdem waren diese Pistolen entschieden kleiner.

Hauptherstellungszentrum war London, aber auch in anderen Waffenzentren, wie zum Beispiel Lüttich, wurden solche Pistolen nachgebaut, die vielmals gefälschte Signaturen bekannter Londoner Büchsenmacher trugen. Der Ladevorgang war jedoch nach wie vor zeitaufwendig – ein Umstand, der die Büchsenmacher dazu veranlaßte, mehrläufige Waffen zu konstruieren. Da diese Waffen nur auf kurze Distanz wirksam waren, wurden einschüssige Pistolen oftmals mit einer Stichwaffe kombiniert. Ein unter dem Lauf angebrachtes, federnd gelagertes Stichbajonett, dessen Spitze im eingeklappten Zustand in den meisten Fällen von einem zweiten, horizontal verschiebbaren Abzug verriegelt wurde, schnellte bei Betätigung des Abzugs blitzschnell nach vorn und wurde durch eine entsprechende Haltevorrichtung arretiert. Der Vorteil dieser sehr handlichen Pistolen lag in dem Überraschungseffekt, der durch das plötzliche Hervorschnellen des Bajonetts ausgelöst wurde.

Für diese sich außerordentlicher Beliebtheit erfreuende Erfindung erhielt der Londoner Büchsenmacher John

Waters am 20. Juni 1781 das Britische Patent Nr. 1248.

Besonders populär war neben der Taschenpistole auch die Reisepistole mit Klappbajonett. Das Historische Museum Dresden besitzt eine vermutlich um 1785 in Liège hergestellte Garnitur Steinschloß-Reisepistolen in eleganter Ausführung (vgl. Kat.-Nr. 79 a/b; Abb. 68.) Meist wurden derartige als Paar gefertigte Garnituren in einem mit Tuch ausgeschlagenen Pistolenkasten, der auch Pulverflasche, Kugelzange, Federhaken für die Schlagfeder, Locheisen (für Kugelpflaster), Reinigungsgeräte, Kugeln und Ladestock enthielt, aufbewahrt.

Ein Beispiel für den hohen Leistungsstand des russischen Büchsenmacherhandwerks bietet die von dem Tulaer Meister Iwan Ljalin um 1790 gefertigte Kipplaufbüchse mit Klappbajonett aus der Ermitage Leningrad (Kat.-Nr. 81; Abb. 69, 70, 71). Diese prunkvolle Jagdwaffe besitzt einen reich mit gravierten Blattranken, Festons und Blüten ausgeschmückten Elfenbeinschaft. Ihr Damastlauf, das Steinschloß und die Garnitur zeigen in Eisenschnitt, Gold- und Silbertausia Waffen- und Jagdtrophäen, Blattranken, Festons, Putten und Füllhörner. Der Auslöse- beziehungsweise Arretierungshebel für das Kippen des Laufes ist vor dem Abzugsbügel angeordnet. Das ebenfalls reich dekorierte Klappbajonett mit Federarretierung liegt unter dem Lauf, in dem sich eine gut passende Stahlpatrone befindet. Das Kipplaufsystem sowie die austauschbare Stahlpatrone ermöglichten eine rasche Schußfolge. Von Iwan Ljalin sind noch eine weitere Anzahl prunkvoller Jagdgewehre und Pistolen mit Elfenbeinschäftung bekannt. So befindet sich im Historischen Museum in Moskau eine Kipplaufflinte, deren Daumenblech das gekrönte Monogramm der Kaiserin Katharina II. trägt. Das nach der Mitte des 17. Jahrhunderts aufkommende Kipplaufsystem hat sich bei Jagdgewehren bis zur Gegenwart bewährt.

Eine gleichfalls zukunftsweisende Neuerung des 17. Jahrhunderts war das Jagdgewehr mit nebeneinanderliegenden Zwillingsläufen. Die von dem Moskauer Büchsenmacher Michael Muraschew um 1850 gefertigte schmucklose Perkussions-Doppelflinte mit Klappbajonett (Kat.-Nr. 82; Abb. 70, 71, 72) aus der Ermitage Leningrad zeichnet sich durch technische Perfektion und praktische Verwendbarkeit aus. Ihr unter den Läufen liegendes kräftiges Klappbajonett schnellt beim Zurückziehen des Feststellhebels blitzschnell nach vorn und wird arretiert. Daß mit Klappbajonetten versehene Jagdwaffen nicht nur nützlich für die Jagd waren, sondern gegebenenfalls dem Angriff oder der Verteidigung dienen konnten, mag folgende Begebenheit aus dem Jahre 1813 illustrieren.

Zur Zeit der napoleonischen Fremdherrschaft wurde auf einen Befehl des französischen Gouverneurs von Dresden, des Generals Durosnel, jeglichem Militär das Jagen verboten. Der königlich-sächsische Hegereiter Johann Anton Heink sah eines Tages in seinem Revier einen französischen Oberst Rebhühner jagen und beschloß, diesen zu stellen. Heink wartete in seinem Versteck, bis der Franzose sein Gewehr abgefeuert hatte, dann ging er auf ihn zu. Als Heink kurz vor dem Offizier stand, legte dieser seine Doppelflinte auf ihn an, wovon sich Heink nicht irritieren ließ, da er wußte, daß kein Schuß mehr im Lauf war. Er wich jedoch erschrocken zurück, als der Oberst mit der Hand auf das Gewehr schlug und plötzlich ein Bajonett herausklappte.

Nachdem Heink den Befehl des Gouverneurs vorgewiesen hatte, ließ sich der Offizier überzeugen, die Jagd abzubrechen, und übergab dem Hegereiter auf dessen Forderung das Gewehr. Heink berichtete später, daß er nie ein schöneres Jagdgewehr gesehen habe. Mit Klappbajonetten ausgestattete Jagdwaffen gehörten allerdings zu den Ausnahmen, beliebt blieben bis etwa zur Mitte des 19. Jahrhunderts die Perkussions-Taschenpistolen mit Klappbajonett (vgl. Kat.-Nr. 85–87; Abb. 76).

Nach der Jahrhundertmitte verloren derartige Waffenkombinationen aufgrund der Massenproduktion von Pistolen und Revolvern mit patronierter Munition an Bedeutsamkeit. Dennoch wurden bis ins 20. Jahrhundert in Europa und Amerika von verschiedenen Firmen vor allem Revolver mit klappbarer Klinge hergestellt. In der Pariser Waffenfabrik von Eugène Lefaucheux entstanden um 1865 und später Revolver mit 6-, 8-, 10- und 12schüssiger Trommel für Stiftpatronen, unter deren Lauf ein von Hand ausklappbares Bajonett angebracht war.

Der in Belgien um 1880 gefertigte Double-action-Revolver mit sechsschüssiger Trommel für 15-mm-Stiftpatronen (Kat.-Nr. 88) ist mit einer unter dem Lauf liegenden, seitlich ausklappbaren Klinge ausgestattet. Die Klinge, die von einem mit dem Abzugsbügel in Verbindung stehenden Hebel arretiert wird, springt beim Durchziehen des Abzugs augenblicklich in die richtige Position. Der am Knauf befestigte Tragring läßt die Annahme zu, daß diese schwere großkalibrige Waffe für militärische Zwecke konzipiert war. Außer diesem Revolvertyp gab es Taschenrevolver mit Klappbajonett für Stift- und Randfeuerzündung von verschiedenen belgischen Herstellern. Da diese Waffen meist nicht signiert waren, ist es oftmals nicht möglich, den Hersteller exakt zu benennen.

In den USA war die «Harrington & Richardson Company» in Worcester, Massachusetts, bekannt für ihre Bajonettrevolver. Seit 1888 wurden hier derartige Revolver für Zentral- und Randfeuerpatronen unterschiedlichen Kalibers und verschiedener Ausführung produziert. Ein Werbeinserat dieser Firma aus dem Jahre 1902 preist einen neuen automatischen Bajonettrevolver an, der auf viele Nachfragen hin entwickelt worden sei und nur für 38er Kaliber – die gleichen Patronen wie die für Smith-&-Wesson-Revolver – hergestellt wird. Der Revolver hat einen 4 Zoll langen Lauf, das 2 $^{1}/_{2}$ Zoll lange Bajonett befindet sich vor der Mündung. Die Funktionsteile sind aus gehärtetem Stahl, und das Bajonett ist so konstruiert, daß es unter den Lauf geklappt werden kann und sicher arretiert wird. Alle Teile sind auswechselbar, so daß sie bei Bedarf nachbestellt werden können.

Dieser Bajonettrevolver wurde in zwei Ausführungen geliefert, mit geriffeltem Gummigriff kostete er 4,65 Dollar, mit Perlmuttergriff 5,75 Dollar, er gelangte auch auf dem Wege des Versandgeschäftes an die Kunden.

Nach der zweiten Hälfte des 19. Jahrhunderts bis ins frühe 20. Jahrhundert produzierten in einigen europäischen Ländern und in den USA eine Anzahl Waffenfirmen Pistolen und Revolver, deren Metallrahmen Fingeröffnungen besaßen und die außerdem noch mit feststehenden oder klappbaren Klingen ausgestattet waren. Diese Mehrfachkombinationswaffen waren als Schuß-, Stich- und Schlagwaffen zu verwenden. Die am meisten produzierte und verbreitete Waffe dieses Typs war der sogenannte Apachen-Schlagring-Revolver mit einer einklappbaren Dolchklinge. Die Waffe ist nach den «Apachen-Banden» der Pariser Unterwelt benannt, die diese Waffenkombination offensichtlich besonders schätzten. Der Apachen-Schlagring-Revolver wurde von L. Dolne, der unter anderem auch für den südamerikanischen Markt arbeitete, seit etwa 1875 in Liège und Paris sowohl für Randfeuer- als auch Zentralfeuerpatronen unterschiedlichen Kalibers produziert. Bis 1885 sind von L. Dolne etwa 4500 Exemplare hergestellt worden. Der in Liège um 1880 gefertigte Apachen-Revolver (Kat.-Nr. 89) trägt auf der Fehlschärfe der Dolchklinge die Signatur «L. DOLNE INV un» und die Waffennummer «4332». Die Dolchklinge, der Abzug sowie der mit vier Fingeröffnungen versehene Griff sind aus- und einklappbar. Die sechsschüssige Trommel des Double-action-Revolvers ist für 6-mm-Randfeuerpatronen ausgelegt. Ungefähr bis 1895 sind von einigen Firmen in Belgien, Frankreich und England Dolne-Apachen-Revolver in etwas variierender Ausführung kopiert worden. So stellten in England R. Jones (Liverpool) und in Frankreich J. Delhaxhe derartige Kombinationswaffen her.

STOCKGEWEHRE

Als Stockgewehre bezeichnet man im allgemeinen Handfeuerwaffen, die ihrer äußeren Form nach wie Spazierstöcke aussehen, wobei der Schloßmechanismus im Griff verborgen ist. Der einen Stock vortäuschende Lauf ist entweder bemalt oder er ist umkleidet von Materialien wie Holz, Malakkarohr beziehungsweise Leder.

Im 19. Jahrhundert, als der technische Fortschritt es ermöglichte, die Erfindung der Explosivstoffe, die durch einen Schlag gezündet werden konnten, zu nutzen sowie brauchbare Hinterladerwaffen herzustellen, fand dieser Stockgewehrtyp in zahlreichen Varianten weite Verbreitung. Jedoch sind bereits im 16. Jahrhundert Feuerwaffen auf Stöcke adaptiert worden. Entsprechend dem Stand der Entwicklung der Handfeuerwaffen wurde vorzugsweise die Radschloßfeuerwaffe, meist in Verbindung mit einer Degenklinge, in Stöcken untergebracht. Bei diesem Typus handelt es sich jedoch in erster Linie um Stockdegen, die Feuerwaffe ist lediglich als Zweitwaffe anzusehen. Bezeichnend für derartige Stockwaffen ist, daß sie sich weniger durch Gebrauchsfähigkeit als vielmehr durch ihre dekorative Ausschmückung auszeichnen. Erst nach der Mitte des 17. Jahrhunderts entstanden Stockgewehre, die den Anforderungen nach erhöhter Schußleistung besser gerecht wurden. Da es jedoch technisch sehr aufwendig war, wirksame Stockgewehre herzustellen, deren Schloßmechanismus im Knauf untergebracht ist, wurde die übliche Steinschloßpistole auf Stöcke adaptiert. Die Laufmündung der Pistole wurde dahingehend verändert, daß ein als Spazierstock getarnter Lauf mittels eines Bajonett- oder Schraubverschlusses relativ schnell mit der Pistole verbunden werden konnte. Der Pistolengriff war so gestaltet, daß mit Hilfe eines einfachen Verschlusses ein kurzer Gewehrkolben angesetzt werden konnte.

Das Prinzip des Ansteckkolbens für Pistolen ist bereits seit dem Ende des 16. Jahrhunderts bekannt. Mit Ansteckkolben wurden insbesondere während der Napoleonischen Kriege Militärpistolen ausgestattet. Für bestimmte taktische Zwecke hat sich der Ansteckkolben beziehungsweise die ausklappbare Schulterstütze bis zur Gegenwart erhalten und als nützlich erwiesen.

Von Büchsenmachern signierte Stockgewehre sind relativ selten, sehr oft handelt es sich um vom Besitzer veränderte Pistolen. Die Stockflinte Kat.-Nr. 90 (Abb. 78) wurde von dem in der Zeit von 1681 bis 1713 in London tätigen Büchsenmacher Andrew Dolep gefertigt. Die Waffe trägt auf dem Lauf dessen Signatur und die Londoner Beschaumarke der Worshipful Company of Gunmakers. A. Dolep wurde 1686 Mitglied der Londoner Gunmakers Company und gilt als besonders experimentierfreudiger Büchsenmacher, der eine weitere Anzahl interessanter Kombinationswaffen herstellte.[32] Die von ihm gefertigte Stockflinte ist von solider Konstruktion und Verarbeitung. Sie besteht aus einer Steinschloßpistole, deren Lauf im vorderen Drittel im Durchmesser schwächer ist und in einen Flintenlauf (Stock) eingeschoben wird. Mittels eines Bajonettverschlusses kann der Lauf arretiert werden. Der Pistolenschaft ist um die Hälfte gekürzt und trägt eine Stahlplatte mit einer Aussparung, die es ermöglicht, den mit einem Zapfen ausgestatteten Ansteckkolben mit der Pistole zu verbinden. Der braunlackierte Lauf kann mittels eines Holzknaufes, der ebenfalls einen Bajonettverschluß besitzt und zusätzlich mit einem Schraubenzieher kombiniert ist, rasch in einen Spazierstock umgewandelt werden. Die Stockspitze beziehungsweise der Mündungsschoner ist nicht mehr vorhanden. Die Waffe konnte je nach Bedarf als Pistole, kurzer Karabiner oder als Stockflinte genutzt werden. Der Nachteil derartiger Konstruktionen bestand darin, daß der Kolben und die Pistole separat mitgeführt und die Waffe vor ihrem Einsatz entsprechend umgerüstet werden mußte.

Als Beispiel für eine nachträglich als Stockflinte ausgelegte Pistole kann die Waffe Kat.-Nr. 91 (Abb. 77) angeführt werden. Diese vermutlich in Wiener-Neustadt um 1790 hergestellte Steinschloßpistole ist in nicht sehr fachmännischer Weise zur Stockflinte umgebaut worden. Der stark gekürzte Pistolenlauf wurde mit einem Gewindestück versehen, auf welches der mit Nußbaum überzogene Flintenlauf aufgeschraubt werden kann. Der Pistolenschaft wurde nachträglich gekürzt, die Verbindung des dilettantisch gearbeiteten Ansteckkolbens ist nicht sehr überzeugend. Die Stockflinten Kat.-Nr. 90 und Kat.-

Nr. 91 sind charakteristische Beispiele für die Stockgewehrtypen des 17. und 18. Jahrhunderts.

Außer Schußwaffen, deren Geschosse durch die Kraft der Pulvergase aus dem Lauf getrieben wurden, nutzte man bereits seit dem letzten Drittel des 16. Jahrhunderts die physikalischen Eigenschaften zusammengepreßter Luft in der Waffentechnik. In dieser Zeit entstanden die ersten Windbüchsen mit einmaliger Drucklufterzeugung, das heißt, die Luftmenge reicht für einen Schuß. Bei späteren Exemplaren konnte die komprimierte, für mehrere Schüsse reichende Luftmenge in entsprechenden Druckbehältern gespeichert werden.

Wesentliche Voraussetzungen für die Konstruktion von Windbüchsen mit Druckluftbehältern schuf der Physiker und zeitweilige Bürgermeister Magdeburgs Otto von Guericke (1602–1686), der mit seinen Versuchen über das Vakuum und mit der Erfindung der Luftpumpe das physikalische Denken seiner Zeit revolutionierte. Der englische Physiker und Chemiker Robert Boyle (1627–1691) und der französische Physiker Denis Papin (1647 bis um 1712), der von 1680 bis 1688 in London gemeinsam mit R. Boyle über Luftdruckprobleme arbeitete, verbesserten bei ihren Versuchen die Luftpumpe wesentlich.

Die Möglichkeit, komprimierte Luft in entsprechenden Luftdruckbehältern zu speichern, wurde in der Waffentechnik dahingehend genutzt, daß Luftdruckbehälter (Windkessel) an die Waffe angeschraubt werden konnten. Bei Betätigung des Abzugs schlug der Hahn auf einen Stift, der senkrecht durch den Lauf führte und das Ventil öffnete, wodurch die für einen Schuß benötigte Luftmenge abgegeben wurde. In der Folgezeit wurden zahlreiche Varianten von Windbüchsen entwickelt, die ihrer äußeren Form nach in der Regel den allgemein üblichen Steinschloßgewehren glichen. Der Vorteil dieser Waffen bestand in der beinahe lautlosen Schußabgabe, ohne Mündungsfeuer. Dieser Umstand machte sie besonders als Jagdwaffe attraktiv. Mit dem beginnenden 18. Jahrhundert kamen Windbüchsen an vielen deutschen und europäischen Höfen für Jagdzwecke in Mode. Die Möglichkeit, mehrere Schüsse hintereinander abgeben zu können, machte die Windbüchse auch für das Militär interessant.

1780 kam es in Österreich zur Einführung einer Militär-Repetierbüchse, die von einigen Schützen der Füsilierbataillone geführt wurde. 1788 standen der österreichischen Armee 1000 Repetierwindbüchsen zur Verfügung. Diese von dem Büchsenmacher Bartholomäus Girandoni aus Ampezzo konstruierten Waffen besaßen eine rohrförmiges Magazin, der Druckbehälter befand sich im Kolben und konnte mit einer Handluftpumpe gefüllt werden.[33] Die auswechselbaren Kolben gestatteten es, schnell eine mehrschüssige Waffe zur Verfügung zu haben. Eine nicht unwesentliche Rolle spielte die Windbüchse auch im Befreiungskampf der Tiroler Bauern (1809) unter der Führung von Andreas Hofer.

Trotz erheblicher Vorteile konnte sich die Windbüchse nicht im großen Maßstab durchsetzen. Die Ursachen hierfür waren einmal die ungünstige Handhabung gegenüber den Feuerwaffen, resultierend aus dem Gewicht des stählernen Kolbens oder Druckluftbehälters, und zum anderen reduzierte sich nach jedem Schuß, bedingt durch die Luftabgabe, die Reichweite der Geschosse, was sich ungünstig auf die Zielgenauigkeit der Geschosse auswirkte.

Eine gewisse Bedeutung erlangte die Windbüchse, die sich wegen ihrer Vorzüge gut für Schüsse aus dem Hinterhalt eignete, auch als Stockgewehr. Als ein seltenes Exemplar von raffinierter Konstruktion kann die Stockflinte Kat.-Nr. 94 bezeichnet werden. Diese vermutlich aus der zweiten Hälfte des 18. Jahrhunderts stammende unsignierte Waffe besteht aus einem braunlackierten hohlen Eisenstock, in dem der Lauf sowie der Schloß- und Abzugsmechanismus untergebracht sind, und dem abschraubbaren, ebenfalls braunlackierten runden Kolben (Luftdruckbehälter). Durch Aufschrauben eines Griffes kann die Waffe schnell in einen harmlos aussehenden Spazierstock umgewandelt werden. Die gespeicherte Luftmenge im Kolben dürfte für mehrere Schüsse ausreichend gewesen sein.

Eine gleichfalls sehr interessante Schloßkonstruktion findet sich an der um 1750 von Procop gefertigten Windbüchse Kat.-Nr. 92 (Abb. 81, 82, 83) aus dem Historischen Museum Dresden. Bei dieser Waffe sind der mit Nußbaum umkleidete Lauf und der lederbezogene Kolben (Luftdruckbehälter) vom Schloß abschraubbar. Die Staatlichen Museen Schwerin bewahren eine mit J. C. Hofmann signierte Windbüchse gleicher Konstruktion auf. Diese beiden zuletzt genannten Waffen waren zweifelsohne für die Jagd bestimmt.

Luftdruck-Stockgewehre sind bis gegen Ende des 19. Jahrhunderts in verschiedenen europäischen Ländern und in den USA produziert worden. Als Treibmittel für das Geschoß kam in der Folgezeit primär Kohlendioxid in Form von CO_2-Patronen zur Anwendung (CO_2-Waffen).

Die Entwicklung des Stockgewehrs verlief im wesentlichen parallel mit dem Fortschritt in der Waffentechnik, beginnend mit dem Radschloß bis zur Konstruktion und Herstellung moderner Hinterlader und dem Einsatz von Geschossen mit Metallhülse. Insbesondere versuchten Konstrukteure und Büchsenmacher seit dem beginnenden

19. Jahrhundert auf der Grundlage des allgemeinen technischen Fortschritts und der damit verbundenen neuen Möglichkeiten in der Waffenproduktion, auch die Stockflinten und -büchsen zu vervollkommnen. Begünstigt wurde diese Entwicklung durch den Umstand, daß der Spazierstock auch noch im 19. Jahrhundert mit Vorliebe von den Herren geführt wurde; er gehörte als modisches Attribut sozusagen zum Manne. Industrielle und selbständige Handwerker produzierten in erstaunlicher Vielfalt Stöcke, die über ihre eigentliche Zweckbestimmung hinaus mit den verschiedensten technischen Finessen ausgestattet waren. Eine Variante waren die auf Stöcke adaptierten Waffen. Während die Stockgewehre im 18. Jahrhundert in der Regel aus mehreren Teilen bestanden, die vor Gebrauch erst zusammengesetzt werden mußten, entstanden mit dem beginnenden 19. Jahrhundert Stockgewehre, bei denen alle Funktionsteile oder eine Pistole im Stock verborgen waren. Weiterhin sind eine nicht geringe Anzahl Stöcke hergestellt worden, die außer der Feuerwaffe noch mit den unterschiedlichsten mehr oder weniger nützlichen Gebrauchsgegenständen des täglichen Lebens ausgestattet waren. Zu den frühesten Stockwaffen dieses Typs gehört ein von Henry William Vander Kleft (London) erfundener Kombinationsstock (Kat.-Nr. 95), für den er 1814 das Britische Patent Nr. 3837 erhielt. Sein aus neun Teilen bestehender Stock enthält in einzelnen Fächern eine Steinschloßpistole, Pulver und Kugeln, ein Teleskopfernrohr, Werkzeuge, ein Tintenfaß sowie Schreib- und Zeichenutensilien.[34] Kleft hat auch Stöcke gefertigt, in denen eine Steinschloßpistole und eine Stichwaffe verborgen sind. Bei ähnlich konzipierten Exemplaren kann die Steinschloßpistole nach Lösen einer Federsperre rasch aus dem Stock gezogen werden. Der Abzug klappt beim Spannen des Hahnes automatisch in die richtige Position. Die Schloßkästen tragen auf einer Seite die gravierte Signatur «PRICE INVENTOR» und auf der Gegenseite «227 STRAND/LONDON», die Läufe die Birminghamer Prüfstempel.

Vermutlich konstruierte das erste Stockgewehr mit integriertem Perkussionsschloß ebenfalls ein Engländer. 1823 ließ John Day aus Barnstable (Devon) eine Stockbüchse mit einfachem, aber sehr zuverlässigem Perkussionsschloß patentieren (Britisches Patent Nr. 4861).

Das Piston, der Hahn und der Abzug befanden sich auf der Laufunterseite in Nähe des Stockgriffes. Das Zündhütchen wurde durch diese Anordnung der Funktionsteile gegen Feuchtigkeit geschützt. Dieser Waffentyp erfreute sich großer Beliebtheit und ist trotz des Vorhandenseins patronierter Munition mit Metallhülse bis in die zweite Hälfte des 19. Jahrhunderts in zahlreichen Varianten vor allem in Frankreich, Belgien und in den USA hergestellt worden. Die Perkussions-Stockflinte Kat.-Nr. 96 (Abb. 84) entspricht diesem Typus mit unter dem Lauf angeordnetem Piston, Hahn und ausklappbarem Abzug. Beim Spannen des Hahnes tritt automatisch der Abzug hervor. Bei dem Perkussionsstockgewehr Kat.-Nr. 97 (Abb. 84) ist der einfache, aber dennoch solide Schloßmechanismus in den abschraubbaren Griff eingebaut.

Zu den populärsten Stockgewehren in den USA zählen die von E. Remington & Sohn in Ilion hergestellten. Das 1816 gegründete Werk, in dem hauptsächlich Armeegewehre und Revolver in großen Mengen produziert wurden, entwickelte sich schnell zu einer der größten und leistungsfähigsten Waffenfabriken der Welt. 1858 erwarb Eliphalet Remington das Patent für eine Stockbüchse (US Patent Nr. 19328) von dem Konstrukteur J. F. Thomas, Ilion, New York. In Inseraten der George W. Hawes Ohio State Gazetter and Buisiness Directory von 1859 und 1860 wird diese neue Stockbüchse mit verbesserter Perkussionszündung vorgestellt. Beinahe 20 Jahre lang wurde dieses Modell produziert, erst 1878 bietet ein Remington-Katalog eine Stockbüchse für Randfeuerpatrone an.[35]

In den USA wurden von Remington und anderen Firmen Stockgewehre in Massen produziert. Im Gegensatz zu Europa war diese ungehinderte Entwicklung nur deshalb möglich, weil in den USA Stockwaffen nicht als gesetzeswidrig galten. Jeder freie amerikanische Bürger hatte das Recht, beliebige Waffen zu tragen, ebenso gab es keine Jagdprivilegien; die Jagd war frei für jedermann.

In Europa waren in einigen Ländern, wie zum Beispiel in Österreich und Deutschland, Herstellung, Einfuhr und der Besitz von Stockgewehren beziehungsweise von in Stöcken verborgenen Waffen generell verboten. Trotz dieser Verbote wurden derartige Waffen hergestellt und vertrieben, besonders in Frankreich und England. Anscheinend wurden in den letztgenannten Ländern die gesetzlichen Bestimmungen etwas unbürokratischer gehandhabt.

Die Vorzüge dieses Waffentyps – unauffälliges Tragen einer langläufigen, relativ genau schießenden Büchse oder Flinte – machten derartige Waffen vor allem für Wilderer attraktiv.

In Europa gehörte die Jagd seit dem Mittelalter zu den Privilegien des Adels. Das Jagdrecht war bereits im 12. und 13. Jahrhundert in fast allen europäischen Ländern als fest umrissene Gesetzgebung in Urkunden, Kapitularien oder Jagdrechten fixiert worden.

In dem Jahrhunderte währenden Kampf, vor allem der Bauern, gegen das feudale Jagdrecht sowie Jagdfron und

Jagddienste wurde erst mit der bürgerlich-demokratischen Revolution in Frankreich (1789–1794), die eine neue Epoche in der Weltgeschichte einleitete, eine weitreichende Veränderung in der Jagdgeschichte bewirkt. In Frankreich erfolgte durch die Beseitigung der feudalabsolutistischen Herrschaftsverhältnisse und die Abschaffung der Leibeigenschaft auch die Aufhebung aller Jagdprivilegien für den Feudaladel. Am 4.8.1789 verkündete die Konstituierende Nationalversammlung die offizielle Aufhebung aller Feudalrechte in Frankreich, gleichzeitig trat damit die gesetzliche Aufhebung aller Jagdgerechtigkeit und der Jagdfron sowie die Aufhebung aller Jagdprivilegien in Kraft.

Die Nachricht vom Sieg der Französischen Revolution begeisterte die Volksmassen in vielen europäischen Ländern und führte zu spontanen Volkserhebungen in den Niederlanden, in Ungarn, Westdeutschland und Sachsen. Der Kampf der Bauern und breiter Bevölkerungsschichten richtete sich auch gegen das feudale Jagdrecht, verbunden mit der Forderung nach der Wiederherstellung des uralten Rechts auf freie Jagd für jedermann sowie der Abschaffung der Jagdfrondienste. In Sachsen wurden die feudalen Jagdfrondienste erst 1830 offiziell aufgehoben.

Die 1848er Revolution führte in den deutschen Ländern zur Aufhebung der alten Jagdprivilegien und Feudalrechte der Gutsbesitzer. Die bisherigen Rechte des Feudaladels, auf dem Land der Bauern ungehindert zu jagen, wurden aufgehoben. Auf der 91. Tagung der Nationalversammlung in Frankfurt am Main am 5.10.1848 wurde die Annahme des allgemeinen Jagdrechtes beschlossen unter dem Grundsatz «Die Jagdgerechtigkeit auf fremdem Grund und Boden, Jagddienste, Jagdfronen und andere Leistungen für Jagdzwecke sind ohne Entschädigung aufgehoben. Jedem steht das Jagdrecht auf eigenem Grund und Boden zu.»[36] Auf dieser Grundlage entstanden neue Landjagdgesetze, im Revolutionsjahr wurden alle Beschränkungen der Jagd aufgehoben, jeder konnte jagen oder das Wild mit der Schlinge fangen; Schonzeiten und Schutzbestimmungen für das jagbare Wild entfielen. Infolge dieses Gesetzes führte ein rücksichtsloses Jagen zu einem enormen Rückgang der Wildbestände. Erfahrene Jäger versuchten, durch zielgerichtete Orientierung auf ein weidgerechtes Jagen diesen Mißstand zu beseitigen. Mit dem Lehrbuch Carl Emil Diezels «Erfahrungen auf dem Gebiet der Niederwildjagd», das 1849 erstmals erschien, wurde ein Werk geschaffen, das bis heute Gültigkeit hat und die «Kunst» des Jagens wieder propagierte. Obwohl sich nach Erscheinen dieser Literatur das weidgerechte Jagen durchzusetzen vermochte und sich die Wildbestände wieder erholten, erließ Preußen bereits am 7. März 1850 ein Jagdpolizeigesetz, das die Jagdausübung nur noch Grundeigentümern gestattete, deren Landbesitz mindestens 75 Hektar umfaßte. Damit waren der Kleinbauer, Tagelöhner und Bürger wieder von der Jagd ausgeschlossen, die ehemaligen Jagdgebiete des Adels blieben erhalten. Neu war nur, daß Jagdherren aus dem Großbürgertum in Erscheinung traten. Infolge dieser reaktionären Gesetzgebung, die wiederum den größten Teil der Bevölkerung vom Jagdrecht ausschloß, lebte die Wilderei erneut stark auf. Bevorzugte Wildererwaffen waren Stockgewehre und vor allem zerlegbare Waffen, denn es war wichtig, dem Förster oder Heger nicht aufzufallen.

Der Jahrhunderte währende, oft blutige Kleinkrieg, der zwischen Förstern, Jagdangestellten und Wilderern ausgetragen wurde, reichte bis weit ins 20. Jahrhundert hinein. In Zeitschriften und Zeitungen ist über unzählige Fälle von Wilddieberei und Förstermord geschrieben worden. So berichtete die Zeitschrift «Der Weidmann» am 16. November 1894 ausführlich über einen Prozeß vor dem Rudolstädter (Thüringen) Schwurgericht unter der Schlagzeile «Das Drama von Brennersgrün, woselbst am 19. Mai d. J. der Forstwart Birnstiel . . . in Ausübung seines Berufes von einem Wilderer mit einer Stockflinte erschossen wurde».

Vor dem Schwurgericht Ulm hatte sich Ende Februar 1921 ein Mann zu verantworten, der am 9. Juni 1918 den vierundzwanzigjährigen Förster Heckmann, Leibjäger des Grafen von Rechberg in Dozdorf, Württemberg, auf einem Reviergang mit einer Stockflinte erschoß.[37]

In Deutschland scheinen Stockwaffen trotz Verbot in großer Anzahl in Gebrauch gewesen zu sein. Im Strafgesetzbuch für das Deutsche Reich von 1871 lautet der § 367 Nr. 9: «Mit Geldstrafe bis zu 50 Talern oder mit Haft wird bestraft: wer einem gesetzlichen Verbot zuwider Stoß-, Hieb- oder Schußwaffen, welche in Stöcken oder Röhren oder in ähnlicher Weise verborgen sind, feilhält oder mit sich führt.»[38] Dieser Wortlaut änderte sich kaum im Strafgesetzbuch für das Deutsche Reich vom 26. 2. 1876.[39] Ein Gesetz, das sich speziell gegen die Wilderei richtet, finden wir im Strafgesetzbuch von 1871 unter § 294: «Wer unberechtigtes Jagen gewerbsmäßig betreibt, wird mit Gefängnis nicht unter 3 Monaten bestraft, auch kann auf Verlust der bürgerlichen Ehrenrechte sowie auf Zulässigkeit von Polizeiaufsicht erkannt werden.»[40]

Im Strafgesetzbuch für das Deutsche Reich vom 26. 2. 1876 erscheint ein Paragraph, mit dem die offensichtlich zunehmende Wilderei bekämpft werden sollte: § 368 Nr. 10: «Mit Geldstrafe bis zu 60 Mark oder mit Haft bis zu 14 Tagen wird bestraft: wer ohne Genehmigung des Jagdberechtigten oder sonstige Befugnis auf einem fremden Jagdgebiet außerhalb des öffentlichen, zum gemeinen Gebrauch bestimmten Weges, wenn auch nicht jagend, doch zur Jagd ausgerüstet, betroffen wird.»[41] Diese Bestimmung bleibt auch im Bürgerlichen Gesetzbuch von 1896 in Kraft.

Der § 294 des Strafgesetzbuches von 1871 läßt erkennen, daß unterschieden wurde zwischen unberechtigtem, gewerbsmäßig betriebenem Jagen und zwischen unberechtigtem Jagen im allgemeinen. «Spazierstockgewehre» dürften allerdings weniger für das sogenannte unberechtigte, gewerbsmäßig betriebene Jagen geeignet gewesen sein als zerlegbare Stockgewehre mit Ansteckkolben.

Der allgemein vorherrschenden Ansicht, Stockgewehre in Form eines Spazierstockes seien nur heimtückische, niemals für einen «Gentleman»[42] gebaute Waffen gewesen, da sie nur für den Angriff und niemals für Verteidigungszwecke konzipiert seien, kann nicht zugestimmt werden. Selbstverständlich waren in Konfliktsituationen Taschenpistolen für Verteidigungszwecke weitaus besser geeignet, da sie schneller zum Einsatz gebracht werden konnten als Stockgewehre, bei denen erst der Mündungsschoner (Stockspitze) entfernt, das Zündhütchen auf das Piston aufgesetzt oder eine Patrone in den Lauf geschoben werden mußte. Außerdem besaßen sie oft keine Sicherungseinrichtung, weshalb sie erst unmittelbar vor Gebrauch geladen werden konnten.

Trotz dieser Nachteile erschien ihr Besitz nicht nur Wilderern des 19. und 20. Jahrhunderts erstrebenswert, da sie über den praktischen Gebrauchswert eines Stockes hinaus auch als Waffe verwendbar waren. So führten die Besitzer größerer Ländereien sowie deren Verwalter bei Kontrollgängen über das Land nicht selten ein Stockgewehr. Auch waren Stockgewehre als unauffällig zu tragende Waffen des Selbstschutzes bei männlichen Reisenden und Spaziergängern bis weit ins 20. Jahrhundert populär. Zahlreiche Handwerksbetriebe sowie große Waffenfirmen inserierten Stockgewehre vor allem unter dem Aspekt der Selbstverteidigung.

Stockgewehre wurden besonders in Frankreich von Lefaucheux, Dumonthier und der Manufaçture Française d'Armes et Cycles de Saint-Etienne in den unterschiedlichsten Ausführungen hergestellt. Zu den Erzeugnissen von Lefaucheux gehörten seit 1854 auch sechsschüssige, in einem Spazierstock beziehungsweise Regenschirm verborgene Revolver sowie Stockflinten mit einlegbarer Lefaucheux-Schrotpatrone. Dumonthier in Paris fertigte Stockgewehre unterschiedlichen Kalibers mit Bajonettverschluß für 7- bis 9-Millimeter- und für 18-Millimeter-Schrotpatronen.

Die Manufacture Française d'Armes et Cycles de Saint-Etienne bietet in einem umfangreichen Firmenkatalog von 1914 verschiedene Stockgewehre an. Der sogenannte Sternschußstock, ein Erzeugnis dieser Firma, wird hier folgendermaßen beschrieben: «Er ist leicht und sieht gut aus, hat einen Ganzstahllauf. Sein Mechanismus ist sehr einfach, denn er besteht nur aus zwei Teilen – einem Schlagbolzen und einer Feder, alles ist in einem prachtvollen Griff aus Naturhorn verborgen. Die Handhabung ist äußerst einfach und gefahrlos. Mit seinem Anlegekolben bildet er ein echtes Gewehr. Wir haben die Reihe unserer Jagdgewehre des Kalibers 9/12 und 14 mm durch die Schöpfung des Sternschußstockes Kaliber 6 mm mit gezogenem Lauf... erweitert.»[43]

Obgleich der Handel mit Stockwaffen sowie deren Besitz in Deutschland gesetzlich untersagt war, wurden solche Waffen hergestellt und inseriert. So bietet zum Beispiel die rheinländische Firma Albrecht Kind in ihrem Hauptkatalog von 1913/14 den «Schießstock Triumph» als «einen der besten bis jetzt existierenden» an.[44] Zum Laden der Waffe ist der Griff abschraubbar, und die Patrone kann in den Lauf eingelegt werden. Das im Griff verborgene Schloß wird durch Herabdrücken eines Hebels gespannt, wobei der Abzug selbsttätig hervortritt. Der mit Holz umkleidete Gußstahllauf ist innen glatt für Schrot oder gezogen für die Jagd gefertigt. Die Schießstöcke «Triumph» wurden zum Preis von 23,00 Mark in allen Kalibern von 6 bis 15 Millimeter verkauft und auch für Schrotpatronen der Kaliber 16, 20, 24, 28 und 32 geliefert. Bei starken Kalibern wie 16 und 20 konnte auf Wunsch zu einem Mehrpreis von 4,50 Mark ein hölzerner Ansteckkolben mitgeliefert werden.

In demselben Katalog wird der «Schießstock» Nr. 8210 mit Federabzug für 6- oder 9-Millimeter-Flobertpatronen angeboten; auf der Seite 199 wirbt die Firma für einen Spazierstock zum «Selbstschutz» mit eingebautem sechsschüssigem Revolver und Dolch. Der Revolver ist für Winchester-Patronen Kaliber •22 ausgelegt. Durch einfaches Drehen des Stockgriffes nach links und Zurückziehen des Griffes hatte man den Revolver im Falle einer plötzlichen Gefahr sofort schußbereit in der Hand. Die Katalogabbildungen 98 bis 110 zeigen vorwiegend in Frankreich und Deutschland erzeugte Stockgewehre unterschiedlicher Konstruktion für Rand- und Zentralfeuerpatronen. Da die Hersteller von Stockgewehren ihre Erzeugnisse nur selten signierten, ist es oft nicht möglich, die Provenienz, den Hersteller und das Fabrikationsjahr exakt zu ermitteln.

KOMBINATIONEN MIT SCHILDEN

Der Schild war im Verlauf seiner Entwicklung den mannigfaltigsten Wandlungen unterworfen, die weitestgehend bestimmt wurden durch die Wechselwirkung zwischen Körperschutz, Waffenentwicklung und taktischem Einsatz des Kriegers. Die Form, die Größe und das Material, aus dem der Schild gefertigt wurde, korrespondieren mit der allgemeinen Waffenentwicklung, was letztlich dazu führte, daß der Schild, resultierend aus der stetigen Verbesserung der Fernwaffen, insbesondere seit dem Aufkommen der Feuerwaffen und den damit verbundenen Veränderungen der Kriegstaktik gegen Ende des 16. Jahrhunderts aus der allgemeinen militärischen Bewaffnung verschwand und zu Beginn des 18. Jahrhunderts aufgegeben wurde. Das Bestreben, den Schild außer der ihm zugedachten Funktion des Körperschutzes auch als Offensivwaffe verwenden zu können, führte in Italien und Spanien seit dem Ende des 15. Jahrhunderts[45] zur Herausbildung von Schilden, die mit komplizierten und manchmal auch merkwürdigen Vorrichtungen ausgestattet waren. Diese von Fußkämpfern geführten Schilde wurden mit den unterschiedlichsten Klingenfängereinrichtungen, aufgesetzten Spitzen oder hervorschnellenden Stoßklingen ausgerüstet, die es erlaubten, den Schild nicht nur als Verteidigungs-, sondern auch als Angriffswaffe zu benutzen.

Eine interessante derartige Sonderform ist der mit einer Schwertklinge und zwei Klingenbrechern ausgestattete italienische Schild aus dem ersten Viertel des 16. Jahrhunderts (Kat.-Nr. 111; Abb. 90, 91). Dieser hölzerne Armschild, dessen Außenseite mit bemaltem Leder überspannt ist, besitzt auf seiner Innenseite eine lange, aus Eisenblech gefertigte Hülse, welche die 63,5 Zentimeter lange Schwertklinge führt. Mittels einer einfachen Arretierungsvorrichtung, bestehend aus einem Federbolzen mit angeschmiedeter Öse für den Mittelfinger, wird die Klinge im eingeschobenen sowie ausgefahrenen Zustand gesperrt. Zur besseren Handhabung des Schildes ist im unteren Drittel eine Griffstütze angebracht. Zum Schutz der linken, den Schild führenden Hand ist über dem Griff ein aus Eisenblech gefertigter gitterartiger Korb befestigt. Zwei hakenförmige Klingenbrecher oder auch als Klingenfänger bezeichnete, spitz auslaufende Eisen ragen nur knapp über den unteren Rand des Schildes. Der Träger des Schildes konnte im Falle eines Angriffs zur Überraschung seines Gegners plötzlich die kräftige Schwertklinge hervorschnellen lassen, was ihm gestattete, den Schild auch als Offensivwaffe zu nutzen. Die Klingenbrecher waren dazu bestimmt, die gegnerische Klinge einzuklemmen beziehungsweise festzuhalten, um diese eventuell durch rasches seitliches Verkanten abzubrechen. Der durchaus als Waffe zu nutzende Schild dürfte jedoch aufgrund seiner prachtvollen Bemalung der Kategorie der Parade- oder Prunkschilde, die sich seit dem beginnenden 16. Jahrhundert großer Beliebtheit erfreuten, zuzuordnen sein. Das Motiv der vielfigurigen Szene: ein heftiger Kampf zwischen zwei berittenen Kriegern, die ebenso wie die hinter Turnierschranken stehenden, dicht gedrängten Krieger in klassischer römischer Kleidung und Bewaffnung dargestellt sind, sowie die im Hintergrund auf einer Fahne zu erkennende Inschrift «SPQR» (SENATUS POPULUSQUE ROMANUS) und der römische Adler entsprechen dem Gedankengut der italienischen Renaissance.

Im Gesamtinventar des Historischen Museums Dresden von 1606 (Verz. 72) werden auf Seite 921 weitere technisch besonders interessante Schilde aufgeführt: «Sechs Rundel, mit Laternen, schwartz und golt gemahlt, langen eisern Spietzen, darunter das eine gar schwartz, und ein Latern.»

Leider sind die im Inventar erwähnten, vermutlich um die Mitte des 16. Jahrhunderts entstandenen italienischen Schilde heute nicht mehr in der Sammlung des Historischen Museums vorhanden. Boeheim erwähnt, daß solche sogenannten Laternenschilde in Italien und Spanien bei nächtlichen Überfällen verwendet wurden.[46]

So trugen die Spanier bei derartigen Aktionen oftmals das Hemd (camisa) über dem Harnisch, um sich gegenseitig in der Dunkelheit besser erkennen zu können oder um den Gegner zu erschrecken, weshalb solche Unternehmungen auch als «Camisaden» bezeichnet wurden. In der Waffensammlung des Kunsthistorischen Museums Wien befindet sich ein italienischer Laternenschild, der als eine Kombination von eisernem Rundschild, Klingenbrecher,

Stoßklinge und Klingenfängerring bezeichnet werden kann (Kat.-Nr. 112; Abb. 95).[47] Die lange Stoßklinge ist wie die des Schildes des Historischen Museums (Kat.-Nr. 111; Abb. 90, 91) ausfahrbar und sollte als Offensivwaffe dienen, ebenso wie die abschraubbare Spitze in der Schildmitte. Ein freistehender, auf der Außenseite angebrachter Klingenfängerring sollte die Entwaffnung des Gegners ermöglichen. Zur besseren Führung des schweren Schildes sind auf dessen Innenseite eine ausklappbare Griffstütze befestigt sowie ein Riemen zum Festschnallen am linken Oberarm. Die linke Hand wird zusätzlich von einem eisernen Handschuh, der zwei gezackte Spitzen trägt, geschützt. Der aufgenietete Klingenfängerring ist etwa auf Höhe der Schildmitte unterbrochen und an dieser Stelle mit einer runden Aussparung für die auf der Innenseite montierte Blendlaterne versehen. Die Öffnung ist durch einen Springdeckel mit Hilfe einer Zugsperre verschließbar, wodurch die Laterne, die mittels eines drehbaren Zylinders auf- und abblendbar ist, verdeckt wird. Ihre Öllampe sitzt in einer Kompaßaufhängung, um bei entsprechender Fechtbewegung in der Horizontalen bleiben zu können.

Trotz der kurios anmutenden, technisch sicherlich auch überspitzten Ausstattung des Schildes läßt dessen solide Konstruktion sowie der Verzicht auf jegliches schmükkende Beiwerk erkennen, daß der Verfertiger des Schildes auch dessen praktische Verwendbarkeit anstrebte. Die zahlreichen Spitzen und Klingenfänger, das bizarre Äußere des Schildes sowie die Möglichkeit, die Laterne plötzlich aufzublenden, dürften bei einer nächtlichen Kampfhandlung Erschrecken und Verunsicherung des Gegners bewirkt haben, was dem Träger des Schildes zweifelsohne taktische Vorteile sicherte.

Boeheim verweist darauf, daß bei nächtlichen Überfällen nur die ersten Reihen der Angreifer derartige Schilde trugen, während die übrigen Faustschilde führten – oder, wenn sie mit Stangenwaffen ausgerüstet waren, auf den Schild verzichteten.

Jacob Burckhardt führt in seinem Werk «Die Kultur der Renaissance in Italien», Abschnitt 6, «Sitte und Religion», aus: «Als das Herzogtum Mailand bereits um 1480 durch die inneren Krisen nach dem Tode des Galeazzo Maria Sforza erschüttert war, hörte in den Provinzialstädten jede Sicherheit auf. So in Parma, wo der mailändische Gubernator, durch Mordanschläge in Schrecken gesetzt, sich die Freilassung furchtbarer Menschen abringen ließ, wo Einbrüche, Demolitionen von Häusern, öffentliche Mordtaten etwas Gewöhnliches wurden, wo zuerst maskierte Verbrecher einzeln, dann ohne jede Scheu jede Nacht große bewaffnete Scharen umherzogen ...».[48] Burckhardt führt zwar keine Waffen auf, doch lassen seine Schilderungen, die sich auf Quellenmaterial stützen, die Vermutung zu, daß die Anwendung von Laternenschilden oder auch von kombinierten Schilden durchaus von Vorteil war, sowohl für den Angreifer als auch für denjenigen, der sich verteidigen mußte.

Als Trabantenwaffe entstand in Italien im 1. Drittel des 16. Jahrhunderts ein Schildtyp aus der Kombination von Schild und Feuerwaffe. Derartige Schilde boten ihrem Träger beziehungsweise dem vom Trabanten zu Beschützenden nicht nur Deckung vor Hieb, Stich und Beschuß, sondern zugleich auch durch den Einsatz der Feuerwaffe die Möglichkeit des Angriffs oder der besseren Verteidigung. Einige Schilde mit Feuerwaffe befinden sich heute im Tower of London, in der Waffensammlung des Metropolitan Museum of Art, New York, in amerikanischen Privatsammlungen, und einen Schild besitzt die Staatliche Ermitage Leningrad.

Die Schilde des Metropolitan Museum of Art, New York (Kat.-Nr. 113/114; Abb. 92, 93, 94), und die des Tower of London gehören zu einer Gruppe von Schilden, mit denen die Leibwache König Heinrichs VIII. von England ausgerüstet war. In einem Inventar der Waffenkammer des Tower of London, das nach dem Tode Heinrichs VIII. 1547 erstellt worden ist, sind 35 mit Feuerwaffen kombinierte Schilde («gonne-shieldes») verzeichnet.[49]

In einem Dokument von 1544 bietet der Meister Giovanni Battista aus Ravenna dem englischen König seine Dienste an. Unter den Erfindungen, die er offerieren konnte, führte er auch auf: «... verschiedene runde Schilde und Armschilde mit Gewehren, die auf den Feind feuern und jede Rüstung durchbohren.»

Einige von diesen Schilden, die vermutlich in Italien hergestellt wurden, sind dekorativ geätzt, jedoch dürfte die Mehrzahl der Schilde des Tower und die des Metropolitan Museum, die ziemlich robust und ohne dekoratives Beiwerk gearbeitet sind, im Tower selbst nach italienischem Vorbild gefertigt worden sein. Die hölzernen, auf der Außenseite mit kräftigem Eisenblech beschlagenen Rundschilde des Metropolitan Museum (Kat.-Nr. 113/114; Abb. 92, 93, 94) besitzen in der Mitte eine nabelartige Verstärkung, die zur Aufnahme des kurzen Rundlaufes (Kaliber 14 mm) entsprechend durchbrochen ist. Die Innenseite ist mit Leinen abgefüttert, die Handgriffe sind nicht mehr vorhanden. Die Feuerwaffe von einfacher, solider Konstruktion besitzt eine Hinterladeeinrichtung für Luntenzündung. Über dem Lauf befindet sich zum Zielen ein vergittertes Beobachtungsfenster. Die Waffe kann schnell geladen werden, indem der Verschluß geöffnet und eine Stahlpatrone in das Kammerstück geschoben wird (Abb. 93). Das nach oben klappbare Verschlußstück besitzt eine einfache, aber dennoch stabile Feder- und Stiftsicherung. Der Luntenhalter ist an der rechten Kammerseite angebracht. Der Ladevorgang der Waffe wird durch den Einsatz von wiederladbaren Stahlpatronen wesentlich verkürzt und erlaubt eine relativ schnelle Schußfolge.

Ein italienischer Rundschild mit Radschloßfeuerwaffe in der Ermitage Leningrad (Kat.-Nr. 115) ist zusätzlich mit Klingenfängerring und Klingenfängerhaken, Stoßklinge und Längsschlitzen zum Einfangen der gegnerischen Klinge ausgestattet.

Die kombinierten Schilde sind eine typische Erscheinung der Renaissance und dokumentieren das allgemein vorherrschende Bestreben, den Wirkungsgrad einer Waffe zu erhöhen, was zu technischen Neuerungen beziehungsweise Erfindungen führte. Trotz sicherlich vorhandener Vorzüge war die Handhabbarkeit und die damit verbundene Verwendbarkeit derartiger Schilde eingeschränkt, ihre zudem hohen Herstellungskosten verursachten wohl auch, daß sie keine größere Verbreitung fanden.

Ein seltener Schildtyp, der zugleich Waffe und Schild verkörpert, der sogenannte Keulenschild (Kat.-Nr. 116, 117; Abb. 96, 97), wurde von italienischen Adligen bei an Festtagen veranstalteten Kampfspielen verwendet. Diese am Arm zu tragenden Schilde dienten als Parierwaffe, konnten aber, am unteren Ende mit den Händen gefaßt, wie eine Keule geschwungen werden. Die hölzernen, langen, schmalen Schilde waren farbig bemalt, manche trugen Inschriften oder Sprüche. Eines der berühmtesten Turniere war das «Giuco del Mazzascudo» beziehungsweise «Gioco del Ponte», das in Pisa ausgetragen wurde. Das letzte dieser Spiele fand 1807 statt.

ARMBRÜSTE MIT FEUERWAFFEN

Die Armbrust zählt neben dem Bogen zu den bedeutendsten und weitverbreitetsten mechanischen Fernwaffen. Während beim Handbogen die Schußleistung vor allem von der Muskelkraft des Schützen bestimmt wurde, ermöglichte die Armbrust, deren Bogen meist mit einer mechanischen Vorrichtung gespannt werden konnte, die Erhöhung der Geschoßenergie im Verhältnis zum Handbogen um das Drei- bis Zehnfache.

Obgleich die Armbrust bereits 200 Jahre v. u. Z. in China nachweisbar ist, fand sie in Europa in Nachfolge spätrömischer und auch byzantinischer armbrustartiger Schleuder- und Wurfmaschinen allgemein erst mit dem beginnenden 11. Jahrhundert Verbreitung. In dieser Zeit wurde die Armbrust arcubalista, arbalista oder balista (lateinisch: arcus = Bogen, balista = Schleudergerät) genannt. Erst später fanden sich weitere territoriale Bezeichnungen wie balestra, arbalète, armbrost oder armst und crossbow.[50] Seit dem 15. Jahrhundert ist zwischen der west- und mitteleuropäischen Armbrust zu unterscheiden, deren Entwicklung und äußere Form von den jeweiligen regionalen Besonderheiten geprägt wurden.

Die Armbrust erlangte als Jagd- und Kriegswaffe besondere Bedeutung, obwohl vor allem die deutsche Ritterschaft diese Waffe als heimtückisch und unritterlich empfand und ihre militärische Verwendung erbittert bekämpfte. So verbot Papst Innocenz II. auf dem 1139 abgehaltenen 2. Lateranischen Konzil unter Androhung der Exkommunizierung den Gebrauch der todbringenden Armbrust. Dieses Verbot wurde allerdings kaum beachtet und ist von Papst Innocenz III. im Jahre 1215 erneuert worden, wobei er jedoch den Gebrauch der Armbrust im Kampf gegen Ungläubige und Ketzer gestattete.

Trotz dieser Verbote wurde die Armbrust von städtischen Handwerkern hergestellt und weiterentwickelt, sie wurde bei der Stadtverteidigung erfolgreich eingesetzt.

Während des 14. und 15. Jahrhunderts war die Armbrust die gebräuchlichste tragbare Schußwaffe in Kontinentaleuropa, indes in England der Langbogen bevorzugt wurde. Der Hauptbestandteil des damaligen Fußvolkes wurde von den sogenannten Armbrustern gebildet, die außer der Armbrust große Setzschilde als Schutzbewaffnung mitführten. Außerdem wurden den Armbrustschützen bei militärischen Auseinandersetzungen noch ein Schild- und ein Spannknecht beigegeben. Zur Erhöhung der Schußgeschwindigkeit hatte der Schütze oft mehrere Armbrüste in Gebrauch. Die Reichweite der Armbrust betrug 200 bis 400 Meter, ihre Schußgeschwindigkeit etwa zwei bis drei Schuß in der Minute. Auf kürzere Entfernungen durchschlug der Armbrustbolzen den Reiterharnisch.

Bis gegen Ende des 15. Jahrhunderts war die Armbrust der seit dem 14. Jahrhundert aufkommenden Feuerwaffe an Durchschlagskraft und Treffsicherheit weit überlegen. Wegen ihres lautlosen Schusses blieb sie bis in das 17. Jahrhundert als Jagdwaffe beliebt.

Die Hauptbestandteile der Armbrust sind der Bogen mit Sehne, die Säule (Schaft), das Schloß und die Abzugsvorrichtung. Zum Spannen des kräftigen Bogens waren entsprechende Spannvorrichtungen erforderlich. Im 13. und 14. Jahrhundert wurde der Bogen mit Hilfe eines Gürtelhakens gespannt, wobei der Schütze die Muskelkraft des Beines nutzte, indem er einen am Gürtel befestigten Haken in die Sehne einhängte, den Fuß in einen mit der Säule verbundenen Bügel setzte und durch Strecken des Beines oder Aufrichten des Oberkörpers den Bogen spannte. Später wurde vor allem für berittene Schützen der Spannhebel mit beweglichem Arm, der sogenannte Geißfuß, gebräuchlich. Mit dem Aufkommen des Stahlbogens im 15. Jahrhundert wurden vor allem Zahnstangen- oder Seilwinden verwendet. Von großem Vorteil gegenüber dem Handbogen war, daß die gespannte Armbrust mit aufgelegtem Bolzen mitgeführt werden konnte und gegebenenfalls sofort einsatzbereit war. Beim Ziehen der Abzugsstange wirkte die freiwerdende Energie des Bogens mit Hilfe der Sehne auf den Armbrustbolzen, wodurch dieser augenblicklich weggeschossen wurde.

Die Bogen bestanden ursprünglich aus Holz, später aus mehreren aufeinandergeleimten Schichten von Horn oder Fischbein, um die Tiersehnen gewickelt waren. Zum Schutz gegen Nässe waren sie mit Birkenrinde, Bast oder Pergament überzogen. Gegen Ende des 15. Jahrhunderts wurde der Hornbogen allmählich vom Stahlbogen verdrängt, der zwar größere Schußweiten erzielte, jedoch aufgrund der noch unzulänglichen Stahlqualität beim Spannen bei großer Kälte oft zersprang, was für den Schützen nicht ungefährlich war. Kaiser Maximilian I., der 1517 die Armbrust für Kriegszwecke als tückische und unritterliche Waffe verbot, sie jedoch für die Jagd gelten ließ, gab in seinem «Geheimen Jagdbuch» folgenden Rat: «Als erstes sollst Du stets bei Dir haben etliche Truhen, darin Dein Jagdschwert, Rock, Geschütz, Hornarmbrust und Stahlbogen. Nämlich im Winter die Hornarmbrust wegen des Frostes; aber sonst Stahlbogen im Sommer. So es nicht friert, im Winter auch den stählernen Bogen.»

Verbesserungen in der Metallurgie ermöglichten im Verlauf des 16. Jahrhunderts, Stahlbogen von größerer Flexibilität und Stabilität herzustellen. Entsprechend der Bogengröße und -stärke unterschied man «ganze, halbe und Viertelrüstungen». Die Säulen der Jagdarmbrüste waren aus Holz, selten aus Stahl gefertigt und sind meist reich mit gravierten Beineinlagen oder Metallbeschlägen dekoriert. Auch die Bögen und Winden waren oft mit Malerei oder Ätzmalerei verziert. Außerdem wurden die aus Hanfschnur bestehende Besehnung und die Einbindung des Bogens noch mit bunten Bommeln aus Wolle geschmückt, was der Armbrust ein besonders prächtiges Aussehen verlieh.

Im Unterschied zur Armbrust westeuropäischen Typs, bei der der Bolzen in einer Rinne der Säule lag, ruhte bei der Armbrust mitteleuropäischen Typs der Bolzen mit seiner Spitze auf einer flachen Bolzenauflage der glatten Säulenoberfläche. Das Herunterfallen des Bolzens, dessen seitlich abgeflachter Schaftfuß in der Nuß steckte, wurde von einer über die Nuß reichenden Hornklemme verhindert. Die durchschnittlich 30 Zentimeter langen Armbrustbolzen, deren eiserne Spitzen je nach Verwendungszweck unterschiedlich gefertigt sind, wurden in einem rechts am Gürtel zu tragenden, meist mit Leder oder Dachsfell bezogenen hölzernen Köcher mitgeführt. Bolzen für das beliebte Vogel- und Scheibenschießen wurden in Holzkästen, die mit entsprechenden Fächern ausgestattet waren, aufbewahrt. Einige Fächer der Bolzenkästen enthielten kleine Werkzeuge sowie Kreide oder Kohle zum Notieren der Treffer auf einem im Deckel eingelassenen Täfelchen. Seit dem Beginn des 16. Jahrhunderts kamen für die Vogeljagd besonders leichte Armbrüste in Gebrauch. Der «Deutsche Schnepper» und der «Italienische Balester» waren für den Kugelschuß eingerichtet und konnten mit Hilfe des Geißfußes oder mit einem an der Säule angebrachten Hebelmechanismus gespannt werden. Kleine Ton- oder Bleikugeln wurden in einen in Sehnenmitte eingeflochtenen Kugelsack gelegt. Diese meist reich dekorierten Waffen waren mit einem Lochvisier oder der Zielgabel mit schwebender Perle zum Anvisieren des Flugwildes ausgestattet. Für sportliche Zwecke wird die Armbrust bis zur Gegenwart genutzt.

Zu den frühesten Kombinationen von Radschloßwaffen mit einem anderen Waffentyp gehört deren Verbindung mit der Armbrust. Diese Konstruktionen vereinen die Vorzüge einer mechanischen Fernwaffe mit denen der Feuerwaffe. Allerdings lassen Entwicklungen dieser Art auch erkennen, daß zunächst noch Bedenken gegenüber der Funktionstüchtigkeit und somit Zuverlässigkeit des komplizierten Radschloßmechanismus bestanden. Sicherlich wurde meist der Bolzen zuerst verschossen, und bei einem Fehlschuß konnte anschließend die Radschloßfeuerwaffe sofort zum Einsatz gebracht werden. Armbrüste sowohl für Bolzen- als auch für Kugelschuß sind seit dem Beginn des 16. Jahrhunderts bis zur Mitte des 17. Jahrhunderts nachweisbar.

In der Rüstkammer des Dogenpalastes zu Venedig werden die wohl ältesten erhaltenen Radschloßfeuerwaffen aufbewahrt, bemerkenswerterweise sind sie mit einer Armbrust kombiniert. Diese von Claude Blair um 1510 datierten italienischen Waffen (Inv.-Nr. Q1–Q3) sind von gleicher Form und Konstruktion.[51] Sie haben eine aus Eisen gefertigte Säule mit Stahlbogen, die von dem in die Säule eingelassenen Lauf um ein Drittel seiner Länge überragt wird. Das Radschloß mit außenliegenden Funktionsteilen ist auf der rechten Seite der Säule angebracht. Der Hebelabzug der Armbrust entspricht dem im 15. und 16. Jahrhundert üblichen Typ (vgl. Kat.-Nr. 118).

Eine weitere waffengeschichtlich bedeutsame, in Deutschland zwischen 1521 und 1526 entstandene Armbrust mit Radschloßfeuerwaffe befindet sich im Bayerischen Nationalmuseum in München (Kat.-Nr. 119; Abb. 98, 99). Diese aus dem Besitz des Erzherzogs Ferdinand, des späteren Kaisers Ferdinand I., stammende Kombinationswaffe trägt auf dem geätzten und vergoldeten Lauf Embleme des Goldenen Vlieses sowie die Inschrift «FERDINANDVS».

Die Armbrustsäule zeigt auf rotem Grund in goldener Bemalung die Initiale «F» und «A» sowie den Erzherzogshut über dem Feuerstrahl. In gleicher Bemalung ist der Stahlbogen, der außerdem ein graviertes Wappen unter dem Erzherzogshut trägt, ausgeschmückt. Das seitlich in die Säule eingelassene Radschloß hat eine flache Schloßplatte mit innenliegender Schlagfeder und einen Seitendruckknopf als Abzug. Das Schloß dieser Waffe zählt mit zu den ältesten erhaltenen Radschloßkonstruktionen.

Eine Inventaraufstellung der Harnischkammer des im Jahre 1550 verstorbenen Herzogs Franz zu Braunschweig und Lüneburg auf Schloß Gifhorn weist 14 «Feuer-Armberß» (Armbrüste mit Radschloßfeuerwaffe) aus. Wenngleich heute nur noch wenige mit Feuerwaffen kombinierte Armbrüste existieren, so läßt jedoch diese Inventaraufstellung vermuten, daß derartige Kombinationswaffen durchaus nicht selten waren.

Das Metropolitan Museum of Art, New York, besitzt eine in Süddeutschland um 1580 gefertigte Armbrust mit Radschloßfeuerwaffe (Kat.-Nr. 120). Bei dieser Waffe sind der Lauf und das Radschloß in der reich mit gravierten Beineinlagen ausgeschmückten Säule untergebracht. Die Besehnung des Stahlbogens war ursprünglich mit einem Kugelbecher ausgestattet. Die Armbrust wird mit Hilfe des beweglichen Abzugsbügels, der mit einem in der Säule angeordneten langen Hebel verbunden ist, gespannt. Das selbstspannende Schloß wird beim Zurückziehen des Hahnes gespannt. Der Abzug betätigt nacheinander zuerst das Radschloß und anschließend die Armbrust. Eine weitere Armbrust gleicher Konstruktion und ähnlichen Dekors befindet sich im Kunsthistorischen Museum in Wien.

Die Katalogabbildung Nr. 121 zeigt einen in Norditalien um 1630 entstandenen Balester mit Schnappschloßfeuerwaffe. Diese im Tower of London aufbewahrte elegante Waffe, deren Säule reich mit gravierten Beineinlagen dekoriert ist, war für die Vogeljagd bestimmt.

1 Streitaxt mit Luntenschnappschloß-Feuerwaffe, deutsch, um 1540 (Kat.-Nr. 3)

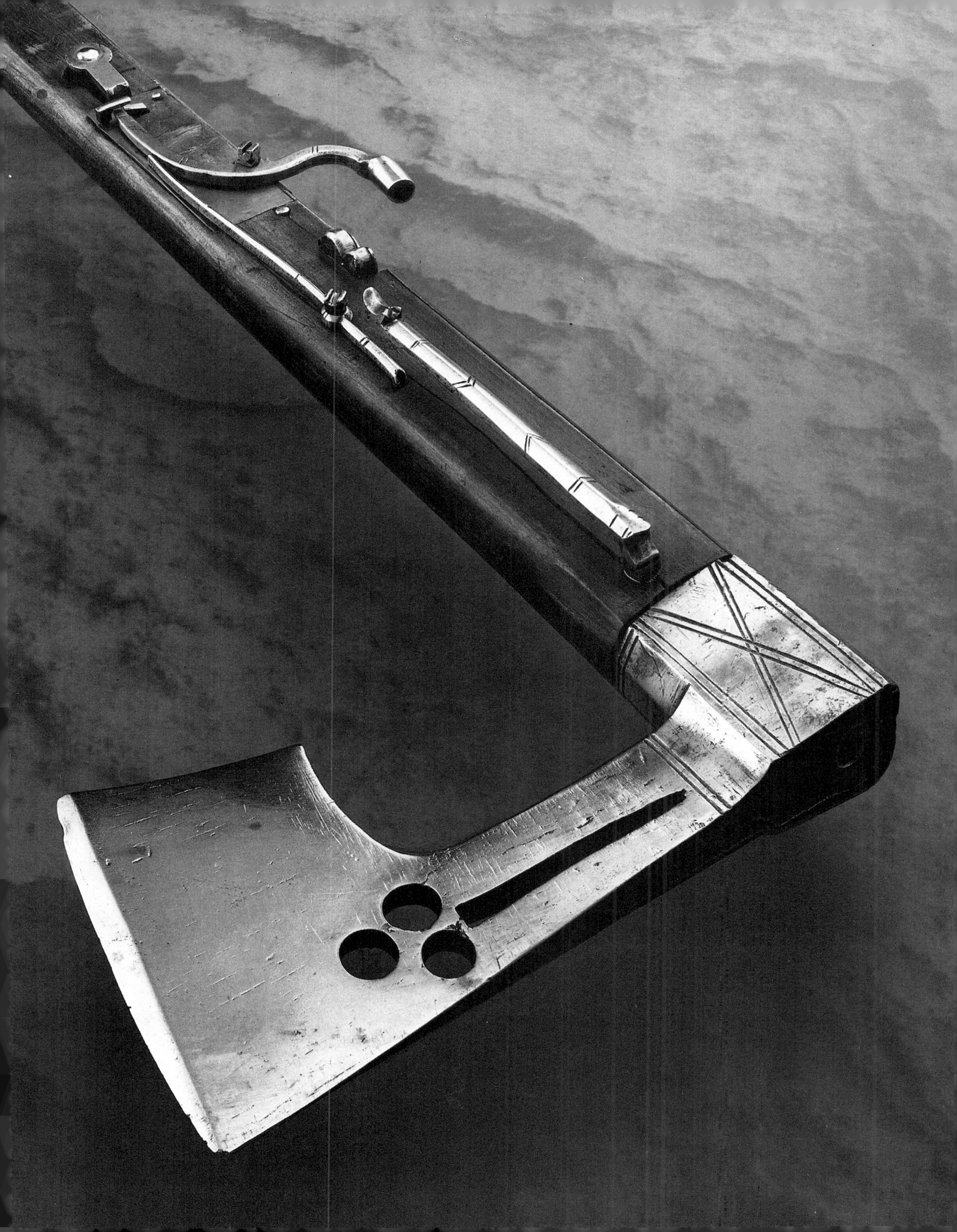

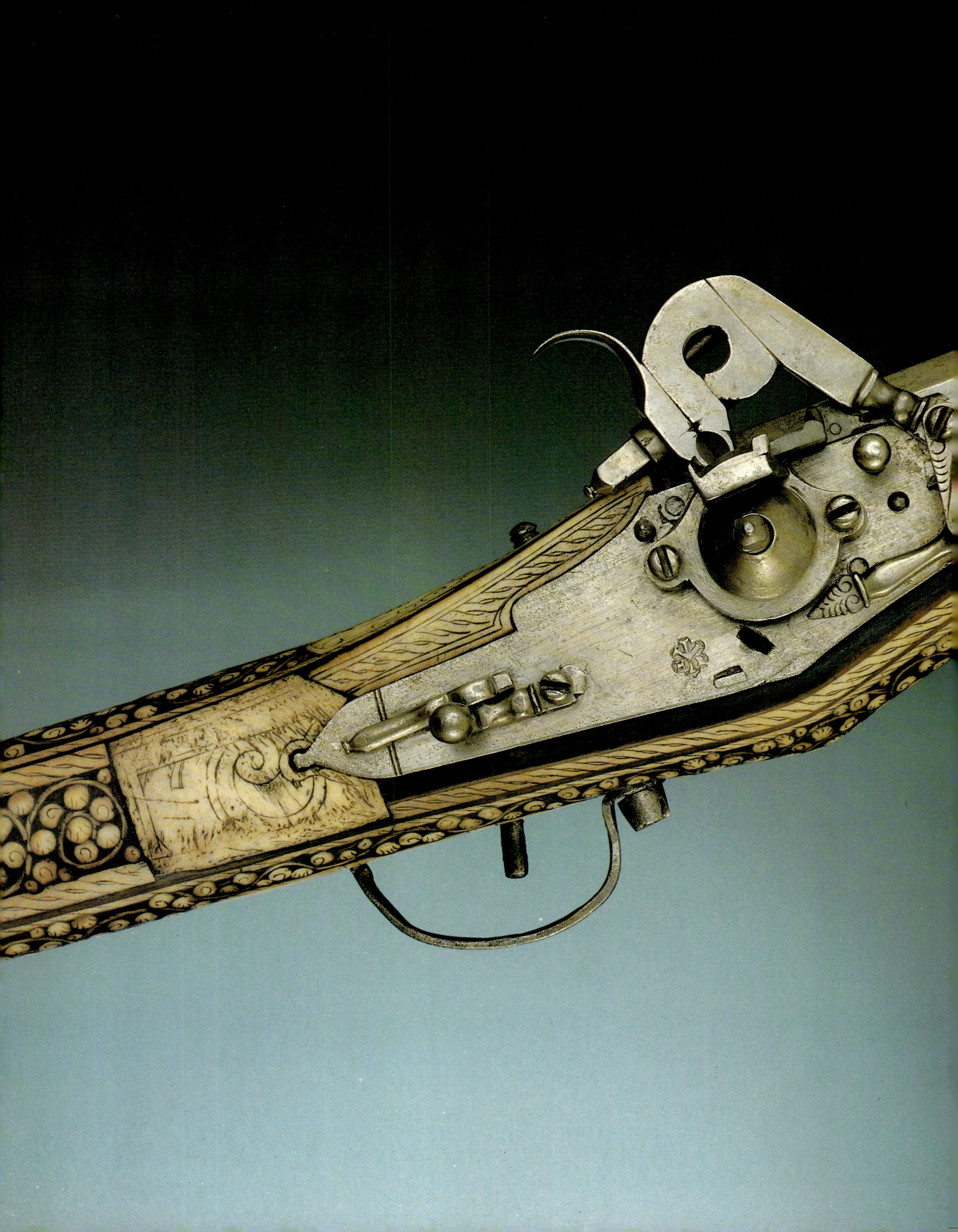

Vorhergehende Seiten

2 Streitaxt mit Radschloßfeuerwaffe, vermutlich süddeutsch, um 1580 (Kat.-Nr. 6)

3 Streitaxt mit Radschloßfeuerwaffe, süddeutsch, 1574 (Kat.-Nr. 5)

4 Streitaxt mit Radschloßfeuerwaffe, vermutlich französisch, Mitte 16. Jh. (Kat.-Nr. 4)

5 Schloßteile und Griff von der Streitaxt mit Radschloßfeuerwaffe Kat.-Nr. 4

6 Axteisen von der Streitaxt mit Radschloßfeuerwaffe Kat.-Nr. 4, Mitte 16. Jh.

7 Axteisen von der Streitaxt mit Radschloßfeuerwaffe, Augsburg, um 1580 (Kat.-Nr. 9)

8 Axteisen von der Streitaxt mit Radschloßfeuerwaffe, Augsburg, um 1580 (Kat.-Nr. 8)

9 Axteisen von der Streitaxt mit Radschloß-feuerwaffe,
Bernhard Albrecht, Augsburg, um 1585 (Kat.-Nr. 7)

10 Radschloß mit spiralförmiger Schlagfeder von Streitaxt Abb. 9 (Kat.-Nr. 7)

11 Streitaxt mit Radschloßfeuerwaffe, Augsburg, um 1580 (Kat.-Nr. 8)
Streitaxt mit Radschloßfeuerwaffe, Augsburg, um 1580 (Kat.-Nr. 9)

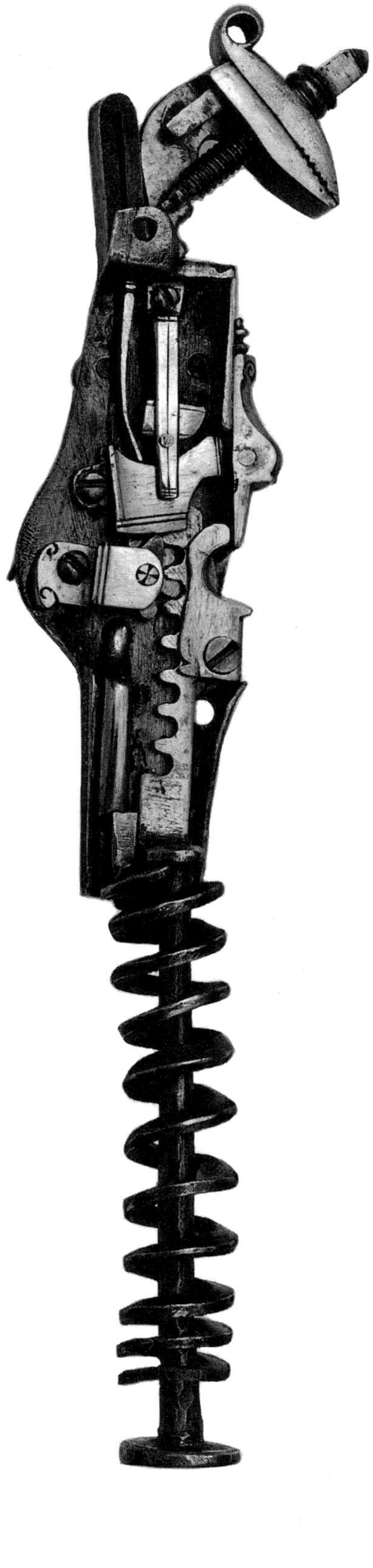

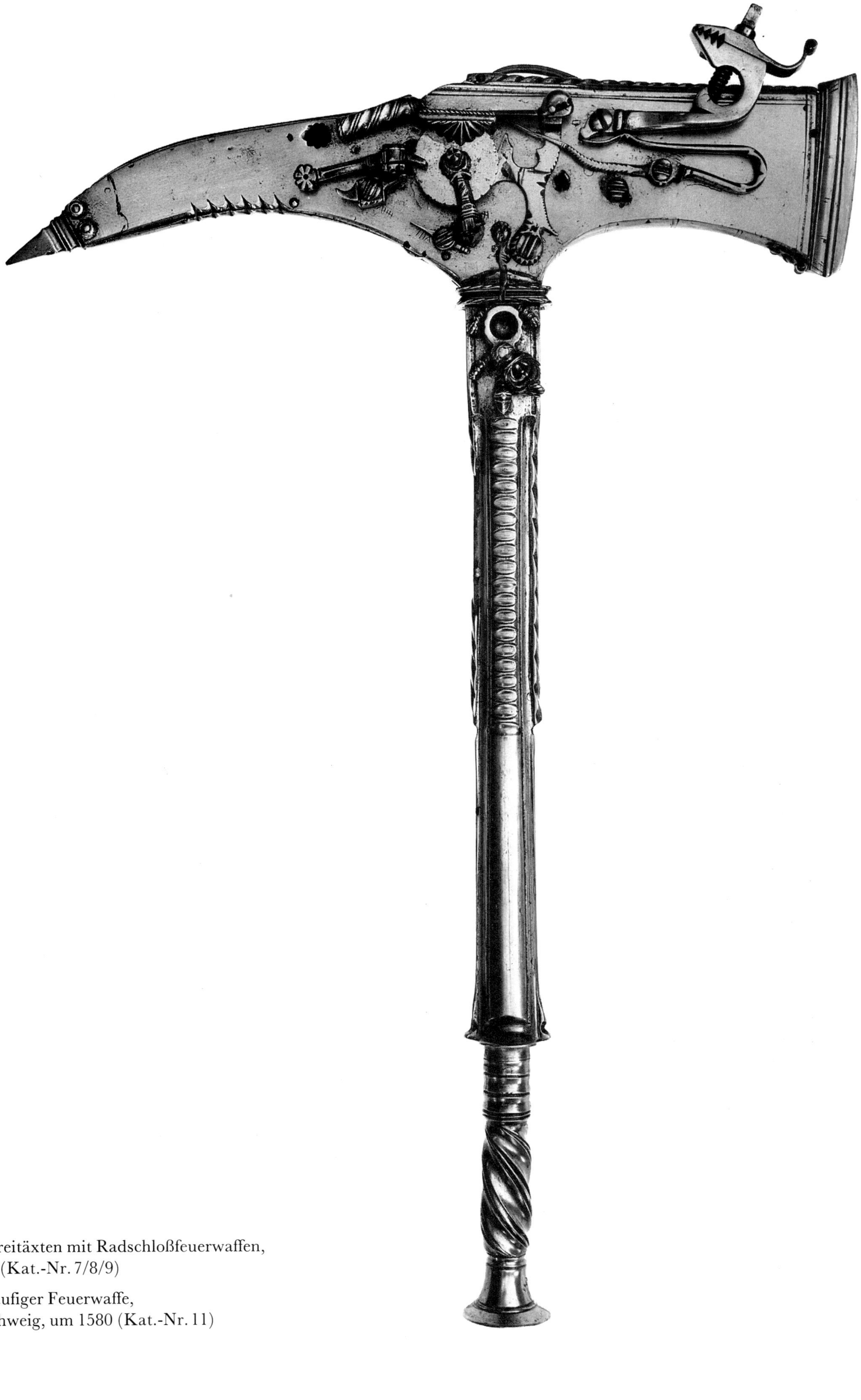

12 Schaftdetails von Streitäxten mit Radschloßfeuerwaffen, Augsburg, um 1580 (Kat.-Nr. 7/8/9)

13 Streitaxt mit sechsläufiger Feuerwaffe, vermutlich Braunschweig, um 1580 (Kat.-Nr. 11)

14 Schaftdetail von der Kombinationswaffe aus Streitaxt und Handfeuerwaffe mit Doppelschloß, deutsch, 1. Hälfte 17. Jh. (Kat.-Nr. 12)

15 Axteisen und Schloßdetail der Streitaxt Kat.-Nr. 12

16 Doppelschloß aus Lunten- und Radschloß von Streitaxt Kat.-Nr. 12

17 Schloßgegenseite, Detail von Streitaxt Kat.-Nr. 12

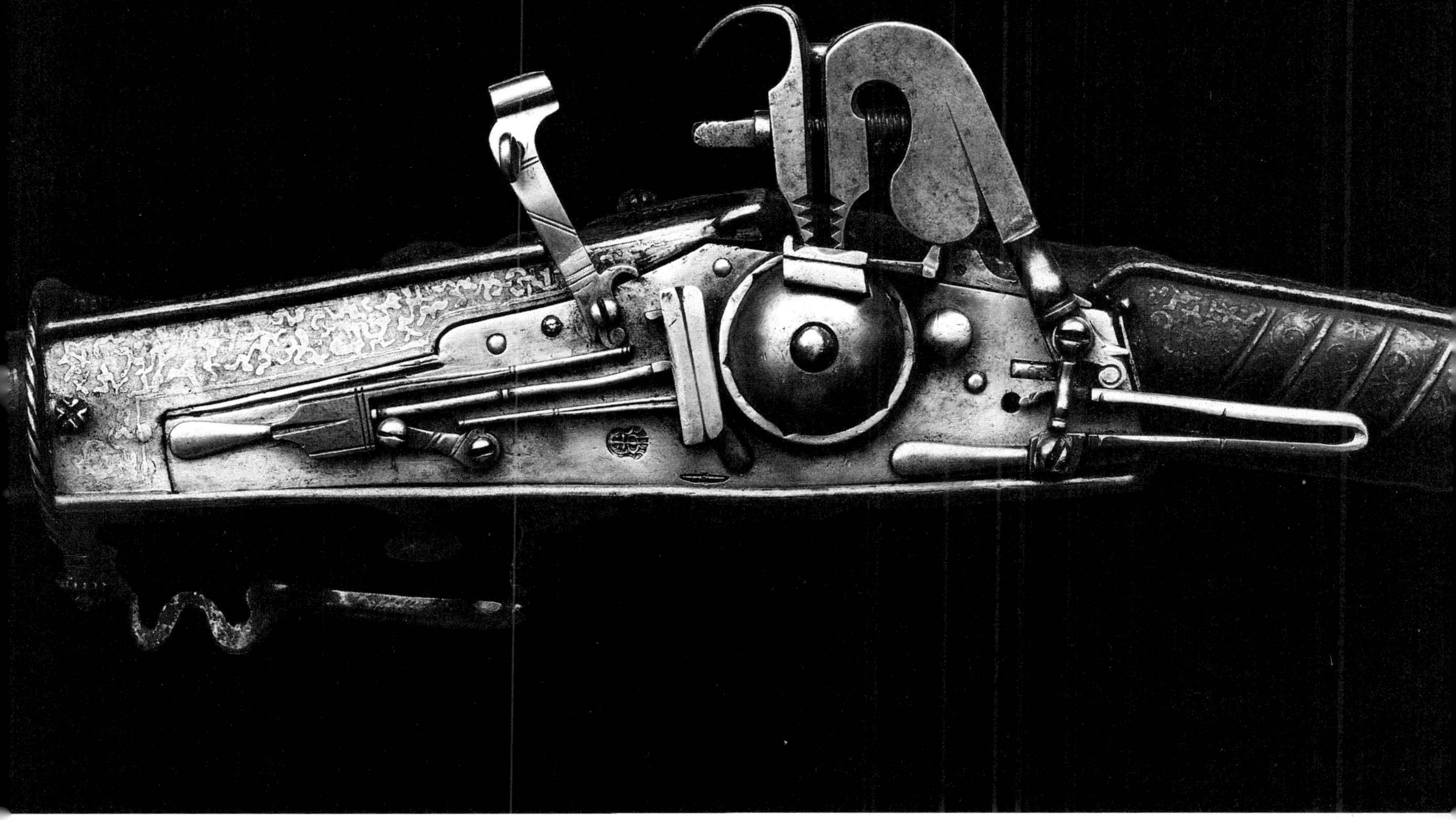

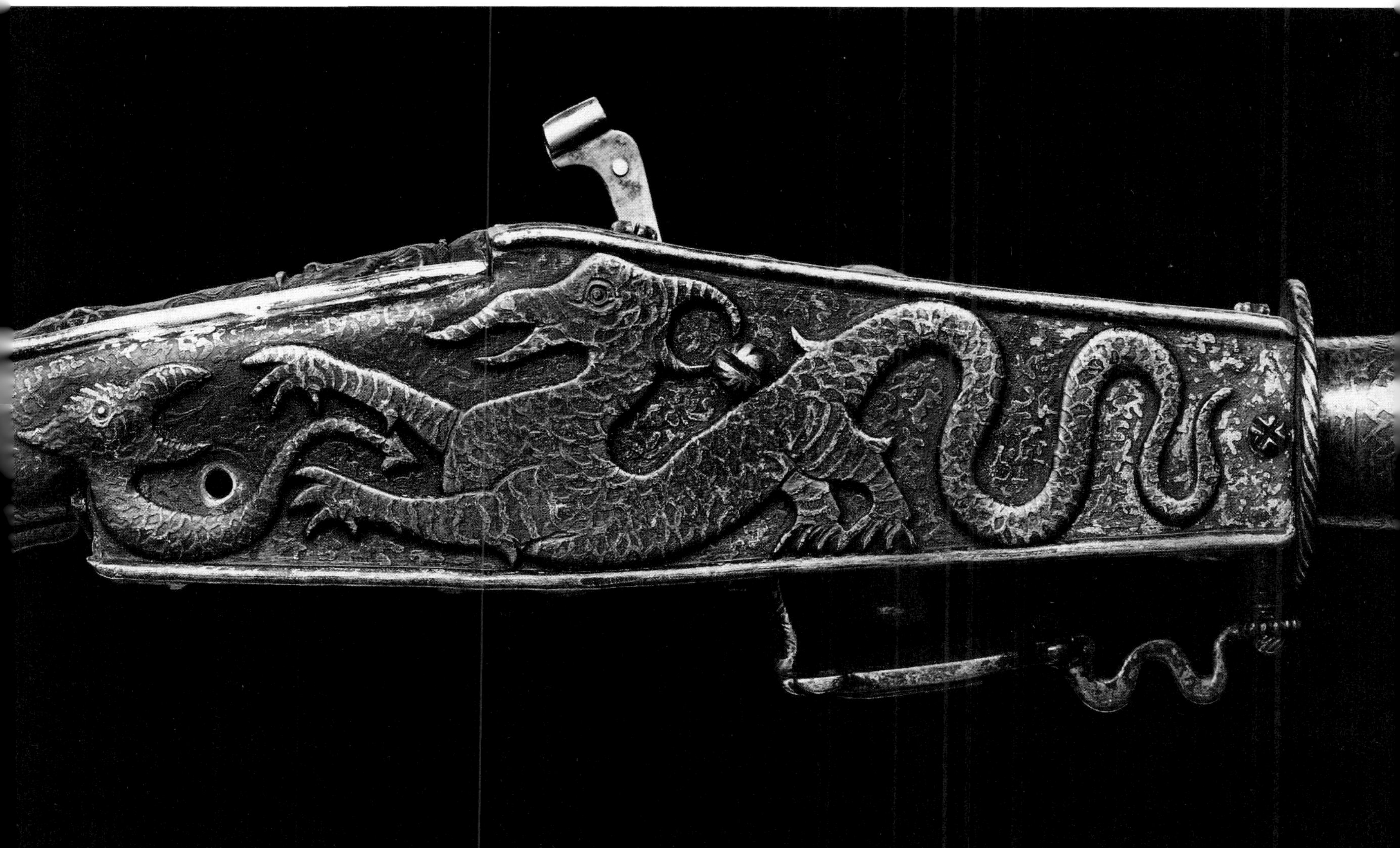

18 Streithacke, kombiniert mit Steinschloß-feuerwaffe und Stilett
Teschen, Ende 17. Jh. (Kat.-Nr. 15)

19 Steigerhäckchen mit Steinschloßfeuerwaffe, sächsich, um 1800 (Kat.-Nr. 14)

20 Schlagkopf von Streitkolben mit Radschloßfeuerwaffe, vermutlich Nürnberg, um 1585 (Kat.-Nr. 22)

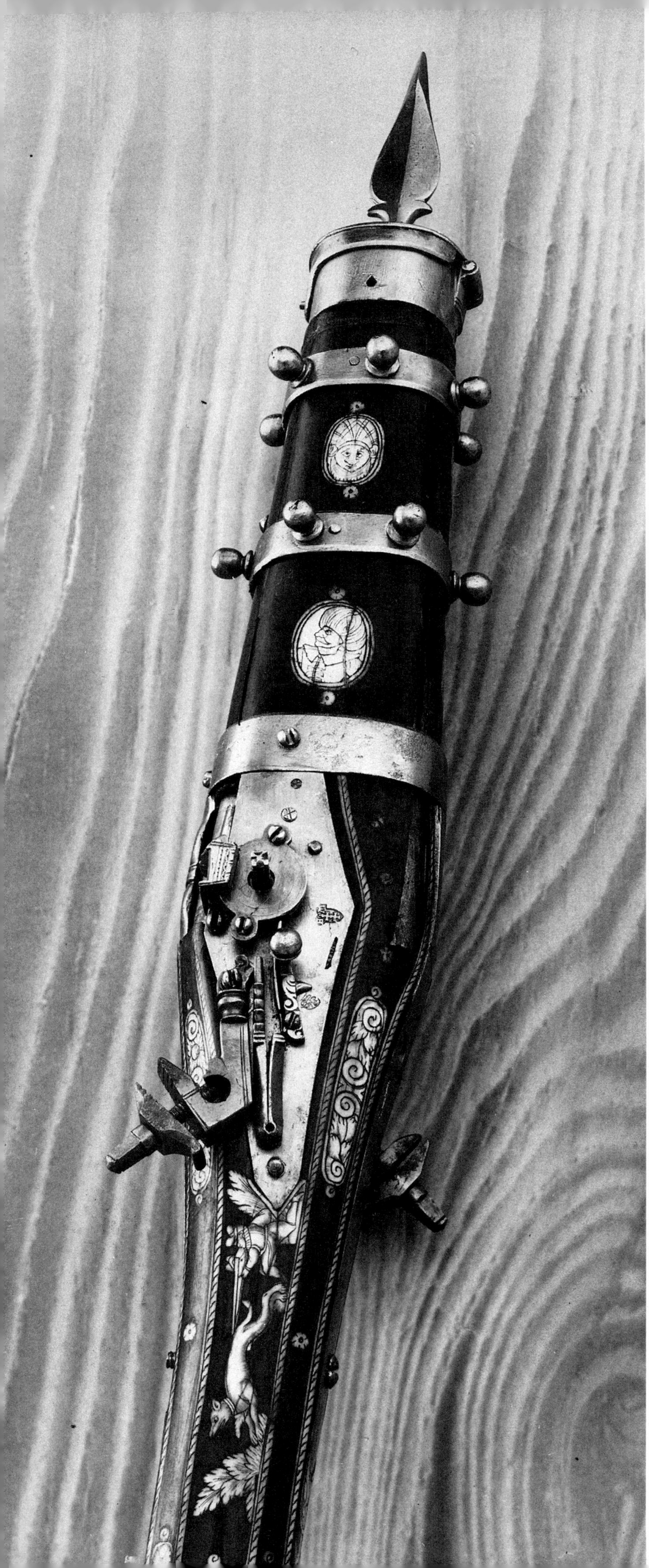

21 Streitkolben mit vierläufiger Radschloßfeuerwaffe, Hans Morgenroth, Nürnberg, um 1600 (Kat.-Nr. 21)

22 Gravierte Beinmanschette vom Schaft des Streitkolbens Abb. 21 (Kat.-Nr. 21)

23 Schlagkopf mit geöffnetem Mündungsdeckel vom Streitkolben Abb. 21 (Kat.-Nr. 21)

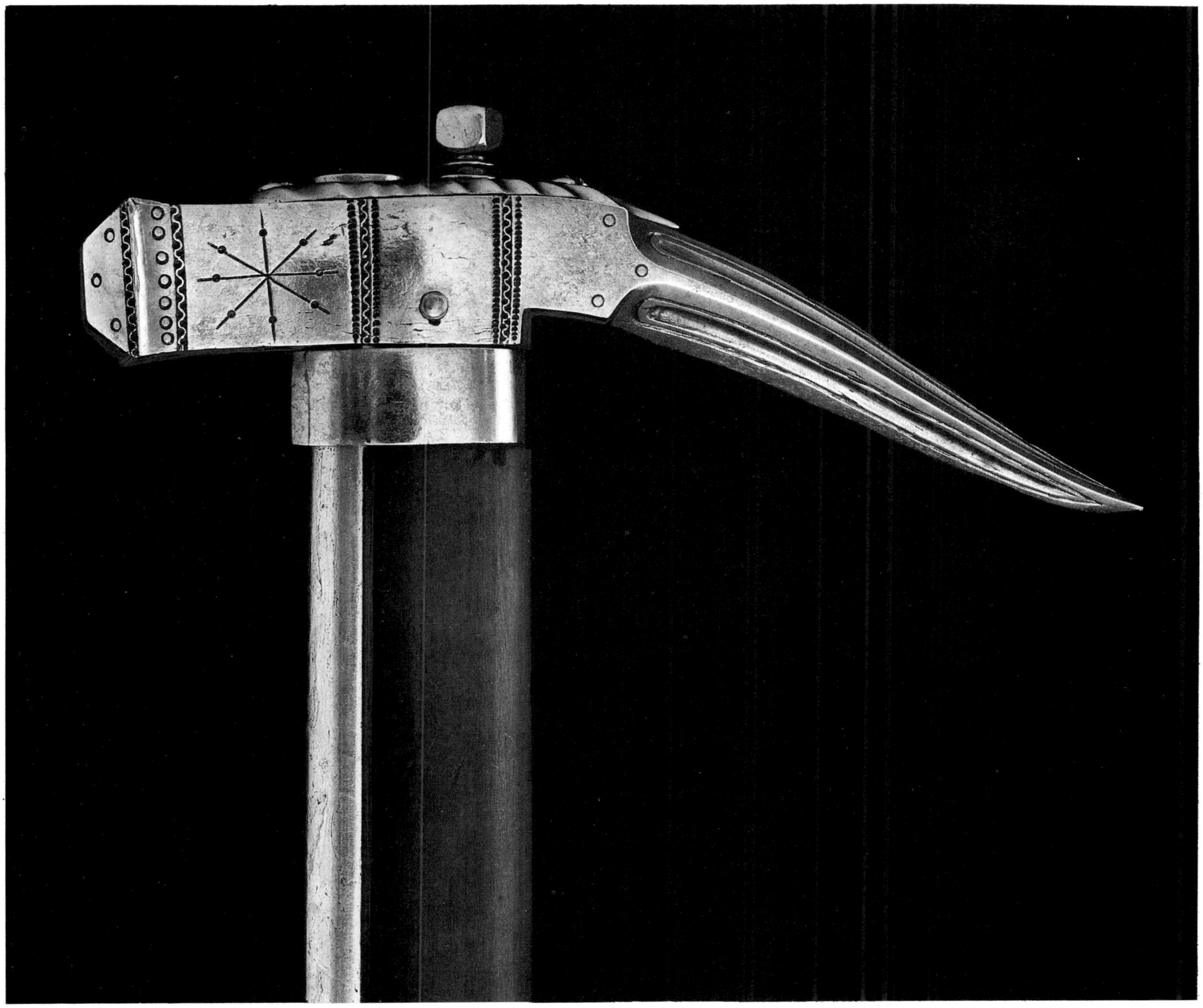

24 Streitkolben, kombiniert mit Radschloßfeuerwaffe und Klappbajonett, Braunschweig, um 1510/20 (Kat.-Nr. 18)

25 Morgenstern mit dreiläufiger Feuerwaffe, englisch, frühes 16. Jh. (Kat.-Nr. 19)

26 Detail von Streithammer mit Hakenspannschloß-Feuerwaffe, ungarisch/polnisch, 2. Hälfte 17. Jh. (Kat.-Nr. 26)

Folgende Seiten

27 Artilleriemeßinstrumente von Christoph Trechsler, Dresden 1615, zur Scheide des Reiterschwertes Abb. 28 (Kat.-Nr. 29)

28 Reiterschwert mit Feuerwaffen des Kurfürsten Johann Georg I. von Sachsen, Dresden, 1615 (Kat.-Nr. 29)

Vorhergehende Seiten

29 Rapier mit Radschloßfeuerwaffe, deutsch, um 1600 (Kat.-Nr. 32)

30 Degen mit Radschloßfeuerwaffe Christians I. von Sachsen, Bernhard Albrecht, Augsburg um 1590 (Kat.-Nr. 31)

31 Rückseite des Knaufes vom Degen mit Radschloßfeuerwaffe Abb. 30

32 Vorderseite des Knaufes vom Degen mit Radschloßfeuerwaffe Abb. 30

33 Säbel mit Radschloßfeuerwaffe, ungarisch/polnisch, um 1565 (Kat.-Nr. 35)

34 Säbel mit Revolver, belgisch, um 1865 (Kat.-Nr. 38)

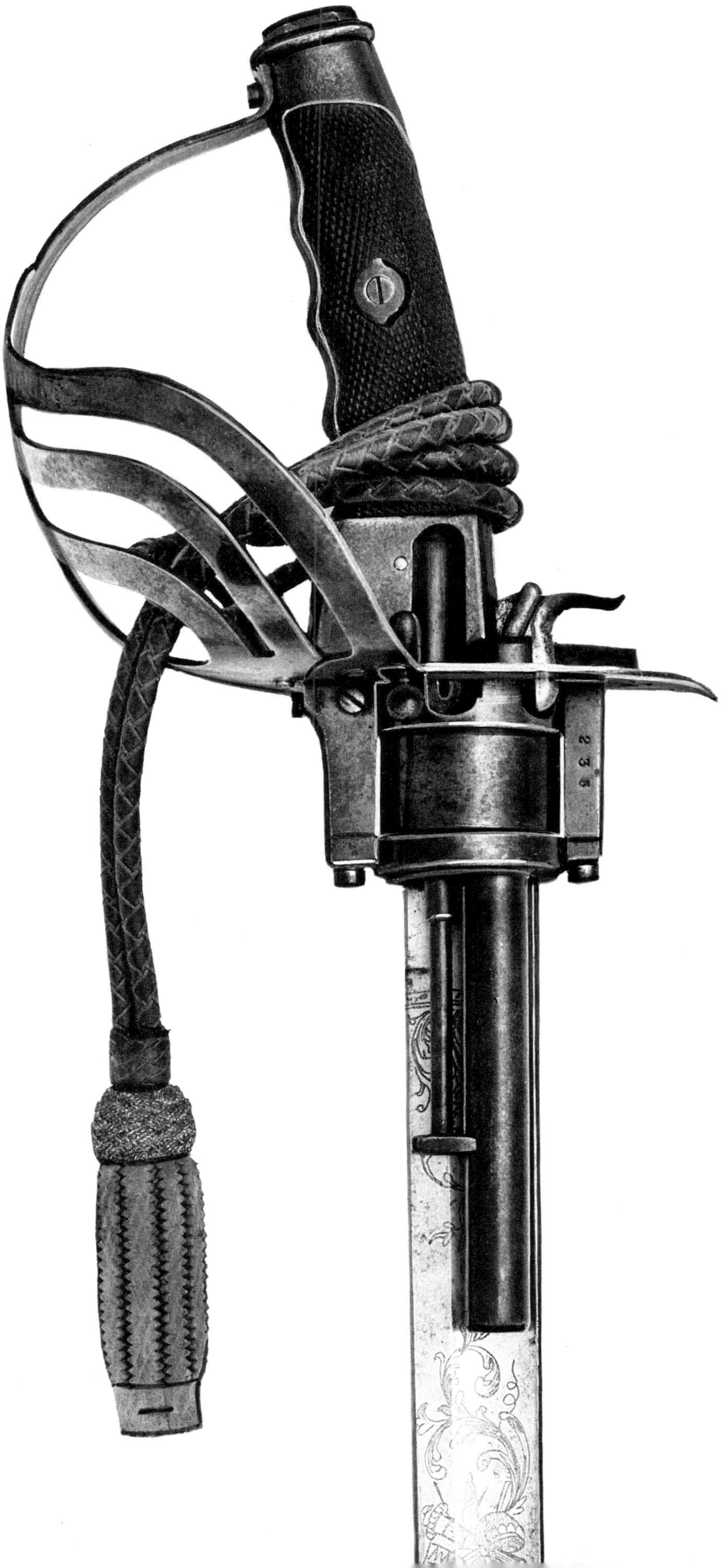

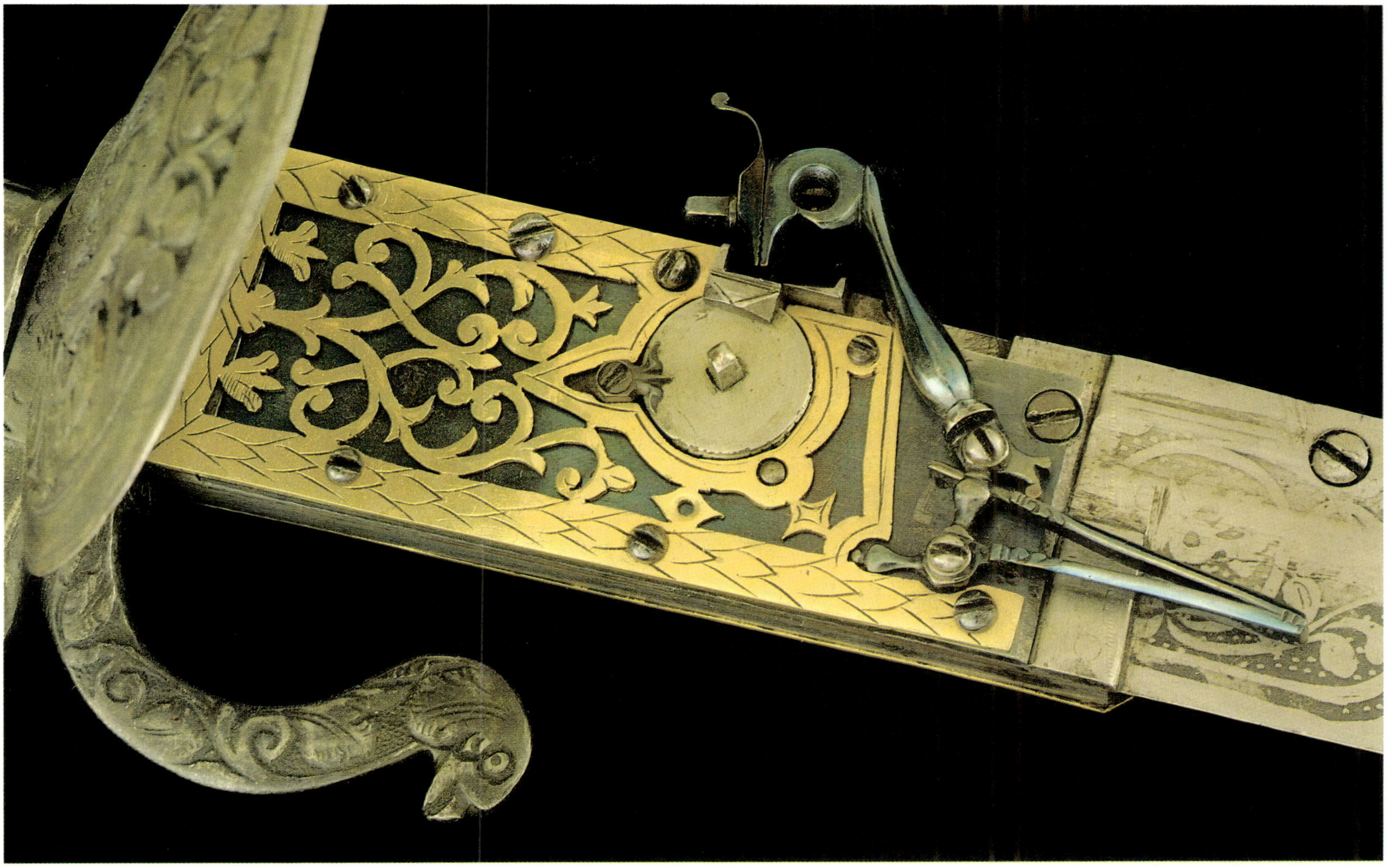

35 Jagdschwert mit Radschloßfeuerwaffe, deutsch, 1612 (Kat.-Nr. 40)

36 Detail vom Jagdschwert mit Radschloßfeuerwaffe, Abb. 35 (Kat.-Nr. 40)

37 Innenseite des Schlosses vom Jagdschwert mit Radschloßfeuerwaffe Abb. 35 (Kat.-Nr. 40)

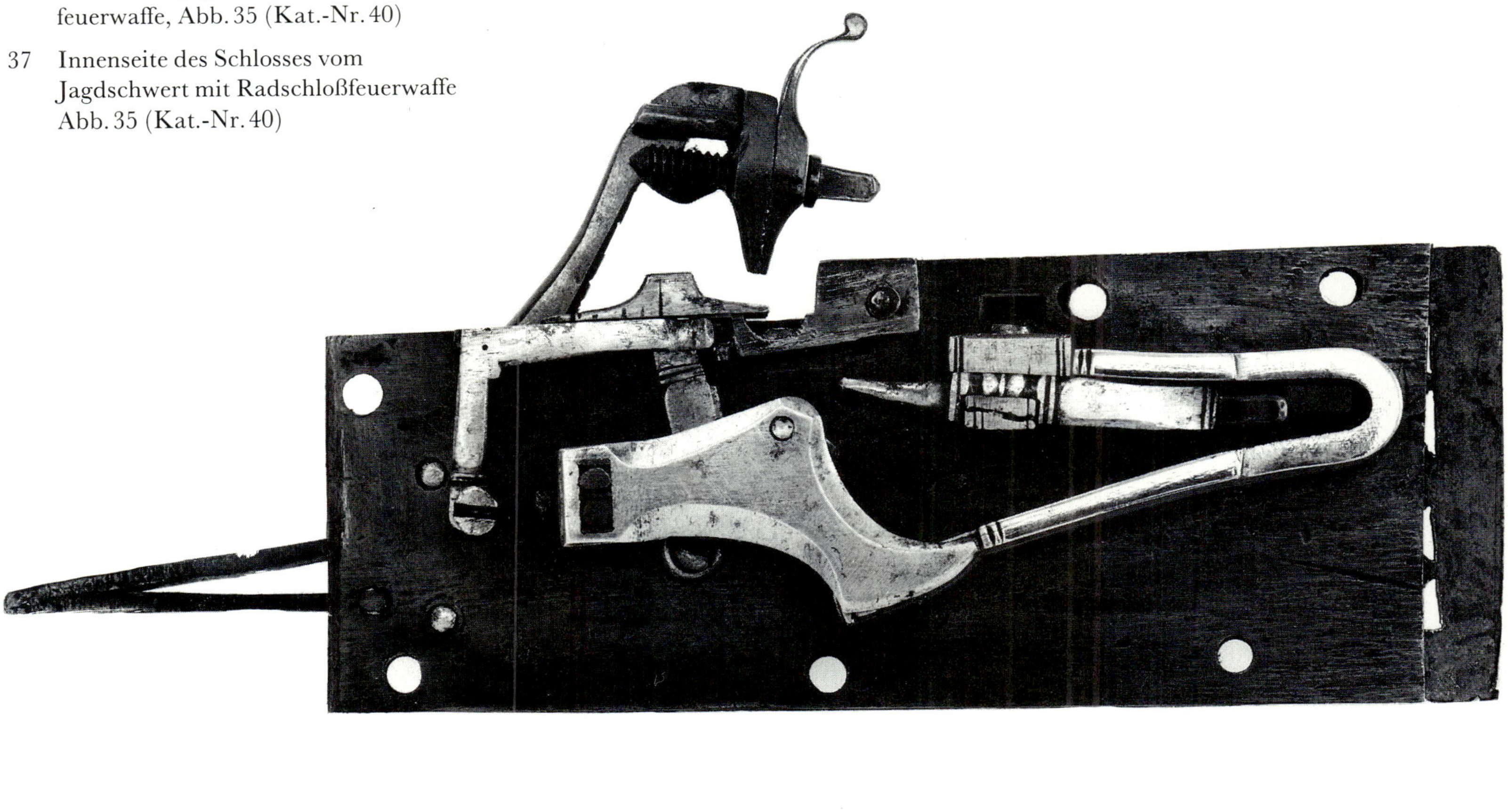

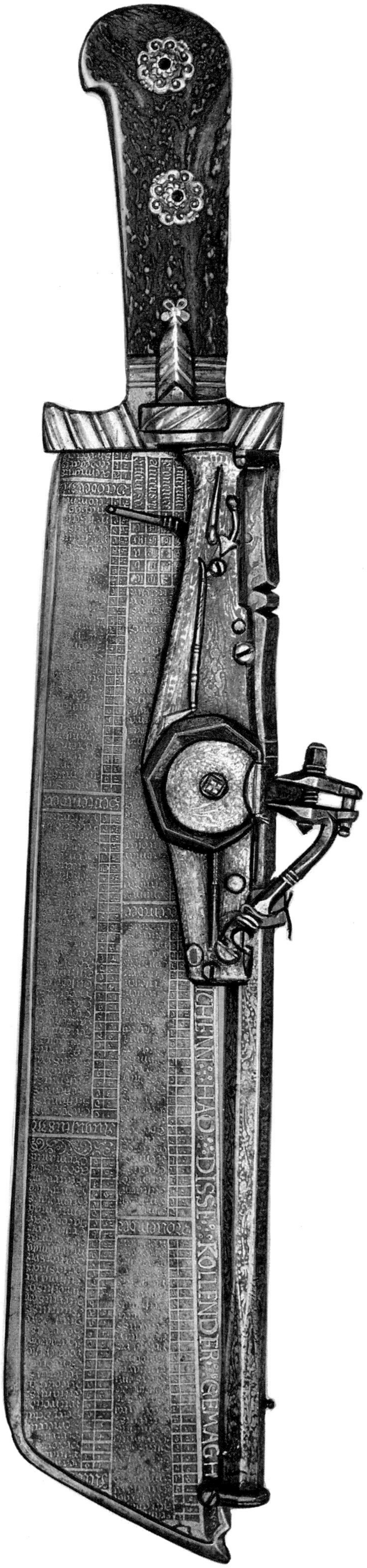

38 Weidmesser mit Radschloßfeuerwaffe, deutsch, 1546 Kalenderklinge von Ambrosius Gemlich, München (Kat.-Nr. 39)

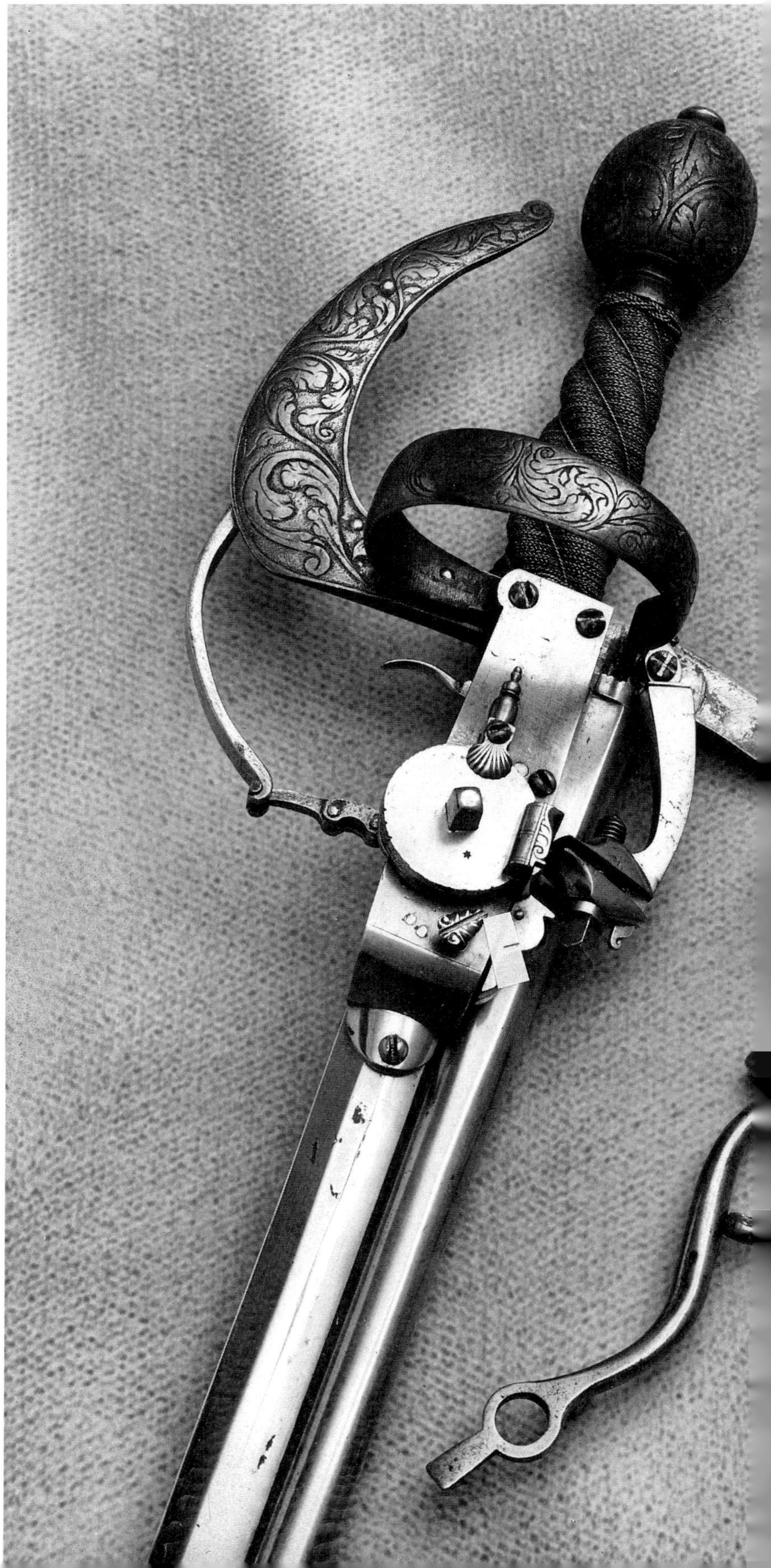

39 Jagdschwert mit Radschloßfeuerwaffe, deutsch, 1. Hälfte 17. Jh. (Kat.-Nr. 41)

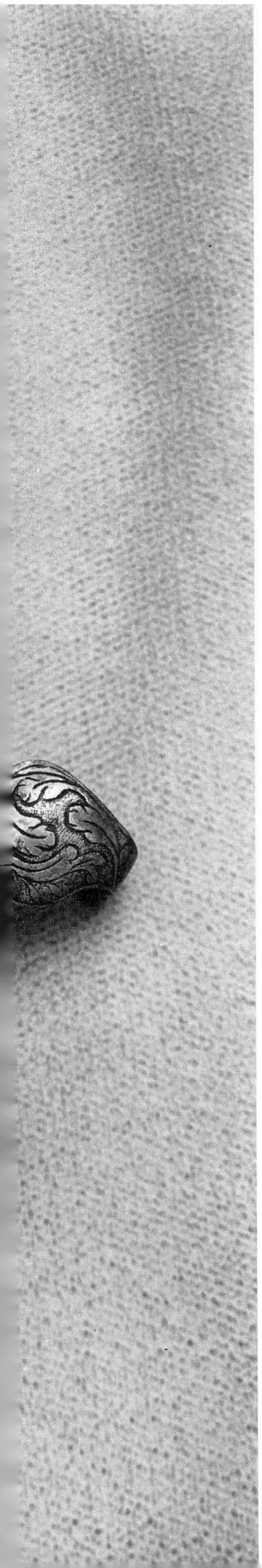

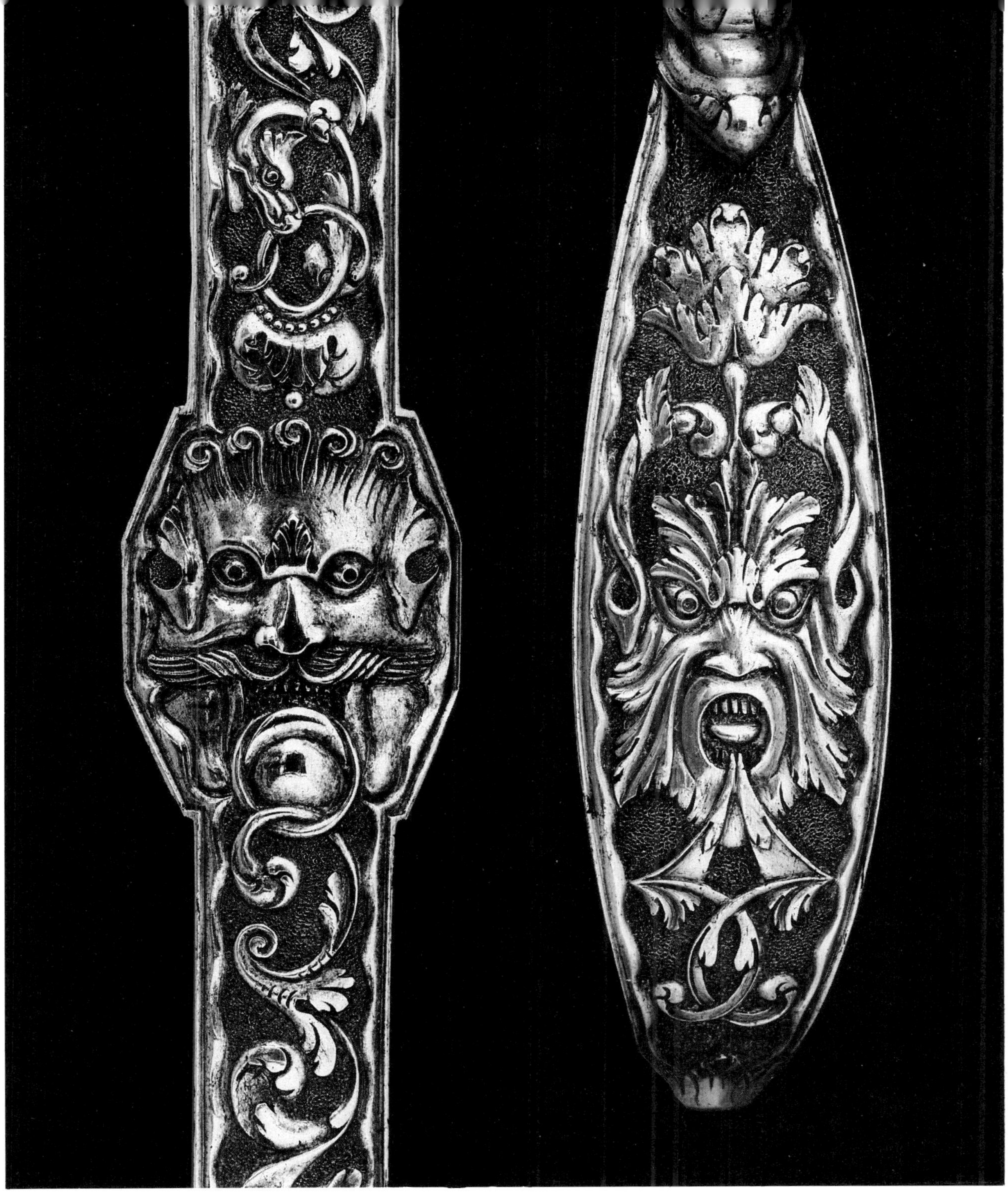

40 Detail vom Griffblech und Abzugsbügel des Hirschfängers mit Steinschloßfeuerwaffe Abb. 41 (Kat.-Nr. 42 a)

Folgende Seiten

41 Ein Paar Hirschfänger mit Steinschloßfeuerwaffe, Johann Andreas Niefind, Olbernhau/Sachsen, 1725 (Kat.-Nr. 42 a/b)

42 Schloß und Stichblatt des Hirschfängers mit Steinschloßfeuerwaffe Abb. 41 (Kat.-Nr. 42 b)

43 Detail vom Griffblech des Hirschfängers mit Steinschloßfeuerwaffe Abb. 41 (Kat.-Nr. 42 b)

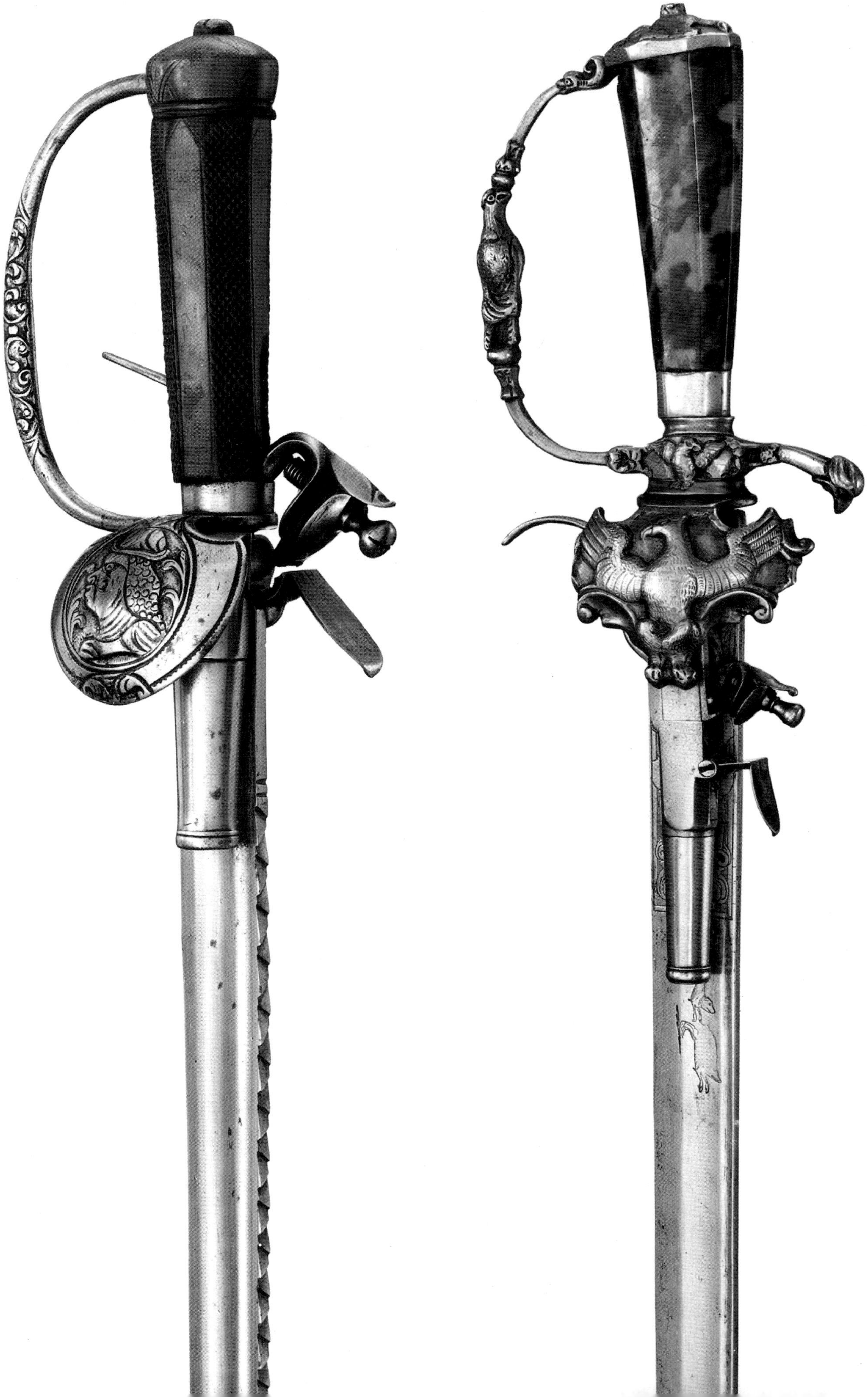

44 Hirschfänger mit Steinschloßfeuerwaffe, englisch, um 1750 (Kat.-Nr. 45)

45 Hirschfänger mit Steinschloßfeuerwaffe, holländisch oder deutsch, um 1760 (Kat.-Nr. 46)

46 Hirschfänger mit Steinschloßfeuerwaffe, Phillip Vandebaize, London, frühes 18. Jh. (Kat.-Nr. 44)

47 Hirschfänger mit doppelläufiger Steinschloßfeuerwaffe, deutsch, um 1750 (Kat.-Nr. 43)

48 Demontierter Dolch mit Radschloßfeuerwaffe, italienisch, um 1550 (Kat.-Nr. 49)

49 Dolch mit Radschloßfeuerwaffe, italiensch, um 1550 (Kat.-Nr. 49)

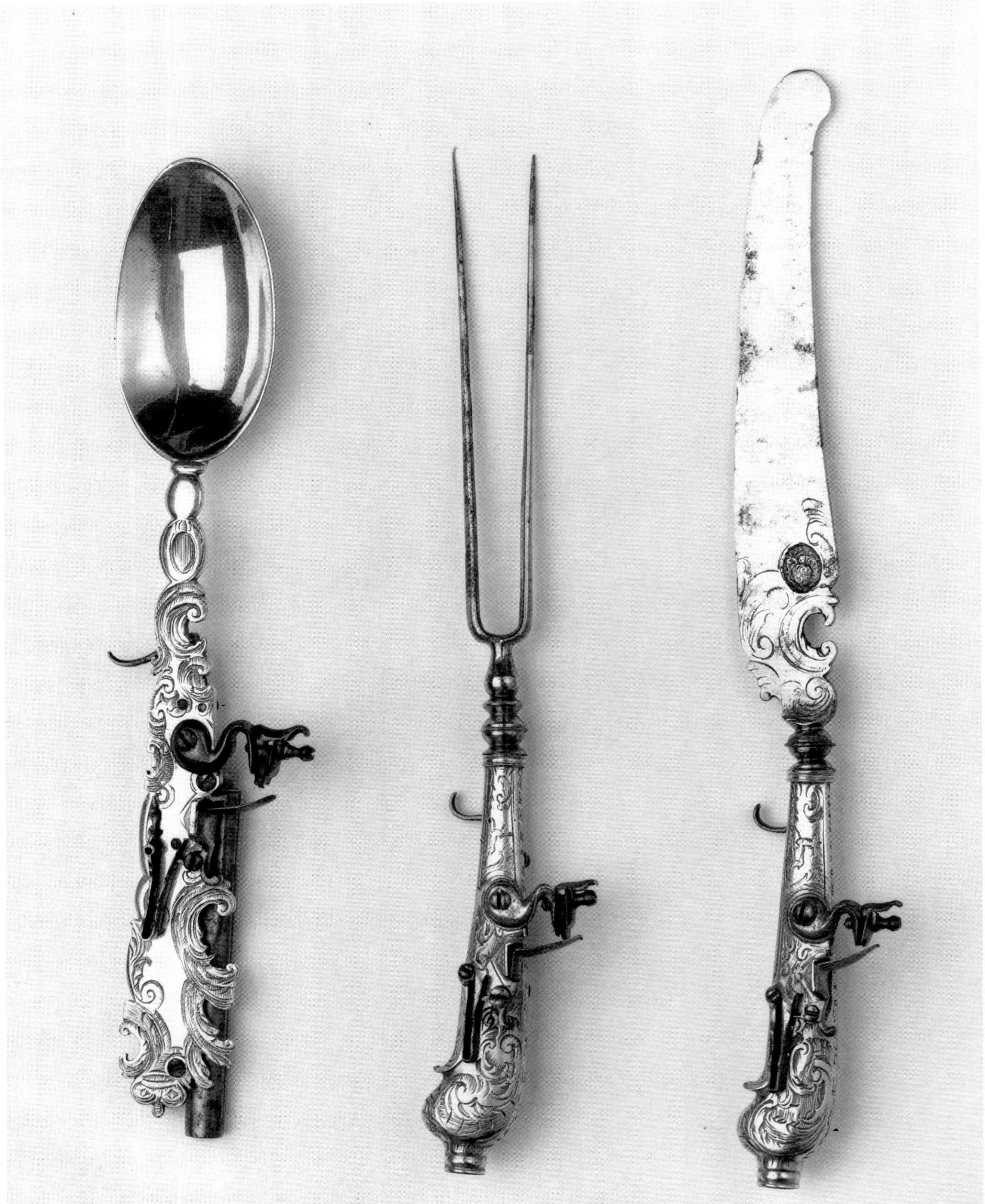

50 Eßbesteck mit Steinschloßfeuerwaffe, F. H. Richter, deutsch, um 1740 (Kat.-Nr. 54)

51 Messer mit Steinschloßfeuerwaffe, deutsch, Mitte 18. Jh. (Kat.-Nr. 53)

52 Dolch mit doppelläufiger Perkussionspistole von Dumonthier, Paris, um 1850 (Kat.-Nr. 57)

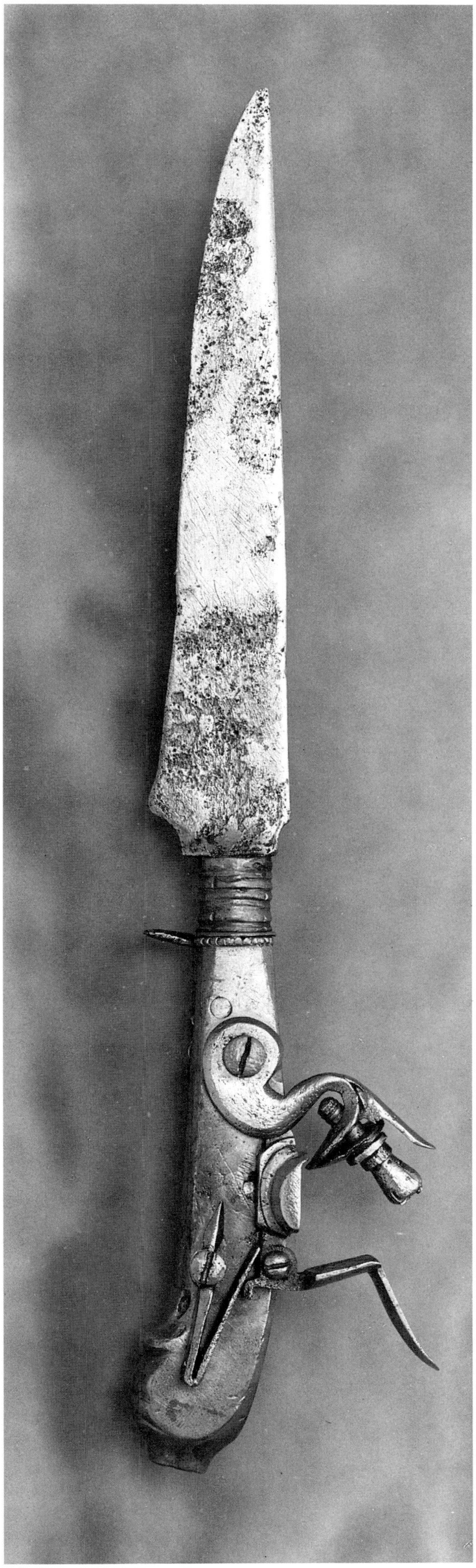

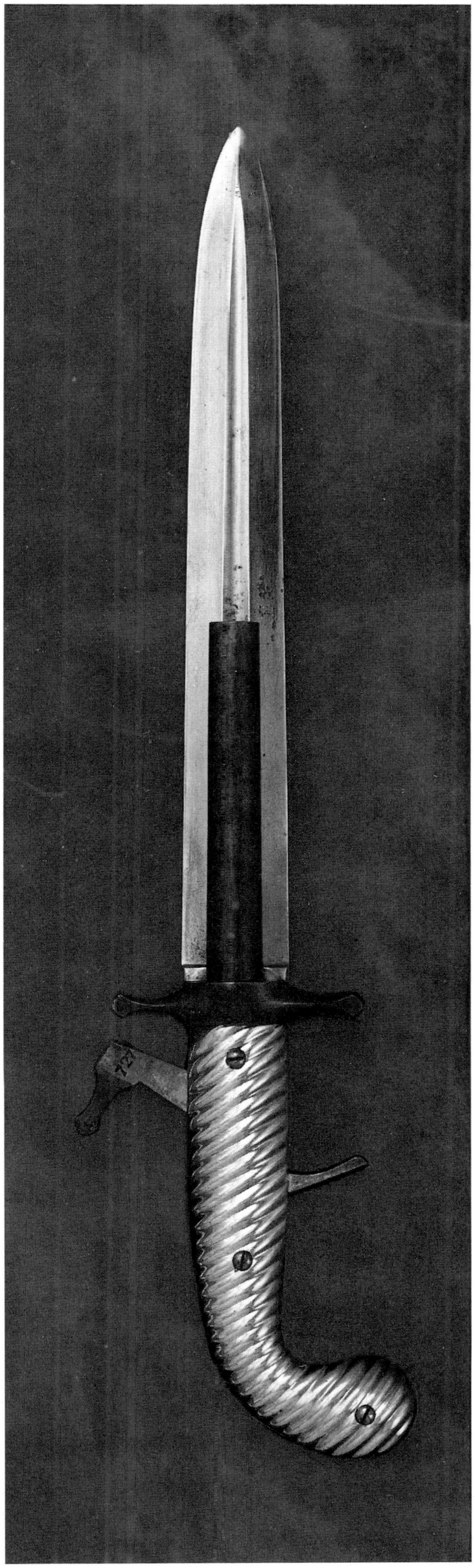

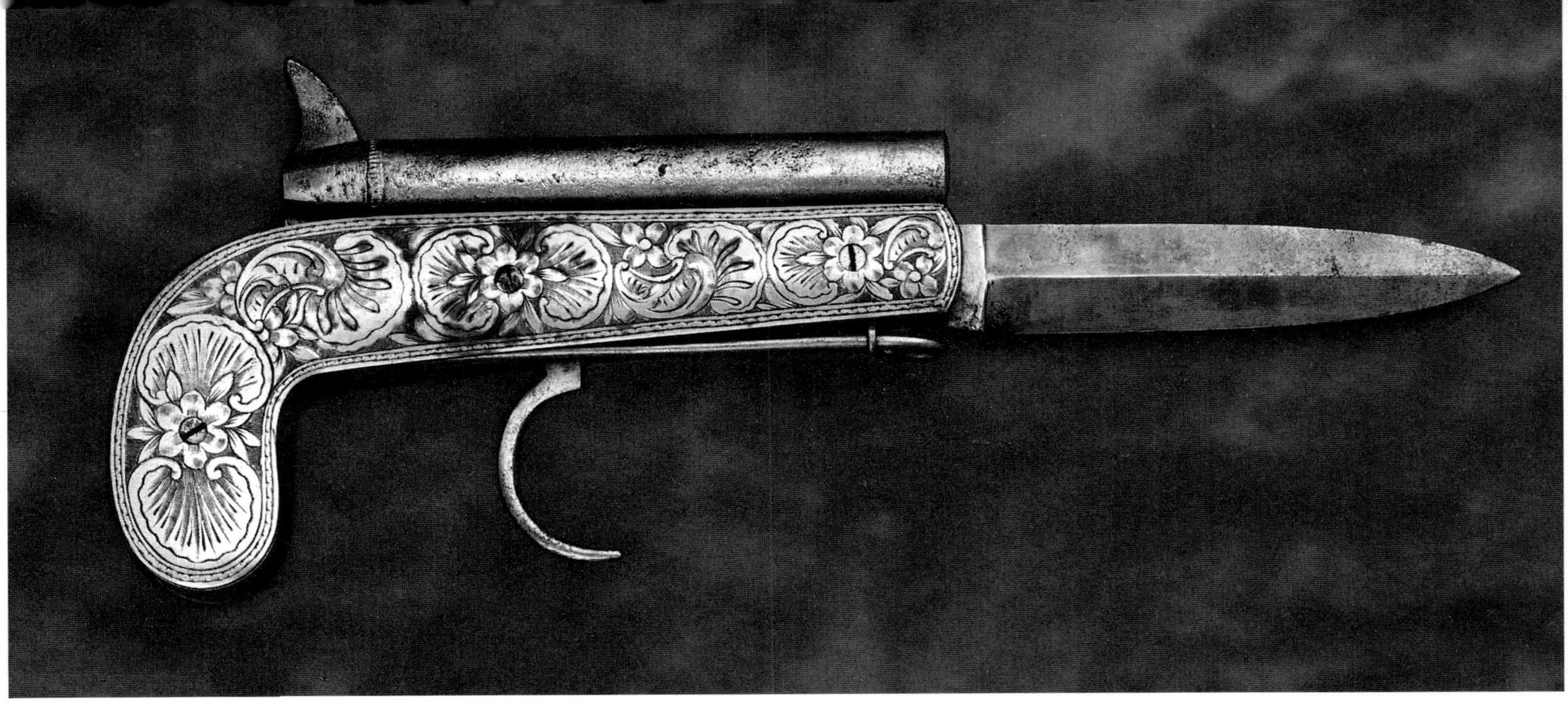

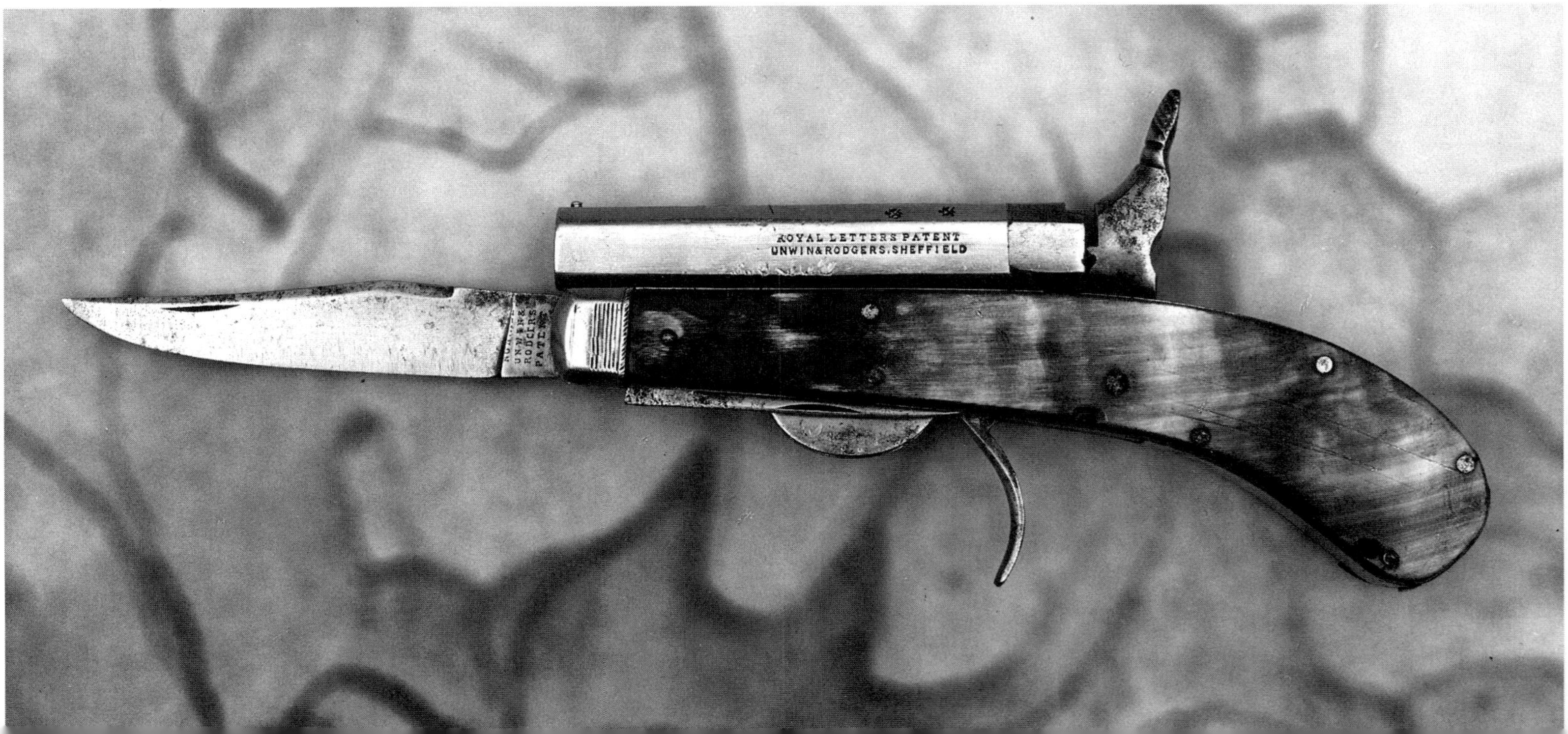
ROYAL LETTERS PATENT
UNWIN&RODGERS. SHEFFIELD

53 Perkussions-Taschenmesserpistole, Belgien, um 1850 (Kat.-Nr. 61)

54 Perkussions-Taschenmesserpistole, belgisch, um 1850 (Kat.-Nr. 60)

55 Taschenmesser-Pistole, englisch, zwischen 1862 bis 1884, Unwin & Rodgers (Kat.-Nr. 62)

56 Revolvermesser von Lepage, Liège/Paris, um 1870 (Kat.-Nr. 59)

Folgende Seiten

57 Doppelläufige Steinschloßpistole mit Stoß- und Messerklinge, deutsch, um 1700 (Kat.-Nr. 52)

58 Detail von Abb. 57 (Kat.-Nr. 52)

59 Stangenwaffen mit doppelläufigen Radschloßfeuerwaffen, deutsch, 2. Hälfte 16. Jh. (Kat.-Nr. 66/64/67/65)

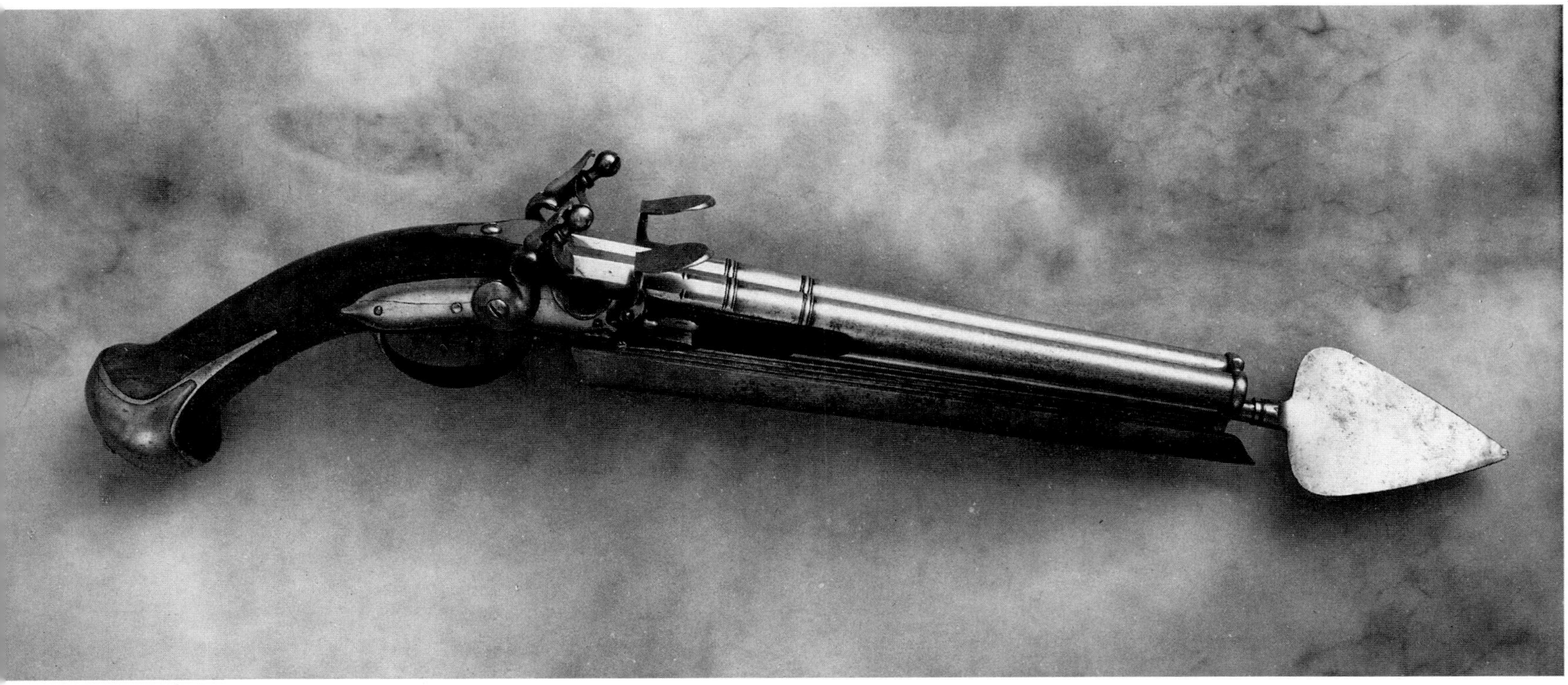

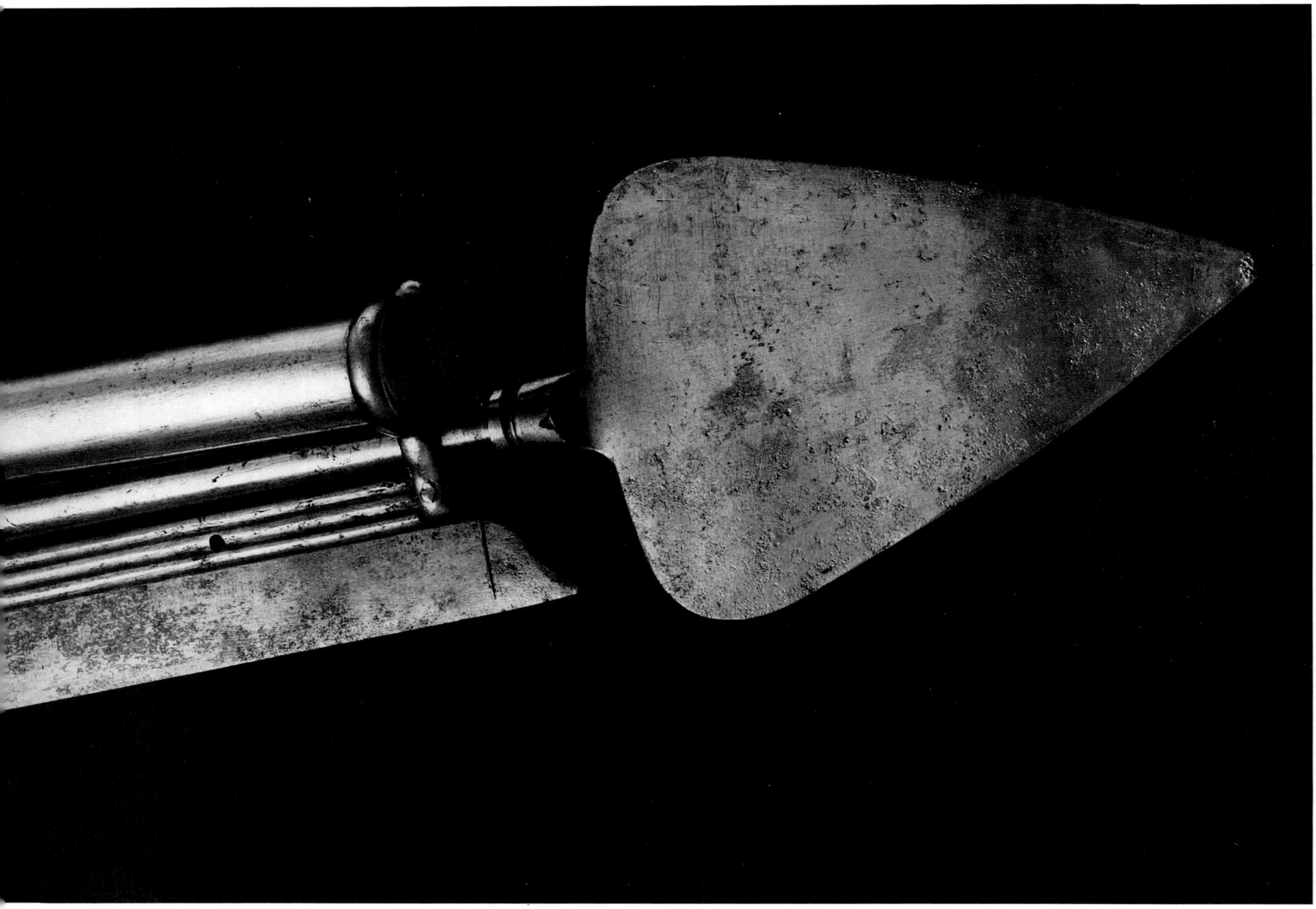

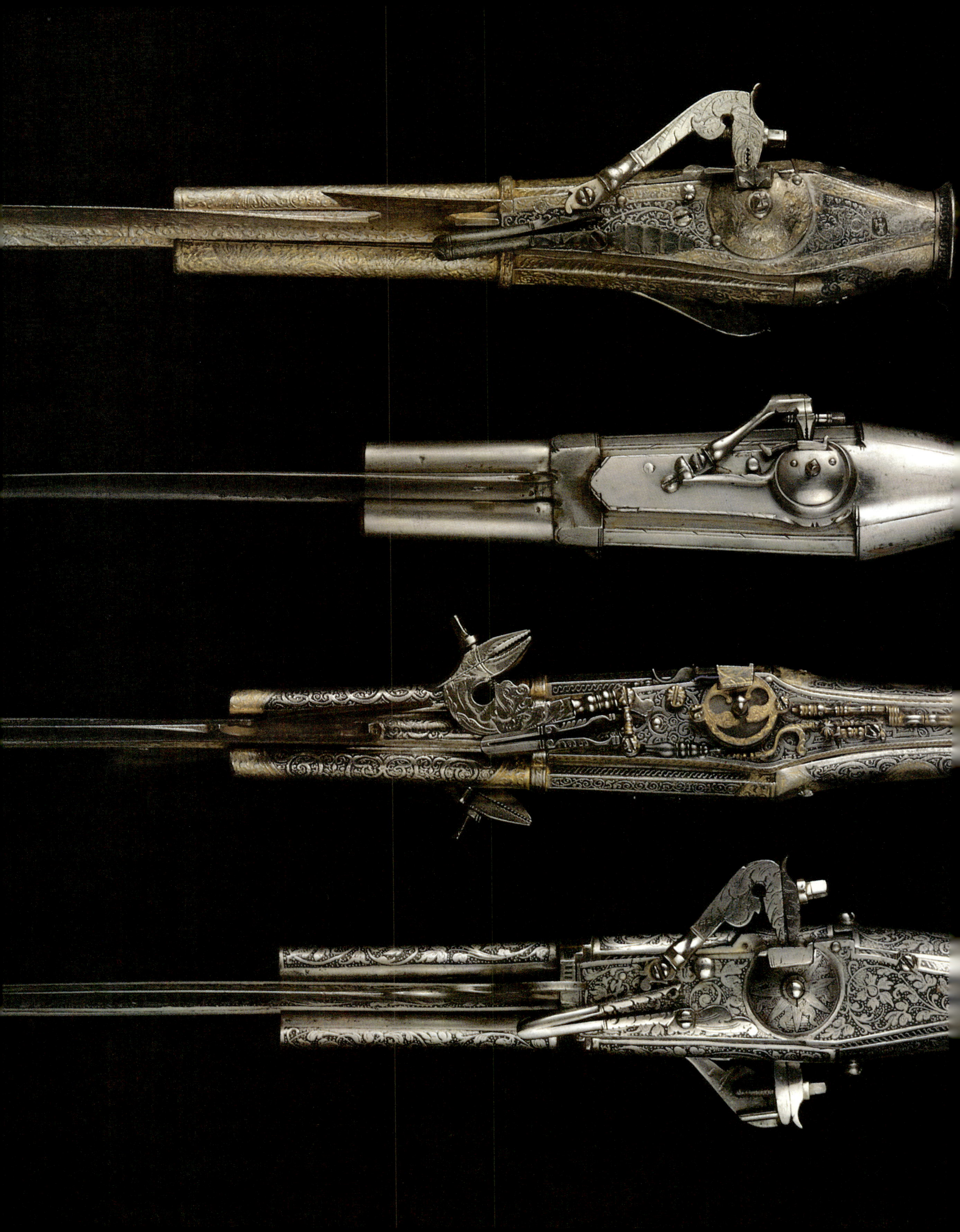

Vorhergehende Seiten

60 Details der Stangenwaffen mit doppelläufigen Radschloßfeuerwaffen von Abb. 59 (Kat.-Nr. 64/66/67/65)

61 Saufeder mit zwei Radschloßfeuerwaffen, Peter Peck, München, um 1560 (Kat.-Nr. 64)

62 Klinge und Läufe der Saufeder von Abb. 61 (Kat.-Nr. 64)

Folgende Seite

63 Partisane mit zwei Radschloßfeuerwaffen, süddeutsch, um 1560 (Kat.-Nr. 67)

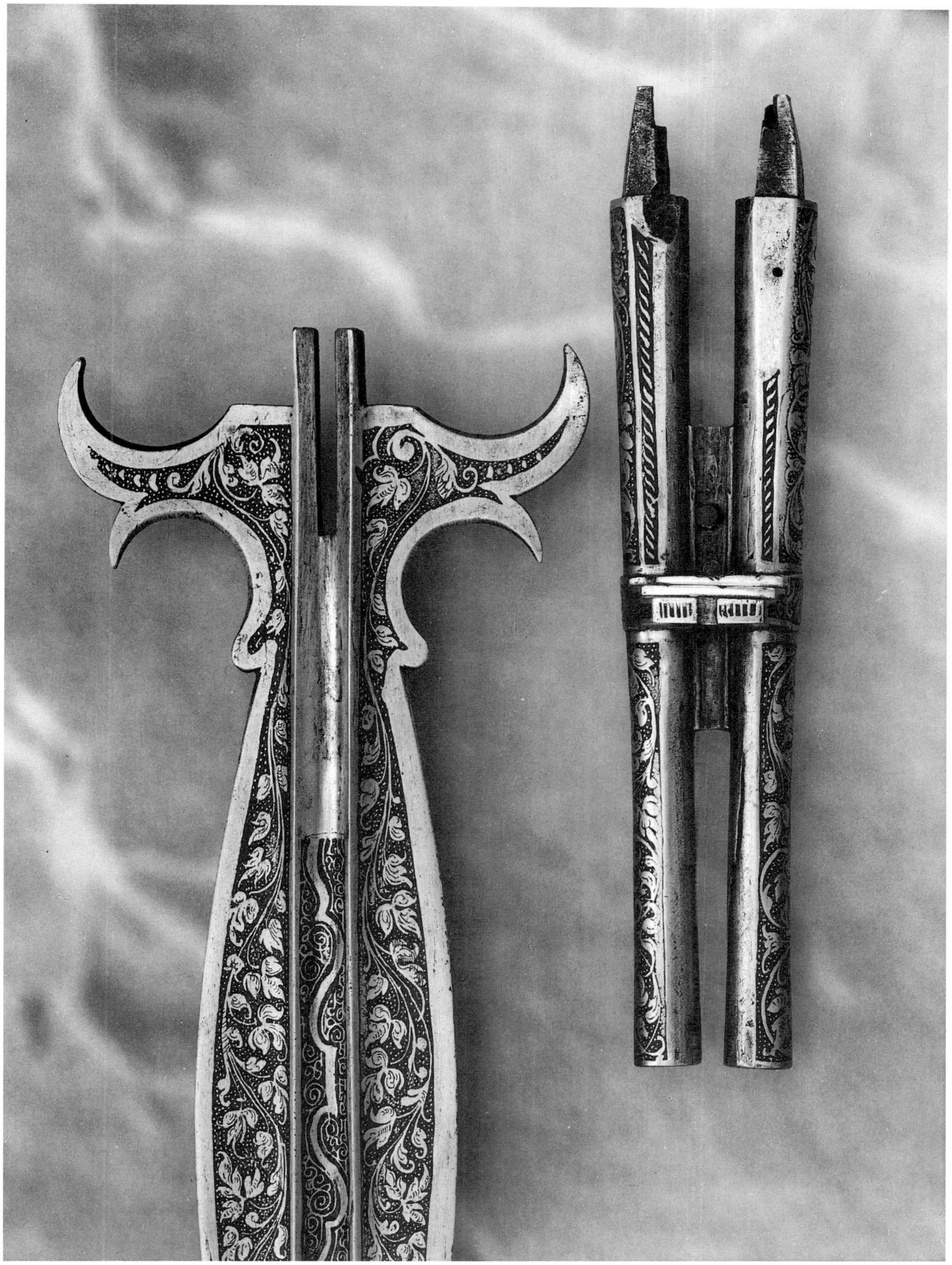

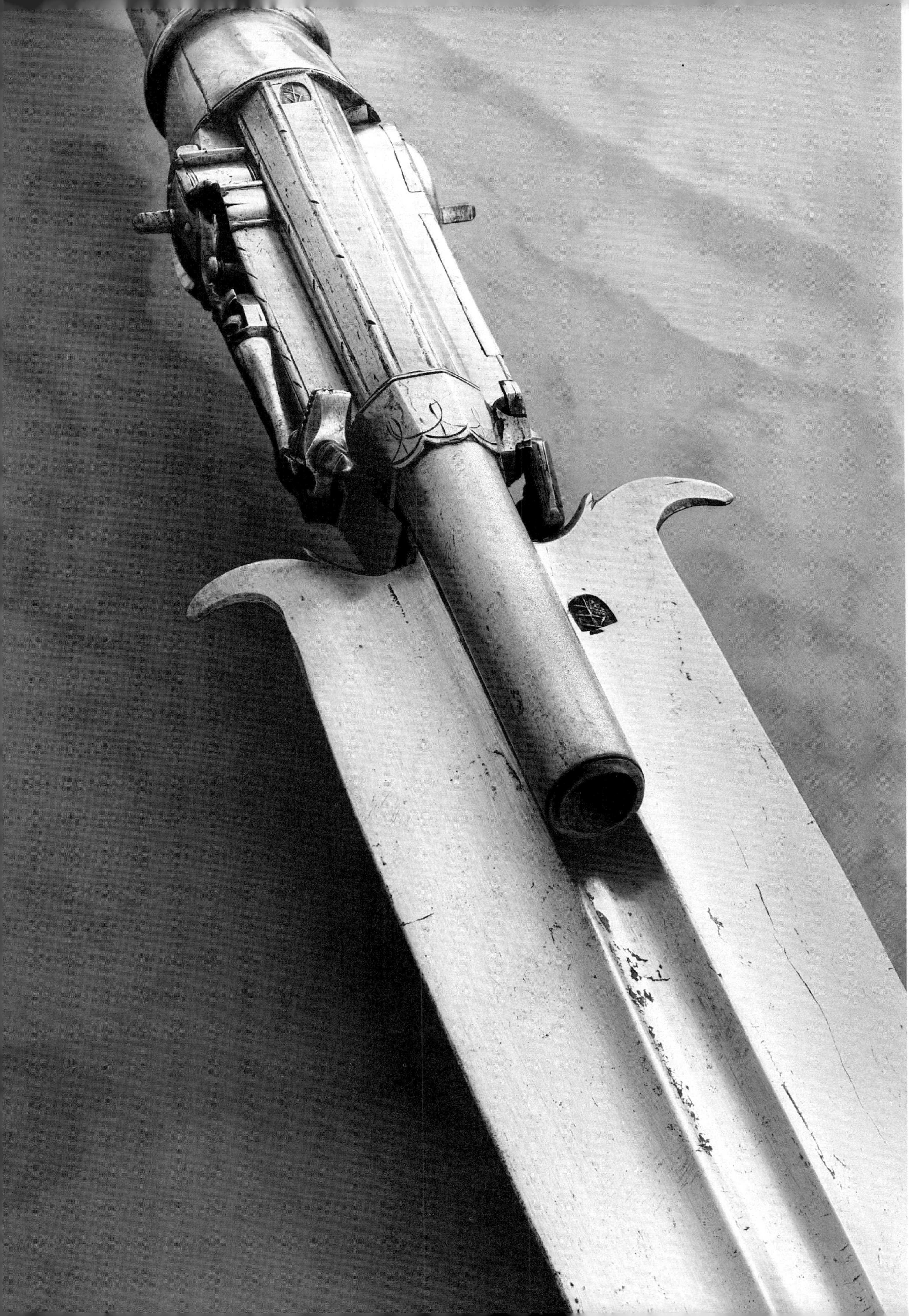

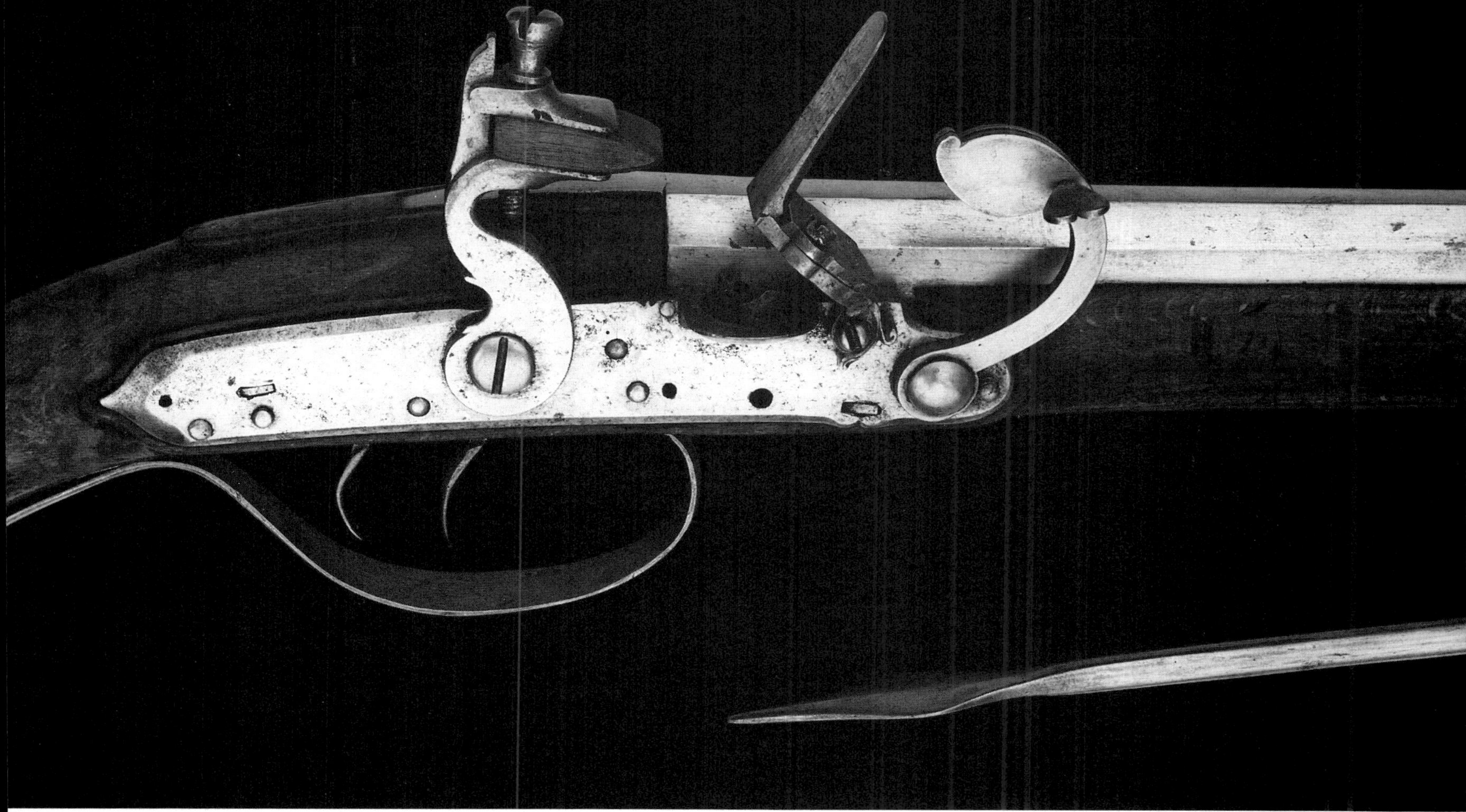

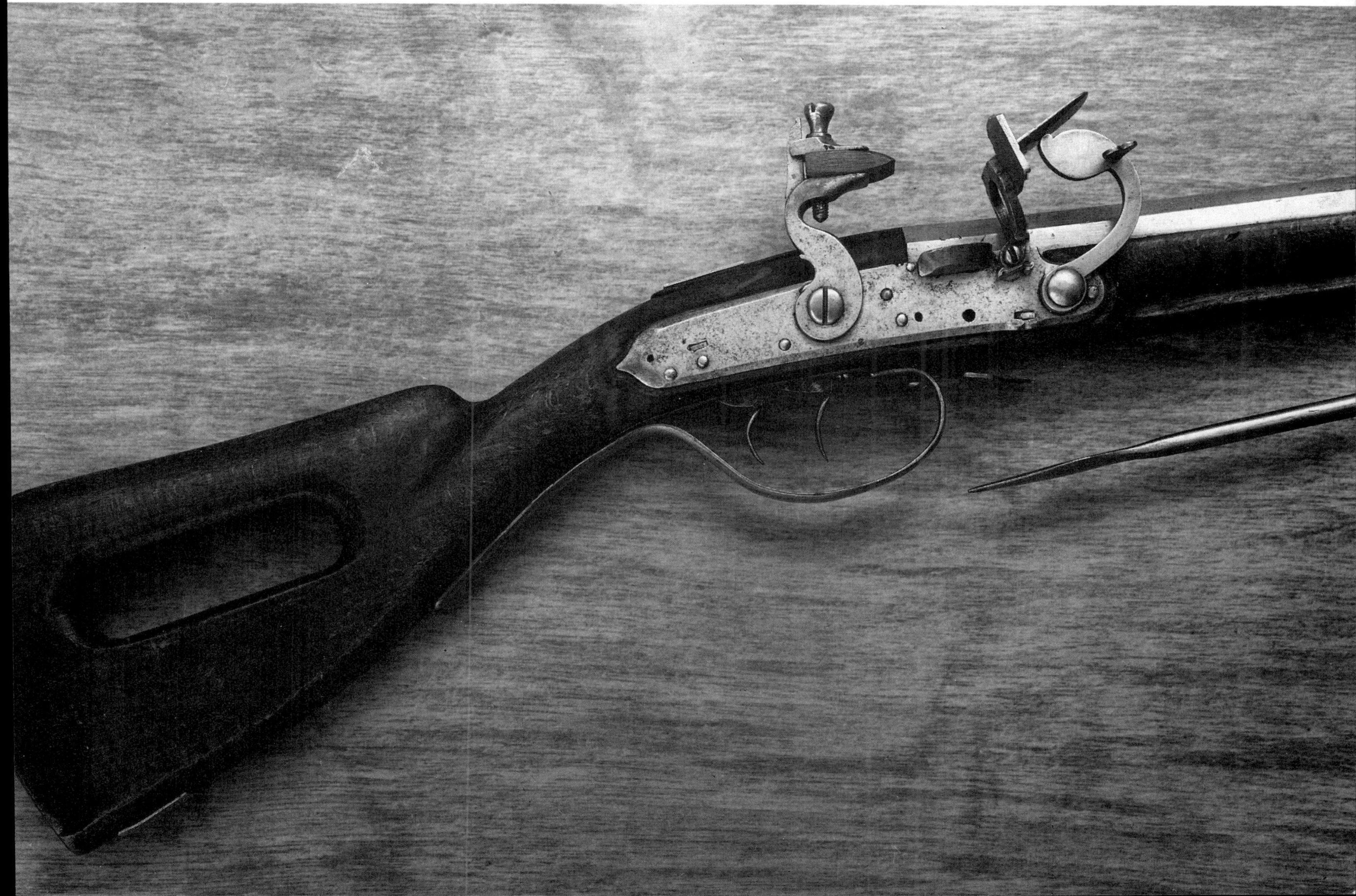

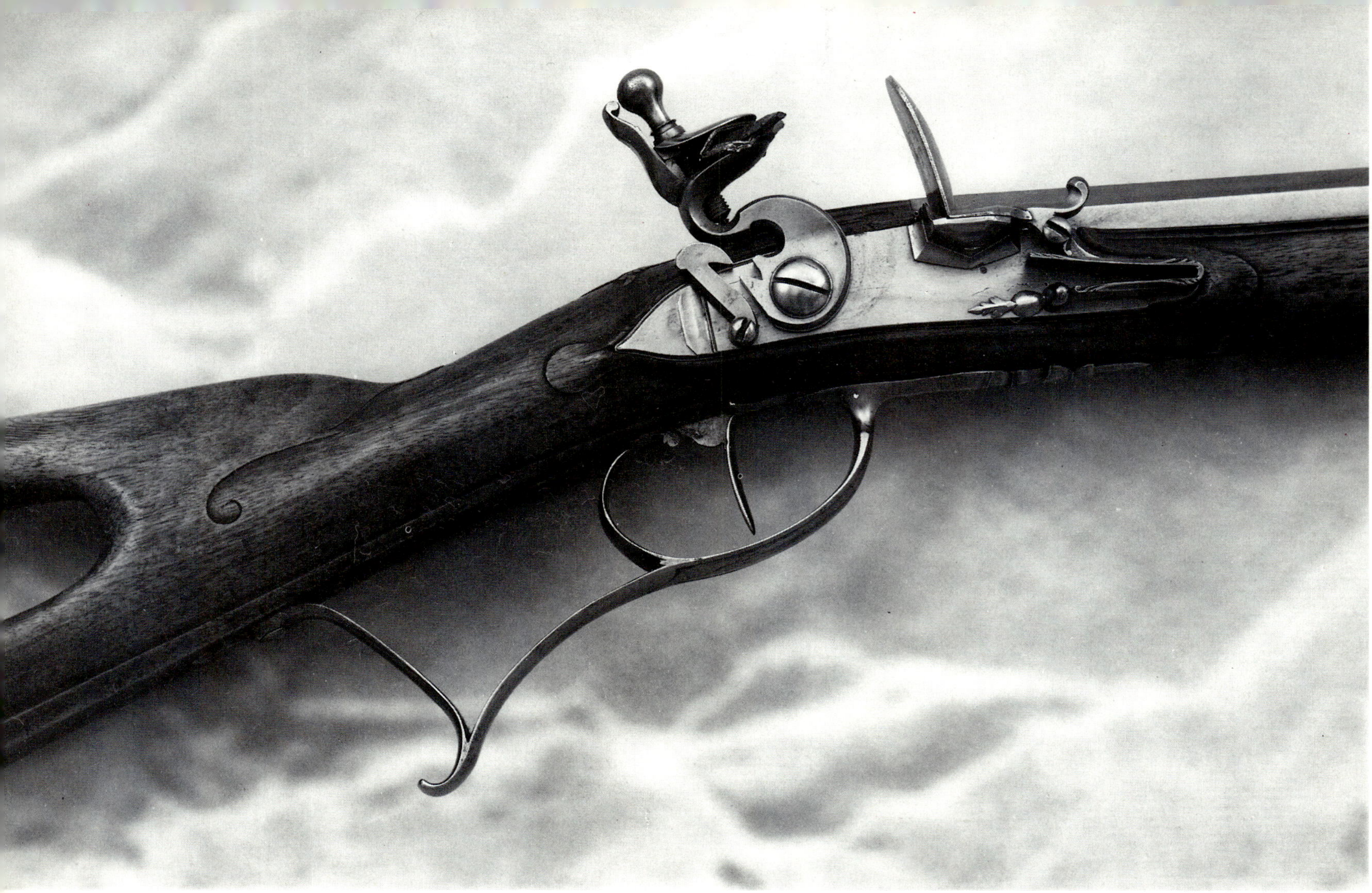

Vorhergehende Seite

64 Gewehr mit Doppelschloß für Lunte und Feuerstein, kombiniert mit Klappbajonett, deutsch, um 1680 (Kat.-Nr. 75)

65 Gewehr mit Doppelschloß und Klappbajonett von Abb. 64 (Kat.-Nr. 75)

66 Steinschloßflinte mit Klappbajonett, Johann Christian Martini, Dresden, um 1740 (Kat.-Nr. 76)

67 Steinschloßtromblon-Karabiner mit Klappbajonett, London, um 1780 (Kat.-Nr. 77)
Steinschloßpistole mit Klappbajonett von J & W Richards, London, um 1800 (Kat.-Nr. 78)

68 Ein Paar Steinschloßpistolen mit Klappbajonett, Lütticher Nachbau, um 1785 (Kat.-Nr. 79 a/b)

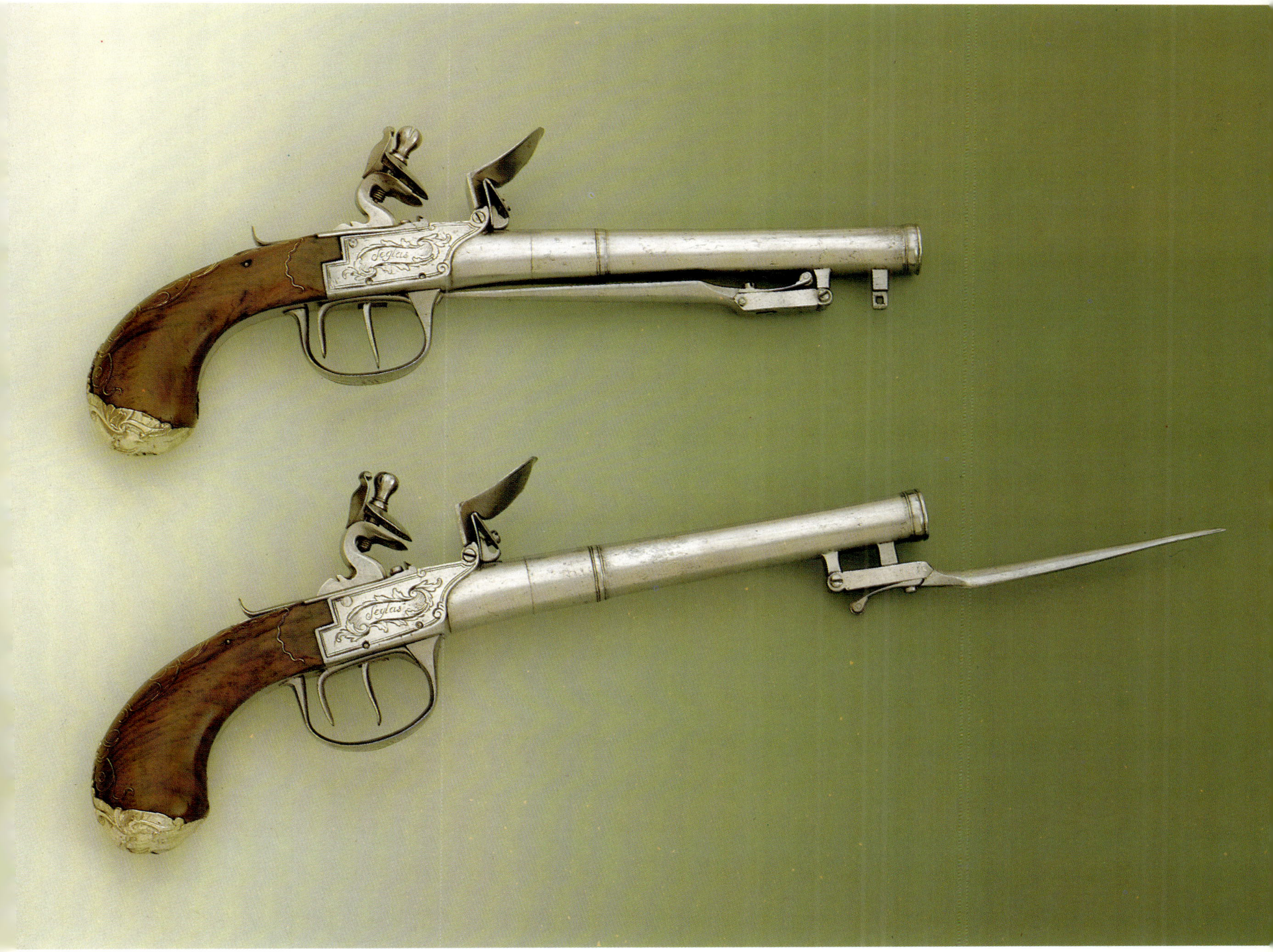

69 Steinschloßflinte mit Klappbajonett geöffnet,
Iwan Ljalin, russisch, etwa 1790 (Kat.-Nr. 81)

70 Oben: Perkussions-Doppelflinte,
Michail Muraschew, Moskau, etwa 1850 (Kat.-Nr. 82)
Unten: Steinschloßflinte mit Klappbajonett,
Iwan Ljalin, russisch, etwa 1790 (Kat.-Nr. 81)

71 Laufdetails der Gewehre von Abb. 70 mit
ausgeklapptem Bajonett (Kat.-Nr. 82/81)

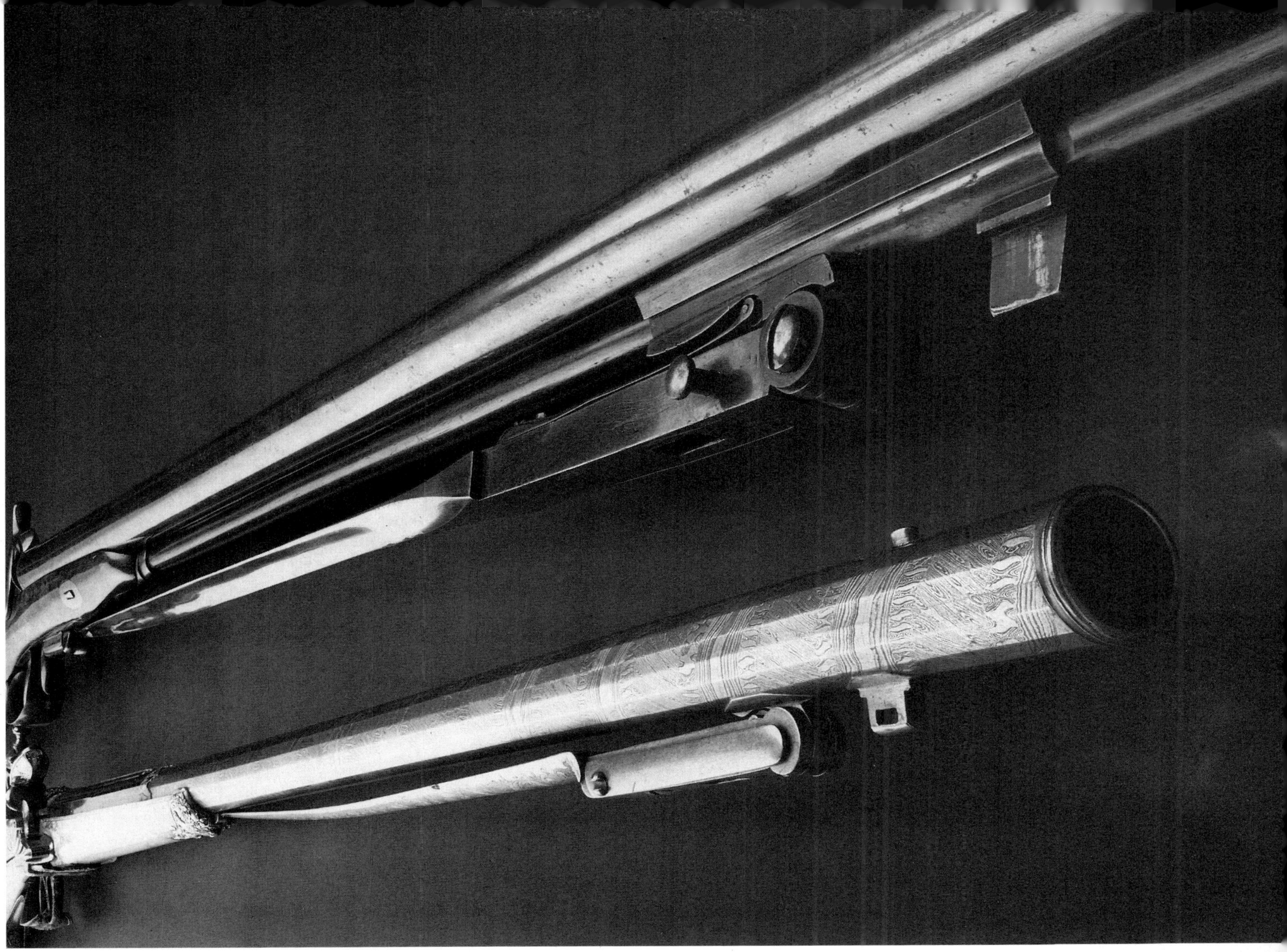

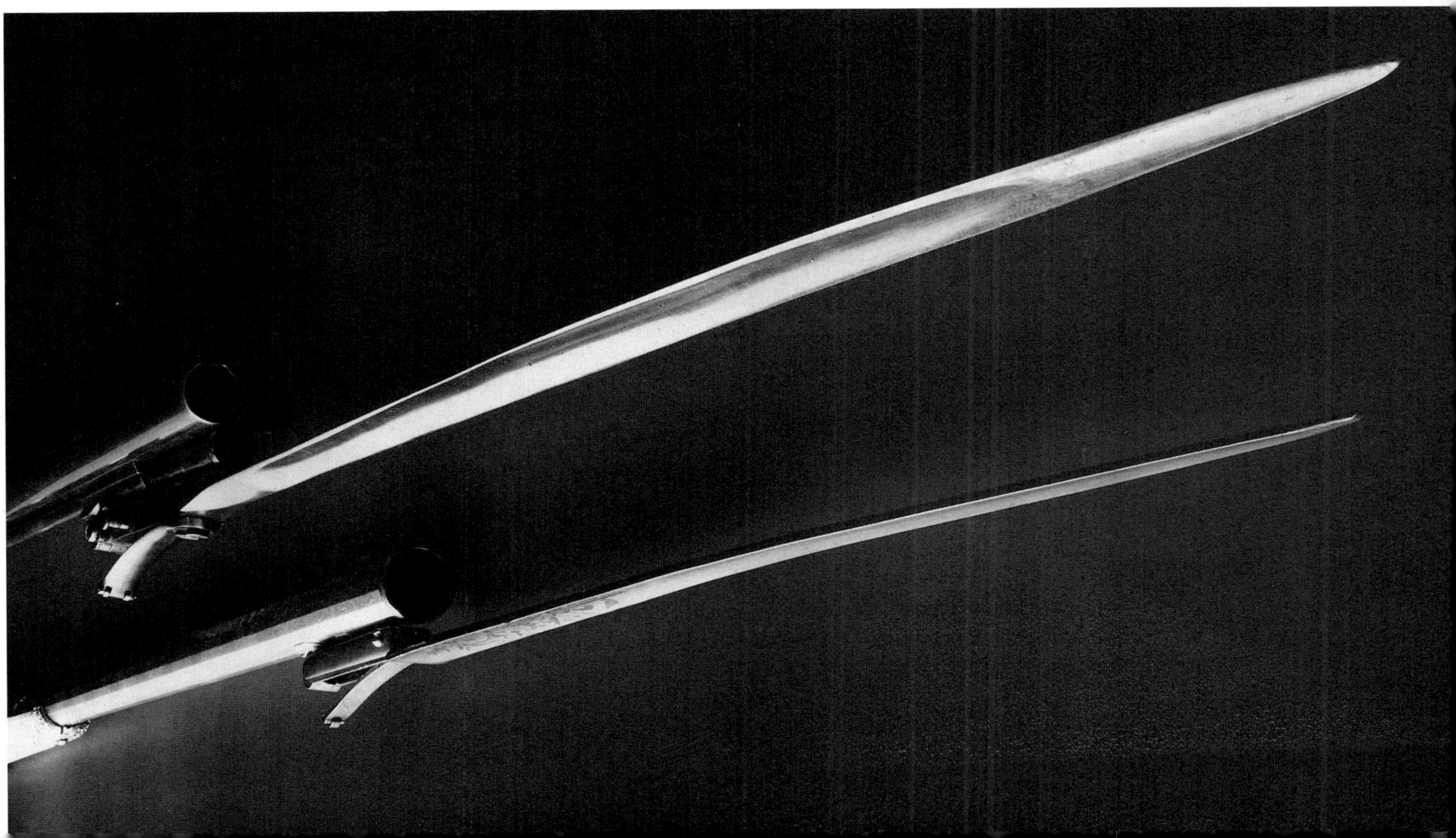

М:МУРАШЕВЪ

72 Perkussions-Doppelflinte mit Klappbajonett, Michail Muraschew, Moskau, etwa 1850 (Kat.-Nr. 82)

73 Detail vom Perkussionstromblon-Karabiner Kat.-Nr. 83

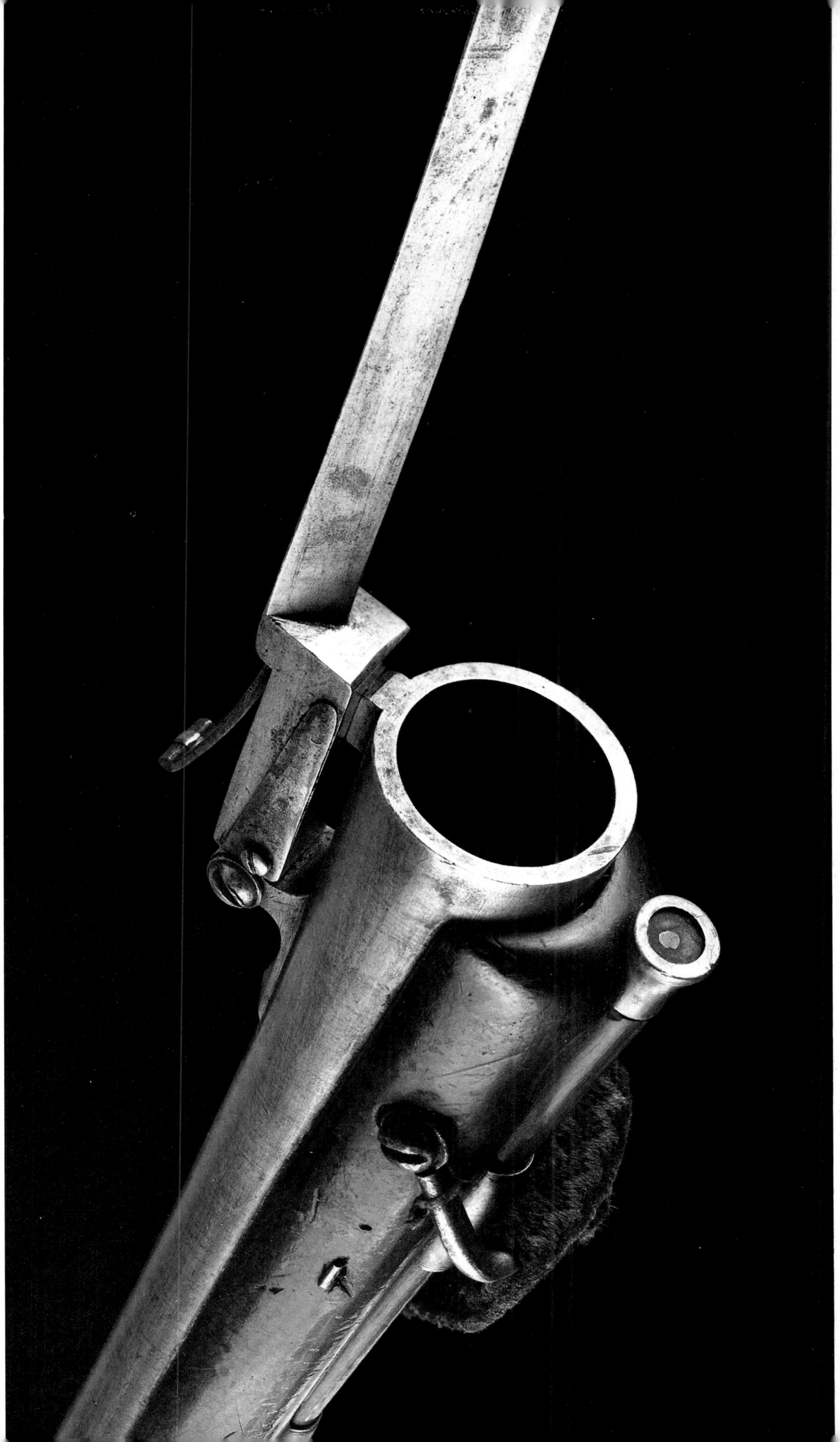

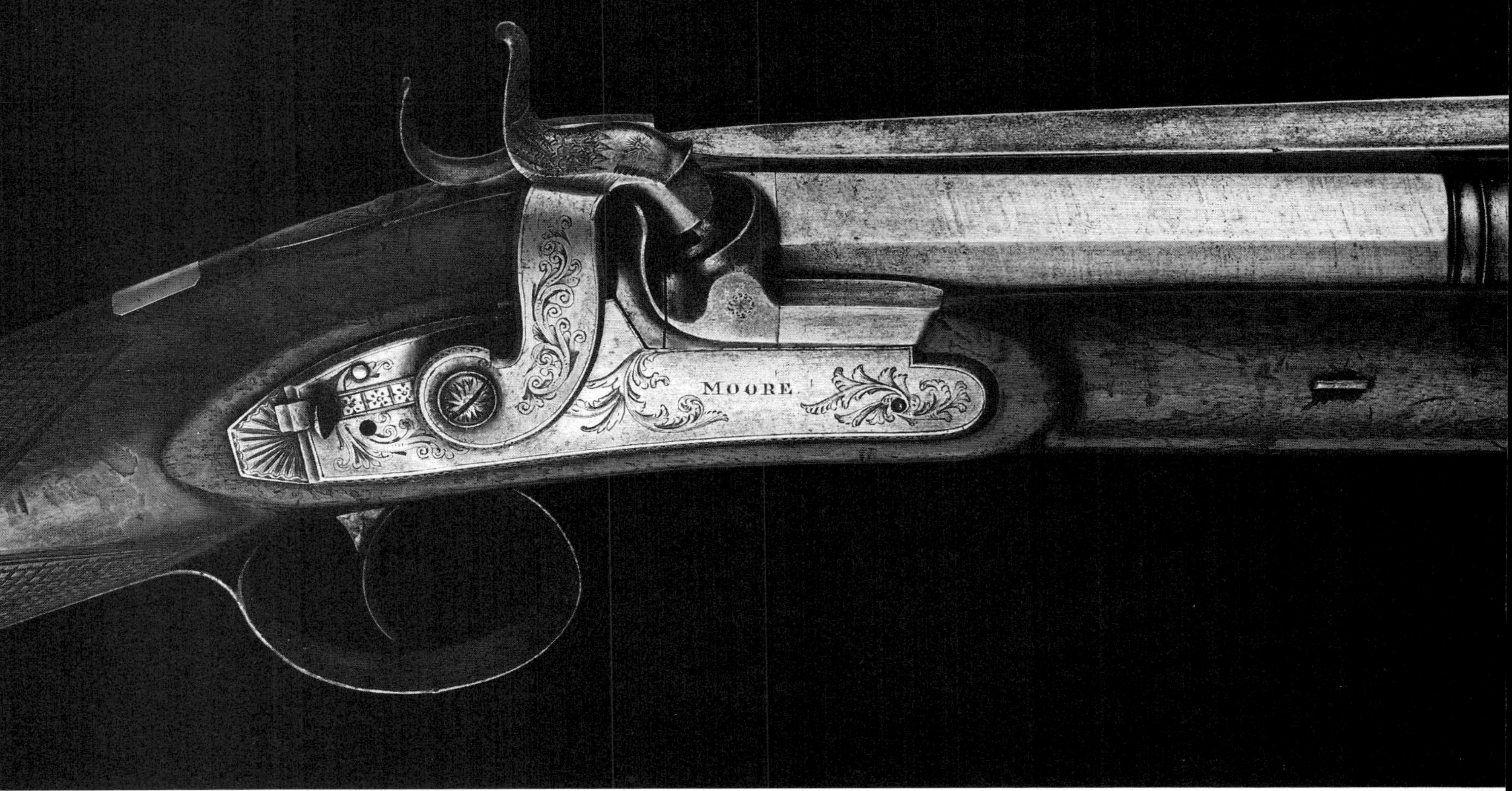
MOORE

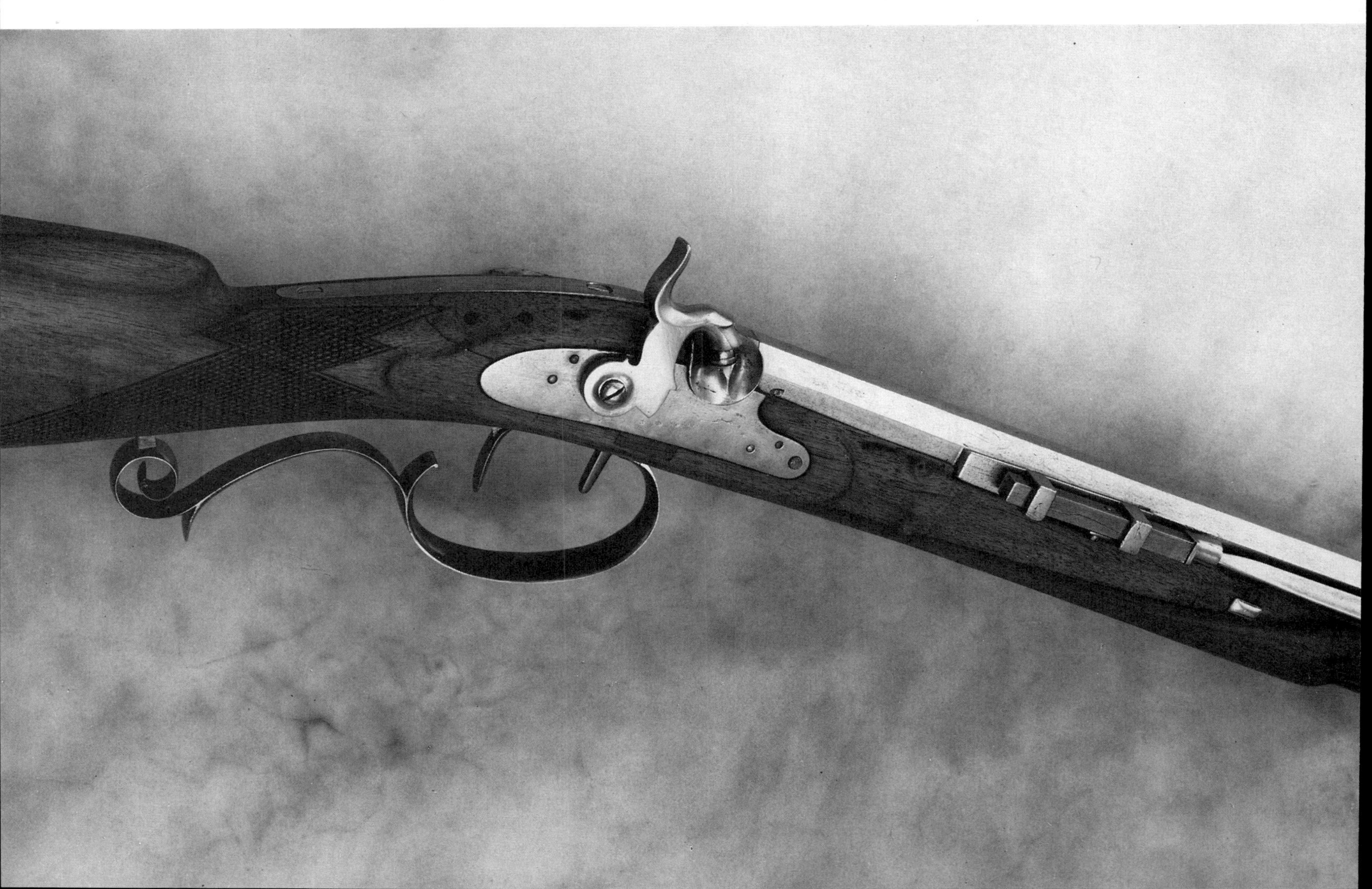

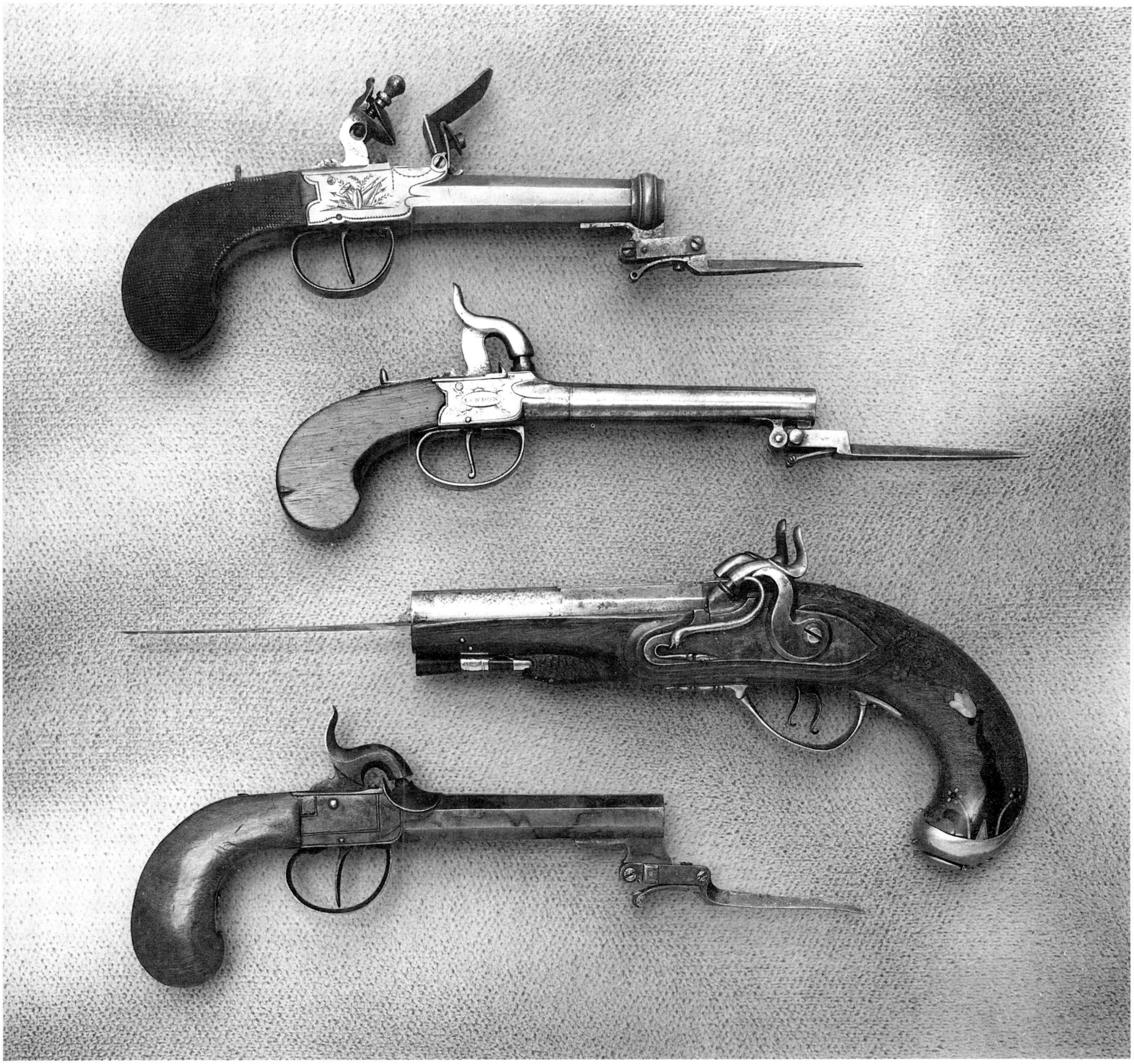

74 Perkussionstromblon-Karabiner mit Klappbajonett, London, Mitte 19. Jh. (Kat.-Nr. 83)

75 Gendarmerie-Gewehr mit Klappbajonett, deutsch, Mitte 19. Jh. (Kat.-Nr. 84)

76 Von oben nach unten

Steinschloß-Taschenpistole mit Klappbajonett, Liège ?, um 1800 (Kat.-Nr. 80)

Perkussions-Taschenpistole mit Klappbajonett, London, Mitte 19. Jh. (Kat.-Nr. 87)

Doppelläufige Perkussionspistole mit Klappbajonett, Frankreich, etwa 1830 (Kat.-Nr. 85)

Perkussions-Taschenpistole mit Klappbajonett, Lüttich, Mitte 19. Jh. (Kat.-Nr. 86)

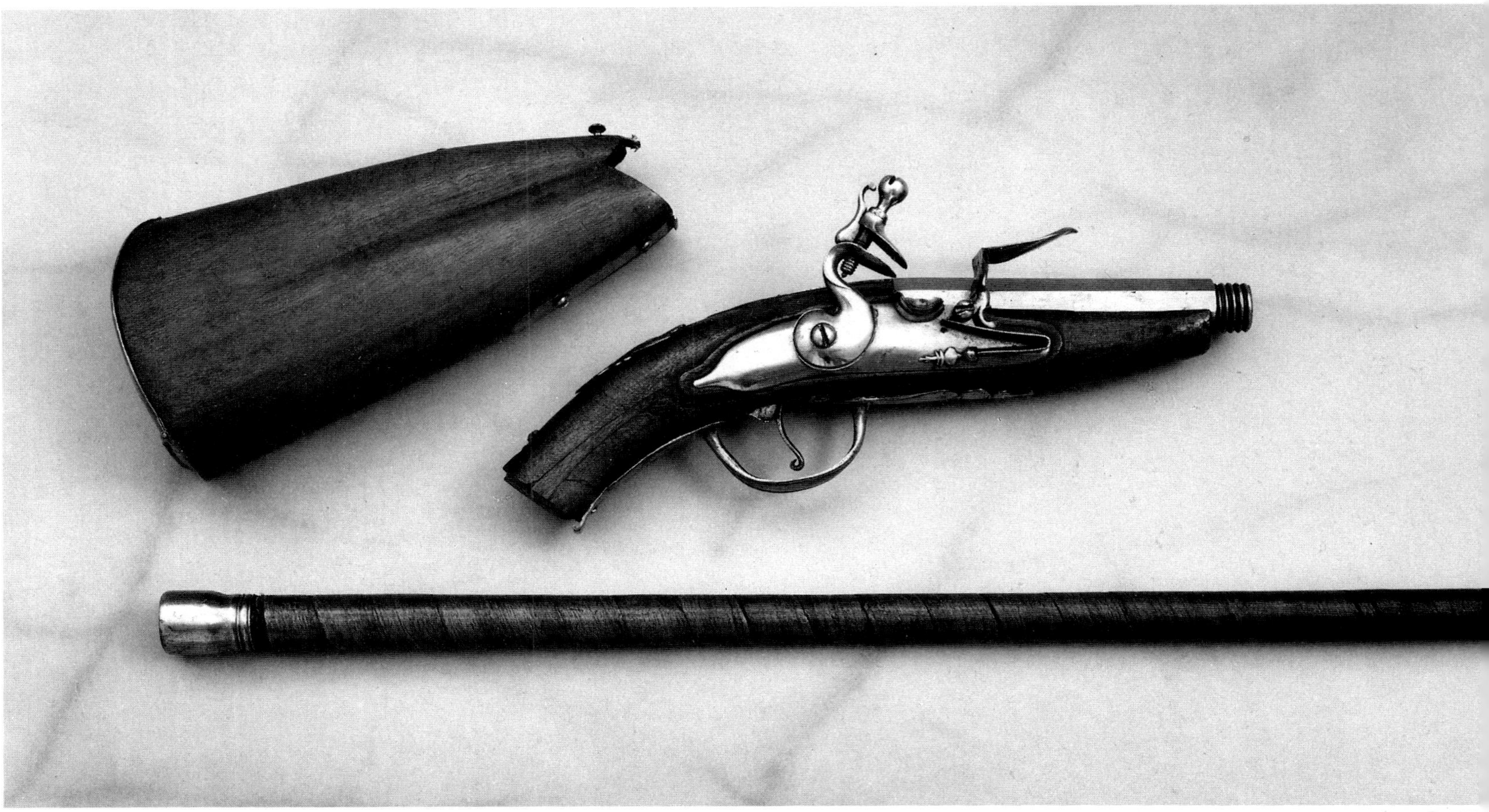

77 Steinschloß-Stockflinte,
Österreich, um 1730 (Kat.-Nr. 91)

78 Steinschloß-Stockflinte,
Andrew Dolep, London, um 1700 (Kat.-Nr. 90)

79 Stockgewehr-Windbüchse,
2. Hälfte 18. Jh. (Kat.-Nr. 94)

80 Kolben, Stock und Lauf mit Schloß
von Windbüchse Abb. 79 (Kat.-Nr. 94)

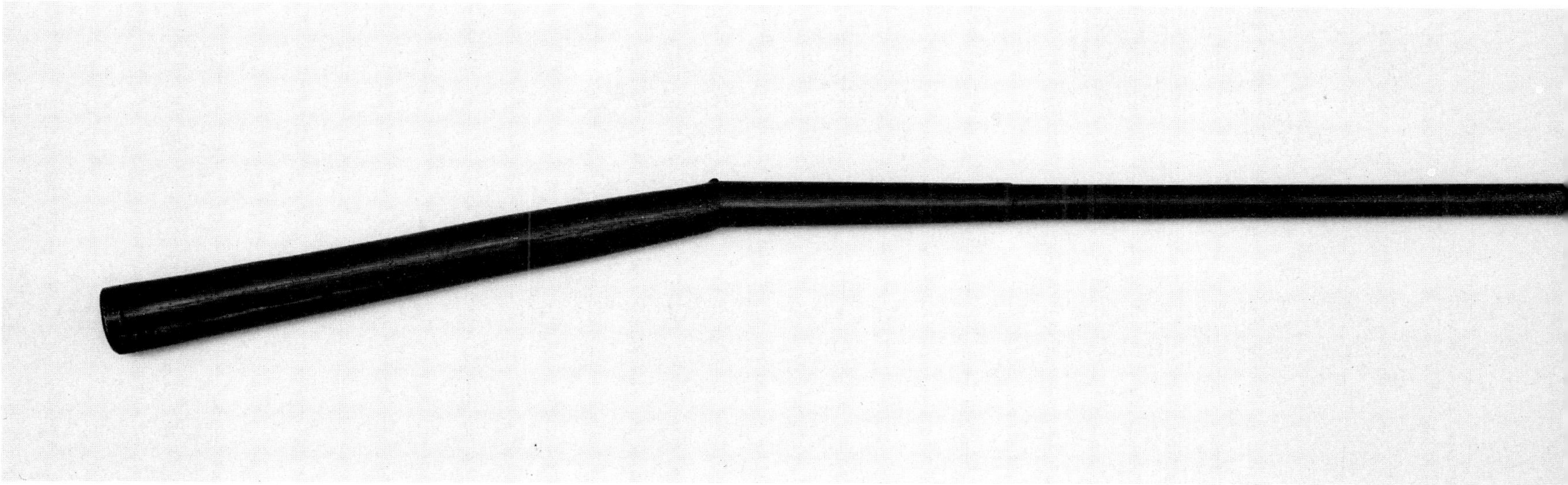

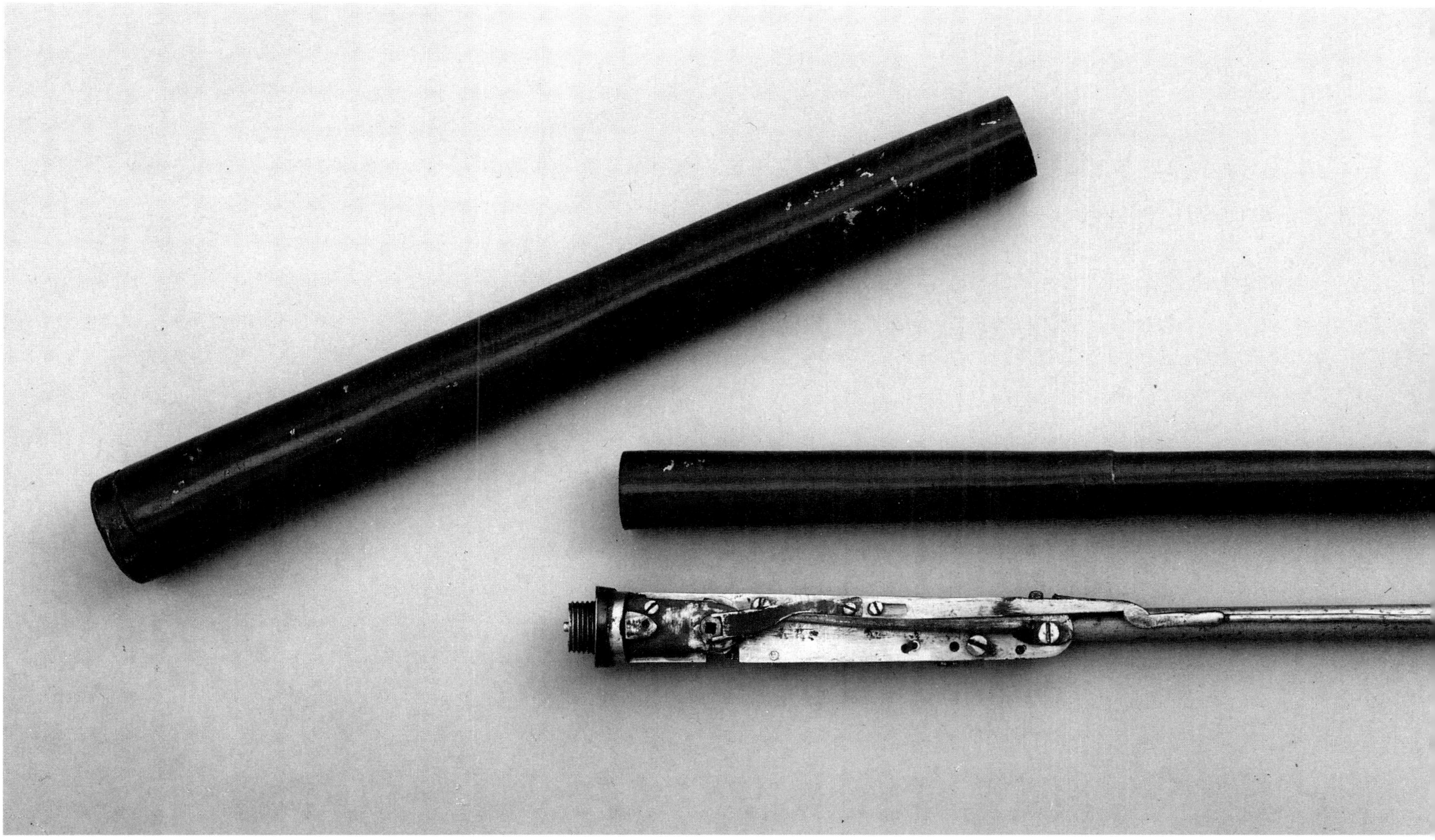

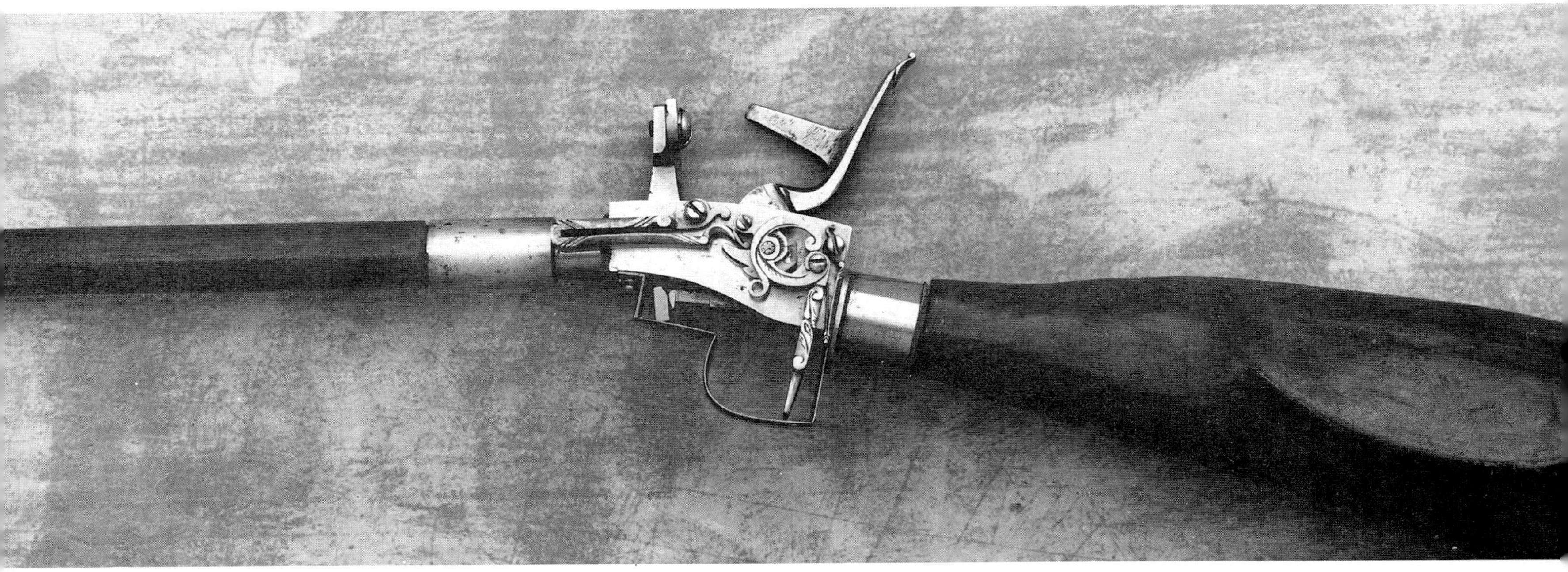

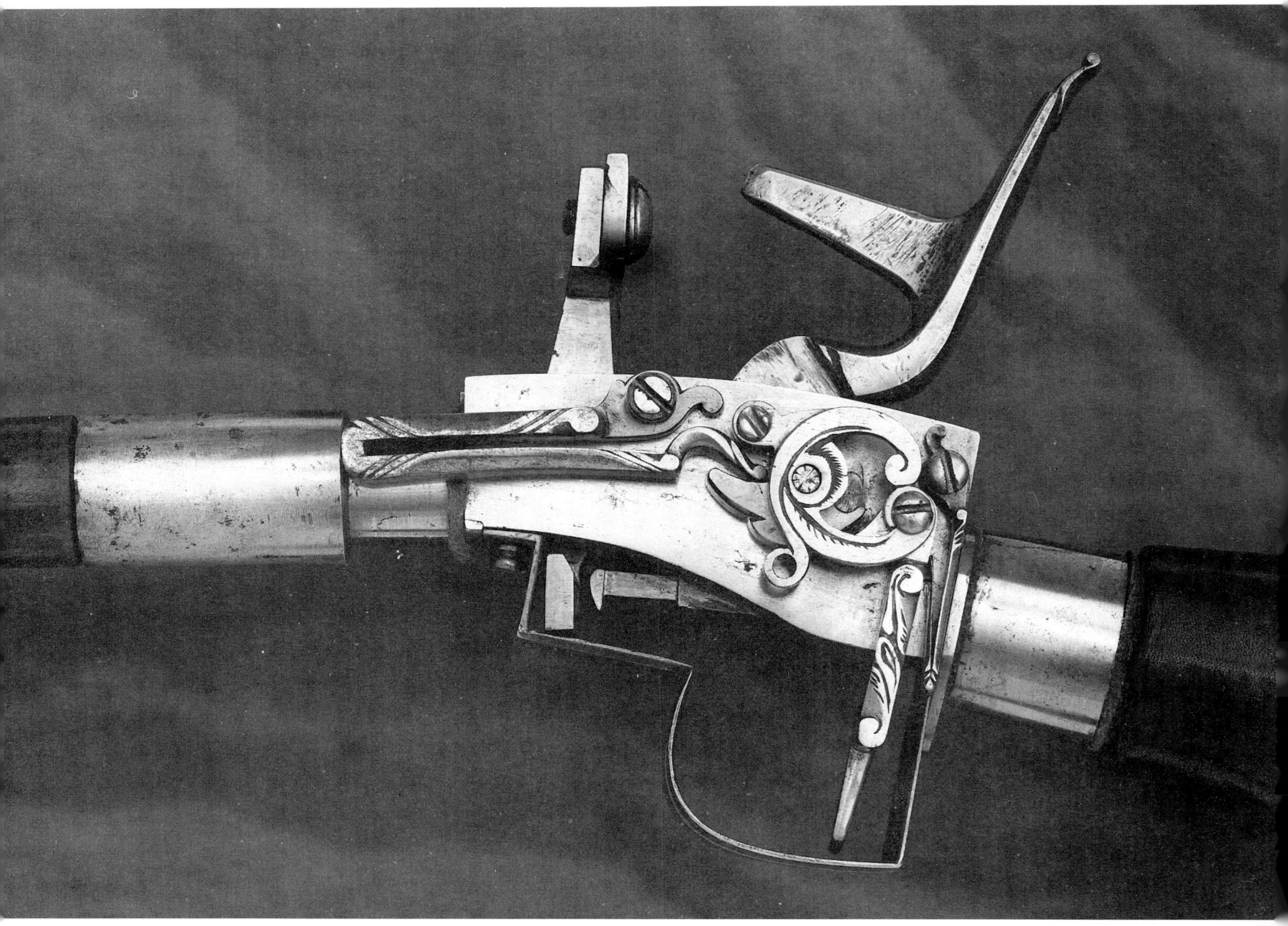

81 Stockgewehr-Windbüchse von Prokop, deutsch, um 1750 (Kat.-Nr. 92)

82 Windbüchse von Abb. 81 (Kat.-Nr. 92)

83 Rechte Schloß-seite von Windbüchse Abb. 82

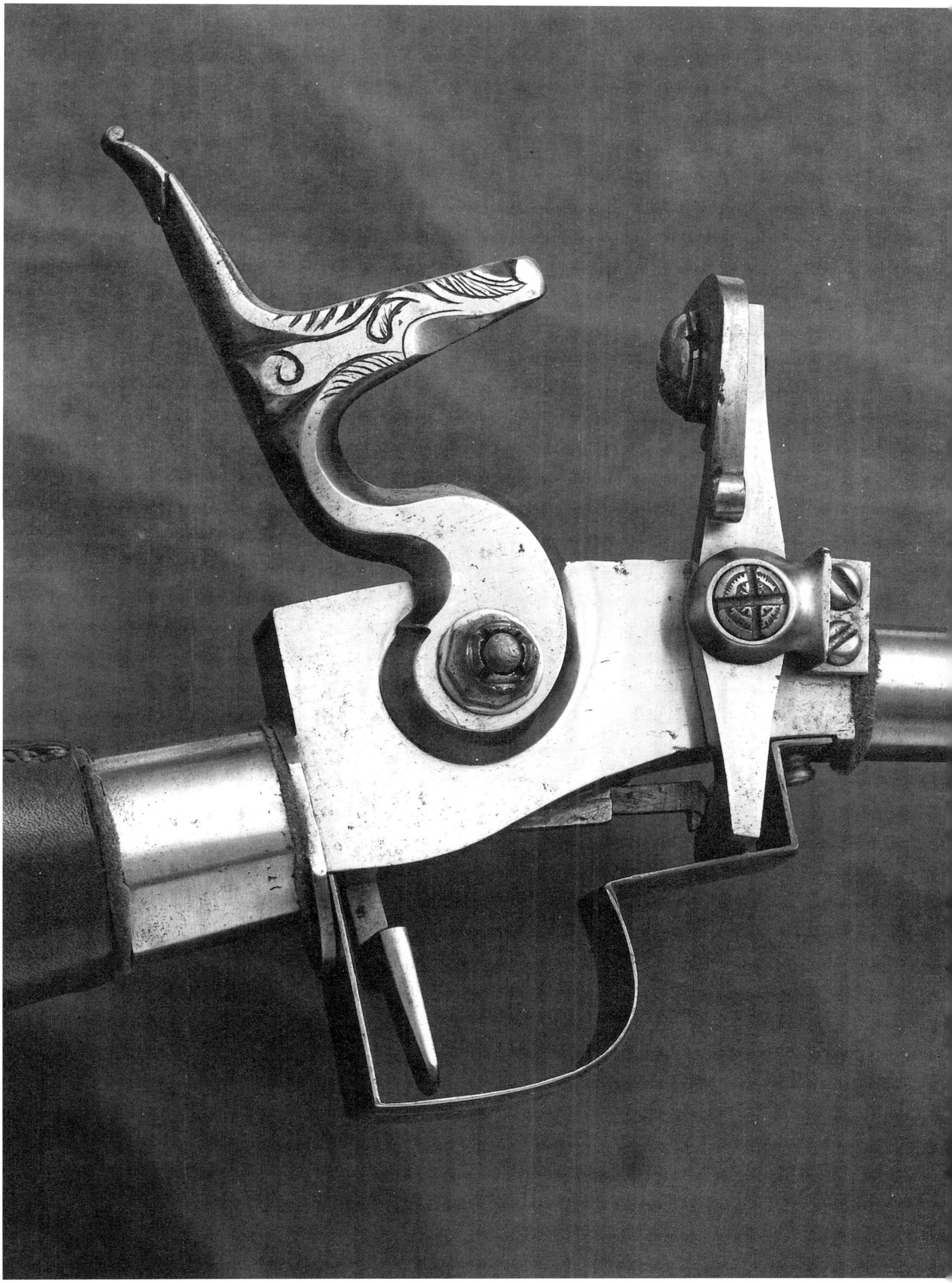

84 Perkussions-Stockgewehr, deutsch, Mitte 19. Jh. (Kat.-Nr. 97)

Perkussions-Stockgewehr, englisch, um 1850 (Kat.-Nr. 96)

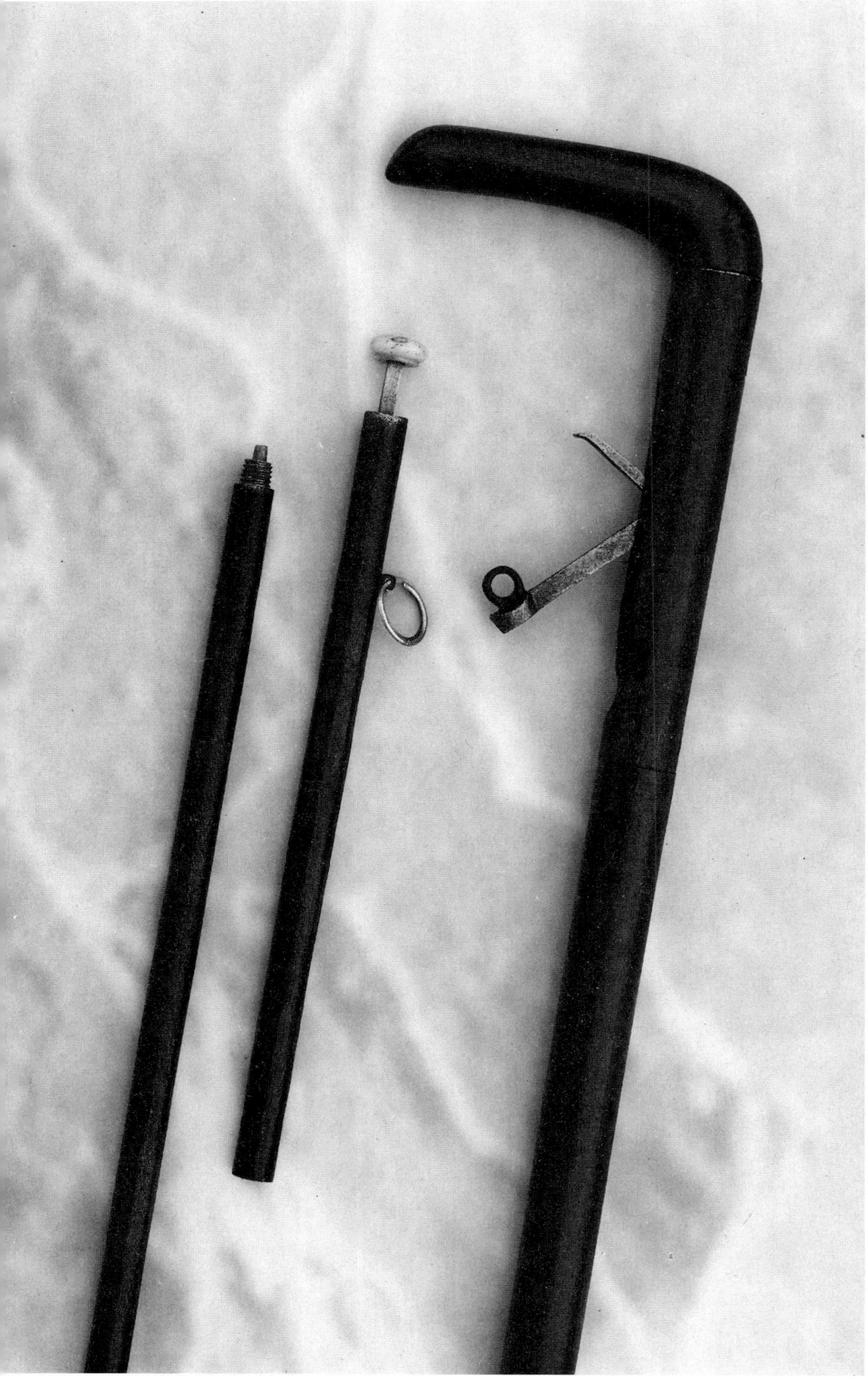

85 Stockflinten, 2. Hälfte 19. Jh. (Kat.-Nr. 98/99/100/101)

86 Stockflinten, Frankreich, Ende 19. Jh. (Kat.-Nr. 104/103/102)

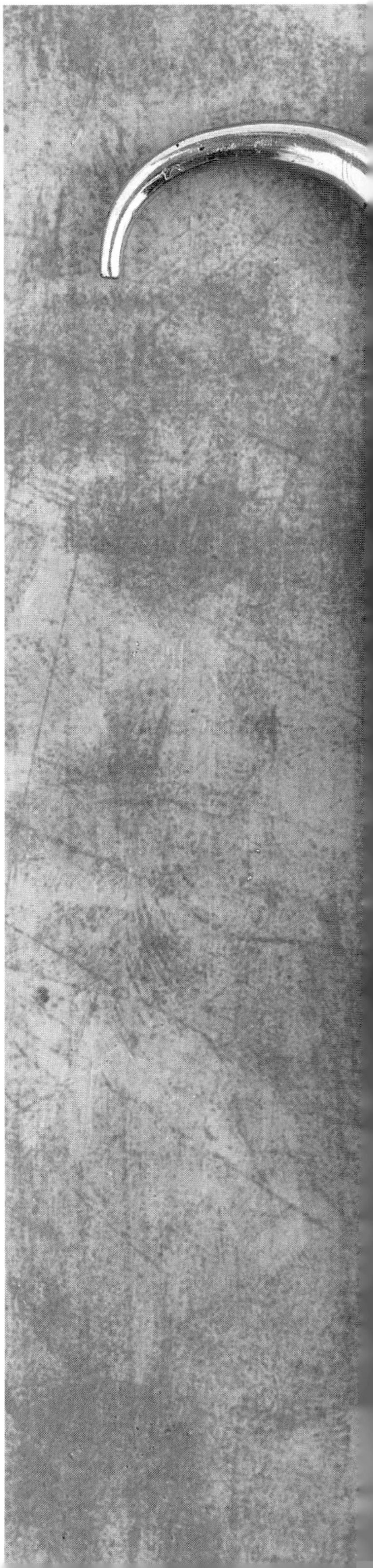

87 Stockflinte, Frankreich um 1880 (Kat.-Nr. 106)

88 Stockflinte, Frankreich, Anfang 20. Jh. (Kat.-Nr. 108)
Stockflinte, Belgien, um 1900 (Kat.-Nr. 107)

89 Zwei Stockflinten, deutsch, um 1900 (Kat.-Nr. 109/110)

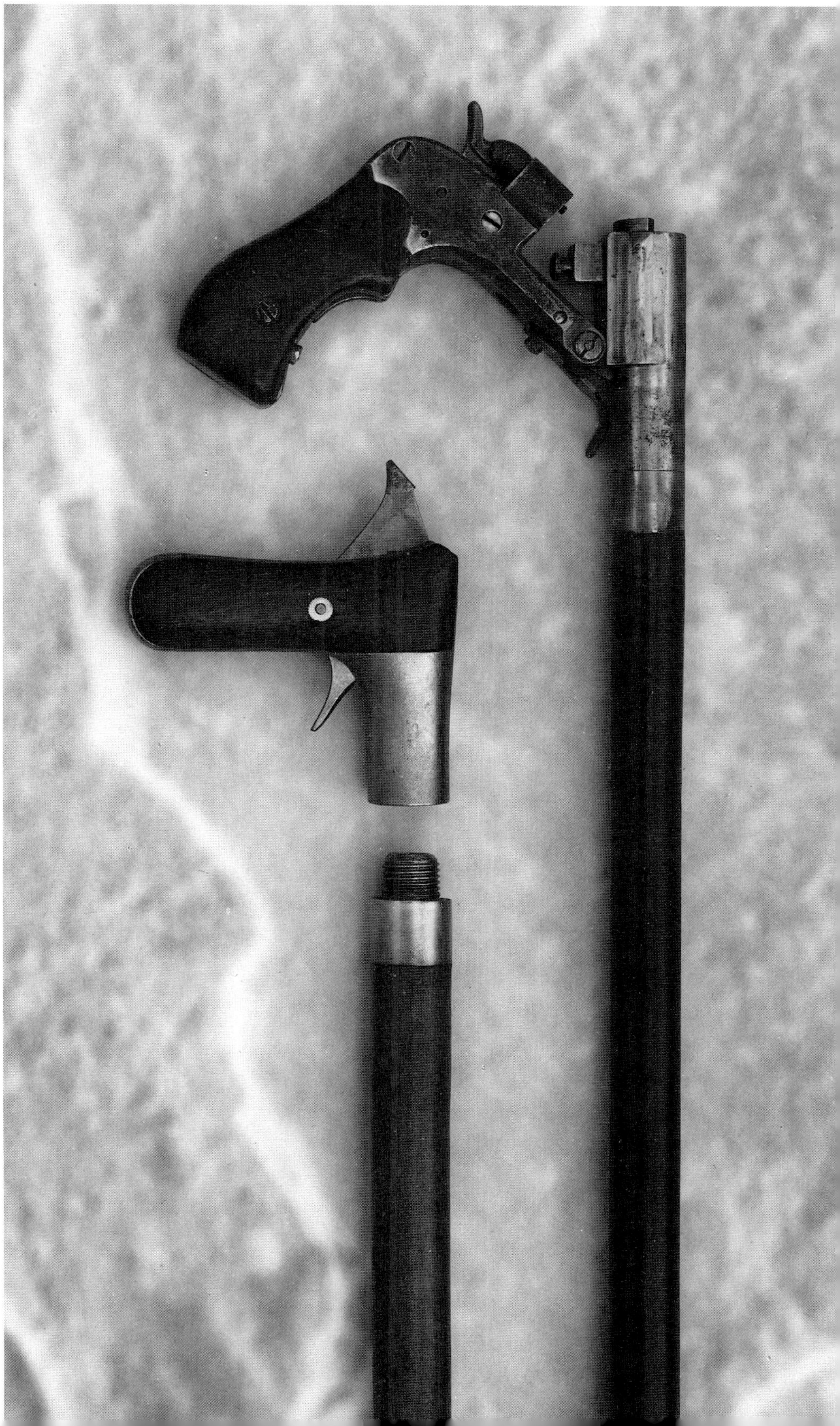

90 Innenseite des Armschildes mit Schwertklinge und zwei Klingenbrechern (Kat.-Nr. 111)

91 Armschild mit Schwertklinge und zwei Klingenbrechern, lombardisch, 1. Viertel 16. Jh. (Kat.-Nr. 111)

92 Schild mit Luntenfeuerwaffe,
englisch, 2. Viertel 16. Jh. (Kat.-Nr. 113)

93 Innenseite des Schildes Abb. 92 (Kat.-Nr. 113)
mit aufgeklapptem Verschlußstück und Stahlpatrone

94 Schild mit Luntenfeuerwaffe, englisch, um 1525 (Kat.-Nr. 114)

95 Laternenschild mit Stoßklinge und Klingenfängern, italienisch, 1. Hälfte 16. Jh. (Kat.-Nr. 112)

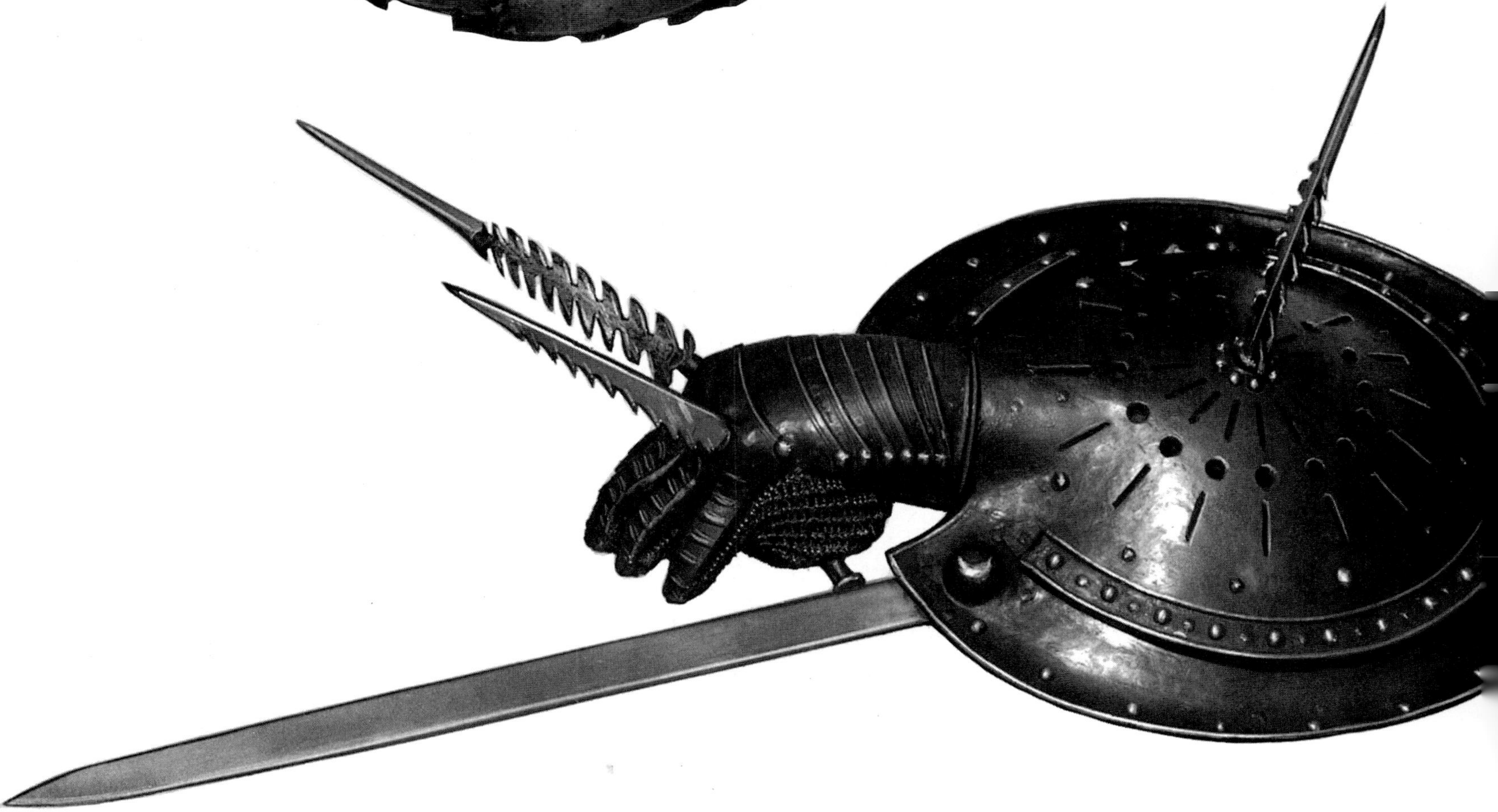

96 Keulenschild, italienisch, Pisa, 17./18. Jh. (Kat.-Nr. 116)

97 Keulenschild, italienisch, Pisa, 17./18. Jh. (Kat.-Nr. 117)

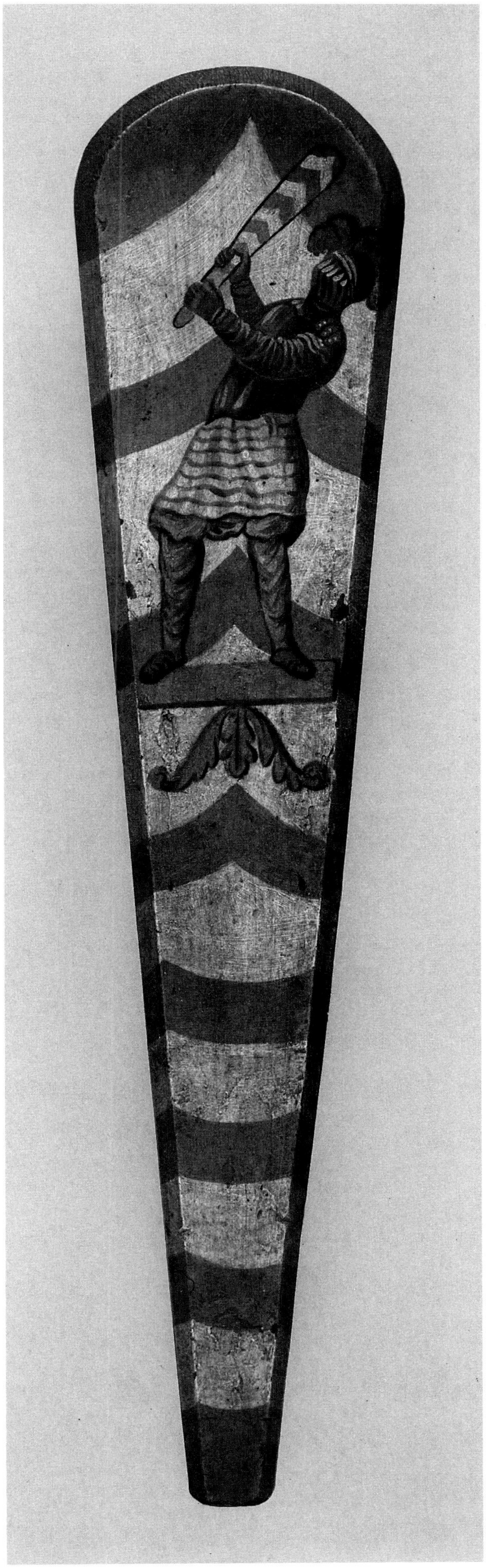

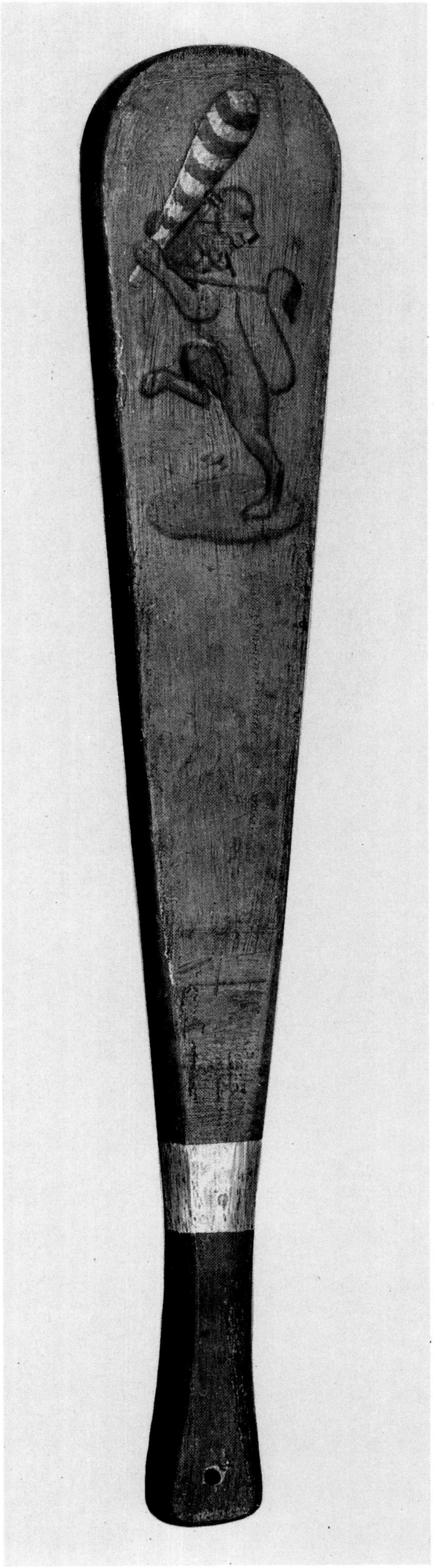

98 Armbrust mit Radschloßfeuerwaffe,
Deutschland, zwischen 1521 und 1526 (Kat.-Nr. 119)

99 Innenseite des Radschlosses der Kombinationswaffe
von Abb. 98 (Kat.-Nr. 119)

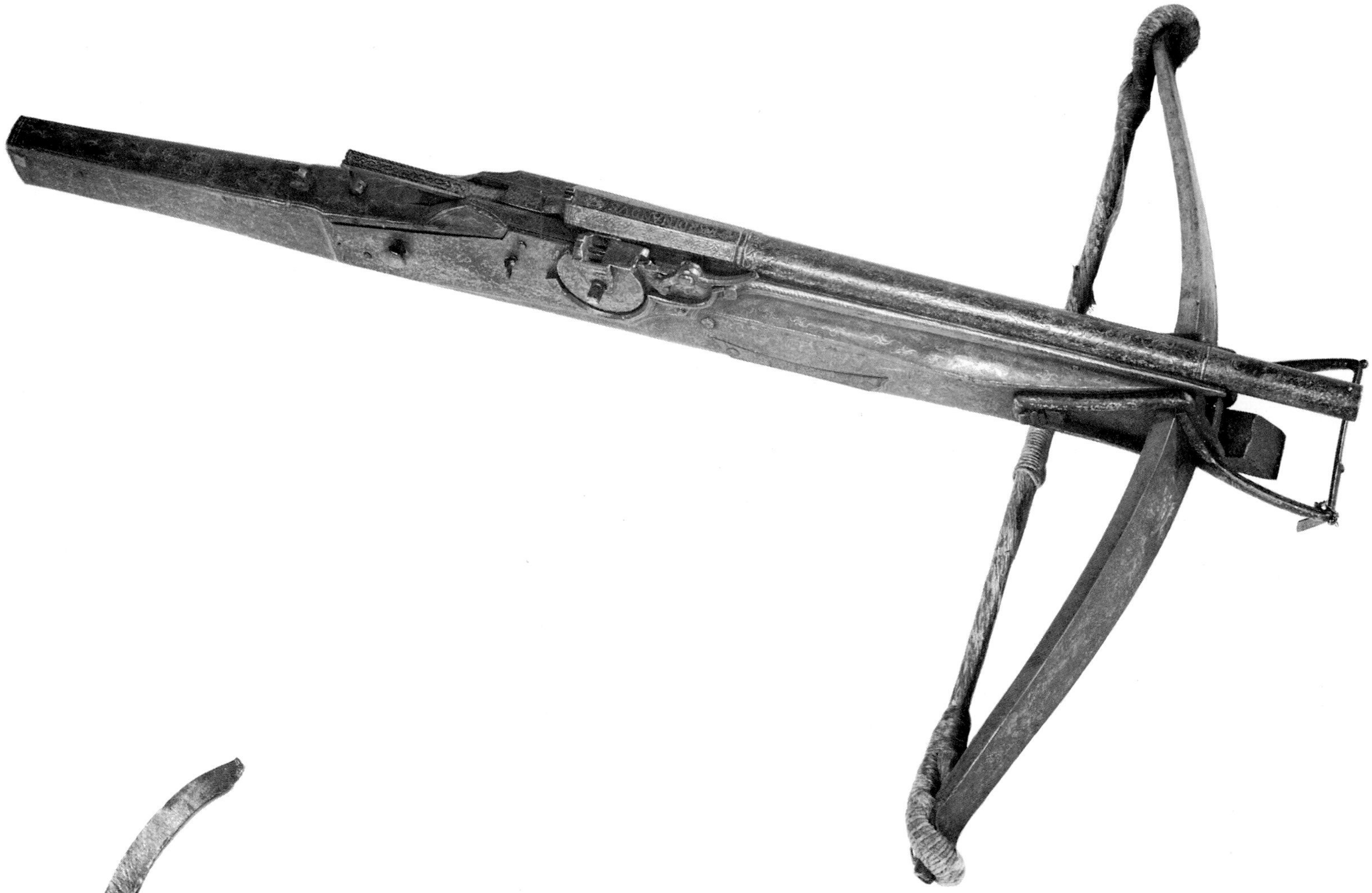

SONDERFORMEN DER BLANKWAFFEN

Die in diesem Kapitel zu behandelnden Waffen entsprechen nicht in jedem Fall der einführend gegebenen Definition, jedoch sind sie aufgrund ihrer konstruktiven Besonderheiten, ihrer mechanischen Indikationen sowie der Möglichkeit, sie für verschiedene Zwecke zu nutzen, mit den Kombinationswaffen verwandt.

LINKEHANDDOLCHE MIT SPRINGKLINGEN

Die Entwicklung der Linkehanddolche und Zwillingsrapiere steht im engen Zusammenhang mit der sich seit dem Beginn des 16. Jahrhunderts in Südeuropa herausbildenden Fechtkunst und dem Duellwesen. Seit der Veröffentlichung des Buches von Achille Morozzo: Opera nova chiamata duello overo fiore dell' armi, Modena 1536 (Neues Werk, Duell oder die Blume der Waffen) setzte sich beim Fechten wie auch beim Duell der Gebrauch von Degen und Parierdolch durch, der als komplettierende Waffe in der linken Hand geführt wurde. Während in den Fechtbüchern Thalhofers, die in den Jahren 1443, 1459 und 1474 erschienen, der Kampf mit Schwert, Dolch, Stangenwaffe und Stock als gleichwertig erachtet wird, befaßte sich Achille Marozzo als bedeutendster Vertreter der frühen italienischen Schule ausschließlich mit dem Degenfechten. Trotzdem sind in seinem Werk noch keine festen Regeln für das Degenfechten erkennbar. Die Darstellungen in Marozzos Buch zeigen die verschiedensten Möglichkeiten des Angriffs und der Parade, wobei dem Gegner die volle Brust oder nur eine Körperseite zugewandt war, auch die Beinstellung war noch nicht festgelegt. Der Degen wurde vorwiegend zum Angriff, weniger zur Verteidigung verwendet, Stoß und Hieb waren noch gleichermaßen üblich. Zur besseren Führung der Waffe wurde mit dem Zeigefinger die vordere Parierstange umfaßt, eine Methode, die bereits in der zweiten Hälfte des 15. Jahrhunderts entstanden war. Zur Abwehr konnten ein Schild, aber auch ein Mantel oder der Dolch benutzt werden. Auch das Fechten mit zwei Degen, das heißt, in jeder Hand wurde ein Degen geführt, war nicht ungewöhnlich. Außerdem war es erlaubt, die gegnerische Klinge mit der Hand festzuhalten.

Zur Abwehr mit dem Schild waren drei unterschiedlich große Typen gebräuchlich. Bevorzugt wurde die kleine runde rotella. Der um die linke Hand und den Unterarm geschlungene Mantel eignete sich ebenfalls zur Parade und konnte gegebenenfalls auch über den Kopf des Gegners geworfen werden. Die Abwehr mit dem Dolch führte zur Herausbildung eines eigenständigen Typs, des sogenannten Parier- oder Linkehanddolchs. Der Parierdolch hatte ähnlich wie das mittelalterliche Schwert eine weit ausladende, gerade, S-förmig oder abwärts gebogene Parierstange. Während der Linkehanddolch mit gerader Parierstange das Abfangen oder Ablenken der Degenklinge ermöglichte, gestattete der mit stark abwärts gebogener Parierstange durch rasche Drehbewegung, die Degenklinge einzuklemmen beziehungsweise festzuhalten. Neben seiner Abwehrfunktion fiel dem Dolch natürlich auch die Aufgabe des Stoßes zu. Der Wunsch, den Wirkungsgrad des Parierdolches zu erhöhen, dürfte für die Herausbildung des Linkehanddolches mit Springklingen ausschlaggebend gewesen sein.

Dieser in der zweiten Hälfte des 16. Jahrhunderts in Italien entstandene Dolchtyp besitzt eine symmetrische zweischneidige Klinge, die in drei längsverlaufende Klingen unterteilt ist. Neben einer schmalen Mittelklinge lassen sich seitlich zwei federnd gelagerte Nebenklingen, die mittels einer Arretierungsvorrichtung gehalten werden, nach Lösen derselben bis zu einem Winkel von 50 bis 70 Grad abspreizen (Kat.-Nr. 122–126; Abb. 100, 101, 103). Der scheinbar konventionelle Parierdolch konnte somit schnell und überraschend in einen Klingenfänger umgewandelt werden, der es gestattete, die gegnerische Degenklinge nicht nur einzufangen, sondern auch durch rasche seitliche Drehbewegung abzubrechen. Die weiteste Verbreitung erfuhr dieser Dolchtyp, der bis zur Mitte des 17. Jahrhunderts in Gebrauch war, um 1600.

Der Linkehanddolch mit Springklingen Kat.-Nr. 127 (Abb. 102) weicht von dem allgemein üblichen Konstruktionsprinzip völlig ab. Die in Mailand um 1560/70 gefertigte, reich mit Goldtausia verzierte Waffe besteht aus zwei Hälften, die von der Griffhülse zusammengehalten werden, wobei eine Dolchhälfte mit der Griffhülse starr verbunden, die andere zur Seite beweglich ist. Der Dolch besitzt keine Arretierungsvorrichtung, seine Klinge wird durch die Scheide zusammengehalten. Beim Herausziehen aus der Scheide werden die Klingen mittels kräftiger Vierkantfedern auseinandergespreizt, wobei sich der akanthusblattförmig ausgebildete Knauf öffnet. Durch Zusammendrücken des Knaufes schließt sich die Klinge. Die Waffe kann somit je nach Bedarf in eine Stoßwaffe oder einen Klingenfänger verwandelt werden. Diese Konstruktion weist den Vorteil auf, daß die eingefangene Klinge durch Zusammendrücken des Knaufes gut festgehalten werden kann.

Die kunsthandwerkliche Ausschmückung des Dolches ist stilistisch vergleichbar mit Arbeiten des Mailänder Plattners und Tausiators Giovanni Battista Serabaglio sowie mit Arbeiten des berühmten, ebenfalls in Mailand tätigen Lucio Piccinini. Der Dolch, der mit dem im Inventar der Kurkammer von 1671 erwähnten Rapier eine Garnitur bildet, dürfte trotz seiner technischen Vorzüge ebenso wie der Linkehanddolch Kat.-Nr. 126 wohl weniger für den praktischen Gebrauch bestimmt gewesen sein, sondern vielmehr der Repräsentation gedient haben.

Außer den genannten Typen waren in Italien und Deutschland im gleichen Zeitraum Linkehanddolche gebräuchlich, deren Klingenrücken zum Einfangen der gegnerischen Degenklinge mit tiefen Einschnitten versehen waren (Kat.-Nr. 128; Abb. 105, 106). Um die eingedrungene Degenklinge besser festhalten zu können, waren die einzelnen Zinken mit federnd gelagerten Sperrhaken ausgestattet oder besaßen pfeilförmige Widerhaken. Die Parierstangen dieser kräftigen langen Dolche waren meist gerade oder S-förmig gebogen.

Der spanische Linkehanddolch, der als notwendige Parierwaffe zu dem sich seit etwa 1640 herausbildenden Schalenrapier entstand, hatte ein dreieckiges, nach außen gebogenes Stichblatt, dessen durchbrochene Verzierungen im gleichen Stil wie die des dazugehörigen Rapiers gearbeitet waren. Er war sowohl für den Angriff als auch für die Parade ausgelegt. Zum Einfangen beziehungsweise Zerstören der gegnerischen Degenklinge dienten die dekorativen Durchbrüche des Stichblattes sowie dessen Rand. Außerdem war die kräftige zweischneidige, spitz auslaufende Klinge oftmals an der Basis mit kreisrunden Durchbrüchen oder mit parallel zur Klinge verlängerten Klingenfängern beziehungsweise Springklingen ausgestattet. Das spanische Schalen- oder Glockenrapier, das seine Blütezeit zwischen 1650 und 1680 erlebte, ist eine spezielle Fecht- und Duellwaffe, die auch außerhalb Spaniens, insbesondere in Italien, gebräuchlich war und hier auch hergestellt wurde.

Sehr ungewöhnlich und sicherlich auch nicht sonderlich zweckmäßig war die Ausstattung eines Spundbajonetts mit Springklingen. (Vgl. Kat.-Nr. 129). Diese in Frankreich um 1660 entstandene Waffe aus der Wallace Collection London konnte als Spundbajonett und gegebenenfalls, trotz seiner kurzen Parierstange, auch als Linkehanddolch verwendet werden. Eine diesem Exemplar sehr ähnliche Waffe bewahrt das Metropolitan Museum of Art, New York.

ZWILLINGSRAPIERE

Ein seltener Griffwaffentyp, vom dem sich nur wenige Stücke in den bedeutendsten Waffensammlungen erhalten haben, sind die sogenannten Zwillings- oder Doppelrapiere. Das Historische Museum Dresden besitzt vier Exemplare (Kat.-Nr. 130–133; Abb. 104, 107, 108, 110).

Derartige Waffen kamen seit der zweiten Hälfte des 16. Jahrhunderts in Italien auf. Während die italienischen Zwillingsrapiere mit einer voll ausgebildeten zweischneidigen Klinge ausgestattet sind, besitzt das vermutlich in Augsburg hergestellte Zwillingsrapier Kat.-Nr. 133 (Abb. 110) trapezförmige, schlanke, nur zum Stoß geeignete Klingen. Zwillingsrapiere entsprechen den Möglichkeiten der Fechtkunst und des Duellwesens jener Zeit, auch mit zwei langen Griffwaffen zu kämpfen, wobei das in der rechten Hand geführte Rapier für den Angriff genutzt wurde, während das in der linken Hand zu führende der Parade diente. Die Waffen wurden in einer Scheide getragen, ihre Gefäße waren deshalb auf der Innenseite plan und wurden meist durch eine leicht lösbare Schwalbenschwanzverbindung zusammengehalten. Wurde die Waffe aus der Scheide gezogen, hatte ihr Besitzer überraschenderweise zwei Rapiere zur Verfügung, was ihm gewisse Vorteile verschaffte. Dieser Überraschungsmoment, der neben rein praktischen Erwägungen bei vielen Kombinationswaffen ein Rolle spielt, dürfte auch für die Entstehung der Zwillingsrapiere mit ausschlagebend gewesen sein. Ein wesentlicher Nachteil dieser Waffen ergibt sich aus dem Umstand, daß deren Gefäße durch die fehlenden Quartbügel der Fechthand keinen ausreichenden Schutz bieten.

Das Rapier Kat.-Nr. 134 (Abb. 109), durch dessen Knauf und Griff ein Dolch führt, ist laut Inventarvermerk

(Kurkammer von 1671) im Auftrag des Kurfürsten August von Sachsen 1581 in Dresden gefertigt worden. Der Dolch ist so mit dem Rapier verbunden, daß er als Zweitwaffe nicht erkennbar ist. Während das kräftige schmucklose Rapier druchaus seiner Zweckbestimmung gerecht wird, dürfte der Dolch mit seinem rechteckigen unhandlichen Griff und seinen kurzen beweglichen Parierstangen als Linkehanddolch weniger geeignet sein. Offensichtlich fand der Kurfürst – wie so viele seiner Zeitgenossen – Gefallen an derartigen Sonderkonstruktionen.

Eine interessante Kombinationsvariante von Degen mit verborgener Stoßklinge zeigt Kat.-Nr. 135. Diese von Ottmar Wetter 1594 datierte und signierte Waffe aus dem Tøjhusmuseet in Kopenhagen besitzt ein reich mit geschnittenen figürlichen Darstellungen, Masken, Ranken und Blüten ausgeschmücktes Eisengefäß. Die im Griff untergebrachte Springklinge schnellt beim Lösen einer Sperre hervor und wird zugleich arretiert. Ottmar Wetter, dessen nachweisbare Schaffenszeit die Jahre 1583 bis 1598 umspannt, war einer der bedeutendsten Meister der Eisenschnittkunst. Als Messerschmiedemeister ist seine Tätigkeit seit 1583 in München nachweisbar. Aufgrund seines protestantischen Glaubens sah er sich jedoch gezwungen, 1589 nach Dresden überzusiedeln, wo er bis zu seinem Tode 1598 wirkte.[52]

Der von Ottmar Wetter gefertigte Degen mit Springklinge gehört mit zu den wenigen in Dresden entstandenen Kombinationswaffen überhaupt. Zwei gleichfalls außergewöhnliche, um 1660 in Florenz hergestellte Degen mit verborgenem Stilett bewahrt das Museo Nazionale in Florenz (Kat.-Nr. 136, 137). Bei diesen Waffen sind die Griffe horizontal halbiert. Das Stilett, dessen Klinge in eine entsprechende Aussparung des Degengriffes und der Klinge eingefügt ist, kann nach Lösen einer Federsperre herausgezogen werden.

RAPIERE MIT VORSPRINGENDER KLINGE

Das Historische Museum Dresden ist im Besitz von zwei reich dekorierten, vermutlich in Nürnberg oder Augsburg um 1570 entstandenen Rapieren mit vorspringender Klinge (Kat.-Nr. 138; Abb. 114, 115, 116 und Kat.-Nr. 139; Abb. 117). Diese ungewöhnlich langen und schweren Rapiere sind mit einer beweglichen Klinge ausgestattet, die sich in den hohlen Metallgriff zurückschieben läßt. Die Schmalseiten der Klingen sind im Bereich der Fehlschärfe als Zahnstangen ausgebildet. Zwei zwischen Parierstange und Klingenbügel auf eine metallene Mittelhülse montierte Federkapseln enthalten je ein Zahnrad; die Zahnräder greifen in das als Zahnstange ausgebildete Klingenstück ein. Beim Zurückschieben der Klinge wird die Feder um den Kern des Zahnrades gewickelt und somit gespannt. Eine mit einem Abzug verbundene Arretierungsvorrichtung greift in entsprechende Bohrungen der Klinge ein und arretiert diese. Bei Betätigen des Abzugshebels wird die Klinge freigegeben und schnellt um 18 Zentimeter vor. Das mechanische Prinzip der Rapiere ist ähnlich, jedoch unterscheiden sie sich wesentlich in ihrer kunsthandwerklichen Ausschmückung, außerdem ist im Griff des Rapiers Kat.-Nr. 138 noch ein Dolch untergebracht.

Auf ihre süddeutsche Provenienz (Augsburg oder Nürnberg) lassen der Dekor sowie die mechanischen Indikationen schließen. Die Klinge des Rapiers Kat.-Nr. 139 zeigt als Hochfüllung angelegte Ranken- und Blütenornamente, dazwischen laufender Hase und Hund, ein Ätzdekor, wie er häufig auf Nürnberger Waffen und Geräten dieser Zeit zu finden ist.

Das in Messing gegossene und vergoldete Gefäß des Rapiers Kat.-Nr. 138 ist mit gravierten, sich aus einer Fruchtschale entwickelnden Ranken und Grotesken sowie in Rollwerk eingebundenen Grotesken geschmückt. Die Enden der Parierstange zeigen tropfenförmig eingefaßte, geschnittene Früchtegruppen auf gepunztem Grund. Dieser niederländisch beeinflußte Dekor dürfte auf Vorlagen des Nürnberger Malers und Kupferstechers Georg Wechter zurückzuführen sein.[53] Vermutlich sind nur sehr wenige Rapiere mit vorspringender Klinge hergestellt worden.

Aufgrund ihres beträchtlichen Gewichtes dürften diese Waffen jedoch nur zum Stoß geeignet gewesen sein. Allerdings boten sie bei einem Zweikampf durch das überraschende Hervorschnellen der Klinge die Möglichkeit, die Distanz zum Gegner plötzlich erheblich zu verkürzen, was ihrem Besitzer zweifelsohne taktische Vorteile verschaffte. Obgleich diese Rapiere so konstruiert sind, daß sie für den Gebrauch geeignet waren, so sind sie jedoch in erster Linie kostspielige Repräsentationswaffen im Sinne eines Kunstkammerstückes.

RAPIER MIT PARIERVORRICHTUNG

Die Entstehung des Rapiers mit Pariervorrichtung an der Klinge (Kat.-Nr. 140, Abb. 111, 112, 113) dürfte auf ähnliche Aspekte zurückzuführen sein, die auch für die Herstellung der Rapiere mit vorspringender Klinge ausschlaggebend waren. Diese Waffe mit beweglicher Parierstange und auseinanderfächerbarer Pariereinrichtung, deren reich mit geätzten Devisen verzierte Klinge von dem Solinger Klingenschmied Paulus Willems um 1640 gefertigt wurde, stellt sicherlich ein Novum dar, allerdings ist die Pariereinrichtung eher hinderlich als ein Vorteil.

Die Rüstkammer des Moskauer Kreml besitzt einen um die Mitte des 18. Jahrhunderts in Tula hergestellten Degen, dessen Klinge mit zwei sägeartigen Springklingen ausgestattet ist. Sein graviertes stählernes Gefäß zieren brillantartig geschliffene Rosetten. Bei diesen Waffen handelt es sich letztlich nicht um Erfindungen im modernen Sinn, sondern lediglich um Versuche, den Wirkungsgrad einer Waffe zu erhöhen, was aber oft zu einer Beeinträchtigung ihres Gebrauchswertes führte.

GESCHÄFTETE HIEB- UND SCHLAGWAFFEN MIT VERSENKBARER KLINGE

Die Streitäxte Kat.-Nr. 141, 144, 145 und die Streithämmer Kat.-Nr. 142 und Kat.-Nr. 143 mit versenkbarer Spießklinge können aufgrund ihrer Gesamtlänge zu den Stangenwaffen gezählt werden. Die hohlen, aus Eisenblech gefertigten, meist mit schwarzem Leder bezogenen Schäfte verbergen eine kräftige Spießklinge, die sich bei Bedarf durch ruckartige Bewegung aus dem Schaft herausschleudern läßt und mittels eines am unteren Klingenende angebrachten Federbolzens, der in eine entsprechende Aussparung der Axttülle eingreift, arretiert wird. Die Streitaxt oder der Streithammer wird so augenblicklich zu einer wirkungsvollen Stangenwaffe umfunktioniert, wobei die Streithämmer Kat.-Nr. 142 und Kat.-Nr. 143 bei herausstehender Stoßklinge die beachtliche Gesamtlänge von 221 Zentimetern erreichen.

Diese überaus praktischen Waffen scheinen sämtlich italienischer Herkunft zu sein. Charakteristisches Merkmal italienischer Streitäxte und -hämmer sind ihre metallenen Schäfte sowie ihre schlanken Beilklingen beziehungsweise Haken und Hammerköpfe.

Die geschäfteten Hieb- und Schlagwaffen mit versenkbarer Klinge aus dem Besitz des Historischen Museums Dresden (Kat.-Nr. 141, 142, 143, Abb. 119), die im Gesamtinventar der Rüst- und Inventionskammern von 1606 aufgeführt sind, können aufgrund dieses Inventarvermerks zu den frühesten bekannten, bereits gegen Ende des 16. Jahrhunderts entstandenen Waffen dieses Typs gezählt werden.

KLAPPBARE STANGENWAFFEN

Eine besondere Gruppe unter den Kombinations- und Inventionswaffen des 16. und 17. Jahrhunderts sind die auf Reiseformat zusammenklappbaren Stangenwaffen wie Partisanen und Runkas. Ein Beispiel für diesen Waffentyp bietet die um 1550 entstandene italienische Runka aus dem Historischen Museum Dresden (Kat.-Nr. 147, Abb. 121, 122), deren reich geätzte dreiteilige Klinge umgeklappt werden kann, wobei sich gleichzeitig die beweglichen Seitenklingen einschieben. Ihre halbmondförmigen Seitenklingen, die kräftige Mittelklinge sowie die Tülle sind reich ausgeschmückt. Sie zeigen auf schwarzem Grund geätzte Trophäen, Armaturen, Geigen, Fanfaren, Trommeln und Panflöten.

Die einfache, aber sehr zweckmäßige und stabile Arretierungsvorrichtung für die Klingen ist in der aus zwei Hälften bestehenden kastenförmigen Scharniertülle untergebracht. Die Runka, deren Gesamtlänge 248 Zentimeter beträgt, kann nach Lösen der Federsperre rasch um beinahe die Hälfte verkürzt werden, was das Mitführen dieser Trabantenwaffe im Reisegepäck ermöglichte. Gleichfalls reich dekorierte Trabantenwaffen dieses Typs werden im Kunsthistorischen Museum in Wien, in der Real Armeria in Madrid und einigen italienischen Sammlungen aufbewahrt. Das Prinzip des Einklappens ist auch auf andere Waffen übertragen worden. So bewahrt die Waffensammlung des Kunsthistorischen Museums in Wien einen um 1620 entstandenen italienischen Kugelschnepper, dessen Säule mit drei eisernen Scharnieren ausgestattet ist.[54] Die Scharniere sind mit Hilfe eines Vierkantschlüssels arretierbar. Nach Lösen der Sperre ließ sich die Waffe vierfach zusammenlegen und konnte platzsparend transportiert werden.

MENSCHENFÄNGER

Der sogenannte Menschenfänger (Kat.-Nr. 148, Abb. 123, 124) ist eine Kombination zwischen einer Stangenwaffe und einem Instrument, das zum Festhalten eines Menschen diente.

Die ungewöhnlich große und schwere Waffe besitzt eine starke Mittelklinge mit zwei U-förmig gebogenen Seitenhaken, die mit je einer feststehenden Vierkantklinge ausgestattet sind. Unmittelbar unter dem Klingenansatz sind zwei durch Federdruck nach innen bewegliche kurze Seitenarme mit gezacktem Kopf angebracht. Die Seitenhaken besitzen ebenfalls jeweils einen durch Federdruck nach innen beweglichen Seitenarm mit gezacktem Kopf. Das untere Drittel der Mittelklinge, der Klingenhals sowie die Seitenhaken sind mit feingliedrigem Rankendekor in Schwarzätzung geschmückt. Der Klingenhals trägt beiderseitig das kurfürstlich-sächsische Wappen. Auf der Tülle sind die Initiale «MF», «KB» und die Jahreszahl «1587» eingeschlagen.

Die vermutlich 1587 in Dresden von Martin Feyhel gefertigte Waffe ist typologisch der Runka zuzuordnen, einer auch als Wolfseisen bezeichneten Stangenwaffe, deren lange Spießklinge am unteren Ende mit aufwärts gerichteten halbmondförmigen Seitenklingen ausgestattet ist. Die auch zur Wolfsjagd verwendete Runka wurde bereits im 15. Jahrhundert in den spanischen und italienischen Heeren von Fußkämpfern geführt. In Deutschland kam sie erst zu Beginn des 16. Jahrhunderts in Gebrauch. Exemplare mit reich geätzten Klingen lassen darauf schließen, daß sie auch als Trabantenwaffen geführt wurden. Bei der als Menschenfänger bezeichneten Waffe des Historischen Museums handelt es sich nicht um eine Kampf- oder Trabantenwaffe, sie diente als «Polizeiwaffe», die dem Festzunehmenden vom Profoss oder Gefangenenwärter über den Hals geschoben wurde, wobei die gezackten Seitenarme nach innen einklappten, um anschließend durch Federkraft wieder in eine waagerechte Lage gebracht zu werden, was das Entkommen des Delinquenten verhinderte beziehungsweise erschwerte.

Ein sicherer Beleg für diesen Verwendungszweck findet sich in «Zach. Conr. v. Uffenbachs Merkwürdige Reisen durch Niedersachsen, Holland und Engelland» (1753). Uffenbach berichtet von seinem Besuch im Hamburger Zuchthaus und beschreibt anhand einer Abbildung die Funktion eines Menschenfängers: «Von hier wurden wir in das Zimmer, wo die Herrn Vorsteher oder Provisores zusammen kommen, geführet. Selbiges ist schlecht und nicht gar gros. Wir sahen darinnen in einer Ecke ein gar besonders Instrument stehen. Dieses Instrument dienet gar wohl die unbändige Züchtlinge vest zu halten, wenn sie sich nicht willig ergeben wollen, sondern um sich schlagen, oder wohl gar mit Messer wehren wollen, indem man keine Gefahr, weil man nicht nahe herbey kommt, zu fürchten hat. Es ist nemlich ein Eisen, gleich einer zweyzinkigen Gabel geformet, so einen langen hölzernen Stil (a) hat. Vorn sind an beyden Seiten zwey Federn (b) vest gemacht, die sich zwar einwärts zurückbeugen lassen, aber sogleich wiederum rückwärts gegeneinander springen. An dem einen Ende (c) haben sie eine dünne eiserne Stange, so durch die Gabel bey (f 7) gehet, damit sie sich nicht so leicht verbeugen, oder anderwärts hinwenden lassen. Stösset man also dieses Instrument einem Züchtling an den Hals oder Fuß, so öffnet es sich wie bey (m) zu sehen: so bald aber der Hals darinn ist, schliesset es sich hinten wiederum zusammen, und kan nicht anders, als durch zurück drücken der beyden Federn (b) eröffnet werden, welches man aber in der Eil und Bestürzung nicht so geschwind errathen kann.»

Das Exemplar des Historischen Museums unterscheidet sich jedoch wesentlich von diesem, denn es ist mit einer Gesamtlänge von 313 Zentimetern und der kräftigen Mittelklinge nicht nur ein Instrument zum Festhalten eines Menschen, sondern gleichzeitig auch eine wirkungsvolle Stangenwaffe.

Das Dresdner Stück dürfte die früheste erhaltene und zugleich prächtigste Waffe dieser Art sein.

GRANATGEWEHR UND GEWEHRGABEL MIT KLAPPBAJONETT

Das Granatgewehr Kat.-Nr. 149 a (Abb. 125, 127) und die dazugehörige Gewehrgabel mit Klappbajonett Kat.-Nr. 149 b (Abb. 128) aus dem Historischen Museum Dresden sind laut Inventarvermerk der Büchsenkammer von 1730 ein Geschenk des Herzogs von Sachsen-Gotha, Friedrichs II., an König August II. von Polen. Das Gewehr ist reich mit vegetabilischem Eisenschnittdekor, Bandelwerk, Gold- und Silbertauschierungen, Devisen, Wappen und gravierten silbernen, zum Teil vergoldeten Beschlägen geschmückt. Die Gewehrgabel, deren Gesamtlänge bei ausgeklapptem Bajonett 223 Zentimeter beträgt, war über ihre eigentliche Funktion hinaus auch als Stangenwaffe zu verwenden. Ihr helmbartenförmiges Gabeleisen und das Bajonett sind ebenso reich dekoriert. Beide Waffen sind 1729 von Tobias Gräfenstein, dessen Signatur auf der Schloßplatte eingraviert ist, gefertigt worden. Tobias Gräfenstein war Büchsenmacher und Münzeisenschneider in Gotha. Er sagte von sich selbst, daß er seit 1733 die Stempel für die Münze geschnitten habe. Außerdem hätte er auch sämtliche Büchsenmacherarbeit geliefert.[55] Vermutlich führte er jedoch in erster Linie die kunsthandwerkliche Ausschmückung an Waffen aus. 1750 erhielt Tobias Gräfenstein die Aufsicht über das Zeughaus in Gotha und beendete zu diesem Zeitpunkt seine Tätigkeit in der Münzstätte.

Ein weiteres von ihm gefertigtes Granatgewehr gleicher Ausführung besitzt das Bayerische Nationalmuseum in

München. Das Dresdner Gewehr trägt auf der Schloßgegenseite einen Gradbogen aus Silberblech mit Gradeinteilung von 0 bis 50 Grad und einem silbervergoldeten Pendel. Beim Schießen wurde das Gewehr, unter dessen Vorderschaft in Mündungsnähe ein Haken angebracht ist, in die Gewehrgabel eingehängt (Abb. 125). Der Schütze konnte nun mit Hilfe des Pendels den Neigungswinkel der Waffe auf dem Gradbogen ablesen oder den gewünschten Neigungswinkel festlegen.

In den feudalabsolutistischen Heeren des 18. Jahrhunderts waren bestimmte Truppenteile mit Granatgewehren ausgerüstet.

Diese Waffen wurden von den Grenadieren geführt, deren ursprüngliche Aufgabe es war, Handgranaten zu werfen. Bei militärischen Auseinandersetzungen erfolgte der Einsatz der Grenadiere häufig an Schwerpunkten des Kampfes wie zum Sturmangriff oder zur Abwehr gegnerischer Kavallerie. Granatgewehre waren meist mit abschraubbaren, mörserartigen Bronzegranatköpfen ausgestattet, so daß die Gewehre auch ohne Granataufsatz verwendet werden konnten, was bei fortschreitendem Gefecht oft wichtig war. Bei direkter Feindberührung dienten die meist mit einem Bajonett kombinierten langen Gewehrgabeln zugleich als Stangenwaffe.

Die von Tobias Gräfenstein gefertigten Waffen dürften aufgrund ihrer kostbaren Ausführung jedoch nur zum Verschießen von Feuerwerkskörpern bei höfischen Festen verwendet worden sein.

STÖCKE MIT VERBORGENER KLINGE

Obwohl in den Standardwerken der Waffenliteratur kaum beachtet, verkörpern Stockdegen und Stöcke mit verborgener Stilett- oder Springklinge dennoch einen interessanten Waffentyp von besonderem kulturgeschichtlichem Wert.

Der Stock schlechthin zählt zum ältesten Kulturbesitz des Menschen, er war Waffe und Werkzeug zugleich und diente sowohl dem Angriff als auch der Verteidigung. Mit der Herausbildung eigenständiger Waffentypen (Dolch, Schwert usw.) verlor der Stock beziehungsweise Stab als Waffe an Bedeutung. Er wurde zunehmend zum Symbol von Würde und Macht. In der griechischen Kunst werden selbst Götter wie Zeus und Hera mit dem Stab als Attribut der Macht dargestellt. Könige und Priester führten ebenfalls als äußeres Zeichen ihrer Autorität den Stab. Bereits auf frühen ägyptischen Flachreliefs sind Herrscher mit dem Stab abgebildet, wie beispielsweise auf einem Relief des Eingangspfostens vom Grabe des Meri-ib (Anf. 5. Dyn., um 2480 v. u. Z.). Die Marmorstatue des Augustus aus der Villa der Livia bei Primaporte (um 20 v. u. Z., Rom, Vatikan) zeigt den Kaiser im Brustpanzer, in der linken Hand hält er einen Stab.

An dieser Tradition festhaltend, wurde der Stab nicht nur von Königen und Priestern geführt, sondern auch von all denjenigen, die Autorität auszuüben hatten, wie Fürsten, Marschälle, Offiziere, Richter und Amtspersonen. Entsprechend dem Stand des Trägers und angemessen der Funktion, die er zu erfüllen hatte, war der Stab in Form, Material und kunsthandwerklicher Ausschmückung von unterschiedlicher Beschaffenheit. Gleichfalls war die dem Stab zugewiesene Symbolhaftigkeit ein wesentliches Kriterium für seine Gestaltung und Verzierung. So hat die Kirche bereits seit dem 7. Jahrhundert ihre obersten Würdenträger mit dem Hoheitszeichen des Stabes ausgestattet. Der Bischofsstab, ein meist kostbar verzierter, nach unten in eine Spitze auslaufender Krummstab, wird von den katholischen Bischöfen als Insignie ihrer Würde und Symbol der Hirtengewalt bei feierlichen Anlässen, mit der Krümme der Gemeinde zugewandt, in der Hand gehalten. Auch besonders verdienstvolle Äbte und Äbtissinnen waren berechtigt, den Krummstab zu führen. Seit dem 10. Jahrhundert ist der Bischofsstab allgemein in Gebrauch, der Stab dieser Zeit hatte eine hölzerne Krümme, im 11. und 12. Jahrhundert vorzugsweise Walroß – oder Knochenkrümme. Seit dem 12. Jahrhundert bis heute ist die Metallkrümme aus Silber, vergoldetem Silber, Bronzeguß oder getriebenem Kupfer üblich.

Figürliche, in den verschiedensten Ziertechniken ausgeführte Darstellungen auf der Krümme oder dem Schaft zeigen seit der karolingischen Zeit bis ins 12. Jahrhundert einen Drachen- beziehungsweise Schlangenkopf oder beziehen sich auf den Kampf des Christen mit dem Bösen. Veränderungen der Form der Krümmung und des Bildprogramms wirken bis in die Gegenwart. Der Stab wurde auch von anderen in kirchlichem Dienst stehenden Personen wie Kirchendienern, Vorsängern und Bruderschaftsführern sowie den Pilgern geführt. Die meist schlicht ausgestatteten Pilger- oder Wallfahrtsstäbe waren häufig mit dem Bild des Heiligen bemalt, dem die Wanderung galt.

Die Tradition, die hohen weltlichen Würdenträgern den Stab gleichermaßen als Zepter vermittelte, läßt sich bis hin zu Napoleon verfolgen, der auf einem Gemälde von François Gerard (1810) im Krönungsornat, in der rechten Hand einen Stab haltend, dargestellt ist.

Als Kommandostab in den Händen des höchsten militärischen Befehlshabers trat der sogenannte Marschallstab seit dem 16. Jahrhundert vermutlich zuerst in Spanien in Erscheinung. Anthonis Mor hat König Philipp II., den Herzog Alba und andere damit dargestellt. Velázquez malte 1634/35 die Übergabe der niederländischen Festung Breda (1625) durch deren Kommandanten Justin von Nassau an den genuesischen Feldhauptmann des spanischen Heeres, Ambrosio Spinola. Der mit einem Feldharnisch ausgerüstete Spinola hält in der linken Hand den Feldherrenstab, der Besiegte Justin von Nassau übergibt ihm die Schlüssel der Stadt. Auf einem weiteren Gemälde von Velázquez ist der Herzog von Olivarez auf einem sich aufbäumenden Pferd dargestellt, den Feldherrenstab hält er gebieterisch in der rechten Hand (Madrid, Prado, um 1631–35).

In der Sammlung des Historischen Museums Dresden werden der Regimentsstab des kaiserlichen Generals Tserclaes

Graf von Tilly (tödlich verwundet bei Rain am Lech 15. April 1632) und der Regimentsstab des kaiserlichen Generals Gottfried Heinrich Graf zu Pappenheim (tödlich verwundet in der Schlacht bei Lützen 16. November 1632) aufbewahrt. Der Regimentsstab des Grafen von Tilly ist schuppenartig mit Perlmutter belegt und mit bunt emaillierten Beschlägen aus massivem Gold ausgestattet.

König August II. von Polen ließ sich mehrmals von Louis de Silvestre mit einem Kommadostab in der Hand malen: auf einem Gemälde von 1718 zu Pferde und 1723 als ganze Figur in Lebensgröße, mit Diener und Mohrenknaben. Die Reihe der Beispiele ließe sich beliebig fortsetzen. Selbst im 19./20. Jahrhundert wurde der Marschallstab noch geführt. Kaiser Wilhelm II. erließ eigens eine Verordnung, bei welchen Anlässen der Monarch mit dem Marschallstab zu erscheinen habe.[56]

Die dem Stab beigemessene Symbolhaftigkeit als Zeichen der Autorität hinderte allerdings die Vertreter untergeordneter Organe der Justiz wie Profosse, Türwächter, Amtspersonen und Offiziere nicht, diesen auch gewissermaßen als Waffe zu gebrauchen, um bei entsprechender Gelegenheit Untergebene damit zu züchtigen. Insbesondere seit dem Aufkommen der stehenden Heere führten Offiziere und Unteroffiziere neben dem Degen auch den Stab, das Sponton beziehungsweise den Stock, der vor allem in Preußen und Österreich zur Aufrechterhaltung der «Disziplin» unbarmherzig angewendet wurde. Beamte und Offiziere regierten sozusagen mit dem Stock. Als am 18. 10. 1817 mehr als 500 Studenten und Professoren aller deutschen Universitäten zur Erinnerung an die Reformation und die Völkerschlacht bei Leipzig zum Wartburgfest zusammenkamen und hier öffentlich reaktionäre Schriften und Symbole verbrannten, war darunter auch ein österreichischer Korporalstab.

Während der Stab für bestimmte Stände Symbolcharakter hatte, war er für Hirten, Bauern und Wanderer unentbehrlicher Gegenstand des täglichen Gebrauchs.

Der eigentliche Spazierstock trat erst relativ spät in Erscheinung. Er diente nicht etwa dem Wanderer oder Greis als Stütze, sondern war in erster Linie modisches Beiwerk privilegierter Stände. Erstmals werden kostbare Spazierstöcke im Inventar König Karls V. von Frankreich aus dem Jahre 1379 aufgeführt.

In der Folgezeit bis zum Ende des 19. Jahrhunderts wurde dem Stock als modisches Attribut des Herrn große Bedeutung beigemessen. Kostbare Stöcke aus wertvollen Materialien in hervorragender kunsthandwerklicher Ausführung wurden vom Adel, von Fürsten und Königen geführt. Insbesondere in Frankreich wurde der Spazierstock zum ausgesprochenen Luxusgegenstand, Ludwig XIV. zeigte sich nie ohne Spazierstock in der Öffentlichkeit, eine Gepflogenheit, die von vielen großen und kleinen Potentaten der europäischen Höfe nachgeahmt wurde.

Die Auswahl des für den eigentlichen Stock in Frage kommenden Materials war – im Gegensatz zum Griff – relativ begrenzt. Während für den Griff die verschiedensten Stoffe verwendet werden konnten, beschränkte sich dessen Form im wesentlichen auf drei Arten: den runden oder vieleckigen Knopf, die Krücke und den leicht gekrümmten Griff. Im Grünen Gewölbe der Staatlichen Kunstsammlungen Dresden werden vier Stöcke des Kurfürsten August von Sachsen aufbewahrt, deren Schäfte aus gedrechseltem Narwalzahn gefertigt sind, ihre runden Knöpfe bestehen aus dem gleichen Material.

M. von Boehn führt in seinem Buch «Das Beiwerk der Mode» eine große Anzahl kostbarer Stöcke verschiedener Stilepochen und Provenienzen auf. Einige Beispiele sollen hier Erwähnung finden. Im Inventar der Kaiserlichen Schatzkammer in Wien von 1619 wird eine Anzahl wertvoller Exemplare aufgeführt, darunter ein Stock «. . . aus indianischem Fischbein, oben mit Goldbeschlägen, mit dem ein Ring verbunden war, der außer mit einem schönen Diamanten und einem schönen Rubin noch mit je einem Karneol, Saphir, Smaragd, Opal, Amethyst, Topas und Chrysalith besetzt war.» Ludwig XIV. ließ sich 1695 von seinem Hofjuwelier einen Stock anfertigen, dessen Knopf mit einem Achat und 24 Diamanten besetzt war. Friedrich Wilhelm I. von Preußen ließ sich 1713 einen Stock mit 5 großen und 23 kleinen Brillanten herstellen und 1719 zehn weitere ähnliche Exemplare. Selbst der sparsame Friedrich II. von Preußen besaß eine große Anzahl Stöcke, deren Knöpfe mit zahlreichen Edelsteinen besetzt waren.[57] Zur Smaragdgarnitur Augusts des Starken zählt ein von Christoph Dinglinger um 1719 gefertigter goldener Stockknopf, der mit einem großen Smaragd und zahlreichen weiteren Edelsteinen besetzt ist. Des weiteren gehören zur Karneol-, Saphir-, Rubin- sowie zu der Topas-Achat-Garnitur des Grünen Gewölbes Stöcke und Stockknöpfe, die mit kostbaren Edelsteinen besetzt sind.

Besonders während des 18. Jahrhunderts wurden für Stöcke, die den Herren ebenso wichtig erschienen wie der Degen, riesige Geldsummen ausgegeben. So soll der sächsische Premierminister Graf Heinrich von Brühl zu seinen angeblich 300 Kostümen ebenso viele passende Stöcke und entsprechende Dosen besessen haben.

Die Beliebtheit, der sich der Stock während des 18. Jahrhunderts erfreute, beschränkte sich nicht nur auf den Adel; das Bürgertum trug dieser Mode ebenfalls Rechnung. Der Spazierstock wurde allgemein zum bevorzugten Requisit des Herrn und konnte sich bis Anfang des 20. Jahrhunderts behaupten. Auch modebewußten Damen des 18. Jahrhunderts erschien der Spazierstock geradeso unentbehrlich wie der Fächer.

Die Mannigfaltigkeit der produzierten Stöcke ist erstaunlich, wobei die Mode die Ausführung und Form des Stockgriffes bestimmte. Darüber hinaus waren die Hersteller sicherlich auch aus Gründen des besseren Absatzes bemüht, den Stock so interessant wie möglich zu gestalten, er wurde mit einer Unzahl technischer Finessen versehen. So gab es Stöcke, die mit Riechfläschen, Uhren, Puderdosen, Tabakspfeifen, Fächern, Regenschirmen, Werkzeugen und Musikinstrumenten, wie zum Beispiel einer Flöte oder Violine (Stockvioline), ausgestattet waren. Den modernen Erfindungen des 19. Jahrhunderts wurde ebenfalls Rechnung getragen; so konnte beispielsweise der Stock in ein Kamerastativ umgewandelt werden, oder im Griff war, wie in einem Prospekt der Wiener Firma Bernard Wachtl angekündigt, ein Fotoapparat untergebracht.

Auf die Möglichkeit, den Stock als Schußwaffe einzurichten, ist bereits verwiesen worden. Technisch wesentlich unkomplizierter war es, den Stock mit einer Blankwaffe zu verbinden. So wurden vor allem im 19. Jahrhundert Stockdegen und Stöcke, die mit einer Stilett- oder Springklinge ausgerüstet waren, meist serienmäßig in zahlreichen Varianten produziert. Allerdings waren derartige Waffen keine Erfindungen des 19. Jahrhunderts. Bereits im frühen 16. Jahrhundert finden sich meist reich dekorierte Stockdegen in fürstlichen Kunst- und Rüstkammern sowie in Raritätenkabinetten.

Die dem Stab und ebenso dem Stock beigemessene Bedeutung als Symbol der Autorität beziehungsweise auch als bevorzugtes modisches Attribut privilegierter Stände sowie das allgemeine Interesse dieser Zeit, das dem «Außergewöhnlichen» entgegengebracht wurde, dürften nicht unwesentliche Gründe dafür gewesen sein, den Stock über seine eigentliche Funktion hinaus mit einer Waffe zu verbinden.

Wenn sich derartige sogenannte verborgene oder versteckte Waffen auch prinzipiell von den Kombinationswaffen unterscheiden, so sind sie dennoch diesen zuzuordnen, da sie letztlich zwei oder mehrere Funktionen erfüllen. Die häufigsten Kombinationen sind die von Hand-, Spazier- oder Flanierstock mit einer Degen- beziehungsweise Stoßklinge, wobei die Klinge in dem hohlen, gleichzeitig als Scheide dienenden Stock untergebracht ist. Das in den meisten Fällen stark reduzierte Gefäß hat die Form des Stockgriffes.

Außer diesem Typ gibt es eine Anzahl Stöcke, deren Klinge mit der Spitze in Richtung des Griffes im Schaft untergebracht ist. Durch eine kurze, ruckartige Bewegung schnellt die Klinge, die durch einen Federbolzen arretiert wird, aus dem Stock hervor. Die Waffe war somit nicht als Degen zu gebrauchen, sondern stellte eine kurze Pike beziehungsweise «Stangenwaffe» dar. Beim Stockdegen erfolgte die Verbindung zwischen Griffstück und Stock oftmals mittels eines Bajonett-, Feder- oder Schraubverschlusses. Bei den frühen, aus dem 16. und 17. Jahrhundert stammenden Exemplaren wird der Stock in der Regel von einer nach unten offenen Hülse des Griffstückes arretiert, die über das Mundblech des Stockes greift.

John F. Hayward führt in seinem Artikel «Augsburg Swords» fünf kostbar verzierte Stockdegen auf, die sich heute in der Wallace Collection London, im Musée de l'Armée Paris, im Nationalmuseum Kopenhagen, im Tøjhusmuseum Kopenhagen und in einer Privatsammlung in den USA befinden.[58] Die Katalogabbildungen (Kat.-Nr. 150, 151, 152; Abb. 129) zeigen drei von diesen prächtigen, gegen Ende des 16. Jahrhunderts in Augsburg entstandenen Stockdegen, deren Klingen mit einer Radschloßfeuerwaffe verbunden sind.

Der Stockdegen des Kurfürsten August von Sachsen (Kat.-Nr. 153; Abb. 131–135), von Hans Frost in Dresden um 1580 gefertigt, ist in seiner kunsthandwerklichen Ausführung und mit seiner qualitätsvollen Panzerstecherklinge ein ebenso repräsentatives Beispiel für die Kombination des Stabes als Zeichen der Würde mit einer Waffe. Hans Frost, der nachweislich zwischen 1576 bis 1596 in Dresden als Büchsenschäfter und Tischler arbeitete, hat den Schaft sowie den Griff in dichter Folge mit ornamentalen und figürlichen Beineinlagen dekoriert, einer Ziertechnik, in der die deutschen Büchsenschäfter und Tischler seit etwa 1560 führend waren. Von dem etwas überdekorierten dunklen Nußbaumschaft heben sich die hellen Beineinlagen wirkungsvoll ab. Die den Stock oben abschließende Beinmanschette zeigt gravierte figürliche Szenen, die nach Vorlagen aus der Kupferstichfolge von Sebald Beham «Das Bauernfest» oder «Die zwölf Monate» (Kupferstichfolge von 10 Blättern, Nürnberg, 1546–1547)[59] entstanden sind (Abb. 136, 137). Die auf die Stockmanschette gravierten Bauernpaare, die zwar keine Monatsnamen tragen, sind bis ins Detail identisch mit den von S. Beham bezeichneten Monaten «HER GREGORIVS MERCZ», «MARCVS APRIL» und «EGIDIVS HERBSTMON». Diese Darstellungen, die auf Albrecht Dürer zurückführen, machen deutlich, daß auch noch Jahrzehnte nach ihrem Entstehen Kupferstiche und Mustervorlagen im

Kunsthandwerk nachwirkten. Daß in der Scheitelfläche des Stockdegengriffes zusätzlich eine vermutlich von dem in Dresden tätigen Uhrmacher und Mechaniker Martin Feyhel gefertigte Horizontalsonnenuhr mit Kompaß eingelegt ist, entsprach dem praktischen Sinn des Kurfürsten und seinem Interesse für mathematische Instrumente, die er in großer Anzahl vornehmlich aus Augsburg bezog. Die Aufbewahrung des Stockdegens in der Kunstkammer läßt erkennen, daß dieser Waffe besondere Wertschätzung beigemessen wurde.

Einen sehr schön gearbeiteten Stockdegen besitzt das Museo Nazionale del Bargello, Florenz (Kat.-Nr. 154). In seinem Griff ist ähnlich wie bei dem Rapier des Kurfürsten August von Sachsen ein Stilett untergebracht. Der eiserne Stockgriff zeigt feingliedriges Rankenwerk in Gold- und Silbertausia sowie die figürlichen Darstellungen der Tugenden «FIDES» und «SPES». Die in Mailand zwischen 1560 und 1580 entstandene Waffe stammt aus der Waffensammlung der Medici. Das Metropolitan Museum oft Art, New York, bewahrt einen Stockdegen, dessen fein geschnittener und durchbrochener Griff dem in München von 1633 bis 1691 tätigen Meister des Eisenschnitts Caspar Spät zugeschrieben wird (Kat.-Nr. 155, Abb. 138). Die Waffe soll für Don José d'Austria (1629–1679), natürlicher Sohn Philipps IV. von Spanien, gefertigt worden sein. Ihre Klinge trägt drei Schlagmarken: Toledos Beschauzeichen, die Meistermarke des berühmten Klingenschmiedes Juan Martinez d. Ä. sowie die gekrönte Lilienmarke, die dessen Stellung als espadero del Rey am Hofe Philipps IV. von Spanien bezeichnet.

Auf die Bedeutung des Stockes als modisches Attribut ist bereits mehrfach hingewiesen worden. Der vermutlich deutsche, um die Mitte des 17. Jahrhunderts entstandene Stockdegen (Kat.-Nr. 156, Abb. 139) aus dem Historischen Museum Dresden ist mit seinem Gefäß aus geschliffenem Bergkristall und seiner schlanken Vierkantklinge hierfür ein besonders eindrucksvolles Beispiel. Die Waffe entsprach in ihrer Kostbarkeit und Zerbrechlichkeit dem sich um die Jahrhundertmitte vollziehenden Wandel zur würdevolleren Repräsentation, verbunden mit einem stark ausgeprägten Luxusbedürfnis. Als zum Kostüm des Hofmannes zugehöriges Ausstattungs- oder Prunkstück ist dieser Stockdegen waffengeschichtlich in die Entwicklungslinie des kriegerischen Degens zur Galanteriewaffe des 18. Jahrhunderts einzuordnen. Dem Stockdegen verwandte Waffen sind Stäbe mit verborgener runkaartiger Klinge. Das Historische Museum Dresden besitzt einen aus Eisenblech gefertigten, mit goldgeprägtem Leder überzogenen Stab mit versenkbarer Klinge, der wohl seines überraschenden mechanischen Effektes wegen in der Kunstkammer aufbewahrt worden ist (Kat.-Nr. 157, Abb. 130). Im Kunstkammerinventar von 1587 sind sowohl der Stab als auch sein Hersteller Martin Feyhel vermerkt. Die Waffe ist von einfacher, aber zweckmäßiger Konstruktion. Durch ruckartige, in horizontaler Lage ausgeführte Bewegung schnellt eine im Stab verborgene, mit zwei federnd gelagerten Nebenklingen ausgestattete kräftige spießartige Klinge hervor, die durch einen Federbolzen arretiert wird. Der 140 Zentimeter lange Stab erreicht nun eine Gesamtlänge von 198 Zentimetern und wird somit plötzlich zu einer handlichen Angriffswaffe. Ihre Seitenklingen ermöglichen es, die gegnerische Klinge zu parieren.

Das Historische Museum besaß noch zwei weitere, bei Ehrenthal erwähnte Waffen dieses Typs. Die Seitenklingen einer Waffe trugen die geätzte Bezeichnung «BARTOLAM» und «BIELLA».[60] Dem Exemplar des Historischen Museums analoge Waffen traten gegen Ende des 16. Jahrhunderts unter der Bezeichnung «brandistocco» beziehungsweise «buttafouri» in Italien und «brin d'estoc» zu Beginn des 17. Jahrhunderts in Frankreich anscheinend relativ häufig auf. Im «Inventaire de l'hotel de Salins» von 1620 werden «169 brindestocques» aufgeführt, was auf gelegentliche Massenverwendung dieser versteckten Waffen schließen läßt.[61] Der Tower of London bewahrt einen Stab mit versenkbarer Klinge, dessen Seitenklingen den gravierten Namenszug ihres Herstellers «BARTOLAME» und «BIELLA» tragen (Kat.-Nr. 158). Biella, eine nordöstlich von Turin gelegene Stadt, war der Wohnort des Waffenschmiedes. Zur Familie Biella gehörte auch ein Camillo, der seine Waffen mit «CAMILLVS» · BIELLA · AL» und «SEGNO · DEL · CORALLO» zeichnete. Eine von ihm um 1650 gefertigte Waffe befindet sich im Kunsthistorischen Museum in Wien. Waffen dieses Typs, die wohl in erster Linie zum Schutz in unsicheren Gegenden gedient haben mögen und die auch auf der Wanderschaft (sog. Pilgerstab) oder im Reisegepäck mitgeführt wurden, sind unter anderem auch in Turin und Mailand hergestellt worden.

In der Sammlung des Historischen Museums Dresden befinden sich vier Stockdegen (Kat.-Nr. 161–164; Abb. 140 bis 143) vom Ende des 16. Jahrhunderts und ein Stockdegen (Kat.-Nr. 165) vom Anfang des 17. Jahrhunderts, deren Gefäße in Form eines Streithammers beziehungsweise in Form eines Axteisens (Kat.-Nr. 165) ausgebildet sind. Obwohl diese Gruppe im Vergleich mit anderen Waffentypen der Sammlung zahlenmäßig sehr gering ist, gestattet sie dennoch, in ihrer Geschlossenheit einen interessanten Überblick über diese äußerst seltenen Waffen zu vermitteln. In der Fachliteratur sind keine weiteren Exemplare abgebildet.

W. Boeheim erwähnt lediglich diese charakteristischen Waffen als Ausläufer des Streithammers, der zu Beginn des 17. Jahrhunderts allgemein als Kampfwaffe außer Gebrauch kam, und verweist darauf, daß der Streithammer in Ungarn im 17. Jahrhundert als eine Art Gehstock (Czakan) von Reisenden als Waffe gegen räuberische Überfälle genutzt worden sei.[62] Von besonderem Interesse ist, daß die Stücke des Historischen Museums zum Teil bereits im Gesamtinventar von 1606 erwähnt werden und ihr Gefäß als «Zscheken Creutz» bezeichnet wird. Der Dekor des Stockdegens Kat.-Nr. 161 (Abb. 142, 143), dessen eiserne, mit feingliedrigem Rankendekor in Schwarzätzung verzierte Parierstange als Streithammer ausgebildet ist, sowie der in gleicher Weise geschmückte turbanähnliche Knauf weisen die Waffe als Dresdner Arbeit um 1580/90 aus. Stilistisch steht der Dekor dem der Stoßklinge des Streithammers Kat.-Nr. 181 nah, der von Balthasar Hacker, Dresden, 1593 gefertigt wurde.

Typisches Kennzeichen für den Czakan war also die Verbindung des langschäftigen schnabelförmigen Streithammers mit Griff und Knauf sowie dessen weitere Ausbildung zum Stoßdegen, wobei der Stock den Schaft des Streithammers bildet. Die Exemplare des Historischen Museums sind allerdings primär als Stoßdegen konzipiert, der Streithammer dürfte von sekundärer Bedeutung gewesen sein. Aus diesem Grunde wurde die Bezeichnung Stockdegen gewählt. Während die qualitätsvollen kräftigen Klingen dieser Waffe einen ersthaften Gebrauchswert besitzen, ist das Material der Gefäße sehr unterschiedlich. So besitzen die Stockdegen Kat.-Nr. 161 und Kat.-Nr. 162 aus Eisen gefertigte Streithämmer, dagegen bestehen die Gefäße der Waffen Kat.-Nr. 163 und Kat.-Nr. 164 aus gedrechseltem Holz (Abb. 141), ihre Streithämmer sind ebenfalls aus Holz. Der schnabelförmige Haken, der Hammerkopf und der Knauf des Stockdegens Kat.-Nr. 163 sind außerdem mit reich geätzten Silberbeschlägen geschmückt, was einen ernsthaften Gebrauch des Streithammers ausschließt. Der Hammerkopf des Stockdegens Kat.-Nr. 164 ist zusätzlich mit einer Trillerpfeife ausgestattet, um möglicherweise in Gefahrensituationen Hilfe herbeizurufen.

Auch der Stockdegen Kat.-Nr. 165 (Abb. 144, 145, 146) des Kurfürsten Johann Georg I. von Sachsen vom Anfang des 17. Jahrhunderts wird im Inventar der Kurkammer von 1683 als «Tschäkan» bezeichnet. Das in Messing gegossene Gefäß besteht aus einer runden Klingenhülse, der runden Parierscheibe, dem Degengriff und dem als Axteisen ausgebildeten Stockgriff. Die Bezeichnung «Tschäkan» wurde demzufolge auch für eine langschäftige Streitaxt in Anspruch genommen. Der lange hölzerne Schaft der Streitaxt dient gleichzeitig als Stock und als Scheide für die Degenklinge. In einer Konfliktsituation dürfte allerdings die Waffe mit ihrer kräftigen Klinge vorrangig als Degen zum Einsatz gebracht worden sein und weitaus weniger als Streitaxt, zumal die Verbindung zwischen dem Stock und dem Gefäß leicht lösbar ist, was einen wirkungsvollen Hieb ausschließt.

Laut Inventar der Kurkammer von 1683 (Nachtrag S. 292) führte Kurfürst Johann Georg I. diesen Stockdegen während der Eroberung Bautzens. Die Waffe wird anhand dieses Inventarvermerks unmittelbar mit einem bedeutenden politischen Ereignis, der dreiwöchigen Belagerung von Bautzen im September 1620, der sich die Eroberung der Oberlausitz sowie Schlesiens anschloß, in Verbindung gebracht. Der Kurfürst, der seinen böhmischen «Glaubensbrüdern» in den Rücken fiel, trat somit auf der Seite des am 21. August 1619 in Frankfurt/Main zum deutschen Kaiser ernannten Habsburgers Ferdinand II. und der von ihm geführten katholischen Liga in den 30jährigen Krieg ein, nachdem ihm zuvor der Kaiser die Lausitz als Pfand für die Kriegsunkosten zugesichert hatte.

Von besonderem Interesse ist in diesem Zusammenhang das ikonografische Programm des in Messing gegossenen Degengriffs. Der Griff zeigt beiderseitig Reliefdarstellungen mit Szenen aus dem Alten Testament. Auf der Innenseite ist der Tanz um das Goldene Kalb, auf der Gegenseite sind Josua und der die Gesetzestafeln zerschmetternde Moses, darüber das Goldene Kalb, Israeliten, Zelte und in einer Wolke Gott Vater dargestellt. Sicherlich ist es kein Zufall, daß sich gerade diese Szenen auf dem Griff finden. Bereits Kurfürst August von Sachsen besaß eine Degengarnitur (bestehend aus Degen und Dolch), deren in Eisen geschnittene Gefäße Szenen aus dem Alten Testament zeigen. Auf dem Griff des Degens HMD VI 393 sind die gleichen Darstellungen zu erkennen, allerdings in hervorragender kunsthandwerklicher Ausführung.

Die Gefäße des Degens und des Dolches zeigen eine einheitliche Thematik, den Auszug des Volkes Israel aus Ägypten. Mit diesem Bildprogramm, das in seiner inhaltlichen Aussage sowie seiner klaren Gliederung und der sensiblen Durcharbeitung aller Details ein eindrucksvolles Zeugnis deutscher Renaissancekunst darstellt, verbinden sich das Gedankengut des Humanismus und die Forderungen der Reformation: Abkehr von klerikaler Unterdrückung, Ablaß und Götzendienst sowie Befreiung der

Persönlichkeit aus mittelalterlichen kirchlichen Bindungen und weltlicher Feudalmacht.[63]

Die in Torgau vermutlich um 1560 entstandene Garnitur dürfte im Auftrag des Kurfürsten August gefertigt worden sein, der als dogmatischer Vertreter des konservativen lutherischen Protestantismus und entschiedener Gegner des sich nach Luthers Tod stark verbreitenden progressiveren Kalvinismus diesem Bildprogramm eine andere Sinnesdeutung beimaß. In der großbürgerlich orientierten kalvinistischen Lehre sah der Kurfürst nicht nur eine Gefahr für die evangelische Sache, sondern vordergründig eine Gefährdung der wirtschaftlichen und politischen Machtstellung der evangelischen Fürsten, die diese durch die Reformation und besonders nach dem Augsburger Religionsfrieden von 1555 innehatten. Kurfürst August, der eine habsburgfreundliche Politik betrieb, sah in dem sächsischen Kryptokalvinismus, dessen Vertreter auch am kursächsischen Hof über bedeutenden Einfluß verfügten, eine Gefährdung seiner politischen und ökonomischen Interessen und fürchtete außerdem, in politische Verwicklungen mit Habsburg zu geraten. Unter härtesten Strafen ging er deshalb gegen die Kryptokalvinisten vor. Die im Jahre 1577 erarbeitete und zum Landgesetz erhobene «Konkordienformel» (eine orthodoxe Bekenntnisschrift) bildete die Grundlage und legte zugleich die allgemeine politische Linie in den lutherischen Territorien fest.[64]

Die Szenen aus dem Alten Testament auf dem Griff des Degens (Anbetung des Goldenen Kalbes, Moses mit den Gesetzestafeln) lassen erkennen, daß sich der Kurfürst mit diesem Bildprogramm und seiner inhaltlichen Forderung – Abkehr vom Götzendienst, gemeint ist hier das Papsttum mit seinem Ablaßhandel – identifiziert und zugleich seinen Machtanspruch auch gegenüber dem Kalvinismus dokumentiert. Leider lassen sich keine grafischen Vorlagen für die Darstellungen auf dem Degengefäß nachweisen. Es ist deshalb besonders bemerkenswert, daß sich auf dem vermutlich zu Anfang des 17. Jahrhunderts entstandenen Stockdegen des Kurfürsten Johann Georg I. die gleichen Szenen befinden. Johann Georg, bereits seit 1607 an der Regierung seines Bruders beteiligt, war ebenso wie dieser ein heftiger Gegner des Kalvinismus, der während der Herrschaft ihres Vaters, des Kurfürsten Christian I., und dessen kalvinistischen Kanzlers Nicolaus Krell in Kursachsen staatspolitische Bedeutung erlangen konnte. Durch den frühen Tod Christians I. wurde die progressive Tätigkeit Krells jäh beendet, und in der darauffolgenden zehnjährigen Administration des Herzogs Friedrich Wilhelm von Sachsen-Weimar anstelle des minderjährigen Christian II. wurden die alten Zustände wiederhergestellt.[65] Die prohabsburgischen Stände erzwangen die Verhaftung des Kanzlers, der mit Regierungsantritt Christians II. hingerichtet wurde. Das im Historischen Museum Dresden aufbewahrte Richtschwert trägt die Worte «Cave Calvian» (Hüte dich Kalvinist). In konsequenter Fortsetzung dieser gegen den Kalvinismus gerichteten Politik ging der als Schirmherr des Luthertums geltende Johann Georg I. in das habsburgisch-katholische Lager über. Seidlitz bemerkt hinzu: «Der Haß der Lutherischen gegen die Kalvinisten war eben stärker als ihre Furcht vor den Katholiken.»[66]

Der vom Kurfürst Johann Georg I. im Jahre 1620 bei der Belagerung von Bautzen geführte Stockdegen verkörpert unter diesem Aspekt nicht nur einen interessanten Waffentyp schlechthin, sondern er besitzt darüber hinaus den Charakter eines geschichtlichen Dokuments von besonderem Wert.

Das Bestreben, den Stockdegen auch für kriegstechnische Zwecke zu nutzen, führte unter anderem zu seiner Kombination mit einer Gewehrgabel. Als Beispiele können die Stockdegen Kat.-Nr. 166 bis 170 (Abb. 147, 148) angeführt werden, deren Griffe zusätzlich mit einer Gewehrgabel ausgestattet sind. Diese seltenen, in der zweiten Hälfte des 16. Jahrhunderts entstandenen Exemplare zeichnen sich vor allem durch ihren Gebrauchswert aus. Sie sind von solider Konstruktion, auf schmückendes Beiwerk ist im wesentlichen verzichtet worden. Die Gewehrgabel oder auch Musketengabel war als Stütze zur Auflage der schweren Muskete, die etwa seit 1520 zuerst in Spanien in Gebrauch kam, notwendig. Das Auflegen der Muskete auf eine Gewehrgabel ermöglichte den Einsatz von Gewehren mit großem Kaliber und langem Lauf bei den Fußtruppen. Die mit dem langen Luntenschloßgewehr ausgerüsteten Schützen wurden Musketiere genannt. Dieser Name wird im allgemeinen von dem spanischen «mosquito» oder dem italienischen «mosca» (Fliege) abgeleitet.

Bezeichnungen für Waffen sind häufig aus der rauhen, oftmals witzigen Umgangssprache der Soldaten entstanden. Die Musketiere sollen beim Feuergefecht wie gefährliche Stechmücken mit ihren Luntenschloßgewehren – Musketen – den gegnerischen Schlachthaufen der Pikeniere umschwärmt haben. Die Muskete war in den europäischen Heeren bis ins letzte Jahrzehnt des 17. Jahrhunderts in Gebrauch.

Die Kombination des Stockdegens mit einer Gewehrgabel ist als einer der vielfältigen Versuche zu werten, den Schützen zusätzlich mit einer zweckmäßigen Blankwaffe für den Nahkampf auszustatten. Die kräftigen Klingen der Stockdegen waren für diesen Zweck durchaus geeignet.

Allerdings scheinen derartige Waffen trotz ihrer Vorzüge in der militärischen Bewaffnung selten in Gebrauch gewesen zu sein. Die Ursache hierfür war sicherlich die Notwendigkeit, die Ausrüstung der Musketiere zu vereinheitlichen sowie durch Exerzierreglements die Feuergeschwindigkeit zu erhöhen, weshalb auch die Handhabung der Gewehrgabel gedrillt wurde. Die Bemühungen, den Gewehrschützen schnell mit einer zweckmäßigen Nahkampfwaffe auszurüsten, führten, wie bereits erwähnt, letztlich zur Herausbildung des Bajonetts. Außer den genannten Verbindungen des Stockdegens mit einer Gewehrgabel gab es weitere Varianten ihrer Kombination, wie zum Beispiel den Stockdegen Kat.-Nr. 169, dessen Parierstange als Streithammer ausgebildet ist.

Forrer erwähnt einen Stockdegen, dessen Griff als Gewehrgabel dient, während längs der Klinge eine Feuerwaffe angebracht ist.[67] Obgleich Handel und Besitz von Stöcken mit verborgener Stoß- oder Hiebklinge in Europa gesetzlich stets verboten waren, erfreuten sich solche Waffen vor allem im 18. und 19. Jahrhundert im zivilen Bereich großer Popularität und nicht geringer Verbreitung. In der Literatur der Romantik finden der Stockdegen und in Stöcken versteckte Musikinstrumente ebenso Erwähnung wie das verborgene «Terzerol».

Der Stock mit der versenkbaren Klinge Kat.-Nr. 171 entspricht dem seit dem 18. Jahrhundert bis ins 19. Jahrhundert gebräuchlichen Typ eines Spazier- oder Flanierstocks. Er ist aus spanischem Rohr gefertigt und besitzt einen silbernen runden Knopf, auf dessen Scheitelfläche ein kleiner Scharnierdeckel angebracht ist, der die Spitze der im Stock verborgenen kurzen Vierkantklinge im eingeschobenen Zustand verdeckt. Durch ruckartige Bewegung läßt sich die Klinge, die durch einen Federbolzen arretiert wird, herausschleudern. Der Stock kann gegebenenfalls als kurze Pike benutzt werden.

Die Katalogabbildungen 172 bis 177 (Abb. 149, 150) zeigen Stöcke des 19. Jahrhunderts mit serienmäßig hergestellten Klingen und schlichten Handgriffen aus Holz oder Horn. Obwohl industriell gefertigte Klingen oft signiert sind, lassen sich doch der eigentliche Hersteller beziehungsweise die Provenienz eines Stockdegens meist nicht exakt ermitteln, denn bis auf wenige Ausnahmen wurden die Klingen von privaten Handwerkern erworben und komplettiert. Allerdings gab es auch Unternehmen, wie zum Beispiel die Manufacture Française d'Armes et Cycles de Saint-Etienne, die bis ins 20. Jahrhundert vollständige Stockdegen in den verschiedensten Ausführungen produzierten und inserierten.

Erwähnenswert ist, daß dieser Waffentyp bereits in den deutschen Spielmannserzählungen des Mittelalters genannt wird. In dem Epos «Salman und Morwolf», dessen Urform vermutlich in den letzten Jahrzehnten des 12. Jahrhunderts entstanden ist, gab der listige Morwolf seinem Bruder, König Salman, einen Wanderstab, in dem ein Schwert versteckt war. Ausführlich wird beschrieben, wie sich der bereits unter dem Galgen stehende König Salman mit Hilfe dieser verborgenen Waffe befreit: «Blitzschnell riß er das Schwert heraus, das in der Krücke steckte, und hieb auf die Feinde ein. Die waren völlig überrascht von dem unerwarteten Angriff. . .»[68]

WAFFEN, KOMBINIERT MIT GEBRAUCHSGEGENSTÄNDEN

Wohl kaum ein Waffentyp blieb vom Versuch, ihn mit einer anderen Waffe zu verbinden, ausgeschlossen. Neben vielen akzeptablen Lösungen kam es vor allem im 19. Jahrhundert auch zu Kombinationen von Waffen mit Gebrauchsgegenständen oder Werkzeugen, die nur als Kuriosa gewertet werden können. Jedoch zeugen die meist qualitätsvollen Waffeninventionen des 16. und 17. Jahrhunderts von der Schöpferkraft sowie der hohen Handwerkskunst ihrer Hersteller und nicht zuletzt auch von den Launen der Auftraggeber.

Ein interessantes Beispiel hierfür bietet der Streitkolben des Kardinals Ascanio Maria Sforza (Kat.-Nr. 178, Abb. 152) aus dem Museum für Deutsche Geschichte Berlin. Dieser Streitkolben oder Pusikan diente nicht als Waffe, sondern war Kommandostab. Sein kupfervergoldeter, mit schlichtem Schuppenmuster dekorierter Kolbenkopf trägt auf der Stirnfläche das Wappen des Kardinals und in einem vertieften Streifen die gravierte Umschrift «ASCANIUS MARIA CARDINALIS SFORCIA VICECOMES». Der hölzerne, mit rotem Samt überzogene Schaft verbirgt ein Stilett, das von unten in den Griff geschoben und mit diesem verschraubt wird. Der Kardinal führte den Streitkolben als Feldherrnstab im Jahre 1500 bei der Belagerung der Zitadelle in Mailand, die Graf Gajazzo an die Franzosen ausgeliefert hatte.[69] Bedenkt man, daß einer der Brüder des Kardinals, Galeazzo Maria, am 26. Dezember 1477 infolge seiner Grausamkeiten und Ungerechtigkeiten einen gewaltsamen Tod erlitt, so liegt die Vermutung nahe, daß der Besitzer des Streitkolbens das darin verborgene Stilett möglicherweise nicht nur als kuriose Zutat betrachtete.

Das Historische Museum Dresden besitzt einen aus der zweiten Hälfte des 16. Jahrhunderts stammenden Streitkolben mit eingebauter Pfeffermühle (Kat.-Nr. 179, Abb. 153). Der vollständig aus Eisen gefertigte Streitkolben hat einen aus zwei Halbschalen bestehenden, mit zehn Schlagblättern besetzten birnenförmigen Kolbenkopf, der durch Schraubverbindungen zusammengehalten wird. Nach Lösen von zwei Schrauben kann der Kolbenkopf, der in seinem Inneren eine Pfeffermühle einfacher Konstruktion verbirgt, abgenommen werden. Die Pfeffermühle ist durch einen Gewindebolzen mit dem runden, längs facettierten Schaft verbunden. Sie besteht aus einem Eisengehäuse mit geriffelter Innenseite und einer schräggeriffelten Kegelwalze, die von zwei in der Mitte durchbrochenen Schellen, die mit dem Gehäuse verbunden sind, zentriert wird. Eine vierkantige Aussparung diente zum Aufstecken einer Kurbel. Der birnenförmige Kolbenkopf sowie der spiralförmige Handgriff dieser vermutlich deutschen Waffe lassen orientalischen Einfluß erkennen.

Der Streitkolben ist sicherlich ein Unikat, jedoch ist die Idee, eine Waffe mit einer Handmühle zu versehen, nochmals im 19. Jahrhundert aufgetaucht. Während des amerikanischen Bürgerkrieges erhielt im Jahre 1864 James Mc Murphy, Camden (New Jersey), den Regierungsauftrag, zwölf Sharps-Perkussions-Karabiner der Modelle 1853, 1859 und 1863 mit Handmühlen zum Mahlen von Kaffee oder Getreide auszustatten. Das eiserne Gehäuse der Mühle war im Kolben anstelle der Kolbenlade untergebracht. Durch eine Öffnung auf der Unterseite des Kolbens konnten die Kaffeebohnen oder Getreidekörner in die Mühle geschüttet und mit einer aufsteckbaren Handkurbel gemahlen werden. Es bestand die Absicht, an jede Kavalleriekompanie einen Sharps-Karabiner mit «Kaffeemühle» zu liefern.

Obwohl der Streitkolben mit verborgener Pfeffermühle eine Rarität ist, gibt es doch eine Anzahl von Streitkolben, in deren Schlagköpfen oder Schäften die verschiedensten Utensilien untergebracht sind, was das Interesse ihrer privilegierten Besitzer an technischen Finessen zum Ausdruck bringt. Das Kunsthistorische Museum in Wien bewahrt einen um 1530 entstandenen Werkzeug-Streitkolben, unter dessen abschraubbarem hohlem Schlagkopf ein konischer Holzbohrer verborgen ist. Das vierkantige Auge des Schaftes diente als Schlüssel für Geschütz- oder Wagenheber. Ähnliche, Artillerieoffizieren gewissermaßen als «Universalwerkzeug» dienende Streitkolben befanden sich in den Rüstkammern Karls V. und der Medicier. Weiterhin gehören dem Kunsthistorischen Museum Wien zwei Streitkolben mit Spielsteinen und Würfeln, die in den hohlen Schäften versteckt waren. In den Handgriffen stekken zerlegbare Spielbretter für Dame und Trick-Track, unter den abschraubbaren Griffkappen sind Sonnenuhren mit Kompaß verborgen. Diese Brettspiel-Streitkolben sind wahrscheinlich von Kaiser Friedrich III. und seinem jungen Sohn, dem späteren Kaiser Maximilian I., beim Neußer Feldzug gegen Burgund 1474 als Kommandozeichen geführt worden.[70]

Das Bayerische Nationalmuseum in München besitzt einen um 1580 in Deutschland entstandenen Streitkolben, der sicherlich auch als Kommandozeichen gedient haben dürfte (Kat.-Nr. 180). In seinem eisernen Schlagkopf war eine Uhr untergebracht; das noch vorhandene Zifferblatt trägt gravierte arabische Ziffern von 1–12. Der sechskantige Schaft ist reich mit geätztem Rankenwerk auf goldenem Grund geschmückt.

Eine Kombination von Waffe und Werkzeug ist der reich geätzte und gravierte Streithammer mit Stoßklinge (Kat.-Nr. 181, Abb. 154, 155) von Balthasar Hacker (Dresden, um 1593). Der vierseitige Schlagkopf besteht aus Axteisen, Hammer, vierkantigem Haken und einem als Nageleisen geformten Hammer. Die einzelnen Elemente des Schlagkopfes bilden jedoch durch ihre kreuzförmige Anordnung und die sich daraus ergebende Zusammengehörigkeit eine Streitaxt und einen Streithammer. Im hohlen vierkantigen Schaft dieser Waffe befindet sich eine vierkantige Klinge, deren unteres Ende mit einem Gewindestück versehen ist. Der in Messing gegossene, vergoldete und mit Löwenköpfen dekorierte drehbare Knauf ist mit einem langen Gewindebolzen fest verbunden. Dieser Gewindebolzen führt in das Gewindestück der Stoßklinge, die durch Drehen des Knaufes in den Schaft versenkt werden kann, wodurch die Waffe auch als Werkzeug zu verwenden war. Ihre reiche kunsthandwerkliche Ausschmückung, der Einsatz verschiedener Ziertechniken sowie das kurfürstlich-sächsische Wappen auf der Klinge machen offensichtlich, daß der Dresdner Zeugschmied Balthasar Hacker hier eine außergewöhnliche Prunkwaffe schuf, deren Gebrauch als Waffe und Werkzeug zwar nicht ausgeschlossen war, die aber sicherlich als Kunstkammerstück gefertigt worden ist. Die detaillierte Beschreibung schon im Gesamtinventar von 1606, die Nennung des Meisters sowie die genaue Aufführung der Kaufsumme von «30 Thalern» bestätigen, daß sie bereits bei ihrem Erwerb als ein Kabinettstück galt.

Besonders kostbare und gleichfalls außergewöhnliche Waffen sind das Rapier und der Dolch (Kat.-Nr. 182 a und b, Abb. 156-159), deren Knäufe mit Uhren ausgestattet sind. Beide Waffen haben kräftige dekorative Klingen, ihre Gefäße aus vergoldetem Messing sind mit feingliedrigen gravierten Ranken ausgeschmückt. Die Uhr des Rapiers hat ein Stundenschlagwerk; ihr silbernes, von einem durchbrochen gearbeiteten Scharnierdeckel geschütztes Zifferblatt trägt zwei Ziffernkränze mit römischen Ziffern von I bis XII und arabischen Ziffern von 13 bis 24. Die Öffnungen des Deckels lassen die Ziffern und zur vollen Stunde den Zeiger erkennen.

Der zu dem Rapier gehörige Dolch besitzt eine kräftige Klinge, ihre fast bis zur Spitze reichende Hohlkehle sowie die mehrfach kannelierte Fehlschärfe sind dekorativ durchbrochen. Die in den ovalen Knauf eingelassene Uhr hat ein messingvergoldetes Zifferblatt mit stählernem gebläutem Stundenzeiger. Das Zifferblatt trägt einen römischen Stundenring mit den Ziffern I bis XII. Vorder-und Rückseite werden durch einen gewölbten Scharnierdeckel geschützt. Die mit schwarzem Leder bezogene Scheide des Dolches ist wie sein Gefäß mit gravierten Beschlägen aus vergoldetem Messing besetzt.

Rapier und Dolch, Auftragswerke des Herzogs Johann Georg und als Weihnachtsgeschenk für seinen Bruder, den Kurfürsten Christian II. von Sachsen, bestimmt, dokumentieren in bestechender Weise das enge Zusammenwirken verschiedener Gewerke, was sonst durch Zunftvorschriften sehr erschwert war. Derartige «Staatsaufträge» boten den Handwerkern alle Möglichkeiten, ihre Kunst auszuschöpfen, und so entstanden hier durch die Zusammenarbeit von Uhrmachern, Klingen- und Goldschmieden, Graveuren und Schwertfegern Waffen von besonderer Exklusivität. Die Uhren dieser Waffen tragen die Punze des Hofuhrmachers Christians II., Tobias Reichel[71]; Klingenschmied und Schwertfeger sind dagegen nicht bekannt, obwohl letzterer sicherlich als Auftragnehmer in Betracht kommt.

Die Uhren bekunden das lebhafte Interesse, das Christian II. Uhren, Automaten und Meßgeräten aller Art entgegenbrachte. Tobias Reichel fertigte für ihn mehrere automatische Uhren und Kleinautomaten, wie zum Beispiel den im Grünen Gewölbe aufbewahrten Spinnenautomaten. Dieser 2,6 Zentimeter lange Automat in Form einer Spinne bewegt sich mittels eines Uhrwerks und entsprechender Kraftübertragung auf die beweglichen, naturalistisch ausgebildeten Beine der Spinne vorwärts.[72]

Während der Spinnenautomat ein Kunstkammerstück darstellt, das über den Spaß hinaus in seiner Miniaturisierung sehr eindrucksvoll die Errungenschaften der Mechanik repräsentiert, sind Rapier und Dolch trotz ihrer mit großer Kunstfertigkeit ausgeführten Knaufuhren auch als Waffe zu gebrauchen, was dem Gang der Uhren verständlicherweise ein Ende setzte.

Die Verbindungen von Waffen und Uhren gehören unzweifelhaft zu den ausgefallensten Kombinationsvarianten, sie sind jedoch ein Ausdruck für die Vorliebe, die Zeit in repräsentativer Gestalt und Umrahmung darzustellen.

Von besonderem Reiz sind die zur Bedienung der Handfeuerwaffen erforderlichen Geräte mit Doppelfunktion, zum Beispiel Pulverflaschen mit eingebauter Uhr. Das Historische Museum Dresden bewahrt zwei Pulverflaschen süddeutscher Provenienz, in deren dekorativen Gehäusen eine Uhr untergebracht ist (Kat.-Nr. 183, 184; Abb. 162, 163). Zentren für die Herstellung kostbarer und komplizierter Uhren, wissenschaftlicher Instrumente und Automaten waren im 16. und 17. Jahrhundert Nürnberg, München und vor allem Augsburg. Die Uhrmacher und Instrumentenmacher dieser Städte belieferten mit ihren kostspieligen Erzeugnissen sowohl finanzkräftige Käufer aus dem Bürgertum als auch die Höfe in Wien, Prag, München und Dresden, um nur einige zu nennen. Unübertroffen sind die qualitätsvollen wissenschaftlichen Instrumente wie Geschützaufsätze, Feldmeßgeräte, Wegmesser, Quadranten, Zirkel und Sonnenuhren verschiedenster Konstruktion des in Augsburg tätigen Instrumentenmachers Christoph Schißler (um 1531 bis 1608). Er hatte mit seinen wissenschaftlichen Instrumenten, die zu den schönsten und erfindungsreichsten dieser Gattung überhaupt gehören, wesentlichen Anteil an der führenden Stellung, die Augsburg auf diesem Gebiet innehatte.

Seine früheste bekannte Arbeit, vermutlich sein Meisterstück (um 1553 entstanden), befindet sich heute im Museum für Kunst und Gewerbe Hamburg. Es ist eine mit figürlichen und ornamentalen Gravierungen und Ätzungen reich ausgeschmückte Pulverflasche mit eingebauter Horizontalsonnenuhr für 48 Grad nördlicher Breite, einer vertikalen Süduhr sowie mit einer auf Polhöhen von 35 bis 70 Grad einstellbaren sogenannten inklinierenden Süduhr mit klappbarem Poldreieck auf der Rückseite.[73] Mit dieser «Pulverflaschenuhr» kam Schißler dem vor ihm bereits von vielen Instrumentenmachern angestrebten Ziel sehr nahe, eine Sonnenuhr zu konstruieren, bei der sich die Stellung des schattenwerfenden Pols oder der Zifferblattebene so verändern ließ, daß sie als Reisesonnenuhr auf verschiedenen Breitengraden zu gebrauchen war.

Eine ähnliche, jedoch unsignierte Pulverflasche bewahrt das Britische Museum London. Das Historische Museum Dresden besitzt eine um 1550 entstandene, nicht signierte Pulverflasche mit Sonnenuhr (Kat.-Nr. 183; Abb. 163) süddeutscher Provenienz, die zwar technisch unkomplizierter, aber in ihrer kunsthandwerklichen Ausführung gleichfalls sehr reizvoll ist. Ihr messingvergoldetes Gehäuse ist mit gravierten Ranken und einem Kriegerkopf ausgeschmückt. Die von einem Scharnierdeckel geschützte Horizontalsonnenuhr mit kleinem Kompaß zum Einnorden und klappbarem Poldreieck trägt Ziffernlinien, die mit gravierten arabischen Ziffern von 5 Uhr bis 8 Uhr abends gekennzeichnet sind. Weiterhin bewahrt das Historische Museum eine besonders prachtvolle Pulverflasche aus Elfenbein mit eingebauter Uhr (Kat.-Nr. 184, Abb. 162). Die in Augsburg um 1620 hergestellte Pulverflasche, deren Vorder- und Rückseite geschnittene Jagdszenen in typisch barockem Pathos tragen, hat messingvergoldete Beschläge. Ihre ovale, ausklappbare, messingvergoldete Uhr hat einen aufgelegten silbernen Camplevé-Zifferring mit römischen Stundenziffern (I–XII), einen gebläuten Stundenzeiger und besitzt ein Stundenschlagwerk. Das Zifferblatt wird von einem Scharnierdeckel mit graviertem jagdlichem Dekor geschützt.

Eine ähnliche Pulverflasche, deren Uhr die Meisterpunze des in Augsburg tätigen Andreas Stahl trägt, befindet sich im Dresdner Grünen Gewölbe.

Ein exklusives Stück ist der im Bayerischen Nationalmuseum München aufbewahrte Hirschfänger mit Uhr (Kat.-Nr. 185). Das im Stichblatt des rokokoornamentierten Goldgefäßes eingefügte Taschenuhrwerk trägt ein Emailzifferblatt mit römischen Stundenziffern und arabischen Minutenzahlen. Ursprünglich waren im Griff noch ein Tintenfaß und eine Streusanddose untergebracht. Die Rückenklinge zeigt im oberen Drittel auf gebläutem Grund vergoldeten ornamentalen Ätzdekor sowie an der Fehlschärfe Jagdszenen in Goldtausia. Zum Hirschfänger gehört eine mit grüner Fischhaut bezogene und mit rokokoornamentierten Goldbeschlägen besetzte Scheide.

Im Gegensatz zu dieser dem verfeinerten Geschmack des Rokoko entsprechenden Waffe von ausgesuchtem Raffinement sind die gegen Ende des 17. Jahrhunderts in Augsburg gefertigte Hirschfängerklinge Kat.-Nr. 186 (Abb. 160) und der Hirschfänger mit Schrittzähler Kat.-Nr. 187 (Abb. 161) trotz ihrer mechanischen Indikationen von zweckmäßiger handwerklicher Qualität. Die in den Fehlschärfen der Hirschfängerklinge eingebauten Schrittzähler zeigen auf sechs Zifferblättern mit Einern, Zehnern, Hundertern, Tausendern, Zehntausendern und Hunderttausendern bis zu einer Million Doppelschritte an, so daß etwa 1500 Kilometer (2000 Landesmeilen) mit dem Gerät gemessen werden können. Ein über das obere Ende der Fehlschärfe ragender Auslösehebel betätigt den Schaltmechanismus.

Die Hirschfänger wurden am Gürtel befestigt und mit Hilfe eines Riemens so mit dem Schalthebel und dem Bein des Schreitenden verbunden, daß der Schaltmechanismus bei jedem Schritt um einen Zähler weitersprang. Die Übertragung auf die Zeiger erfolgte durch ein Räderwerk im Inneren des Gehäuses.

Reich dekorierte Schrittzähler gleichen Konstruktionsprinzips in Form von kleinen rechteckigen Kästchen, die in den Gürtel oder eine Tasche eingehängt wurden, schuf der in Augsburg tätige Kleinuhrmacher Johann Martin (1642–1721).

Auch in Spazierstöcke wurden Schrittzähler, deren Schaltmechanismus nach jedem Doppelschritt um einen Zähler weitersprang, eingebaut.

Die Entwicklung von Schrittzählern resultierte aus dem Aufschwung, den die Landvermessung im 16. Jahrhundert in Deutschland nahm, wodurch die ständige Entwicklung neuer Formen mechanischer Wegmesser begünstigt beziehungsweise notwendig wurde.

Obgleich die Zusammenstellung von Jagdgriffwaffe und Schrittzähler kurios anmuten mag, so verdeutlicht diese durchaus zweckmäßige, allerdings seltene Kombinationsvariante das Bemühen um die Entwicklung möglichst vielseitig verwendbarer Geräte.

Auch im militärischen Bereich – und hier insbesondere auf dem Gebiet der Artillerie – kam es zum Einsatz von Waffen und Geräten mit Doppelfunktion. So führten Büchsenmeister des 16. Jahrhunderts und Kanoniere bis zur Mitte des 18. Jahrhunderts einen Luntenstock mit Spießeisen, von dessen Klinge ein bis zwei seitliche Arme, deren Enden als Luntenhalter ausgebildet waren, ausliefen (Kat.-Nr. 188 bis 191, Abb. 164). Der Luntenspieß diente als Werkzeug zum Zünden eines Geschützes, konnte im Notfall als Waffe verwendet werden und war zudem ein Rangabzeichen.

Ein interessantes Beispiel für die Kombination von artilleristischem Meßinstrument und Waffe ist die Streitaxt Kat.-Nr. 192 aus dem Tower of London, die mit einem Pendelrichtquadranten, einem Rohrvisier und Kalibermaßstäben versehen ist. Auf der linken Seite des dekorativ durchbrochenen, reich geätzten Axteisens steht die lateinische Inschrift: «Princeps Julius Dux Brunswigensis et Luneborgensis me fieri fecit Henricopoli aliis in serviendo consumor. 1585» (Fürst Julius, Herzog von Braunschweig und Lüneburg, hat mich in Braunschweig machen lassen. Indem ich anderen diene, verzehre ich mich selbst. 1585). Die rechte Klingenseite trägt den Quadrantbogen mit entsprechender Teilung und das darüber eingehängte Pendel. Auf den vierkantigen Holzschaft sind Kalibermaßstäbe graviert zur Bestimmung des Kugeldurchmessers und der für den Schuß benötigten Pulvermenge von Kugeln aus «SLAGGEN (Schlacke)/BLEI/EISEN und STEIN». Beim Einrichten des Geschützes visierte der Artillerist das Ziel durch den längsdurchbrochenen, als Rohrvisier dienenden Axtkopf an, wobei eine Kerbe in der eisernen Zwinge am Ende des Schaftes als Korn diente. Das Pendellot zeigte auf dem Teilungsbogen den Neigungswinkel an, der vermutlich von einem Gehilfen abgelesen werden mußte. Den langen Holzschaft legte man in das Geschützrohr, das emporgehoben wurde, bis das Pendellot dieselbe Erhöhung auf dem Quadranten anzeigte.

Ein dieser Waffe ähnliches Exemplar befindet sich im Armeemuseum Warschau; das Historische Museum Moskau bewahrt einen russischen Artilleriespieß mit Pendelrichtquadranten vom Anfang des 18. Jahrhunderts.

Ein für den Artilleristen wichtiges und unerläßliches Hilfsmittel war der Stechzirkel, mit dem er das Kalibermaß nehmen und danach mit Hilfe eines Proportionszirkels die benötigte Pulvermenge ermitteln konnte. Eine recht brauchbare Kombination von Waffe und Meßinstrument ist das vorzugsweise von Artilleristen verwendete Zirkelstilett beziehungsweise ein Stilettyp, dessen Klinge mit einem Kalibermaß ausgestattet war.

Bei dem seltenen Zirkelstilett des 16. und 17. Jahrhunderts bestanden Griff und Klinge aus zwei auseinanderklappbaren Hälften, wobei die Innenseiten der Klingen meist mit einem Kalibermaßstab versehen waren. In geschlossenem Zustand konnte der kräftige Zirkel, dessen Griff als Dolchgefäß ausgebildet war, als Stilett benutzt werden. Die Klingen des italienischen Zirkelstiletts aus der Wallace Collection London (Kat.-Nr. 193) sind jedoch ohne Maßeinteilung.

In Italien, und hier vor allem in der venezianischen Republik, wurden seit dem Ende des 16. Jahrhunderts bis zur Mitte des 18. Jahrhunderts von Artilleristen sogenannte «fusetti» beziehungsweise «stiletti da bombardiere» (Kanonierdolche) geführt, deren schlanke Dreikantklingen gravierte oder punzierte Kaliberskalen tragen. Die Griffe waren vorzugsweise aus spiralig gedrehtem oder geschnittenem Horn gefertigt, in das oft Messingstifte eingeschlagen sind (Kat.-Nr. 194, Abb. 166). Die Kanonierdolche erfüllten mehrere Funktionen, sie waren Waffe, Meßgerät, Werkzeug und Rangabzeichen zugleich. So dienten die Skalen zur Bestimmung des Durchmessers von Kanonenkugeln; ihre schlanken, spitz auslaufenden Klingen eigneten sich vorzüglich als Werkzeug zur Reinigung der oftmals durch Pulverrückstände oder Korrosion verengten Zündkanäle sowie zum Öffnen von Pulverbehältnissen aus Papier oder Leinen. Außerdem war es leicht möglich, gegebenenfalls ein Geschütz vorübergehend unbrauchbar zu machen, indem die Spitze der Klinge in den Zündkanal des Rohres gestoßen und abgebrochen wurde.

Das Tragen dieser leicht zu verbergenden Stichwaffe war in Venedig im Jahre 1661 auf Beschluß des «Rates der Zehn» nur privilegierten Personen und Kanonieren erlaubt. Diese Verfügung hatte bis ins 18. Jahrhundert Gültigkeit.[74]

Für die Bedienung von Handfeuerwaffen waren verschiedene Utensilien erforderlich: Spannschlüssel für Radschlösser, Pulvermaße, Pulverprüfgeräte, Kugelzangen, Pulverflaschen sowie Reinigungsgeräte und Werkzeuge. Es kam zu Zusammenstellungen von Geräten beziehungsweise zu Kombinationen von Geräten mit Waffen, wofür das Stilett mit Radschloßschlüssel und Pulverflasche aus der Wallace Collection London als ein interessantes Beispiel angeführt werden kann (Kat.-Nr. 195, Abb. 167). Bei dieser dekorativen Waffe mit schlanker Vierkantklinge dienen die Parierstange als Radschloßschlüssel und der hohle Griff als Pulverbehältnis.

Das Stilett Kat.-Nr. 196 (Abb. 168) aus dem Historischen Museum Dresden hat eine schlanke, aber dennoch kräftige Klinge, die von einer als Ladestock ausgebildeten Scheide geschützt beziehungsweise verborgen wird. Die Parierstange besteht aus drei Radschloßschlüsseln von unterschiedlichem Innendurchmesser, der hohle Griff dient als Zündkrautflasche. Bei dieser Kombination ist die Waffe Nebenzweck, nur für den Notfall gedacht.

Von einfacher, zweckmäßiger Konstruktion sind auch die wegen ihrer Zusammenstellung gewissermaßen als «Universalgeräte» zu bezeichnenden Pulverflaschen mit Ladestock und Radschloßschlüssel sowie die Pulverflaschen mit Radschloßschlüssel, Schraubenzieher, Schraubzwinge und Räumnadel (Kat.-Nr. 197 bis 200, Abb. 168). Die für die Bedienung der Radschloßfeuerwaffe notwendigen, im allgemeinen einzeln getragenen Zubehöre sind hier in einem Gerät vereint.

Diese Sonderkonstruktionen des 16. und 17. Jahrhunderts sind ein Ausdruck der vielfältigen Bemühungen, sinnvolle Verbesserungen und Erleichterungen für die Handhabung der Radschloßfeuerwaffe zu finden. Trotz ihrer sicherlich vorhandenen Vorzüge vermochten sie sich sowohl im militärischen als auch im zivilen Bereich nicht durchzusetzen und wurden mit der Herausbildung neuer Schloßkonstruktionen wie des französischen Steinschlosses (vor 1615) zum Teil überflüssig.

Die Versuche, zivile Gebrauchsgegenstände mit Feuerwaffen zu verbinden, führten auch zu technisch interessanten Konstruktionen. Bei der von Andrew Dolep um 1690 in London gefertigten Reitpeitsche mit Steinschloßfeuerwaffe Kat.-Nr. 201 (Abb. 169, 170) ist der Schloßmechanismus in einem hohlen Eisenzylinder des aus einer runden Silberhülse mit kugeligem Knauf bestehenden Griffes untergebracht. Der auf ein Gewindestück aufschraubbare kurze Pistolenlauf, dessen Oberseite die Signatur «DOLEP» trägt, ist mit dem Griffstück beziehungsweise mit dem vorderen, ringförmig verstärkten Eisenzylinder verbunden. Der Peitschenstiel besteht aus einer Holzrute, die mit gemusterter Hanfschnur umwikkelt ist. Eine bewegliche eiserne Hülse mit Silbermontierung wird über den Lauf geschoben, wodurch der Peitschenstil arretiert wird. Nach Lösen dieser Arretierung kann die Waffe geladen werden. Das Entzünden des Pulvers erfolgt nach dem Steinschloßprinzip, allerdings in stark modifizierter Form. Sämtliche Schloßteile wie Batterie, Pulverpfanne, eine gleitende Eisenschiene mit flachem Hahnkopf sowie der Abzugsmechanismus sind nicht sichtbar im Griffstück untergebracht. Zum Spannen des Schlosses dient ein über den Knauf hinausragender Eisenstift mit ringförmiger Handhabe, der mit dem gleitenden Hahn verbunden ist. Die Reitpeitsche zeichnet sich durch ihre dezente Silbermontierung, vor allem jedoch durch das im Griff verborgene Steinschloß aus. Handfeuerwaffen mit sogenannten verdeckten Steinschlössern gehören zu den Meisterleistungen des Büchsenmacherhandwerks des 18. Jahrhunderts, wobei die von Dolep gefertigte Waffe wohl mit einem der frühesten bekannten Schlösser dieses Systems ausgestattet ist.

Auf die praktische Verwendbarkeit robust konstruierter Peitschen verweist Potier.[75] In den Stiel sogenannter Wolfspeitschen war eine Perkussionsfeuerwaffe (Kaliber 17 mm) einfachster Konstruktion eingebaut, ihr etwa 50 Zentimeter langer Peitschenriemen war mit einem birnenförmigen Bleistück beschwert. Die als Waffe zu verwendende Peitsche, die der kleinrussische Jäger zur Wolfshetze am Sattel mitführte, war mit gehacktem Blei geladen. Das aufgespürte Wild wurde so lange verfolgt, bis es die Kräfte verließen. Der gestellte und geschwächte Wolf konnte dann mit einem wuchtigen Peitschenhieb niedergestreckt werden. Nur im äußersten Notfall, wenn der Wolf den Reiter ansprang, wurde eine tödliche Ladung gehackten Bleis aus nächster Entfernung auf das Tier abgefeuert.

Obwohl die von Dolep hergestellte «schießende Reitpeitsche» einen großen Überraschungseffekt hat, ist ihr Gebrauchswert als Feuerwaffe nicht sehr hoch einzuschätzen. Sicherlich hat er auch mit dieser Arbeit vor allem auf seine exzellenten Fähigkeiten als Büchsenmacher aufmerksam machen wollen.

Andrew Dolep wird im Protokollbuch der Londoner Gunmakers' Company als «Dutchman» erwähnt, eine Bezeichnung, die für Deutsche und Niederländer in dieser Zeit gleichermaßen gebräuchlich war. Seine genaue Herkunft ist deshalb noch ungeklärt. Seit 1681 ist er nachweislich in London tätig. Als Ausländer wurde ihm die Aufnahme in die Gunmakers' Company trotz überzeugender Arbeiten erschwert beziehungsweise zunächst verwehrt. Durch Protektion von Lord Dartmouth, dem Feldzeugmeister des Königs, gelang es ihm 1686, in die Gunmakers' Company aufgenommen zu werden. Dolep fertigte eine Anzahl Luxusfeuerwaffen, Kombinationswaffen und kombiniertes Werkzeug von ausgezeichneter Qualität.[76]

Die in der Sammlung des Historischen Museums erhaltenen Kombinationswaffen von A. Dolep dürften vermutlich auf Vermittlung von Lord Dartmouth als Geschenke der englischen Krone an den Kurfürsten von Sachsen nach Dresden gelangt sein.

Erwähnenswert ist, daß in England noch in der ersten Hälfte des 19. Jahrhunderts von verschiedenen Herstellern Peitschen mit eingebauter Perkussionsfeuerwaffe produziert worden sind. So fertigte John Day, Erfinder und Produzent von Kombinationswaffen, um 1823 auch einige Peitschen, deren Stiele mit Perkussionsfeuerwaffen versehen waren.

Wohl kaum vermutet man, daß in einem Gebetbuch eine Feuerwaffe verborgen sein könnte, und dennoch gab es auch diese Zusammenstellung. Das Museo Correr in Venedig bewahrt ein Gebetbuch mit eingebauter Schnappschloß-Feuerwaffe (Kat.-Nr. 202) aus dem Besitz des von den Venezianern als Kriegsheld gefeierten und verehrten Francesco Morosini, der sich im Kampf gegen die Türken besondere Verdienste erworben hatte. Kaum zwanzigjährig, ging er im Jahre 1638 zur See und nahm in der Folgezeit erfolgreich an zahlreichen Seeschlachten teil. In den fünfziger Jahren trat er besonders im Krieg um Kreta durch seine strategischen Fähigkeiten hervor und wurde 1657 zum ersten Mal zum Generalkapitän des Meeres und nach dem Beitritt Venedigs zum polnisch-österreichischen Bündnis 1684 zum zweiten Mal zum Generalkapitän des Meeres ernannt. Wegen seiner zahlreichen Eroberungen und Ruhmestaten erhielt Morosini den erblichen Adel und wurde 1688 zum Dogen von Venedig gewählt, er starb 1694. Sein Gebetbuch mit eingebauter Feuerwaffe mag makaber anmuten, dürfte jedoch seinem einstigen Besitzer in Situationen, bei denen er keine Waffe tragen konnte, aber stets mit heimtückischen Angriffen rechnen mußte, eine gewisse zusätzliche Sicherheit geboten haben.

Das Bayerische Nationalmuseum München besitzt eine französische Buchattrappe vom Ende des 17. Jahrhunderts mit rotem, reich in Gold gepreßtem Ledereinband, auf dessen hölzernen Buchdeckeln innenseitig jeweils eine Steinschloßfeuerwaffe montiert ist. Das Auslösen des Schusses erfolgte mittels eines im Schnitt verborgenen Druckzapfens (Kat.-Nr. 203, Abb. 171).

Noch im 19. Jahrhundert wurden von mehreren Herstellern Taschenbücher mit verborgener Feuerwaffe gefertigt. Lefaucheux stellte nach 1850 unter anderem Taschenbücher mit sechsschüssigem Revolver her. 1877 erhielt O. Frankenau für ein Taschenbuch mit Revolver das Britische Patent Nr. 3375 und das US-Patent Nr. 196.796.

In Europa – und hier vor allem in Frankreich, Belgien und England – sowie in den USA wurden während des 19. bis ins 20. Jahrhundert von einer Anzahl großer Waffenfirmen und von privaten Handwerkern die veschiedensten Gebrauchsgegenstände sowohl mit ein- als auch mehrschüssigen Handfeuerwaffen als integriertem Bestandteil produziert. Nur einige Beispiele können hier erwähnt werden. So stattete man Geldbörsen, Handtaschen, Schlösser, Schlüssel, Werkzeuge, Sporen, Angelhaken, Schlagstöcke, Regenschirme, Schreibgeräte, Tintenfässer, Tabakspfeifen, Taschenlampen, Gürtel und selbst Bekleidungsstücke mit Handfeuerwaffen aus. Die Firma C. M. French und W. H. Fancher in Waterloo, New York, produzierte sogar Pflüge mit eingebauter Handfeuerwaffe im Zugbaum. Für diese «bemerkenswerte Erfindung» erhielt diese Firma am 17. 6. 1862 das US-Patent Nr. 35.600. In der Patentschrift wird der «Waffenpflug» als ein Verteidigungsmittel dargestellt, mit dessen Hilfe friedlich Arbeitende einen Überraschungsangriff zurückweisen konnten. Es sei lediglich nötig, das Gespann abzuschirren und zu schießen.

In Frankreich und Belgien kam es gegen Ende des 19. Jahrhunderts zur Produktion von kleinkalibrigen Trommelrevolvern mit einklappbarem Abzug. Die paarweise zu kaufenden Waffen konnten in Fahrradlenkstangen geschoben werden, wobei die Kolben zugleich als Lenkstangengriffe dienten. Da der Gebrauchswert derartiger Konstruktionen insgesamt doch recht fragwürdig war, wurden diese Waffen auch niemals in großen Mengen hergestellt. Im Gegensatz zu diesen seit der zweiten Hälfte des 19. Jahrhunderts vom technischen Fortschritt und Geist eines Industriezeitalters geprägten, oft grotesk anmutenden Waffenkombinationen sind die im 16. und 17. Jahrhundert entstandenen Kombinationswaffen vor allem ein Ausdruck des Erfindungsreichtums sowie des technisch-konstruktiven und kunsthandwerklichen Vermögens ihrer Hersteller.

Abschließend soll nicht unerwähnt bleiben, daß Kombinationswaffen in ihren verschiedenen Erscheinungsformen auch im orientalischen Raum zu finden sind. Den Vorzug haben hier ebenso wie in Europa und Nordamerika die Verbindungen von Blank- und Feuerwaffen. So sind Streitäxte, Säbel, Dolche, Messer, Spieße und Speerspitzen mit Feuerwaffen kombiniert worden. Weiterhin gibt es auch Handfeuerwaffen mit Klappbajonett, Schilde mit Stoß- und Schneidklingen, Handschuhschwerter, Blankwaffen mit Springklingen, Zwillingswaffen, in Stöcken verborgene Feuer- und Blankwaffen sowie Waffen, die mit einem Gebrauchsgegenstand oder Werkzeug für militärische oder zivile Zwecke verbunden sind.

Eine recht umfangreiche Kollektion türkischer, persischer, japanischer und indischer Kombinationswaffen besitzt das Metropolitan Museum of Art, New York. Besonders interessant sind hier die aus dem 19. Jahrhundert stammenden indischen «Tigerklauen», Peitschen mit eingebauter Perkussionsfeuerwaffe und japanische Kriegsfächer. Die sogenannten Tigerklauen haben einen schlagringförmigen Griff, der mit tigerkrallenähnlichen Spitzen und Seitenklingen besetzt ist. Kriegsfächer wurden von hohen japanischen Offizieren zum Signalisieren verwendet. Im zusammengeklappten Zustand konnten diese Fächer, deren Stege aus Eisen gefertigt sind, auch als Keule benutzt werden.

Einem friedlichen Zweck vorbehalten waren die japanischen «Doktorschwerter» (bokuto). Ein sogenanntes Doktorschwert aus dem 18./19. Jahrhundert, das eigentlich ein Arzneibehälter ist, befindet sich im Metropolitan Museum of Art, New York. Es hat die Gestalt eines Kurzschwertes (wakizashi), seine Scheide ist seitlich aufklappbar und enthält sieben Fächer mit Arzneipäckchen, darin die Inschrift: «Medizin, von der einem nicht schlecht wird, kann auch nicht kurieren.» Das Tragen von zwei Schwertern, eines langen (katana) und eines kurzen (wakizashi), war den Samurai vorbehalten. Standespersonen durften Wakizashi tragen. Um seinen Stand zu betonen und gleichzeitig seine Berufszugehörigkeit zu demonstrieren, konnte ein Arzt ein «Doktorschwert» führen. Ähnlich durften in Japan Gelehrte Schreibzeug in Wakizashi-Form tragen. Ein derartiges im Metropolitan Museum of Art aufbewahrtes «Doktorschwert» aus dem 19. Jahrhundert hat ebenfalls die Gestalt eines Kurzschwertes; statt der Klinge ist ein Bambusbehälter für Schreibpinsel und Schreibutensilien in der Scheide untergebracht. Es war das Standesabzeichen für einen Gelehrten höheren Ranges.

100 Linkehanddolch mit Springklingen, italienisch, 1. Hälfte 17. Jh. (Kat.-Nr. 123)
Linkehanddolch mit Springklingen, norditalienisch, 1. Hälfte 17. Jh. (Kat.-Nr. 124)
Linkehanddolch mit Springklingen, deutsch (?), 1. Hälfte 17. Jh. (Kat.-Nr. 125)

Vorhergehende Seiten

101 Linkehanddolch mit Springklingen, italienisch, um 1585 (Kat.-Nr. 126)

102 Linkehanddolch mit Springklingen, Mailand, um 1560/70 (Kat.-Nr. 127)

103 Linkehanddolch mit Springklingen, italienisch, 1570/80 (Kat.-Nr. 122)

104 Zwillingsrapier, Mailand, um 1560 (Kat.-Nr. 130)

105 Klingendetail vom Degenbrecher Abb. 106 (Kat.-Nr. 128)

106 Degenbrecher, italienisch, um 1585 (Kat.-Nr. 128)

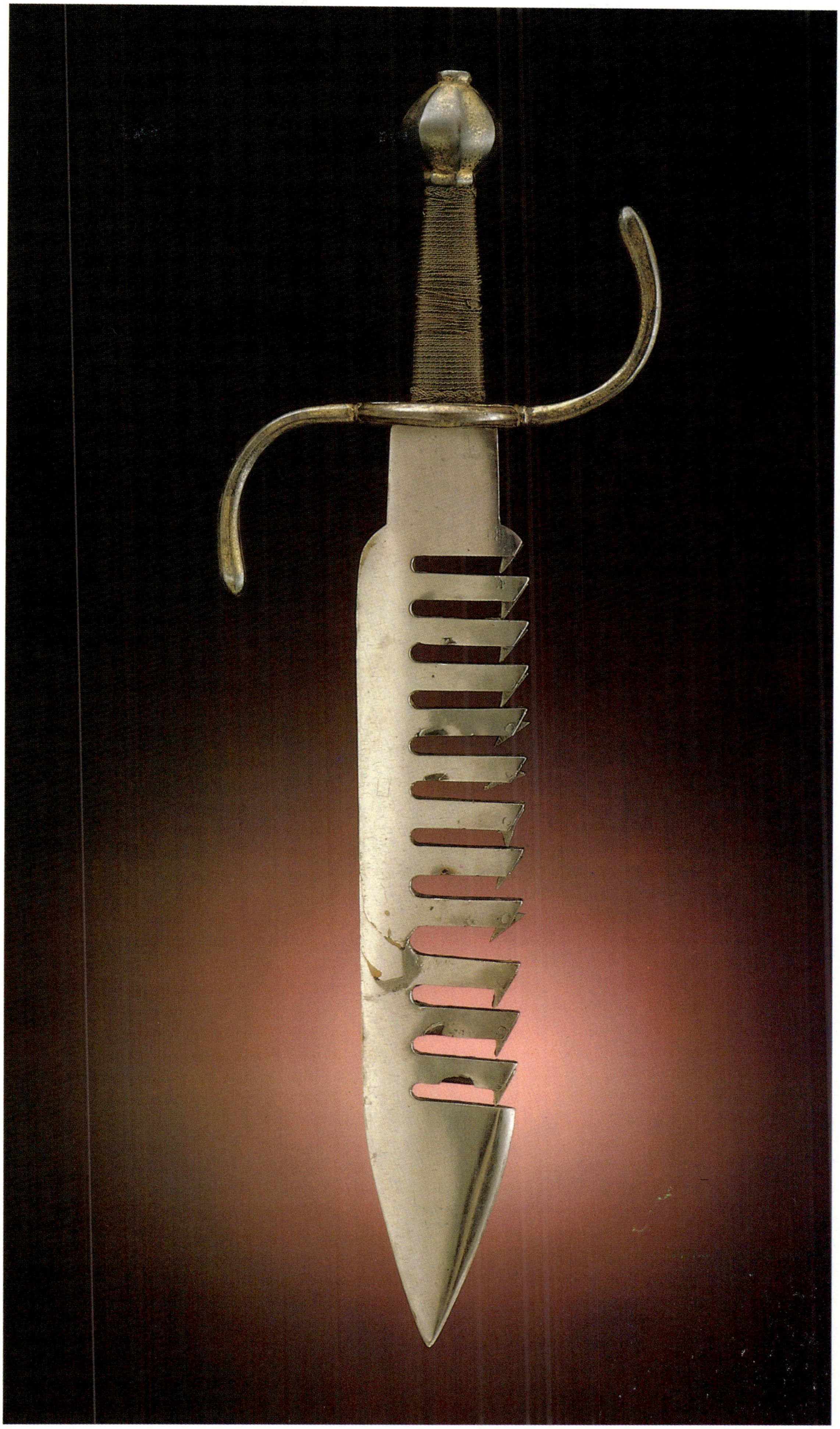

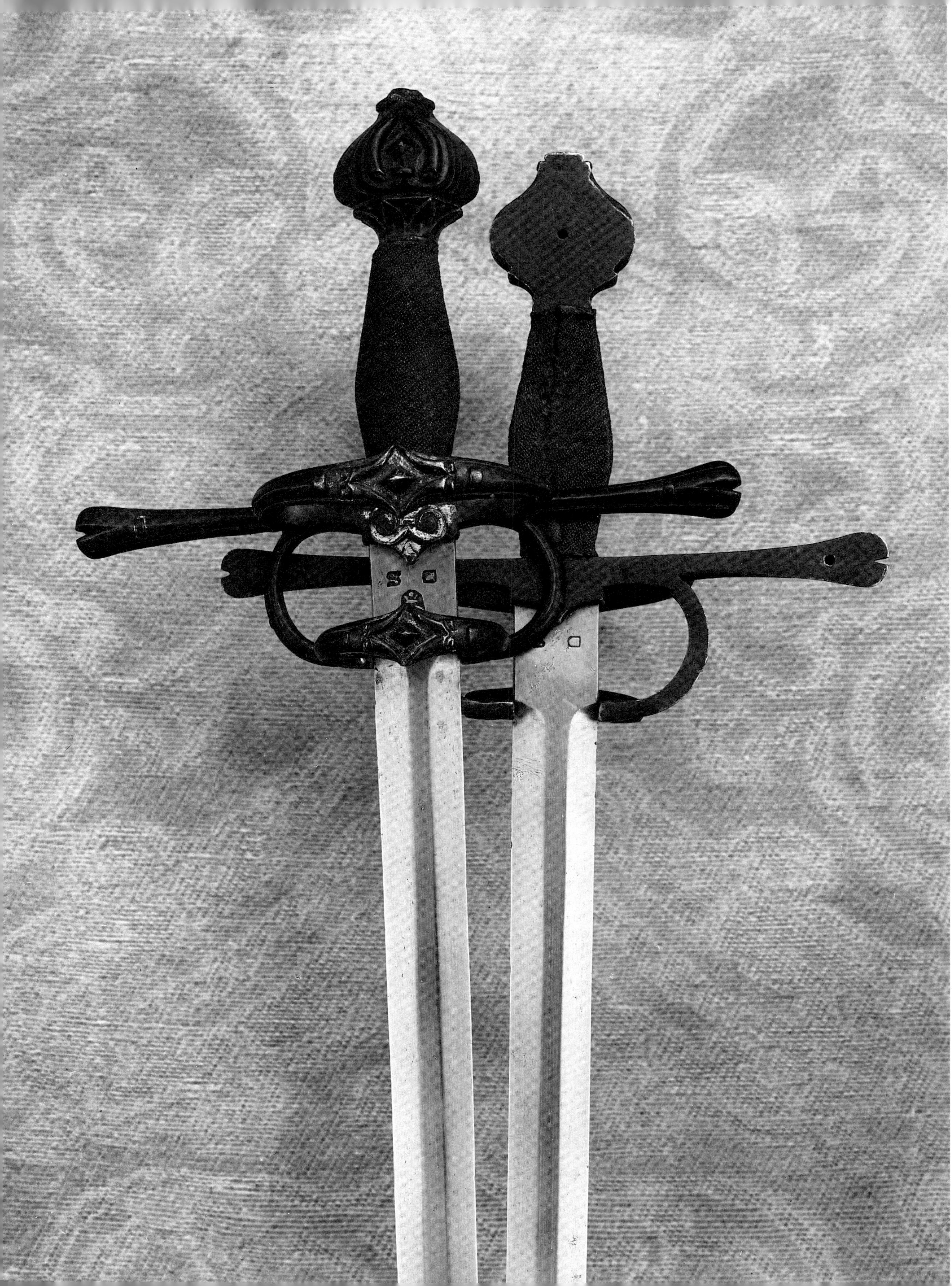

107 Zwillingsrapier,
Mailand, um 1575 (Kat.-Nr. 131)

108 Linkes Rapier von einem Zwillingsrapier,
norditalienisch, um 1580 (Kat.-Nr. 132)

Folgende Seiten

109 Rapier mit Dolch des Kurfürsten August von Sachsen,
Dresden, 1581 (Kat.-Nr. 134)

110 Zwillingsrapier,
vermutlich Augsburg, Ende 16. Jh. (Kat.-Nr. 133)

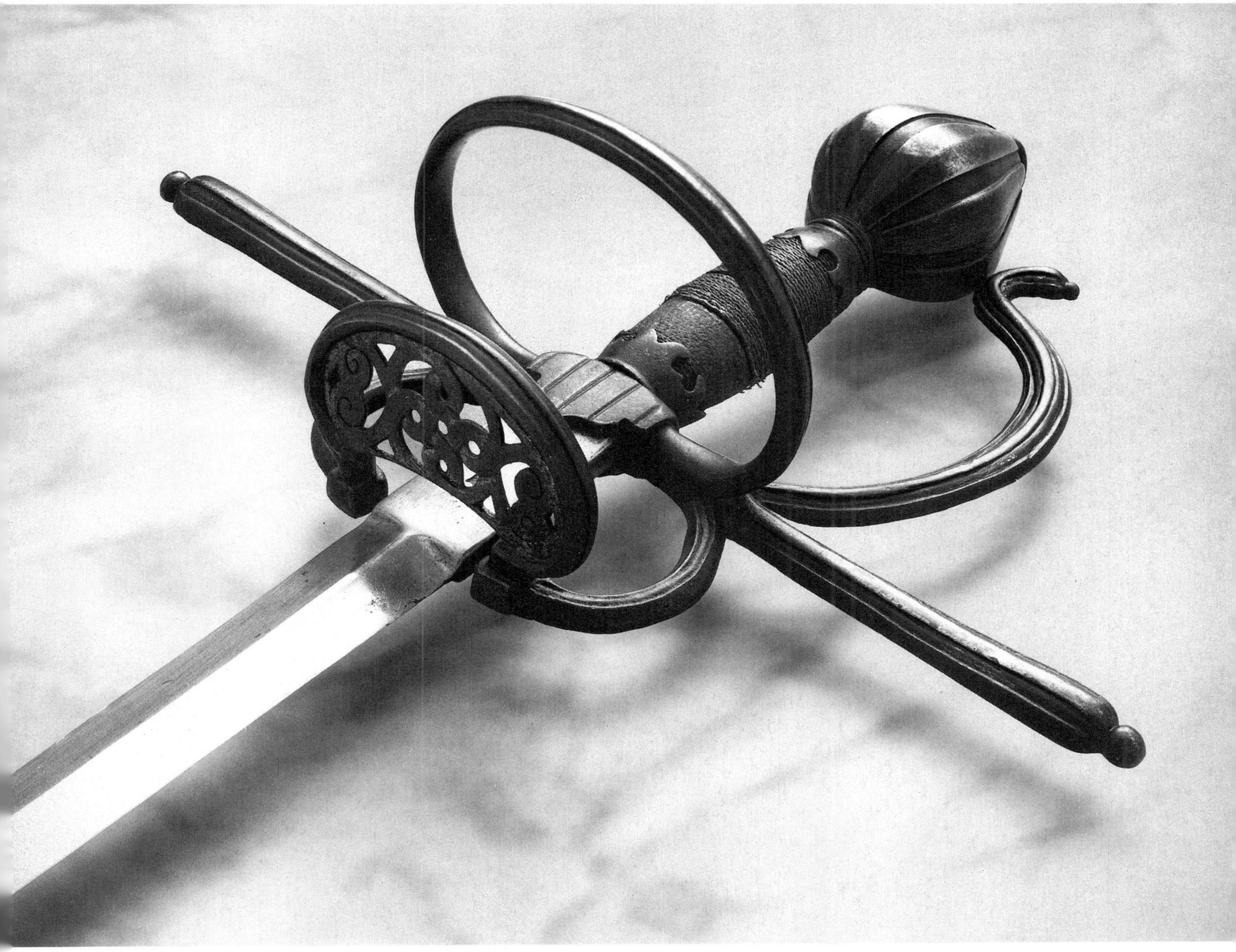

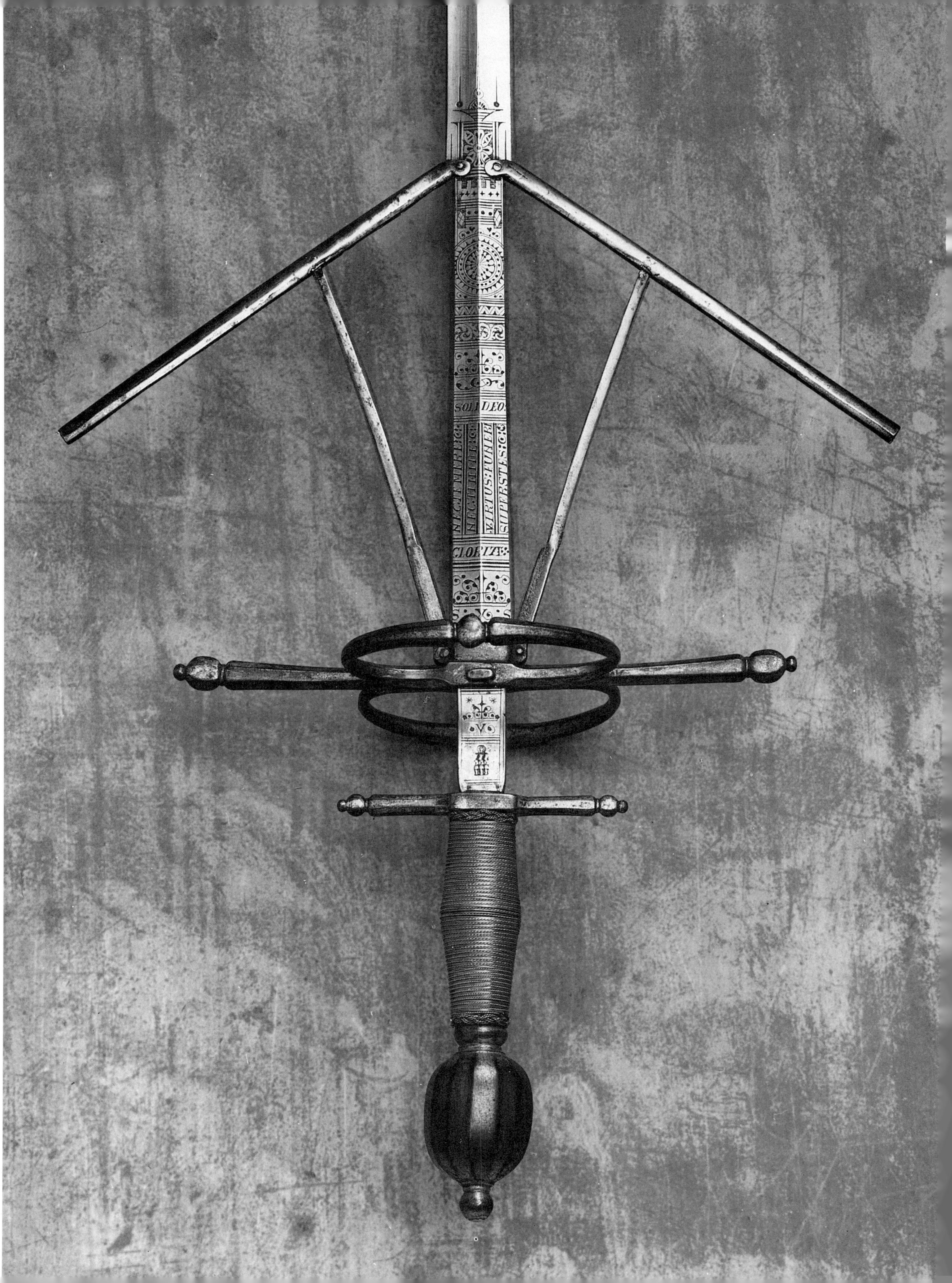
SOLI DEO
GLORIA

111 Rapier mit Pariervorrichtung,
Paulus Willems, Solingen, um 1640 (Kat.-Nr. 140)

112 Klingendekor des Rapiers mit Pariervorrichtung,
Detail von Abb. 111 (Kat.-Nr. 140)

113 Klingendekor des Rapiers mit Pariervorrichtung,
Detail von Abb. 111 (Kat.-Nr. 140)

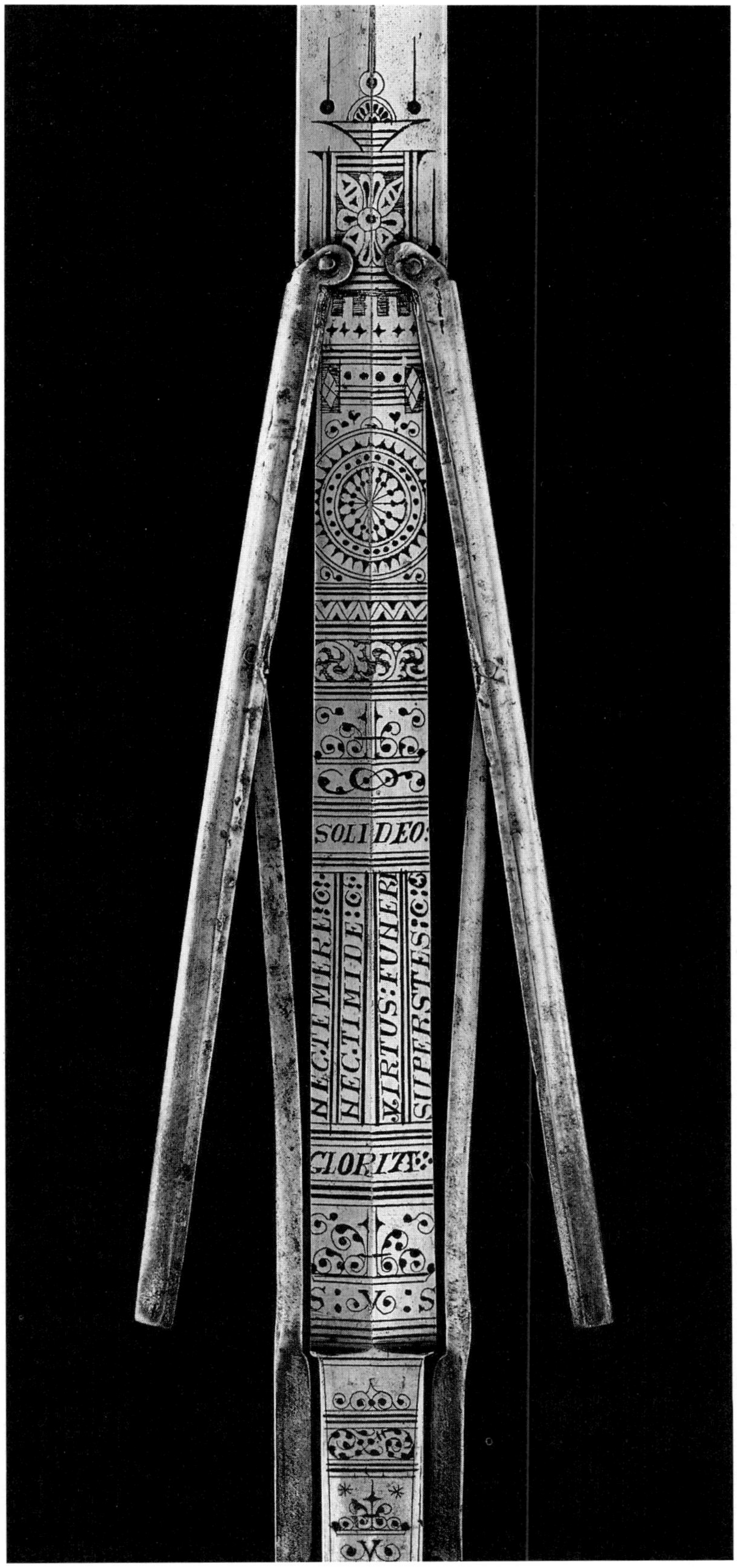

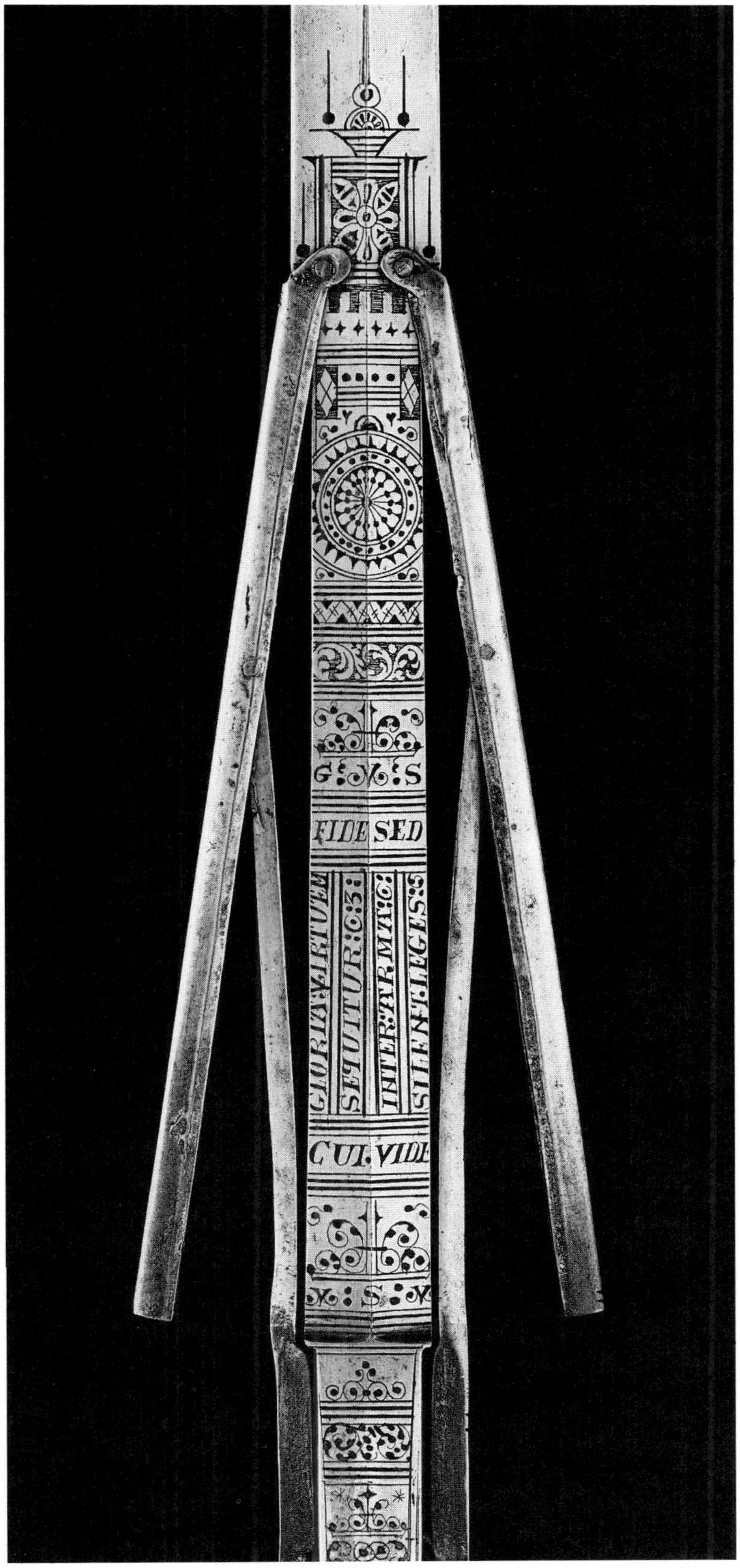

114 Detail von der Gefäßinnenseite des Rapiers
mit vorspringender Klinge auf Abb. 116 (Kat.-Nr. 138)

115 Demontiertes Gefäß, Klinge und Dolch des
Rapiers auf Abb. 116 (Kat.-Nr. 138)

Folgende Seiten

116 Rapier mit vorspringender Klinge,
süddeutsch, um 1570 (Kat.-Nr. 138)

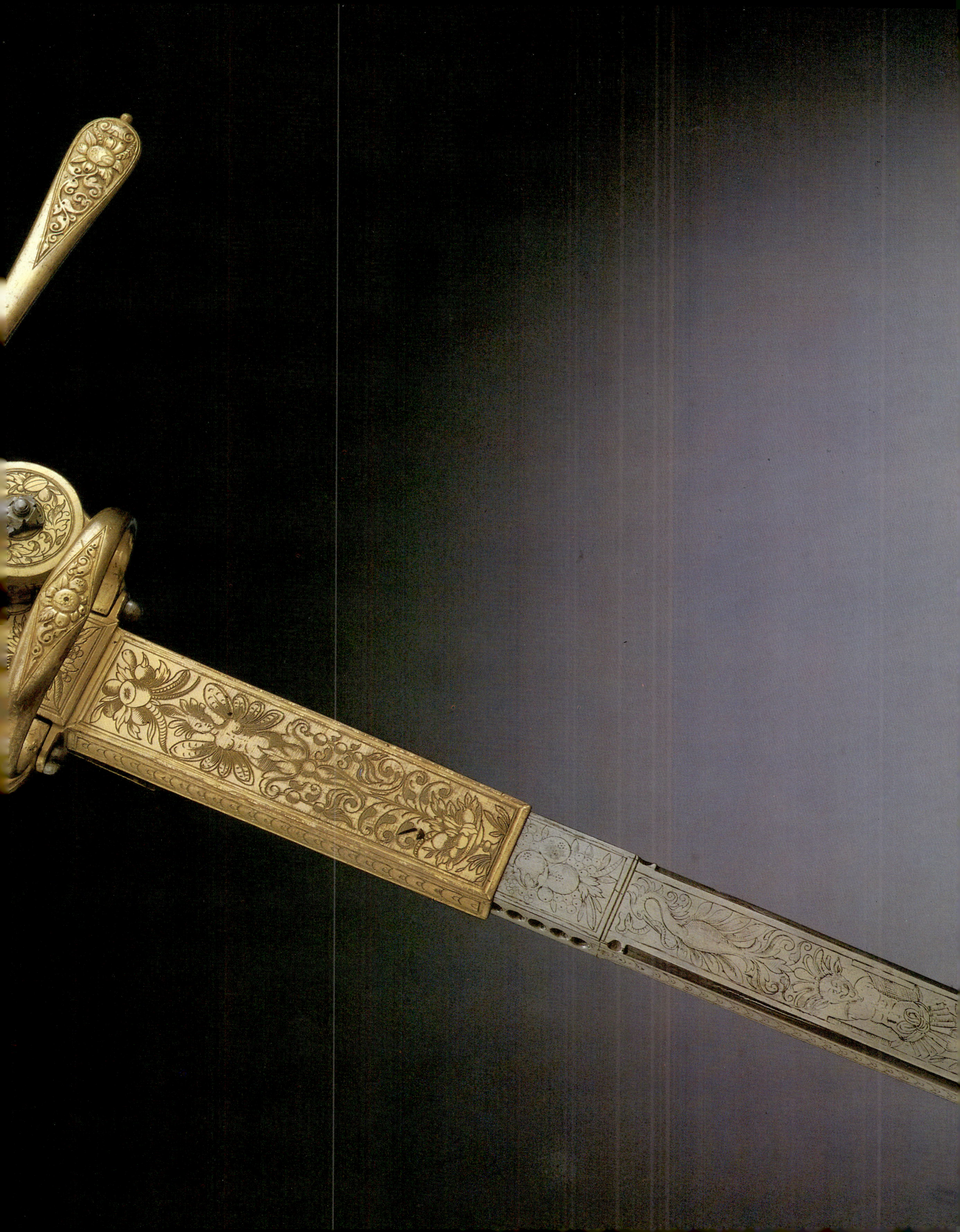

117 Rapier mit vorspringender Klinge, süddeutsch, um 1570 (Kat.-Nr. 139)

118 Reiterhammer mit versenkbarer Klinge, norditalienisch, Ende 16. Jh. (Kat.-Nr. 146)

119 Zwei Streithämmer und Streitaxt mit versenkbarer Spießklinge, norditalienisch, Ende 16. Jh. (Kat.-Nr. 142/141/143)

120 Streitäxte mit versenkbarer Spießklinge, norditalienisch, 1. Hälfte 17. Jh. (Kat.-Nr. 144/145)

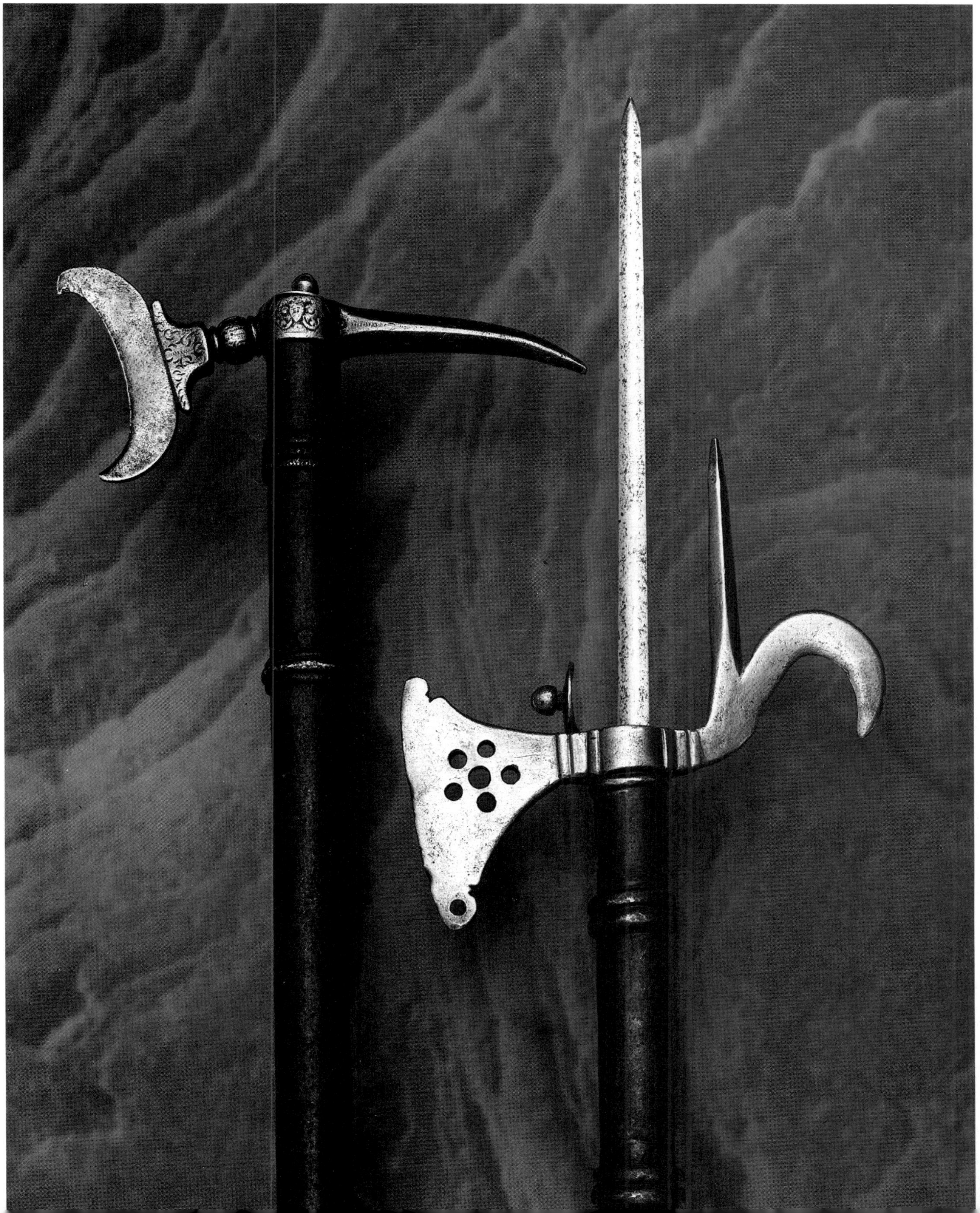

121 Klappbare Runka,
italienisch, um 1550 (Kat.-Nr. 147)

122 Eingeklappte Runka (Kat.-Nr. 147)

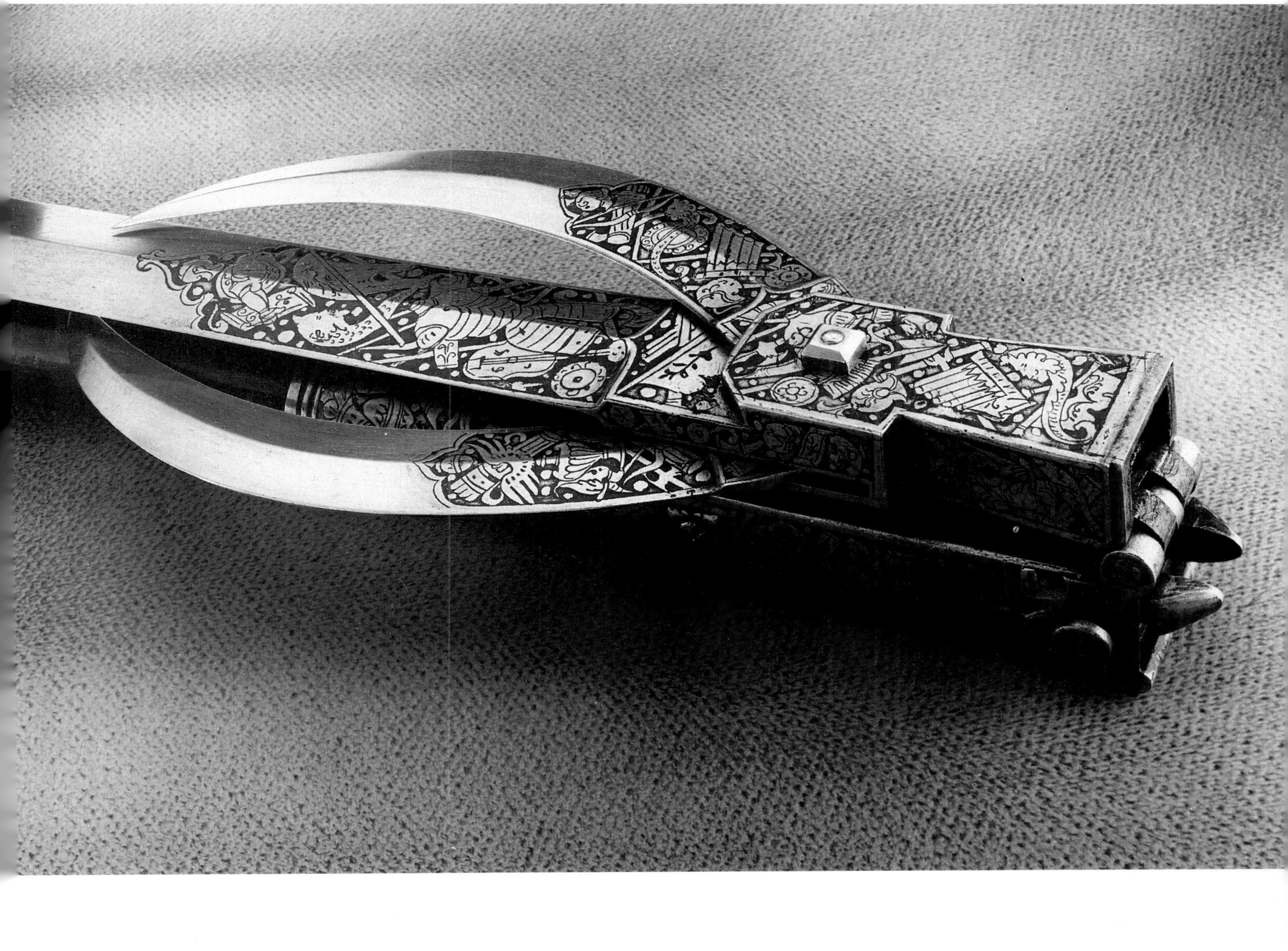

123 Detail des Klingendekors vom Menschenfänger auf Abb. 124 (Kat.-Nr. 148)

124 Menschenfänger, vermutlich von Martin Feyhel, Dresden, 1587 (Kat.-Nr. 148)

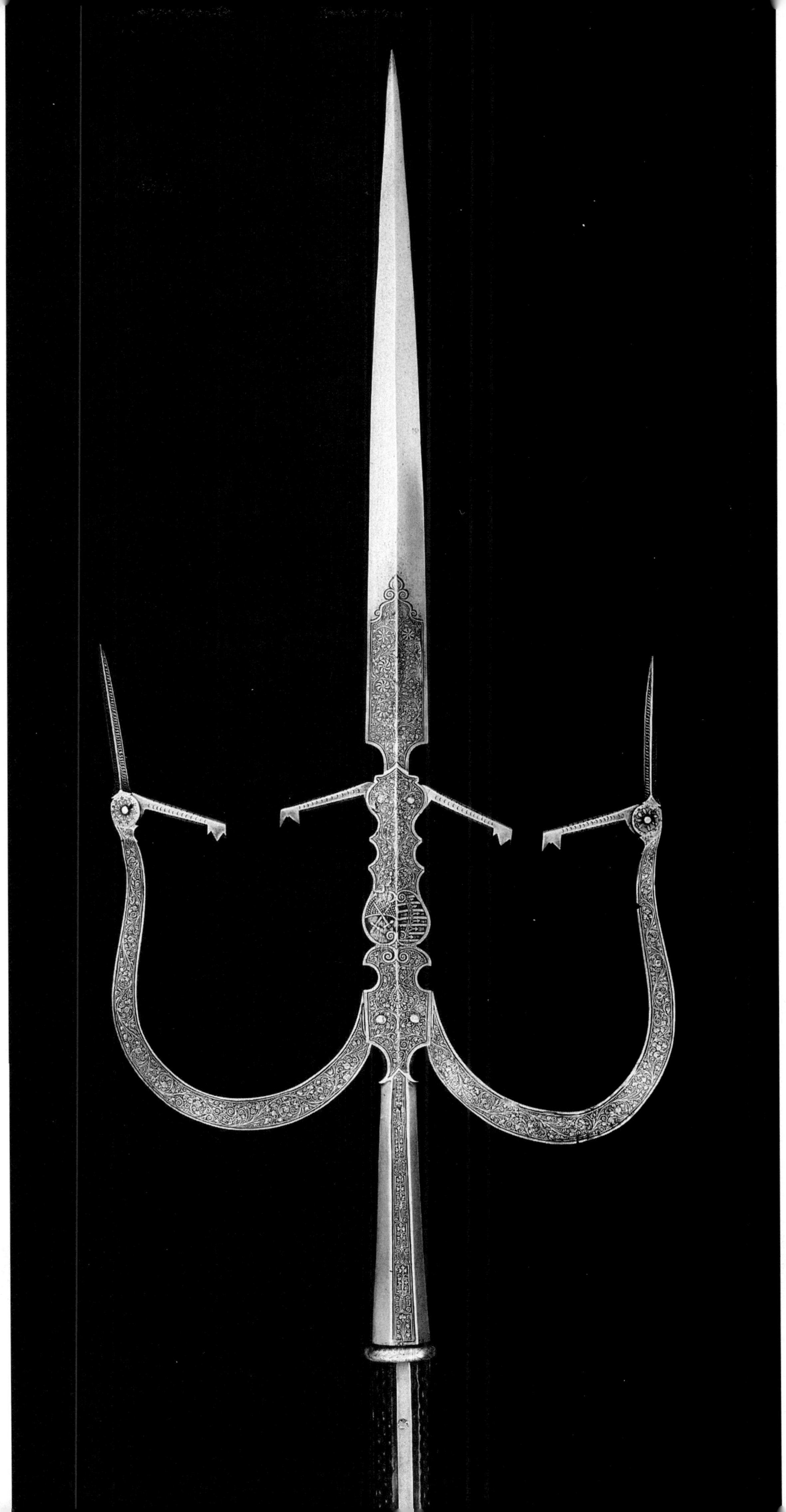

125 Granatgewehr und Gewehrgabel mit Klappbajonett, Tobias Gräfenstein, Gotha, 1729 (Kat.-Nr. 149 a/b)

126 Detail von der linken Seite des Granatgewehrs Abb. 125 mit Gradbogen und Pendellot (Kat.-Nr. 149 a)

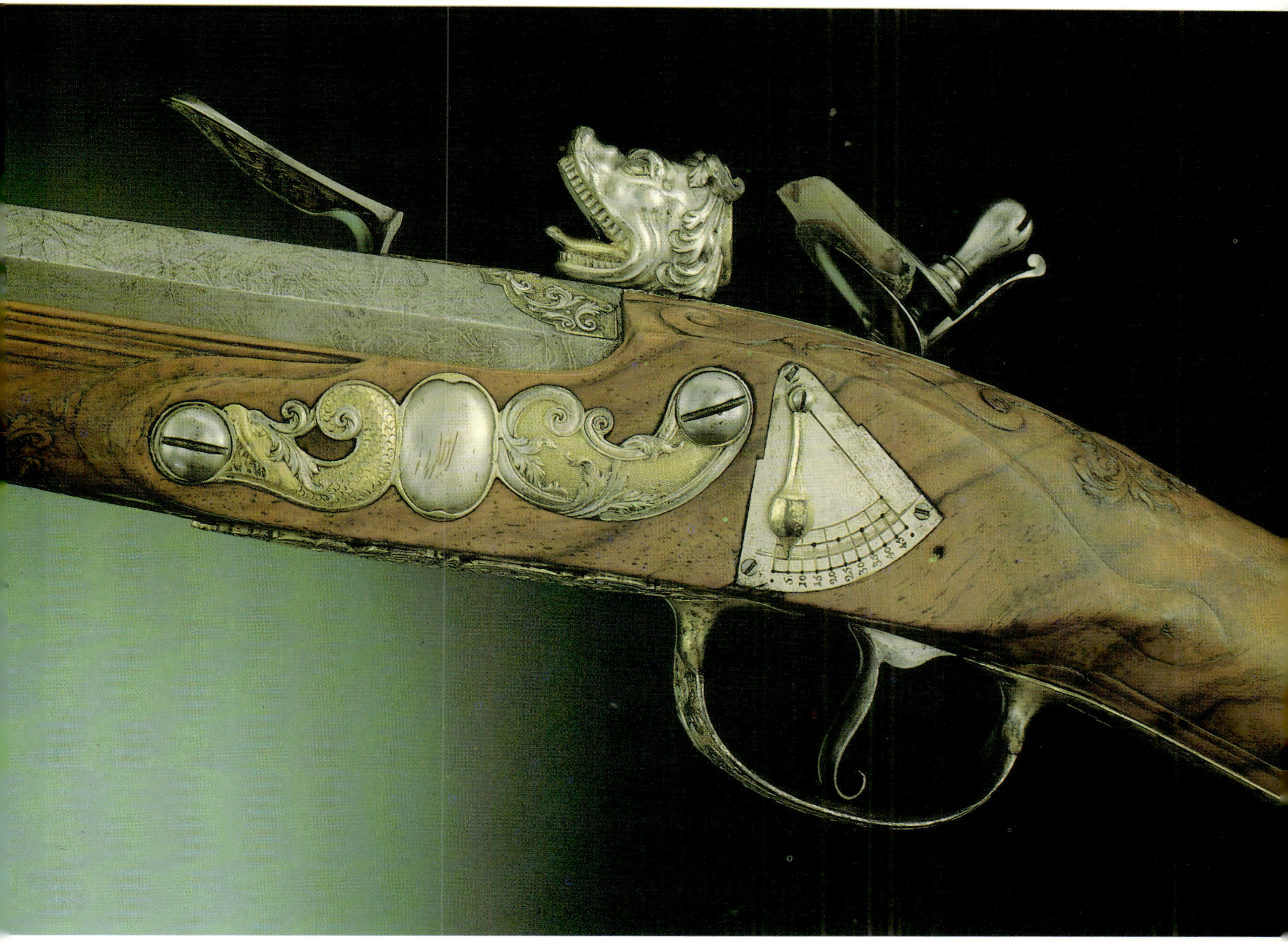

127 Laufdetail vom Granatgewehr Abb. 125 (Kat.-Nr. 149a)

128 Gewehrgabel mit Klappbajonett, Tobias Gräfenstein, Gotha, 1729 (Kat.-Nr. 149b)

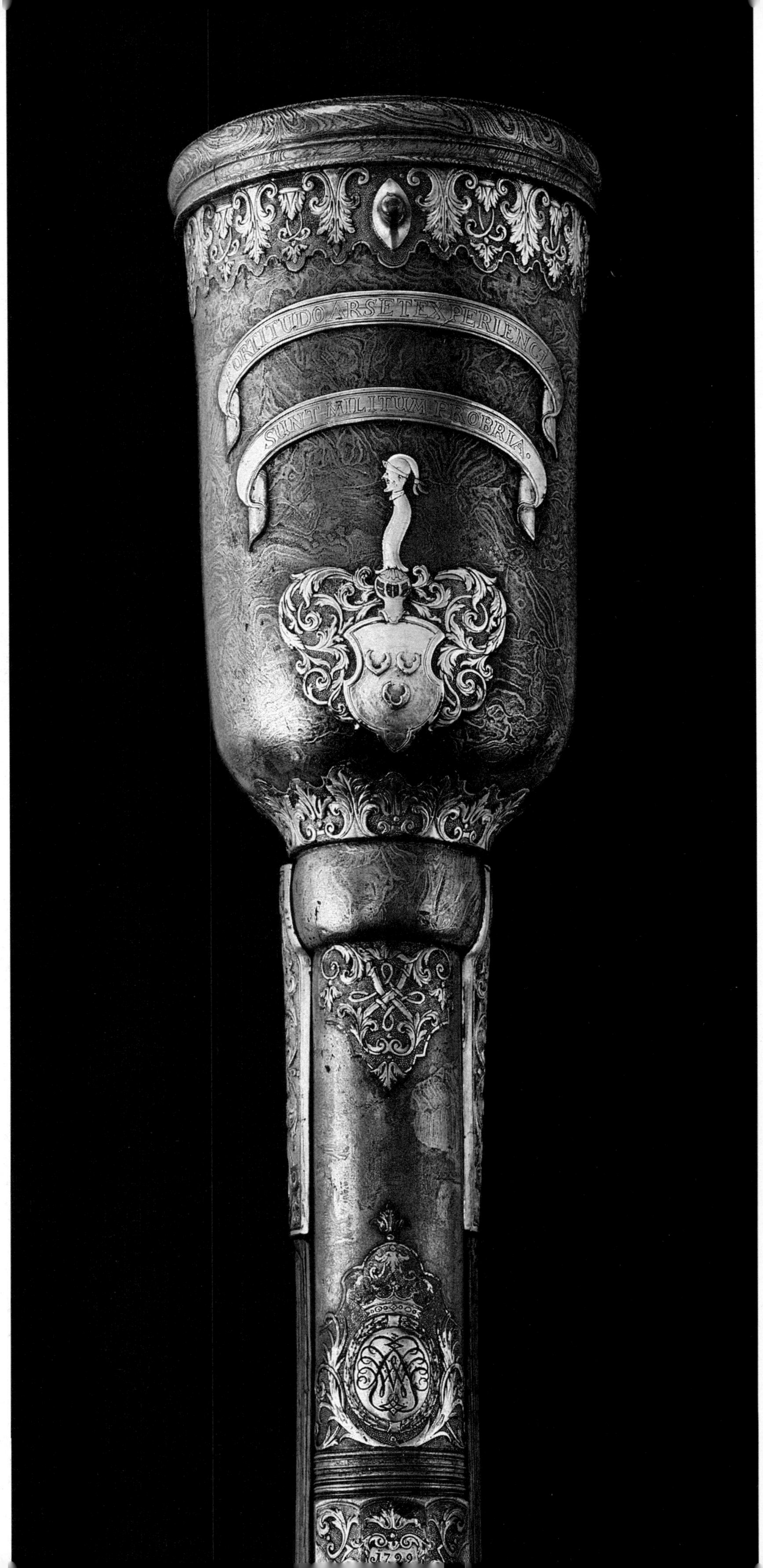

129 Stockdegen mit Radschloßfeuerwaffe,
Augsburg, Ende 16. Jh. (Kat.-Nr. 150/151/152)

130 Stab mit versenkbarer Spießklinge,
Martin Feyhel, Dresden, um 1580 (Kat.-Nr. 157)

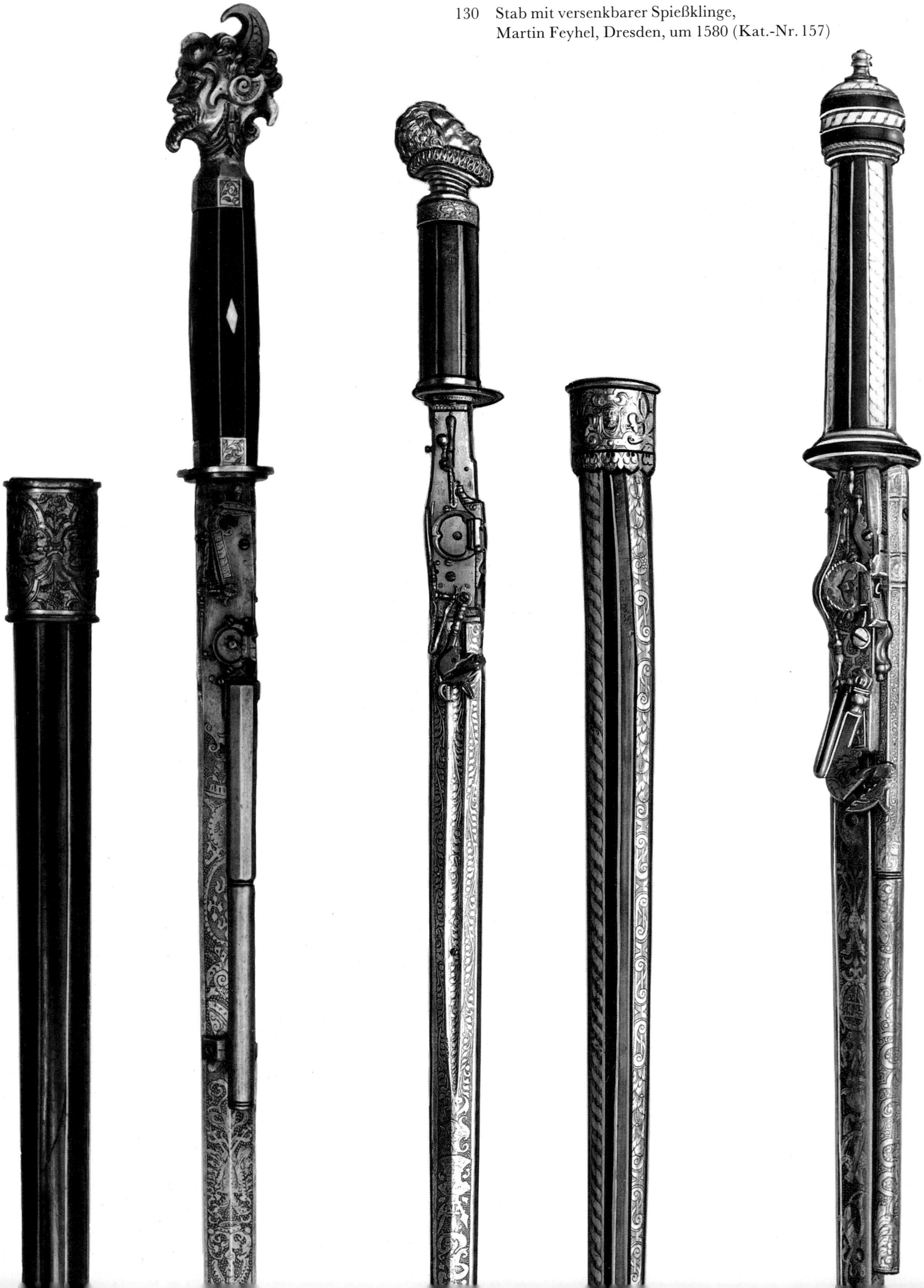

131 Stockdegen
des Kurfürsten
August von Sachsen,
Hans Frost,
Dresden, um 1580
(Kat.-Nr. 153)

132,133,134 Details
des Klingendekors
vom Stockdegen
Abb. 131
(Kat.-Nr. 153)

FIDES

CARITAS

SPES

135 Details von Griff und Stock des Stockdegens Abb. 131 (Kat.-Nr. 153)

136 Hans Sebald Beham, März und April. Blatt 2 der Folge Das Bauernfest oder die Zwölf Monate. 1546. Staatliche Kunstsammlungen Dresden, Kupferstichkabinett

137 Hans Sebald Beham, Herbstmonat und Weinmonat. Blatt 5 der Folge Das Bauernfest oder die zwölf Monate. 1546. Staatliche Kunstsammlungen Dresden, Kupferstichkabinett

138 Stockdegen, deutsch, um 1650, Griff von Caspar Spät, München, Klinge von Juan Martinez, Toledo (Kat.-Nr. 155)

139 Stockdegen mit Bergkristallgefäß,
vermutlich Augsburg, Mitte 17. Jh. (Kat.-Nr. 156)

140 Stockdegen, kombiniert mit Streithammer,
Gefäß vermutlich sächsisch, um 1580 (Kat.-Nr. 162)

141 Zwei Stockdegen,
deutsch, um 1570/80 (Kat.-Nr. 164/163)

142 Knauf des Stockdegens von Abb. 143 (Kat.-Nr. 161)

143 Stockdegen, kombiniert mit Streithammer, vermutlich Dresden, um 1580/90 (Kat.-Nr. 161)

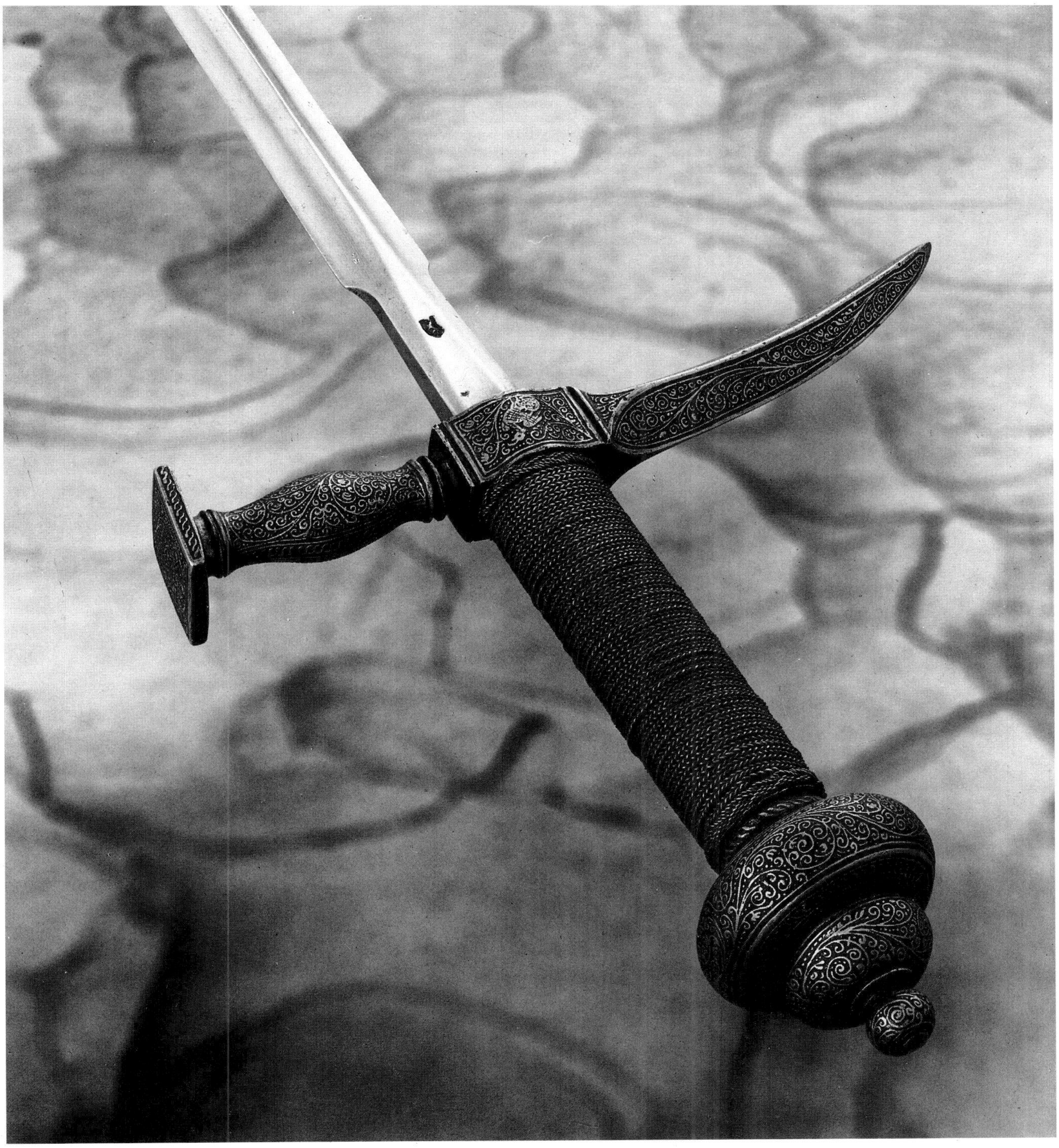

144 Stockdegen des Kurfürsten Johann Georg I. von Sachsen, Gefäß kursächsisch, Klinge vermutlich süddeutsch, um 1615 (Kat.-Nr. 165)

145 Detail des Gefäßes vom Stockdegen Abb. 144

146 Detail des Gefäßes vom Stockdegen Abb. 144

Folgende Seiten

147 Stockdegen mit Gewehrgabel, vermutlich süddeutsch, um 1560/70 (Kat.-Nr. 166/167/168)

148 Zwei Stockdegen mit Gewehrgabel, deutsch, Ende 16. Jh. (Kat.-Nr. 169/170)

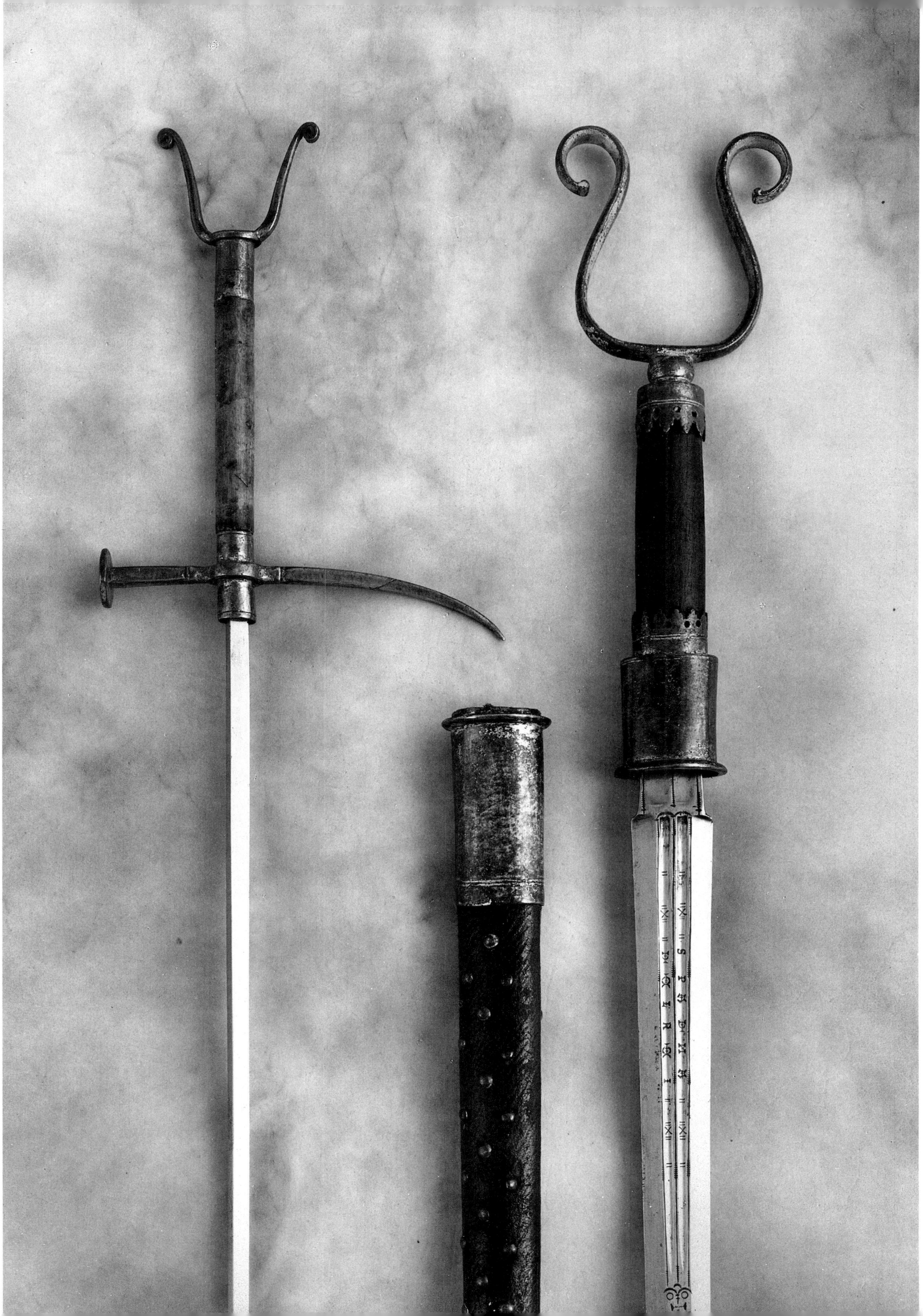

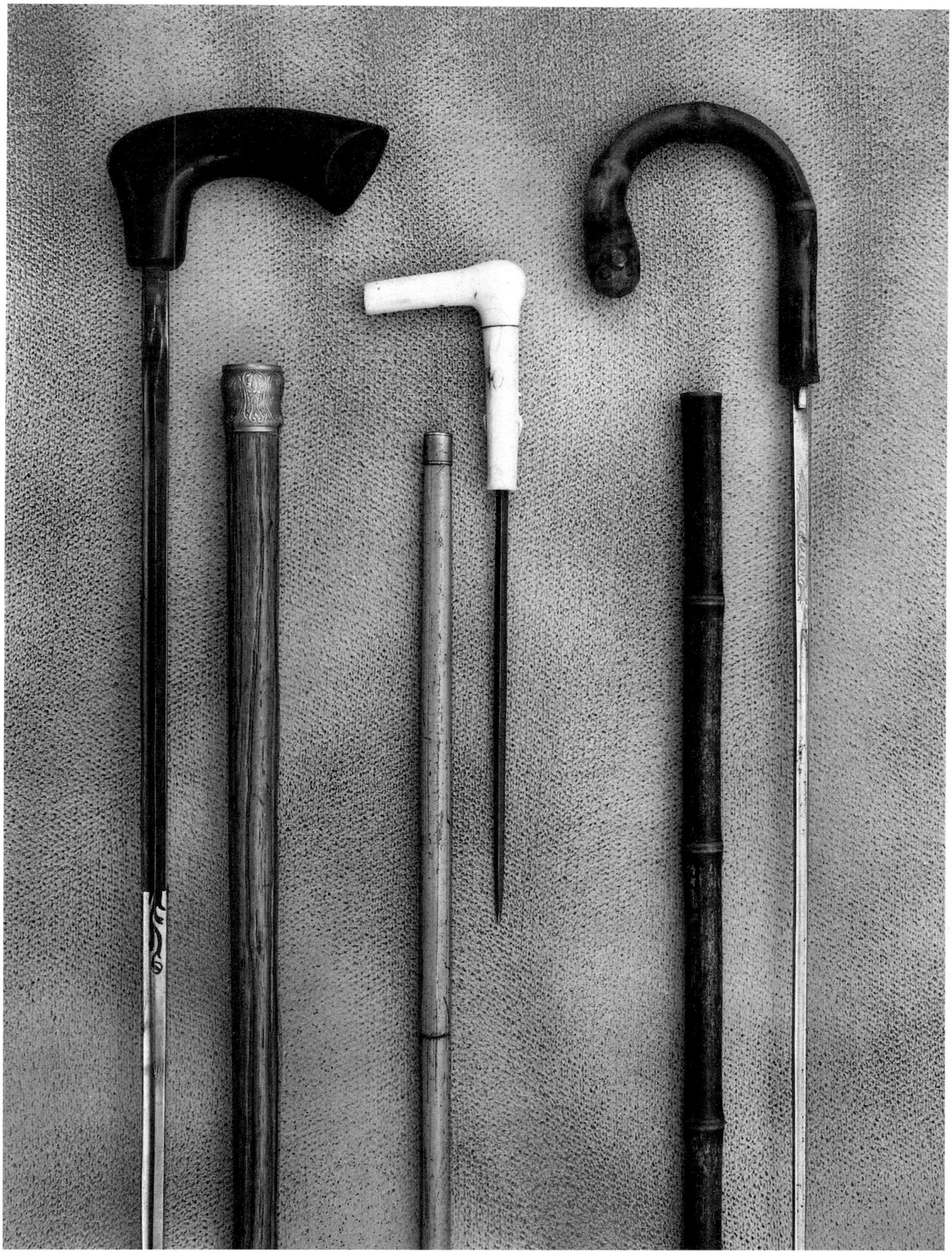

149 Stock mit versenkbarer Klinge, vermutlich deutsch (Kat.-Nr. 171)
Zwei Stockdegen, deutsch, 2. Hälfte 19. Jh. (Kat.-Nr. 172/173)

150 Stockdegen, deutsch, Ende 19. Jh. (Kat.-Nr. 175/176/177)

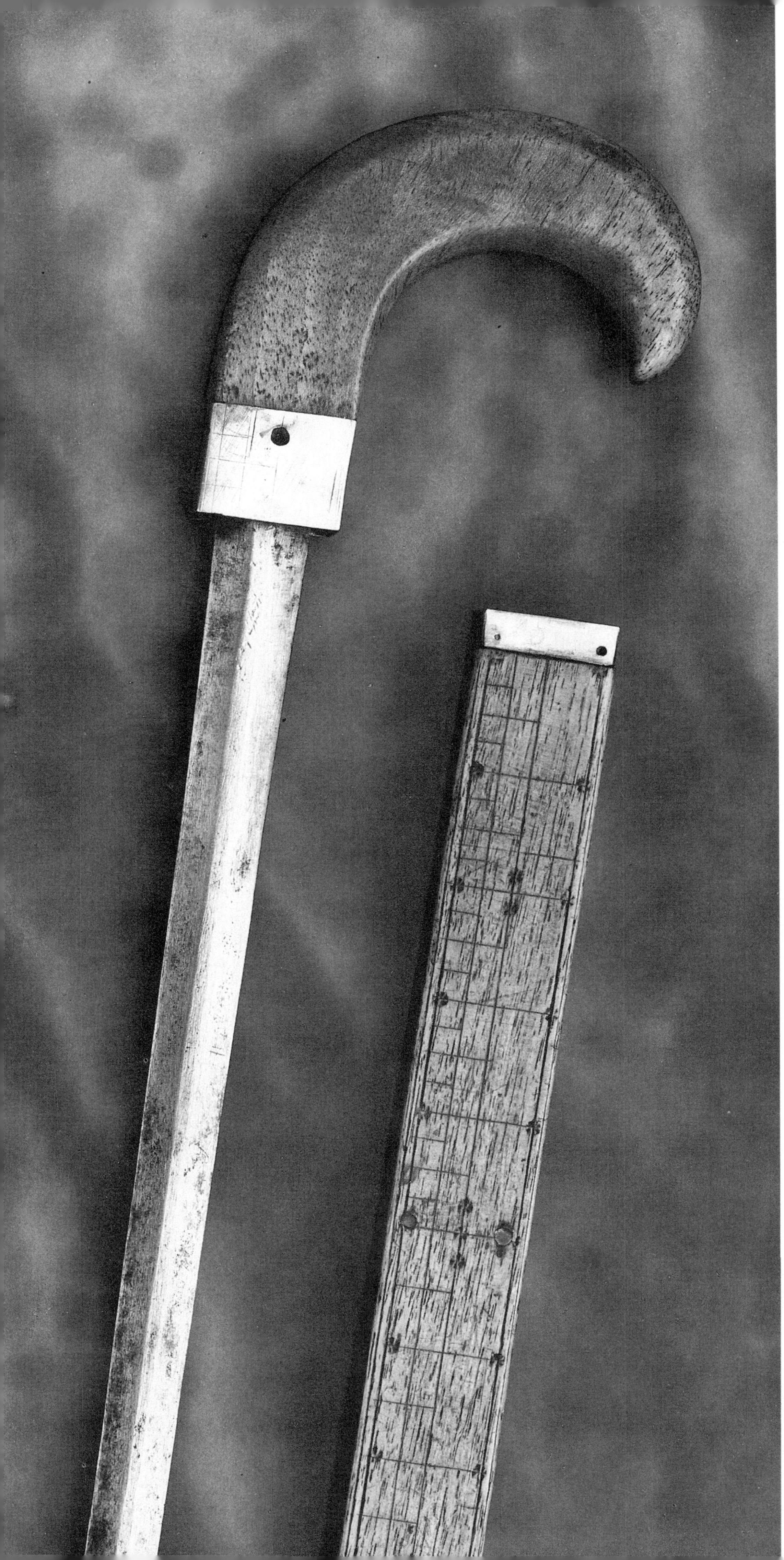

151 Stockdegen mit Ellenmaß, Sachsen, um 1820/30 (Kat.-Nr. 174)

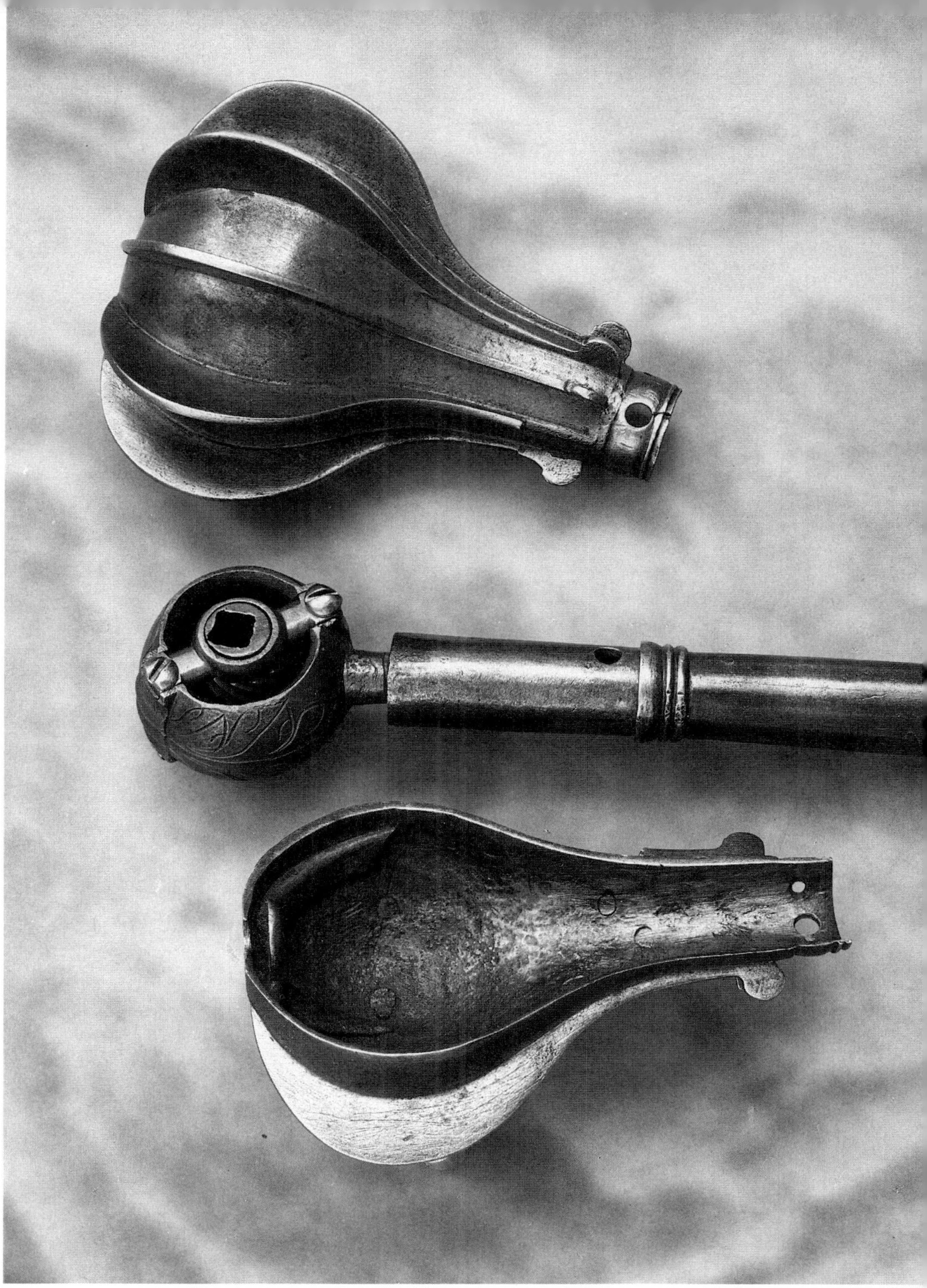

152 Streitkolben des Kardinals Ascanio Maria Sforza
mit verborgenem Stilett,
Mailand, um 1500 (Kat.-Nr. 178)

153 Demontierter Schlagkopf des Streitkolbens
mit Pfeffermühle (Kat.-Nr. 179),
vermutlich deutsch, 2. Hälfte 16. Jh.

Folgende Seiten

154 Detail des Streithammers mit Stoßklinge (Kat.-Nr. 181),
Balthasar Hacker, Dresden, 1593

155 Schlagkopf vom Streithammer mit Stoßklinge (Kat.-Nr. 181),
Dresden, 1593

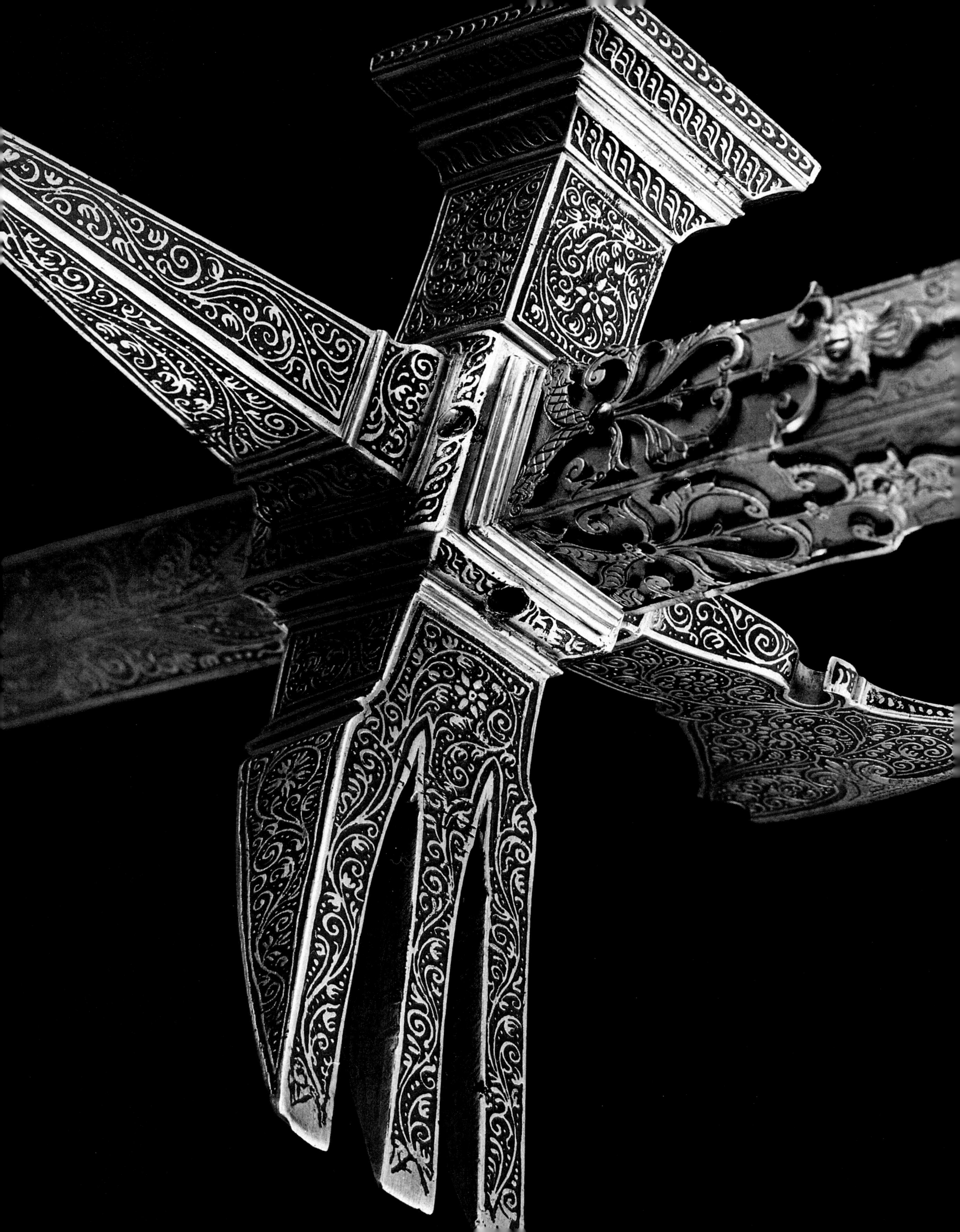

156 Dolch und Rapier mit Uhren im Knauf, Dresden, 1610 (Kat.-Nr. 182 b/a)

157 Knauf des Dolches von Abb. 156 mit aufgeklapptem Rückdeckel (Kat.-Nr. 182 b)

158 Vorderseite des Knaufes vom Rapier Kat.-Nr. 182 a (Abb. 156)

159 Knauf des Rapiers Kat.-Nr. 182 a mit aufgeklapptem Rückdeckel

160 Hirschfängerklinge mit Schrittzähler, vermutlich Augsburg, Ende 17. Jh. (Kat.-Nr. 186)

161 Hirschfänger mit Schrittzähler, Klinge vermutlich Augsburg, Ende 17. Jh. Gefäß 1810/20 (Kat.-Nr. 187)

162 Pulverflasche mit Uhr, Augsburg, um 1620 (Kat.-Nr. 184)

163 Pulverflasche mit Sonnenuhr, süddeutsch, um 1550 (Kat.-Nr. 183)

Folgende Seiten

164 Artilleriekurzgewehr (Luntenspieß), Preußen, 1. Hälfte 18. Jh. (Kat.-Nr. 190)

Luntenspieß, Sachsen/Polen?, Ende 17./Anfang 18. Jh. (Kat.-Nr. 189)

Luntenspieß, deutsch, Ende 17. Jh. (Kat.-Nr. 188)

165 Detail vom Fürbug (Roß-Bruststück) des Harnischs für Mann und Roß Kurfürst Johann Georgs I. von Sachsen, Hans Roth?, Augsburg, 1622
Historisches Museum Dresden, Inv.-Nr. M68

KONIGL:PREUS ARTILLERIE
POTZ

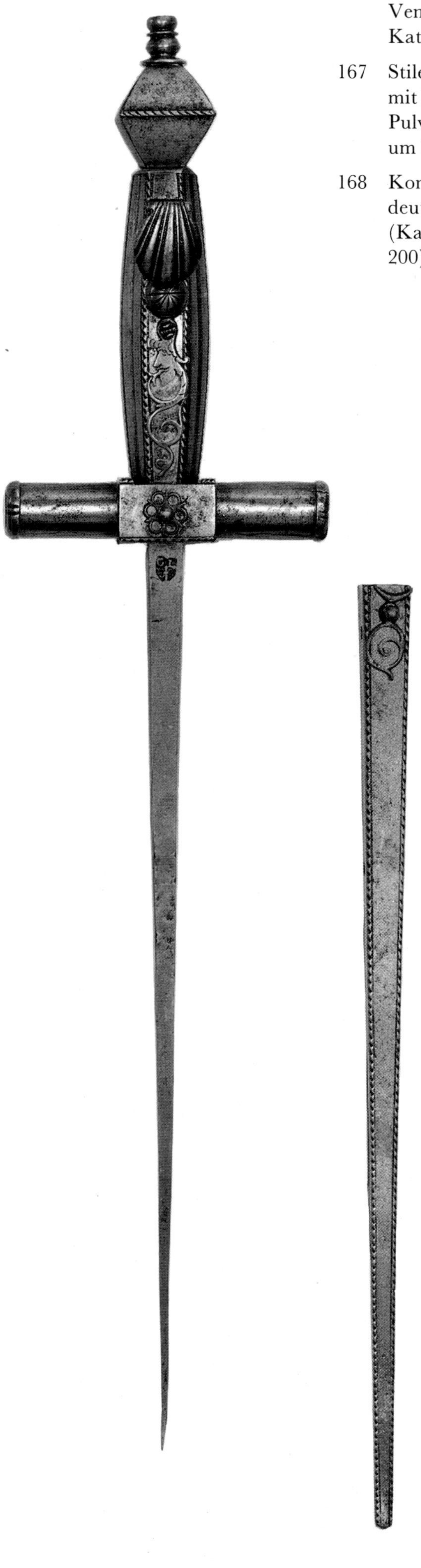

166 Stilett mit Artilleriemaßstab, Venedig, 2. Hälfte 17. Jh. Kat.-Nr. 194)

167 Stilett, kombiniert mit Radschloßschlüssel und Pulverflasche, deutsch, um 1660 (Kat.-Nr. 195)

168 Kombinierte Pulverflaschen, deutsch, 17. Jh. (Kat.-Nr. 198/199/197/196/200)

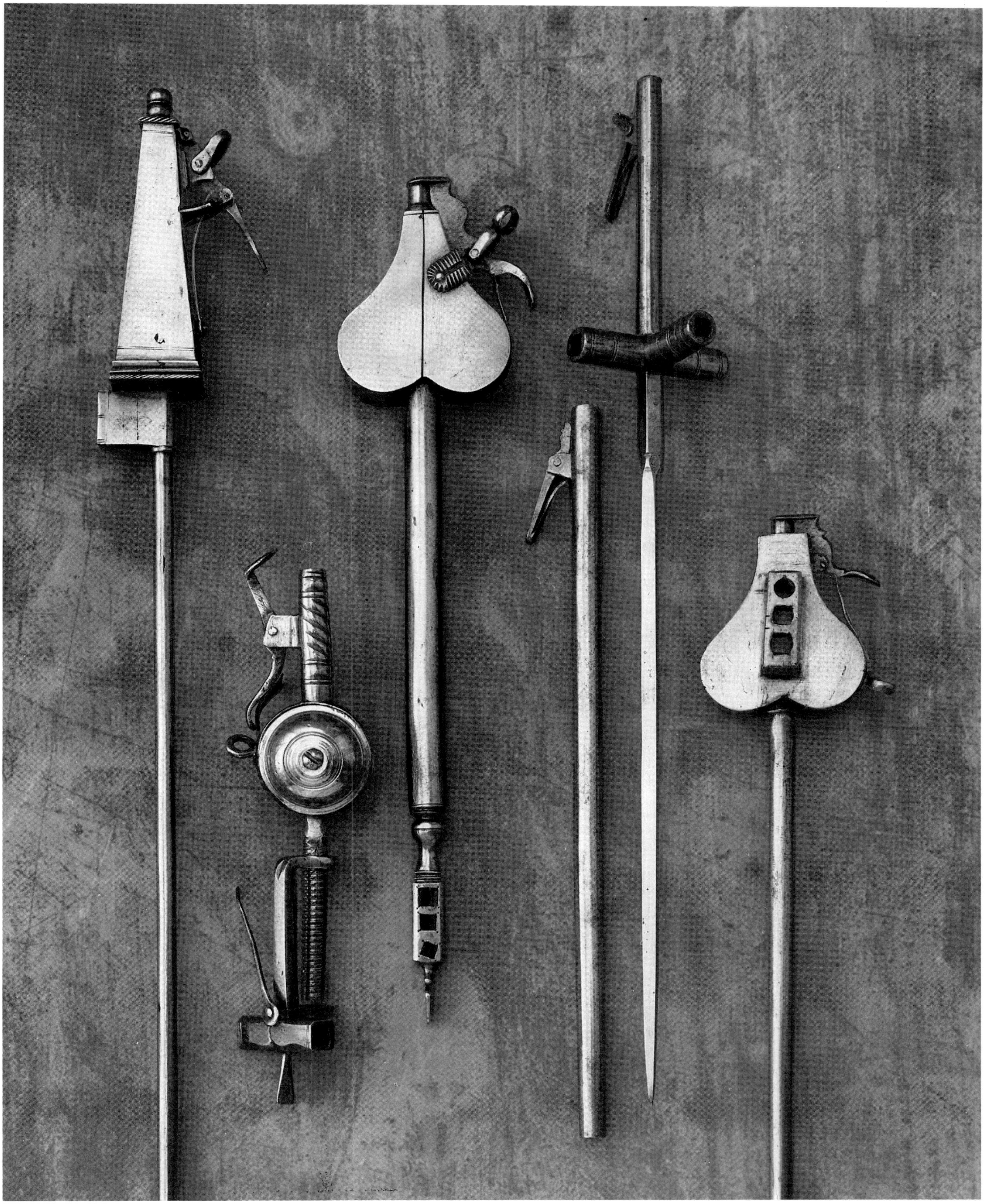

169 Reitpeitsche mit Steinschloßfeuerwaffe, Andrew Dolep, London, um 1630 (Kat.-Nr. 201)

170 Detail der Reitpeitsche von Abb. 169 (Kat.-Nr. 201)

171 Buchattrappe mit zwei Steinschloßfeuerwaffen, französisch, Ende 17. Jh. (Kat.-Nr. 203)

KATALOG

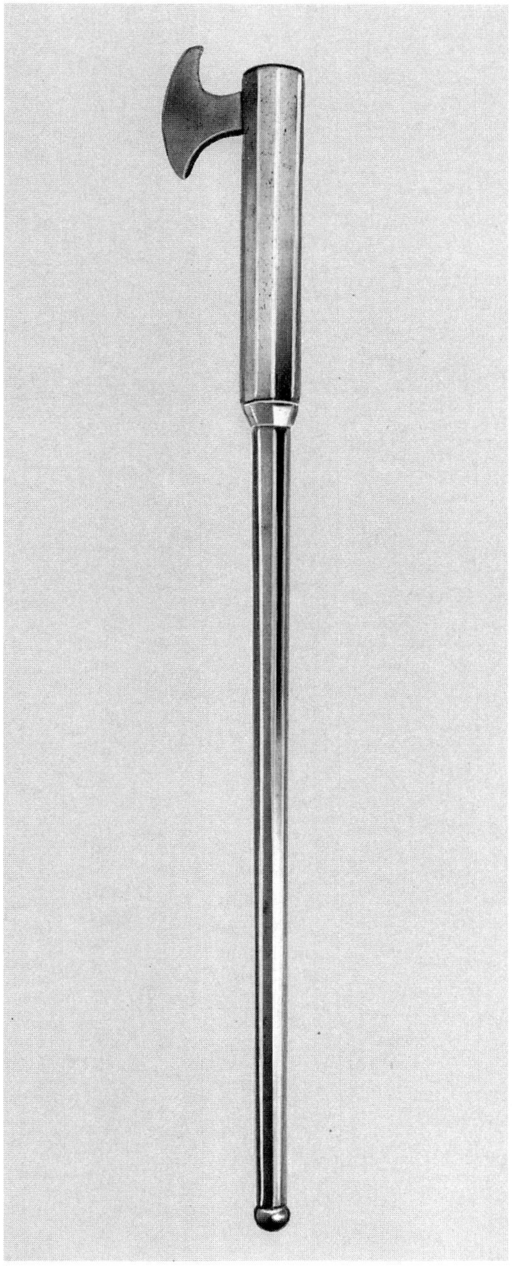

1

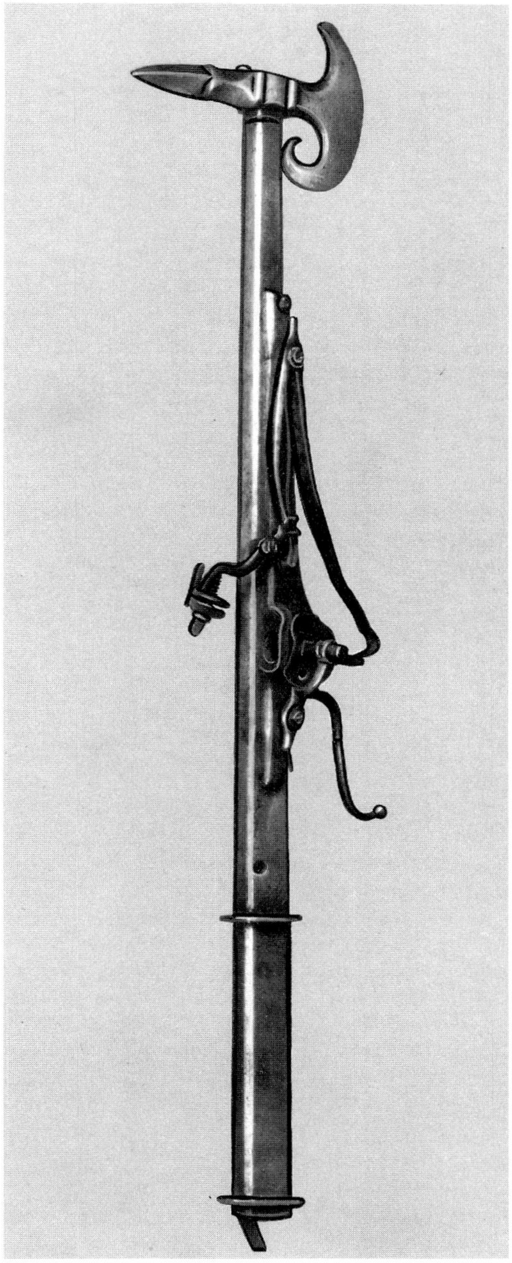

2

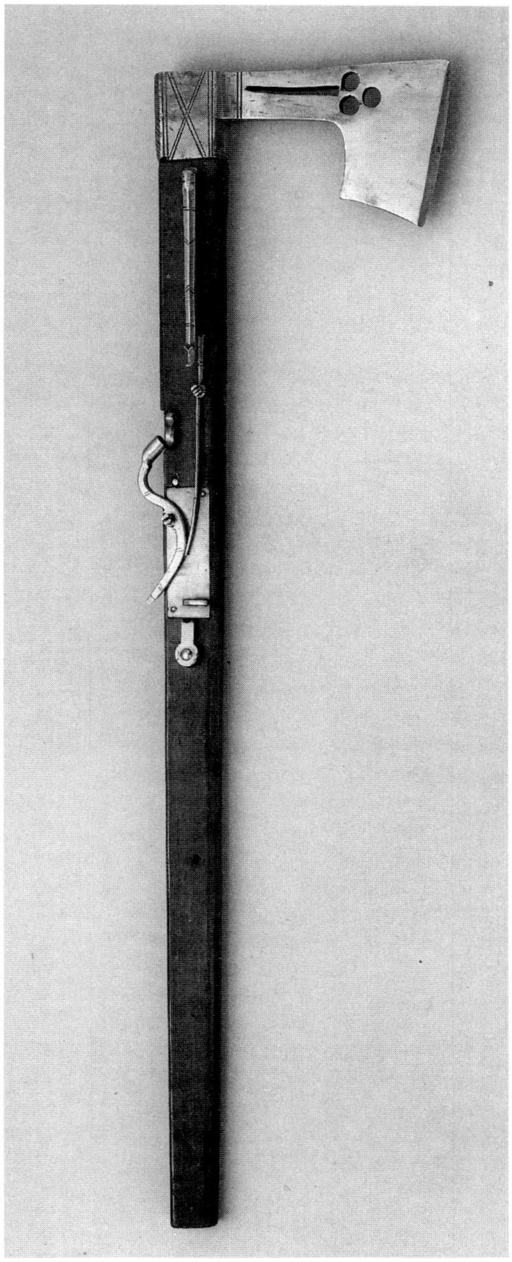

3

KOMBINATIONSVARIANTEN ZWISCHEN BLANK- UND FEUERWAFFEN

KURZSCHÄFTIGE HIEB- UND SCHLAGWAFFEN, KOMBINIERT MIT HANDFEUERWAFFEN

1 Streitaxt, kombiniert mit Handfeuerwaffe, um 1470

Eiserner Oktogonallauf, das Zündloch im hinteren Drittel der oberen Lauffläche; kräftige Axtklinge mit konvexer Schneide; achtkantiger Stangenschaft mit kugeligem Knauf.

Gesamtlänge: 86 cm, Lauflänge: 20,2 cm, Kaliber: 19 mm, Länge der Axtklinge: 10 cm, Gewicht: 3740 g

Foto: Schweizerisches Landesmuseum Zürich (Inv.-Nr. KZ 5635)

Die Waffe galt lange Zeit als Streitaxt des Reformators Ulrich Zwingli, der sie 1531 in der Schlacht bei Kappel, in der er den Tod fand, geführt haben soll. Vgl.: R. Forrer, Die ältesten gotischen ein- und mehrläufigen Faustrohrstreitkolben, in: ZHWK 4 (1906–1908) 2, S. 55–61.

2 Streitaxt mit Radschloßfeuerwaffe, italienisch, um 1520

Ganzmetallwaffe, Eisen; Axteisen mit konvexer Schneide, profilierte Tülle, Vierkanthaken mit gekehltem Ansatz. Vierkantiger Hohlschaft mit geschrägten Kanten als Lauf dienend, Griff mit scheibenförmigem Handteller. Radschloß seitlich am Schaft befestigt mit außenliegenden Funktionsteilen, Rad mit schmaler Studel, Pulverpfanne mit drehbarem Deckel (Pfannendeckel fehlt), Hahn mit schlankem, gebogenem Hals, Schlagfeder zugleich als Hahnfeder fungierend, S-förmiger Hebelabzug.

Palazzo Ducale Venezia, Inv.-Nr. Q 8

Lit.: J. F. Hayward, Die Kunst der alten Büchsenmacher, Bd. I, S. 217, Abb. 8; D. Pope, Feuerwaffen, Entwicklung und Geschichte, S. 73; C. Blair, Further Notes on the Origins of the Wheellock, in: Arms and Armor Annual, I (1973), S. 38

3 Streitaxt mit Luntenschnappschloß-Feuerwaffe, deutsch, um 1540

Kräftiges, lang ausgezogenes Axteisen mit durchbrochenem, gestieltem Dreipaß; der Tüllenrücken zeigt einfaches Strichmuster.

Langer gerader Nußbaumschaft mit gebrochener Oberkante und abgerundeter Unterseite. Runder, im Schaft eingebetteter Lauf, von dünner Holzplatte verdeckt; seitlich am Lauf angebrachte Pulverpfanne mit drehbarem Pfannendeckel.

Schloß mit messingner Schloßplatte, S-förmiger, am Schloßblech verschraubter Hahn, dessen Kopf zur Aufnahme des Feuerschwamms röhrchenförmig ausgebildet ist; außenliegende, im Schaft befestigte Hahnfeder. Eine seitlich in den Schaft eingelassene, flach ausgeschmiedete, abgewinkelte Feder mit aufgenieteten Zapfen hält den Hahn im gespannten Zustand. Durch Druck auf das ringförmige Federende wird der Hahn freigegeben und schlägt auf die Pulverpfanne.

Der abgewinkelte kantige Traghaken ist mit dem Schaft vernietet.

Gesamtlänge: 71,5 cm, Lauflänge: 23,6 cm, Kaliber: 9,5 mm,
Gewicht: 1200 g

Historisches Museum Dresden, Inv.-Nr. T 73

Inventarnachweis: Gesamtinventar von 1606, S. 1402 (Verz. 72) «Eine barte mit einem Buchsenschloß und Rohr»,
Inv. Pallienkammer von 1812, S. 103, Nr. 167 (Verz. 119),
Gesamtinventar von 1836, S. 206, Nr. 49 (Verz. 79)

4 Streitaxt mit Radschloßfeuerwaffe, vermutlich französisch, Mitte 16. Jahrhundert

Ganzmetall, Eisen; alle Teile der schweren Waffe außer der polierten Axtschneide und den Spitzen des Hammereisens sind gebläut und reich verziert mit tauschiertem, feingliedrigem Rankenwerk in Gold und Silber. Der Schaft mit eingebohrtem glattem Lauf zur Mündung konisch verlaufend; das kräftige Axteisen ist mit dem Schaft fest verbunden, der Hammer wird von einem vierteiligen Dorn bekrönt; der hohle Schaft und der zu einer Kapsel ausgebildete Handteller enthalten die konstruktiven Teile des Radschlosses. Kugelförmiger, profilierter Knauf mit durchbrochenem halbkugelförmigem Knopf für den Trageriemen.
Zum Konstruktionsprinzip des Schlosses:
Der Knaufkopf mit hülsenförmiger Verlängerung und Innengewinde ist mit einem im Inneren des Griffes untergebrachten Eisenzylinder verschraubt. Nach dem Lösen des Knaufknopfes können das Griffstück und die Kapsel abgezogen werden. Der Eisenzylinder besteht aus zwei hohlen, miteinander verstifteten und verschraubten Hälften; die eine Hälfte ist mit einer Eisenplatte, die mit der vierkantigen Schwanzschraube des Laufes und mit dem Handteller hartverlötet ist, verbunden. Sie trägt den durch ein Scharnier verbundenen, flach ausgeschmiedeten rechteckigen Hahn, dessen kurze Hahnlippen nebeneinander liegen. Eine flach ausgeschmiedete, am oberen Ende abgewinkelte bewegliche Feder übernimmt die Funktion der Hahnfeder und kann mittels eines eingeschraubten Stiftes mit Kugelkopf, der aus der Kapsel herausragt, auf den Hahn geschoben werden, wodurch er auf das Rad gedrückt wird.

Die lösbare Hälfte des Eisenzylinders ist am vorderen Ende mit einer Eisenplatte, die das Rad und den Pfannendeckel trägt, hartverlötet. Im Eisenzylinder ist eine kräftige Spiralfeder eingebettet, durch die eine lange Schraube mit großem Kopf führt. Die Schraube ist mit der Kette verbunden. Beim Aufziehen des Rades wird die Feder zusammengedrückt, die Stange rastet in eine entsprechende Aussparung des Rades ein und hält die Feder gespannt. Als Abzug dient ein mit der Stange verschraubter Stift, dessen kugeliger Kopf aus der Kapsel herausragt.

Ein im Inneren der Kapsel aufgelöteter Steg greift in eine horizontale Nut der Pulverpfanne, wodurch ein seitliches Verschieben der Kapsel verhindert wird.

Nachdem die Waffe geladen ist, wird das Rad aufgezogen, ein entsprechender Durchbruch auf der Außenseite der Kapsel ermöglicht das Aufstekken des Radschloßschlüssels auf den Vierkant.

Der den Hahn und die Pfanne verdeckende Scharnierdeckel wird geöffnet, der Hahn etwas angehoben, der Pfannendeckel zurückgeschoben, das Pulver aufgeschüttet. Anschließend wird der Pfannendeckel wieder auf die Pfanne geschoben, die Hahnfeder auf den Hahnkopf gelegt und der Scharnierdeckel geschlossen. Beim Betätigen des Abzugs wird der Pfannendeckel durch einen am Rad angebrachten Stift selbsttätig zurückgeschoben. Das rückwärts rotierende Rad reißt den Funken ab, der die Ladung entzündet.

Gesamtlänge: 64 cm, Lauflänge: 38 cm, Kaliber: 11,5 mm, Gewicht: 2230 g

Historisches Museum Dresden, Inv.-Nr. T 75

Inventarnachweis: Gesamtinventar 1606, S. 974 (Verz. 72): «Eine Barten mit einem Verborgenem Rohr vnd aller Zugehörung, von gantzen eisen, mit Silber vnd golt geetzt, welches von einem Schotten den 16. July Ao. 91 erkaufft worden.»
Inv. Türkenkammer von 1674, S. 35, Nr. 101; von 1683, S. 57, Nr. 101 (Verz. 245); von 1716, S. 36, Nr. 101 (Verz. 246); von 1783, S. 118, Nr. 227 (Verz. 247); von 1821, S. 167, Nr. 268 (Verz. 248); Gesamtinv. 1836, S. 196 f. (Verz. 79)

Lit.: M. v. Ehrenthal, Führer durch das Königliche Historische Museum in Dresden, S. 101, E 622; E. Haenel, Kostbare Waffen aus der Dresdner Rüstkammer, S. 146, Tafel 72 e; K. Koetschau, Ein

4

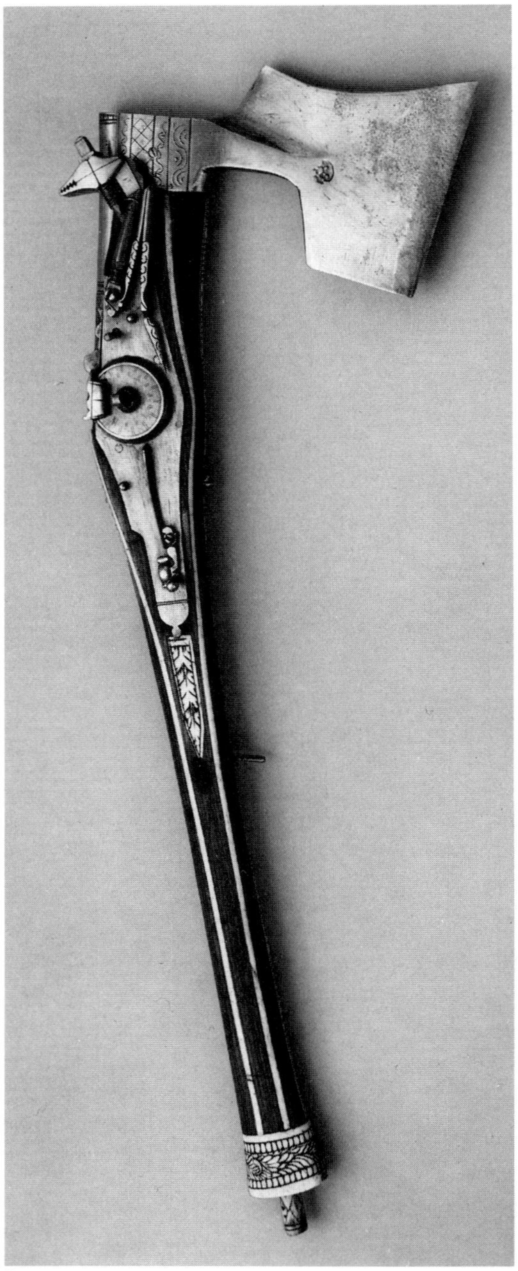

5

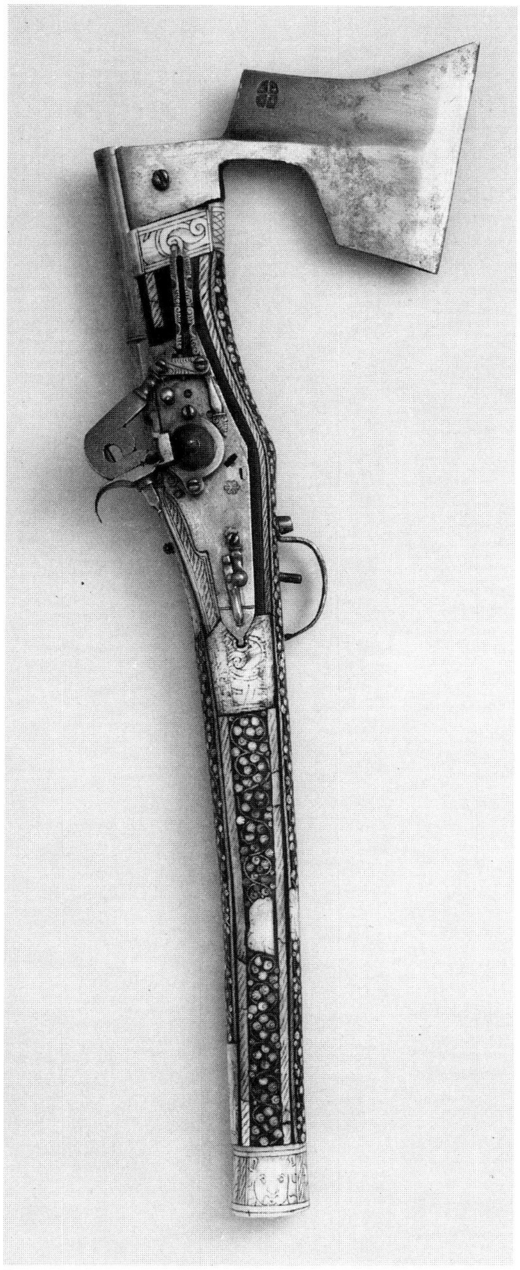

6

Axthammer mit Schießvorrichtung, in: Beiträge zur Geschichte der Handfeuerwaffen, Dresden 1905, S. 117; J. Schöbel, Prunkwaffen, S. 164, Abb. 145a

5 Streitaxt mit Radschloßfeuerwaffe, süddeutsch, 1574

Kräftiges blankes Axteisen mit gerader Schneide, das Axteisen einseitig gemarkt, auf der Gegenseite naiv gravierter österreichischer Doppeladler mit der Kaiserkrone, umgeben von der Devise «SI. DEVS. PRO. NOBIS. QWIS. CONTRA. NOS» (Si deus pro nobis quis contra nos = Wenn Gott für uns ist, wer mag gegen uns sein), im Zentrum des Adlers der Reichsapfel mit der Jahreszahl «74»; auf der Tülle in vier Feldern einfaches graviertes Strich- und Wellenmuster, der Tüllenrücken mit tiefer Aussparung für den Lauf; Schaft und Lauf sind mit der Tülle verschraubt.

Runder Lauf, die hintere Laufoberseite schraffiert, in den Feldern gepunztes Sternchenmuster.

Blankeiserne Schloßplatte; verdecktes Rad mit flacher Raddecke; die Pfanne mit gleitendem Pfannendeckel, stiftförmiger Drücker; der Hahn mit balusterförmigem Ansatz und rhombenförmigem Kopf; Abzugssicherung mit zylindrischer Handhabe; auf der Schaftunterseite nadelförmiger Abzug ohne Abzugsbügel.

Kantiger Nußbaumschaft mit schmalen gravierten Beineinlagen, verbeinten Profilkanten und gravierter Beinmanschette am Schaftende. Der Ladestock ist am hinteren Schaftende in eine Bohrung eingeschoben, das verbeinte Ladestockende steht über.

Gesamtlänge: 53 cm, Lauflänge: 14,5 cm, Kaliber: 12 mm, Gewicht: 1200 g

Historisches Museum Dresden, Inv.-Nr. T 80

Inventarnachweis: Inv. Türkenkammer 1674, S. 33, Nr. 93 (Verz. 244): «Eine Parthe, oben mit einem Tertzerol Lauffe und Feuerschloße, auf der Parthen ein Wappen mit dem gedoppelten Adler und der Schrift ‹Si deus pro nobis, quis contra nos.› an braun höltzernen etwas verbeinten Schaffte worinnen unten ein eisernes Ladesteck-lein.»
Inv. Türkenkammer von 1683, S. 54, Nr. 93 (Verz. 245); von 1716, S. 34, Nr. 93, (Verz. 246); von 1783, S. 115, Nr. 220 (Verz. 247); von 1821, S. 163, Nr. 261 (Verz. 248); Gesamtinv. von 1836, S. 204 f., Nr. 49 (Verz. 79)

Lit.: M. v. Ehrenthal, Führer durch das Königliche Historische Museum in Dresden, S. 120, F 70; J. Schöbel, Prunkwaffen, S. 146, Abb. 164

6 Streitaxt mit Radschloßfeuerwaffe, vermutlich süddeutsch, um 1580

Kräftiges blankes, am Hals stark eingezogenes Axteisen mit gerader Schneide, auf der rechten Seite eingeschlagene Marke; der Tüllenrücken zur Aufnahme des Laufes halbrund ausgespart, kurzer Lauf, auf den Schrägen des hinteren achtkantigen Laufstückes die eingeschlagenen Initialen «H G»; die vordere Laufhälfte rund, der Übergang vom achtkantigen zum runden Laufstück durch Zierring betont; auf der Laufunterseite im Bereich der Mündung eine lange Lauföse; Lauf und Schaft mit der Tülle durch seitliche Schraube arretiert.

Blankeiserne Schloßplatte; außenliegendes Rad mit zweifach verschraubter Radkappe; Pulverpfanne mit gleitendem Pfannendeckel, der Drücker fehlt; der Hahn mit balusterförmigem Fuß, der Hals flach ausgeschmiedet, unter dem Hahnkopf kreisrunder Durchbruch, kurze Hahnlippen, die Hahnfeder graviert; flache gravierte Hahnstudel; die Abzugssicherung mit kugeliger Handhabe; stiftförmiger gerader Abzug; schmaler Abzugsbügel; die Schloßplatte gemarkt.

Reich verbeinter Nußbaumschaft, zwischen gravierten Längsstreifen spiralförmige Beineinlagen und gravierte runde Beinblättchen; der Schaft vorn und hinten von gravierter Beinmanschette eingefaßt, die hintere Manschette zeigt zwischen Blättern Groteskmasken, die dem Schloß gegenüberliegende Schaftseite trägt gravierte Beinplatten mit Darstellungen eines doppelköpfigen Fabelwesens und eines liegenden Löwen; auf der Schaftunterseite Groteskmasken. Hölzerner Ladestock mit einem eisernen Krätzer, das hintere verbeinte Ladestockende mit kugeliger Handhabe. Der Ladestock ist in eine Bohrung des Schaftes eingeschoben, die kugelige Handhabe steht über.

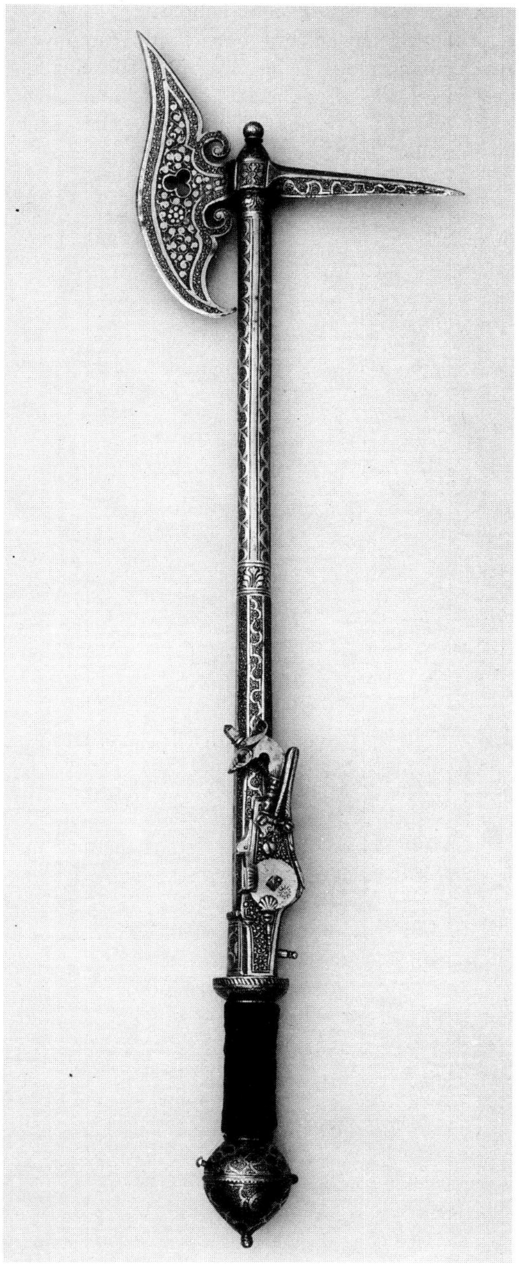

7

Gesamtlänge: 47 cm, Lauflänge: 15 cm, Kaliber: 9,5 mm, Gewicht: 1140 g

Historisches Museum Dresden, Inv.-Nr. T 79

Inventarnachweis: Inv. Türkenkammer 1674, S. 32, Nr. 91 (Verz. 244): «Eine Barthe, oben mit einem Terzerollauffe und Feuerschloße an einem braun hölzernen durchaus mit Laubwerk Verbeinten Schaffte, worinnen unten das Ladestecklein und Kratzer.»
Inv. Türkenkammer von 1683, S. 53, Nr. 91 (Verz. 245); von 1716, S. 34, Nr. 91 (Verz. 246); von 1783, S. 114 f., Nr. 218 (Verz. 247); von 1821, S. 163, Nr. 259 (Verz. 248)

Lit.: M. v. Ehrenthal, Führer durch das Königliche Historische Museum in Dresden, S. 120, F 69

7 Streitaxt mit Radschloßfeuerwaffe, von Bernhard Albrecht, Augsburg, um 1585

Vollständig aus Eisen gefertigte Streitaxt mit hohlem, als Lauf ausgebildetem Schaft.

Axteisen, Lauf, Ladestock, Knauf und Schloßplatte sind reich dekoriert mit geätztem Band- und Rankenwerk auf schwarzem Grund.

S-förmiges Axteisen mit Dreipaßdurchbruch, beiderseitig mit Blattranken auf geperltem Grund geschmückt, der Umriß der Klinge durch schmales Band aus feingliedrigen Ranken betont; der gerade Vierkanthaken zeigt Band- und Rankenwerk; Axteisen und Lauf sind fest miteinander verbunden.

Der Lauf in der hinteren Hälfte achtkantig, anschließend rund, an der Mündung als Widerlager für das Axteisen wulstig verstärkt; kegelförmiger, von zwei Blattfedern gehaltener Mündungsverschluß mit kugeliger Handhabe; die Laufoberfläche reich verziert mit Bandwerk, der Übergang vom achtkantigen zum runden Laufstück durch ein schmales, mit Blattwerk geschmücktes Band akzentuiert; die Oberseite des achtkantigen Laufteils trägt die eingeschlagene Meistermarke des Büchsenmachers Bernhard Albrecht und die Augsburger Beschau.

Runder hohler Griff, jetzt mit schwarzem Samt überzogen, ursprüngliche Wicklung aus Silberdraht; halbschalenförmiger, nach unten gewölbter Handteller, der Knauf der Waffe aus zwei durch Scharnier miteinander verbundenen Halbschalen bestehend, auf Federdruck öffnet sich der mit Bandwerk verzierte Knauf.

Der Lauf ist zur Aufnahme des Radschlosses seitlich abgeflacht; die Schwanzschraube dient gleichzeitig als Verbindungsstück für das sich anschließende kurze Schaftstück und den Griff. Das kurze Schaftstück ist seitlich zur Aufnahme eines Teiles des Schlosses und des Abzugs entsprechend ausgespart. Die Schloßplatte reich mit Rankenwerk dekoriert, die Kanten gebrochen, darauf einfaches Strichmuster; außenliegendes Rad, von kleiner blattförmiger Studel an der Peripherie gehalten; gravierte Pulverpfanne mit gleitendem Pfannendeckel; linsenförmiger Druckknopf; der Hahn mit mehrfach profiliertem Hahnfuß, flach ausgeschmiedetem Hals, rhombenförmigem Kopf und eingerollter Handhabe; gerader stiftförmiger Abzug ohne Abzugsbügel; auf der Schloßgegenseite ein flach ausgeschmiedeter, durchbrochener Tragehaken, daneben eine mit Gewindestück versehene Haltevorrichtung für den Ladestock, der zusätzlich an der Tülle durch eine Ringöse gehalten wird.

Das Schloß ähnelt in seinen äußeren Merkmalen den Schloßkonstruktionen der anderen Augsburger Streitäxte (Kat.-Nr. 8, 9), jedoch beruht der innenliegende Radschloßmechanismus auf einem älteren Konstruktionsprinzip und dürfte für die Zeit in Deutschland nur selten zur Anwendung gekommen sein. Auf der Schloßinnenseite ist auf die Radwelle ein Zahnrad aufgesetzt, das in eine flach ausgeschmiedete Zahnstange eingreift. In dem hohlen Griff befindet sich eine starke Spiralfeder, durch die eine lange Schraube mit großem Kopf führt. Die Schraube ist mit dem abgewinkelten Ende der Zahnstange verbunden. Bei Drehen des Rades mit dem Schlüssel wird die rotierende Bewegung des Zahnrades in eine geradlinige Bewegung der Zahnstange umgewandelt, wobei die Spiralfeder zusammengedrückt wird. Die Stange rastet in eine Bohrung des Rades ein und hält den Mechanismus im gespannten Zustand.

Gesamtlänge: 66 cm, Lauflänge: 43,5 cm, Kaliber: 12 mm, Gewicht: 1650 g

Historisches Museum Dresden, Inv.-Nr. T 76

Inventarnachweis: Inv. Türkenkammer von 1674, S. 35, Nr. 102 (Verz. 244): «Eine eiserne durchaus geetzte Hand Parte, mit einem Büchsenlauffe und Feuerschloße, nebst angefügten Ladestecken, der Grieff mit weißem Drahte umbwunden und schwartz befranset, mit einem aufspringenden Zugespitzten Knopff, worinnen ein Kratzer.»
Inv. Türkenkammer von 1683, S. 57 f., Nr. 102 (Verz. 245); von 1716, S. 36 f., Nr. 102 (Verz. 246); von 1783, S. 118, Nr. 228 (Verz. 247); von 1821, S. 167, Nr. 269 (Verz. 248); Gesamtinv. von 1836, S. 198 f., Nr. 49 (Verz. 79)

Lit.: M. v. Ehrenthal, Führer durch das Königliche Historische Museum in Dresden, S. 102, E 637; E. Haenel, Kostbare Waffen aus der Dresdner Rüstkammer, S. 146, Tafel 72 d

8 Streitaxt mit Radschloßfeuerwaffe, Augsburg, um 1580

Vollständig aus Eisen gefertigte Streitaxt, mit hohlem, als Lauf ausgebildetem Schaft.

Axteisen, Lauf und Schaft sind reich geätzt; das S-förmige Axteisen mit Dreiblattdurchbruch zeigt beiderseitig in Goldätzung Kriegsarmaturen und eingestreute Blattranken auf geperltem schwarzem Grund; der bewegte Umriß der Klinge durch vergoldeten Rand betont; vierkantiger, knaufwärts gebogener Haken, die Spitze des Hakens mit Bandmuster in Goldätzung dekoriert, daran anschließend feingliedrige Ranken auf schwarzem Grund; die facettierte, geätzte und vergoldete Tülle ist mit dem Lauf verschraubt.

Der Lauf im hinteren Teil achtkantig, reich geätzt mit Ranken auf schwarzem Grund, trägt die Augsburger Beschau, das vordere runde Laufstück mit kräftigem vergoldetem Mündungswulst zeigt geätzte Bandmauresken auf schwarzem Grund; ein eiserner Ladestock mit geätzter und vergoldeter Handhabe dient als Mündungsverschluß.

Hohler runder Griff, ohne Wicklung, jetzt mit grünem Samt bezogen; schmaler flacher Handteller, mit Goldätzung dekoriert; der Knauf kugelförmig, aus zwei durch Scharnier verbundenen Halbschalen bestehend; auf Federdruck öffnet sich der geätzte und vergoldete Knauf.

Das Radschloß zweifach mit dem Lauf verschraubt, wird zusätzlich von dem zapfenförmigen Ende der Schloßplatte im Handteller arretiert; polierte Schloßplatte, das außenliegende Rad von ringförmiger, zweifach verschraubter Raddecke gehalten; gravierte Pfanne mit gleitendem Pfannendeckel; vergoldeter Druckknopf; der Hahn mit flach ausgeschmiedetem Fuß, Hals und Kopf in Form eines gravierten Fabelwesens; die Hahnfeder graviert, der untere Federschenkel verlängert; Hahnstudel, Abzug und Abzugsbügel sind vergoldet. Auf der Schloßgegenseite geätzter, teilweise vergoldeter Tragehaken.

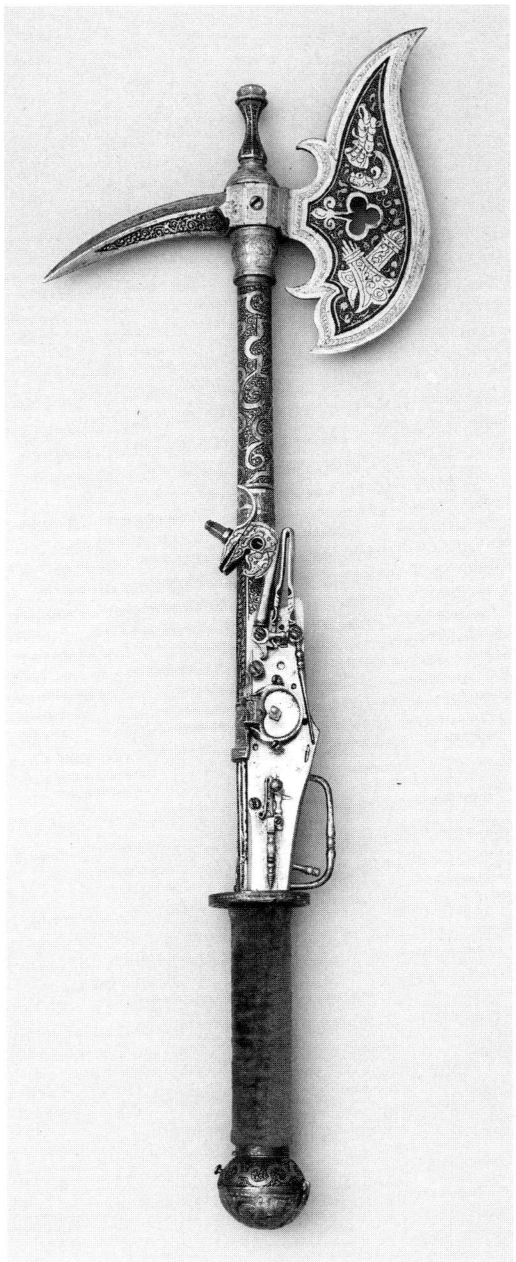

8

Gesamtlänge: 53 cm, Lauflänge: 26 cm, Kaliber: 11 mm, Gewicht: 1350 g

Historisches Museum Dresden, Inv.-Nr. T 77

Inventarnachweis: Inv. Türkenkammer von 1674, Nr. 100 (Verz. 244) Die Streitaxt wird hier zusammen mit einer ähnlichen Waffe erwähnt (siehe Kat.-Nr. 7). Inv. Türkenkammer von 1683, S. 56, Nr. 99/100 (Verz. 245); von 1716, S. 36, Nr. 99/100 (Verz. 246); von 1783, S. 117 f., Nr. 226 (Verz. 247); von 1821, S. 167, Nr. 267 (Verz. 248); Gesamtinv. von 1836, Nr. 4919, S. 191–94 (Verz. 79)

Lit.: M. v. Ehrenthal, Führer durch das Königliche Historische Museum in Dresden, S. 101, E 627/635

9

9 Streitaxt mit Radschloßfeuerwaffe, Augsburg, um 1580

Der Schaft der Streitaxt ist hohl und dient als Lauf. Axteisen und Lauf sind reich geätzt; halbmondförmiges Axteisen mit Dreiblattdurchbruch, beiderseitig reich dekoriert mit Kriegsarmaturen und Trophäen in Goldätzung auf schwarzem geperltem Grund; der Umriß des Axteisens wird durch schmale, schwarz- und goldgeätzte Streifen betont; der vierkantige, griffwärts gebogene Haken zeigt an der Spitze Ranken auf schwarzem Grund, anschließend Ranken in Goldätzung.

Lauf und Axteisen sind miteinander verschraubt; der runde Lauf zeigt Mauresken in Schwarzätzung; an der Mündung, in der Mitte und am Schloß schmale Streifen in Goldätzung; auf der Laufoberseite die eingeschlagene Augsburger Beschaumarke. Die Laufmündung wird durch einen von zwei Federn gehaltenen Deckel, der eine Vierkantspitze trägt, verschlossen.

Runder Eisengriff, über einem Stoffbezug Wicklung aus verdrilltem Eisen- und Messingdraht; halbschalenförmiger gewölbter Handteller; kugeliger, aus zwei Halbschalen bestehender Knauf, der sich auf Federdruck öffnet. Im hohlen Griff befindet sich ein aus vier Teilen zusammenschraubbarer eiserner Ladestock. Das Radschloß ist mit dem Lauf (Schaft) zweifach verschraubt, es wird zusätzlich von den zapfenförmigen Enden des Schloßbleches, das in eine entsprechende Aussparung des Handtellers eingreift, arretiert.

Reich mit Mauresken in Schwarzätzung dekorierte Schloßplatte; außenliegendes Rad mit gebläutem Raddeckel und durchbrochener Raddecke aus vergoldetem Kupfer; der Hahn mit balusterförmigem Fuß, flach ausgeschmiedetem graviertem Hals und Kopf; die polierte Hahnfeder mit verlängertem, blattförmig ausgebildetem unterem Federschenkel; Hahnstudel und Abzugssicherung vergoldet; stiftförmiger gerader Abzug, der Abzugsbügel vergoldet. Auf der Schloßgegenseite ein eiserner, vergoldeter Tragehaken.

Gesamtlänge: 61 cm, Kaliber: 12 mm, Gewicht: 1210 g

Historisches Museum Dresden, Inv.-Nr. T 78

Inventarnachweis: Die Streitaxt wird im Inventar der Türkischen Kammer von 1674, Nr. 99, 100 erwähnt und im Zusammenhang mit einem sehr ähnlichen Stück beschrieben; «Zwey eiserne durchaus schön geetzte und vergüldete Faust Parthen, die eine Ober- und die andere unterwerts mit holen Rohren und geetzten auch vergüldeten Feuerschlössern an den Grieffen mit Meßingen drahte umbwunden und befranset, mit hohlen aufspringenden Knöpfen worbey in der einen ein Ladestekken mit dem Lundten zieher, und in der anderen ein dreyfacher zusammen geschraubter Ladestekken und Kratzer, nebst einem Spanner.»
Inv. Türkenkammer von 1683, S. 56, Nr. 99/100 (Verz. 245); von 1716, S. 36, Nr. 99/100 (Verz. 246); von 1783, S. 117f., Nr. 226 (Verz. 247); von 1821, S. 167, Nr. 267 (Verz. 248); Gesamtinv. von 1836, S. 191–94 (Verz. 79)

Lit.: M. v. Ehrenthal, Führer durch das Königliche Historische Museum in Dresden, S. 101, E 627/635; R. Forrer, Über kombinierte Waffen, in: ZHWK 5 (1909–1911) 4, S. 99, Abb. 5; H. Müller / H. Kölling, Europäische Hieb- und Stichwaffen, S. 397, Abb. 312

10 Streitaxt mit Radschloßfeuerwaffe, deutsch, um 1570

Axteisen mit geschrägter Schneide, Blatt dreipaß- und herzförmig durchbrochen, darüber zwei Schlagmarken; Tülle mehrfach vertikal gekehlt; Vierkanthaken am Ansatz durchbrochen und profiliert. Oktogonallauf mit Messingkorn; Radschloß seitlich am Schaft befestigt, gebläute Schloßplatte mit gleicher Schlagmarke bezeichnet wie am Axteisen, außenliegendes Rad mit gewölbter Radkappe, Hahn flach, Hahnfeder ohne Studel, Pfannenschiebedeckel mit Federarretierung, Druckknopf, Abzugssicherung, eichelförmiger Abzugsknopf. Holzschaft mit vier aufgenagelten Verstärkungsbändern aus Eisen, am Schaftende Eisenzwinge mit Vierkantspitze.

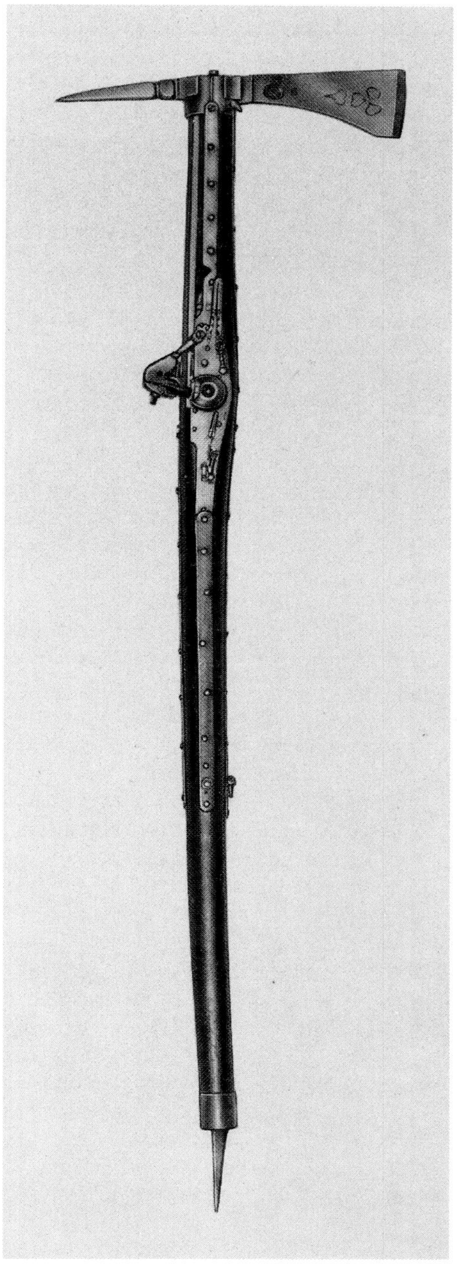

10

Gesamtlänge: 101,6 cm, Kaliber: 10 mm, Gewicht: 1970 g

The Wallace Collection London
Reproduced by permission of the Trustees of the Wallace Collection

Lit.: Wallace Collection Catalogues, European Arms and Armour, Vol. II, A 1238, Tafel 204

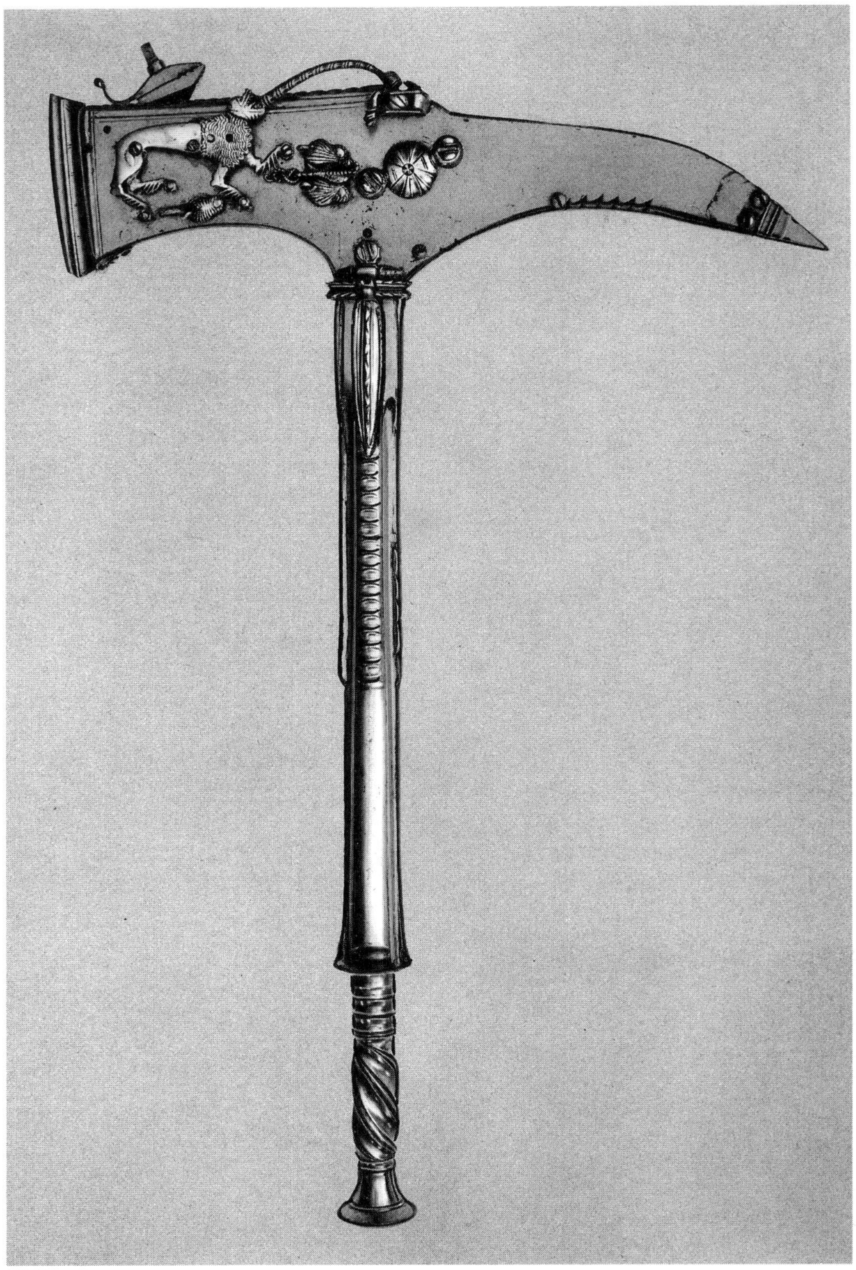

11

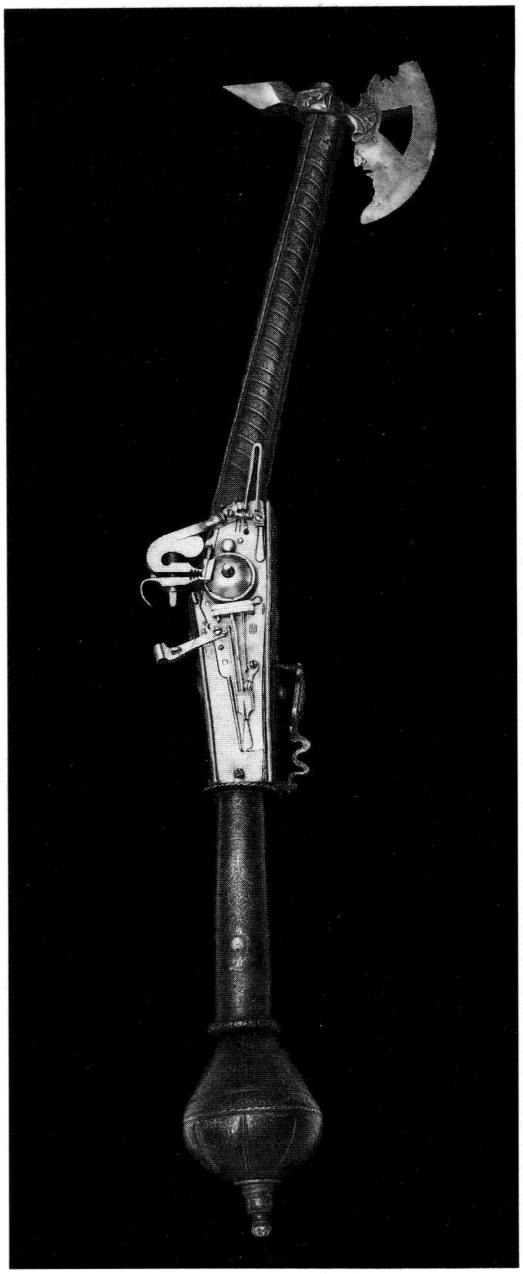

12

11 Streitaxt, kombiniert mit sechsläufiger Feuerwaffe, vermutlich Braunschweig, um 1580

Ganzmetallwaffe, Eisen, geschweifter Vierkanthaken mit profilierter aufgeschraubter Spitze; vierkantiger Axtkopf mit profiliertem Scharnierdeckel, der zugleich die Schneide des Axteisens bildet. Hohler Rundschaft, als Lauf dienend, mit aufgesetzten Vertikalzierleisten; Rundgriff mit horizontalen Zierringen, gewundenem Mittelstück, rundem Handteller und trichterförmigem Griffabschluß; am Schaft angebrachter Tragehaken.

Der hohle Axtkopf enthält fünf Läufe, deren Mündungen von dem aufklappbaren Axteisen verborgen werden. Der obere Lauf wird von einem seitlich am Axtkopf angebrachten Luntenschloß gezündet, der zweite Lauf durch ein auf der Gegenseite montiertes Radschloß.

Radschloß: außenliegendes Rad, zapfenförmige Radstudel, Pulverpfanne mit Schiebedeckel, kantiger Hahn, Hahnfeder mit verlängertem unterem Schenkel als Führung für den Pfannenschiebearm. Luntenschloß auf der linken Seite des Axtkopfes liegend, der Schloßmechanismus mit geschweiftem Luntenhahn durch eine Messingplatte in Form eines Löwen verdeckt.

Die Pulverpfanne des Radschlosses ist mit einer Röhre zur Aufnahme einer Lunte ausgestattet, die durch den Zündfunken zum Glimmen gebracht werden soll. Die drei verbleibenden Läufe sind mit dieser Lunte von Hand zu zünden. Der sechste Lauf wird gleichfalls von Hand gezündet.

Gesamtlänge: 55,5 cm, Kopflänge: 35,5 cm, Kaliber: 8 mm, Gewicht: 2950 g
HM Tower of London, Inv.-Nr. XIV. 6

Lit.: H. Ricketts, Feuerwaffen, S. 30; W. Glage, in: Stadt im Wandel, Kunst und Kultur des Bürgertums in Norddeutschland 1150–1650, Stuttgart 1985, Bd. 2, S. 757–758, Kat.-Nr. 668

12 Kombinationswaffe aus Streitaxt und Handfeuerwaffe mit Lunten- und Radschloß, deutsch, 1. Hälfte 17. Jahrhundert

Ganzmetallwaffe, Eisen. Konvexe Axtklinge mit geschweifter Ober- und Unterkante in Form von menschlichen Gesichtern; prismenförmiger Klingendurchbruch, Tülle mit geschnittener Maske dekoriert, flächiger, spitz auslaufender Vierkanthaken.

Rundlauf mit erweiterter Laufmündung im Vorderschaft eingebettet, auf der Laufoberseite geschnittenes bärtiges Gesicht. Vorderschaft: zwischen getriebenen Schrägstreifen ornamentale Silbertausia.

Kastenförmiges Mittelstück mit Doppelschloß für Luntenschnappschloß und Radschloß; Schloßplatte dekoriert mit einfachem Ätzmuster, Luntenhahn mit Ringschraube, außenliegende Hahnfeder; Radschloß, außenliegendes Rad mit gewölb-

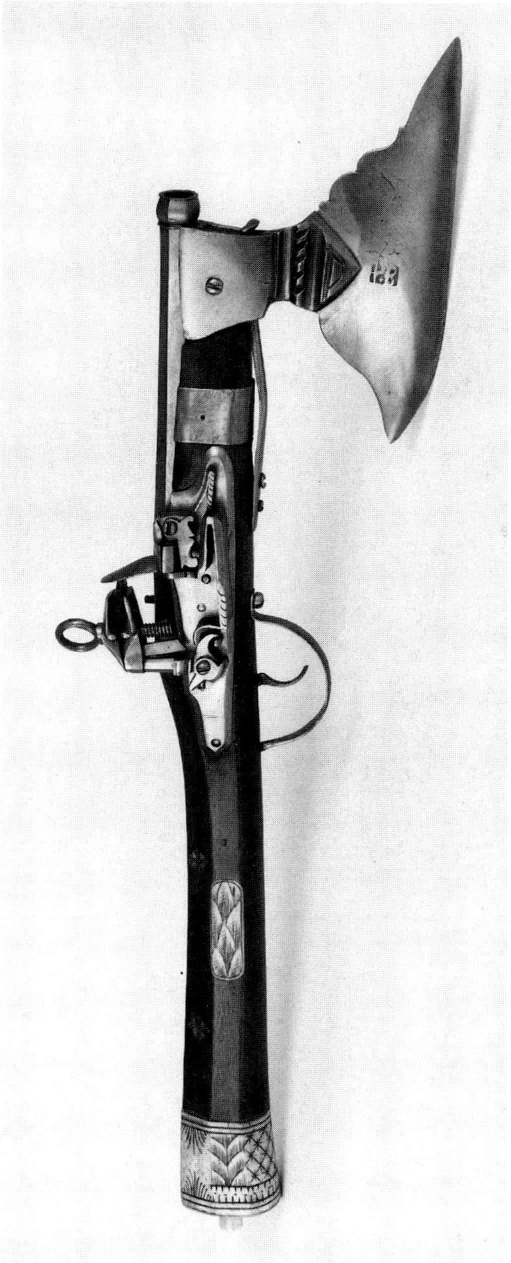

13

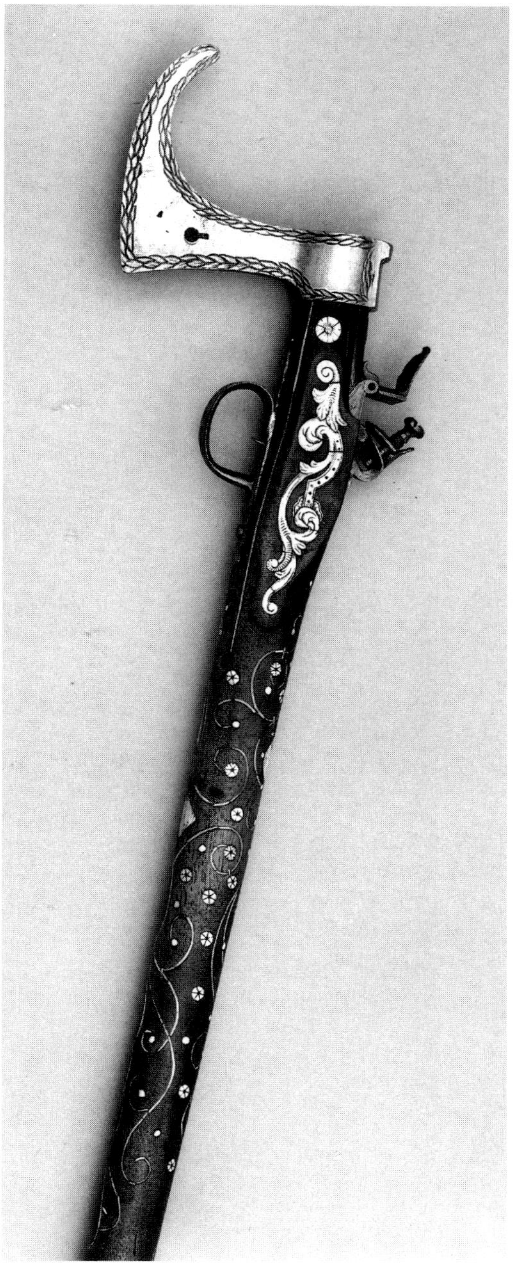

14

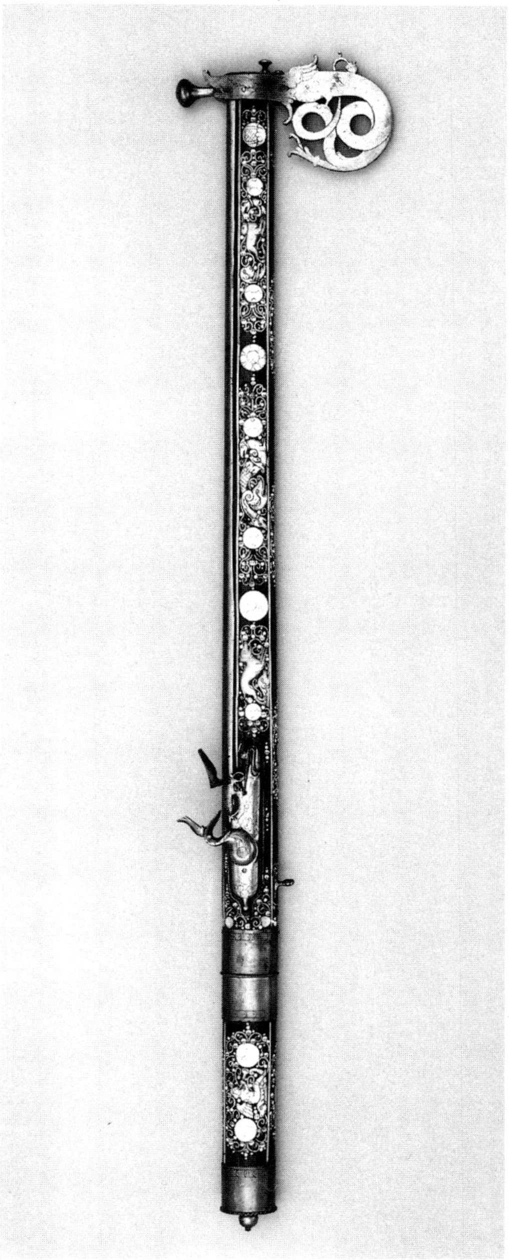

15

ter Radkappe, Pfannendeckelschieber mit Druckknopf, Hahn mit balusterförmigem Fuß und flach ausgeschmiedetem Hals, Abzugssicherung, großer Abzugsknopf, auf dem Abzugsbügel ein Reiter. Schloßplatte mit Schlagmarke. Das kastenförmige Mittelstück des Schaftes trägt geschnittene Figuren: zwei geharnischte Krieger, Drache und Maske.

Zylindrischer Griff (Kolben) mit oberem und unterem Handteller, großer zwiebelförmiger Knauf, Ätzdekor mit Silbertausia. Durch beide Teile führt eine Haltestange mit profiliertem knaufförmigem Ende.

Gesamtlänge: 115 cm, Lauflänge: 57 cm, Kaliber: 18 mm, Gewicht: 6370 g

Museum für Deutsche Geschichte Berlin, Inv.-Nr. W 3352

Lit.: H. Müller, Gewehre – Pistolen – Revolver, S. 100, Abb. 88; H. Müller/H. Kölling, Europäische Hieb- und Stichwaffen, S. 272, Kat.-Nr. 306

13 Zimmermannsbeil mit Miqueletschloß-Feuerwaffe, deutsch, Ende 17. Jahrhundert

Kräftige, lang ausgezogene Beilklinge mit Schlagmarke «P. B», am Blattansatz Vertikalkehlungen und geschnittenes Kerbmuster, massive Tülle.

Oktogonallauf mit Mündungswulst in ausgekehltem Beilrücken und Schaft liegend, durch Querschraube mit der Beiltülle verbunden, an der Kammer Schlagmarke «P. B». Miqueletschloß (alla Romana) seitlich im Schaft eingelassen, Abzug mit Abzugsbügel.

Kantiger Holzschaft, Vorderschaft mit Messingzwinge, auf der Schaftunterseite zweifach verschraubtes, mit der Tülle verbundenes eisernes Verstärkungsband, Beineinlagen mit Strich- und Sternchendekor, Schaftabschluß mit gravierter Beinzwinge; Ladestock im Schaft eingeschoben.

Lauflänge: 16,8 cm, Kaliber: 13 mm, Gewicht: 1245 g

Kunstsammlungen der Veste Coburg, Inv.-Nr. III F 33

14 Steigerhäckchen mit Steinschloßfeuerwaffe, sächsisch, um 1800

Messingklinge gegossen, hochgezogene Schneide, kreisrunder Klingendurchbruch, stilisierter Blattdekor als umlaufende Zierkante. Nußbaumstock, im Kopfstück eingebaute Steinschloßfeuerwaffe mit Kastenschloß; kurzer, durch die Klingentülle geschobener Lauf, Abzugsbügel mit graviertem schlichtem Blattdekor. Rundstock im oberen Drittel mit spiraligen und blütenförmigen Beineinlagen geschmückt.

Gesamtlänge: 103 cm, Lauflänge: 7 cm, Kaliber: 9 mm, Gewicht: 590 g

Stadt- und Bergbaumuseum Freiberg, Inv.-Nr. 54/516

15 Streithacke, kombiniert mit Steinschloßfeuerwaffe und Stilett Teschen, Ende 17. Jahrhundert

Axteisen blankeisern, oval, mehrfach durchbrochen, schlichter gravierter Blattdekor, kugeliger Hammerkopf, Tülle mit aufgeschraubter ovaler Eisenplatte, darin runder Durchbruch zur Aufnahme des Ladestockes.

Blankeisener Rundlauf; zierliches Steinschloß, Schloßplatte gewölbt, Hahn (obere Hahnlippe und Feststellschraube fehlen), Batterie, Batteriefeder, knopfförmiger Abzug ohne Abzugsbügel. Reich geschmückter Nußbaumschaft mit gravierten Bein- und Perlmuttereinlagen, zwischen spiralförmigen Ranken Musikinstrument haltende Putten, Rosetten, Türkenköpfe, Wildtiere: Hund, Hase, Hirsch und Fabelwesen; der Schaft ist zur Aufnahme der Stilettklinge ausgebohrt, am Schaftende Eisenzwinge zur Arretierung des als Stilettgriff dienenden Schaftteils.
Stilett: Vierkantklinge mit lanzettförmiger Spitze, Nußbaumgriff, zwei eiserne Griffzwingen, kugeliges Knäufchen.

Gesamtlänge: 67 cm, Grifflänge des Stiletts: 16 cm, Klingenlänge: 46,5 cm, Kaliber: 8 mm, Gewicht: 790 g

Armeemuseum der DDR, Dresden

Lit.: H. Schedelmann, Die großen Büchsenmacher, S. 165, Abb. 259; H. G. Frost, Blades and Barrels, S. 191, Abb. 304

16 Enterbeil mit Steinschloßfeuerwaffe, schwedische Marinewaffe, 1703 und später

Schmales blankes Axteisen mit hochgezogener Schneide; kräftige, über den Lauf geschobene Tülle, kantiger Enterhaken. Rundlauf mit Mündungsring; Steinschloß, Schloßplatte und Hahn gewölbt, Hakensicherung, Abzug mit Abzugsbügel. Holzschaft, eiserner Bügel für Handriemen am Schaftende, Ladestockbohrung (Ladestock fehlt), Lauf und Axteisen mit Schlagmarke bezeichnet.

Gesamtlänge: 82,5 cm, Lauflänge: 24,6 cm, Kaliber: 14,7 mm, Gewicht: 1532 g

HM Tower of London, Inv.-Nr. XIV.7.

Lit.: H. Seitz; Blankwaffen, Bd. II, Abb. 252

17 Streitkolben mit Lunten-Feuerwaffe, deutsch, um 1470

Schlagkopf mit sechs rhombischen Schlagblättern besetzt; Bronzeschaft, konisch, schwach vergoldet, als Lauf dienend, originales Zündloch vernietet, seitlich angebrachte Pulverpfanne (spätere Zutat). Gedrechselter Holzschaft mit Griffstück (Ergänzung des späten 16. Jh.).

Ambras, Kunstsammlungen, Inv.-Nr. WA 826

Lit.: O. Gamber/C. Beaufort-Spontin, Curiositäten und Iventionen aus Kunst- und Rüstkammer, S. 42

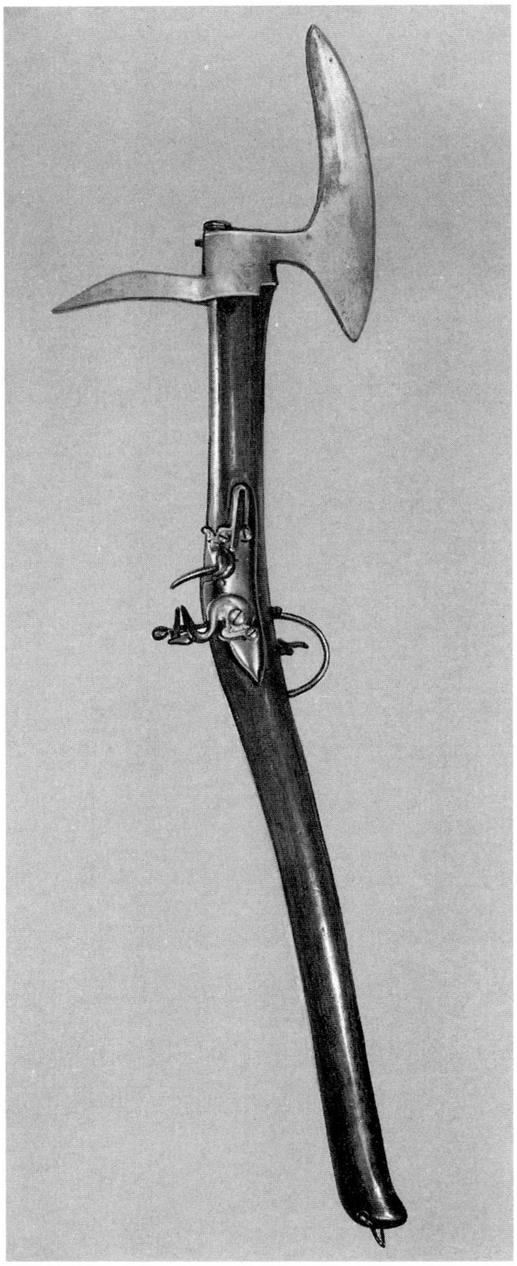

16

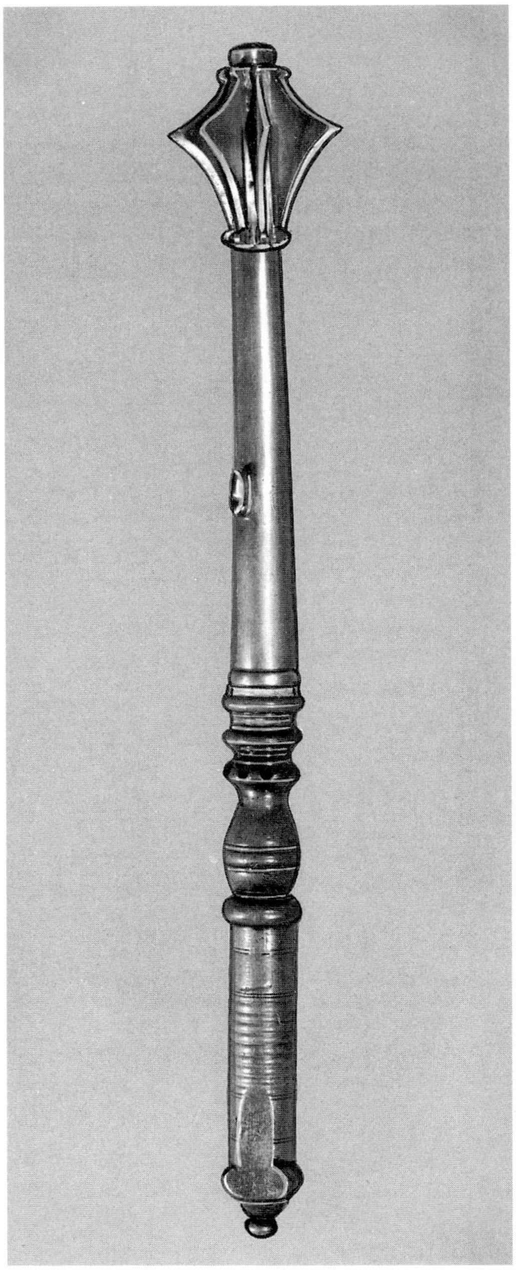

17

18 Streitkolben, kombiniert mit Radschloßfeuerwaffe und Klappbajonett, Braunschweig, um 1510/20

Ganzmetallwaffe, Eisen; Kolbenkopf mit sechs Schlagblättern und Klappbajonett; achtkantiger hohler Schaft, zugleich als Lauf dienend; runder Griff mit Zierringen, kugeliger Griffabschluß. Radschloß durch zwei Schrauben seitlich mit dem Schaft (Lauf) verbunden; schmale flache Schloßplatte, außenliegendes Rad mit schmaler kantiger Studel, zwei Kettenglieder mit Aufhängebügel; außenliegende Schlag- und Hahnfeder; Hahn flach, gekantet, an einen über die Schloßplatte ragenden Steg geschraubt. Pfanne mit Schiebedekkel, gerader Abzug.

Gesamtlänge: 34,5 cm, Lauflänge: 22 cm, Kaliber: 12 mm, Länge des Klappbajonetts: 14 cm

Privatbesitz Graf Klenau

Lit.: W. Glage, Das Kunsthandwerk der Büchsenmacher im Land Braunschweig, S. 29, Abb. 24

19 Morgenstern mit dreiläufiger Feuerwaffe, englisch, frühes 16. Jahrhundert

Holzschaft von rundem Querschnitt, das obere Schaftende als Schlagkopf dienend, darin eingebettet drei kurze Läufe für Lunten-Handzündung, dazwischen drei Eisenbänder, mit jeweils drei Vierkant-Eisendornen besetzt; auf der Stirnseite des Schlagkopfes flache Eisenplatte mit drehbaren Mündungsverschlüssen, zwischen den Laufmündungen kurze Spießklinge.

Gesamtlänge: 183 cm, Lauflänge: 19,5 cm, Kaliber: 11,4 mm, Gewicht: 3375 g

HM Tower of London, Inv.-Nr. XIV.7

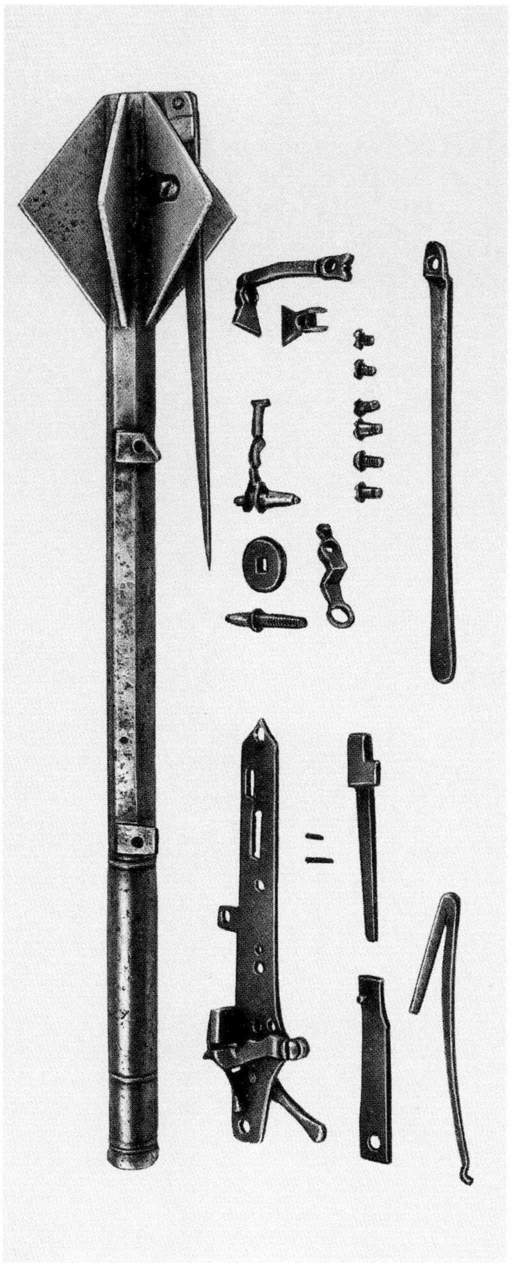

18

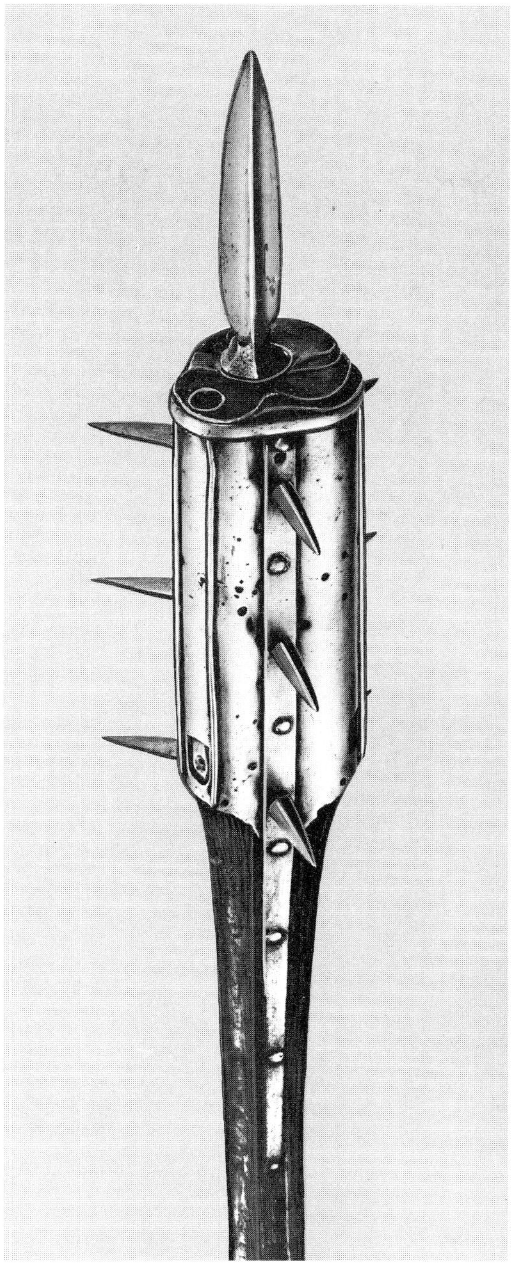

19

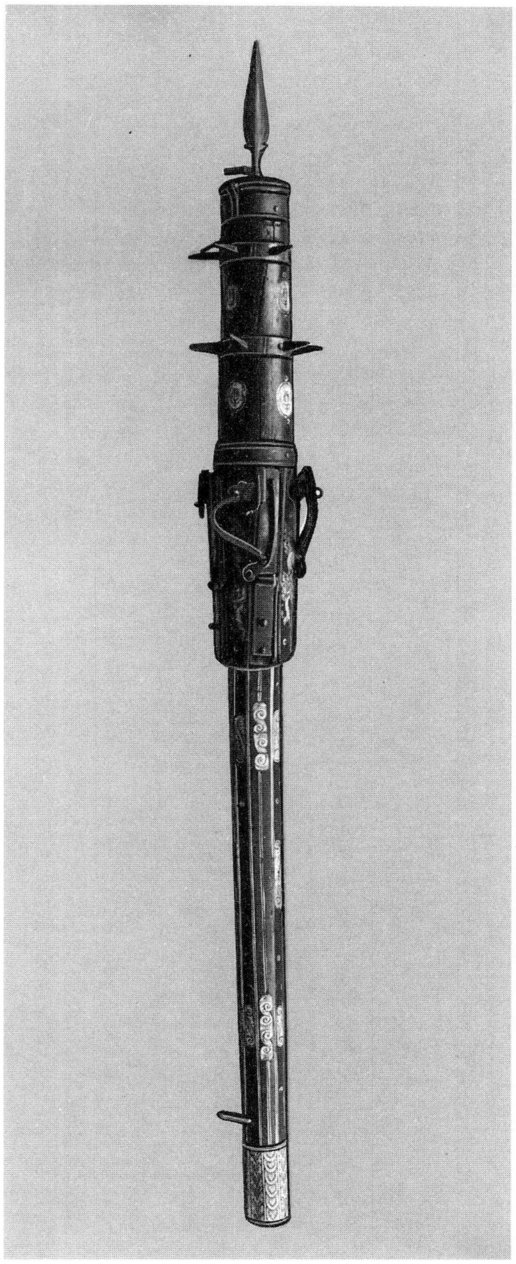

20

20 Morgenstern mit vierläufiger Luntenschnappschloß-Feuerwaffe, süddeutsch, Ende 16. Jahrhundert

Holzschaft mit gravierten Beineinlagen und Beinstreifen; achtkantiges Griffstück, zylindrischer Schlagkopf von zwei Eisenbändern, mit jeweils sechs Vierkantspitzen besetzt, umfangen.

Im Schlagkopf sind vier Pistolenläufe eingelassen, die jeweils von einem Luntenschnappschloß bedient werden; an der Stirnseite des Schlagkopfes Scharnierdeckel mit lanzettförmiger Stoßspitze. Der Scharnierdeckel, der zugleich als Mündungsschutz dient, öffnet sich durch Federdruck und gibt die Läufe frei.

Gesamtlänge: 93,0 cm, Lauflänge: 24,2 cm, Kaliber: 10–10,2 mm, Gewicht: 2850 g

Metropolitan Museum of Art, New York, Inv.-Nr. 19.53.70

Lit.: L. Winant, Firearms Curiosa, S. 15, Abb. 6; W. Boeheim, Handbuch der Waffenkunde, S. 384, Fig. 460; H. Schedelmann, Die großen Büchsenmacher, S. 44, Abb. 80

21 Streitkolben mit vierläufiger Radschloßfeuerwaffe von Hans Morgenroth, Nürnberg, um 1600

Die Waffe ist als Schuß-, Schlag- und Stichwaffe zu verwenden. Der vordere Teil des Nußbaumschaftes als Schlagkopf ausgebildet, von vier Eisenbändern umfangen, die beiden mittleren Bänder mit je sechs kugeligen Schlagköpfen besetzt. Am Vorderende lanzettförmige Stoßspitze, mit dem deckelförmigen Mündungsverschluß vernietet. Der Mündungsverschluß, durch ein Scharnier mit dem Mündungsring verbunden, wird von einem Federbolzen arretiert. Im Schaft sind vier Pistolenläufe eingelassen, für je zwei Läufe ist ein Radschloß vorgesehen. Der an der Schloßseite anliegende Lauf hat zwei hintereinander angeordnete Zündkanäle, der hintere Zündkanal führt zu dem parallel danebenliegenden zweiten Lauf.

Die Schloßplatte blankeisern, mit außenliegendem Rad, flache Raddecke; die Pfanne mit gleitendem Pfannendeckel ohne Druckknopf; der Hahn liegt nicht wie üblich vor, sondern hinter dem Rad; der Hahn unten balusterartig, oben flach ausgeschmiedete, ringförmig durchbrochene Form. Die Schloßplatte trägt die Marke des Büchsenmachers Hans Morgenroth und die Nürnberger Beschaumarke.

Die Abzugsbleche, als kräftige Eisenbänder ausgebildet, sind mit dem hinteren Band des Schlagkopfes verbunden und am hinteren Ende miteinander verschraubt, stabilisieren den Schaft und halten zusätzlich die Läufe; die Abzüge fehlen.

Der Schaft ist reich dekoriert mit gravierten Beineinlagen; auf dem Schlagkopf Türkenköpfe und Masken, der hintere Teil des Schaftes von achtkantigem Querschnitt mit gestochenen Beinkanten, auf der Ober- und Unterseite Früchtegruppen, Masken, Fabelwesen und laufende Hunde, auf den

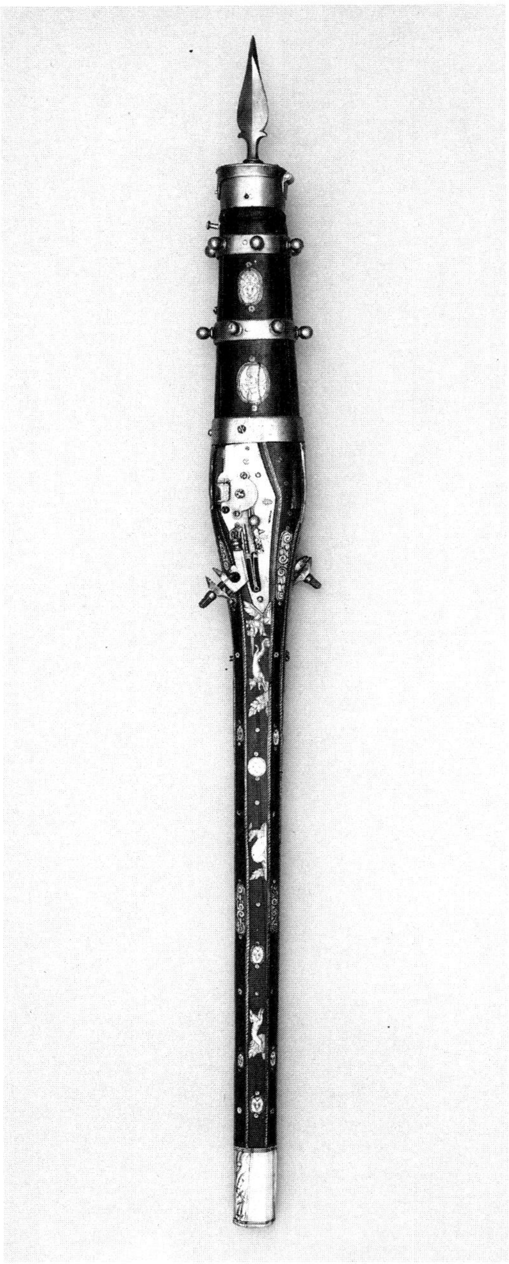

21

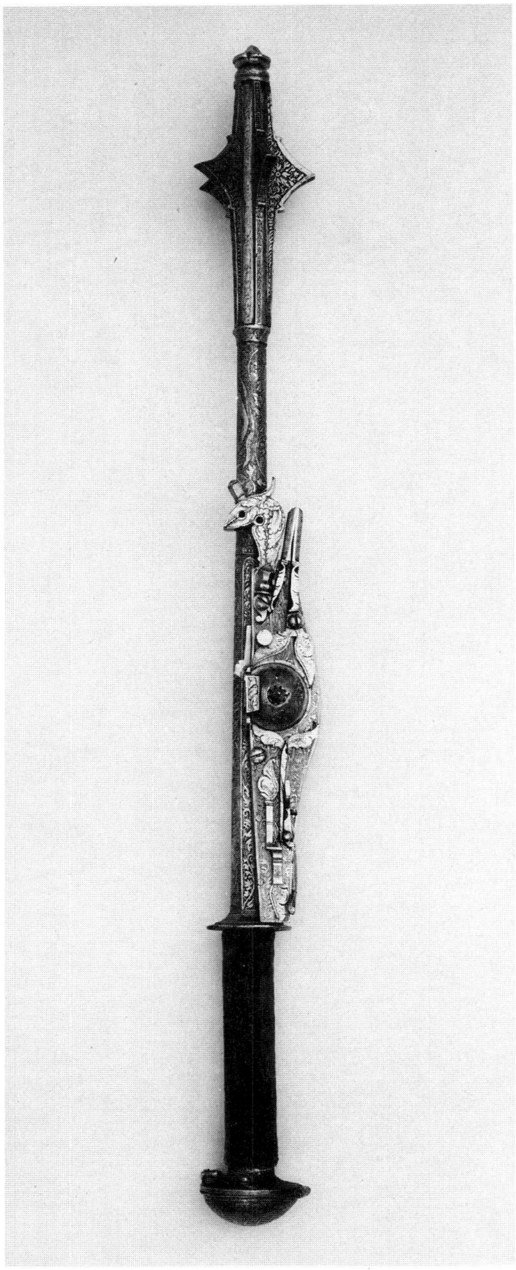

22

Seitenflächen am Schloß knieender schießender Jäger, anschließend laufende Hunde, Masken und ein liegendes Reh, auf den Schrägen Rollwerkkartuschen und Masken, dazwischen runde, gravierte Beinblättchen. Das Schaftende mit Beinmanschette, die Manschette zum Teil neutral ergänzt, zeigt auf dem originalen Teil eine männliche Figur mit Schlapphut, Mantel, weicher Krause, Wams, Kniehose und umgürtetem Degen. Im Schaft eine Bohrung zur Aufnahme des Ladestockes, der Ladestock fehlt.

Gesamtlänge: 93 cm (mit Stoßspitze), Lauflänge: 26 cm, Kaliber: 9 mm, Gewicht: 3140 g

Historisches Museum Dresden, Inv.-Nr. J 1333

Inventarnachweis: Inv. Büchsenkammer, ca. 1617, S. 10, Nr. 44 (Verz. 161): «Eine wunderliche buchse, wie eine Keule gestallt, mit eisern reiffen vnd Zacken, hat 2 feuerschlösser und Vier leufte, in braun verbeinten schafften, Vornen mit einem aufgetecktem Deckell, dorauf eine eiserne spitzen.»

Inv. Türkenkammer 1674, S. 38, Nr. 122 (Verz. 244): «Eine Büchse mit Vier verborgenen Schüßen und zweyen Feuerschlößern an braun hölzernen mit Thieren und Zierrathen verbeinten Schaffte hinten mit eisernen Knöpfichten Banden und an den Blatte mit einem Stachel.»

Lit.: M. v. Ehrenthal, Führer durch das Königliche Historische Museum in Dresden, S. 130, F. 258

[1] Morgenroth, Hans: Büchsenmacher, Nürnberg, etwa 1600 bis 1619; vgl. E. Heer, Der Neue Støckel, Bd. 2, S. 830.

22 Streitkolben mit Radschloßfeuerwaffe, vermutlich Nürnberg, um 1585, Geschenk der Markgräfin Katharina von Brandenburg-Küstrin an den Kurfürsten Christian I. von Sachsen, 1591

Ganzmetall, Eisen, reich geätzt, zum Teil vergoldet. Der hohle Schaft als Lauf ausgebildet; kegelförmiger vierkantiger Mündungsverschluß mit Ladestock, der Ladestockdurchmesser entspricht dem Laufkaliber; der Kolbenkopf mit fünf spitzen Schlagblättern, die Seiten der Schlagblätter mit Ranken und Blüten geätzt auf schwarzem Grund, die Stirnseiten geätzt und vergoldet, die Grundflächen zwischen den Schlagblättern ebenfalls mit Perlen und Ranken geätzt.

Der Lauf, hinten siebenkantig, plastisch geätzt, vergoldet und geperlt, zeigt Vögel zwischen Blattranken und Blüten. Der vordere runde Teil des Laufes ebenfalls geätzt mit vergoldeten Perlen, Blattranken und einer Darstellung der nackten Judith, mit dem Holofernes-Kopf geschmückt.

Schmaler Handteller, geätzt und vergoldet; hohler Griff, ohne Wicklung, jetzt mit grünem Samt bezogen; der halbkugelförmige Knauf mit seitlich angebrachtem Federverschluß geätzt und vergoldet, im Griff verschiedenes Zubehör zum Anschrauben an den Ladestock (Kugelzieher, Krätzer und Ladestockverlängerung).

Das große, schwere Schloß ist seitlich an den Lauf montiert, mit zwei Schrauben befestigt; die Schloßplatte reich geätzt mit Rankenwerk und Blüten, geperlt und vergoldet; das Rad mit gewölbter, geätzter und vergoldeter Raddecke, auf der Raddecke ein Doppeladler; Pfanne und gleitender Pfannenschieber graviert, der Druckknopf mit scheibenförmigem Kopf; der gedrungene, kräftige Hahn mit gravierten Blättern, die Hahnfeder ohne Studel, der untere Federschenkel blattförmig ausgeschmiedet, ebenso die Feder der Abzugssicherung; die Funktion des Abzugs übernimmt eine an der Unterseite des Laufes angebrachte rechtwinklige, drehbare Platte mit seitlicher Handhabe; im Gegensatz zu den sonst üblichen Abzugseinrichtungen wird hier der Abzug nach vorn gedrückt.

Gesamtlänge: 64 cm, Lauflänge: 45,5 cm, Kaliber: 11 mm, Gewicht: 2010 g

Historisches Museum Dresden, Inv.-Nr. T 74

Inventarnachweis: Gesamtinv. von 1606, S. 972 (Verz. 72): «Ein Faustkolben mit Verguldten vnd geezten Schlos und Rohr, das Hefft mit weissem Draht vndt schwartzen Fransen bewunden, Welche von der Frau Administratorin zu Halla den 12. February Ao. 91 verehret wordenn.»

Inv. Türkenkammer von 1674, S. 33, Nr. 96 (Verz. 244); von 1683, S. 55, Nr. 96 (Verz. 245); von 1716, S. 35, Nr. 96 (Verz. 247); von 1783, S. 116, Nr. 223 (Verz. 247); von 1821, S. 165, Nr. 246 (Verz. 248); Gesamtinv. von 1835, S. 230 bis 232, Nr. 50 (Verz. 79)

Lit.: E. Haenel, Kostbare Waffen aus der Dresdner Rüstkammer, S. 146, Tafel 72 c

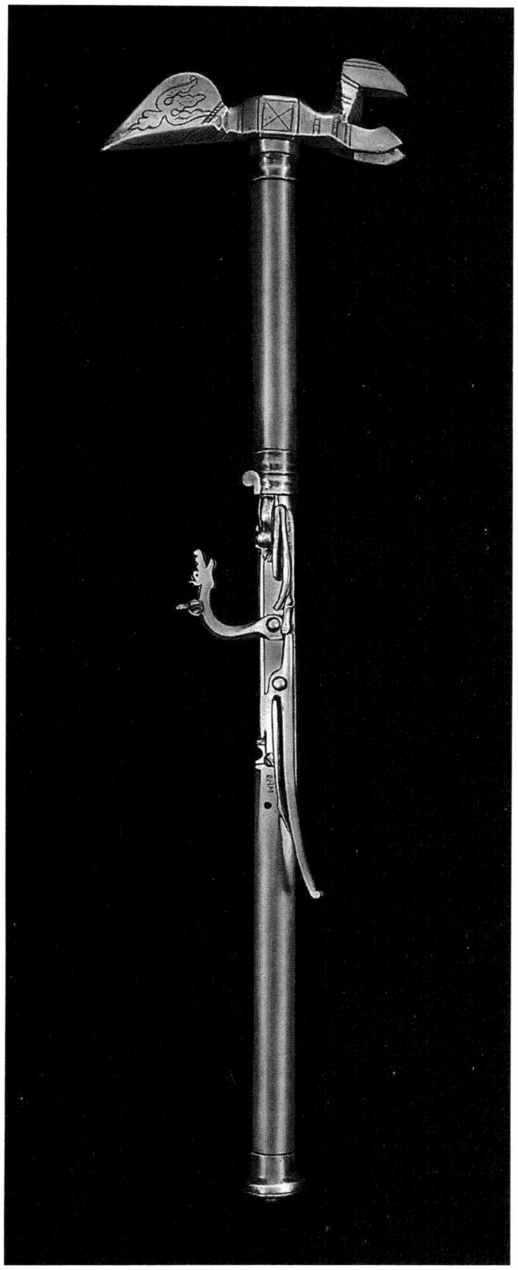

23

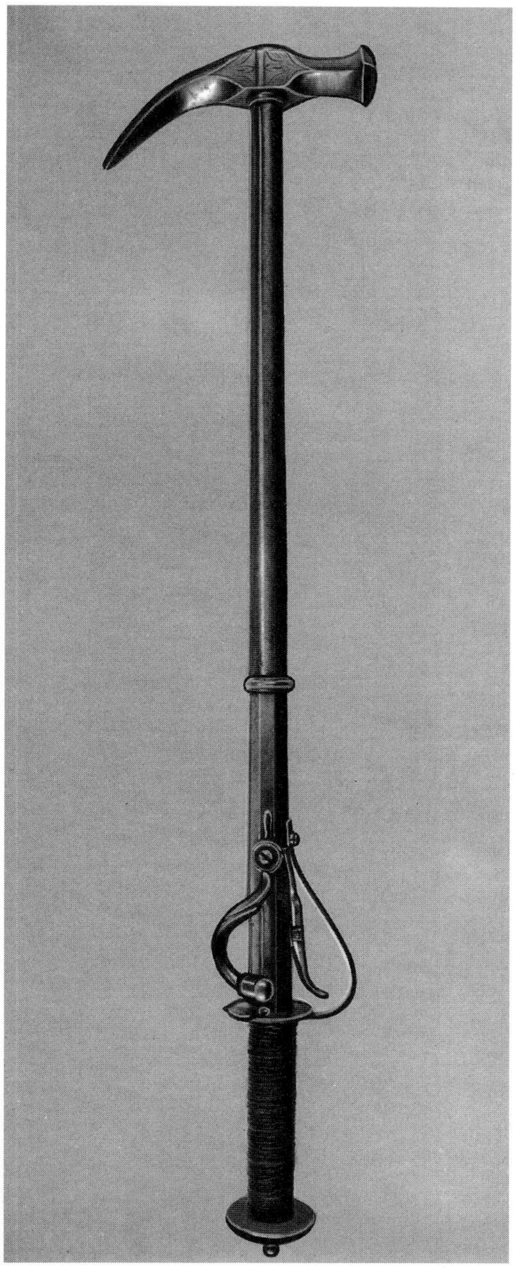

24

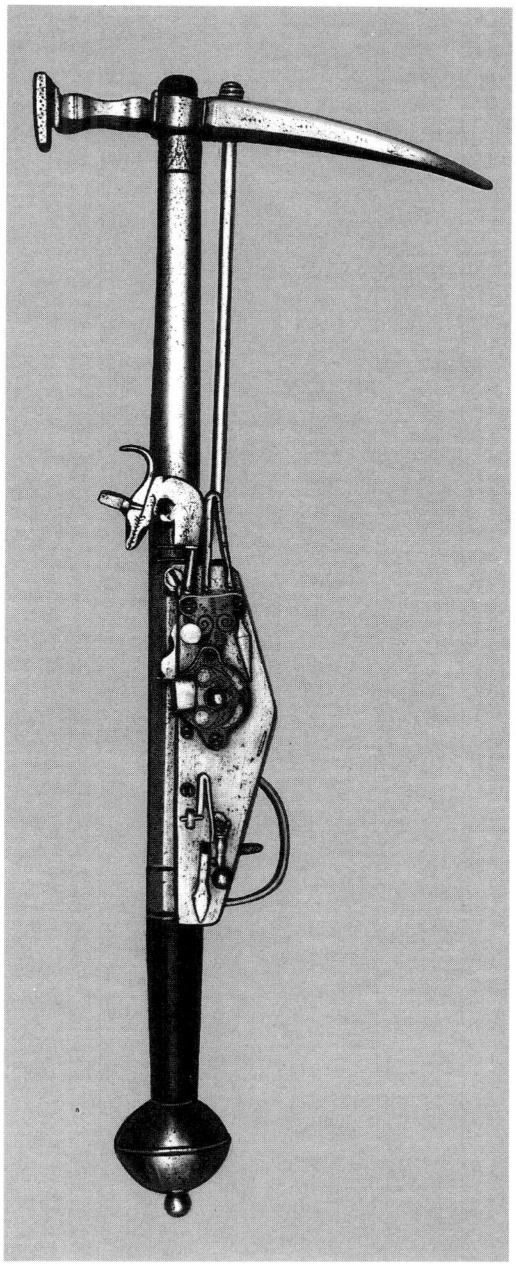

25

23 Reiterhammer mit Luntenschloß-Feuerwaffe, italienisch, um 1550

Ganzmetallwaffe, Eisen; Haken in Form eines Rabenschnabels mit graviertem Blattdekor, kantige Tülle zur Aufnahme der Laufmündung durchbrochen, Hammerkopf mit drei krallenförmigen Schlagdornen besetzt. Zylindrischer Hohlschaft als Lauf dienend, Schaftmittelstück seitlich zur Befestigung der Schloßteile abgeflacht, geschweifter Luntenhahn mit Spannschraube, Hahnfeder, Pulverpfanne mit drehbarem Pfannendeckel, Abzug in Form eines Handhebels mit Feder; seitlich am Schaft Schlagmarke «A M». Knauf mit Kugelbehältnis und drehbarem Verschlußdeckel.

Museo Nazionale del Bargello, Florenz

Lit.: L. Boccia/E. Coelho, Armi Bianche Italiane, Abb. 370–373; J. F. Hayward, Die Kunst der alten Büchsenmacher, Bd. I, S. 217, Abb. 3

24 Reiterhammer mit Luntenschloß-Feuerwaffe, italienisch, Mitte 16. Jahrhundert

Ganzmetallwaffe, Eisen; Haken in Form eines Papageienschnabels, Tülle mit einfacher Liniengravur, gekehlter Hammerhals, vierkantiger Hammerkopf mit geschrägten Kanten. Runder, im hinteren Drittel achtkantiger Hohlschaft als Lauf dienend. Luntenhahn seitlich am Kammerstück verschraubt, auf der Schaftunterseite Abzug, geschweifter Abzugsbügel. Schmaler runder Handteller, Griff mit Eisendrahtwicklung, halbkugelförmiger Knauf; Tragehaken auf der Schloßgegenseite.

Gesamtlänge: 64,6 cm, Lauflänge: 51,3 cm, Kaliber: 14,2 mm

Staatliche Ermitage Leningrad, Inv.-Nr. 3.0. Nr. 6430

Lit.: L. Tarassuk, Antique European and American Firearms at the Hermitage Museum, Tafel VI, Abb. 513

25 Reiterhammer mit Radschloßfeuerwaffe, italienisch, 1591

Ganzmetallwaffe, Eisen; kantiger Haken, gekehlter Hammerhals, quadratischer Hammerkopf; Hohlschaft (Lauf) in der vorderen Hälfte rund, anschließend achtkantig, belederter Griff, große Knaufkugel. Radschloß seitlich mit dem Schaft verschraubt; flache Schloßplatte, außenliegendes Rad, durchbrochene Raddecke mit Liniengravur; Hahn mit flach ausgeschmiedetem Hals und balusterförmigem Fuß, Hahnstudel graviert, Pfanne mit Schiebedeckel, Stiftabzug, Abzugsbügel. Ladestock durch eine Bohrung des Hakens geschoben, parallel zum Schaft angebracht. Waffe datiert 1591.

Gesamtlänge: 49,5 cm, Lauflänge: 33,5 cm, Kaliber: 13 mm, Gewicht: 1800 g

Metropolitan Museum of Art, New York, Inv.-Nr. 14.25.1346

Lit.: G. C. Stone, A Glossary of the Construction,

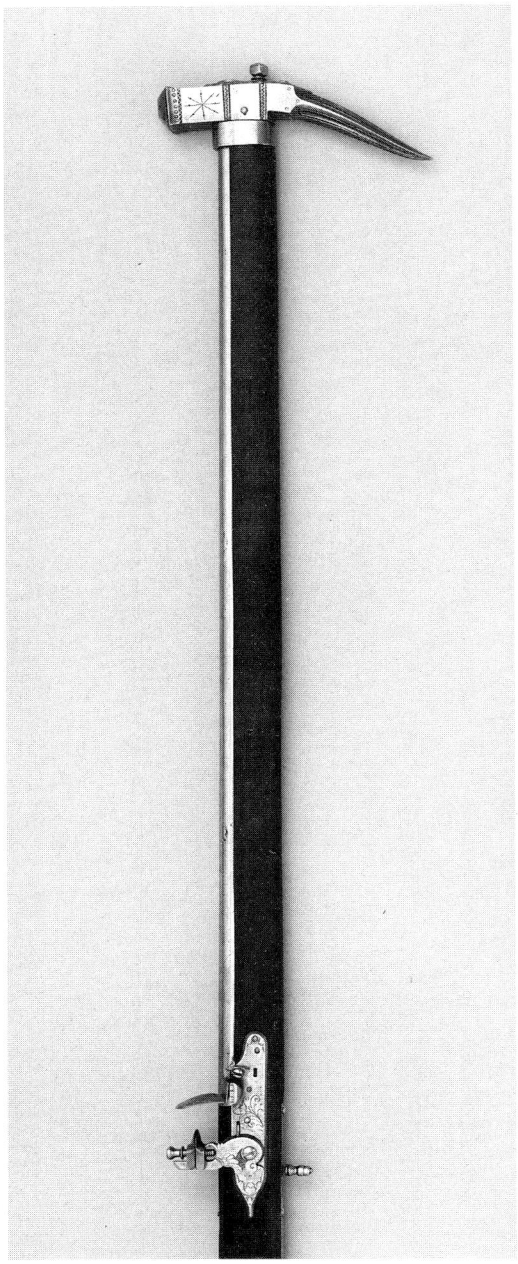

26

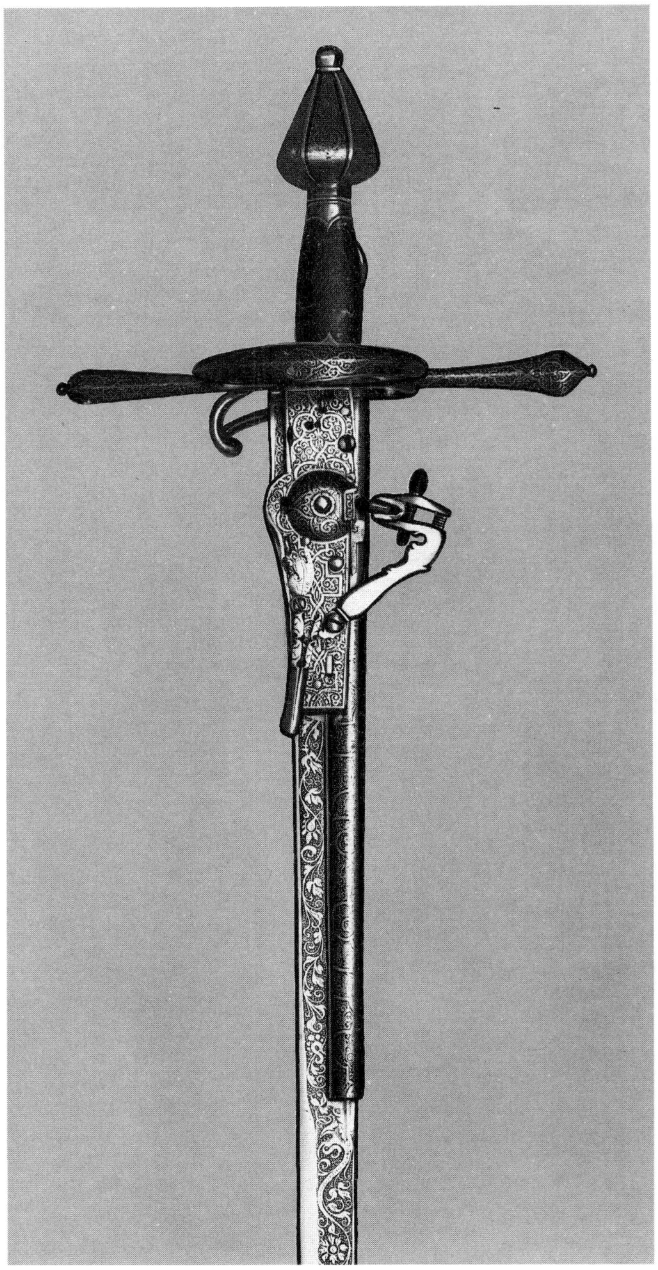

27

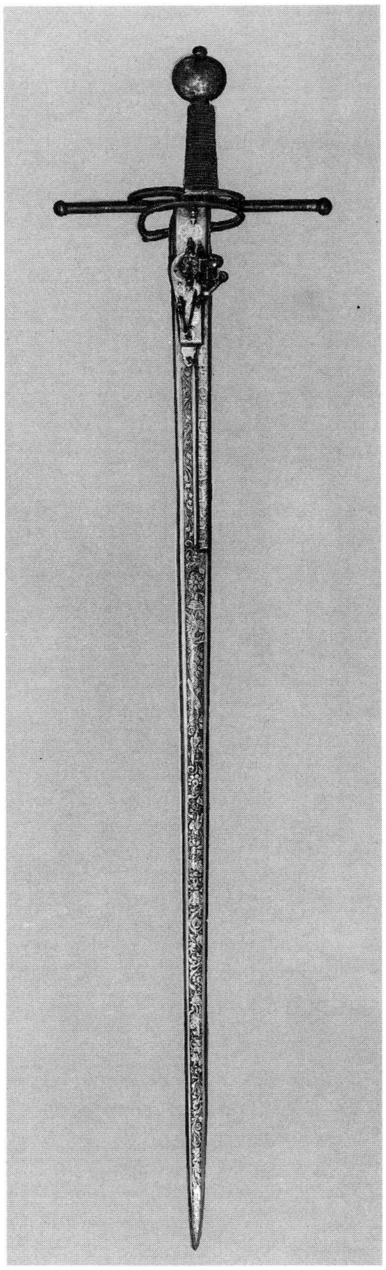

28

Decoration and Use of Arms and Armor in all Countries and all Times, S. 278, Tafel 348, Nr. 4; H. G. Frost, Blades and Barrels, S. 201, Abb. 325

26 Streithammer mit Hakenspannschloß-Feuerwaffe, dänisch, 2. Hälfte 17. Jahrhundert

Hammer blankeisern, Haken in Form eines sogenannten Papageienschnabels mit Vertikalkehlungen, Tülle mit aufgeschraubter Deckplatte, darin runder Durchbruch zur Aufnahme des Ladestokkes, vierkantiger Hammer mit gewölbter Schlagfläche, schlichter gravierter Liniendekor und kreisrunde Punzierungen. Rundlauf glatt, Kammer mit Schlagmarke «T R», zierliches Schloß, schlichter gravierter Rankendekor. Seltene Variante des Hakenspannschlosses mit Ruhrast vor der Hahnbrust, wobei das abgewinkelte Ende der Stange durch das Schloßblech ragt und vor der Hahnbrust liegt, Vollrast auf dem Kragen der Nuß; flacher gravierter Hahn, Pulverpfanne mit Feuerstahl (Feuerstahlfeder fehlt), schmales Abzugsblech, gerader, mehrfach profilierter Abzug. Nußbaumschaft, zwei Eisenzwingen, hölzerner Ladestock.

Gesamtlänge: 104 cm, Lauflänge: 56,2 cm, Kaliber: 11 mm, Gewicht: 1235 g

Staatliche Museen Heidecksburg, Rudolstadt, Inv.-Nr. 718

Lit.: C. A. Ossbahr, Das fürstliche Zeughaus in Schwarzburg, Nr. 1378; A. Hoff, Feuerwaffen, Bd. I, S. 305, Abb. 231

KOMBINATIONEN VON GRIFF- MIT HANDFEUERWAFFEN

27 Reiterschwert mit Radschloßfeuerwaffe, deutsch, um 1575

Klinge, Lauf, Schloß und Gefäß reich dekoriert mit geätztem Band- und Rankenwerk auf schwarzem Grund.

Lauf und Schloß terzseitig mit der Klinge verschraubt. Rundlauf; Radschloß, flache Schloßplatte, außenliegendes Rad mit gewölbter Radkappe, flach ausgeschmiedeter Hahn, Pfanne mit Schiebedeckel. Gerade Parierstange mit Faustschutzbügel und quartseitiger Parierspange; Griff mit Rochenhaut bezogen, gekanteter Knauf mit Vernietknäufchen.

Gesamtlänge: 110,5 cm, Klingenlänge: 95,7 cm, Lauflänge: 26,7 cm, Kaliber: 7,5 cm, Gewicht: 1500 g

Metropolitan Museum of Art, New York, Inv.-Nr. 14.25.1147

Lit.: G.C. Stone, A Glossary of the Construction, Decoration and Use of Arms and Armor in all Countries and all Times, S. 189, Abb. 1; H.G. Frost, Blades and Barrels, S. 117, Abb. 175

28 Reiterschwert mit Radschloßfeuerwaffe, deutsch, um 1580

Klinge, Lauf, Schloß und Gefäß reich geschmückt mit Bandwerk, Ranken, Blumen und Vögeln in Schwarzätzung. Lauf und Radschloß terzseitig mit der Klinge verschraubt. Rundlauf; flache Schloßplatte, außenliegendes Rad mit gewölbter Radkappe, Hahn mit balusterförmigem Fuß, Pfanne mit Schiebedeckel. Gefäß: Gerade Parierstange mit kräftigem Faustschutzbügel und Quartspange, Griff mit Drahtwicklung, zwei Türkenbunde, kugeliger Knauf.

Gesamtlänge: 114,6 cm, Klingenlänge: 103 cm, Lauflänge: 26,7 cm, Kaliber: 8 mm, Gewicht: 1600 g

Metropolitan Museum of Art, New York, Inv.-Nr. 04.3.55

Lit.: H.G. Frost, Blades and Barrels, S. 115, Abb. 170

29 Reiterschwert, kombiniert mit Feuerwaffen, Scheide mit Artilleriemeßinstrument von Christoph Trechsler, Dresden, 1615, Geschenk der Kurfürstin-Mutter Sophie an den Kurfürsten Johann Georg I. von Sachsen, 1615

Zweischneidige breite Klinge mit beiderseitigem flachem Hohlschliff, im oberen Viertel in zwei tiefe Hohlschliffe auslaufend, die Hohlschliffe mit zahlreichen dekorativen Durchbrüchen.

Gefäßteile Messing gegossen und vergoldet; die Parierstange in Form von Kanonenrohren mit Zündloch, verstärkter profilierter Mündung und je zwei Schildzapfen; der Mittelschild trägt auf beiden Seiten je ein in Messing gegossenes vergoldetes Medaillon mit einem Puttokopf; kräftiger Parierring mit rundem Querschnitt und genoppter Oberfläche; S-förmiger Griffbügel von rundem Querschnitt, in stilisiertem Vogelkopf endend, der gespaltene Vogelkopf dient als Luntenhalter.

Griffholz abwechselnd mit einem glatten und zwei verdrillten Messingdrähten umwickelt. Der Knauf als Mörser ausgebildet, mit abschraubbarem gewölbtem Deckel und achtkantigem Deckelknauf mit kugeligem Abschluß in Form eines Vernietknäufchens; der Knaufhals ringförmig profiliert, zwischen dem oberen Profilring und dem Mörserboden eingebohrtes Zündloch.

Gesamtlänge: 101 cm, Klingenlänge: 83 cm, Klingenbreite: 4,5 cm (am Ansatz), Lauflänge: 11 cm, Kaliber: 5 mm, Höhe des Mörsers: 3,7 cm, Kaliber des Mörsers: 30 mm, Gewicht: 1390 g
Historisches Museum Dresden, Inv.-Nr. VII 12

Scheide: Holz mit schwarzem Leder überzogen, ohne Mundblech; das Ortblech aus vergoldetem Messing, auf der Vorderseite des Ortbleches getriebene Kriegsarmaturen auf gepunztem Grund, oben im Zentrum Morion mit gekreuzten Stangenwaffen, Gewehrgabel, Gewehr und Bandelier, darunter gekreuzte Schwerter, eine Streitaxt und ein Bogen mit aufgelegtem Pfeil. Anordnung und Verwendung dieses Themas entspricht den Darstellungen auf einigen Geschützaufsätzen von Christoph Trechsler, die sich im Mathematisch-Physikalischen Salon befinden. Zur Scheide dazugehörig drei Artilleriemeßinstrumente auf der Vorderseite der Scheide und zwei Besteckmesser auf der Rückseite, ein Besteckmesser fehlt.
Der Richtaufsatz: eine Kombination von Richtaufsatz und Kalibermaßstab, letzterer ist mit seiner Angel in der Hülse des Aufsatzes verschraubt. Der konsolartige Richtaufsatz besitzt eine in 2 × 12 Teile ausgelegte Skala, sein Pendellot endet in einer für Trechsler typischen Maske. Der Richtaufsatz ist rückseitig signiert «C T M . . 1615» (CHRISTOPH · TRECHSLER · MECHANICUS·). Der konisch zulaufende Kalibermaßstab ist signiert «C T D E M 1615» (CHRISTOPH · TRECHSLER · DRESDEN · ELDERER · MECHANICUS · 1615.) und trägt auf seinen vier Seiten folgende Skalen: 12-Zoll-Teilung, Kalibermaß für Eisen-, Stein- und Bleikugeln, ausgelegt in Pfund. Material: Messing vergoldet; Länge: 44,5 cm.

Zwei Räumnadeln: eine Räumnadel kombiniert mit Meßstab zur Feststellung des Innendurchmessers des Rohres am Zündloch (wichtig für sogenannte Kammerstücke). Die hülsenförmigen Griffstücke der Räumnadeln sind mittels Scheibenmuttern aufgeschraubt. Die seitlichen Auszierungen der Griffstücke enden oben in einem Drachenkopf. Die aus gegossenem und vergoldetem Messing bestehenden Griffstücke weisen auf das Formengut der Augsburger Goldschmiede.

Besteckmesser: die polierte Klinge auf einer Seite gemarkt, der Griff aus gegossenem Messing hat die Form eines Pfeilers mit rechteckigem Querschnitt, Vorder- und Rückseite sind mit Grotesken in Hochfüllung geschmückt, die Schmalseiten enthalten die gerahmte Signatur · C · T · E · M und die Jahreszahl 1615. Der Knauf wird durch eine doppelköpfige Maske gebildet, die auf zwei Voluten ruht; das Vernietknäufchen in Form einer Sechskantmutter.

Inventarnachweis: Inventar der Jägerkammer von 1668, S. 11, Nr. 104 (Verz. 152): «Eine breite vergüldete Wehr, mit der Artillerie, einer durchbrochenen Klingen Zwey geraden hohlen vergüldeten Stangen, darauß mann schießen kan, einem Vergüldeten Knopffe welchen mann abschrauben, aufmachen v. gleich wie aus einem Mörser draus schießen kan, worinnen eine höltzerne Kugel, die Scheide ist mit schwartzen Sammet überzogen, und seind hierbei 5 Instrumente zur Artillerie gehörig zubefinden, alles von vergüldeten Meßing zierlich gemachet, Diese wehr ist Churfürst J. G. dem Ersten, Christseeligster gedächtnus, von der in Gott ruhenden Frau Mutter an: 1614. verehret worden.»

Inv. Jägerkammer von 1717, S. 35, Nr. 69 (Verz. 154); von 1784, S. 29, Nr. 69 (Verz. 155); von 1821, S. 133, Nr. 222 (Verz. 156); Gesamtinv. von 1836, Nr. 689 (Verz. 81)

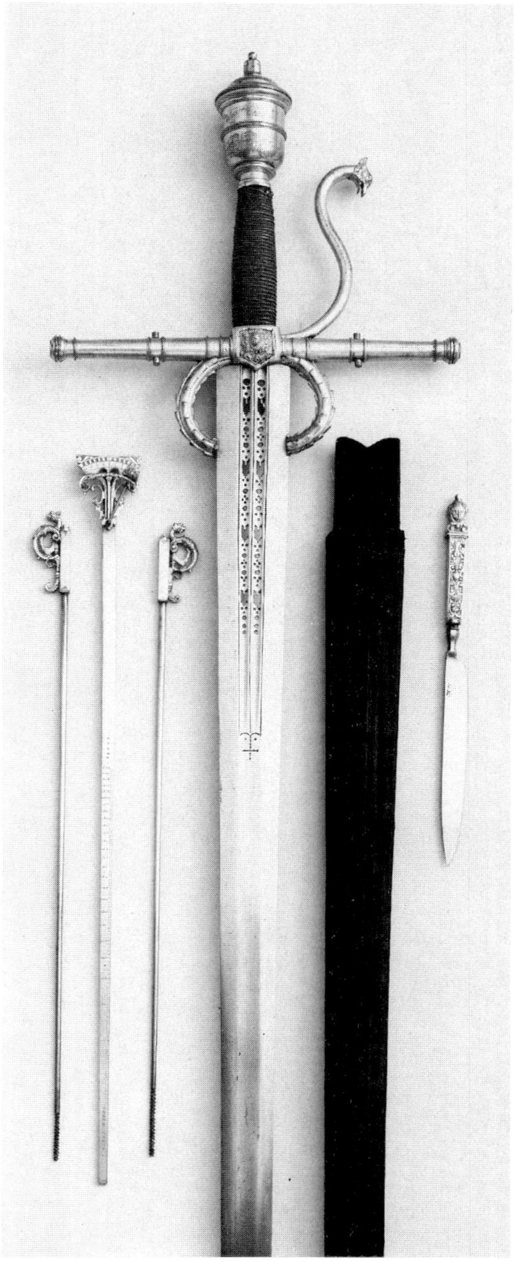

29

Das Reiterschwert wurde bisher in allen Veröffentlichungen ohne die dazugehörige Scheide abgebildet. Die Scheide konnte durch den Inventarvermerk von 1668 zugeordnet werden. Der Inventarschreiber scheint offensichtlich die genannten «5 Instrumente zur Artillerie gehörig» nicht näher in Augenschein genommen zu haben, denn es handelt sich lediglich um 3 Artillerieinstrumente und 2 Besteckmesser. Außerdem dürfte das Reiterschwert ein Geschenk der Kurfürstin-Mutter von 1615 an Johann Georg I. von Sachsen gewesen sein und nicht, wie im Inventar vermerkt, von 1614. Der von Christoph Trechsler signierte Richtaufsatz weist eindeutig auf das Jahr 1615.

Lit.: M. v. Ehrenthal, Führer durch das Königliche Historische Museum in Dresden, S. 105. E 665; H. Seitz, Blankwaffen, Bd. II, S. 153, Abb. 255; J. Schöbel, Prunkwaffen, S. 92, Abb. 79; Katalog Historisches Museum Dresden, 1981, S. 49, Abb. 15

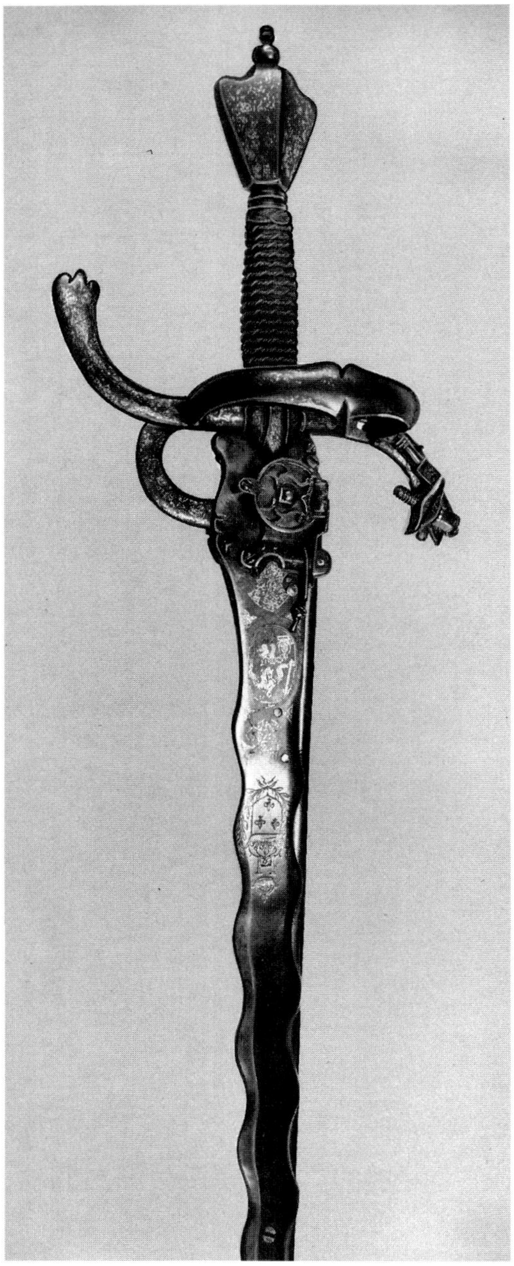
30

31

30 Degen, kombiniert mit Radschloß-feuerwaffe, französisch, um 1575 bis 1585, wohl aus dem Besitz Heinrichs III., König von Frankreich

Kräftige, geflammte Klinge, im oberen Klingendrittel das gravierte französische Königswappen mit dem Monogramm Heinrichs III., König von Frankreich, sein Bildnis, die Inschrift V(i)V(e) LE ROY (Es lebe der König) und das Wappen von Avignon.

S-förmige Parierstange, großer Faustschutzbügel, Parierbügel; Griffumwicklung aus glattem und verdrilltem Draht, zwei Türkenbunde; Knauf mit profiliertem Vernietknäufchen.

Klinge, Lauf, Schloßteile und Gefäß sind reich geschmückt mit feingliedriger Goldtausia. Rundlauf quartseitig mit der Klinge verschraubt; auf der Terzseite der Klinge sind Funktionsteile des Radschlosses montiert, außenliegendes Rad mit durchbrochener Raddecke, Pfanne mit Schiebedeckel, Hahn mit Parierstangenende verbunden; der Parierbügel zugleich als Hahnfeder fungierend.

Gesamtlänge: 82,9 cm, Lauflänge: 39,9 cm, Kaliber: 7,6 mm

Ermitage Leningrad, Inv.-Nr. 3.0./6310

Lit.: L. Tarassuk, Antique European and American Firearms at the Hermitage Museum, Nr. 525

31 Degen mit Radschloßfeuerwaffe von Bernhard Albrecht, Augsburg, um 1590, Geschenk der Markgräfin Katharina von Brandenburg-Küstrin an den Kurfürsten Christian I. von Sachsen, 1591

Zweischneidige Klinge mit abgeflachtem Mittelgrat, im oberen Drittel als Rückenklinge ausgebildet, mit terzseitigem Hohlschliff, in dem der Lauf liegt. Die Klinge ist zur Aufnahme des Schlosses entsprechend bearbeitet und hat unter der Parierstange einen herzförmigen Durchbruch für den Abzug. Im Bereich des Schlosses ist die Klinge poliert, daran anschließend bis zum Ende der Rükkenklinge mit Kriegsarmaturen in Goldätzung auf geperltem schwarzem Grund dekoriert. Die Klinge ist quartseitig mit Bandmauresken in Schwarzätzung geschmückt, der Klingenrücken zeigt einfaches Strichmuster in Goldätzung.

Das bügelreiche gebläute Eisengefäß trägt gegossene, messingvergoldete Medaillons mit figürlichen Darstellungen. S-förmig gebogene Parierstange mit tropfenförmig ausgebildeten Enden, darin auf der Vorderseite eingesetzte Medaillons mit zwei römischen Kriegern, die Schwert und Schild in den Händen halten; der an den Knauf herangezogene Griffbügel trägt in der Mitte ein Medaillon mit einer Reiterdarstellung; der in den Faustschutz- und Parierbügel mündende Terzbügel zeigt im Zentrum ein großes ovales Medaillon mit zwei liegenden nackten Figuren, die eine an Bändern hängende Maske halten; auf dem Medaillon des Klingenbügels ist ein Reiter dargestellt, der über einen am Boden liegenden Krieger sprengt; der Quartbügel hat drei Quartspangen.

Kantiger Holzgriff mit vergoldetem, zweifach verdrilltem Kupferdraht umwickelt, zwei Türkenbunde. Laternenförmiger Knauf mit kugeligem Vernietknäufchen; auf der Vorderseite des Knaufs ein Medaillon mit der Darstellung von Venus, Amor und Mars, das Medaillon auf der Rückseite zeigt den heiligen Georg im Kampf mit dem Drachen.

Der Lauf ist mit der Klinge zweifach verschraubt, die hintere achtkantige Laufhälfte trägt zwischen Rankenwerk in Schwarzätzung die Augsburger Beschaumarke und die Marke «BA mit der strahlenden Sonne», die vordere runde Laufhälfte ist dekoriert mit Bandmauresken in Schwarzätzung. Der Lauf ist an der Mündung, in der Mitte und an der Kammer mit Ranken in Goldätzung verziert.

Das Schloß ist mit der Klinge zweifach verschraubt, die Schloßplatte zeigt Bandmauresken in Schwarzätzung; das außenliegende Rad mit zweifach verschraubter durchbrochener Raddecke aus vergoldetem Messing, der Durchbruch in Form von gravierten Monstreköpfen; die Pulverpfanne, der gleitende Pfannendeckel und der Druckknopf sind graviert und vergoldet; der Hahn mit mehrfach profiliertem Fuß und als Monstrekopf graviertem Kopf; die gebläute Hahnfeder mit vergoldeter Studel; die Abzugssicherung mit kugeliger, vergoldeter Handhabe. Der zum Abzug verlängerte Stollen führt durch den herzförmigen Durchbruch der Klinge und kann mit dem Daumen bedient werden.

Gesamtlänge: 124 cm, Klingenlänge: 106 cm, Klingenbreite: 3,2 cm (am Schloß), Lauflänge: 27,5 cm, Kaliber: 7 mm, Gewicht: 1960 g

Historisches Museum Dresden, Inv.-Nr. VI 246

Inventarnachweis: Gesamtinv. von 1606, S. 564 (Verz. 72): «Ein Rappier, mit einem lenglechten eisenfarben runden Knopff, vnd breitten Creutz, mit Zweyen gebogenen Creutzstangen, vnd vergülten Bildnißen, das Hefft mit güldenen Draht bewunden, die Klinge vergült vnd gemahlt, darauff auch Schloß und Rörlein, ein schwartz liederner Schaiden, mit vergültem eisern Ortbandt, ist von der Frau Administratorin zu Halla den 12. Februari Anno: 91 verehrt worden.»

Inv. Kurkammer von 1671, S. 162, Nr. 342 (Verz. 129); von 1683, S. 236 f., Nr. 342 (Verz. 130); von 1716, S. 180 f., Nr. 342 (Verz. 131); von 1784, S. 245 f., Nr. 342 (Verz. 132); Gesamtinv. von 1836, S. 275 ff. (Verz. 79)

Lit.: M. v. Ehrenthal, Führer durch das Königliche Historische Museum in Dresden, S. 102, Nr. 631; J. Schöbel, Prunkwaffen, S. 86, Abb. 50; H. Müller, Gewehre, Pistolen, Revolver, S. 97, Abb. 78; J. F. Hayward, Augsburg Swords, in: WKK 22 (1980) 1, S. 7, Abb. 5

32 Rapier mit Radschloßfeuerwaffe, deutsch, um 1600, nachgeahmte spanische Klinge, vermutlich Solingen

Zweischneidige Klinge, beiderseitig bis zur Klingenschwäche mit Hohlschliff, anschließend rhombenförmiger Querschnitt, die Klinge im oberen Viertel mit Rankenwerk graviert, im Hohlschliff auf der Vorderseite die eingeschlagene Inschrift «SEB. A. S. T. I. A. N», auf der Rückseite «HER. N. A. N. T. E. S»[1]; die Fehlschärfe mit zwei Hohlschliffen, graviert und vergoldet, auf der Vorderseite zur Aufnahme des Radschlosses bearbeitet.

Geschwärzte Gefäßteile, die Schwärzung zum Teil abgegriffen; gerade Parierstange an den Enden zweimal gekerbt, das Mitteleisen mit Grat; Terzbügel und Faustschutzbügel ohne Verzierung, der Griffbügel an den Knauf herangezogen, drei Quartspangen, großer ovaler Klingenbügel mit einfach durchbrochenem Stichblatt, der profilierte Griff mit Kupferdrahtumwicklung, zwei Türkenbunde; der längliche, flachrunde Knauf mit Vernietknäufchen.

Der gebläute Lauf mit Zierringen und Resten von Vergoldung, hinten achtkantig, vorn rund, längs des vorderen Hohlschliffs mit der Klinge verschraubt und vernietet, verdeckt zum Teil die Inschrift.

Die kastenförmige vergoldete Schloßplatte mit der Klinge verschraubt; das Rad von ringförmiger, doppelt verschraubter Studel gehalten; gravierte Pfanne mit gleitendem Pfannendeckel, über der Pfanne ein kastenförmiger Zündkanal, der zum Zündloch des Laufes führt, das Zündloch befindet sich auf der Oberseite des Laufes; der Hahn flach ausgeschmiedet, graviert, oben ringförmig durchbrochen, die obere Hahnlippe mit ringförmiger Handhabe; die Fehlschärfe zur Aufnahme der einfachen Abzugseinrichtung ausgespart, von einer aufgeschraubten vergoldeten Platte verdeckt. Der Abzug liegt unter der Fehlschärfe und ist mit dem Zeigefinger zu bedienen.

Zum Radschloß dazugehörig ein Radschloßschlüssel mit Schraubenzieher.

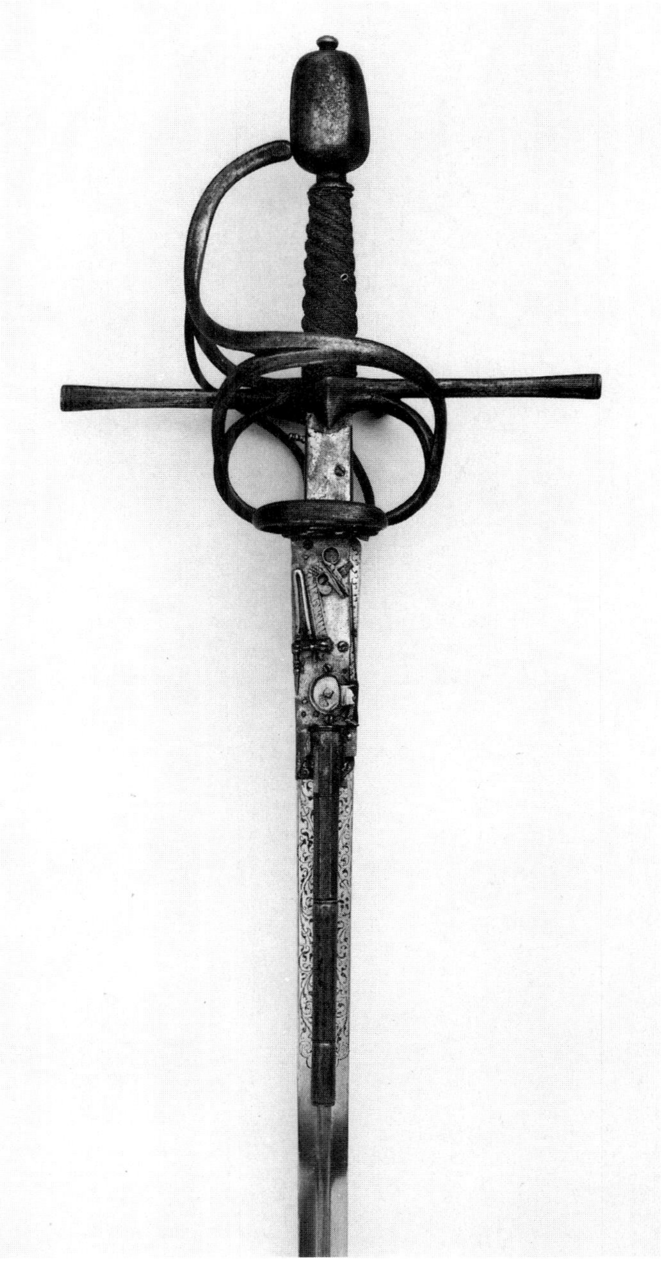

32

Gesamtlänge: 126 cm, Klingenlänge: 110 cm, Klingenbreite: 3 cm (an der Fehlschärfe), Lauflänge: 16,5 cm, Kaliber: 7 mm, Gewicht: 1400 g

Historisches Museum Dresden, Inv.-Nr. IX 108

Lit.: M. v. Ehrenthal, Führer durch das Königliche Historische Museum in Dresden, S. 165, G 159

[1] Sebastian Hernandez zeichnete seine Klingen mit dem vollen Namen, seiner Meistermarke und dem Beschauzeichen der Stadt Toledo. Diese Marken fehlen auf der Klinge; auch die falsche Schreibweise «Hernantes» statt «Hernandez» läßt auf eine Imitation schließen.

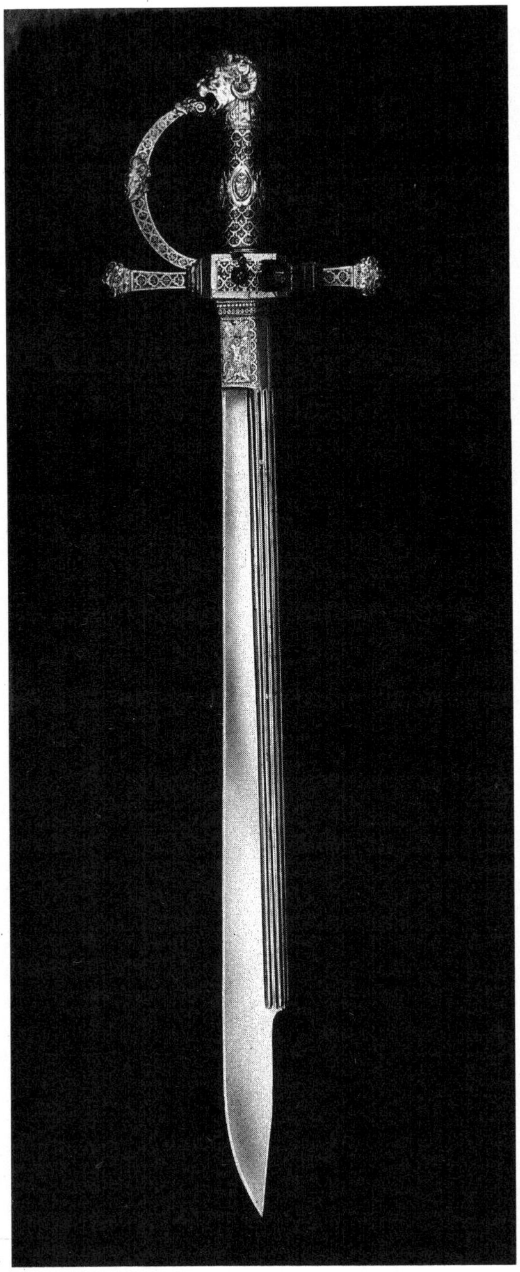

33

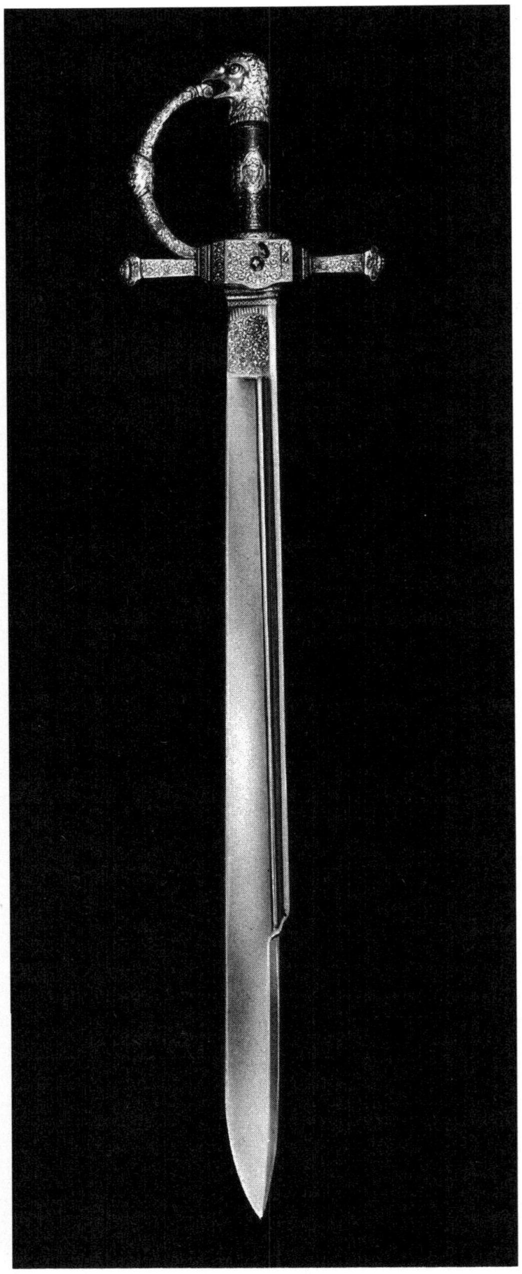

34

33 Cortellaggio mit Radschloßfeuerwaffe, französisch, um 1555

Kräftige Rückenklinge, Fehlschärfe mit Trophäe, Adler und feingliedrigen Ranken in Goldtausia verziert. Lauf durch den Klingenrücken gebohrt. Reich geschmücktes Gefäß, gerade Parierstange in Löwenköpfen endend, in Parierstangenmitte achteckiges Gehäuse, darin verborgener Radschloßmechanismus; Hahn und Pfanne durch Scharnierdeckel erreichbar, im Zentrum Radachse zum Spannen des Schlosses, Abzug auf der Gegenseite. Handschutzbügel und Griff tragen gegossene Masken, Knauf aus vergoldetem Bronzeguß in Form eines Löwenkopfes mit Widderhörnern.

Kunsthistorisches Museum Wien, Inv.-Nr. WS. A 2249

Lit.: H. Schedelmann, Die großen Büchsenmacher, S. 11, Abb. 19

34 Cortellaggio mit Radschloßfeuerwaffe, französisch, um 1555

Kräftige Rückenklinge, Fehlschärfe mit feingliedrigen Ranken in Gold- und Silbertausia dekoriert, im Klingenrücken eingebohrter Lauf. Gefäß Eisen, reich geschmückt mit feingliedrigen Ranken in Gold- und Silbertausia; Parierstangenenden, Handschutzbügel und Griff mit gegossenen Masken dekoriert, vergoldeter Bronzeknauf in Form eines Vogelkopfes. In Parierstangenmitte achteckiges Gehäuse mit verborgenem Radschloßmechanismus.

Kunsthistorisches Museum Wien, Inv.-Nr. WS A 2248

Lit.: H. Schedelmann, Die großen Büchsenmacher, S. 10, Abb. 11

35 Säbel, ungarisch/polnisch, mit deutscher Radschloßfeuerwaffe, um 1565

Gekrümmte Rückenklinge mit beiderseitigem flachem Hohlschliff, im unteren Viertel mit Rückenschneide.

Geschwärztes Eisengefäß, gerade achtkantige Parierstange mit Mitteleisen, das äußere Mitteleisen an der Parierstange abgetrennt, das innere Mitteleisen ortwärts um die Hälfte gekürzt; belederter Holzgriff mit ovalem Querschnitt; spitzovale halbe Griffkappe.

Polierter Lauf, hinten achtkantig mit zwei eingefeilten Zierringen an der Kammer, in der Laufmitte breiter facettierter Zierring, die vordere Laufhälfte rund. Der Lauf ist diagonal auf die Vorderseite der Klinge montiert und zweifach mit ihr verschraubt.

Kastenförmiges Radschloß, ebenfalls diagonal auf die Vorderseite der Klinge montiert, durch zwei Schrauben mit dieser verbunden. Die Schloßplatte mit außenliegendem verdecktem Rad; die Pulverpfanne mit gleitendem Pfannendeckel; der Druckknopf mit halbrundem Kopf; der Hahn mit flach ausgeschmiedetem Fuß und Hals, unterhalb des rhombenförmigen Kopfes kreisrund durchbrochen; die Abzugssicherung mit kugeliger Handhabe.

Das Schloß ist nach unten vollständig offen, die Schlagfeder wird zusätzlich von einem mit der Klinge und der Schloßplatte vernieteten Eisensteg gehalten.

Hölzerne, mit schwarzem Leder bespannte Scheide, zur Aufnahme des Schlosses am oberen Ende stark erweitert, rückseitig mit Trageschlaufe. Zwei Eisenbänder, rückseitig teilweise vergoldet und versilbert, auf der Vorderseite Rankendekor in Gold- und Silbertausia. Kräftiges eisernes Ortblech, auf der Vorderseite in Silbertausia unbekleidete Christusfigur mit schmalem, über beide Arme lose nach unten hängendem Tuch in Goldtausia, in der linken Hand ein Kreuz, in der rechten Hand einen Kelch haltend, auf dem Kopf eine goldtauschierte turbanähnliche Bedeckung tragend; auf der Rückseite Rankenornamente in Goldtausia.

Gesamtlänge: 93 cm, Klingenlänge: 80 cm, Klingenbreite: 4 cm, Pfeilhöhe: 4,5 cm, Lauflänge: 18,5 cm, Kaliber: 11 mm, Gewicht: 1380 g

Historisches Museum Dresden, Inv.-Nr. V 48

Inventarnachweis: Gesamtinv. von 1606, S. 964 (Verz. 72): «Ein Sebell, Doran ein Rörlein mit einem Feuerschlos, Welcher den 27. July An: 69 von Herrn Heinrich von Krinetzki vorehret word.» Türkenkammer von 1674, S. 126 f., Nr. 343 (Verz. 244) – hier eine Scheide, Spanner und Ladestock erwähnt.

Lit.: H. Seitz, Blankwaffen, Bd. II, S. 258, Abb. 263. Seitz datiert den Säbel um 1600. Die Waffe wird im Inventar als Geschenk des Heinrich v. Krinetzki von 1569 erwähnt, daher dürfte der Säbel in Anlehnung an den Inventarvermerk um 1565 zu datieren sein.

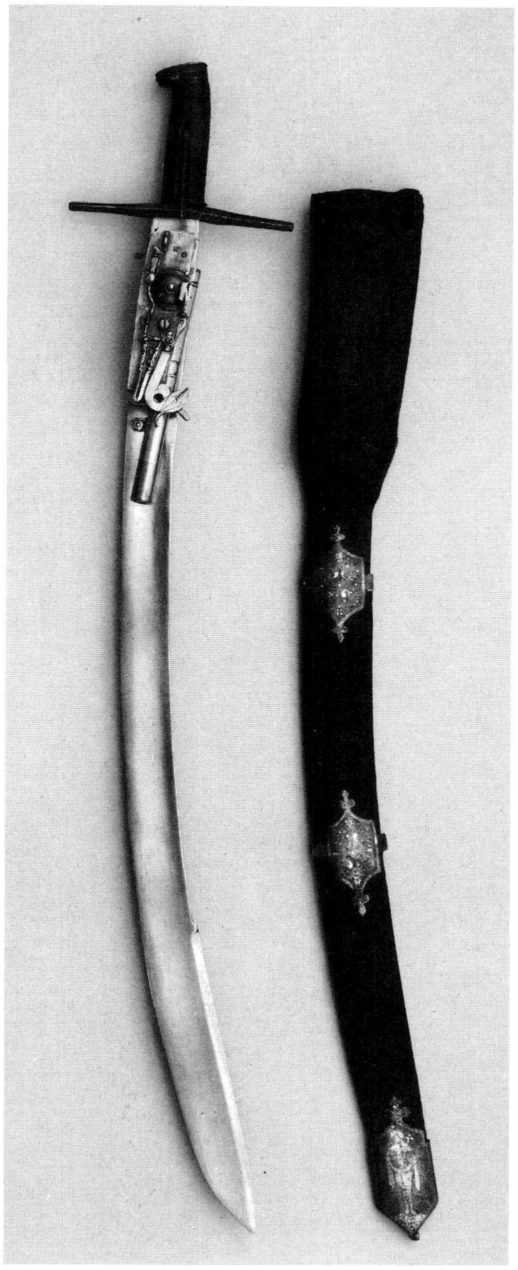

35

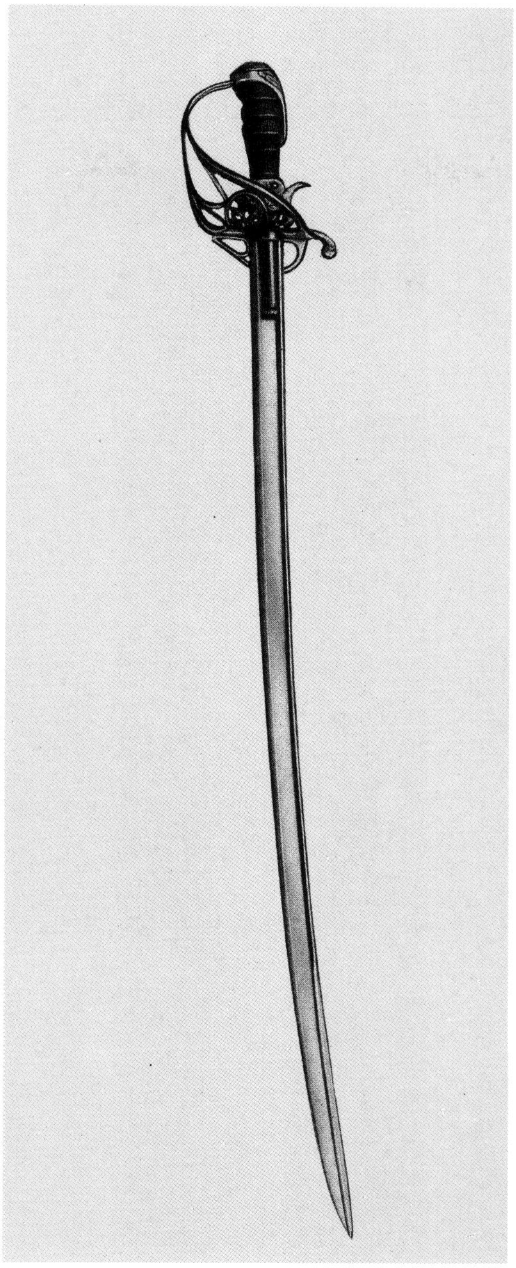

36

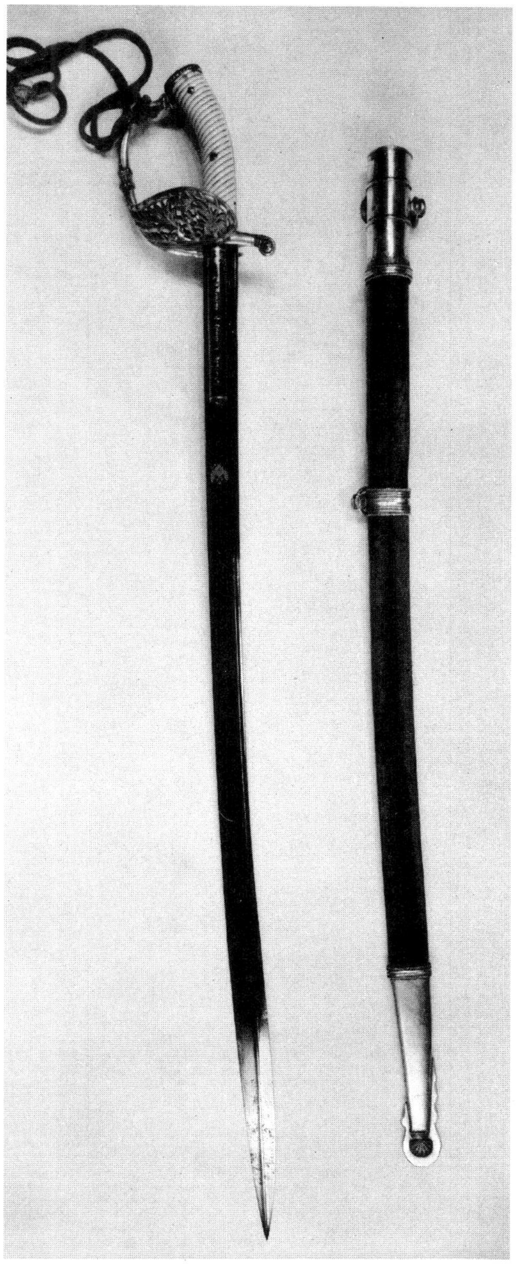

37

36 Offizierssäbel mit Perkussionsfeuerwaffe, englisch, um 1825

Steckrückenlinge mit Schör; vergoldetes Messinggefäß, Griff- mit Seitenbügel in Stichblatt übergehend, Stichblatt mit gekröntem Monogramm Georgs IV., gerillter Griff mit Rochenhaut bezogen, halbe Griffkappe.

Perkussionsfeuerwaffe mit Kastenschloß, auf der rechten Klingenseite liegender Rundlauf, einklappbarer Abzug. Rechte Schloßseite mit gravierter Waffentrophäe, signiert «JOHNSTON NEWCASTLE STREET», Birminghamer Prüfmarken.

Gesamtlänge: 96,5 cm, Klingenlänge: 81,4 cm, Gewicht: 993 g

HM Tower of London, Inv.-Nr. XIV – 25

Lit.: C. Blair, Pistols of the World, Abb. 732

37 Russischer Marine-Offizierssäbel, kombiniert mit doppelläufiger Perkussionsfeuerwaffe, Paris, 1844

Steckrückenklinge im oberen Drittel gebläut, mit russischem Staatswappen, in Gold ausgelegt. Vergoldetes Messinggefäß, durchbrochener Korb, goldene Säbelquaste an goldener Schnur, schräg gerillter Griff mit flacher Griffkappe.

Rundläufe mit Inschrift in Gold: Devisme et Lueray à Paris Breveté de S.M. l'Empereur de Russie Exposition 1844.

Die Perkussionshähne werden von dem vorderen, symmetrisch geteilten Parierstangenstück gebildet.

Schwarze Lederscheide, Beschläge messingvergoldet, Mundblech und Scheidenband mit Tragering, Ortblech mit Schlepper.

Gesamtlänge: 90,6 cm, Lauflänge: 11,0 cm, Kaliber: 10,7 mm

Ermitage Leningrad, Inv.-Nr. 3.0./1489

Lit.: L. Tarassuk, Antique European and American Firearms at the Hermitage Museum, Nr. 539, Tafel VI

38 Säbel mit Revolver, belgisch, um 1865

Eisengefäß, Griffkappe mit verschraubter Knaufplatte, Griffbügel, drei Seitenbügel, Griff mit schwarzen gewaffelten Holzplatten belegt. Revolver im Gefäß eingebaut, System Lefaucheux.

Rundlauf gezogen, terzseitig im Hohlschliff liegend, sechsschüssige Trommel für Stiftzündung, Trommelverschlußkappe dient als Hahnsicherung, offener Rahmen, signiert «H. G. & F. Brévétes», Waffennummer 235.

Rückenklinge beiderseitig Hohlschliffe, gegen den Ort beidseitig kanneliert, Pandurspitze, Ätzdekor.

Stahlscheide, zwei Ringbänder. Gefäß, Revolver und Scheide gebläut, teilweise abgegriffen. Lederschlagband, Saffianleder-Traggurt.

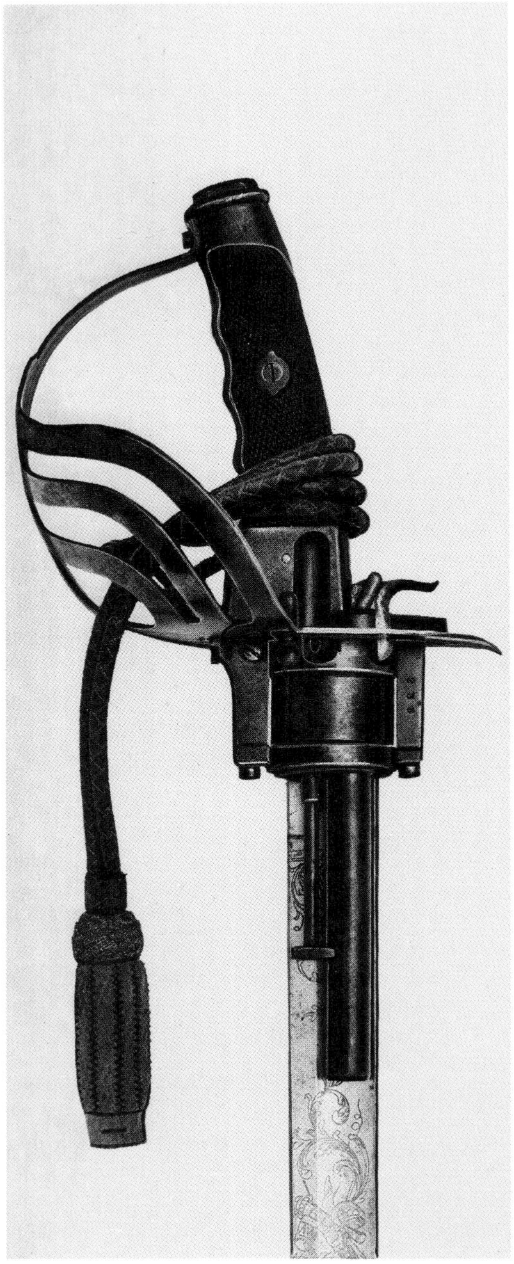

38

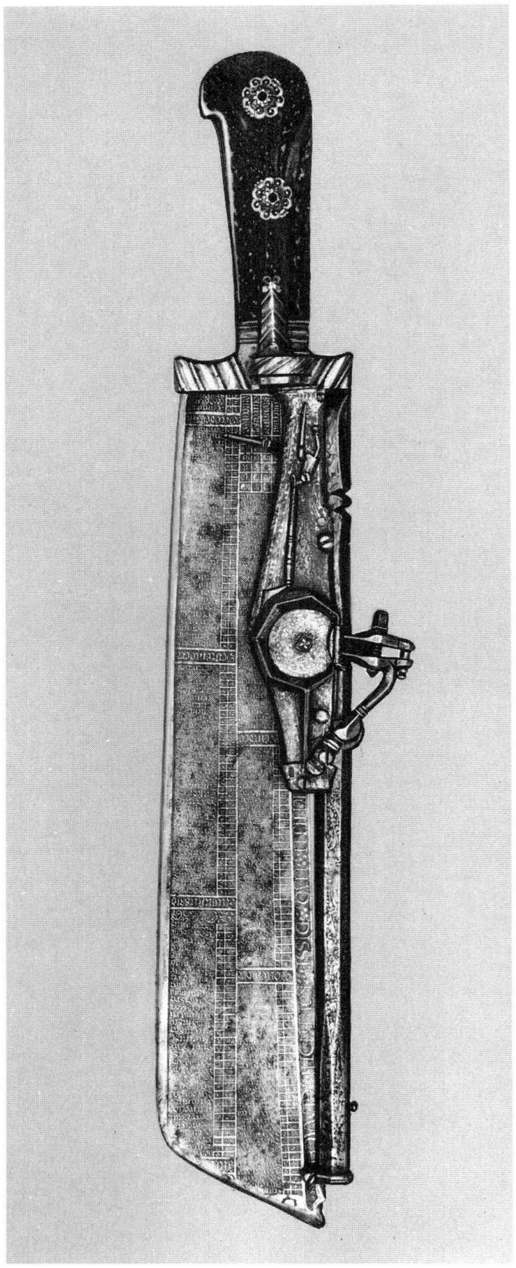

39

40

Länge: 97 cm, Kaliber: 9 mm

Foto: Auktionshaus Peter Ineichen, Zürich

Lit.: J. A. Meier, in: Auktionshaus Peter Ineichen Zürich, Katalog d. 62. Auktion 25./26.10.1985, Sammlung René Dollfus von Volckersberg, Teil 1, S. 88, Nr. 813; H. G. Frost, Blades and Barrels, S. 149, Abb. 240

JAGDGRIFFWAFFEN, KOMBINIERT MIT FEUERWAFFEN

39 Weidmesser mit Radschloßfeuerwaffe, deutsch, 1546, Kalenderklinge von Ambrosius Gemlich, München

Kräftige Klinge mit geätztem immerwährendem Kalender; am Klingenrücken längsgerichtete Inschrift «AMBROSI GEMLICH MITBVRGER ZVO MINICHEN HAD DISSE KOLLENDER GEMACH».

Oktogonallauf mit Kantenwechsel, kräftiger Mündungswulst, an der Kammer gekerbt, kugeliges Richtkorn. Schloß mit geschrägten Kanten, außenliegendes Rad mit Radkappe, sichelförmige Hahnfeder, kantiger Hahn, Pfannendeckel mit Federarretierung, runder Stiftabzug. Lauf und Schloß geätzt: Ranken und Bibelsprüche, datiert: «1546». Radschloß und Pistolenlauf sind seitlich mit der Klinge verschraubt.

Gesamtlänge: 60,3 cm, Klingenlänge: 31,4 cm, Lauflänge: 31,4 cm, Kaliber: 7,2 mm, Gewicht: 1400 g

Metropolitan Museum of Art, New York. Inv.-Nr. 04.3.158

Lit.: H. Seiler, Klingenätzungen des Ambrosius Gemlich, in: ZHWK, (1940) 1, S. 11–19; H. Nickel, Ullstein Waffenbuch, S. 194; H. G. Frost, Blades and Barrels, S. 9, Abb. 3

40 Jagdschwert mit Radschloßfeuerwaffe, deutsch, 1612

Die Klinge im unteren Drittel zweischneidig mit rechteckigem Durchbruch für einen Knebel, anschließend als kräftige Rückenklinge ausgebildet mit doppeltem Hohlschliff; die lange Fehlschärfe ist zur Aufnahme des Radschlosses durchbrochen; die Klinge zeigt unterhalb des Durchbruches geätztes Blattornament auf schwarzem Grund.

Das gebräunte Eisengefäß trägt auf dem Mitteleisen die Jahreszahl 1612, die Gefäßteile sind mit geschnittenen Blattranken und Blüten dekoriert, die ortwärts gebogene Parierstange endet in stilisiertem Vogelkopf, ebenso der Griffbügel; das ovale, durchbrochene Stichblatt zeigt gravierte Ranken und Blüten, im Zentrum des Stichblattes ein Medaillon mit bärtigem Kopf; der massive, mit geschnittenen Blattranken geschmückte Griff hat einen stilisierten Vogelkopf als Knauf, am Knauf zwei aufgesetzte Eisenkugeln und kugeliges Vernietknäufchen.

Der achtkantige polierte Lauf liegt im oberen Hohlschliff auf der Rückseite der Klinge und ist mit dieser zweifach verschraubt.

Zierliches Radschloß; die gebläute Schloßplatte ist gemarkt und trägt eine messingvergoldete Platte mit durchbrochenem Rankenwerk; außenliegendes, von kleiner blattförmiger Studel gehaltenes Rad; die Pulverpfanne mit gleitendem Pfannendeckel ohne Druckknopf; der gebläute Hahn mit balusterförmigem Fuß, ringförmig durchbrochenem Hals, kurzen Hahnlippen und geschweifter Handhabe; Hahnfeder und Studel sind gebläut. Die Schloßplatte ist mit der Klinge mehrfach verschraubt, die Schloßinnenteile liegen in der Aussparung der Klinge und werden von einer mit Rankenwerk durchbrochenen Platte aus vergoldetem Messing abgedeckt. Der flach ausgeschmiedete, unten in der Fehlschärfe verstiftete Abzug führt durch den Klingenrücken und kann mit dem Daumen bedient werden.

Zur Waffe dazugehörig eine mit schwarzem Leder bezogene Holzscheide; die Scheide hat ein eisernes Mundblech mit zwei Trageösen; die Vorderseite des Mundblechs zeigt in Eisenschnittechnik ein doppelschwänziges Meerweibchen in einer Kartusche, die Rückseite Früchtegruppen und Masken. Ein eiserner Ladestock ist auf der Rückseite des Mundblechs in einer entsprechenden Tülle untergebracht; das eiserne Ortblech mit kegelförmigem unterem Abschluß zeigt geschnittene Früchtegruppen.

Gesamtlänge: 96 cm, Klingenlänge: 83 cm, Lauflänge: 26 cm, Kaliber: 6 mm, Gewicht: 1050 g

Historisches Museum Dresden, Inv.-Nr. X 309

Lit.: M. v. Ehrenthal, Führer durch das Königliche Historische Museum in Dresden, S. 225, M 359

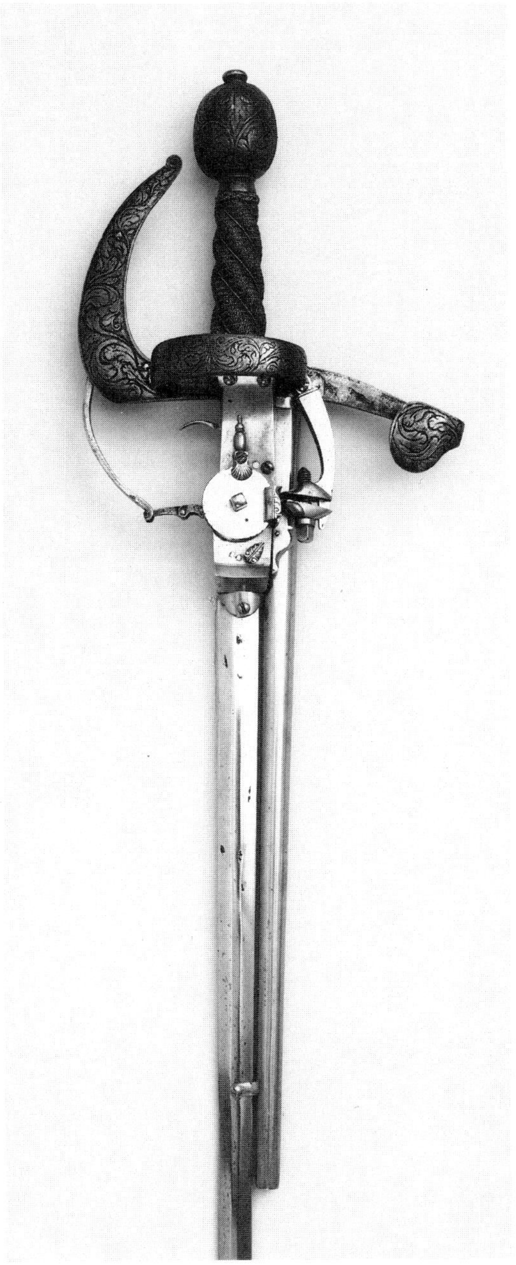

41

41 Jagdschwert mit Radschloßfeuerwaffe, deutsch, 1. Hälfte 17. Jahrhundert

Zweischneidige, polierte Klinge mit abgeflachtem Mittelgrat. Das Gefäß aus gebläutem Eisen mit geschnittenen Ranken dekoriert; die flach ausgeschmiedete, nach vorn eingerollte Parierstange geht in den Faustschutzbügel über; der aus Federstahl gefertigte Parierbügel, auf einer Seite mit der Parierstange fest vernietet, dient gleichzeitig als Hahnfeder. Schräglängsgefurchter Holzgriff mit doppeltem verdrilltem Messing- und Eisendraht umwickelt, zwei Türkenbunde, massiver flachovaler Eisenkauf mit profiliertem Hals und kugeligem Vernietknäufchen.

Runder, polierter Lauf, zur Mündung konisch verlaufend; auf der Laufoberseite mit den Initialen «I H» über einem Stern gemarkt; der Lauf ist mit der Schwanzschraube seitlich an die Parierstange geschraubt und mittels einer langen Laufóse mit der Klinge durch eine Schraube verbunden.

Das polierte Radschloß ist mit dem Parierbügel und der Klinge terzseitig verschraubt; das außenliegende Rad wird von einer kleinen blattförmigen Studel an der Peripherie geführt; die Pulverpfanne mit graviertem gleitendem Pfannendeckel, der Druckknopf in Form eines spitz auslaufenden Blattes; der Hahn mit flach ausgeschmiedetem Hals und rhombenförmigem Kopf ist mit der Parierstange verschraubt; die kräftige, außerhalb des Schlosses liegende Schlagfeder ist mit dem Griffbügel zweifach verschraubt und greift mit ihrem vorderen geschlitzten Ende in die Gelenkkette des Rades ein; der Abzug ist mit der Fehlschärfe der Klinge drehbar verbunden; der Stollen des Radschlosses führt durch einen entsprechenden Durchbruch in der Fehlschärfe der Klinge, auf deren Rückseite der Abzug montiert ist. Der Abzug ist mit dem Zeigefinger zu bedienen.

Zur Waffe dazugehörig ein Radschloßschlüssel, kombiniert mit Schraubenzieher.

Gesamtlänge: 108 cm, Klingenlänge: 93 cm, Klingenbreite: 2,1 cm (an der Fehlschärfe), Lauflänge: 37 cm, Kaliber: 8 mm, Gewicht: 1600 g

Historisches Museum Dresden, Inv.-Nr. IX 77

Inventarnachweis: Inv. Kurkammer von 1671, S. 163, Nr. 345 (Verz. 129): «Ein Rapier mit einem schwartz eisernen spitzigen mit laubwerk außgehauenen Knopffe Bügel und Creutz, oben unter dem Gefäße eine geschoß mit langen polierten Lauffe und Feuerschloße nebst einem Spanner eiserner geetzten Ladestecken vnd Luntenzieher, in schwartz gedrückt lederner Scheiden mit einem vergüldeten orthbanden.»
Inv. Kurkammer von 1683, S. 238 f., Nr. 345 (Verz. 130); von 1717, S. 181, Nr. 345 (Verz. 131); von 1784, S. 247 f., Nr. 345 (Verz. 132); von 1821, S. 134, Nr. 215 (Verz. 133); Gesamtinv. von 1836, S. 265 f., Nr. 64 (Verz. 79)

42a/b Ein Paar Hirschfänger mit Steinschloßfeuerwaffe von Johann Andreas Niefind, Olbernhau/Sachsen, 1725

42a Klinge poliert, im unteren Drittel zweischneidig, anschließend als Rückenklinge ausgebildet mit beiderseitigem Hohlschliff. Das Steinschloß ist von ungewöhnlicher Konstruktion; die Schloßplatte, das kräftige schmale Abzugsblech und eine im Winkel von 90° senkrecht in der Mitte der Schloßplatte angeordnete runde Eisenplatte sind aus einem Stück gefertigt. Durch eine entsprechende Aussparung in der Platte ist die Angel der Klinge geschoben, deren nach unten abgewinkeltes Ende seitlich in das Abzugsblech eingelassen und mit diesem verschraubt ist.

Der gezogene Lauf, mit der Eisenplatte durch die Schwanzschraube verbunden und längsseitig mit der Klinge verschraubt, wird zusätzlich von einem in der vorderen Hälfte der Schloßplatte seitlich ausgeschmiedeten halbschalenförmigen Steg unterfangen.

Das halbrunde Stichblatt, mit Durchbruch für Angel und Schwanzschraube, ist zwischen der querstehenden Platte des Schloßbleches und dem Stoßboden des Laufes eingefügt und wird durch die Schwanzschraube arretiert.

Das Schloß ohne Studel und Stange, der lange gerade Abzug am unteren Ende eingerollt, greift mit dem als Stange ausgebildeten oberen Ende in die Raste der Nuß ein; die kräftige, flach ausgeschmiedete Schlagfeder ist auf das Abzugsblech geschraubt, die separate Pulverpfanne und die Batterie sind mit dem Schloßblech verschraubt; der Abzugsbügel dient gleichzeitig als Griffbügel.

Lauf, Schloßplatte, Hahn, Batterie, Griffplatte, Abzugsbügel und Stichblatt sind mit erhabenen, in Eisen geschnittenen Ranken auf fein gepunztem mattem Grund dekoriert.

Der runde Lauf zeigt im hinteren Drittel Ranken, dazwischen einen Vogel, der einen Zweig im Schnabel hält; auf der Griffplatte und dem Abzugsbügel zwischen Ranken jeweils eine groteske Maske; auf der Rückseite des Stichblattes ein Putto, auf der Vorderseite ein graviertes, den Umriß des Stichblattes hervorhebendes Band mit gravierten stilisierten Blättern. Das Abzugsblech trägt die gravierte Bezeichnung «NIEFIND IN OLBERNHAV»[1].

Der Griff aus Vogelaugenahorn endet in einem plastisch gestalteten Bärenkopf, in dessen geöffneten Rachen kleine Hirschhornspitzen als Zähne eingesetzt sind.

Scheide Holz mit schwarzem Leder bezogen, am oberen Ende zur Aufnahme der Feuerwaffe erweitert, mit seitlichem Fach für eisernen Ladestock mit Krätzer; poliertes eisernes Ortblech mit graviertem Rankendekor.

Gesamtlänge: 81 cm, Klingenlänge: 66,5 cm, Lauflänge: 19,8 cm, Kaliber: 11 mm, Gewicht: 925 g

Historisches Museum Dresden, Inv.-Nr. X 519

42b Der unsignierte Hirschfänger mit Steinschloßfeuerwaffe HMD X 440 ist im Gegensatz zu dem Hirschfänger HMD X 519 überwiegend mit figürlichen Darstellungen dekoriert und zeigt in erhabener Eisenschnittechnik Jagdszenen auf gepunztem mattem Grund.

Die Klinge ist auf der rechten Seite im hinteren Drittel mit Rankendekor verziert; das Stichblatt zeigt auf der Rückseite geschnittene Jagdszenen; dargestellt sind ein flüchtender Pfau, verfolgt von einem durch einen Reif springenden Fuchs, der wiederum von einem Hund gejagt wird; die Vorderseite des Stichblattes ist mit Ranken und einem auf einer Stange sitzenden Vogel graviert.

Der glatte Lauf zeigt im hinteren Drittel auf der Laufoberseite eine auf einem Sockel stehende weibliche Figur in Jagdkleidung mit Federhut, Jagdtasche, umgehängtem Parforce-Horn, in der Hand die auf dem Sockel stehende Flinte haltend. Auf der Schloßplatte ist hinter dem Hahn ein von Hunden angegriffener Keiler dargestellt; die Hahnschraube als Maske ausgebildet; das Griffblech zeigt einen von Hunden angegriffenen Fuchs; der Abzugsbügel ist mit Darstellungen eines Hirsches, eines Hundes und eines Jagdhauses geschmückt.

Der Griff aus Vogelaugenahorn mit Konturschnitt endet ebenfalls in einem plastisch gestalteten Bärenkopf, in dessen geöffneten Rachen das hintere Ende des Abzugsbügels eingeschraubt ist.

Scheide Holz mit schwarzem Leder bezogen, am oberen Ende zur Aufnahme der Feuerwaffe erweitert, mit seitlichem Fach für eisernen Ladestock mit Krätzer; poliertes eisernes Ortblech mit graviertem Rankendekor.

Gesamtlänge: 74,5 cm, Klingenlänge: 60,5 cm, Klingenbreite: 2,5 cm, Lauflänge: 20 cm, Kaliber: 12 mm, Gewicht: 830 g

Historisches Museum Dresden, Inv.-Nr. X 440

Lit.: M. v. Ehrenthal, Führer durch die Königliche Gewehrgalerie zu Dresden, 124/125. Nach Ehrenthal sind die Waffen ein Geschenk des Oberhofjägermeisters Carl Gottlob v. Leubnitz an König August den Starken; J. Schöbel, Jagdwaffen und Jagdgerät des Historischen Museums zu Dresden, S. 68, Abb. 44

1 Johann Andreas Niefind, Büchsenmacher in Olbernhau, Sachsen, aus Würzburg stammend, lebte von 1674 bis 1732. Siehe E. Heer, Der Neue Støckel, Bd. II, S. 871.

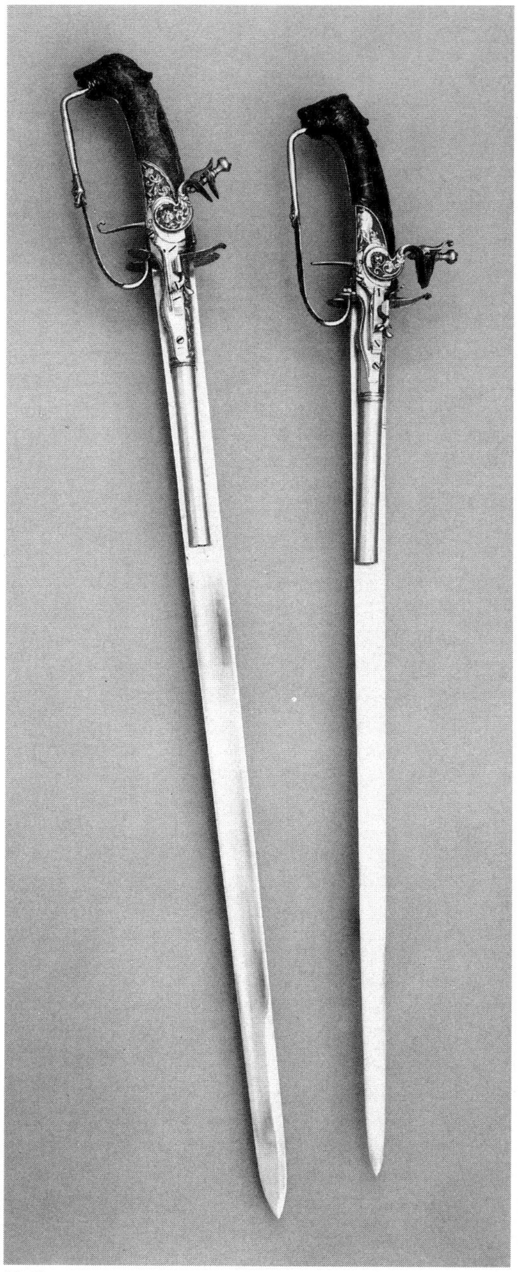

42a/b

43 Hirschfänger mit doppelläufiger Steinschloßwaffe, deutsch, um 1750

Zweischneidige Klinge mit beiderseitigem Hohlschliff, lange, kräftige Fehlschärfe mit graviertem Trophäendekor auf der Rückseite, im Hohlschliff auf der Vorderseite der Klinge gravierte Sau und Ranken.

Flaches schmuckloses Kastenschloß, Eisen, dreifach mit der Klinge verschraubt; Bockläufe Messing, im vorderen Drittel rund, anschließend oktogonal, mittels ringförmiger Zwinge an der Klinge befestigt. Sicherungshaken, seitlich mit dem Schloßkasten verschraubt. Abzug ohne Abzugsbügel, Pulverpfanne nur mit einem Zündloch für zwei Läufe.

Messinggefäß gegossen, rocaillenförmiges Stichblatt mit Ranken, Blumen und Rocaille geschmückt, kurze geschweifte Parierstange in Köpfchen endend, Griffzwinge mit Rocaillendekor, Griff beiderseitig mit Holzplatten belegt, drei Kopfniete.

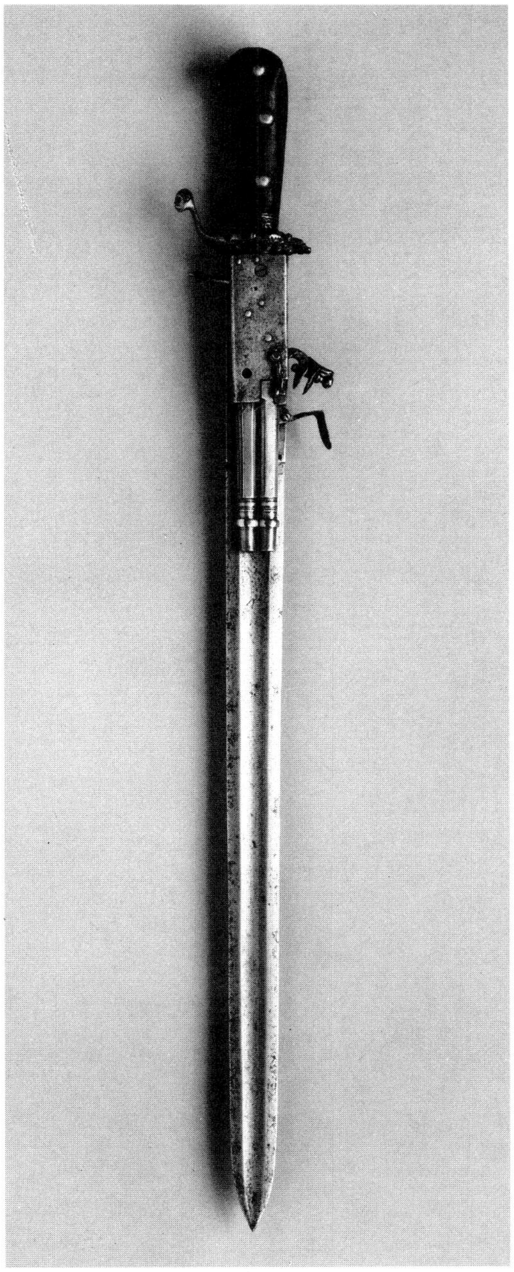

43

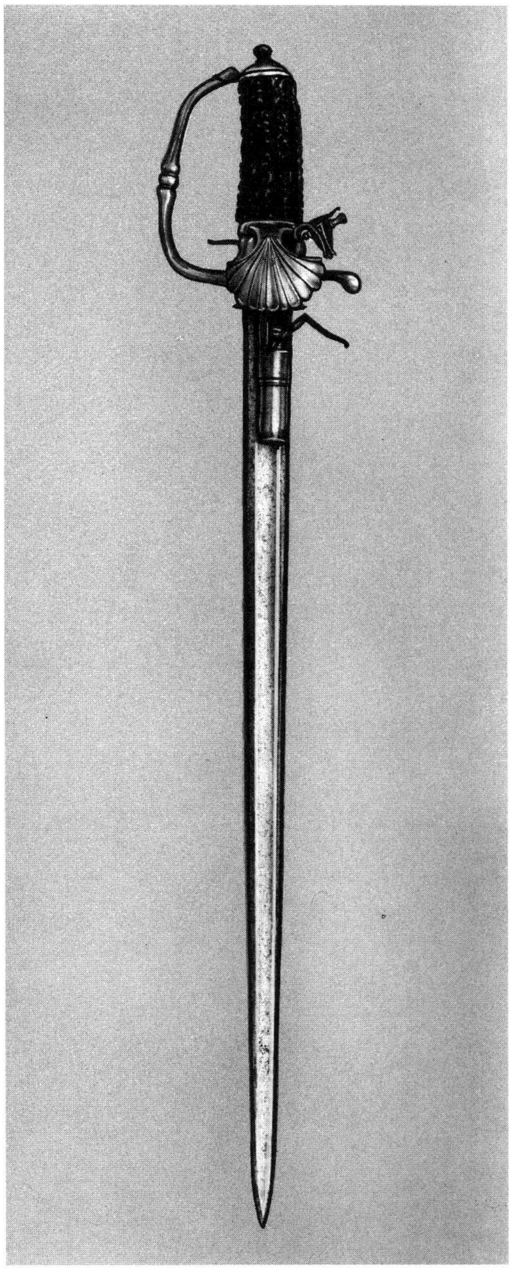

44

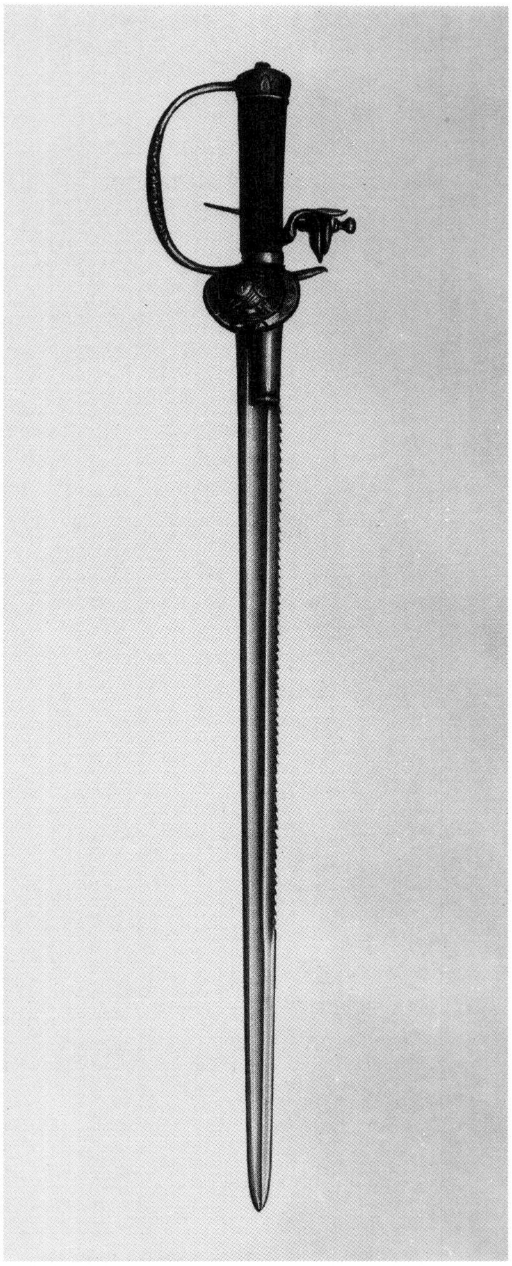

45

Gesamtlänge: 72 cm, Klingenlänge: 57,7 cm, Lauflängen: 10/8 cm, Kaliber: 8,5 mm, Gewicht: 920 g

Staatliches Museum Schwerin, Inv.-Nr. KJ 1732

Lit.: H. Müller, Gewehre – Pistolen – Revolver, S. 142, Abb. 121

44 Hirschfänger mit Steinschloßfeuerwaffe von Phillip Vandebaize, englisch, frühes 18. Jahrhundert

Gerade Rückenklinge mit beiderseitigem doppeltem Hohlschliff. Gefäß Silber, gegossen, muschelförmiges Stichblatt, Griffbügel mit Ziernodi und Londoner Silbermarken, Hirschhorngriff, gewölbte Griffkappe mit Vernietknäufchen.

Steinschloßfeuerwaffe auf der rechten Klingenseite liegend; kurzer kanonenförmiger Lauf, an der Kammer bezeichnet: «VANDEBAISE» und gestempelt mit drei undeutlichen Kronenmarken. Funktionsteile des Schlosses zum Teil im Griff eingearbeitet.

Gesamtlänge: 69,8 cm, Klingenlänge: 54,6 cm, Gewicht: 965 g

HM Tower of London, Inv.-Nr. XIV-24

45 Hirschfänger mit Steinschloßfeuerwaffe, englisch, um 1750

Klinge mit Sägerücken und beiderseitigem Hohlschliff; Gefäß Stahl, ovales Stichblatt mit geschnittenem männlichem Kopf im Profil, Griffbügel mit geschnittenem Rankendekor; achtkantiger Ebenholzgriff, Griffflächen abwechselnd glatt und mit Fischhautverschneidung (Griff erneuert). Knaufkappe mit Vernietknäufchen. Kurzer Rundlauf auf der rechten Klingenseite liegend; Steinschloß auf der Gegenseite zum Teil im Griff eingelassen, stiftförmiger Abzug. Lauf trägt die Londoner Prüfmarke.

Gesamtlänge: 73,4 cm, Klingenlänge: 58,4 cm, Kaliber: 11 mm, Gewicht: 709 g

HM Tower of London, Inv.-Nr. XIV.9.

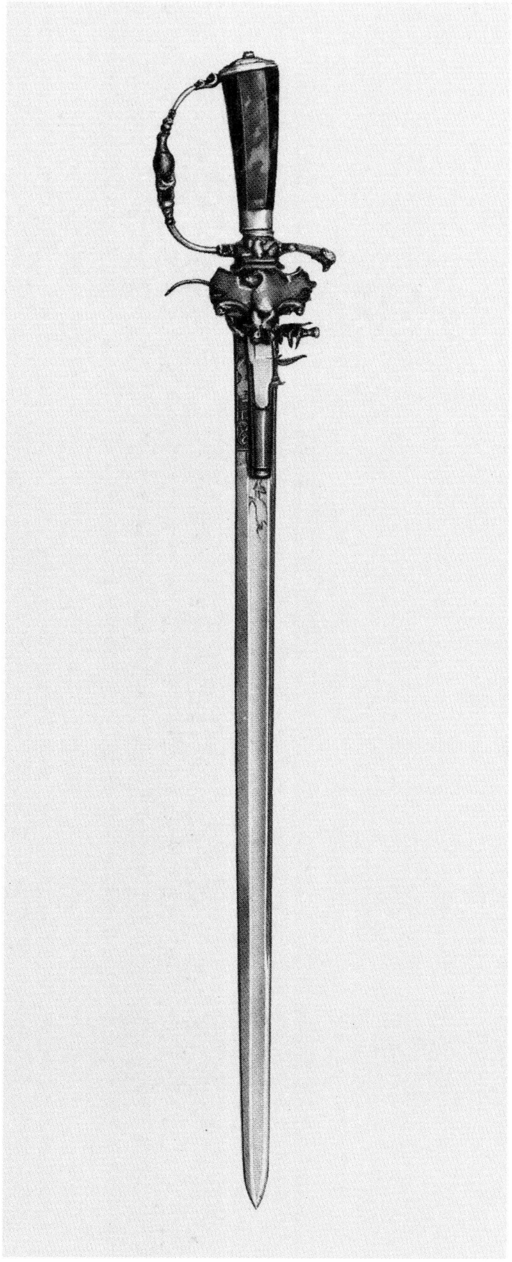

46

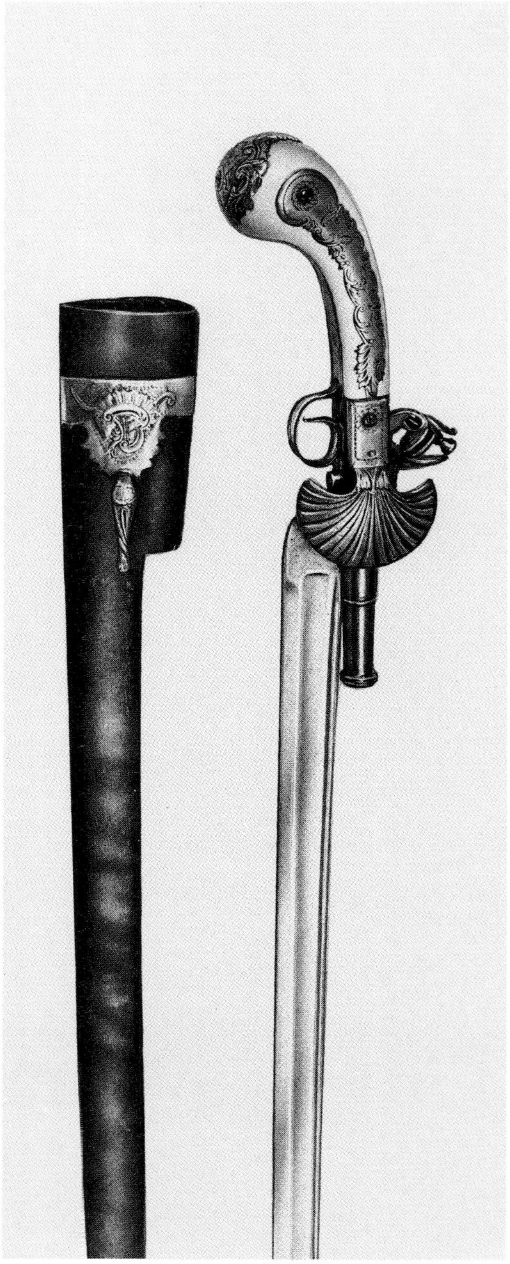

47

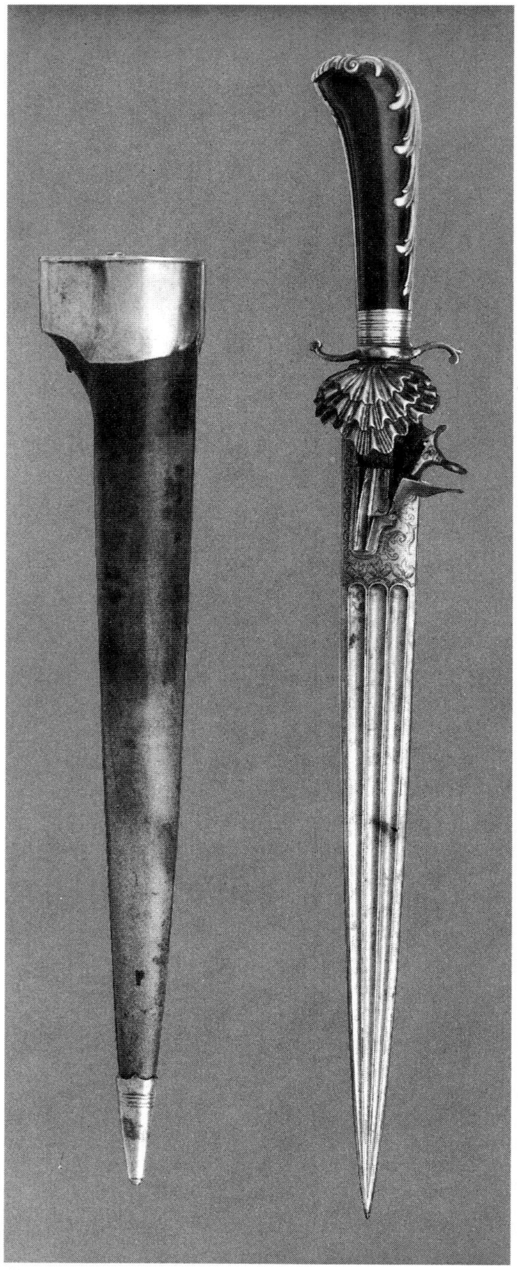

48

46 Hirschfänger mit Steinschloßfeuerwaffe, holländisch oder deutsch, um 1760

Gerade volle Rückenklinge mit beiderseitigem Hohlschliff, Fehlschärfe vergoldet und mit gravierten Arabesken geschmückt, in einer Kartusche die Inschrift «Vivat de Prins (van) Orange». Gefäß Messingguß, vergoldet, mit Adlerdekor, Stichblatt trägt auffliegenden Adler, Parierstange in Adlerkopf endend, Mittelhülse mit auffliegendem Adler und Griffbügel mit sitzendem Adler geschmückt. Griff kantig mit Schildpatt belegt, Knaufkappe mit Vernietknäufchen.

Steinschloßfeuerwaffe mit Kastenschloß an der rechten Klingenseite befestigt, Abzug gekrümmt.

Gesamtlänge: 73,1 cm, Klingenlänge: 58,9 cm, Kaliber: 7,6 mm, Gewicht: 652 g

HM Tower of London, Inv.-Nr. XIV.8.

47 Hirschfänger mit Steinschloßfeuerwaffe von J. Harris, London, um 1750

Gerade Rückenklinge mit beiderseitigem doppeltem Hohlschliff. Elfenbeingriff mit silberner Knaufkappe und Griffbeschlag mit getriebenem und graviertem Rocaillendekor, muschelförmiges Stichblatt. Steinschloßfeuerwaffe mit Kastenschloß, abschraubbarer kanonenförmiger Lauf, signiert: «J. HARRIS», gravierter Abzugsbügel.

Schwarzbelederte Holzscheide, silbernes Ort- und Mundblech mit getriebenem und graviertem Rocaillendekor.

Gesamtlänge: 79,5 cm, Klingenlänge: 63 cm, Lauflänge: 6,8 cm, Kaliber: 11,5 cm, Gewicht: 920 g

Deutsches Jagd- und Fischereimuseum München

Lit.: Deutsches Jagdmuseum München, 1977, S. 56

48 Hirschfänger mit Miqueletschloß-Feuerwaffe, spanisch, Ende 18. Jahrhundert

Zweischneidige Klinge, beiderseitig mit drei tiefen Kannelüren, Fehlschärfe mit graviertem Blatt- und Rankendekor. Gefäß: Silbermontierung, muschelförmiges Stichblatt, S-förmige Parierstange, Horngriff, Manschette mit Zierringen, blattförmiger Griffbeschlag.

Rechtsseitig mit der Fehlschärfe verschraubtes Miqueletschloß, der Lauf auf der linken Klingenseite liegend. Lederbezogene Scheide mit Ort- und Mundblech.

Gesamtlänge: 42,5 cm, Klingenlänge: 31,8 cm, Lauflänge: 16,5 cm, Kaliber: 9 mm

Metropolitan Museum of Art, New York, Inv.-Nr. 26.145.255

49

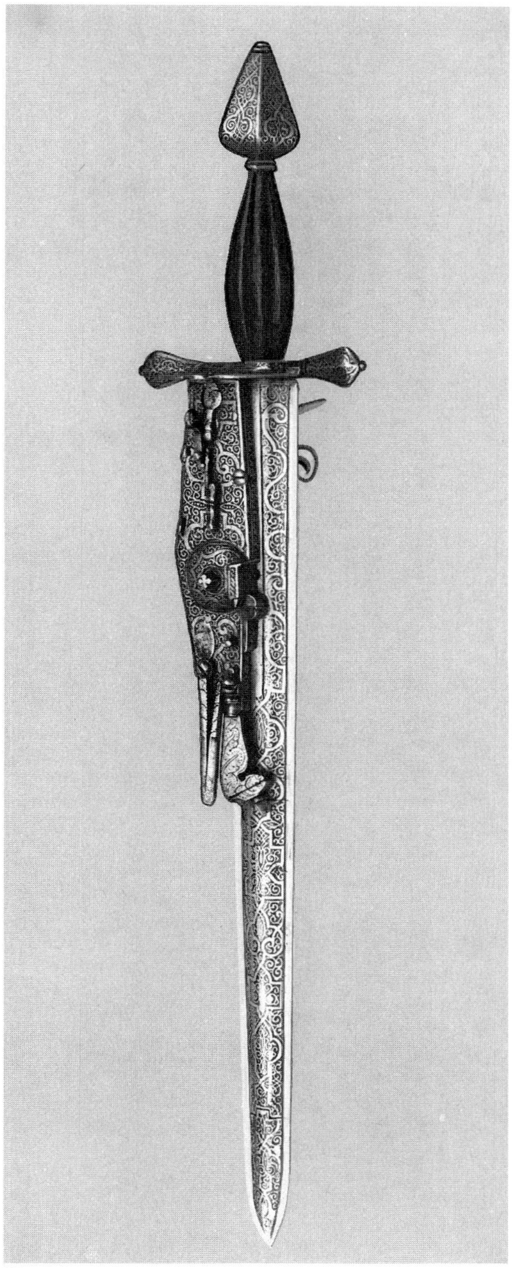

50

DOLCHE UND MESSER, KOMBINIERT MIT HANDFEUERWAFFEN

49 Dolch mit Radschloßfeuerwaffe, italienisch, um 1550

Klinge mit Mittelrippe, Ätzdekor, auf fein punktiertem Grund: Blattwerk, Vögel, Masken; abnehmbare pfeilförmige Klingenspitze, deren Schaft zugleich als Radschloßschlüssel dient. Die hohle Mittelrippe der Klinge bildet den Lauf.

Gefäß Eisen, geschnitten und vergoldet, Parierstange mit Blattdekor in Pferdekopf endend, Klingenbügel mit Blatt- und Maskendekor, der kugelige Knauf mit Blattwerk und liegender Figur in Kartusche geschmückt.

Die Funktionsteile des Radschlosses liegen in der kräftigen Fehlschärfe der Klinge und im Griff verborgen. Das quer zur Laufseele angeordnete Rad ist auf eine lange, in den Griff hineinragende Achse, um die eine Spiralfeder gewunden ist, gesteckt. Zum Spannen des Schlosses wird der Radschloßschlüssel durch eine Öffnung im Knauf auf die Radachse gesteckt.

Gesamtlänge: 51 cm

Metropolitan Museum of Art, New York, Inv.-Nr. 0.4.3.2.

Lit.: S.V. Grancsay, A Wheellock dagger for the Court of the Medici, in: Arms and Armor Annual 1 (1973), S. 48–55; H.G. Frost, Blades and Barrels, S. 11, Abb. 7

50 Dolch mit Radschloßfeuerwaffe, deutsch, Ende 16. Jahrhundert

Klinge, Schloß, Parierstange und Knauf reich geschmückt mit geätztem Bandwerk und feingliedrigen Ranken auf schwarzem Grund.

Klinge von rhombischem Querschnitt mit Hohlschliff im oberen Klingendrittel. Die hohle Klinge dient zugleich als Lauf, die Klingenspitze ist abnehmbar, wodurch die Laufmündung frei wird.

Gerade kurze Parierstange, Holzgriff mit schwarzem Leder bezogen, gekanteter Knauf. Radschloß klingenseitig verschraubt; flache Schloßplatte, außenliegendes Rad mit gewölbter Radkappe, gravierter Hahn, Pfannendeckel mit Federarretierung; Abzug mit Abzugssicherung.

Gesamtlänge: 48,3 cm, Lauflänge: 22,3 cm, Kaliber: 7,5 cm, Gewicht: 700 g

Metropolitan Museum of Art, New York, Inv.-Nr. 14.25.1280

Lit.: G.C. Stone, A Glossary of the Construction, Decoration and Use of Arms and Armor in all Countries and all Times, S. 189, Abb. 238, Nr. 3; L. Winant, Firearms Curiosa, S. 17, Abb. 8; H.G. Frost, Blades and Barrels, S. 13, Abb. 10

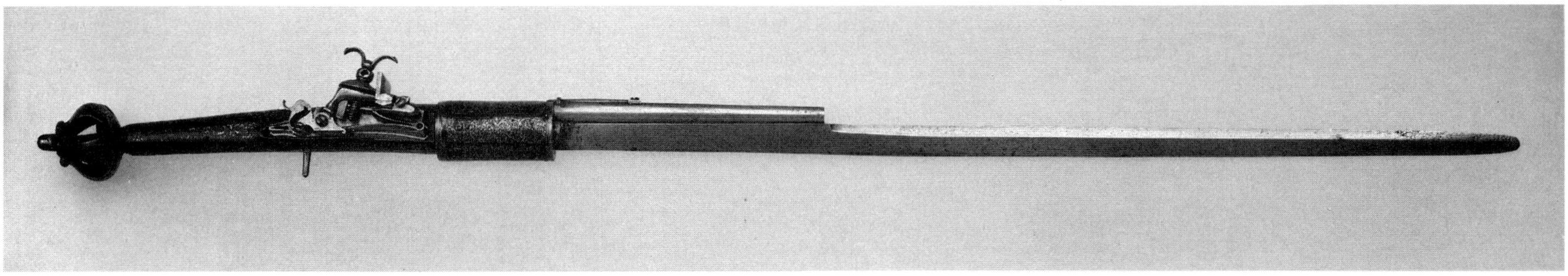

51

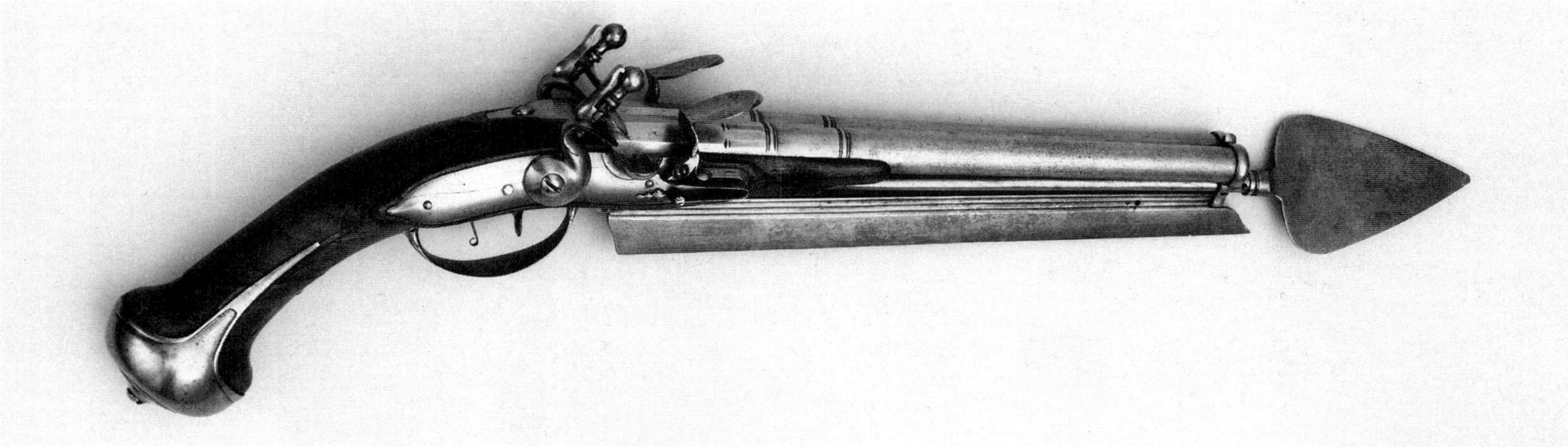

52

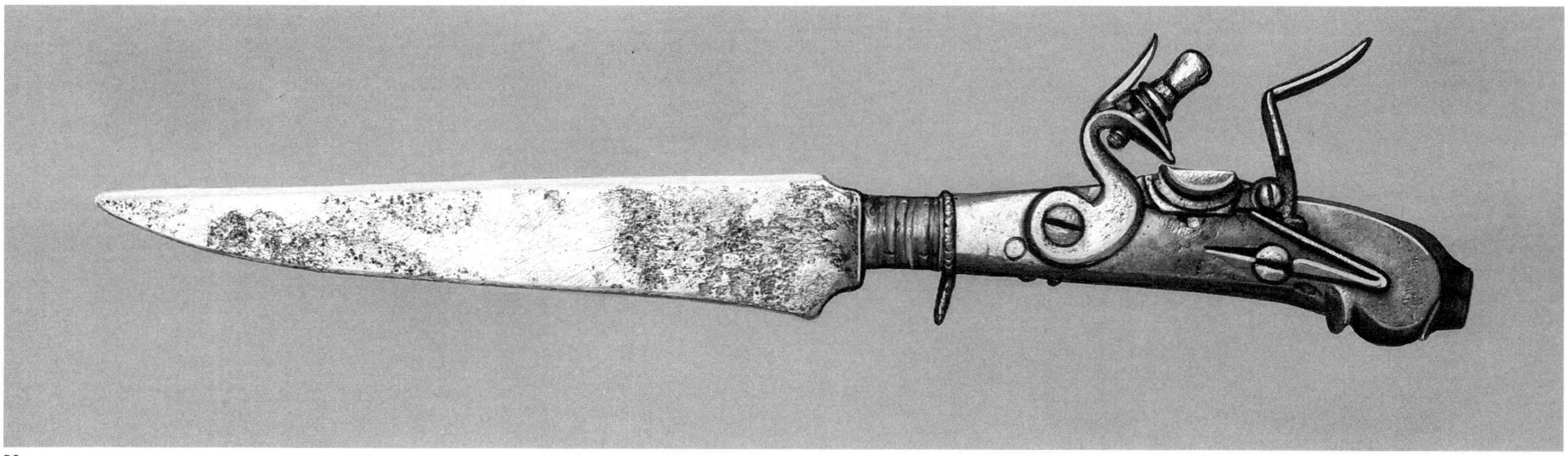

53

51 Miqueletrevolver mit Stoßklinge, spanisch, um 1625

Gratklinge im hinteren Drittel mit kräftigem Rükken. Trommel, Griff und Knauf goldtauschiert.

Rundlauf in den Klingenrücken eingearbeitet; die sechsschüssige Trommel dreht sich um die runde Angel der Klinge. Miqueletschloß mit Hakensicherung, gerader stiftförmiger Abzug.

Die Waffe ist unter der Nummer 228 im Inventar des Cabinet d'Armes von Louis XIII. von Frankreich aufgeführt.

Gesamtlänge: 81,3 cm, Lauflänge: 15,0 cm, Kaliber: 8,0 mm, Gewicht: 4007 g

Metropolitan Museum of Art, New York, Inv.-Nr. 04.3.122

Lit.: H.G. Frost, Blades and Barrels, S. 119, Abb. 177

52 Doppelläufige Steinschloßpistole, kombiniert mit Stoß- und Messerklinge, deutsch, um 1700

Polierte nebeneinanderliegende Läufe, im hinteren Drittel achtkantig, anschließend rund, mit kräftigem eisernem Mündungsring. Der Mündungsring mit eingefeiltem Korn ist nach unten verlängert und zur Aufnahme des Ladestockes entsprechend durchbrochen. Die Schwanzschrauben sind mit einer im Schaft eingelassenen eisernen Deckplatte verschraubt.

Polierte Schlösser; lange, etwas geschweifte und gewölbte Schloßplatten. Die Montierung Eisen, poliert; zwei Abzüge, der Abzugsbügel längsprofiliert; kräftige Knaufkappe mit Konturschnitt, die Knaufsporen gekürzt. Runder Ladestock mit flacher, lanzettförmiger Stoßklinge, verstärkter Klingenansatz mit seitlicher runder Aussparung für den Arretierungsstift (der Arretierungsstift ist nicht mehr vorhanden). Auf der Laufunterseite ist eine starke, beiderseitig dreifach gekehlte Rükkenklinge mit Stoßspitze angebracht, die mit dem Mündungsring verstiftet und am Abzugsbügel mit einer Schelle zweifach mit dem Schaft verschraubt ist.
Einfacher Nußbaumhalbschaft mit Konturschnitt.

Gesamtlänge: 48 cm, Lauflänge: 29 cm, Kaliber: 15 mm, Länge der Stoßklinge: 11 cm, Länge der Messerklinge: 30,5 cm, Gewicht: 1580 g

Historisches Museum Dresden, Inv.-Nr. J 1345

Lit.: M. v. Ehrenthal, Führer durch das Königliche Historische Museum in Dresden, S. 130, F 270: . . . «Die Waffe war eine Erfindung des Kapitänlieutenants Johann Kaspar von Schachtmann, der sie am 27. Januar 1704 dem König August dem Starken verehrte.»

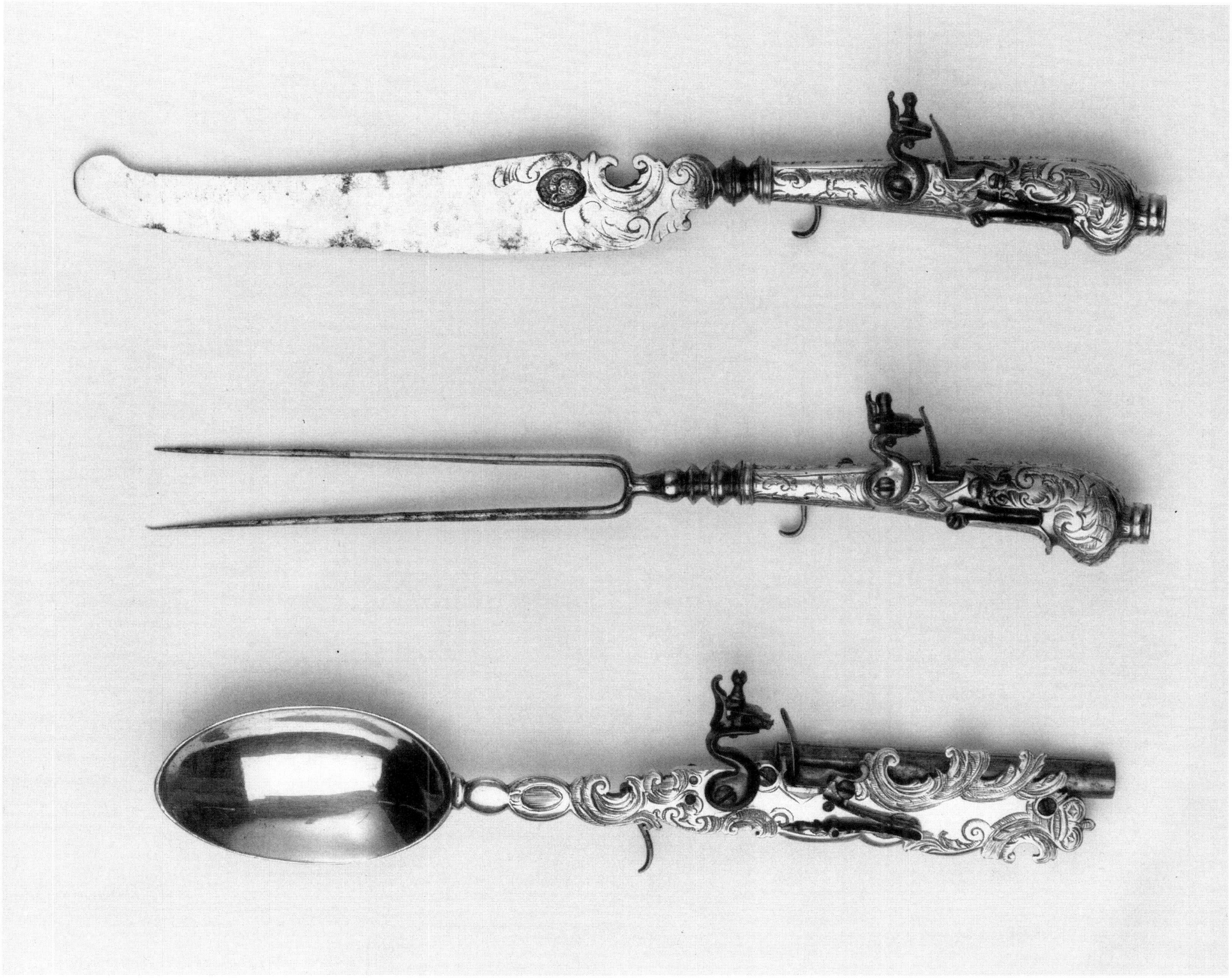

54

53 Messer mit Steinschloßfeuerwaffe, deutsch, Mitte 18. Jahrhundert

Rückenklinge, profilierte Manschette; Messinggriff gegossen, eingebohrter kurzer Lauf mit Mündungswulst; außenliegende Schloßteile, auf der Griffvorderseite Hahn, Pulverpfanne, Batterie, Batteriefeder, Griffrückseite mit Nuß, Studel, Schlagfeder, Abzugsstange.

Gesamtlänge: 23 cm, Lauflänge: 4,8 cm, Kaliber: 7 mm, Gewicht: 216 g

Privatsammlung

Lit.: H. Müller, Gewehre – Pistolen – Revolver, S. 104, Abb. 94

54 Eßbesteck, kombiniert mit Steinschloßfeuerwaffe, von F. H. Richter, deutsch, um 1740

Messer: Klinge mit vollem Rücken, Ort gerundet, gravierter Rocaillendekor, nodusförmige Manschette; Griff Messingguß, feuervergoldet, beiderseitig gravierter Rocaillendekor. Griffrücken mit gravierter Signatur «F. H. RICHTER IN REICHENBERG»; eingebohrter glatter Lauf mit Mündungswulst, außenliegende Schloßteile, gekrümmter Abzug.

Gabel mit zwei runden Zinken, nodusförmige Manschette, Griff Messingguß, feuervergoldet, beiderseitig gravierter Rocaillendekor, Griffrücken signiert «F. H. RICHTER IN REICHENBERG»; eingebohrter glatter Lauf mit Mündungswulst, außenliegende Schloßteile, gekrümmter Abzug.

Löffel mit flachem Griff, Messingguß, feuervergoldet, gravierter Rocaillendekor; eiserner Rundlauf, gezogen, auf der Rückseite des Griffes liegend, auf der Griffvorderseite Hahn, Pulverpfanne, Batterie und Batteriefeder, gekrümmter Abzug.

Zum Besteck dazugehörig ein aufklappbarer, mit Samt ausgeschlagener Besteckkasten.

Privatsammlung W. Keith Neal, Guernsey

Lit.: L. Winant, Firearms Curiosa, S. 234, Abb. 267; H. G. Frost, Blades and Barrels, S. 14, Abb. 12/13

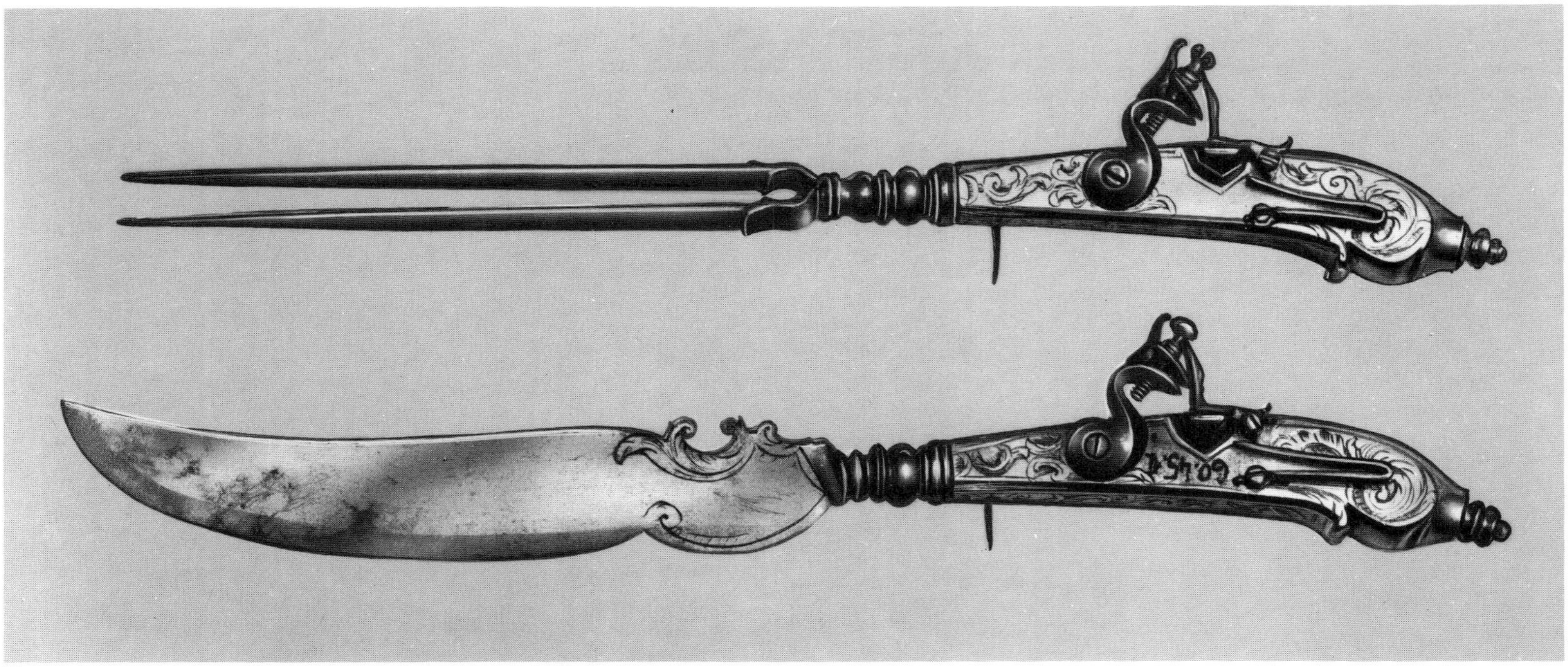

55

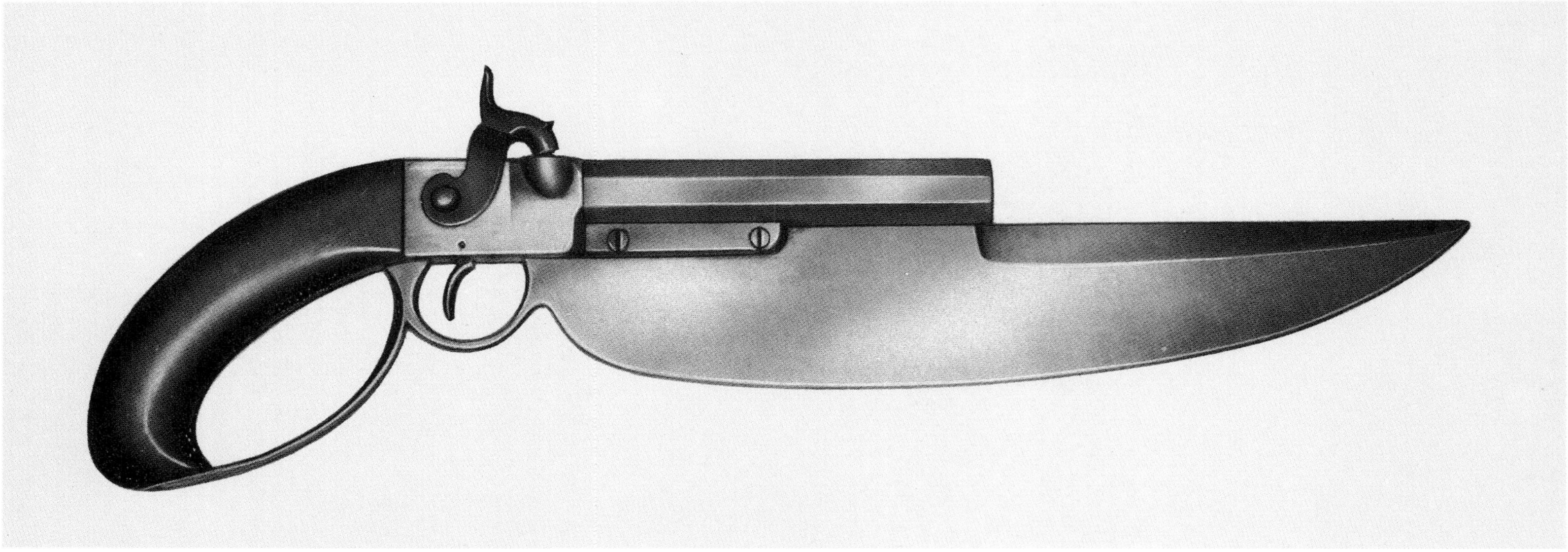

56

55 Besteck mit Steinschloßfeuerwaffe, deutsch, um 1750

Besteck zweiteilig, Griffe Messing, gegossen, beiderseitig gravierter Rankendekor, Griffrücken mit gravierter Inschrift «IN WIN HÖRING», eingebohrte kurze Läufe mit profiliertem Mündungsverschluß, außenliegende Schloßteile, auf der Vorderseite der Griffe Hahn, Pulverpfanne, Batteriedeckel, Batteriefeder, rückseitig Schlagfeder, Nuß, Studel und Abzugsstange.

Messer mit voller Rückenklinge; Gabel mit zwei Zinken, profilierte Griffmanschetten.

Länge des Messers: 25 cm, Gewicht: 145 g,
Länge der Gabel: 25 cm, Gewicht: 135 g

Christliches Museum Esztergom, Inv.-Nr. 60.54. 1,2 (ehemals Sammlung San Marco)

56 Messer mit Perkussionsfeuerwaffe von C. B. Allen, Springfield, USA, 1837

Oktogonallauf bezeichnet: «ELGINS PATENT», «PM» über «CBA» (U.S. Marineinspektor), Jahreszahl «1837» und Waffennummer «149». Kastenschloß mit seitlich angebrachtem Perkussionshahn, die linke Schloßseite trägt die Signatur des Herstellers «C. B. ALLEN», darunter «SPRINGFIELD» und «MASS» sowie Waffennummer «149». Kräftige, unter dem Lauf liegende Messerklinge mit eingearbeitetem Abzugs- und Faustschutzbügel, Waffennummer «149»; hölzerner Pistolengriff, Lederscheide mit Neusilberbeschlägen und Ladestock.

Gesamtlänge: 43,97 cm, Lauflänge: 12,7 cm, Klingenlänge: 27,94 cm, Kaliber: 9 mm

Privatsammlung Chuk Grimes, Denver, Colorado

Lit.: H. G. Frost, Blades and Barrels, S. 159, Abb. 251; L. Winant, Firearms Curiosa, Abb. 19

57 Dolch mit doppelläufiger Perkussionsfeuerwaffe von Dumonthier, Paris, um 1850

Zweischneidige Klinge mit Hohlschliff, im hinteren Drittel beiderseitig je ein Rundlauf mit der Parierstange verschraubt. Klinge bezeichnet: «DUMONTHIER» und «BREVET Dum». Eisengefäß, beiderseitig mit spiralförmig gerippten Messingplatten belegt. Eiserne Parierstange, symmetrisch geteilt, die oberen Parierstangenhälften als Perkussionshähne fungierend.

Im Griff eingelassener Schloßmechanismus mit einklappbarem Abzug. Beim Spannen der Hähne klappt der Abzug, der beide Hähne nacheinander bedient, heraus. Rote Lederscheide mit Neusilberbeschlägen.

Gesamtlänge: 32,5 cm, Klingenlänge: 21,5 cm, Klingenbreite: 2,5 cm, Kaliber: 9 mm, Gewicht: 472 g

Armeemuseum der DDR, Dresden, Inv.-Nr. Ba 3462

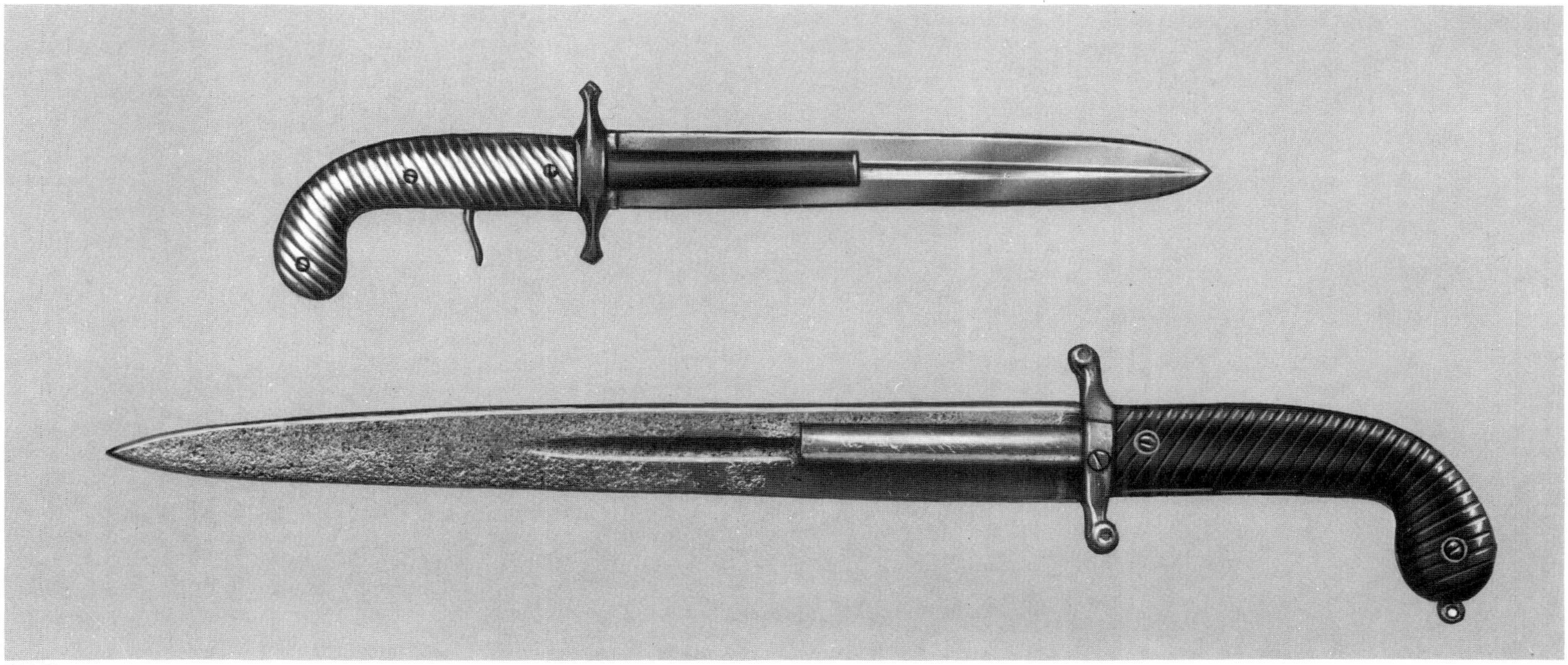

57 / 58

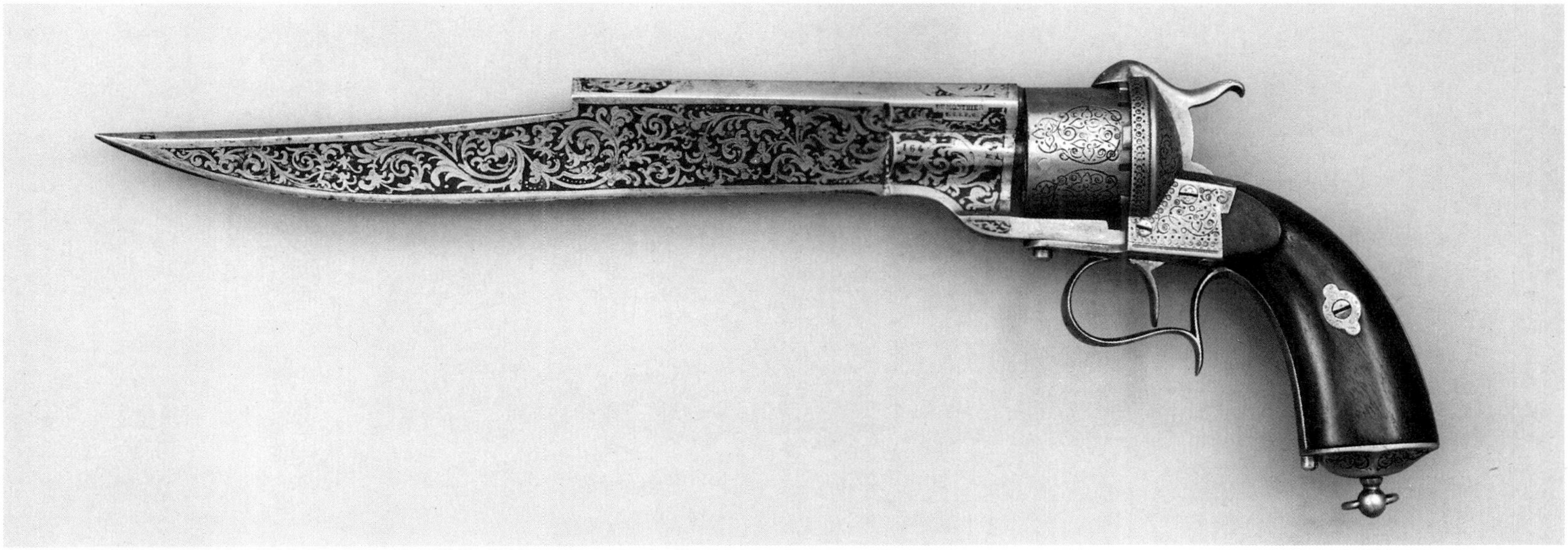

59

Lit.: C. Blair, Pistols of the World, Abb. 737; H. G. Frost, Blades and Barrels, S. 61, Abb. 81

58 Dolch mit doppelläufiger Perkussionsfeuerwaffe, System Dumonthier, französisch, um 1850

Zweischneidige Klinge (starke Korrosionsspuren) mit Mittelrinne, im hinteren Drittel seitlich je ein Rundlauf mit der Parierstange verschraubt. Eisengefäß beiderseitig mit schräg gerippten Holzplatten belegt, zweifach verschraubt (Holzplatten erneuert).

Am Griffende Riemenöse. Parierstangenenden symmetrisch geteilt, die obere Hälfte der Parierstange zugleich als Perkussionshähne ausgebildet. Parierstangenende mit Schlagmarke «TR». Im Griff eingelassener Schloßmechanismus und zwei Abzüge. Beim Spannen der Hähne klappen die Abzüge heraus, der vordere Abzug bedient den rechten Hahn.

Gesamtlänge: 49,5 cm, Klingenlänge: 35,0 cm, Klingenbreite: 35 mm, Kaliber: 10 mm, Gewicht: 650 g

Armeemuseum der DDR, Dresden, Inv.-Nr. Ba 3387

Lit.: L. Winant, Firearms Curiosa, S. 31, Abb. 23; G. Frost, Blades and Barrels, S. 65, Abb. 89

59 Revolvermesser von Lepage, Liège/Paris, um 1870

System Lefaucheux; kräftige, spitz auslaufende Messerklinge, beiderseitig geätzter Lauf, Laufoberseite bezeichnet «F QUE DE LEPAGE F RES A LIEGE M SON A PARIS 12 RUE D'ENGHIEN» (Fabrique de Lepage Frères à Liège, Maison à Paris, 12 Rue d'Enghien), linke Laufseite signiert «DUMONTHIER», darunter «B. S. G. D. G.» und Waffennummer «164». Die Buchstaben stehen für: Brevete Sans Guarantie Du Gouvernement (Patent ohne Garantie der Regierung). Offener Rahmen, sechsschüssige Trommel für Stiftzündung, beides mit Rankengravur, seitliche Trommelverschlußklappe mit Federarretierung, Single Action, auf der Verschlußklappe innen Schlagzahl «32» und die Initiale «KK». Eisengarnitur mit graviertem Rankendekor, Abzugsbügel mit Fingerlage, Knaufkappe, Tragring; Nußbaumgriffschalen.

Gesamtlänge: 44 cm, Lauflänge: 14,5 cm, Kaliber: 11 mm, Gewicht: 1070 g

Privatsammlung

Lit.: H. G. Frost, Blades and Barrels, S. 174; R. Daenhardt, Lefaucheux-Curiosa, in: Deutsches Waffenjournal (1971) 12, S. 1130–1133.

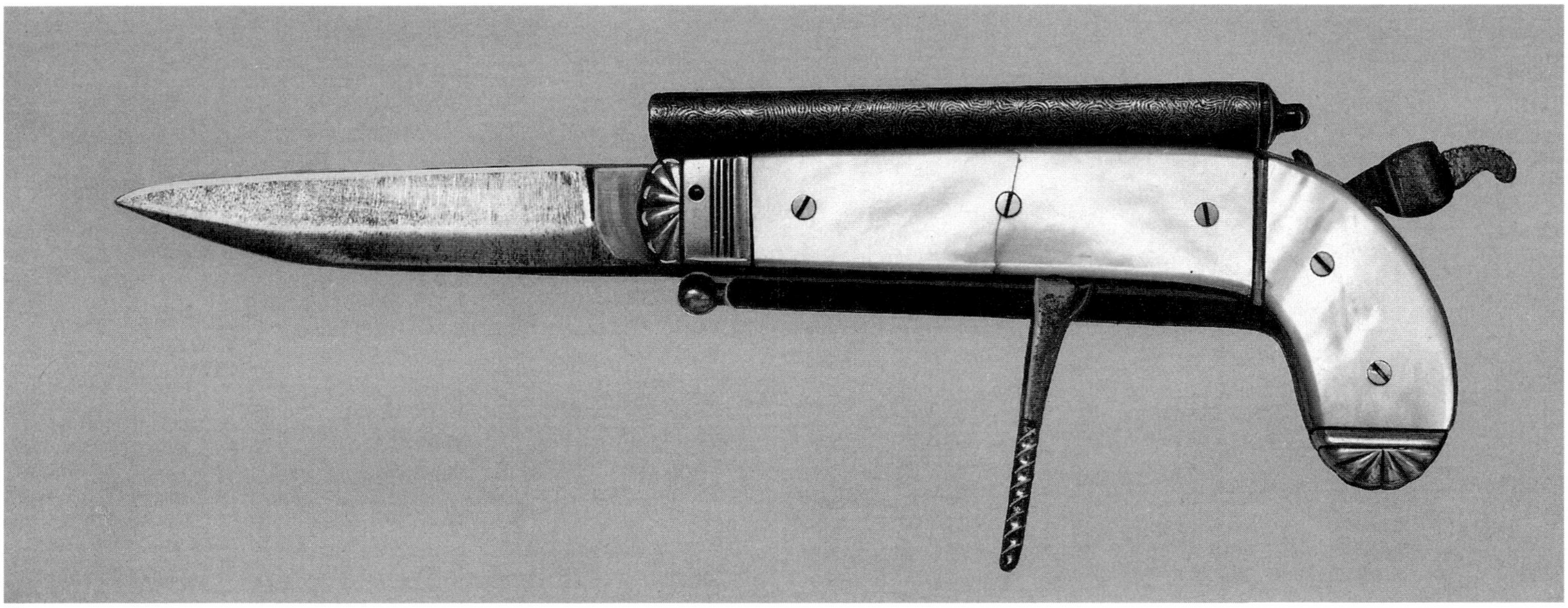

60

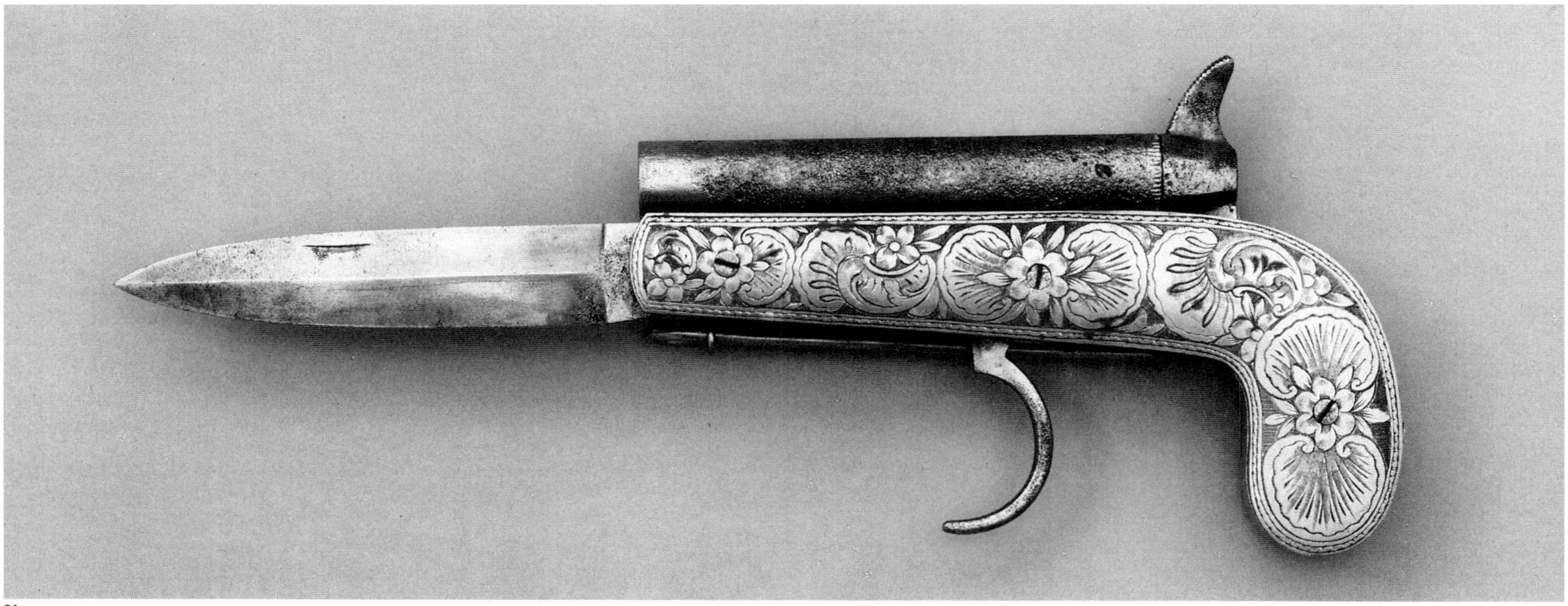

61

60 Perkussions-Taschenmesserpistole, belgisch, um 1850

Runder Damastlauf mit zentral angeordnetem Piston für Perkussionszündung; Hahn mit Daumenlage; einklappbarer, zugleich als Korkenzieher verwendbarer Abzug. Auf der Unterseite des Messergriffes Ladestock mit Federarretierung (Ladestock nicht original).

Feststehende, nach oben einklappbare Messerklinge, bezeichnet: «SCHMEINK». Griffkasten mit Perlmutterschalen belegt, Weißkupferzwinge am klingenseitigen Ende des Griffes, weißkupferne Knaufkappe.

Beim Spannen des Hahnes klappt der Abzug heraus, und die Pistole kann abgefeuert werden. Beim wiederholten Drücken des Abzugs öffnet sich automatisch das Klappmesser.

Gesamtlänge: 13,5 cm, Klingenlänge: 9 cm, Kaliber: 6 mm, Gewicht: 360 g

Privatsammlung

Lit.: H. Müller, Gewehre – Pistolen – Revolver, S. 104, Abb. 94; B. Spooner, The Unwin and Rodgers and other Knife pistols, in: The Journal of the Arms & Armour Society, Vol. V (1967), S. 361 bis 367

61 Perkussions-Taschenmesserpistole belgisch, um 1850

Rundlauf mit zentral angeordnetem Piston, Hahn mit Daumenlage, einklappbarer Abzug, eiserner Ladestock (nicht original); ausklappbare Dolchklinge. Griffkasten aus Messing, beiderseitig mit Neusilberschalen belegt, gravierter Blütendekor, im Knauf Kapsel für Zündhütchen mit Scharnierdeckel.

Gesamtlänge: 13 cm, Lauflänge: 8,5 cm, Kaliber: 9 mm, Klingenlänge: 9 cm, Klingenbreite: 17 mm, Gewicht: 420 g

Völkerkundemuseum Leipzig, Inv.-Nr. Eu 15521

Lit.: D. Kroener, Pistolen aus vier Jahrhunderten, Museum Burg Kriebstein, Sonderausstellung 1979, S. 56, Abb. 19; H. G. Frost, Blades and Barrels, S. 54, Abb. 70

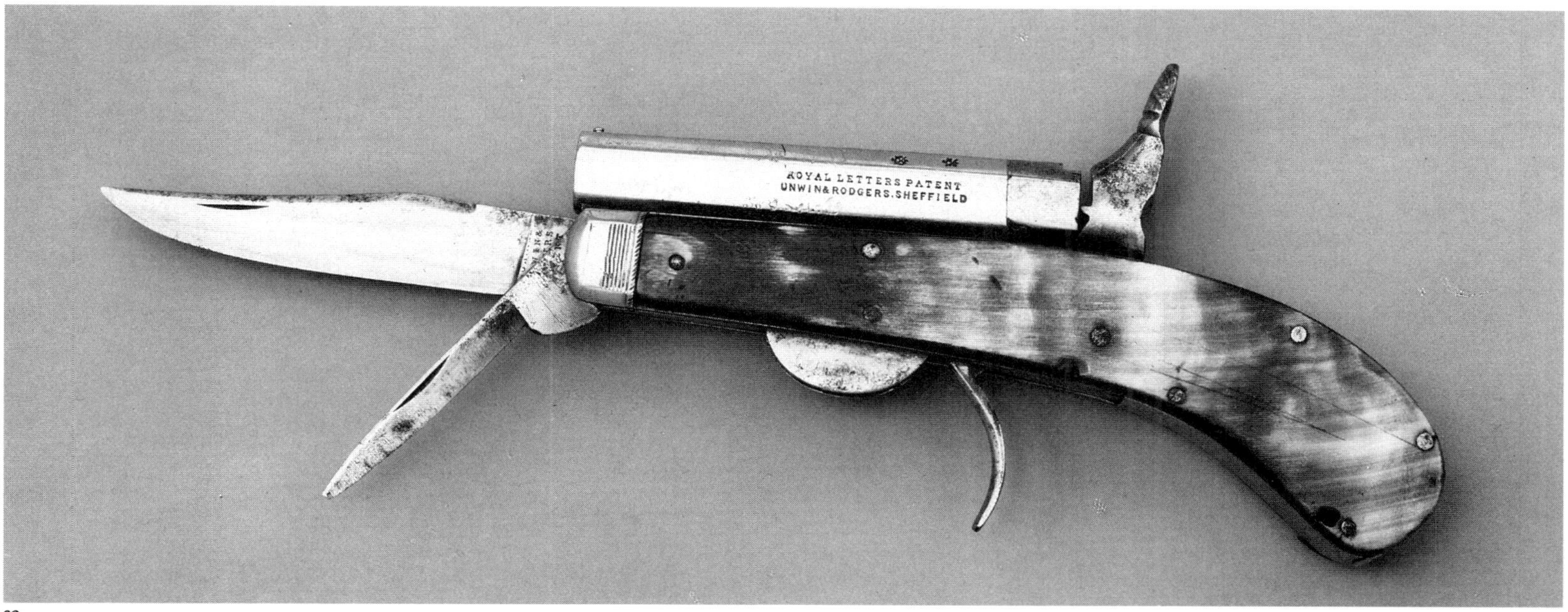

62

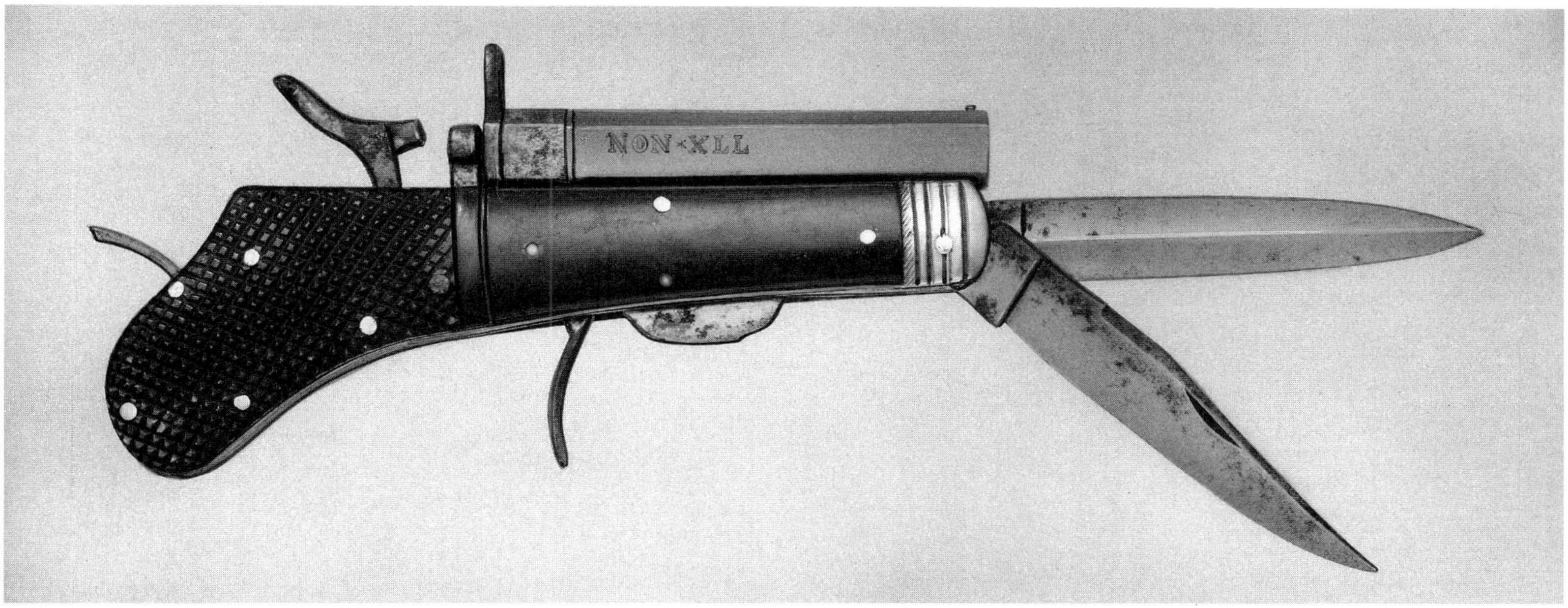

63

62 Taschenmesserpistole, englisch, zwischen 1862 bis 1884, Unwin & Rodgers, Sheffield

Weißkupferner Oktogonallauf mit Stahlverschluß und Patronenauszieher für 6-mm-Randfeuerpatrone (Patronenzieher und Verschlußstück fehlen). Hahn mit schraffierter Daumenlage. Einklappbarer Abzug, der beim Spannen des Hahnes in die richtige Position gebracht wird. Der Lauf auf der linken Seite bezeichnet: «ROYAL LETTERS PATENT», darunter «UNWIN & RODGERS. SHEFFIELD», darüber die Birminghamer Beschaumarke; die rechte Laufseite trägt die Handelsmarke «NON*XLL». Griffkasten beiderseitig mit Hornplatten belegt; Knauf mit kleinem Fach für Patronen, weißkupferner Federdeckel. Am klingenseitigen Ende des Griffes Weißkupferzwinge, zwei einklappbare Messerklingen (ein Federmesser und ein kräftiges Messer zum Selbstschutz), die Fehlschärfe des Selbstschutzmessers bezeichnet: «UNWIN & RODGERS PATENT».

Gesamtlänge: 17 cm, Klingenlängen: 9/6 cm, Lauflänge: 6 cm, Kaliber: 6 mm, Gewicht: 500 g

Armeemuseum der DDR, Dresden, Inv.-Nr. 3/5

Lit.: L. Winant, Firearms Curiosa, S. 123; B. Spooner, The Unwin and Rodgers and other Knife-pistols, in: The Journal of Arms & Armour Society, Vol. V (1967) 9, S. 361–367; H. G. Frost, Blades and Barrels, S. 48

63 Taschenmesserpistole, englisch, zwischen 1862 bis 1884, Unwin & Rodgers, Sheffield

Weißkupferner Oktogonallauf für 8-mm-Randfeuerpatrone, auf der linken Seite bezeichnet: «UNWIN & RODGERS PATENTEES» und Birminghamer Beschaumarken, die rechte Laufseite trägt die Handelsmarke «NON*XLL». Stählernes Verschlußstück mit Patronenzieher, Hahn mit Daumenlage. Einklappbarer Abzug, der beim Spannen des Hahnes in die richtige Position gebracht wird. Griffkasten Stahl, beiderseitig mit Hornplatten belegt, gewaffelter Pistolengriff. Weißkupferzwinge am klingenseitigen Ende des Griffes, einklappbare Dolch- und Messerklinge, beide Klingen auf der Fehlschärfe gemarkt: «UNWIN & RODGERS», darunter eine Krone zwischen den Buchstaben V und R.

Gesamtlänge: 17 cm, Klingenlänge: 10,6 cm / 10,4 cm, Lauflänge: 9,4 cm, Kaliber: 8 mm, Gewicht: 624 g

HM Tower of London, Inv.-Nr. XIV-28

Lit: H. G. Frost, Blades and Barrels, S. 53, Abb. 67

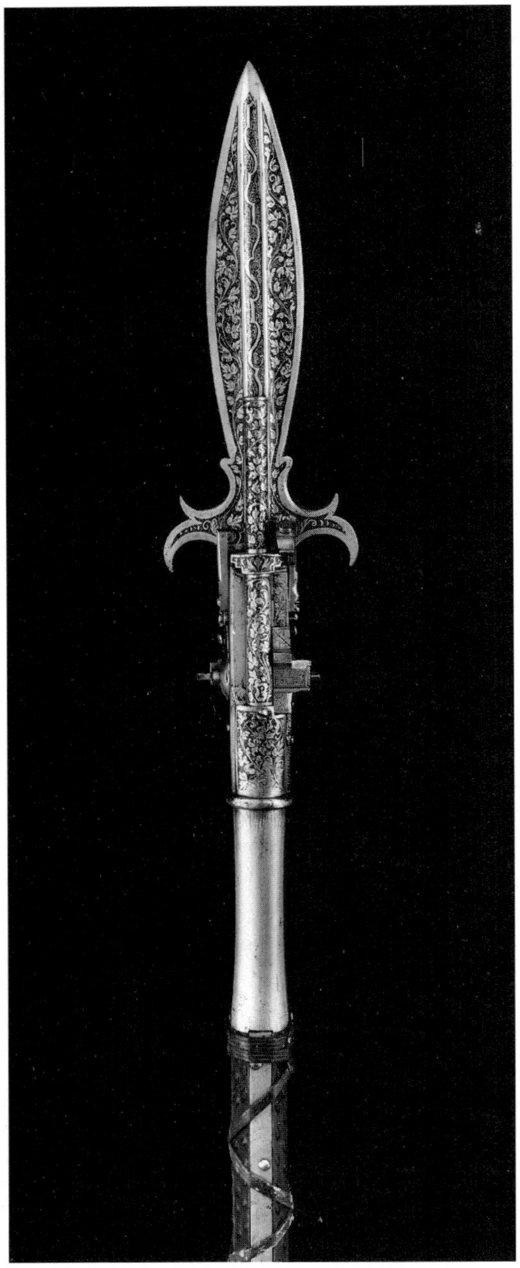

64

STANGENWAFFEN, KOMBINIERT MIT HANDFEUERWAFFEN

64 Saufeder mit zwei Radschloßfeuerwaffen von Peter Peck, München, um 1560

Klinge, Läufe und Schlösser reich geschmückt mit geätzten Blattranken und Blüten auf schwarzem geperltem Grund. Kräftige Klinge mit Hohlschliff, am Klingenansatz schaftwärts geschweifte Seitenhaken. Übereinanderliegende, in die Hohlschliffe der Klinge einmündende Rundläufe, die Laufoberseiten an der Kammer mit dem Initial «P» gemarkt. Flache Schloßplatten durch zapfenförmigen hinteren Abschluß mit der Tülle verbunden, von zwei Schloßplatten arretiert; außenliegende Räder mit gewölbter Radkappe, Pulverpfannen mit gleitendem Pfannendeckel, halbkugelförmige Druckknöpfe; die Hähne mit balusterförmigem Fuß, flach ausgeschmiedetem Hals und graviertem rhombenförmigem Kopf, Hahnfedern ohne Studel.
Achtkantiger genoppter Holzschaft mit aufgenagelten Lederriemen, blankeiserne Tülle, am oberen Ende mit Ringwulst; zwei eiserne Schaftfedern, auf deren Unterseite die im Schaft liegenden Abzugsstangen montiert sind. Einklappbare Abzüge, flache Sicherungsschieber. Runder eiserner Schaftschuh mit Innengewinde, einschraubbarer eiserner Ladestock mit Vierkantdorn, über den Schaftschuh hinausragend.

Gesamtlänge: 215 cm, Länge der Klinge mit Tülle: 64 cm, Lauflänge: 20 cm, Kaliber: 10 mm, Gewicht: 3920 g

Historisches Museum Dresden, Inv.-Nr. X 515

Inventarnachweis: Gesamtinventar von 1606, S. 1382 (Verz. 72): «Ein spies mit einem geetzten eisen, Doran zwey schlos vnd rohre, Ist von Rudolfen von Bernstein vorehret.»

Lit.: E. Schalkhaußer, Peter Peck, ein Münchener Büchsenmacher des 16. Jh., in: WKK 16(1974)1, S. 21–40

65 Saufeder mit zwei Radschloßfeuerwaffen, vermutlich Nürnberg, um 1570/80

Eisenteile reich geätzt und vergoldet, teilweise geschwärzter Grund; Ätzung und Vergoldung stark abgegriffen.

Kräftige Klinge mit Hohlkehlen, darin die Läufe einmündend. Kleines Helmbarteneisen mit dreiblattförmigem Haken. Auf einer Klingenseite in Hochätzung bärtige Männer, umrahmt von Rankenwerk, die Gegenseite mit Bandmauresken dekoriert.

Die Läufe in der hinteren Hälfte mit sechskantigem Querschnitt, anschließend rund; Ätzdekor: Rankenwerk, Vögel; Laufoberseiten gemarkt «T und kniender Engel». Schloßplatten mit Ätzdekor, gemarkt (kniender Engel); Radschlösser mit außenliegendem Rad, gewölbte Raddecke, Pfanne mit graviertem gleitendem Pfannendeckel, Druckknopf, Hähne mit balusterförmigem Fuß, rhombenförmigem Kopf (ein Hahnkopf abgebrochen); Hahnfeder ohne Studel, der verlängerte untere Federschenkel das Rad umfassend.

Runder genoppter Holzschaft, vier Schaftfedern, zwei Abzugseinrichtungen, Abzüge nach vorn einklappbar; die untere Schafthälfte mit sich kreuzenden Lederriemen umwickelt, Messingkopfnägel. Runder eiserner Schaftschuh mit Scharnierdeckel und Spitze (Ladestock fehlt).

Gesamtlänge: 240 cm, Länge der Klinge mit Tülle: 59 cm, Lauflänge: 23 cm, Kaliber: 9 mm, Gewicht: 3500 g

Historisches Museum Dresden, Inv.-Nr. X 514

Inventarnachweis: Inventar Kunstkammer von 1587, S. 262 (Verz. 1): «Ein Feder Spieß vorguldet und geetzt, doran zwey Rohr mit verguldten feuerschloßen vund Vorguldten Spanner, mit sammet vund rot seidenen trodeln, vunden im Schaftte mit feinem Ladesteckhenn.»

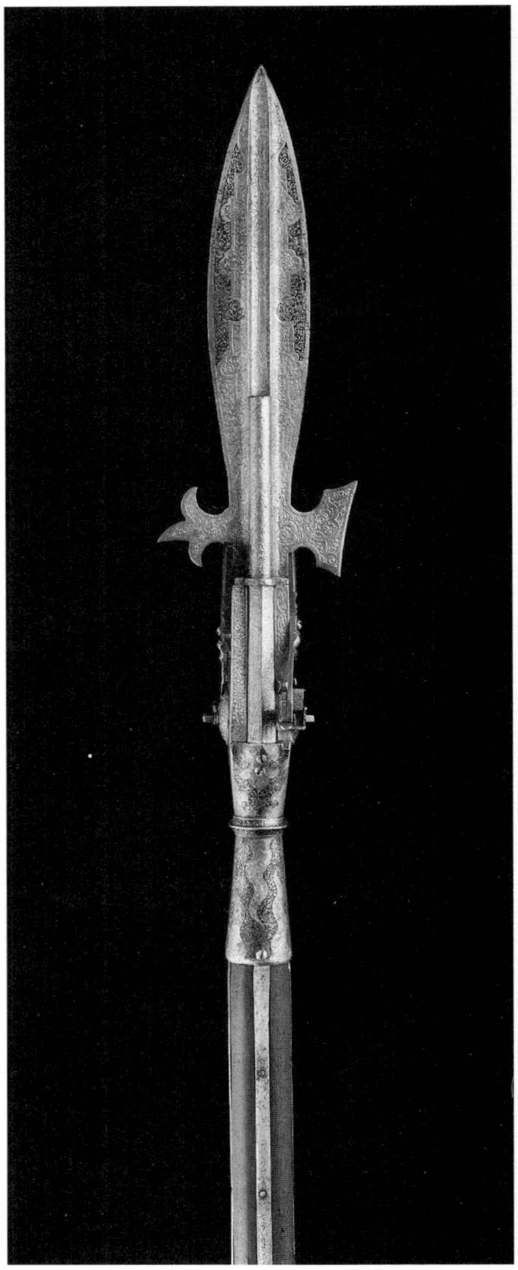

65

Lit.: M. v. Ehrenthal, Führer durch das Königliche Historische Museum in Dresden, S. 286, M 286

66 Jagdhelmbarte mit zwei Radschloßfeuerwaffen von Bernhard Albrecht, Augsburg, um 1580/90, Geschenk der Markgräfin Katharina von Brandenburg-Küstrin an den Kurfürsten Christian I. von Sachsen, 1591

Eisenteile reicher Ätzdekor: Bandmauresken auf schwarzem Grund, teilweise vergoldet, Spießklinge mit tiefem Hohlschliff; halbmondförmiges Beil mit konkaver Schneide, auf dem Beil beiderseitig in Medaillons geätzte und vergoldete Kriegerköpfe mit Sturmhauben; flächiger, schaftwärts gebogener Schnabelhaken mit Kriegerköpfen in Goldätzung.

Läufe in der hinteren Hälfte achtkantig, anschließend rund, Ätzdekor: Rankenwerk und Bandmau-

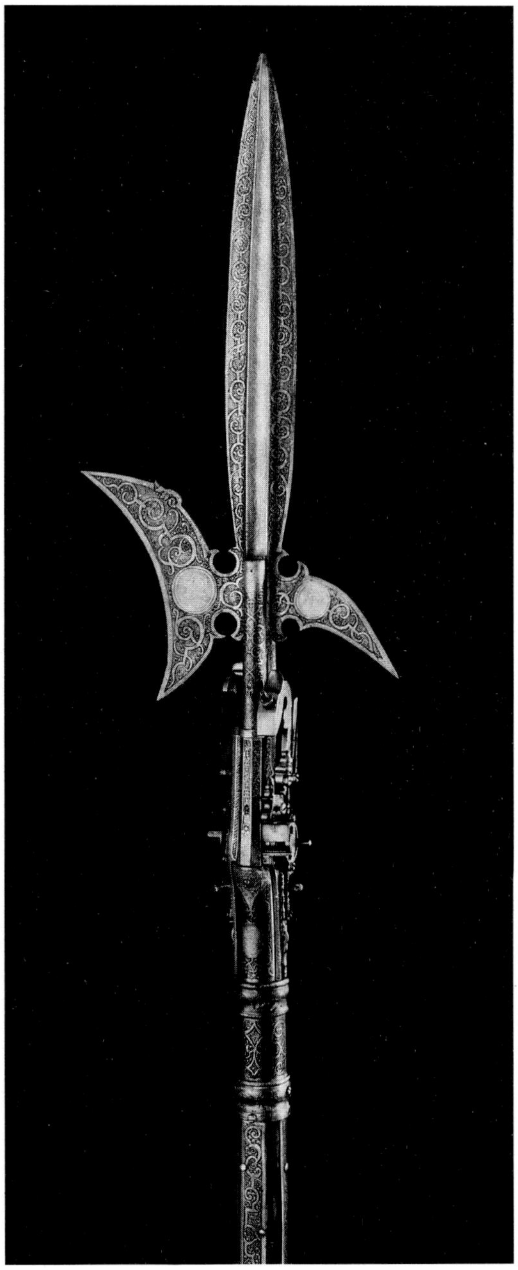

66

resken, Laufoberseite bezeichnet: Augsburger Beschau und Meistermarke «B A» mit strahlender Sonne. Radschlösser: Schloßplatten mit Ätzdekor, außenliegendes Rad, Raddecke durchbrochen und graviert; gravierter gleitender Pfannendeckel, vergoldeter Druckknopf, Hahn mit balusterförmigem Fuß; Kopf und Hals als Monstrekopf graviert, Hahnfeder mit vergoldeter Studel. Schaft Holz, aus zwei Hälften bestehend, oberes Schaftstück achtkantig, vier geätzte Schaftfedern, zwei Schaftfedern mit Abzugseinrichtung und Sicherungsschieber, am unteren Schaftende runde Eisentülle mit Innengewinde zum Aufschrauben des zweiten runden Schaftteils, genoppte Oberfläche, aufgenagelte Lederriemen, Messingkopfnägel (ohne Ladestock).

Gesamtlänge: 220 cm, obere Schafthälfte mit Helmbarte: 135 cm, Lauflänge: 20 cm, Kaliber: 9 mm, Gewicht: 3450 g

Historisches Museum Dresden, Inv.-Nr. X 513

Inventarnachweis: Gesamtinventar von 1606, S. 987 (Verz. 72): «Ein Spies mit Zweien vergulten Schloß vundt rohren, schwartz langen seidenen Drodeln, mit gulden Netzen vberzogen, schwartz geknöpften schafft und gelben Stifften gehefft, einen geetzten beschlege, Welcher von der Frau Administratorin zue Halla den 12. February Ao. 91. ist vorehret worden.»

Inv. Türkenkammer von 1674, S. 113, Nr. 309 (Verz. 244); von 1683, S. 155 f., Nr. 309 (Verz. 245); von 1716, S. 108 f., Nr. 309 (Verz. 246); von 1783, S. 154, Nr. 316 (Verz. 247); von 1821, S. 191 f., Nr. 315 (Verz. 248); Gesamtinventar von 1836, S. 675, Nr. 362 (Verz. 79)

Katharina von Brandenburg-Küstrin, Gemahlin des Markgrafen Joachim Friedrich von Brandenburg, der 1566–1598 Administrator von Magdeburg und Halle war, schenkte Christian I. damals noch weitere Kombinationswaffen. Zum Geschenk gehörten außer der Jagdhelmbarte Kat.-Nr. 66 ein Streitkolben mit Radschloßfeuerwaffe (Kat.-Nr. 22) und ein Rapier mit Radschloßfeuerwaffe (Kat.-Nr. 31).

Lit.: M. v. Ehrenthal, Führer durch das Königliche Historische Museum in Dresden, S. 219, M 202

67 Partisane mit zwei Radschloßfeuerwaffen, süddeutsch, um 1560

Kräftige polierte Klinge mit tiefem Hohlschliff und kleinem, nach vorn geschwungenem Haken.

Die polierten Läufe, hinten achtkantig, anschließend rund, münden in die Hohlschliffe der Klinge ein. Die auf der Laufoberseite gemarkten Läufe und die Klinge werden von einem gekanteten kräftigen Eisenband zusammengehalten. Zwei halbschalenförmige Deckplatten, die mit den Schwanzschrauben der Läufe vernietet und mit der Tülle hart verlötet sind, bilden das Verbindungsstück zwischen Schaft, Klingenhals und Klinge.

Die Schlösser poliert; außenliegendes Rad mit gewölbter Raddecke, sichelförmige Hahnfeder; die Pfanne mit gleitendem Pfannendeckel, stiftförmiger Drücker; zierlicher Hahn mit gekantetem Hals und Führungsnut für die obere Hahnlippe; die im hinteren Teil gewölbten, anschließend flachen gekanteten Schloßplatten werden durch die Tülle und eine Schloßschraube arretiert.

Rundschaft mit zwei langen Schaftfedern, auf den Schaftfedern sind je zwei hintereinander liegende Abzugseinrichtungen montiert; die Abzugsstangen liegen im Schaft und greifen mit ihrem vorderen abgewinkelten Ende in den Stollen des Schlosses ein; stiftförmige Abzüge mit Abzugssicherung und Abzugsbügel; seitliche Aussparung im unteren Schaftdrittel zur Aufnahme des Ladestockes; der Schaft mit Lederriemen belegt, eiserne Ziernägel, kegelförmiger eiserner Schaftschuh.

Gesamtlänge: 230 cm, Klingenbreite: 6,7 cm, Lauflänge: 18 cm, Kaliber: 11 mm, Gewicht: 3600 g

Historisches Museum Dresden, Inv.-Nr. X 516

Inventarnachweis: Gesamtinventar von 1606, S. 320 (Verz. 72): «Ein alter Fehder Spies mit zweyen Schussen vnd blankenn eisen, schlechten in leder gefastenn schafft.»

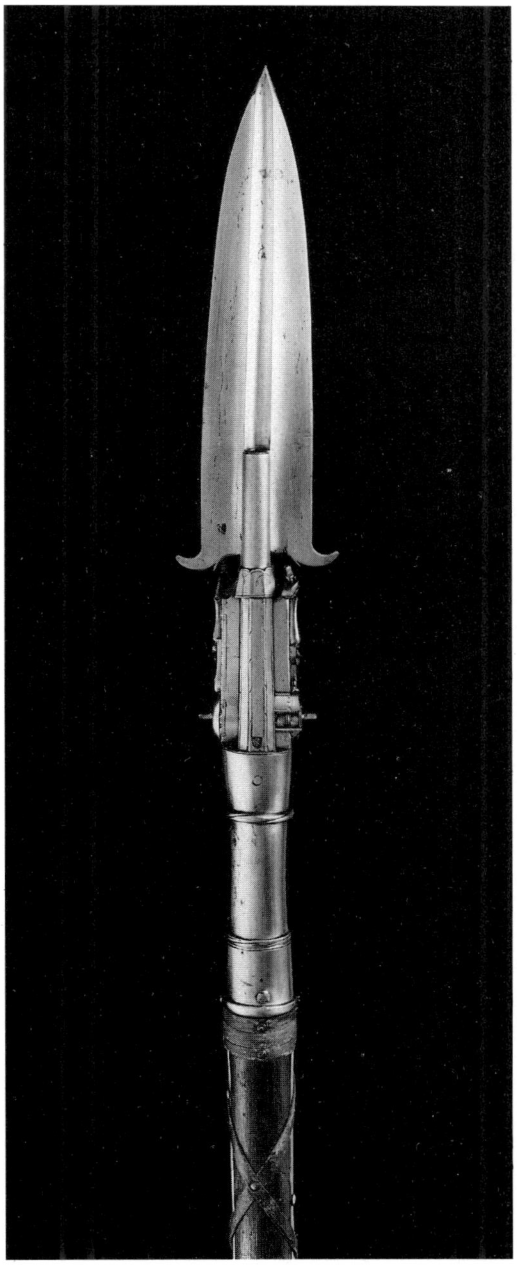

67

68 Kombinierte Helmbarte mit Sturmgabel und Radschloßfeuerwaffe, süddeutsch, um 1580

Kleines Beil mit schmalem Ansatz, konkave Schneide, flächiger Haken; Beil und Haken mit je drei Durchlochungen, konische Tülle; Stoßklinge in Form einer Gabel mit zwei Vierkantspitzen.

Radschloßfeuerwaffe: Lauf auf der Tülle liegend, rund, im hinteren Drittel achtkantig mit Zierringen, Messing-Kimme und -Korn. Radschloß hinter der Tülle im Schaft eingelassen, flache Schloßplatte gemarkt, außenliegendes Rad mit gewölbter Radkappe, Pfannendeckel mit Federarretierung, Druckknopf; Hahn flach ausgeschmiedet mit ringförmiger Handhabe, Hahnfeder geschnitten.

Rundschaft mit genoppter Oberfläche, am Schaftende Zwinge mit Vierkantspitze.

Gesamtlänge: 215 cm, Lauflänge: 32,5 cm, Kaliber: 10 mm, Gewicht: 2792 g

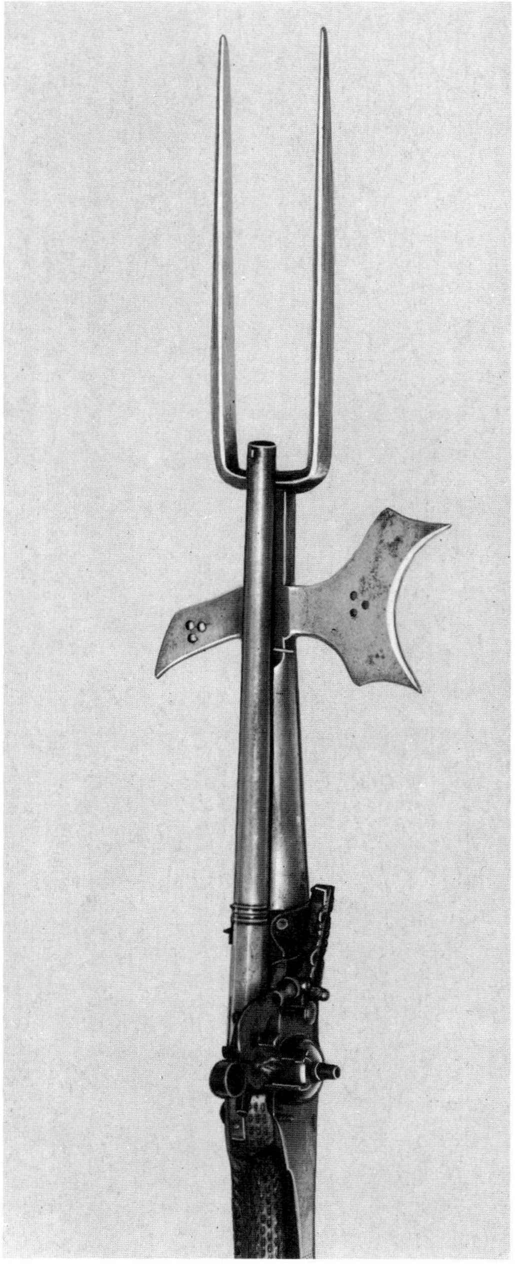

68

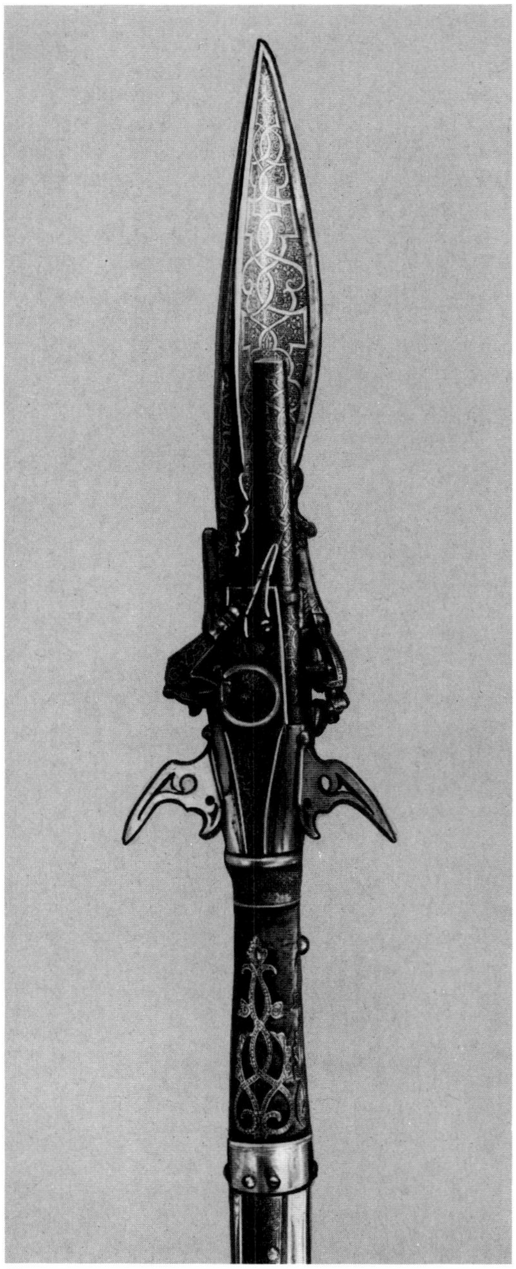

69

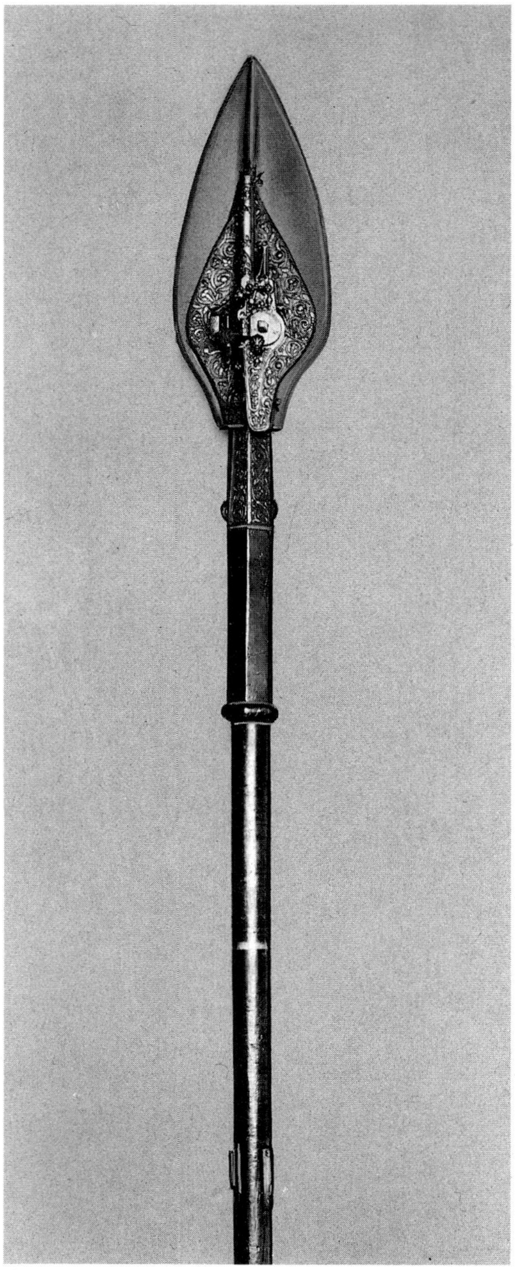

70

The Wallace Collection London. Reproduced by permission of the Trustees of the Wallace Collection

Lit.: Wallace Collection Catalogues, European Arms and Armour, Vol. II, A 1238, Tafel 204

69 Spieß mit drei Radschloßfeuerwaffen, süddeutsch, um 1570, aus dem Besitz des Nicolas de Lorraine, Herzogs von Vaudemont

Klinge, Läufe und Radschlösser reich mit geätzten Bandmauresken und feingliedrigen Ranken geschmückt. Klinge dreischneidig, gekehlt; im unteren Klingendrittel drei Rundläufe liegend, jeder Lauf wird von einem Radschloß bedient. Schloßplatten mit der Tülle und Klinge verbunden, außenliegende Räder mit gewölbter Radkappe, Pfannen mit Schiebedeckel, Hähne und Hahnfedern ohne Studel; Tülle zwischen den Schloßplatten mit drei durchbrochenen Parierhaken besetzt. Schafttülle mit Samtbezug, darüber durchbrochene Zierbeschläge mit Ätzdekor; Schaftfedern mit geätztem Dekor, Abzugsstangen im Schaft eingebettet.

Musée de l'Armée, Paris

Lit.: C. Bosson, Armes combinées: jouets princiers, in: Musées de Genève, 10 (1969) No. 95, S. 11

70 Jagdspieß mit zwei Radschloßfeuerwaffen, Frankreich, um 1600

Kräftige Klinge, im Ort mit Mittelgrat; Blattansatz und Tülle reich geschmückt mit Rankenwerk in Eisenschnitt. Beide Seiten des Blattes tragen je eine Radschloßfeuerwaffe; Läufe und Schloßplatten mit Rankendekor; Rundläufe, Schlösser mit außenliegendem Rad, kleine muschelförmige Radstudel, Pfanne mit Schiebedeckel, Hahn, Hahnfeder und Hahnstudel. Rundschaft, Abzugsstangen und Abzugseinrichtung im Schaft eingebettet.

Kunsthistorisches Museum Wien, Waffensammlung, Inv.-Nr. D 241

Lit.: H. Schedelmann, Die großen Büchsenmacher, Abb. 120

71 Enterpike mit Steinschloßfeuerwaffe, Frankreich, 1809

Zweischneidige Stoßklinge mit abgeflachtem Mittelgrat, abwärts gerichteter Haken. Runder glatter Lauf mit massiver Schwanzschraube im Schaft liegend und mit diesem verschraubt. Laufende bezeichnet «Pique dabordage» (Enterpike), Schwanzschraubenblatt bezeichnet «. . . Par Bouny Controleur a la Manufacture Imp^{ale} de Charleville an 1809» (. . . von Bouny, Kontrolleur der Kaiserlichen Manufaktur in Charleville im Jahre 1809).

Steinschloß mit außenliegender Stange, Schloßplatte signiert «BOUNY CHARLEVILLE». Hahn mit durchbrochnem Hals (obere Hahnlippe

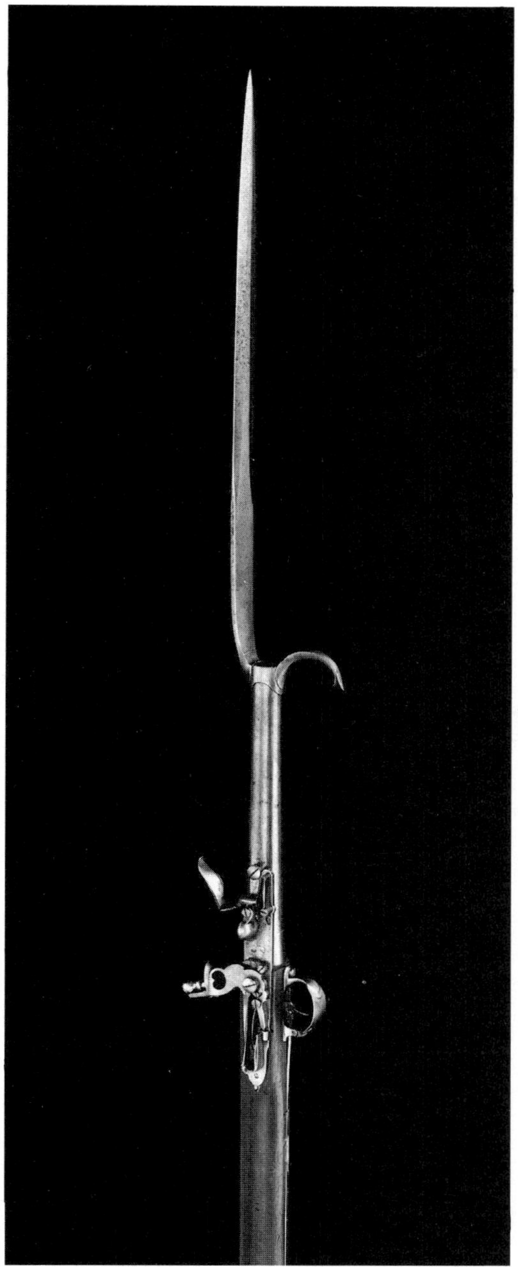

71

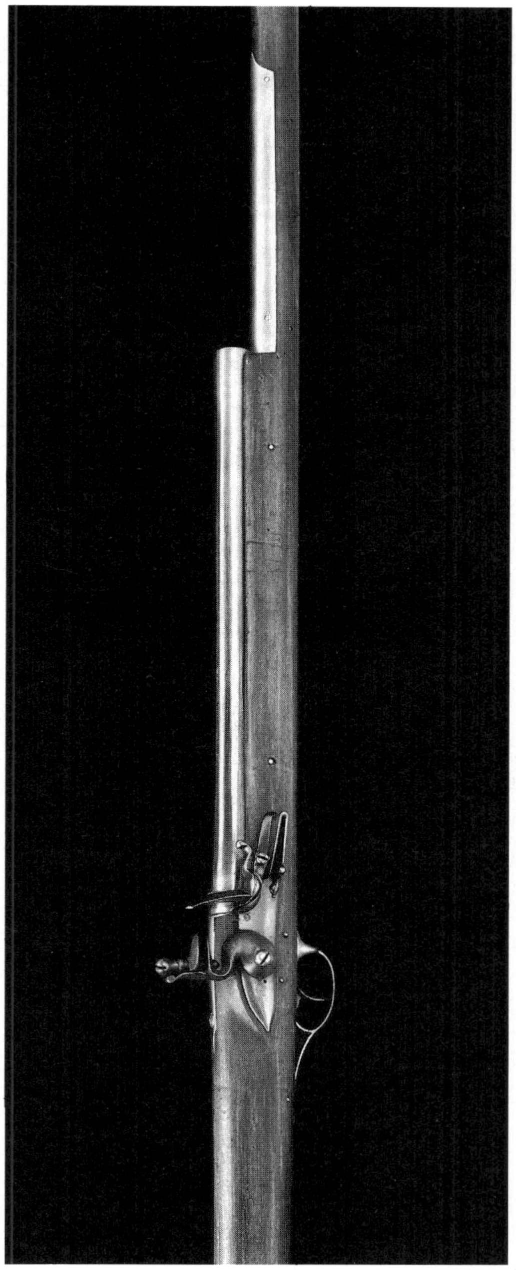

72

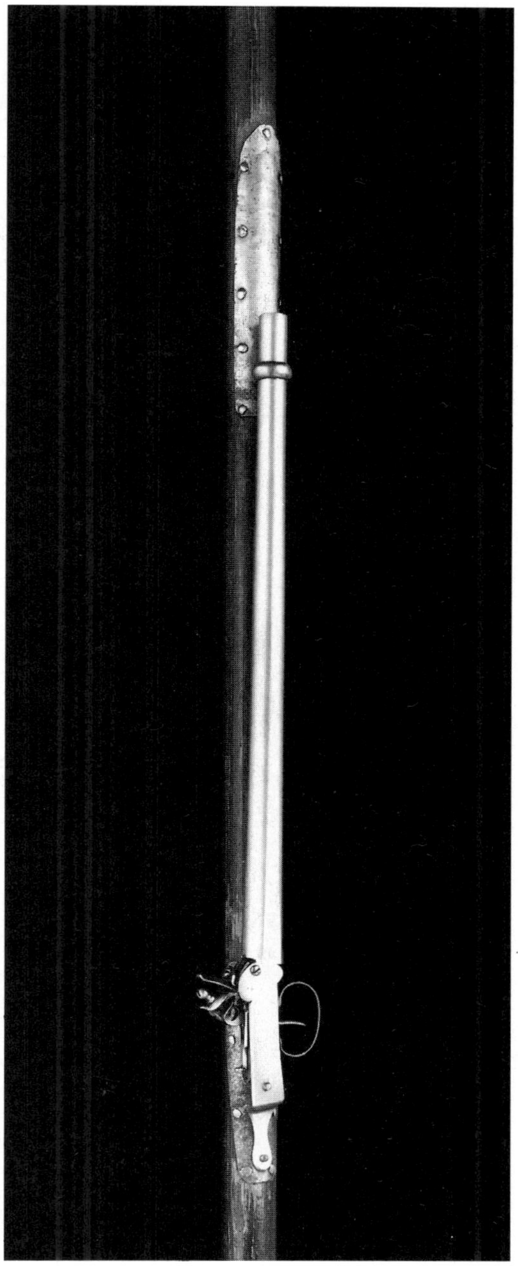

73

fehlt), Hahnsicherung, Eisengarnitur; Schloßgegenblech zugleich als Schaftfeder dienend. Doppelte Abzugsvorrichtung, der zweite Abzug liegt 113,5 cm hinter dem vorderen Abzug. Beide Abzüge durch eine im Schaft eingelassene Abzugsstange verbunden. Braun gebeizter Rundschaft, Messingschuh profiliert mit eisernem Abschluß.

Gesamtlänge: 236,5 cm, Klingenlänge: 42 cm, Gewicht: 2500 g, Kaliber: 17 mm

Museum für Deutsche Geschichte Berlin, Inv.-Nr. W 2373, Alter Zeughausbestand

Lit.: H. Müller/H. Kölling, Europäische Hieb- und Stichwaffen, S. 330, Kat.-Nr. 471

72 Kavallerielanze mit Steinschloßfeuerwaffe, um 1800

Lanzettförmiges Blatt mit hohem Mittelgrat, schlanke Tülle, zwei Schaftfedern mit je vier Nägeln versehen.

Rundlauf glatt, gebläut (Bläuung stark abgegriffen), Laufoberseite abgeflacht, zwei Ösen für Stiftbefestigung, Schwanzschraubenblatt mit zwei Schraubenlöchern. Der Lauf ruht auf der Oberseite des Schaftes in erhöhter Laufbettung, vor der Laufmündung ist der Schaft in der oberen Hälfte mit einem 20,5 cm langen Eisenblech zum Schutz gegen das Mündungsfeuer beschlagen.

Schloß gebläut, gewölbte Schloßplatte, gebauchter Hahn, Schloßgegenblech und Abzugsbügel aus Messing, auf der Innenseite des Abzugsbügels eingeschlagene Bezeichnung «I. P. A. 6. C. 54».

Braun gebeizter, sich zur Spitze verjüngender Rundschaft, am hinteren Schaftende mit eingezogenem Handgriff ausgestattet, Eisenschuh.

Gesamtlänge: 253 cm, Lauflänge: 35,5 cm, Kaliber: 19 mm, Gewicht: 2850 g

Museum für Deutsche Geschichte Berlin, Inv.-Nr. W 2676 (AB 25565)

73 Kavallerielanze mit Steinschloßfeuerwaffe, vermutl. französisch, Anfang 19. Jahrhundert

Vierkantiges Lanzeneisen mit anschließendem Wulst, konische Tülle, zwei Schaftfedern mit je zwei Kopfnägeln.

Rundlauf, im hinteren Drittel abgeflacht, durch Ringöse mit dem Schaft seitlich verbunden. Abstand der Laufmündung zur Lanzenspitze 110 cm. Eisernes Kastenschloß, am Laufende Gewindestück zur Verschraubung des Kastens, Hahn mit herzförmigem Durchbruch, Sicherungsschieber, Batterie, Abzug, Messingabzugsbügel; mit dem Schaft verschraubte Eisenblechplatte zum Schutz des Schlosses. Rundschaft, konischer Eisenschuh mit kurzer abgesetzter Spitze.

Gesamtlänge: 313 cm, Lauflänge: 39 cm, Kaliber: 15 mm, Gewicht: 2420 g

Museum für Deutsche Geschichte Berlin, Inv.-Nr. W 2748 (AD 17078)

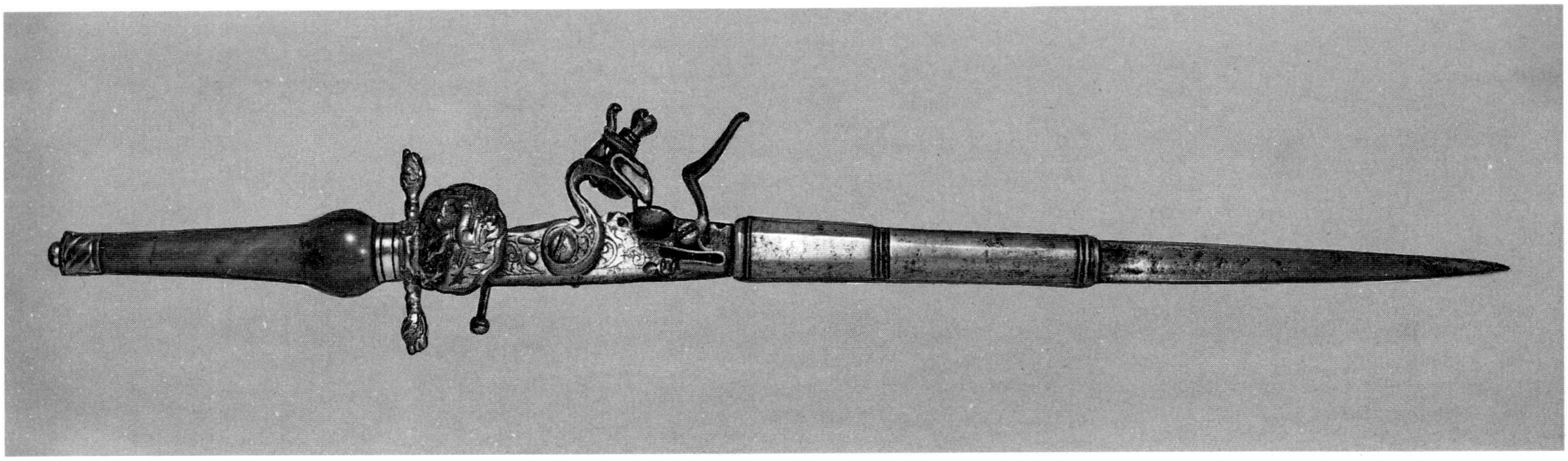

74

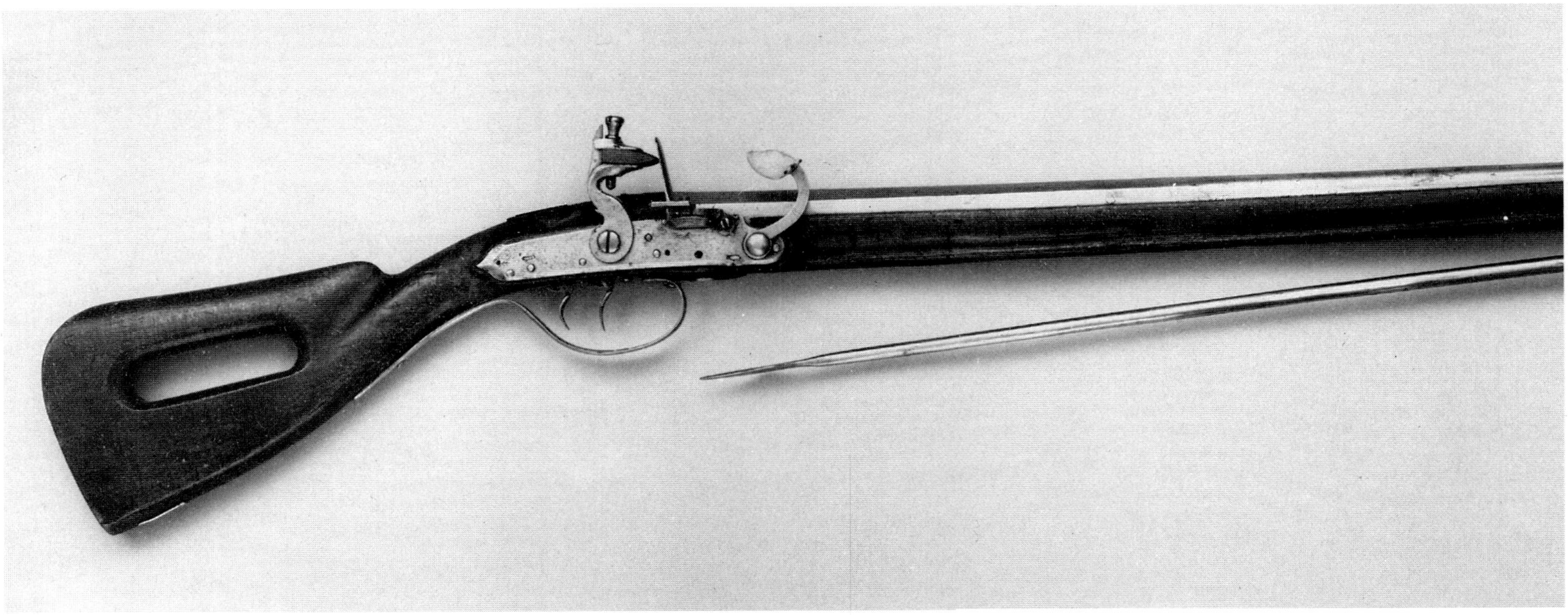

75

HANDFEUERWAFFEN MIT KLAPPBAJONETT

74 Jagd-Spundbajonett mit Steinschloßfeuerwaffe, französisch, um 1700

Klinge mit seitlich montierter Steinschloßfeuerwaffe; der Lauf in der vorderen Hälfte rund mit Zierringen, oktogonale Kammer; Schloßplatte und Hahn gravierter Dekor, gerader Abzug mit kugeligem Ende. Messinggefäß gegossen, Parierstange in Hundekopf endend, Stichblatt mit reliefiertem Jagddekor; hölzerner Spund mit Messingzwingen, kugeliges Vernietknäufchen.

Gesamtlänge: 43,5 cm, Klingenlänge: 36 cm, Lauflänge: 10,6 cm, Kaliber: 12 mm

Glasgow Museums & Art Galleries, Inv.-Nr. 139 bis 65 NK

75 Gewehr mit Doppelschloß für Lunte und Feuerstein, kombiniert mit Klappbajonett, deutsch, um 1680

Runder glatter Lauf, oktogonale Kammer, aufgelötetes Korn; am unteren Laufende feststellbares Klappbajonett mit lanzettförmiger Klinge und rundem Schaft.

Schloß Eisen, flache Schloßplatte mit geschrägten Kanten, Hahn für Feuerstein und Luntenschnapphahn. Die Batterie besitzt einen ringförmigen Durchbruch für die Lunte im Pfannendeckel, der zusätzlich mit einem kleinen drehbaren Deckel verschlossen bzw. geöffnet werden kann (Batteriefeder fehlt).

Eisengarnitur, Schloßblech mit zwei Abzügen, der vordere Abzug betätigt den Luntenhahn, der hintere Abzug den Flinthahn. Nußbaum-Vollschaft mit Durchbruch im Kolben, linksseitig angebrachter Ladestock, zwei eiserne Ladestockhülsen.

Gesamtlänge: 154 cm, Länge mit ausgeklapptem Bajonett: 234 cm, Lauflänge: 114 cm, Kaliber: 19 mm, Gewicht: 4520 g

Museum für Deutsche Geschichte Berlin, Inv.-Nr. AD 2439

Lit.: H. Müller, Gewehre – Pistolen – Revolver, S. 103, Abb. 92; Die Türken vor Wien, S. 38, Kat.-Nr. 4/5

76 Steinschloßflinte mit Klappbajonett von Johann Christian Martini, Dresden, um 1740

Der Lauf poliert, im hinteren Drittel achtkantig, anschließend rund, der Übergang vom achtkantigen zum runden Laufstück durch einen Zierring mit Perlkante betont; der Zündkanal zum selbsttätigen Füllen der Pulverpfanne aufgebohrt; aufgeschobenes eisernes Gürtelvisier, eingeschlagenes Messingkorn.

Schloß: Eisen, poliert, flache Schloßplatte ohne Verzierung; Hakensicherung – ein hinter dem Hahn angebrachter, mit der Schloßplatte drehbar verschraubter Haken greift in eine tiefe Raste des Hahnfußes ein und arretiert den Hahn. Das Sicherungsprinzip weicht von den sonst üblichen Konstruktionen insofern ab, als der Haken nur in der Stellung des Hahns zwischen Spann- und Ruhrast den Hahn sperrt, wodurch die Rasten der Nut und die Stange entlastet werden.

Montierung Eisen poliert, der Abzugsbügel mit Handhabe; S-förmige schmale Schloßgegenplatte

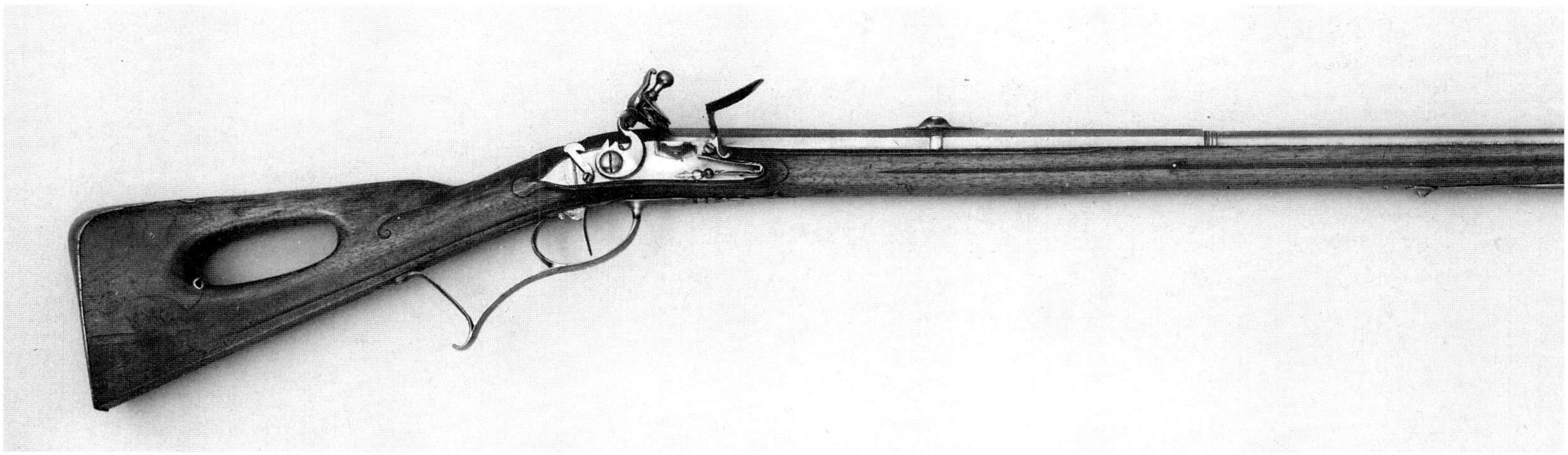

76

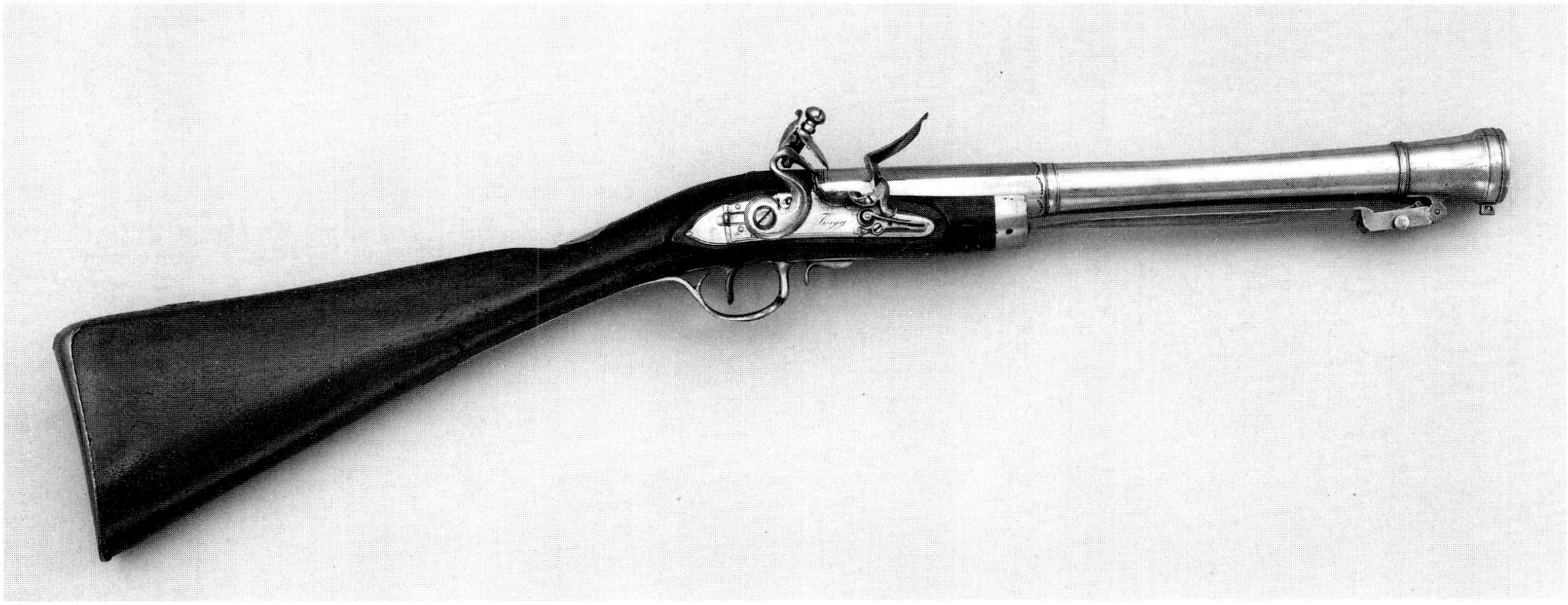

77

mit Profilkante; die Kolbenklappe mit blattförmigem geschnittenem Sporn.

Der Nußbaumschaft mit Konturschnitt endet 8 cm vor der Laufmündung. Das Klappbajonett mit schmaler spießartiger Klinge, rundem Schaft, geschlitztem viereckigem Klingenhals und seitlichem Federstift ist mit einer unter der Laufoberseite aufgelöteten flachen Eisenschiene drehbar verschraubt. Eingeklappt liegt das Bajonett in einer entsprechenden Aussparung auf der Unterseite des Schaftes und wird von einem facettierten Schieber an der Spitze gehalten. Beim Lösen der Sperre kann das Bajonett mit der Hand nach vorn ausgeschwenkt werden, der Federstift rastet in eine dafür vorgesehene Aussparung der Eisenschiene ein und arretiert die Klinge. Der Durchbruch im Kolben ermöglicht eine gute Handhabung der Waffe beim Stoß mit der Klinge. Der hölzerne, seitlich am Schaft angebrachte Ladestock wird von drei Ladestockhülsen gehalten.

Gesamtlänge: 141 cm, Lauflänge: 103 cm, Länge des Bajonetts: 45,5 cm, Kaliber: 17 mm, Gewicht: 3120 g

Historisches Museum Dresden, Inv.-Nr. G 72

Inventarnachweis: Inventarium über das königliche Leibgewehr, S. 803 (Verz. 179): «Eine dergl. Geschwind-Schuß-Flinte, von obigen Meister mit angeschloßenen Bajonnet, mitten im Anschlage ist ein Loch ausgeschnitten, Zum Festhalten beym Avanciren.»
Johann Christian Martini, Büchsenmachermeister in Dresden, lebte von 1686 bis 1756; s. D. Schaal, Katalog Dresdener Büchsenmacher 16.–18. Jh., S. 96.

Lit.: M. v. Ehrenthal, Führer durch die Königliche Gewehrgalerie, S. 12, Nr. 72; D. Schaal, Katalog Dresdner Büchsenmacher 16.–18. Jh., S. 97, Nr. 413 (die im Katalogtext erwähnte Laufsignierung «MARTINI A DRESDE» ist nicht vorhanden, die Waffe ist unsigniert)

77 Steinschloßtromblon-Karabiner mit Klappbajonett von John Twigg, London, um 1780

Tromblonlauf, Messingguß, kanonenförmige Mündung, vordere Laufhälfte rund, anschließend oktogonal, an der Kammer bezeichnet: «LONDON» und Schlagzahl «2»; die untere Laufschräge gemarkt, zwischen zwei gekrönten Zeptern das Initial «S».

Dreikantiges Klappbajonett mit abzugsförmigem Arretierungshebel. Eisernes Schloß, Schloßplatte signiert: «TWIGG»; Hahn mit stark geneigten Lippen, einfacher gravierter Dekor, Batterie mit rollengelagerter Batteriefeder. Messinggarnitur, Kolbenplatte dekoriert mit gravierter Früchtegruppe, ovales Daumenblech, Ladestockhülse (eine Ladestockhülse fehlt), Nußbaumhalbschaft.

Gesamtlänge: 77 cm, Länge mit ausgeklapptem Bajonett: 95 cm, Lauflänge: 36,5 cm, Mündungsdurchmesser: 30 mm, Gewicht: 2850 g

Stadt- und Bergbaumuseum Freiberg, Inv.-Nr. 66/90

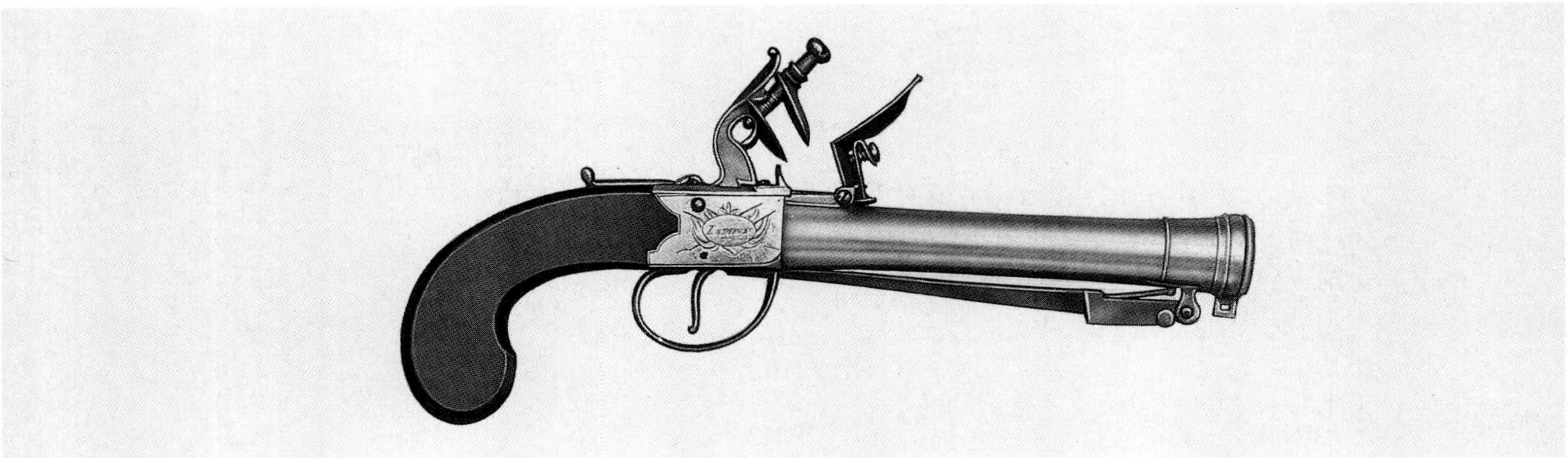

78

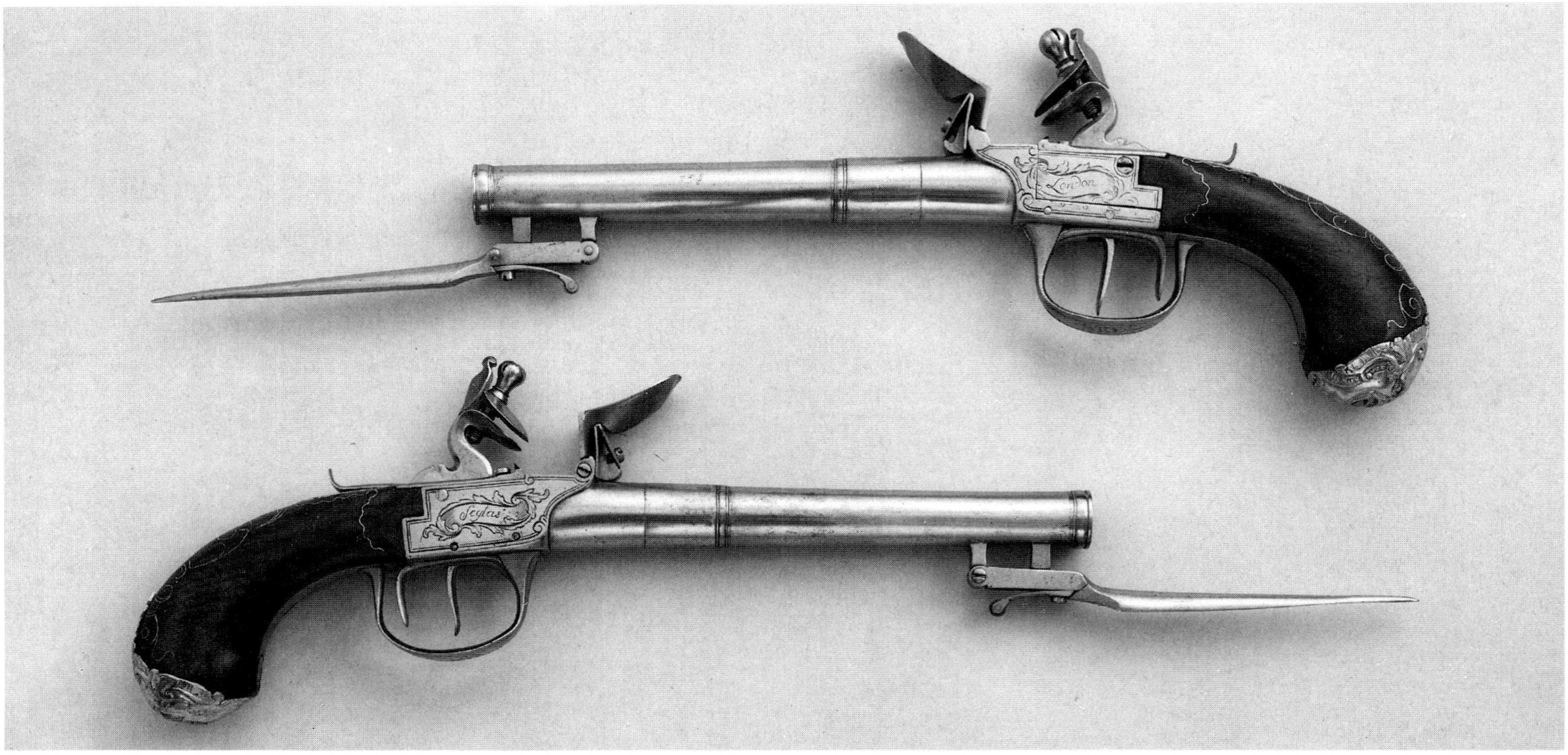

79a/b

78 Steinschloßpistole mit Klappbajonett von J & W Richards, London, um 1800

Kanonenförmiger Messinglauf mit Mündungswulst, zwei seitlich aufgelötete messingne Ladestockhülsen (Ladestock fehlt); auf der Laufunterseite vier Schlagmarken, zwischen zwei gekrönten Zeptern (Tower-Beschuß für private Waffen) gekröntes «R». Messingnes Kastenschloß, linke Seite signiert, in gravierter Trophäenkartusche «J & W RICHARDS», auf der rechten Schloßseite in gravierter Kartusche «LONDON». Hahn mit Sicherung, Klappbajonett mit Arretierung durch den Abzugsbügel; einfacher Nußbaumgriff.

Gesamtlänge: 30,5 cm, Länge mit ausgeklapptem Bajonett: 44 cm, Lauflänge: 17 cm, Mündungsdurchmesser: 21 mm, Gewicht: 860 g

Armeemuseum der DDR, Dresden, Inv.-Nr. Ba 4539

79 a/b Ein Paar Steinschloßpistolen mit Klappbajonett, Lütticher Nachbau, um 1785

Polierte eiserne Rundläufe mit Mündungsring, nach hinten konisch auslaufend. Eiserne Kastenschlösser, Abzugsstangen; Deckplatten der Kastenschlösser mit Sicherungsschieber (Hahnsicherung), linke Schloßseiten mit gravierter Kartusche, darin «London», auf der Gegenseite in gravierter Kartusche «Segalas»[1]; polierte Abzugsbügel mit graviertem Blumendekor, Klappbajonette mit vierkantigem Klingenhals, unter dem Lauf liegend, abzugsartige Arretierungsschieber. Nußbaumschäfte mit Silberdrahteinlage; Knaufkappen Silber, getrieben und graviert in Form von Maskarons.

Gesamtlänge: 32 cm, Lauflänge: 17 cm, Länge mit ausgeklapptem Bajonett: 43 cm, Kaliber: 15 mm, Gewicht: 750 g

Historisches Museum Dresden, Inv.-Nr. J 834/835

1 Segalas (Segallas, Israel), Büchsenmacher, London, 1714 bis etwa 1773, Beschaumeister der Büchsenmacherzunft von 1763 bis 1772. Alle «Segalas London» oder ähnlich signierten Waffen, die keinen Beschaustempel der Gunmakers Co. von London aufweisen, sind zeitgenössische Imitationen und dürften in Lüttich (Liège) entstanden sein. Siehe E. Heer, Der Neue Støckel, Bd. II, S. 1150.

80 Steinschloß-Taschenpistole mit Klappbajonett, Liège, um 1800

Achtkantiger Messinglauf mit Mündungswulst, Schloßkasten aus Messing, beiderseitig gravierte Trophäen; Klappbajonett mit Arretierung durch den Abzugsbügel; Kastenschloß, Hahn mit Sicherung; Nußbaumgriff gewaffelt.

Gesamtlänge: 22 cm, Länge mit ausgeklapptem Bajonett: 30,5 cm, Lauflänge: 11 cm, Kaliber: 14 mm, Gewicht: 460 g

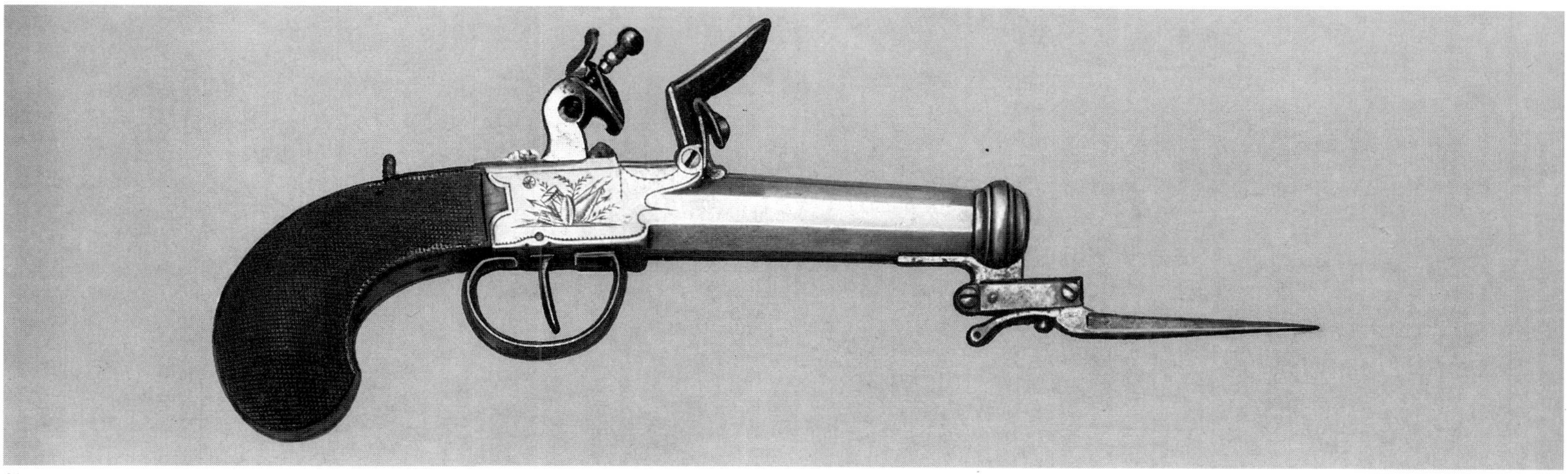

80

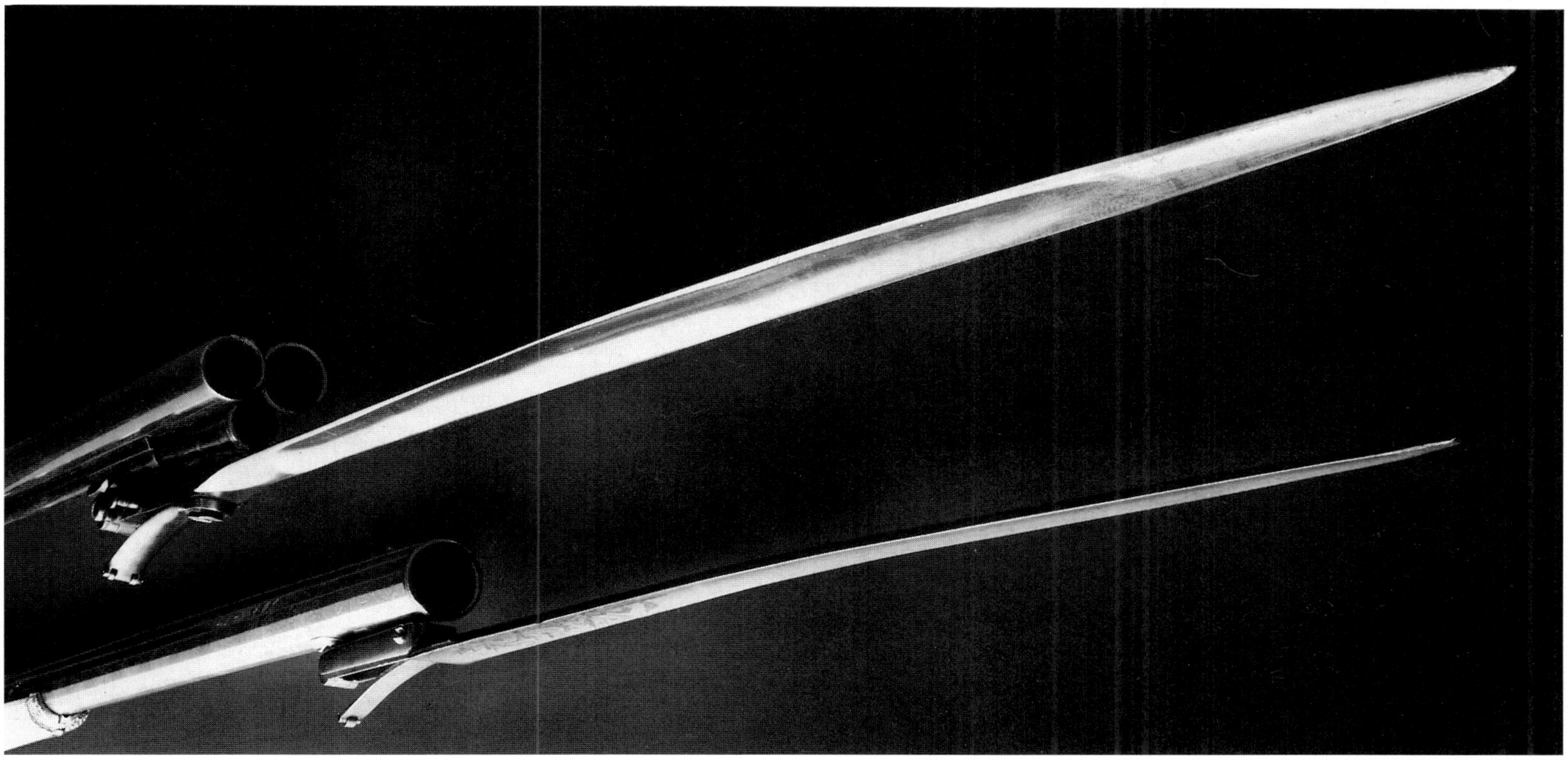

81 / 82

Museum für Deutsche Geschichte Berlin, Inv.-Nr. W 56.66

81 Steinschloßflinte mit Klappbajonett von Iwan Ljalin, russisch, etwa 1790

Kipplauf damasziert, Kammer oktogonal, kurze profilierte Laufschiene, Silberkorn, austauschbare Stahlpatrone, reicher silber- und goldtauschierter Laufdekor, Blüten, Festons, Füllhörner, in Medaillons Waffentrophäen; kurzes, unter dem Lauf liegendes Klappbajonett mit Federarretierung, gold- und silbertauschierter Klingendekor, Ranken und Blumengebinde.

Steinschloß und Garnitur Stahl, poliert, zum Teil vergoldet, Schloßteile reich geschmückt mit Waffen- und Jagdtrophäen, Blattranken, Festons, Putten, Füllhörnern in Eisenschnitt, Gold- und Silbertausia; Schloßplatte aus zwei Hälften bestehend, Abzugsblech in der Mitte mit kräftigem Scharnier, Laufarretierungshebel in Form eines Delphins vor dem Abzug liegend, S-förmiger Hahn mit Perlkante in geschnittenem Vogelkopf endend. Elfenbeinschaft, Kolben mit Wange, Vorderschaft und Kolben reich geschmückt mit gravierten Blattranken, Blumen und Festons.

Gesamtlänge: 112 cm, Länge mit ausgeklapptem Bajonett: 142 cm, Lauflänge: 74 cm, Kaliber: 18 mm, Gewicht: 3250 g

Staatliche Ermitage Leningrad, Inv.-Nr. S. O. 6655

Lit.: Russische Prunkwaffen aus dem 16.–19. Jahrhundert aus der Sammlung der Staatlichen Ermitage (Ausstellungskatalog), Nr. 72

82 Perkussions-Doppelflinte mit Klappbajonett von Michail Muraschew, Moskau, etwa 1850

Jagdgewehr, zwei nebeneinanderliegende Rundläufe, brüniert, Korn, Klappbajonett mit lanzettförmiger Klinge unter den Läufen liegend, Bajonettverriegelung mit abzugsartigem Griff vor dem Abzugsbügel. Rückliegende Kettenschlösser, flache Schloßplatten, signiert «M. MURASCHEW», Hähne bombiert, Eisengarnitur und Schloßteile gebläut, zwei Abzüge, verlängerter Abzugsbügel, Kolbenplatte. Nußbaumhalbschaft mit Kolbenschuber, Ladestock mit Messingkappe.

Gesamtlänge: 120 cm, Länge mit ausgeklapptem Bajonett: 162 cm, Lauflänge: 78 cm, Kaliber: 18 mm, Gewicht: 5072 g

Staatliche Ermitage Leningrad, Inv.-Nr. S. O. 623

Lit.: Russische Prunkwaffen aus dem 16.–19. Jahrhundert aus der Sammlung der Staatlichen Ermitage (Ausstellungskatalog), Nr. 39

83

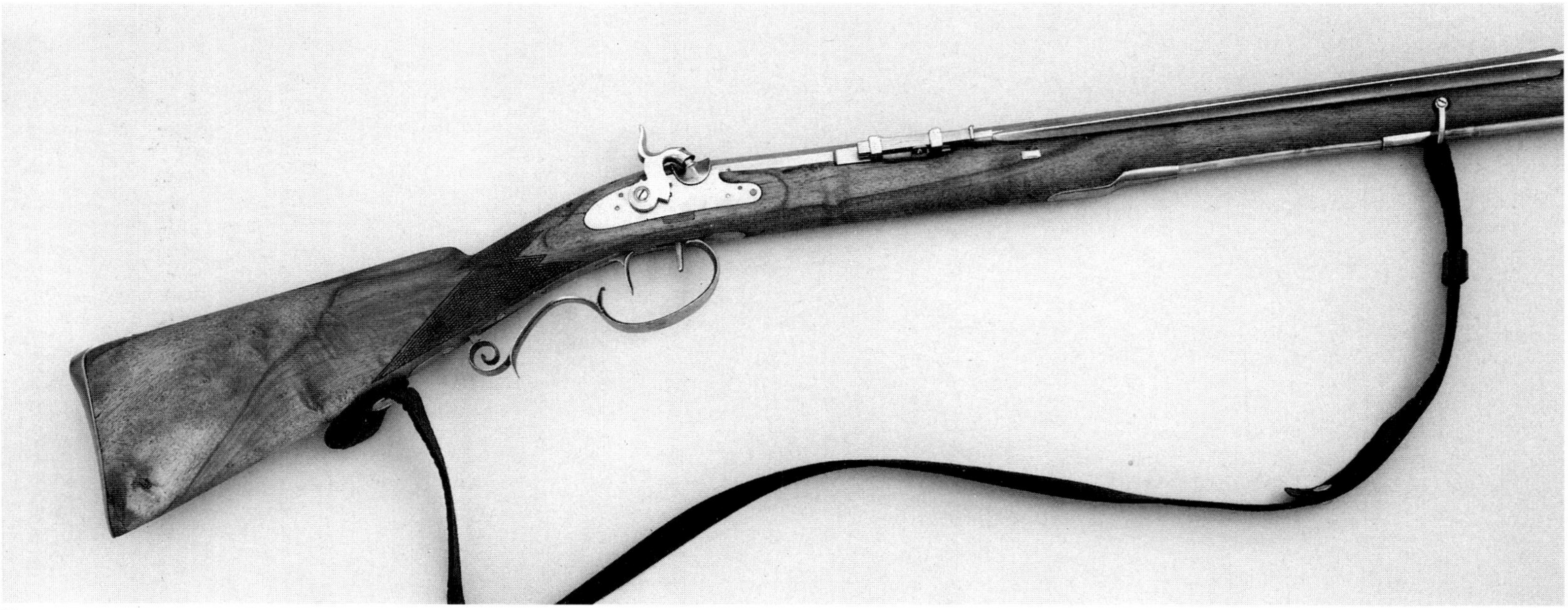

84

83 Perkussionstromblon-Karabiner mit Klappbajonett, London, Mitte 19. Jahrhundert

Blankeiserner Rundlauf, Mündung tromblonartig erweitert, oktogonale Kammer bezeichnet: «LONDON». Auf dem Lauf liegendes dreikantiges Klappbajonett mit Federarretierung auf dem Schwanzschraubenblatt. Schloß Eisen, signiert «MOORE», Schloßplatte und Hahn flach, Hahnsicherung.

Eisengarnitur; Schloßplatte, Hahn, Abzugsbügel, Kolbenplatte und Ladestockhülsen dekoriert mit gravierten Blattranken; eiserner Riemenbügel. Nußbaumschaft, Kolbenhals mit Fischhautverschneidung, hölzerner Ladestock mit Messingabschluß, rechteckiges silbernes Daumenblech; textiler Trageriemen (nicht original).

Gesamtlänge: 83,5 cm, Länge mit ausgeklapptem Bajonett: 113 cm, Lauflänge: 42 cm, Mündungsdurchmesser: 34 mm, Gewicht: 3080 g

Museum für Deutsche Geschichte Berlin, Inv.-Nr. W 59/0088

Lit.: H. Müller, Gewehre – Pistolen – Revolver, S. 138, Abb. 114

84 Gendarmerie-Gewehr mit Klappbajonett, deutsch, Mitte 19. Jahrhundert

Lauf gebläut, vordere Laufhälfte rund, anschließend achtkantig, Messingkorn, Klappvisier, Klappbajonett mit Arretierungsschieber an der rechten Laufseite befestigt.

Perkussionsschloß (Steinschloß adaptiert), gebläut, Hahn mit Hahnsicherung, Eisengarnitur gebläut, Abzugsbügel mit Handstütze, deren hinteres Ende volutenförmig eingerollt ist; drei Ladestockhülsen, Riemenbügel, Kolbenplatte.

Nußbaumschaft, Hals mit Fischhautverschneidung, Kolbenwange; hölzerner Ladestock mit Hornabschluß; Ledertrageriemen.

Gesamtlänge: 114 cm, Länge mit ausgeklapptem Bajonett: 150 cm, Lauflänge: 75 cm, Kaliber: 16,5 mm, Gewicht: 3410 g

Staatliche Museen Heidecksburg, Rudolstadt, Inv.-Nr. 2038

Lit.: C. A. Ossbahr, Das fürstliche Zeughaus in Schwarzburg, Nr. 2030–2042

85 Doppelläufige Perkussionspistole mit Klappbajonett, französisch, um 1840

Zwei gezogene, nebeneinanderliegende Läufe, hintere Laufhälfte achtkantig, anschließend rund mit Bascule; nach vorn ausklappbare bajonettförmige Visierschiene mit Arretierung durch den Abzugsbügel. Die ursprüngliche Steinschloßpistole wurde später auf Perkussionszündung umgebaut (etwa 1830).

Schloßplatten gebläut, S-förmig geschweifte Hähne, zwei Abzüge; Messinggarnitur, Abzugs-

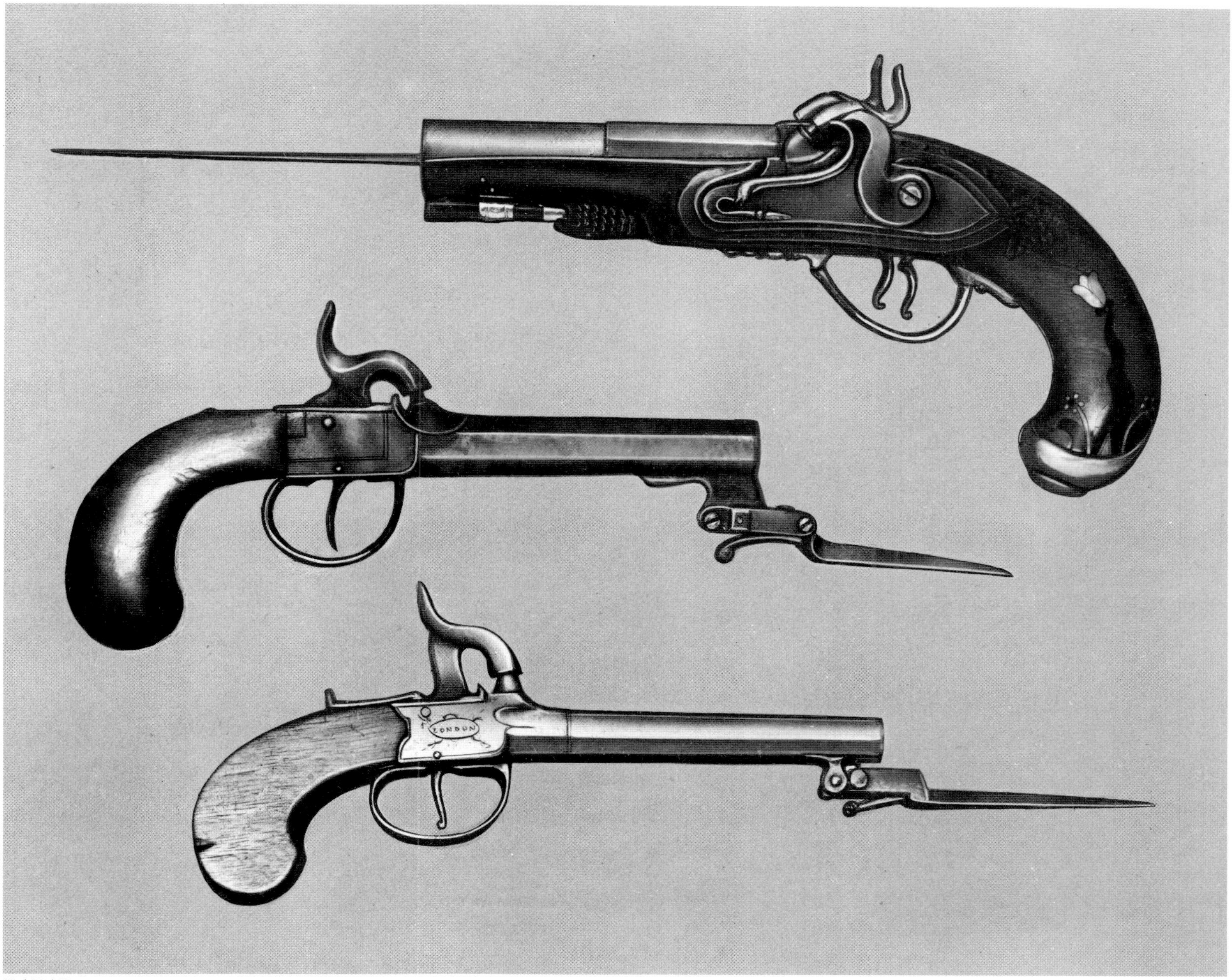

85 / 86 / 87

bügel aus zwei Hälften bestehend mit Arretierungsschieber für das Klappbajonett, Knaufkappe mit Scharnierdeckel, eine Ladestockhülse.

Nußbaumschaft mit Schaftverschneidung: hinter dem Schloß Eichenlaubdekor, die hintere Ladestockhülse in Form eines Fischkopfes mit eingesetzten Perlen als Augen; Knauf mit blütenförmigen Einlagen in Bein, Perlmutter, Ebenholz und Horn; hölzerner Ladestock.

Gesamtlänge: 26 cm, Lauflänge: 11,5 cm, Kaliber: 10 mm, Gewicht: 1030 g

Privatsammlung

86 Perkussions-Taschenpistole mit Klappbajonett, Lüttich, Mitte 19. Jahrhundert

Lauf achtkantig, gebläut und changiert; eiserner Schloßkasten. Klappbajonett mit Arretierung durch den Abzugsbügel. Kastenschloß ohne Sicherung. Einfacher Nußbaumgriff.

Gesamtlänge: 21,7 cm, Länge mit ausgeklapptem Bajonett: 30 cm, Lauflänge: 10,5 cm, Kaliber: 12 mm, Gewicht: 420 g

Privatsammlung

Lit.: H. Müller, Gewehre – Pistolen – Revolver, S. 173, Abb. 133

87 Perkussions-Taschenpistole mit Klappbajonett, London, Mitte 19. Jahrhundert

Rundlauf aus Eisen; der Schloßkasten bezeichnet: auf der rechten Seite «LONDON», auf der linken Seite «WHITE». Klappbajonett mit Arretierung durch den Abzugsbügel, Kastenschloß, Hahnsicherung; Nußbaumgriff.

Länge: 22 cm, Länge mit ausgeklapptem Bajonett: 31 cm, Lauflänge: 11,5 cm, Kaliber: 12 mm, Gewicht: 320 g

Privatsammlung

Lit.: H. Müller, Gewehre – Pistolen – Revolver, S. 173, Abb. 133

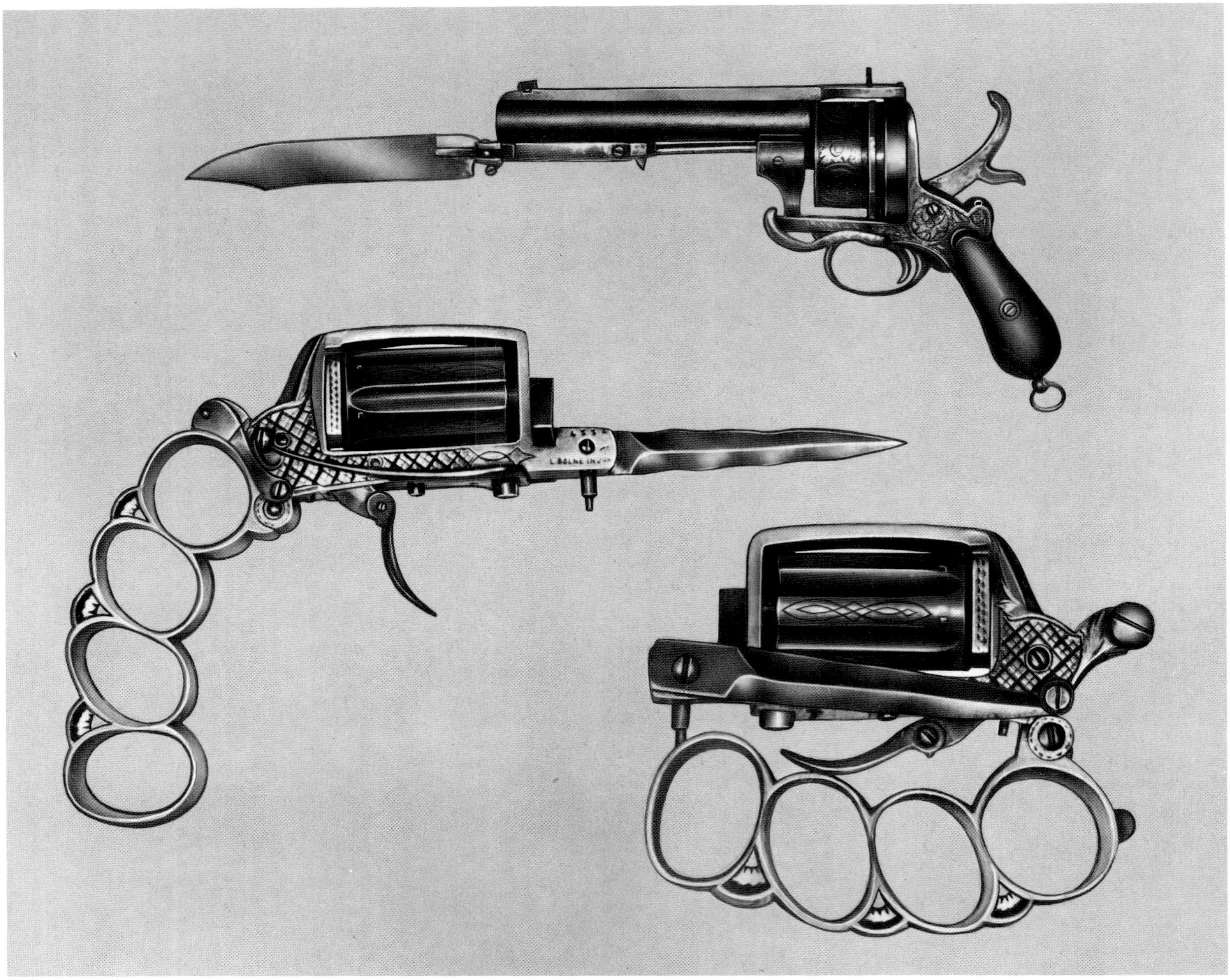

88 / 89

88 Revolver mit Springklinge, belgisch, um 1880

Rundlauf, Laufschiene mit Kimme und Korn. An der Laufunterseite seitlich einklappbare Messerklinge. Gravierter Stahlrahmen mit Silberdrahteinlagen, Waffennummer «10.580», sechsschüssige Trommel für Stiftzündung, Double Action; gravierte Eisengarnitur, Arretierungshebel für Messerklinge, Abzugsbügel, Tragering; Holzgriffschalen.

Gesamtlänge: 29,84 cm, Länge mit ausgeklappter Klinge: 46,99 cm, Lauflänge: 16,51 cm, Kaliber: 15 mm

Privatsammlung Chuck Grimes, Denver, Colorado

Lit.: H.G.Frost, Blades and Barrels, S.234, Abb.382

89 Apachen-Revolver, kombiniert mit Dolch und Schlagring, von L. Dolne, Liège, um 1880

Kombinationswaffe aus Revolver, Dolch und Schlagring; gravierter Messingrahmen, vernickelt, sechsschüssige Trommel für Randfeuerpatrone; einklappbare kurze Dolchklinge, Fehlschärfe signiert «L DOLNE INV un», darüber Waffennummer «4332»; Abzug einklappbar; Griff in Form eines Schlagringes. Die Waffe kann bei geschlossener Klinge, eingeklapptem Abzug und Griff als Schlagring verwendet werden.

Länge mit geöffneter Klinge: 203 cm, Kaliber: 6 mm

Privatsammlung Chuk Grimes, Denver, Colorado

Lit.: H.G.Frost, Blades and Barrels, S.85, Abb. 120/121; L.Winant, Firearms Curiosa, S.91, Abb.84/85

STOCKGEWEHRE

90 Steinschloß-Stockflinte von Andrew Dolep, London, um 1700

Die Waffe besteht aus einer Pistole, dem als Spazierstock zu verwendenden Flintenlauf und dem Ansteckkolben. Sie kann je nach Bedarf als Pistole oder Flinte verwendet werden.

Runder, polierter Pistolenlauf, das vordere Laufstück abgesetzt und 4 mm im Außendurchmesser schwächer als hinten; am Übergang zum dünneren Laufstück auf der Laufunterseite eine hart aufgelötete eiserne Halbschale mit querverlaufender Nut; das Schwanzschraubenblatt mit eingefeilter Visierrinne und gravierter Ranke. Die Laufoberseite trägt die Signatur «DOLEP», die eingeschlagene Meistermarke «A D» mit einem Stern, die Londoner Beschußmarke sowie die Beschaumarke der Worshipful Company for Gunmakers.[1]

Blankeisernes Steinschloß, die Schloßplatte signiert mit «Dolep»; die Montierung blankeisern; geschnittene, blattförmig auslaufende Schloßgegenplatte; längsprofilierter Abzugsbügel; die Ladestockhülse mit Zierringen; gewölbte, blattförmig auslaufende Daumenplatte. Kurzer hölzerner Ladestock.

Der aus Nußbaum gefertigte Gewehrschaft ist am Kolbenhals abgetrennt und trägt hier eine aufgeschraubte Eisenplatte mit einer Aussparung. Der abgetrennte Teil des Kolbens ist als Ansteckkolben konzipiert und mit einem Zapfen auf der Schnittfläche ausgestattet, wodurch die Verriegelung mit der Pistole ermöglicht wird. Der als Spazierstock ausgelegte braunlackierte Flintenlauf hat einen Bajonettverschluß. Zum Lauf dazugehörig ein mit Schraubenzieher und Bajonettverschuß ausgestatteter runder Holzknauf. Der Mündungsschoner (Stockspitze) ist nicht mehr vorhanden.

Gesamtlänge: 140 cm, Länge des Laufes mit Pistolenlauf: 101 cm, Kaliber: 15 mm, Gewicht: 2670 g

Historisches Museum Dresden, Inv.-Nr. GG 77

[1] Vgl. E. Heer, Der Neue Støckel, Bd. 1, S. 300, Bd. 3, S. 1637.

91 Steinschloß-Stockflinte, österreichisch, um 1780

Die Waffe besteht aus einer Pistole, dem als Spazierstock zu verwendenden Flintenlauf und dem Ansteckkolben. Die Steinschloßpistole wurde nachträglich umgebaut und entsprechend ihrem Verwendungszweck als Stockflinte stark verändert. Je nach Bedarf kann die Waffe als Pistole oder als Flinte benutzt werden.

Gekürzter, achtkantiger Pistolenlauf, an der Mündung mit einem 15 mm langen, 18 mm starken Gewindestück versehen; der Zündkanal und die Bohrung für die Kreuzschraube sind verstiftet und an anderer Stelle neu eingebohrt; der Lauf ist im Bereich der Kammer auf der linken Schräge und der Laufunterseite dreifach gemarkt. Die dreifache Markierung, gekröntes «L» und «KI» sowie eine nicht zu identifizierende Marke, erklärt sich aus dem Umstand, daß die Waffe später verändert wurde. Bei der gekrönten «L»-Marke handelt es sich um die Beschaumarke von Wiener-Neustadt in Niederösterreich (ab 1658 bis 1670). Die Marke «KI» deutet darauf hin, daß die Waffe um 1800 in Kronborg als Stockflinte umgebaut und neu gemarkt worden ist. Die Waffe dürfte demzufolge in Wiener-Neustadt hergestellt und in Kronborg als Stockflinte umgebaut worden sein.[1] Blankeisernes Schloß mit gewölbter Schloßplatte; die Montierung aus poliertem Eisen; der nachträglich gekürzte Abzugsbügel am hinteren Ende als Raste ausgebildet; die Schloßgegenplatte in Form einer durchbrochenen Ranke; das blattförmig ausgebildete Daumenblech durchbrochen und geschnitten.

Gekürzter Nußbaumschaft; 3,5 cm hinter der Daumenplatte schräg abgesägt, auf der Schräge des Schaftes schmaler senkrechter Steg, an der Schaftoberseite eingelassener eiserner Haken; die ehemaligen Aussparungen für die Sporen der Knaufkappe sind mit Holz zugesetzt; das vordere Schaftstück im Bereich der Mündung ebenfalls gekürzt. Der kurze Ansteckkolben, zum Ansetzen an den Pistolenschaft ensprechend bearbeitet, trägt auf dem Kolbenkamm eine schmale Eisenfeder mit Druckknopf, deren vorderes, als Raste ausgebildetes Ende unter den Haken des Pistolenschaftes greift. Eine auf der Kolbenunterseite eingelassene und zweifach verschraubte Eisenschiene mit rastenförmigem Ende bildet das Verbindungsstück zum Abzugsbügel. Ein seitliches Verkanten des Ansteckkolbens wird durch den Steg auf der Schräge des Pistolenschaftes, der in die entsprechende Nut auf der Schräge des Ansteckkolbens paßt, verhindert.

Die einfache, als Scharnierdeckel ausgebildete messingne Kolbenkappe verdeckt eine Bohrung für den Ladestock und eine größere Aussparung für Zubehör.

Lauf: Runder, mit dünnem Nußbaumfurnier überzogener Flintenlauf; linsenförmiges Korn, gezackte Mündungsmanschette; verstärktes hinteres Laufende mit Innengewinde, eingefeilte Visierrinne; der Flintenlauf wird auf den Pistolenlauf aufgeschraubt. Zum Flintenlauf dazugehörig ein runder Holzknauf mit Gewindestück. Der Mündungsschoner bzw. die Stockspitze sind nicht mehr vorhanden.

Gesamtlänge der Stockflinte: 138 cm, Länge des Laufes mit Pistolenlauf: 104 cm, Kaliber: 12 mm, Gewicht: 2020 g

Historisches Museum Dresden, Inv.-Nr. GG 78

[1] Vgl. E. Heer, Der Neue Støckel, Bd. 1, S. 577, Bd. 3, S. 1721.

92 Stockgewehr – Windbüchse von Procop, deutsch, um 1750

Runder Nußbaumstock, Messinglauf, am oberen Stockende kräftige Eisenzwinge mit Innengewinde zum Aufschrauben des Schlosses, unteres Stockende mit Messingzwinge und Messingkorn (Stockgriff fehlt).

Schloß Eisen, poliert mit außenliegenden Funktionsteilen. Messingne Abdeckplatte mit gravierter Bezeichnung: «PROCOP», messingner Abzugsbügel. Das Schlagstück am unteren Ende abgewinkelt, mit drehbarer hakenförmiger Schlagfläche von zweifach verschraubter Studel geführt. Die Schloßgegenseite trägt Schlagfeder, Nuß, ringförmige Studel, Abzugsfeder und Abzugsstange, auf der Schloßunterseite vierkantiger Schlagstift. Der Schloßkasten mit Gewindezapfen zum Aufschrauben des Laufes und des Kolbens.

Kolben aus Eisenblech als Druckbehälter dienend, mit braunem Leder bezogen, linke Kolbenseite mit Wange.

Gesamtlänge: 130 cm, Lauflänge: 93 cm, Kaliber: 9 cm, Gewicht: 2900 g

Historisches Museum Dresden, Inv.-Nr. G 80

Lit.: J. Schöbel, Jagdwaffen, S. 75, Abb. 51; H. Müller, Gewehre – Pistolen – Revolver, S. 152, Abb. 124

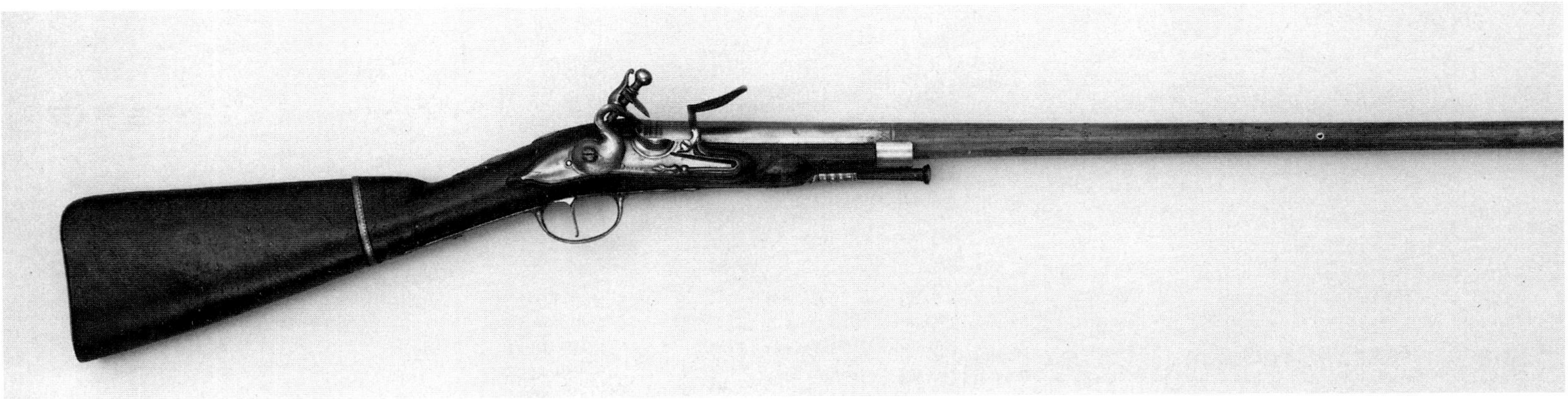

90

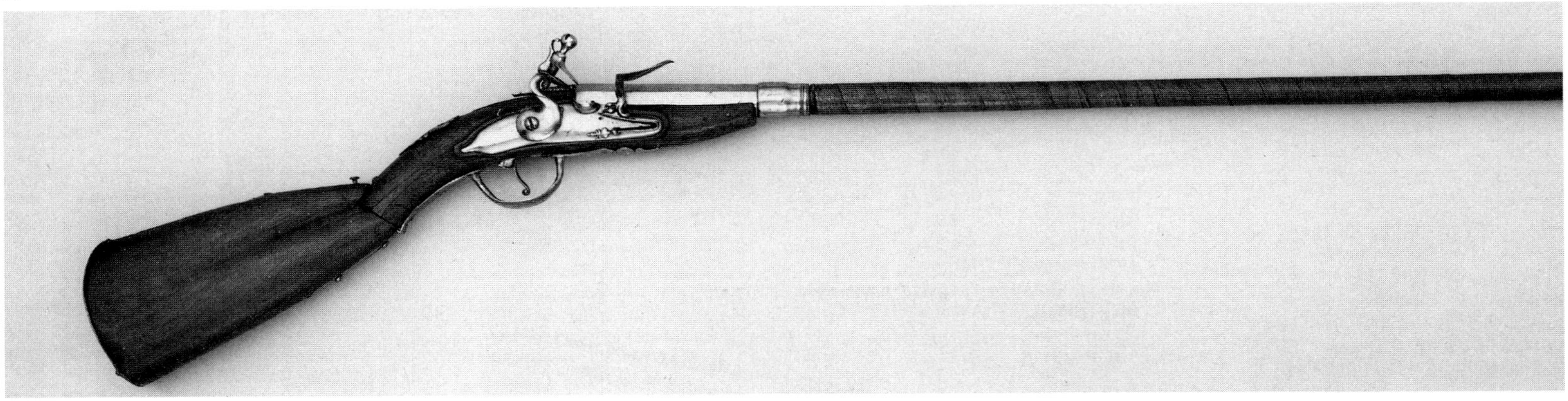

91

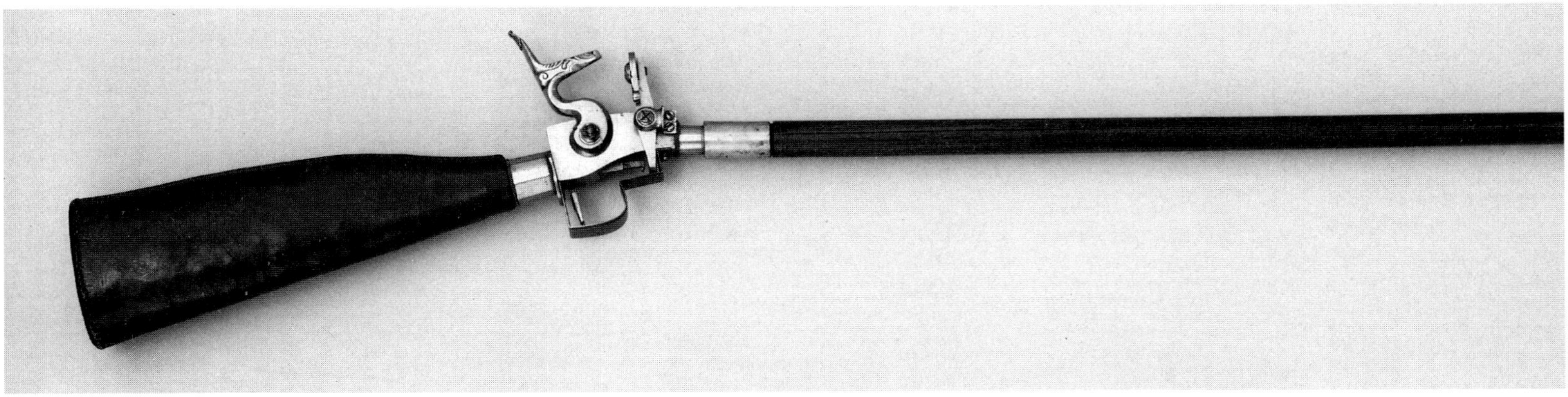

92

93 Steinschloß-Stockgewehr, deutsch, um 1740

Rundstock Nußbaum, zweiteilig mit Schraubverbindung; Griffkappe Kupfer vergoldet mit getriebenem Rocaillendekor, dazwischen auf gepunztem Grund weibliche, in Tuch gehüllte Figur und Krieger mit Schild in antiker Rüstung.

Batterieschloß seitlich mit der Messingzwinge des oberen Stockteils verschraubt. Bronzelauf mit Gewindestück an der Mündung; eingeschobener Ladestock mit Verschraubung, zugleich als Stocknagel dienend.

Gesamtlänge: 139,5 cm, Lauflänge: 94,4 cm, Kaliber: 7,7 mm, Gewicht: 1140 g

Kunstsammlungen Veste Coburg, Inv.-Nr. GJA I 123

94 Stockgewehr-Windbüchse, 2. Hälfte 18. Jahrhundert

Das als Windbüchse ausgelegte Stockgewehr besteht aus einem hohlen braunlackierten Eisenstock, in den der Lauf, der Schloß- und Abzugsmechanismus eingeschoben sind, sowie dem aufschraubbaren, ebenfalls braunlackierten Kolben (Luftdruckbehälter). Der Stockgriff ist nicht mehr vorhanden.

Stock: Rund, braunlackiert, trägt Kimme und Korn, aufsteckbare vergoldete Stockspitze. Im oberen Drittel des Stockes befinden sich drei Bohrungen, durch die untere ragt im gespannten Zustand des Schlosses der knopfförmige Abzug. Die zweite, 3,5 cm unter dem oberen Stockende angebrachte Bohrung ermöglicht das Aufstecken eines Vierkantschlüssels zum Spannen des Schlosses. Lauf und Schloßplatte sind mit dem Stock durch eine Schraube verbunden. Das untere Stockende ist auf einer Länge von 7,5 cm zum Aufstecken der Stockspitze im Durchmesser etwas geringer gehalten. Beim Aufstecken der Stockspitze wird gleichzeitig ein mit der Schloßplatte verbundenes Gestänge in Kolbenrichtung bewegt, wobei durch entsprechende, ebenfalls braunlackierte schmale Eisenbleche die Bohrung für den Abzug sowie die des Vierkants (zum Aufstecken des Schlüssels) verdeckt werden.

Lauf: Rund, dünnwandig, innen glatt, ist mit einer runden, 12 mm starken Eisenplatte, die einen Gewindezapfen trägt, verschraubt. Die runde Eisenplatte ist mit einer entsprechenden Bohrung versehen. Beim Öffnen des Ventils durch einen ebenfalls durch diese Eisenplatte führenden Schlagstift wird die für einen Schuß benötigte Luftmenge aus dem Kolben (Luftdruckbehälter) abgegeben.

Schloß: Auf einer langgestreckten schmalen Eisenplatte, die mit der runden Eisenplatte hart verlötet ist, sind der Schloß- und Abzugsmechanismus montiert. Das Schloß entspricht in abgewandelter Form dem Funktionsprinzip des Steinschlosses. Es besitzt eine Nuß mit zwei Rasten, im

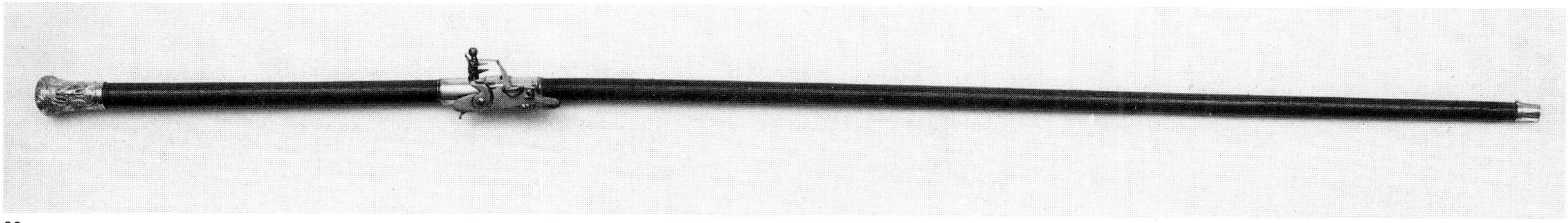

93

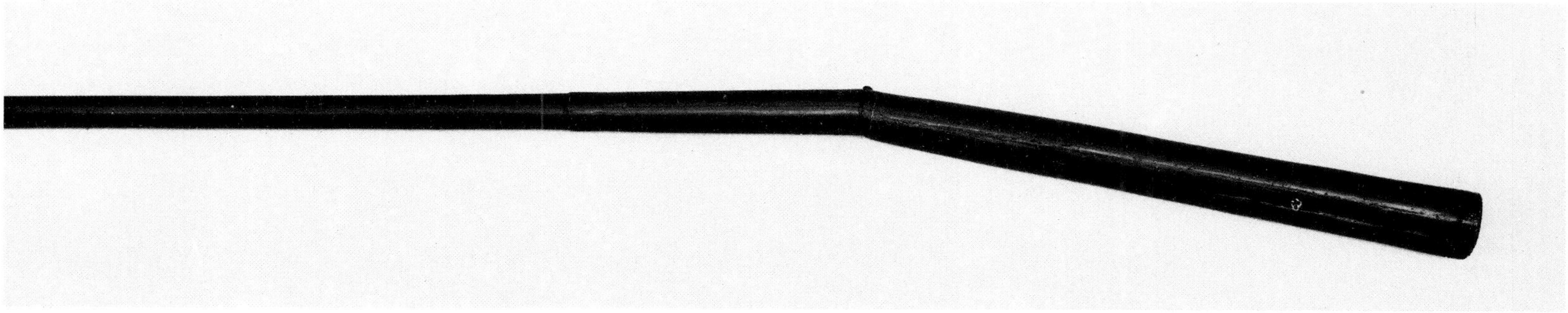

94

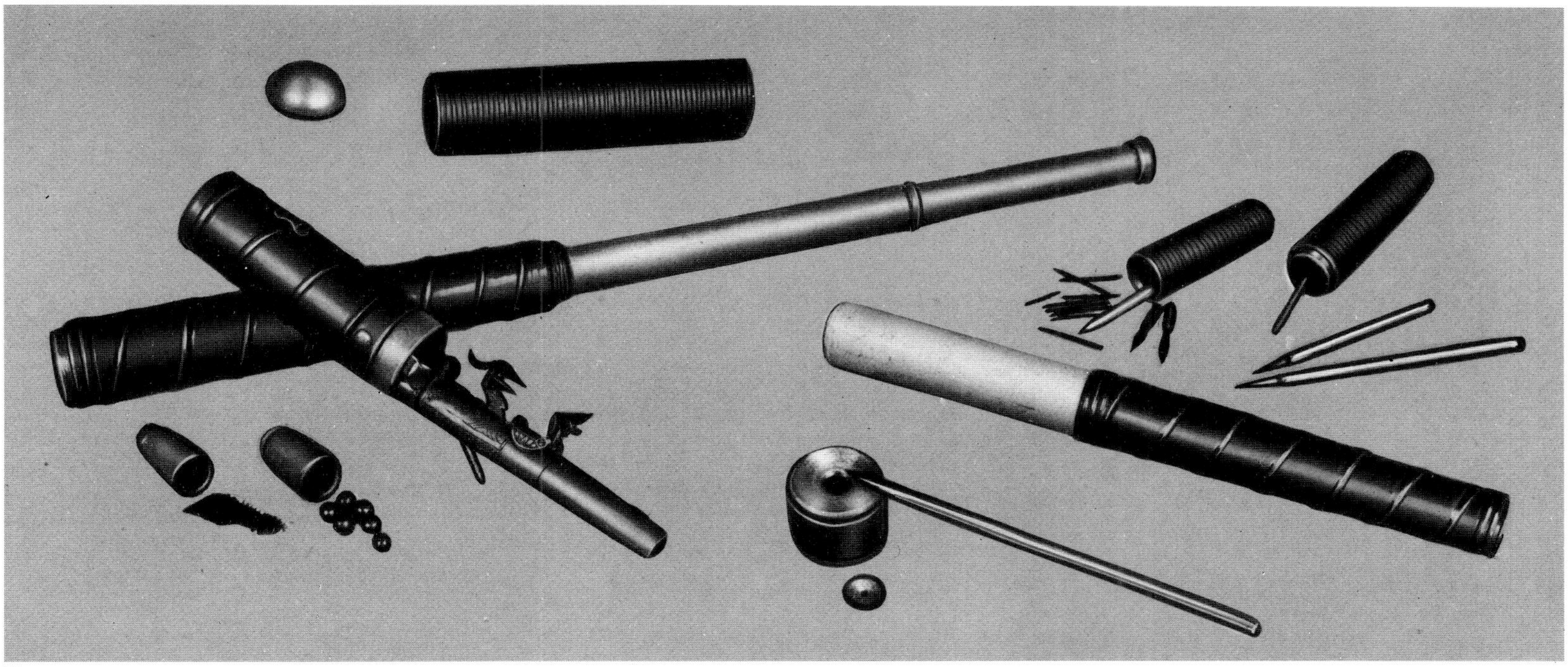

95

Zentrum der Nuß befindet sich eine Vierkantaussparung zum Aufstecken eines Schlüssels. Die Schlagfeder ist mit der Schloßplatte verschraubt.

Der Abzugsmechanismus besteht aus einem langen, federnd gelagerten Hebel mit Druckknopf (Abzug). Dieser Abzugshebel ist über eine Gelenkkette mit der Stange verbunden, die beim Spannen des Schlosses in die Raste der Nuß eintritt und diese arretiert. Bei Betätigung des Abzugs wird die Kraft der Schlagfeder auf ein Schlagstück, das auf den Schlagstift trifft und das Ventil öffnet, übertragen. Die Waffe besitzt keine Sicherung und kann deshalb erst unmittelbar vor dem Schuß gespannt werden.

Kolben: Runder, nach unten konisch verlaufender Druckbehälter aus Eisenblech mit Ventil und Innengewinde zum Aufschrauben auf den Stock bzw. zum Aufschrauben einer Luftpumpe. Die Luftmenge dürfte für mehrere Schüsse ausreichend gewesen sein. Im Lauf befindet sich ein aus spanischem Rohr gefertigter Ladestock, dessen vorderes Ende mit einer langen Eisenhülse versehen ist.

Gesamtlänge: 116 cm, Länge des Stockes: 81 cm, Lauflänge: 78 cm, Kaliber: 9 mm, Durchmesser des Kolbens: 3,7 cm, Gesamtgewicht: 1630 g

Historisches Museum Dresden, Inv.-Nr. GG 14

95 Kombinationsstock, von Henry William Vander Kleft, British Patent Nr. 3837 London, 1814

Der aus neun Teilen bestehende Spazierstock enthält in einzelnen Fächern eine Steinschloßpistole mit Kastenschloß und einklappbarem Abzug, Pulver und Kugeln, ein Teleskopfernrohr, ein Tintenfaß, Papier, Bleistifte, Federhalter, ein Messer und Zeichenutensilien.

Der halbschalenförmige Kupferknauf bedeckt ein Tintenfaß, das den Griff der Pistole, in dem ein Schraubenzieher untergebracht ist, verschließt (Schraubenzieher fehlt). Die rohrförmige Hülle verbirgt die Steinschloßpistole und ein Teleskopfernrohr. In einem anderen Fach sind Schreibpapier, Federhalter, Bleistift sowie ein Messer, in weiteren Fächern Federn und Zeichenutensilien untergebracht. Die aus zwei Teilen bestehende Stockspitze enthält Pulver und Kugeln.

Sammlung Catherine Dike, Genf

Lit.: C. Dike, Les Cannes à Système, S. 277, Abb. 30/21

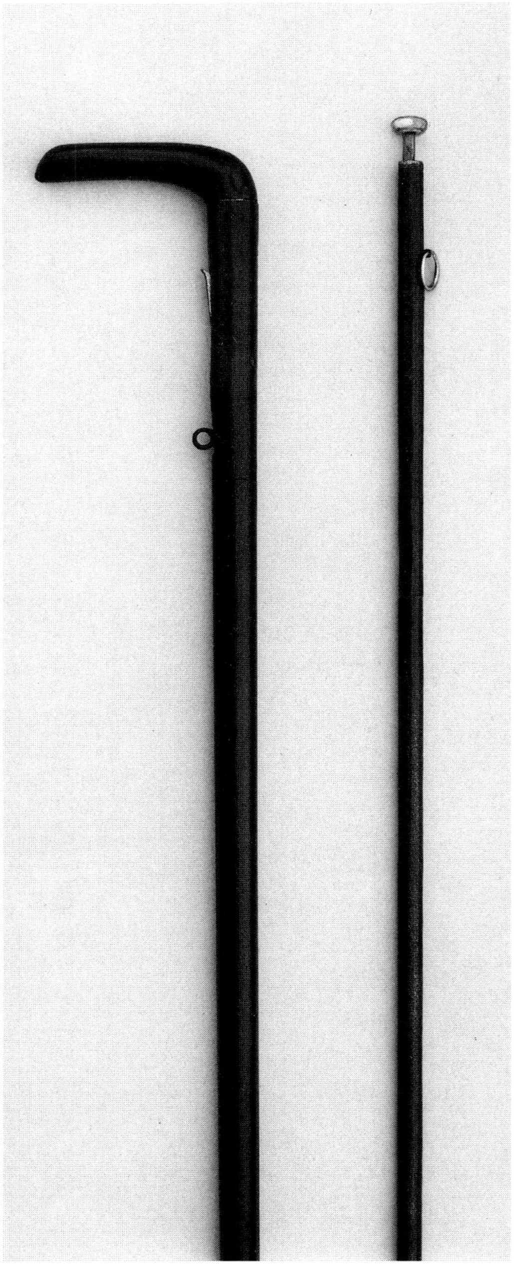

96 / 97

96 Perkussions-Stockgewehr, englisch, um 1850

Ganzmetallauf, Eisen, schwarz bemalt, Stockspitze ergänzt (Ladestock fehlt). Schloßmechanismus auf der Unterseite der Griffhülse angebracht, Piston, gerader Perkussionshahn mit ringförmiger Handhabe, einklappbarer Abzug; schwarz bemalter Holzgriff.

Gesamtlänge: 87,5 cm, Lauflänge: 70 cm, Kaliber: 17 mm, Gewicht: 980 g

Spengler-Museum Sangerhausen

97 Perkussions-Stockgewehr, deutsch, Mitte 19. Jahrhundert

Rundstock Eisen, geschwärzt mit abschraubbarem Griffstück, Stock ausgebohrt, zugleich als Lauf dienend, am oberen Laufende Piston mit Gewindestück zum Aufschrauben des Griffteils. Griffstück mit eingebautem Schloßmechanismus, bestehend aus einem langen Schlagstück mit Spiralfeder und rundem Elfenbeinknäufchen, seitlich angebrachter Ringabzug; hölzerner, in den Lauf eingeschobener Ladestock mit konischer Eisenspitze.

Gesamtlänge: 84 cm, Lauflänge: 57,5 cm, Kaliber: 9 mm, Gewicht: 350 g

Staatliche Museen Heidecksburg, Rudolstadt, Inv.-Nr. 719

Lit.: C. A. Ossbahr, Das fürstliche Zeughaus in Schwarzburg, Nr. 1379–1380

98 Stockflinte, deutsch, um 1900

Rohrstock, mit verborgenem glatten Eisenlauf, Laufmündung mit Gewindestück zum Aufschrauben einer Stockspitze bzw. eines Schalldämpfers (Stockspitze fehlt). Aufschraubbarer Stockgriff mit eingebautem Randfeuermechanismus, seitlicher Federdruckabzug. Die Spannung des Schlosses erfolgt durch Zurückschieben einer über Stock und Griff gleitenden Messinghülse.

Visierung über aufgenageltem Stockschild (Hirschkopf), der Stock trägt fünf Messingschilder mit Motiven aus der sächsischen und böhmischen Schweiz.

Gesamtlänge: 84 cm, Lauflänge: 69 cm, Kaliber: 8 mm, Gewicht: 470 g

Technische Universität Dresden, Forstl. und Jagdkundliche Lehrschau Grillenburg, Inv.-Nr. 10

99 Stockflinte, französisch, Ende 19. Jahrhundert

Ganzmetallauf in vier Abstufungen, gelb bemalt mit schwarzen Zierringen (Rohrstockimitation), am Patronenlager Gewindestück zum Aufschrauben des Griffes (Stockspitze mit Spannhaken fehlt). Eisengriff in brauner Holzimitation, Gewindehülse mit geätztem Rankendekor. Einfacher Randfeuermechanismus, Federabzug.

Gesamtlänge: 88 cm, Lauflänge: 78,5 cm, Kaliber: 8 mm, Gewicht: 510 g

Technische Universität Dresden, Forstl. und Jagdkundliche Lehrschau Grillenburg, Inv.-Nr. 14

100 Stockflinte deutsch, um 1865

Malakkastock mit verborgenem Stahllauf, oberes Laufende mit Innengewinde zum Aufschrauben des Griffstücks, Mündungsring mit Korn, Stockspitze aus schwarzem Horn.

Eiserne Griffhülse mit schwarzem Horngriff, in der Griffhülse eingebauter Schloßmechanismus für Randfeuerzündung, Griffzugspannung, einklappbarer Abzug.

Gesamtlänge: 92 cm, Lauflänge: 73 cm, Kaliber: 7 mm, Gewicht: 640 g

Historisches Museum Dresden, Inv.-Nr. GG 56

Lit.: M. v. Ehrenthal, Führer durch die Königliche Gewehrgalerie zu Dresden, S. 13, Nr. 104. Nach Ehrenthal wurde die Stockflinte von Prinz Gustav Wasa (1799–1877) geführt.

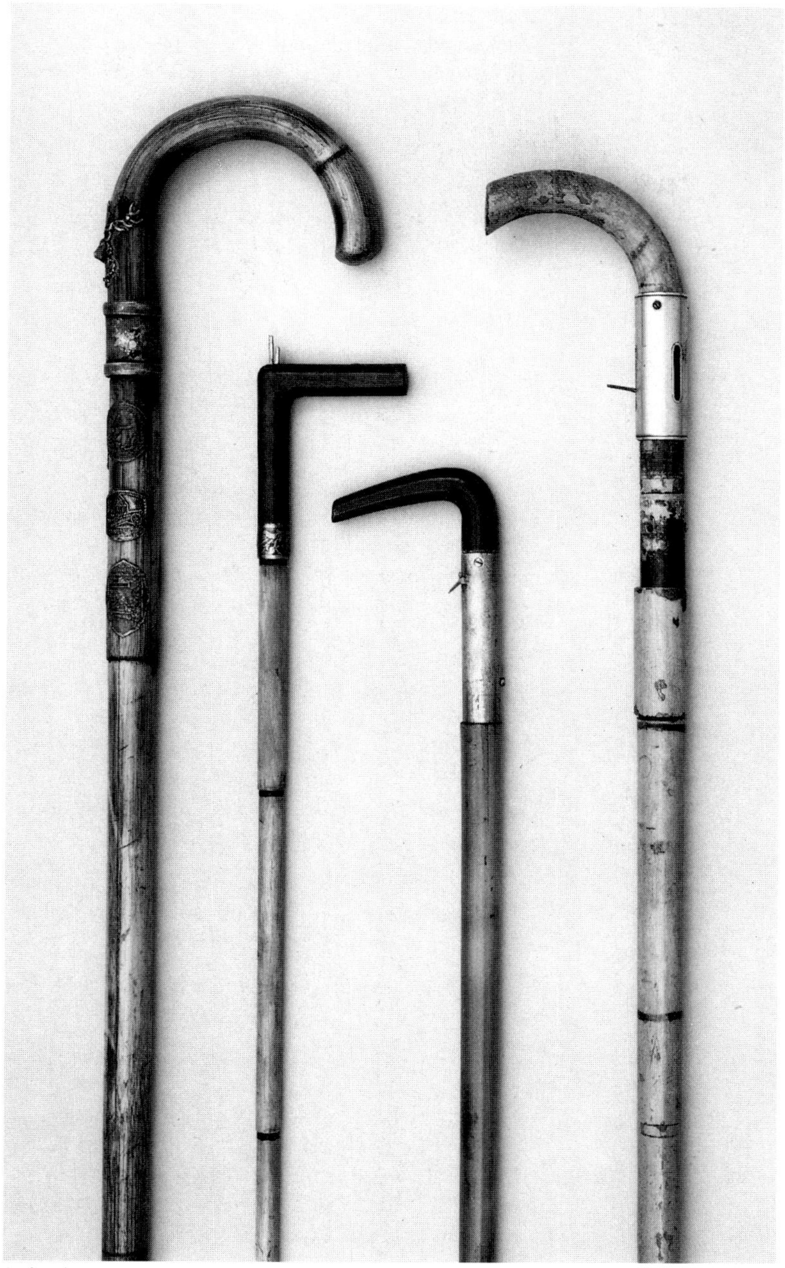

98 / 99 / 100 / 101

102 / 103 / 104

101 Zündnadel-Stockgewehr, deutsch, um 1860

Holzstock gelb, bemalt, aus drei Segmenten zusammengesetzt, dazwischen Metallzwinge; eingebauter gezogener Lauf, aufschraubbare Messinghülse mit eiserner Stockspitze.

Brauner Holzgriff mit eingebautem Zündnadelmechanismus, Griffzugspannung, Bajonettverschluß, bewegliche Griffhülse aus Neusilber mit drei Längsschlitzen, versenkbarer Abzug.

Gesamtlänge: 93 cm, Lauflänge: 68 cm, Kaliber: 8 mm, Gewicht: 1225 g

Armeemuseum der DDR, Dresden, Inv.-Nr. Ba 4773

102 Stockflinte, französisch, um 1880, System Dumonthier

Stock aus Malakkarohr mit glattem Lauf, Hirschhorngriff mit Messinggriffhülse, eingebauter Zentralfeuermechanismus, Patronenzieher, Griffzugspannung, Bajonettverschluß, versenkbarer Abzug.

Gesamtlänge: 87 cm, Lauflänge: 72 cm, Kaliber: 11 mm, Gewicht: 730 g

Museum für Deutsche Geschichte Berlin, Inv.-Nr. W 59.752

103 Stockflinte, französisch, Ende 19. Jahrhundert

Bambusstock, glatter Lauf, oberes Laufende mit Gewindestück zum Aufschrauben des Griffes; Stockspitze mit Spannhaken

Holzgriff, darin eingebrannte Punktmuster, Gewindezapfen mit Waffennummer «5704» und Abnahmestempel: gekröntes «U» und gekröntes «B». Einfacher Schloßmechanismus für Randfeuerzündung, Schlagbolzen mit Federabzug.

Gesamtlänge: 89 cm, Lauflänge: 76 cm, Kaliber: 9 mm, Gewicht: 620 g

Museum für Deutsche Geschichte Berlin, Inv.-Nr. W 68.3

104 Stockflinte, Ende 19./Anfang 20. Jahrhundert

Knotenstock, glatter Lauf (Stockspitze fehlt). Lauf mit Gewindestück zum Aufschrauben des Griffes. Holzgriff, zwei Messingzwingen, Zentralfeuermechanismus, abzugförmiger Spannhebel, Knopfabzug.

Gesamtlänge: 84 cm, Lauflänge: 63,5 cm, Kaliber: 9 mm, Gewicht: 660 g

Museum für Deutsche Geschichte Berlin, Inv.-Nr. W 54.573

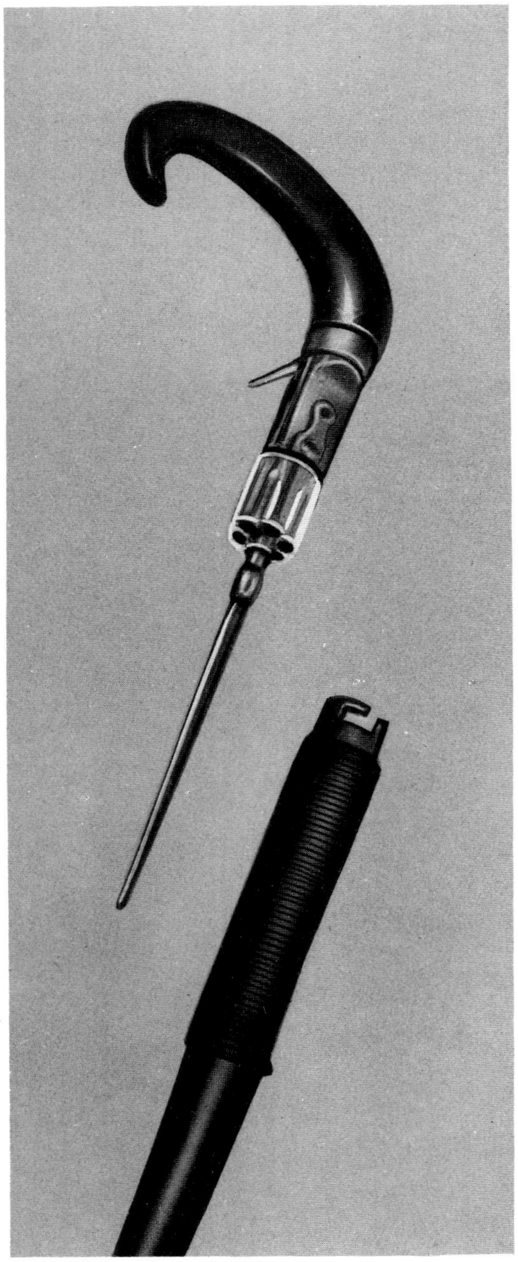

105

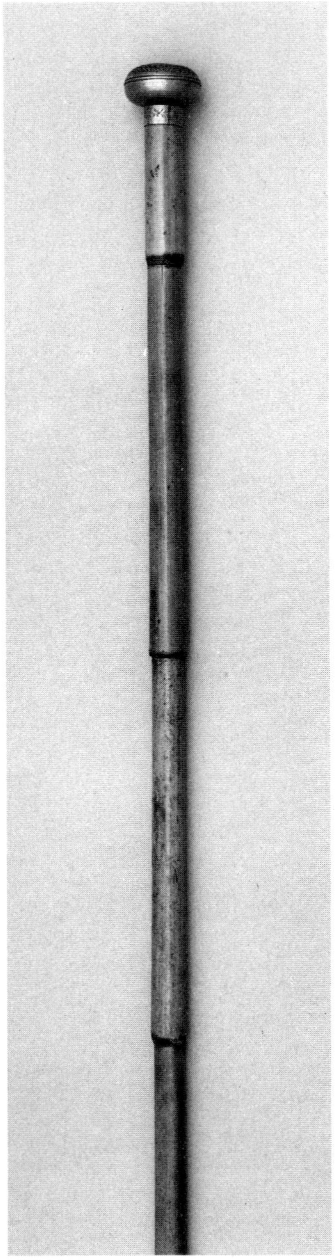

106

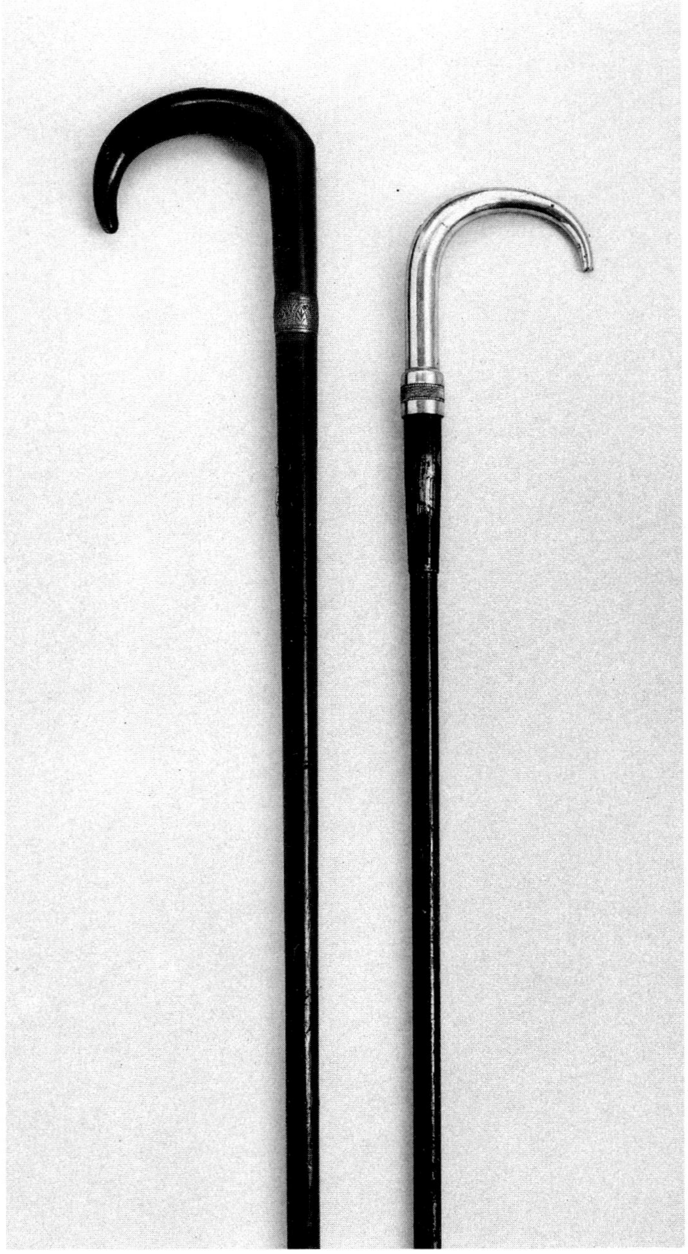

107 / 108

105 Stock, kombiniert mit Pepperbox und Stilett, von Nicolas Simon, französisch, um 1895

Hölzerner Stock, im oberen Drittel zur Aufnahme der Feuer- und Stichwaffe entsprechend ausgespart. Griffstück mit sechsschüssiger Pepperbox für Randfeuerzündung, einklappbarer Abzug; feststehende Stilettklinge.

Sammlung Catherine Dike, Genf

Lit.: C. Dike, Les Cannes à Système, S. 319, Abb. 34/18

106 Stockflinte, französisch, um 1880

Malakkastock (aus fünf Segmenten zusammengesetzt), darin verborgener Messinglauf. Griffstück mit eingelassenem Messingrohr zur Aufnahme der Patrone entsprechend ausgespart, Bajonettverschluß, Neusilberzwinge. Abschraubbarer, aus zwei Hälften bestehender Neusilberknauf mit Messingummantelung, obere Knaufhälfte mit Zierringen und Schrägschraffur dekoriert.

Im Messingrohr des Griffstückes ist ein «schwebender» Schlagbolzen untergebracht. Nach Abschrauben der oberen Knaufhälfte wird der Stock mit der unteren Knaufschale an den Mund gesetzt, und es wird kräftig hineingeblasen. Der entstehende Luftdruck wird durch eine 6 mm starke Bohrung geführt und treibt den Schlagbolzen, der auf die Patrone schlägt. Der Schlagbolzen kann mit einem Stift, der durch eine seitlich im Griffstück angebrachte Bohrung gesteckt wird, gesichert werden.

Gesamtlänge: 85 cm, Lauflänge: 54 cm, Kaliber: 8 mm, Gewicht: 430 g

Technische Universität Dresden, Forstl. und Jagdkundliche Lehrschau Grillenburg, Inv.-Nr. 11

Lit.: C. Dike, Les Cannes à Système, S. 313.; L. Winant, Firearms Curiosa, Abb. 161

107 Stockflinte, belgisch, um 1900

Lauf mit Leinewand und Holz überzogen, am Laufende Gewindestück zum Aufschrauben des Griffes. Stockspitze mit Spannhaken, Horngriff mit gravierter Eisenzwinge; einfacher Zentralfeuermechanismus mit Schlagbolzen und Flachfeder.

Gesamtlänge: 93 cm, Lauflänge: 78 cm, Kaliber: 14 mm, Gewicht: 630 g

Museum für Deutsche Geschichte Berlin, Inv.-Nr. W.59.0755

108 Stockflinte, französisch, Anfang 20. Jahrhundert

Ganzmetallauf, schwarz lackiert, am Patronenlager verdickt mit Gewindestück zum Aufschrauben des Griffes. Griff Eisen, vernickelt, einfacher Zentralfeuermechanismus, bestehend aus einem Schlagbolzen und einer Flachfeder. Nach Abschrauben des Griffes kann die Patrone in den Lauf eingeschoben werden, anschließend ist der Griff wieder anzuschrauben. Mit Hilfe des an der Stockspitze angebrachten Hakens wird der Schlagbolzen zurückgezogen und somit gespannt.

Beim Abfeuern ist von unten nach oben mit dem Daumen auf den Schlagbolzen zu drücken, wodurch der Schlagbolzen freigegeben wird und auf die Patrone schlägt. Stockspitze mit Spannhaken fehlt.

Gesamtlänge: 85 cm, Lauflänge: 74,5 cm, Kaliber: 11 mm, Gewicht: 620 g

Museum für Deutsche Geschichte Berlin, Inv.-Nr. W 59.754

Lit.: C. Dike, Les Cannes à Système, Nr. 32

109 Stockflinte, deutsch, Ende 19. Jahrhundert

Hölzerner Rundstock mit verborgenem Stahllauf, oberes Laufende mit Gewindestück zum Aufschrauben des Griffes, im Gewindestück Aussparung zum Herausziehen der Patrone.

Stahlgriff mit zwei hölzernen Griffplatten, im Griff eingebauter Schloßmechanismus für Zentralzündung, einklappbarer Abzug, Schlagstück mit Daumenlage über den Griff ragend.

Eiserne konische Stockspitze mit hakenförmigem Patronenauszieher.

Gesamtlänge: 89,5 cm, Lauflänge: 77,5 cm, Kaliber: 11 mm, Gewicht: 910 g

Staatliche Museen Heidecksburg, Rudolstadt, Inv.-Nr. 720

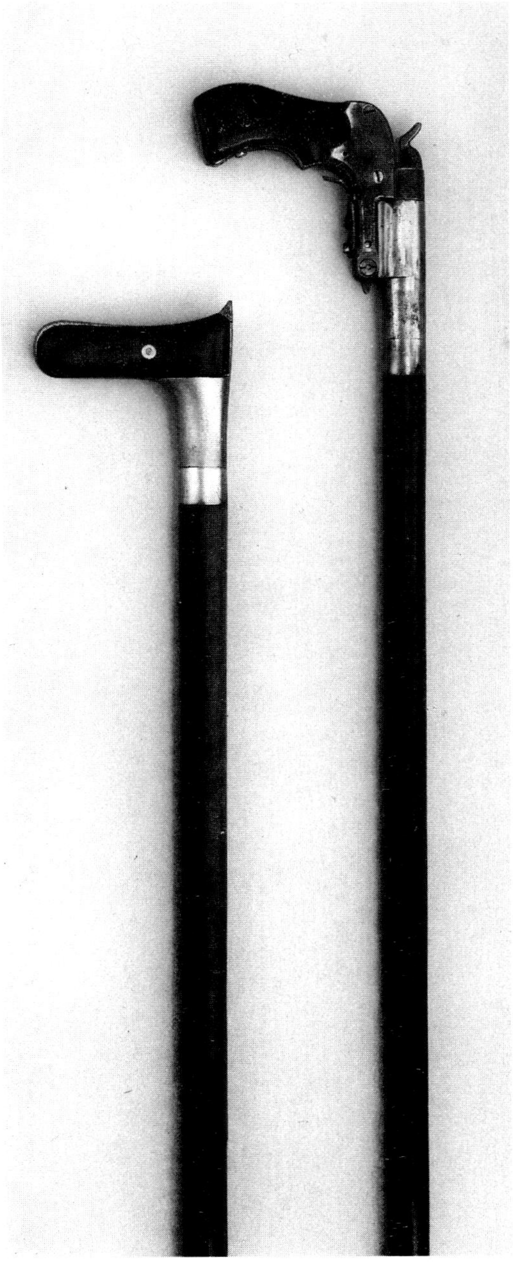

109 / 110

110 Stockgewehr, deutsch, um 1910

Kipplauf aus Stahl, mit Holz verkleidet, schwarz bemalt, Laufmündung mit Eisenzwinge (Stockspitze fehlt). Oberes Laufende verstärkt, Patronenzieher, Haken- und Scharnierstück.

Pistolengriff; Stahlrahmen beiderseitig mit hölzerner Griffschale belegt. Randfeuermechanismus, Hahn mit geriefelter Daumenlage, versenkbarer Abzug. Verriegelung der Waffe erfolgt durch drehbares Stahlblech mit Daumenlage.

Gesamtlänge: 88 cm, Lauflänge: 83,5 cm, Kaliber: 8 mm, Gewicht: 1130 g

Technische Universität Dresden, Forstl. und Jagdkundliche Lehrschau Grillenburg, Inv.-Nr. 17

KOMBINATIONEN MIT SCHILDEN

111 Armschild, kombiniert mit Schwertklinge und zwei Klingenbrechern, lombardisch, erstes Viertel 16. Jahrhundert, Klinge Mailand

Holzschild von gestreckt ovalem Umriß, stark gewölbt, die Außenseite mit bemaltem Leder überspannt.

Auf der Innenseite des Schildes mit Eisennägeln befestigte rechteckige Eisenhülse, in der sich eine zweischneidige kurze Schwertklinge befindet. Die Eisenhülse, innen mit Holz ausgekleidet (als Scheide) und außen mit schwarzem Leder überspannt, reicht bis in das untere Drittel des Schildes. Mit der Eisenhülse verbunden die Arretierungsvorrichtung für die Klinge in Form einer kräftigen Flachfeder, deren nach oben abgewinkeltes Ende als Ring ausgebildet ist. Ein mit der Feder verschraubter, nach unten gerichteter runder Bolzen hält die eingeschobene Klinge. Über der Arretierungsvorrichtung befinden sich ein mit dem Schild durch Nägel verbundener Handgriff und ein aus Eisenblech bestehender Korb zum Schutz der Hand. Zwei hakenförmige aufgenagelte Klingenbrecher ragen nur knapp über den unteren Rand des Schildes.

Klinge: im oberen Drittel beiderseitig mit doppeltem Hohlschliff, darin auf der Vorderseite eingeschlagene Mailänder Marke; die Oberkante der Klinge nach vorn abgewinkelt, 7,5 cm unter der Oberkante in der Klingenmitte kreisrunder Durchbruch.

Zur Handhabung des Schildes bei eingeschobener Klinge: Der Schild wird mit dem auf der Innenseite aufgenagelten, mit schwarzem Samt überzogenen Lederriemen am linken Oberarm befestigt. Die Hand umfaßt den Griff, wobei der Mittelfinger den Ring der Arretierungsvorrichtung umschließt. Wird die Arretierung durch den Mittelfinger gelöst, gleitet die Klinge nach unten, der Bolzen der Arretierungsvorrichtung greift in den Klingendurchbruch und verhindert so ein ungewolltes Zurückschieben der Klinge.

Auf der Vorderseite des Schildes ist eine schlecht erhaltene, nur schwer erkennbare heftige Kampfszene zwischen zwei berittenen Kriegern dargestellt. Die Reiter tragen Sturmhaube und Brustpanzer, in den Händen Schwert und Schild. Am Boden liegen zerbrochene Turnierlanzen. Hinter Turnierschranken stehen dicht gedrängt zuschauende Krieger.

Im Hintergrund auf einer Fahne die Buchstaben «SPQR» (SENATUS POPULUSQE ROMANUS), auf einer Stange der römische Adler. Die vielfigurige Szene ist entsprechend dem Umriß des Schildes von feingliedrigen Blattranken umrahmt.

Zur Maltechnik: Der Holzschild war vor der jetzigen Bemalung wahrscheinlich rot gefaßt, über rote Fassung Leder gespannt und zweifarbig bemalt; die Darstellung scheint in Anlehnung an eine Graviertechnik ausgeführt worden zu sein, vereinzelt sind eingeritzte Umrißlinien zu erkennen; die Darstellung und das Randornament sind mit dunkler Farbe über hellem Grund ausgeführt (Goldimitation, Silber mit Goldlack, Asphaltlasur).

111

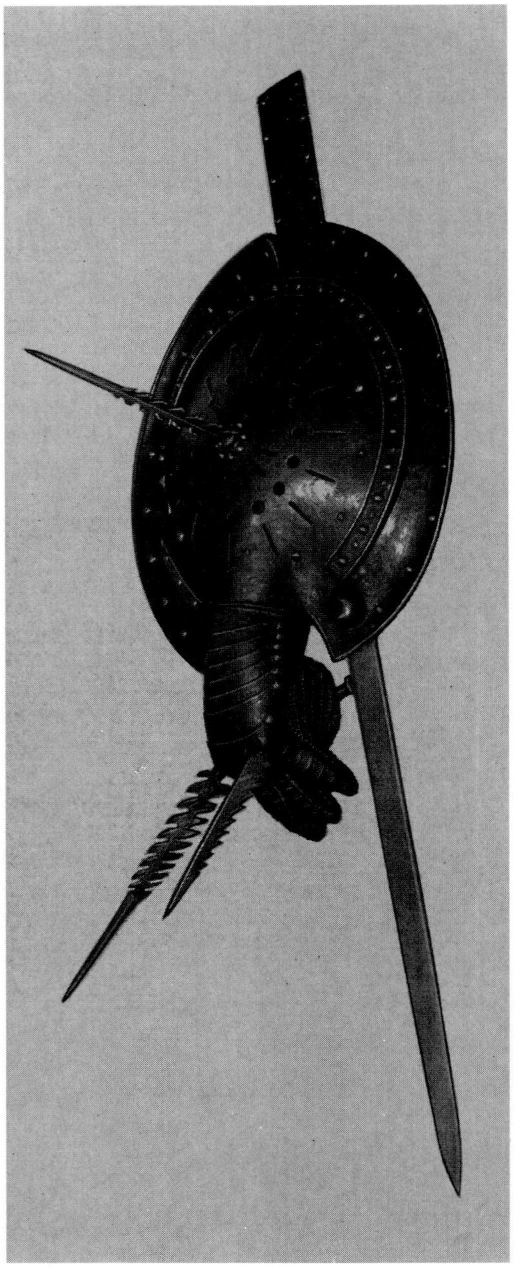

112

Länge des Schildes: 66 cm, Klingenlänge: 63,5 cm, Klingenbreite: 40 mm, Gewicht des Schildes mit Klinge: 3840 g

Schild: Historisches Museum Dresden, Inv.-Nr. N 70

Klinge: Historisches Museum Dresden, Inv.-Nr. XIV 9

Inventarnachweis: Gesamtinventar von 1606, S. 920 (Verz. 72): «Einer Tartzsche mit einem außfahrenden Spieß, schwartz vnd mit golt gemahlt, hat gleichfals Carl Detta mit auß Italia gebracht, Anno 88.»

Inv. Türkenkammer von 1674, S. 39, Nr. 126 (Verz. 244); von 1683, S. 64, Nr. 126 (Verz. 245); von 1716, S. 41, Nr. 126 (Verz. 246); von 1783, S. 122, Nr. 241 (Verz. 247); von 1821, S. 185, Nr. 302 (Verz. 248); Gesamtinventar von 1836, S. 328, Nr. 98 (Verz. 79)

Lit.: M. v. Ehrenthal, Führer durch das Königliche Historische Museum in Dresden, S. 143, G 1; R. Forrer, Über kombinierte Waffen. In: ZHWK 5 (1909–1911) 4, S. 97, Abb. 1

112 Laternenschild, kombiniert mit Handschuh, Stoßklinge, Klingenbrechern und Klingenfängerring, italienisch, 1. Hälfte 16. Jahrhundert

Rundschild, Eisen geschwärzt, gebördelter blanker Rand, Messingniete, Innenseite mit rotem Samt abgefüttert

Schildzentrum mit aufschraubbarer gezackter Stoßspitze, konzentrisch angeordnete kreisrunde und schlitzartige Durchbrüche als Klingenfänger; aufgenieteter stegförmiger Klingenfängerring, in Schildmitte unterbrochen, darin runder Durchbruch für Blendlaterne mit Springdeckel und Zugsperre. Die auf der Schildinnenseite montierte Öl-

113

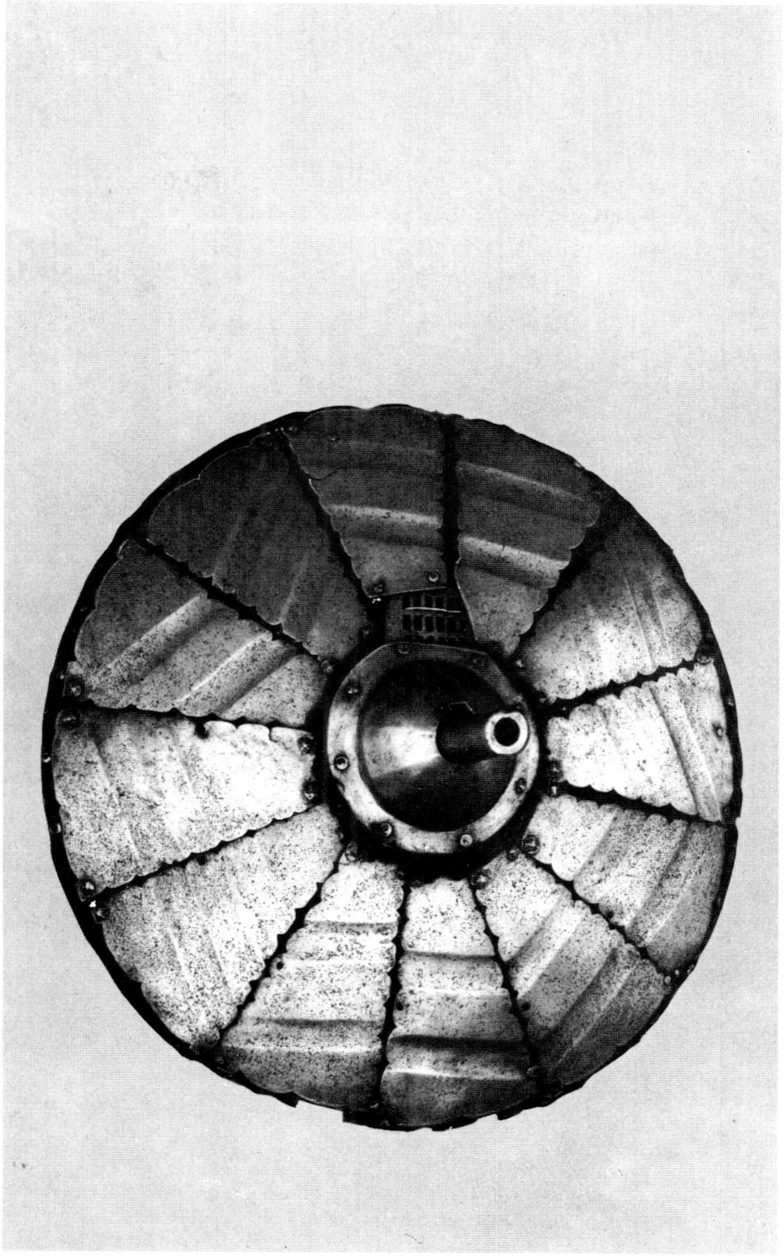

114

laterne mit vergoldetem Dach besitzt eine Kompaßaufhängung. In halbkreisförmiger Aussparung des unteren Schildrandes gefingerter Handschuh mit zwei aufschraubbaren gezackten Spitzen. Schildinnenseiten mit ausklappbarer Griffstütze und Armriemen, in Futteral ausfahrbare kräftige Stoßklinge mit Sperre.

Kunsthistorisches Museum Wien, Waffensammlung, Inv.-Nr. A 384

Lit.: W. Boeheim, Handbuch der Waffenkunde, S. 88, Fig. 201a; O. Gamber/Ch. Beaufort-Spontin, Curiositäten aus Kunst- und Rüstkammer, S. 51, Abb. 10

113 Schild, kombiniert mit Luntenfeuerwaffe, englisch, 2. Viertel 16. Jahrhundert

Rundschild mit Stahlplatte über Holz belegt, Innenseite mit Leinen abgefüttert, auf der Außenseite acht kräftige Schildbuckel mit Quasten aus roter Wolle unterlegt (stark abgegriffen). Schildzentrum mit nabelartiger Verstärkung, darin kreisrunder Durchbruch zur Aufnahme des kurzen Rundlaufes, gitterförmiger Durchbruch über dem Lauf als Beobachtungsfenster dienend. Schildinnenseite mit Hinterlademechanismus für wiederladbare Stahlpatrone; einfache Schloßkonstruktion für Luntenhandzündung, Kammerstück mit aufklappbarem Verschlußstück, Verschlußstück mit Feder- und Stiftsicherung, Luntenhalter an der rechten Seite der Kammer angebracht, 2 Handgriffe (fehlen).

Schilddurchmesser: 47,5 cm, Kaliber: 14,0 mm, Gewicht: 4650 g

Metropolitan Museum of Art, New York, Inv.-Nr. 14.25.764

Lit.: H. Nickel / S. Pyhr / L. Tarassuk, The Art of Chivalry, S. 139, Kat.-Nr. 91

114 Schild, kombiniert mit Luntenfeuerwaffe, englisch, um 1525

Rundschild mit segmentartigen Stahlplatten über Holzkern belegt, Innenseite mit Leinen abgefüttert; Schildzentrum mit nabelartiger Verstärkung, darin kreisrunder Durchbruch zur Aufnahme des kurzen Rundlaufes; gitterartiger Durchbruch über dem Lauf als Beobachtungsfenster dienend. Schildinnenseite mit Hinterlademechanismus für wiederladbare Stahlpatrone, einfache Schloßkonstruktion für Luntenhandzündung.

Schilddurchmesser: 43,0 cm, Kaliber: 14,0 mm, Gewicht: 4700 g

Metropolitan Museum of Art, New York, Inv.-Nr. 14.25.745

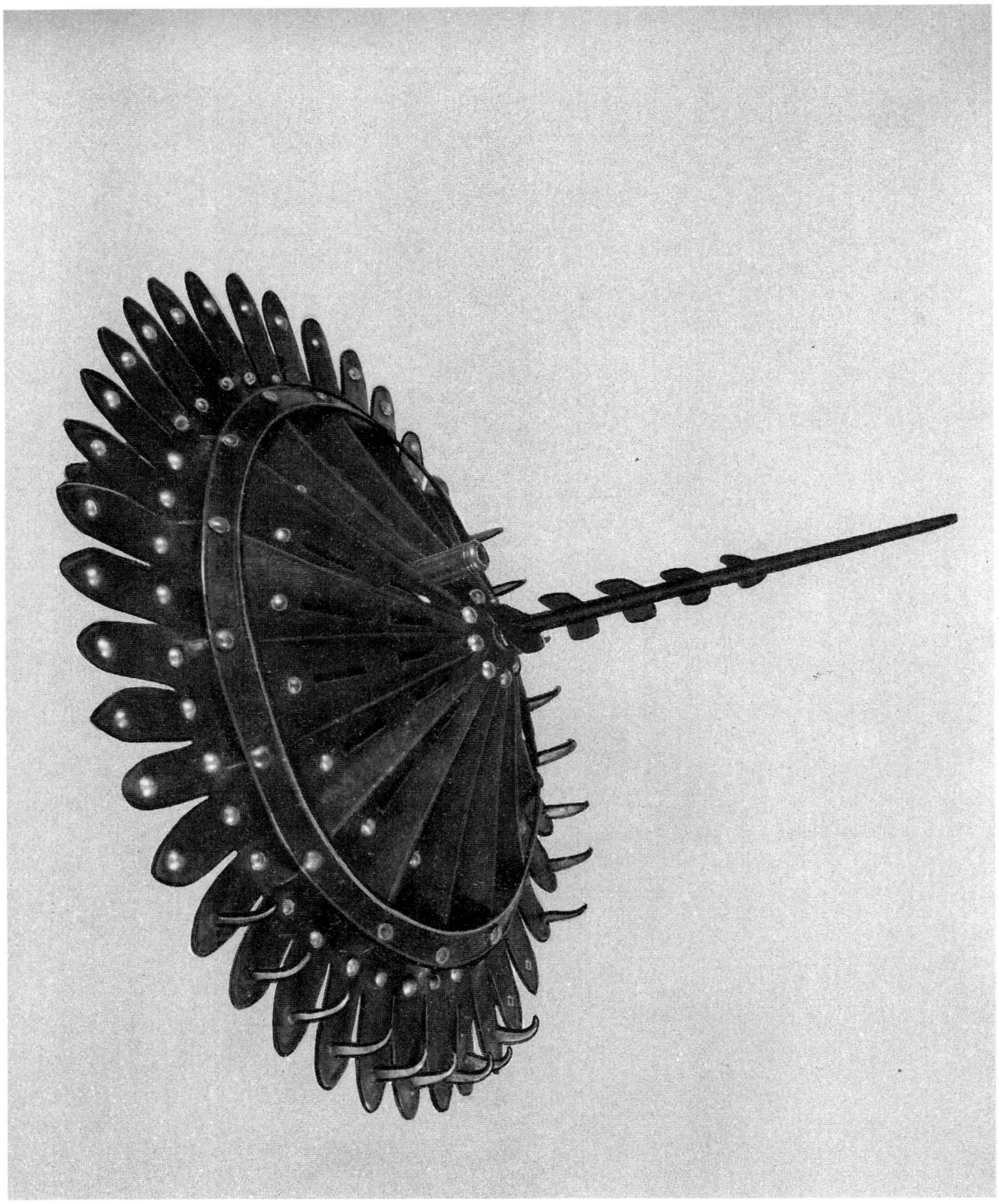

115

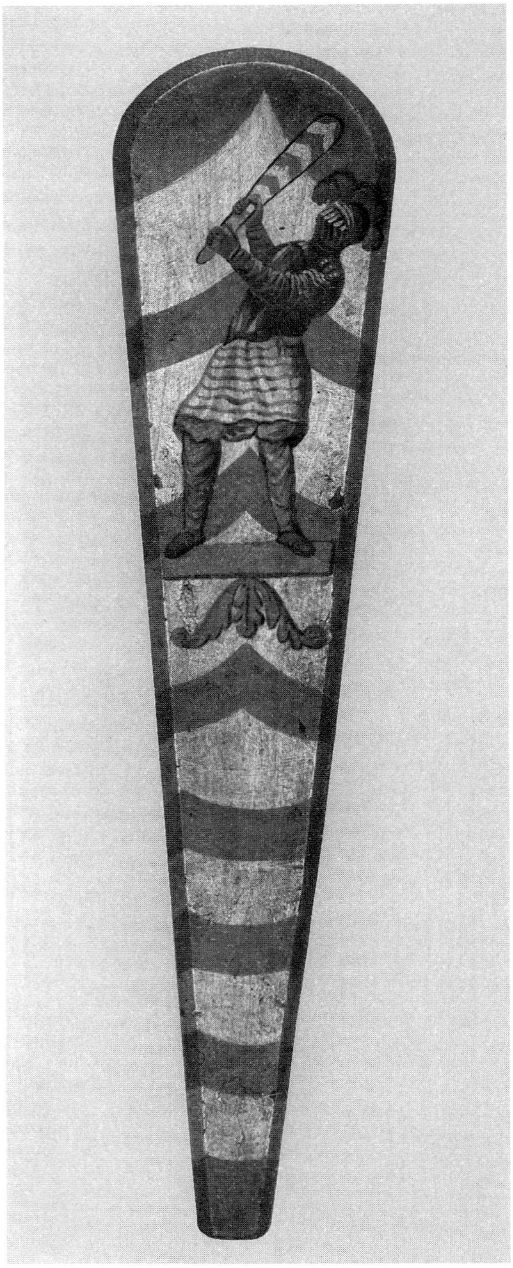

116

115 Rundschild, kombiniert mit Radschloßfeuerwaffe, italienisch, 2. Hälfte 16. Jahrhundert

Schild aus geschmiedetem Eisen, vergoldete Klingenfängerhaken, Kupferniete und dekorative Rosetten; in Schildmitte gezackte Stoßklinge, Schildzentrum mit Längsschlitzen zum Einfangen der gegnerischen Klinge, aufgenieteter Rundsteg als Klingenfänger; gezackter Schildrand, teilweise mit Klingenfängerhaken bestückt. Auf der Schildinnenseite der Handgriff und das Radschloß befestigt (Handgriff und Schloßbefestigung erneuert).

Schilddurchmesser: 44,8 cm, Lauflänge: 14,3 cm, Kaliber: 9,7 mm

Ermitage Leningrad, 3.0. Nr. 6344

Lit.: L. Tarassuk, Antique European and American Firearms at the Hermitage Museum, Nr. 509, Tafel VI

116 Keulenschild, italienisch, Pisa, 17./18. Jahrhundert

Holzschild »Mazzascudo, Targone«; dickwandiger Holzschild, längliche Mandelform, auf der Rückseite zwei massive Holzhalterungen, Vorderseite bemalt: Krieger im Fußturnierharnisch, einen Keulenschild schwingend.

Gesamtlänge: 98 cm

Metropolitan Museum of Art, New York, Inv.-Nr. 14.25.770

Lit.: L. Boccia, Museo Stibbert, Nr. 178; Peter Ineichen, Zürich, Katalog der Auktion XXVI (9.5.1978), Nr. 387

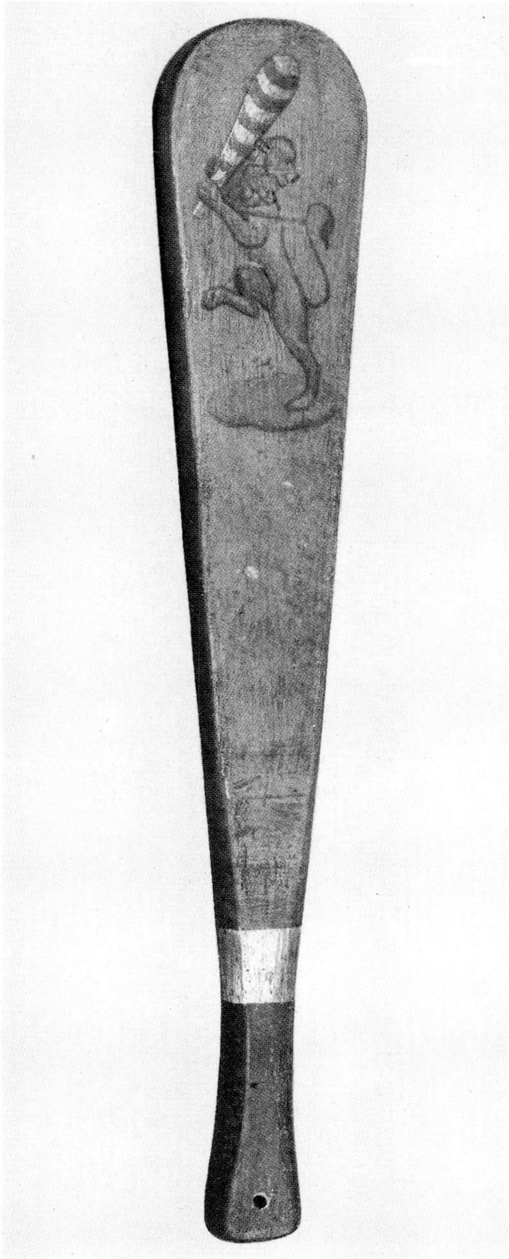

117

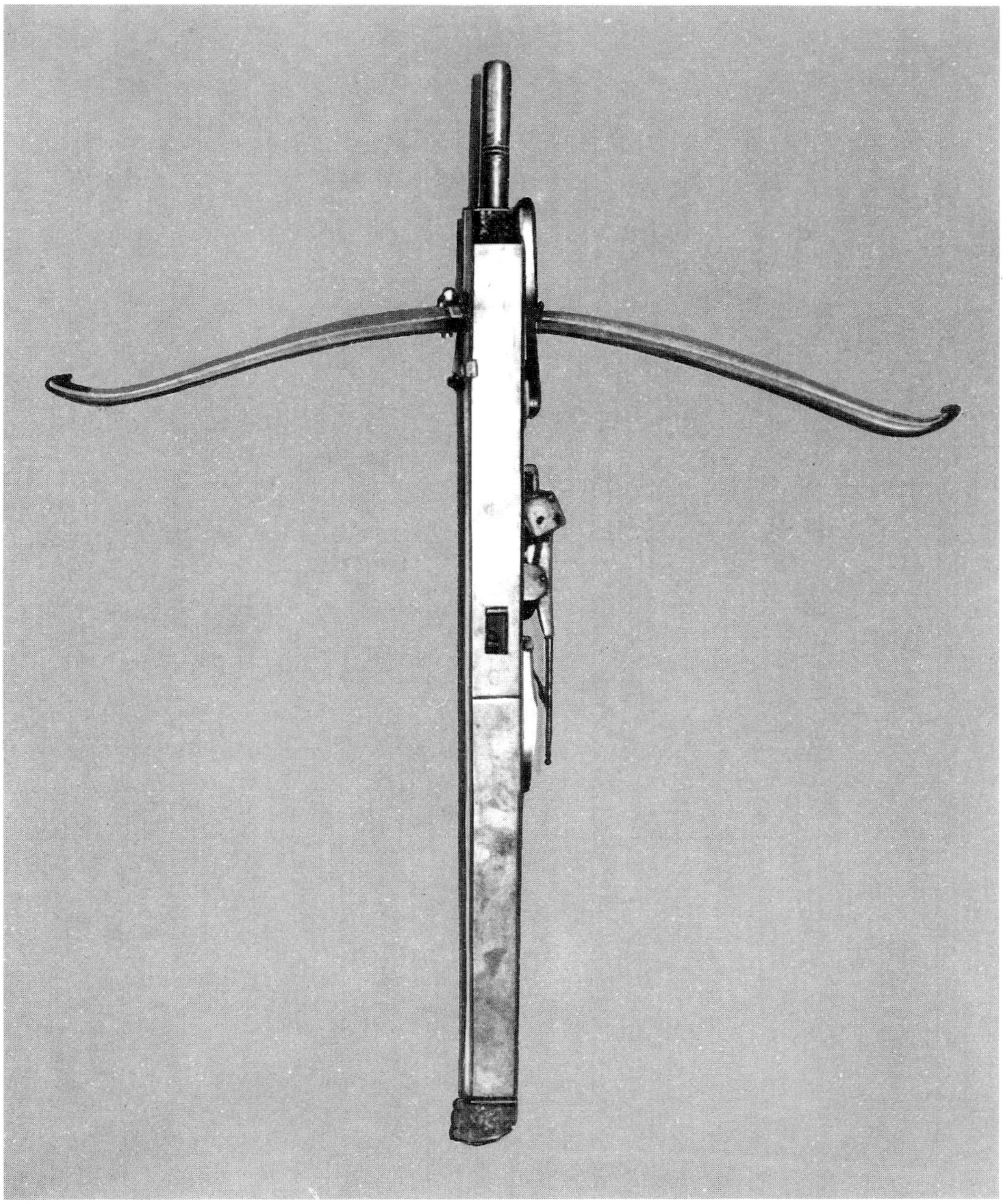

118

117 Keulenschild (Mazzascudo, Targone), italienisch, Pisa, 17./18. Jahrhundert

Dickwandiger Holzschild, unten griffförmig verjüngt, auf der Vorderseite bemalt (Löwe mit Schild).

Gesamtlänge: 72,0 cm

Metropolitan Museum of Art, New York, Inv.-Nr. 29.30.2

ARMBRÜSTE MIT FEUERWAFFEN

118 Armbrust mit Radschloßfeuerwaffe, italienisch, um 1510

Armbrust mit Stahlbogen (Sehne fehlt), eiserne Säule, am hinteren Säulenende Löwenmaske in Bronzeguß. Eiserner, in die Säule eingelassener Lauf, das vordere Laufstück über die Säule hinausragend. Seitlich an die Säule angebrachtes Radschloß mit außenliegenden Funktionsteilen, Rad mit flacher Studel, Pulverpfanne (Hahn fehlt), kräftige Schlagfeder, Hebelabzug.

Palazzo Ducale, Venedig, Inv.-Nr. Q 1

Lit.: C. Blair, Further Notes on the Origins of the Wheellock. In: Arms and Armor Annual, 1 (1973), S. 33, 34; C. Blair, European American Arms c, 1100–1850, Abb. 645; A. Hoff, Feuerwaffen, Bd. I, S. 43, Abb. 39

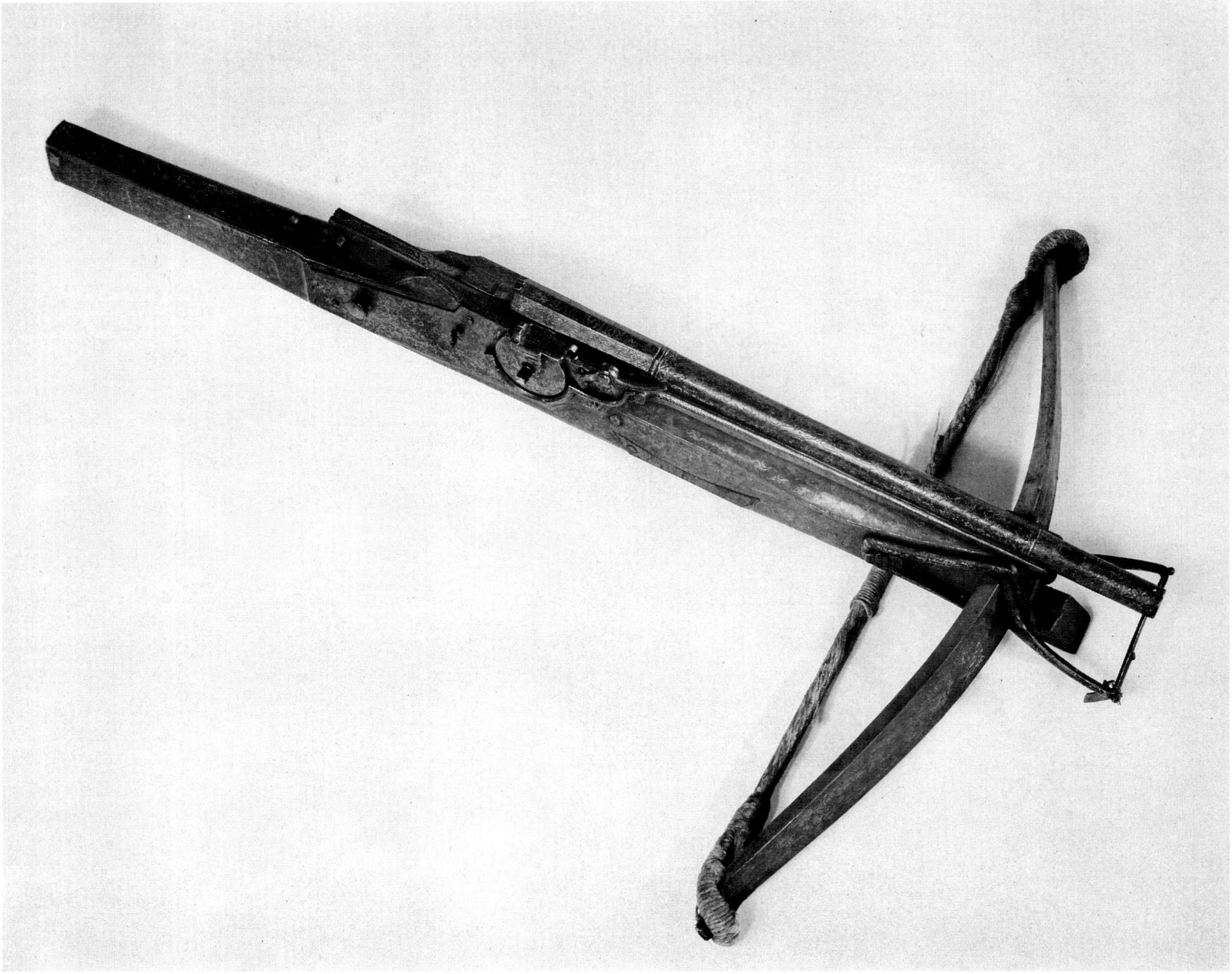

119

119 Armbrust, kombiniert mit Radschloßfeuerwaffe, deutsch, zwischen 1521 und 1526

Armbrust mit Stahlbogen; der Lauf liegt auf der Unterseite der Säule, das Schloß ist seitlich in die Säule eingelassen.

Runder, an der Kammer achtkantiger Lauf, vergoldet und reich geschmückt mit Ätzdekor und Emblemen des Ordens vom Goldenen Vlies; die Mittelfläche des achtkantigen Laufstückes trägt die Inschrift «FERDINANDVS»; Visiereinrichtung: Kimme am Ansatz der Schwanzschraube, kleines Kugelkorn.

Schloß mit flacher Schloßplatte, außenliegendes Rad mit Radkappe, sichelförmige Hahnfeder, Kopf des Hahnes abgebrochen; Abzug in Form eines seitlich durch die Schloßplatte geführten Drückers mit flachem Kopf.

Säule dekoriert mit Bemalung in Gold auf rotem Grund, gleiche Motive wie auf dem Lauf und Schloß, dazu die Initialen «F» und «A» und Erzherzogshut; gleiche Bemalung und graviertes Wappen unter Erzherzogshut trägt die Oberseite des Stahlbogens. Hölzerner Ladestock mit vergoldeter Gewinderöhre auf der Schloßgegenseite. Die Initiale «F» weist auf Erzherzog Ferdinand, den späteren Kaiser Ferdinand I., die Initiale «A» auf Anna von Böhmen hin, mit der sich Ferdinand 1521 vermählte. 1526 erbte Ferdinand Böhmen und Ungarn – beide Länder sind im Wappen noch nicht enthalten.

Gesamtlänge: 73,0 cm, Lauflänge: 39,9 cm, Kaliber: 9,8 mm

Bayerisches Nationalmuseum München, Inv.-Nr. W 1498

Lit.: T. T. Hoopes, Drei Beiträge zum Radschloß, in: ZHWK, NF 4 (1932/34), S. 224 f. u. Taf. X; E. Schalkhaußer, Die Handfeuerwaffen des Bayerischen Nationalmuseums, T. 2, in: WKK (1967) 1, S. 1–3; A. Hoff, Feuerwaffen, Bd. 1, Abb. 42; H. Müller, Gewehre – Pistolen – Revolver, S. 59, Abb. 22

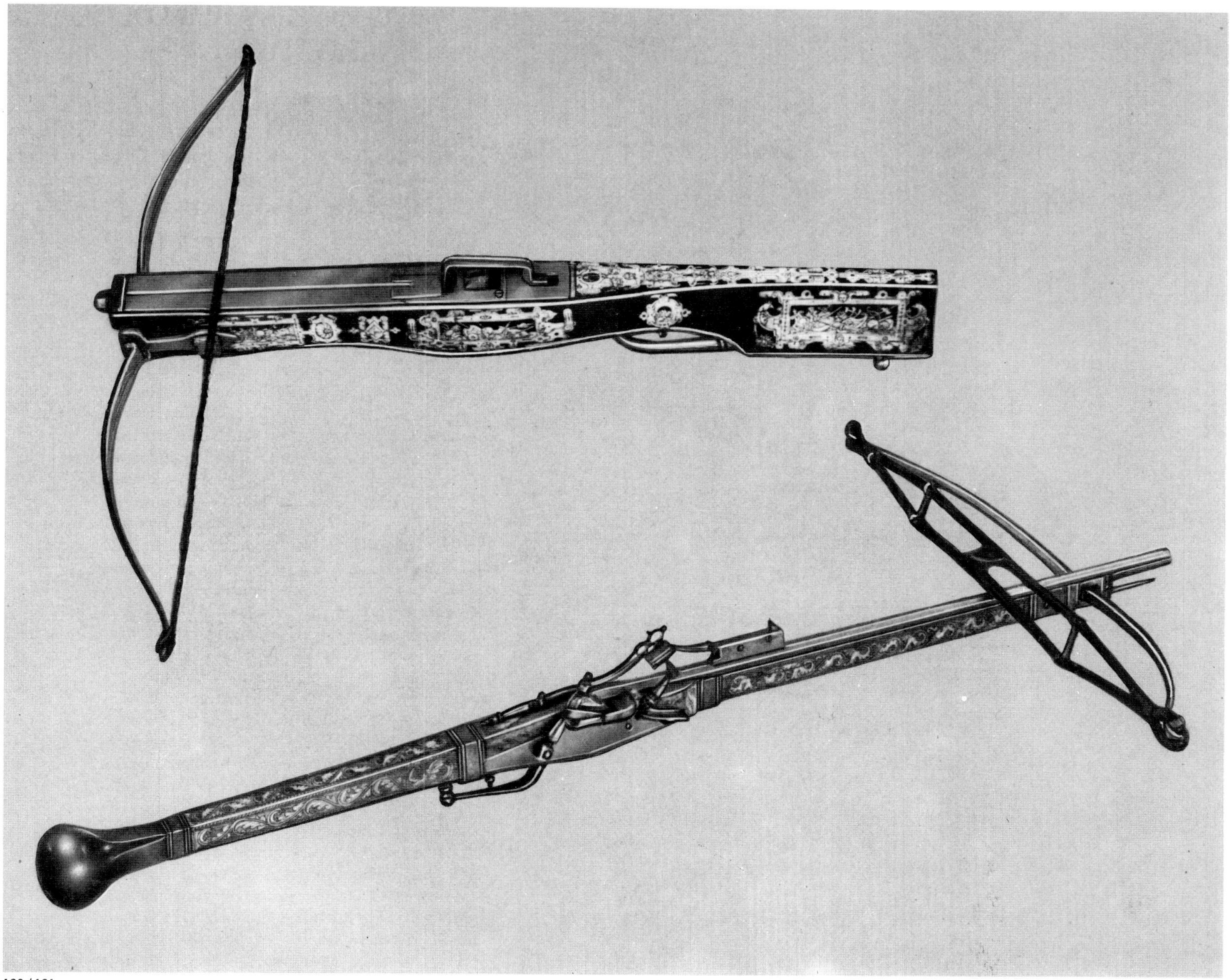

120/121

120 Kugelarmbrust, kombiniert mit Radschloßfeuerwaffe, süddeutsch, um 1580

Armbrust mit Stahlbogen (Sehne ergänzt, jetzt ohne Kugelbecher), Nußbaumsäule, Säulenober- und -unterseite sowie Seitenflächen reich verbeint und graviert: Rollwerk, Kartuschen mit Waffentrophäen und Maskarons. Armbrustschloß mit Beinnuß, eiserner Abzugsbügel, mit Spannmechanismus kombiniert. In der Säule liegender Lauf und Radschloßmechanismus, eiserne Abdeckplatte, verdeckte Pulverpfanne, versenkbarer Hahn, Stiftabzug, Lauf mit aufschraubbarem Mündungsschoner.

Die Armbrust wird durch den beweglichen Abzugsbügel gespannt, wobei sich Lauf und Radschloß nach vorn bewegen. Beim Zurückklappen des Abzugsbügels werden das Schloß und der Lauf wieder in die ursprüngliche Position gebracht. Das selbstspannende Radschloß wird beim Zurückziehen des Hahnes gespannt. Der Abzug betätigt nacheinander das Radschloß und anschließend die Armbrust.

Gesamtlänge: 67,0 cm, Bogenlänge: 72,4 cm, Lauflänge: 30,0 cm, Kaliber: 9,0 mm, Gewicht: 5010 g

Metropolitan Museum of Art, New York, Inv.-Nr. 14.25.1573

Lit.: H. Schedelmann, Die großen Büchsenmacher, Abb. 88

121 Balester, kombiniert mit Schnappschloß-Feuerwaffe, norditalienisch, um 1630

Balester mit Eisenbogen, Besehnung des Bogens mit Kugelsack; gerade Holzsäule von vierkantigem Querschnitt in großem kugelförmigem Knauf endend; Säule insgesamt reich verbeint, gravierter Blattrankendekor. Oktogonallauf in Säulenoberkante eingebettet, im hinteren Laufdrittel aufgesetzter Spannkasten für die Sehne, langes Rückvisier. Schnappschloß rechtsseitig in die Säule eingelassen, flache Schloßplatte, Hahn mit profiliertem Fuß, Hahnschraube ringförmig durchbrochen, Pulverpfanne, Feuerstahl mit Feder, balusterförmiger Abzug, eiserner Abzugsbügel.

Die Säule trägt auf der Schloßgegenseite den Wappenschild des Eigentümers der Waffe «Galeatto Pico della Mirandola» und den seiner Frau «Maria Cibo».

Gesamtlänge: 100,3 cm, Kaliber: 10,0 mm, Gewicht: 2042 g

HM Tower of London, Inv.-Nr. XIV. 22

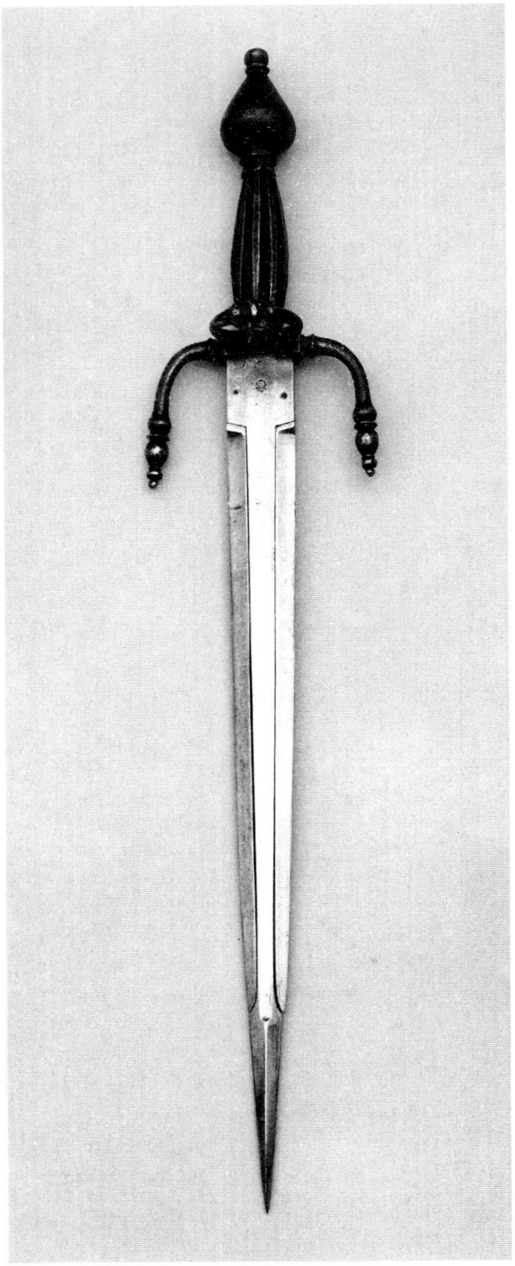

122

123 / 124 / 125

SONDERFORMEN DER BLANKWAFFEN

122 Linkehanddolch mit Springklingen, italienisch, 1570/80

Gratklinge, am Ort von rhombischem Querschnitt, anschließend abgeflachter Mittelgrat, Sperrhebel, Eisengefäß, runde, ortwärts gebogene Parierstange mit balusterartig gegliederten Enden, runder Parierring mit Ziernodi; Griff mit Lederwicklung, acht eingelegte Längsstreifen aus Eisen, zwei Eisenmanschetten; birnenförmiger Knauf mit Vernietknäufchen

Gesamtlänge: 51 cm, Klingenlänge: 38 cm, Klingenbreite: 2,9 cm, Länge der Seitenklingen: 27 cm, Gewicht: 590 g

Historisches Museum Dresden, Inv. Nr. P 106

Inventarnachweis: Inv. Kunstkammer von 1587, S. 112, Pos. 8 (Verz. 1): «Ein Tolch mit einer schwartz sammeten Scheiden, welcher im drücken von einander springet, und drey Spitzen gebet.»
Inv. – Alter Vorrat von 1821, S. 20, Nr. 47 (Verz. 146): «Ein Dolch, mit einer aufspringenden dreyfachen defecten Klinge, das Gefäß eisern, mit langen runden Knopfe, unter sich gebogenen ausgefeilten Kreutzstangen, der Griff mit schwarzem Samt umwunden und mit eisernen Seiten umlegt, nebst schwarzsammtner defecter Scheide, mit eisernem Ortband und Kappe.»
Gesamtinventar von 1836, 2. Galerie, S. 338 f., Nr. 106 (Verz. 79)

123 Linkehanddolch mit Springklingen, norditalienisch, 1. Hälfte 17. Jahrhundert

Gratklinge, am Ort von rhombischem Querschnitt, anschließend abgeflachter Mittelgrat; Sperrhebel für die Springklingen auf der Vorderseite der Fehlschärfe (Gefäß und Klinge vermutlich später falsch montiert).

Eisengefäß, Griff und Knauf sechskantig aus einem Stück gefertigt, eingeschlagene Randstreifen; Parierstange mit ortwärts gebogenen lilienförmigen Enden, kräftiger Parierring.

Gesamtlänge: 43 cm, Klingenlänge: 30 cm, Klingenbreite: 3,2 cm, Gewicht: 620 g

Museum für Deutsche Geschichte Berlin, Inv.-Nr. W 3439 (AB 8356)

Lit.: H. Müller/H. Kölling, Europäische Hieb- und Stichwaffen, S. 238, Kat. Nr. 207

126

124 Linkehanddolch mit Springklingen, norditalienisch, 1. Hälfte 17. Jahrhundert

Gratklinge, am Ort von rhombischem Querschnitt, anschließend abgeflachter Mittelgrat; geschweifter Sperrhebel auf der Rückseite der Fehlschärfe. Eisengefäß, konischer Sechskantknauf, Griff sechskantig, Parierstange ortwärts gebogen mit lilienförmigen Enden, kräftiger Parierring; Gefäßteile zeigen geätztes Rankenmuster (stark abgegriffen).

Gesamtlänge: 53 cm, Klingenlänge: 39,7 cm, Klingenbreite: 3,5 cm, Gewicht 820 g

Museum für Deutsche Geschichte Berlin, Inv.-Nr. W 3438 (PC 8346)

Lit.: H. Müller/H. Kölling, Europäische Hieb- und Stichwaffen, S. 238, Kat.-Nr. 208

125 Linkehanddolch mit Springklingen, deutsch, 1. Hälfte 17. Jahrhundert

Gratklinge, am Ort von rhombischem Querschnitt, anschließend abgeflachter Mittelgrat; Sperrhebel für die Springklingen auf der Rückseite der Fehlschärfe.

Eisengefäß, Parierstangen- und Parierbügelenden schneckenförmig geschnitten, Parierring. Griff mit verdrillter Eisendrahtwicklung, zwei Türkenbunde; sechskantiger Knauf, kugeliger Vernietknauf.

Gesamtlänge: 38,8 cm, Klingenlänge: 26,2 cm, Klingenbreite: 2,7 cm, Gewicht: 540 g

Museum für Deutsche Geschichte Berlin, Inv.-Nr. W 3437 (PC 8347a)

Lit.: H. Müller/H. Kölling, Europäische Hieb- und Stichwaffen, S. 238, Kat.-Nr. 209

126 Linkehanddolch mit Springklingen, italienisch, um 1585, Geschenk des Herzogs Vinzenz I. von Mantua an den Kurfürsten Christian I. von Sachsen, 1587

Gratklinge, am Ort von rhombischem Querschnitt, anschließend abgeflachter Mittelgrat.

Gefäß aus Eisen; Parierstange, Parierring, Griff und Knauf auf der Vorderseite geschnitten, mit Gold tauschiert, dekoriert mit Masken, Löwen- und Kriegerkopf in Kartuschen. Die Seitenklingen sind in der Fehlschärfe drehbar gelagert. Beim Lösen einer Sperre werden die Seitenklingen durch zwei in der Mittelklinge eingeschobene Blattfedern fächerartig auseinandergespreizt und von den niedergebogenen Enden der Parierstangen gehemmt. Nach dem Einklappen werden die mit zwei Haken versehenen Seitenklingen von einem in der Mittelklinge untergebrachten beweglichen Riegel arretiert; zwei kleine Zapfen an der Mittelklinge greifen zusätzlich in entsprechende Bohrungen der Seitenklingen ein und geben so der Klinge festen Halt.

Gesamtlänge: 44 cm, Klingenlänge: 31 cm, Klingenbreite: 25 mm, Länge der Seitenklingen: 21 cm, Gewicht: 440 g

Historisches Museum Dresden, Inv.-Nr. P 72

Inventarnachweis: Ges. Inventar von 1606, S. 556 (Verz. 72): «Ein Cordelaß vnd Dolch, von gleicher arbeit, runden Knopff, gebogenen Creutzstangen, außgehawenen angesichtern, vergült das Creutz Inwendig damaskeniert, in Schwarz Sammeten Scheiden mit einem Meßer, der Dolch mit drey außfahrenden spitzen, welches von Hertzoge von Manuta, durch Heinrichen von Hagen, ist verehrt vnd zugeschickt worden.».
Inv. Kurkammer von 1671, S. 7, Nr. 20 (Verz. 129); von 1683, S. 11, Nr. 20 (Verz. 130); von 1716, S. 9, Nr. 20 (Verz. 131); von 1784, S. 14 f., Nr. 20 (Verz. 132); von 1821, Nr. 87, S. 44 (Verz. 133); Gesamtinventar von 1836, S. 339 f., Nr. 107 (Verz. 79)

Lit.: M. v. Ehrenthal, Führer durch das Königliche Historische Museum in Dresden, S. 165, G 161; E. Haenel, Kostbare Waffen aus der Dresdner Rüstkammer, S. 135, Tafel 67 f.; The Splendor of Dresden, S. 123, Nr. 169

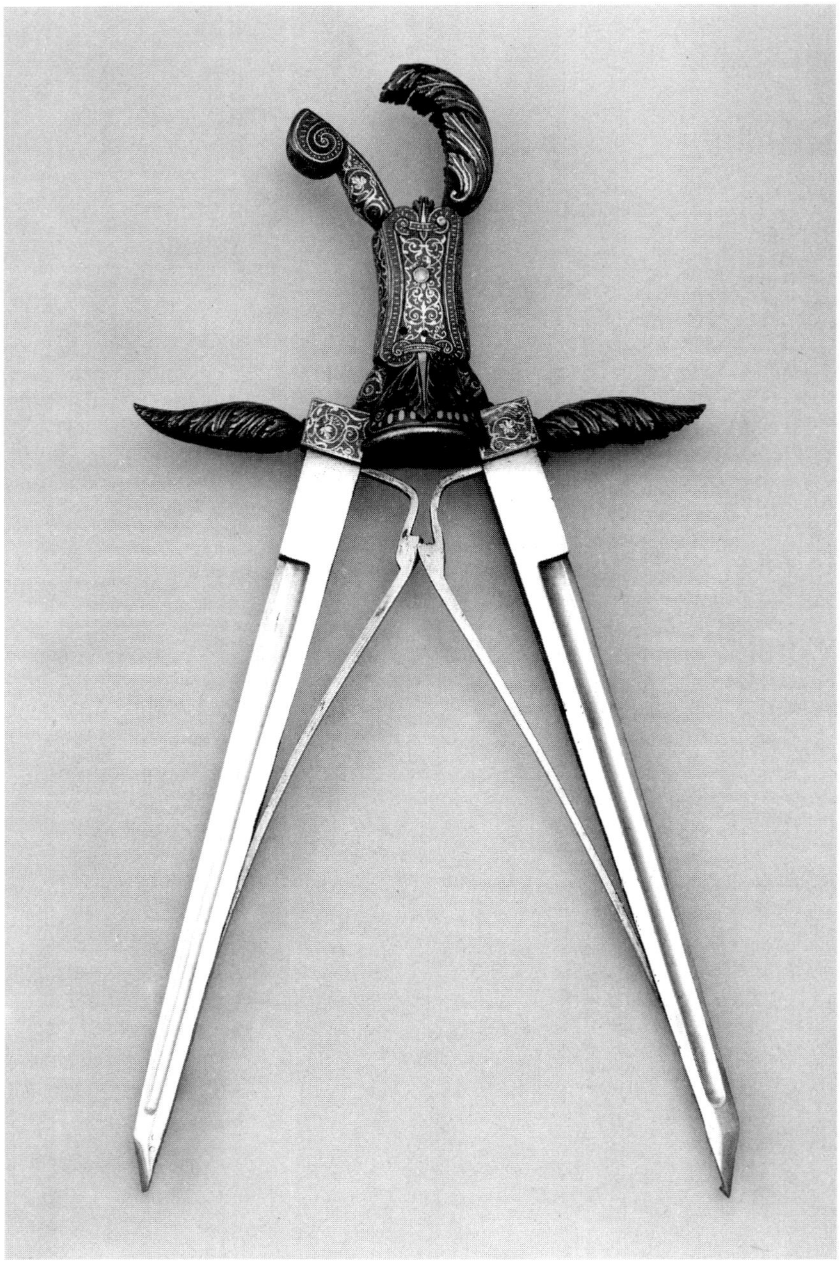

127

(Verz. 133); Gesamtinventar von 1836, 2. Galerie, S. 336 f., Nr. 105 (Verz. 79)

Lit.: M. v. Ehrenthal, Führer durch das Königliche Historische Museum in Dresden, S. 165, G 160; E. Haenel, Kostbare Waffen aus der Dresdner Rüstkammer, S. 86, Tafel 43 d; J. Schöbel, Prunkwaffen, S. 94, Abb. 87 b

E. Haenel nimmt in «Kostbare Waffen», S. 86, Abb. 43 d, für diese Waffe den Inventarvermerk des Gesamtinventars von 1606, S. 556, in Anspruch: «Ein Cordelaß vnd Dolch, von gleicher arbeit, runden Knopff, gebogenen Creutzstangen, außgehawenen angesichtern, vergült das Creutz Inwendig damaskeniert, in Schwarz Sammeten Scheiden mit einem Meßer, der Dolch mit drey außfahrenden spitzen, welches von Hertzoge von Mantua, durch Heinrichen von Hagen, ist verehrt und zugeschickt worden» und schreibt weiter unten: «Die Inventarnotiz von 1606 ist bis 1821 in alle Inventare der Kurkammer übernommen worden, in dem letzten erst wird der auffällige Irrtum (3 Spitzen) verbessert.» Hier liegt eine Verwechslung vor, der Inventarvermerk trifft für den Dolch Kat.-Nr. 126 zu, somit ist nicht der Dolch Kat.-Nr. 127, sondern der Dolch Kat.-Nr. 126 ein Geschenk des Herzogs von Mantua.

Im Inventar der Kurkammer von 1683, S. 1 f., Nr. 2 (Verz. 130) wird eindeutig von «. . . einem Dolch mit Zweyen von einander springenden Klingen an einem eisernen Damaschkierten vnd vergüldeten grieffe vnd Cappen vnd Orthbanden» gesprochen. Haenel muß die Verwechslung nach Druck seines Buches bemerkt haben, denn in einer Randnotiz im Ges. Inventar von 1836, II. Galerie, S. 336 f. berichtigt er sich selbst.

Von J. Schöbel wird in «Prunkwaffen», S. 94, Abb. 87 allerdings die unrichtige Inventarzuschreibung übernommen. J. Schöbel nimmt als Verfertiger der Waffe Giv. Battista Serabaglio in Anspruch, diese Zuschreibung ist jedoch nicht eindeutig nachweisbar.

127 Linkehanddolch mit Springklingen, Mailand, um 1560/70

Der Dolch besteht aus zwei Hälften, die im Griffstück zusammengehalten werden; die eine Dolchhälfte im Griffstück feststehend, die andere drehbar gelagert. Beim Herausziehen des Dolches aus der Scheide werden die Klingen durch Federdruck unmittelbar auseinandergespreizt, gleichzeitig öffnet sich der Knauf.

Der Klingenrücken zur Aufnahme der langen Vierkantfedern mit tiefer Nut versehen, die Federn am Ort mit dem Klingelrücken vernietet, in Höhe der Fehlschärfe abgewinkelt und durch einen seitlichen Durchbruch der Fehlschärfe geschoben, das Federende mit Nietkopf arretiert die gespreizten Klingen.

Die bis zum Parierring eingedrungene gegnerische Klinge wird durch die Federn am Herausfahren gehindert. Beim Zusammendrücken des Knaufes schließt sich die Dolchklinge, was ein Festhalten der Degenklinge ermöglicht.

Das reich mit Gold tauschierte eiserne Gefäß zeigt feingliedriges Rankenwerk mit eingewobenen Weinblättern; die akanthusblattförmig ausgebildeten Parierstangen getrieben und geschnitten, ebenso eine Hälfte des Knaufes, die Blattrippen vergoldet; der glockenförmige Parierring durchbrochen und vergoldet.

Gesamtlänge: 38 cm, Klingenlänge: 25 cm, Klingenbreite an der Fehlschärfe: 3,6 cm, Gewicht: 640 g

Historisches Museum Dresden, Inv.-Nr. P 204

Inventarnachweis: Kurkammer von 1671, S. 1 (Verz. 129): «Ein Eisenfarben Rappier, . . . Nebst einem Dolch mit Zweyen von einander springenden Klingen an einem eisernen Damaschkenierten vnd vergüldeten grieffe vnd Cappen vnd Orthbanden.»
Inv. Kurkammer von 1683, S. 1 f., Nr. 2 (Verz. 130); von 1716, S. 2, Nr. 2 (Verz. 131); von 1784, S. 4, Nr. 2 (Verz. 132); von 1821, S. 30, Nr. 68

128 Degenbrecher, italienisch, um 1585, Geschenk des Herzogs Vinzenz I. von Mantua an den Kurfürsten Christian I. von Sachsen, 1587

Breite, kräftige Klinge, am Ort zweischneidig bikonvex, Klingenrücken mit 12 Einschnitten, die einzelnen Zinken mit kleinen, federnd gelagerten Widerhaken ausgestattet; breite Fehlschärfe.

Gefäßteile Eisen vergoldet, die Vergoldung z. T. abgegriffen; vertikal S-förmig gebogene Parierstange mit großem Klingenbügel; Holzgriff mit Kupferdrahtumwicklung und zwei Türkenbunden; gekanteter Kugelknauf mit Vernietknäufchen.

Gesamtlänge: 48 cm, Klingenlänge: 35 cm, Klingenbreite: 6,3 cm, Gewicht: 950 g

Historisches Museum Dresden, Inv.-Nr. P 103

Inventarnachweis: Gesamtinventar von 1606, S. 55 f., (Verz. 72): «. . . Darbey ein großer breiter Dolch mit einem runden lenglechten geeckten Knopff, Zweyn gebogenen runden Creutzstangen,

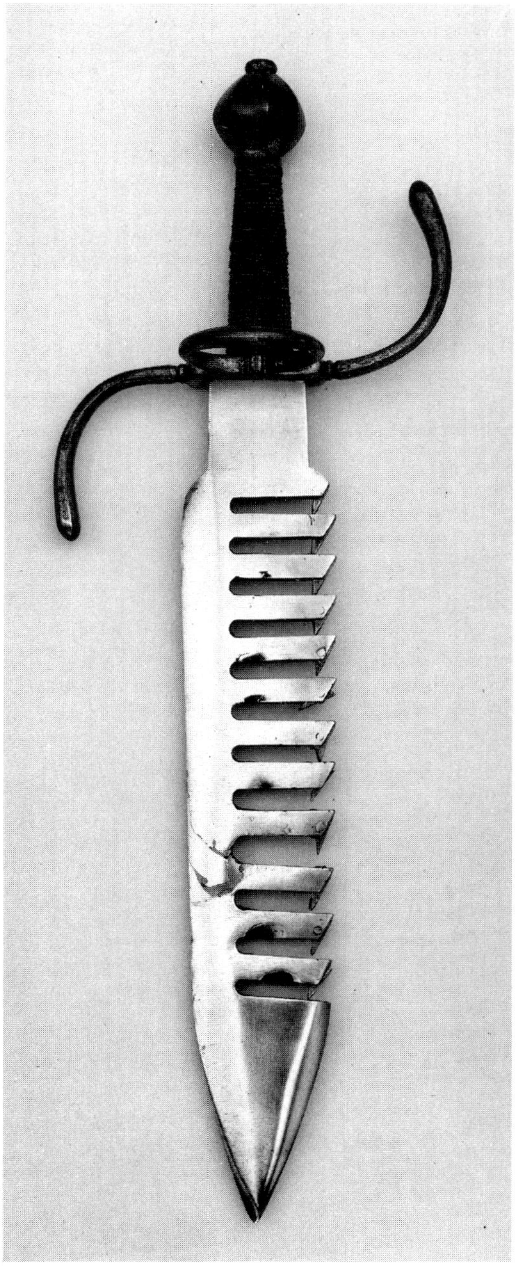

128

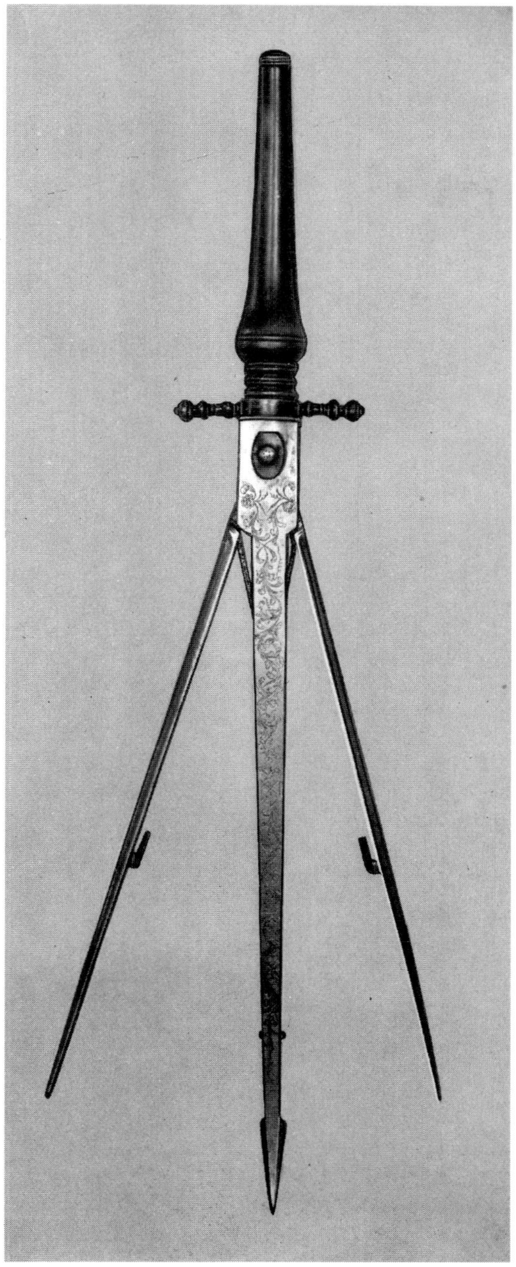

129

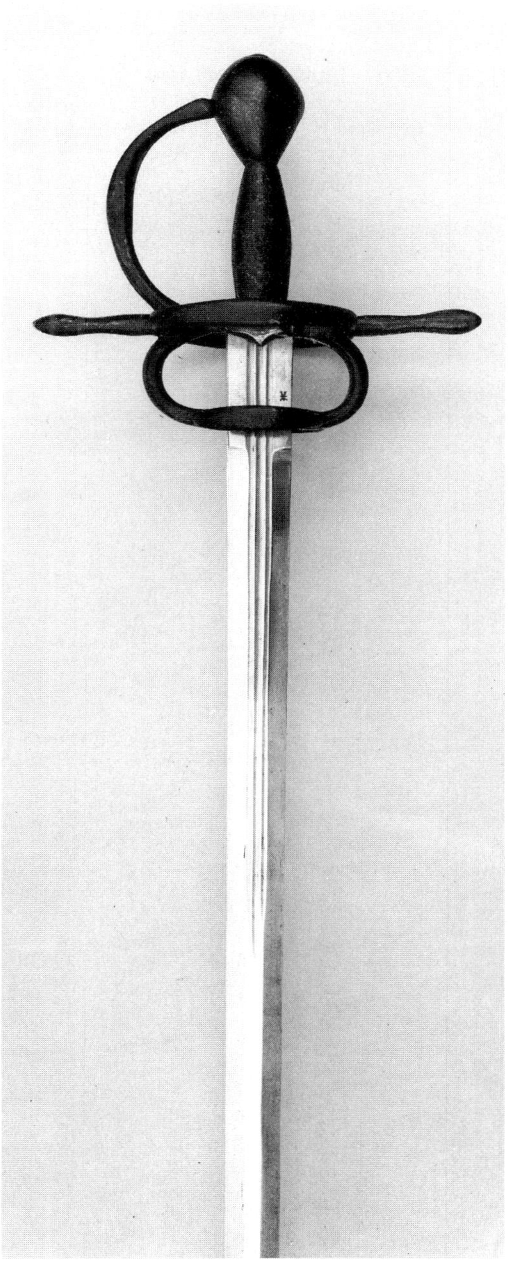

130

die Klinge mit Rigeln, in schwarz Sammater scheiden, das Beschlege vnd Ortband vergült, Welcher von Herzoge von Mantua, Durch Heinrich von Hagen ist verehret worden». Gesamtinventar von 1836, 2. Galerie, S. 336, Nr. 104 (Verz. 79)
Heinrich von Hagen, Hofmarschall am Kurfürstlich-sächsischen Hof, hatte 1587 eine Reise nach Italien unternommen und erhielt von Herzog Vinzenz I. von Mantua mehrere Waffen als Geschenk für Christian I., u. a. auch den Degenbrecher. Weitere Geschenke erhielt er vom Großherzog Francesco de Medici und dem Herzog von Savoyen, Karl Emanuel I.

Wie aus dem Inventar ersichtlich, handelt es sich bei dem Degenbrecher HMD P 103 um eine italienische Arbeit, vgl. hierzu J. Schöbel, Prunkwaffen, S. 94, Abb. 87 a, wo die Waffe als deutsche Arbeit bezeichnet wird. Zwei sehr ähnliche Stücke, allerdings mit 14 Einschnitten, sind bei L. Boccia/ E. Coelho, Armi Bianche Italiane, S. 390, Nr. 525, 526, abgebildet und beschrieben. Er datiert die Waffen um 1620, diese Datierung erscheint im Vergleich zu dem Vermerk aus dem Gesamtinventar von 1606 etwas spät.

Lit.: M. v. Ehrenthal, Führer durch das Königliche Historische Museum in Dresden, S. 164, G 149; J. Schöbel, Prunkwaffen, S. 94, Abb. 87 a

129 Spundbajonett mit Springklingen, französisch, um 1660

Klinge mit zwei Seitenklingen, flache Mittelklinge mit geätztem Laubwerkdekor, rhombusförmige Spitze, Fehlschärfe mit Arretierungsschieber; kurze profilierte Parierstange, Spund aus Horn, zur Parierstange hin anschwellend, mit Zierringen, Messingknaufkappe.

Holzscheide mit Pergament bezogen, Prägedekor: Fischhaut und Schrägschraffur, kleine Tasche für Beimesser auf der Vorderseite der Scheide (Beimesser fehlt), Rückseite mit zwei Trageschlaufen.

Gesamtlänge: 48,2 cm, Klingenlänge: 33,3 cm, Gewicht: 370 g

The Wallace Collection London
Reproduced by permission of the Trustees of the Wallace Collection

Lit.: Wallace Collection Catalogues, European Arms and Armour, Vol. II, H 866, Tafel 144

130 Zwillingsrapier, Mailand, um 1560

Kräftige Klingen mit abgeflachtem Mittelgrat, im oberen Klingendrittel und der Fehlschärfe beiderseitig drei schmale Züge; die breiten Fehlschärfen auf Vorder- und Rückseite mit Mailänder Klingenschmiedemarke gekennzeichnet.

Schwarze Eisengefäße mit planen Innenseiten; gerade Parierstangen mit kräftigem Mittelschild; die Griffbügel an die Knäufe herangezogen; Faustschutzbügel und Parierbügel münden in die Klingenbügel. Holzgriff ohne Wicklung; die Knäufe ohne Vernietknäufchen. Die Knaufinnenseite des linken Rapiers in der Mitte mit halbrundem vertikalem Steg, die Innenseite des rechten Rapiers mit entsprechender Nut. Durch diese leicht lösbare Verbindung wird lediglich ein seitliches Verschieben der einzelnen Gefäße verhindert. Die eigentliche Arretierung erfolgt durch die Scheide, die die Klingen zusammenhält. Die Scheide ist nicht mehr vorhanden.

Gesamtlänge: 116 cm, Klingenlänge: 103 cm, Klingenbreite: 2,9 cm, Gewicht der Rapiere einzeln: 1040 g

Historisches Museum Dresden, Inv.-Nr. IX 142

Inventarnachweis: Inv. von 1606, S. 703 (Verz. 72): «Ein doppelt schwartz Rappier, mit geraden stangen, in schwartz Sammater schaiden.»

Lit.: M. v. Ehrenthal, Führer durch das Königliche Historische Museum in Dresden, S. 164, G 153; L. Boccia/E. Coelho, Armi Bianche Italiane, S. 318, Nr. 323 (ähnliches Zwillingsrapier)

131 Zwillingsrapier, Mailand, um 1575

Die Klingen zweischneidig, beiderseitig mit abgeflachtem Mittelgrat, die Fehlschärfen, unterschiedlich gemarkt, zeigen einmal im Wappenschild drei zusammengebundene Ähren, darüber eine Krone, auf dem Gegenstück über einem «M» im Wappenschild einen Kreis mit Kreuz, beide Klingen tragen auf der Fehlschärfe die Initialen «DS».

Schwarze Eisengefäße mit planen Innenseiten, ehemals vergoldet; die Vergoldung in Resten erhalten; gerade, zum Mittelschild sich verjüngende Parierstangen, die Parierstangenenden gekerbt; die Mittelschilde tragen plastisch geschnittene Voluten; die Faustschutzbügel und Klingenbügel zeigen in der Mitte plastisch geschnittene rautenförmige Verzierungen mit kurzem Vierkantdorn; die Parierbügel münden in die Klingenbügel.

Die Griffe sind mit Fischhaut bezogen; zwiebelförmige Knäufe ohne Vernietknäufchen mit plastischem Eisenschnittdekor.

Die Rapiere werden durch die Scheiden zusammengehalten. Knauf und Parierstangenenden tragen auf der Innenseite je einen kurzen Zapfen, der in eine entsprechende Aussparung des zweiten Rapiers eingreift, wodurch ein seitliches Verschieben der Griffe verhindert wird. Die Scheide ist nicht mehr vorhanden.

Gesamtlänge: 114 cm, Klingenlänge: 99 cm, Klingenbreite an der Fehlschärfe: 27 mm, Gewicht der Rapiere einzeln: 980 g, 1000 g

Historisches Museum Dresden, Inv.-Nr. IX 2

Inventarnachweis: Gesamtinv. von 1606, S. 703 (Verz. 72): «Ein doppelt außgefeilt, Streificht Rappier, so übergült gewesen, mit geraden Stangen, in schwartz Sammater schaiden, ist Dittrich von Schwerin gewest, den 2. Marty, An: 81.» Inv. Paillenkammer von 1821, S. 39, Nr. 87 (Verz. 119) Gesamtinventar von 1836, S. 234, Nr. 239 (Verz. 81)

Lit.: M. v. Ehrenthal, Führer durch das Königliche Historische Museum in Dresden, S. 164, G 154; L. Boccia/E. Coelho, Armi Bianche Italiane, S. 365, Nr. 324 (ähnliches Exemplar)

131

132

132 Linkes Rapier eines Zwillingsrapiers, norditalienisch, um 1580

Von dem Zwillingsrapier ist nur das Rapier für die linke Hand erhalten.

Die zweischneidige Klinge mit Mittelgrat, auf der Fehlschärfe beiderseitig gemarkt. Geschwärztes Eisengefäß, die Gefäßteile längsprofiliert, in den Vertiefungen Reste ehemaliger Vergoldung erkennbar. Gerade Parierstange, kräftiger Faustschutzbügel, der Griffbügel am Knauf nach außen gerollt; großer, in den Klingenbügel mündender Parierbügel, der Klingenbügel mit durchbrochenem Stichblatt.

Der Griff aus Holz mit verdrillter Hanfschnur umwickelt, zwei eiserne Griffmanschetten. Der kräftige birnenförmige Knauf mit kurzem Vernietknäufchen.

Die Innenseite des Gefäßes ist plan, an den Parierstangenenden und im Knauf je eine schmale rechteckige Aussparung als Arretierung für das zweite Rapier.

Gesamtlänge: 123,5 cm, Klingenlänge: 109 cm, Breite der Klinge an der Fehlschärfe: 24 mm, Gewicht: 1260 g

Historisches Museum Dresden, Inv.-Nr. IX 41

Inventarnachweis: Gesamtinv. von 1606, S. 702 (Verz. 72):
«Ein doppelt alt ausgehauen Rappier, mit geraden Stangen, in schwartz Sammater schaiden, vnd einem Meßer.»

133 Zwillingsrapier, vermutlich Augsburg, Ende 16. Jahrhundert

Die Waffe besteht aus zwei gleichen Hälften. Die Klingen mit trapezförmigem Querschnitt sind im oberen Drittel und auf der Fehlschärfe mit geätzen Bandmauresken auf schwarzem Grund verziert.

Die Gefäße Eisen, vergoldet, die Vergoldung z. T. abgegriffen; die Gefäße sind auf der Innenseite plan und werden durch die Schwalbenschwanzverbindung des Knaufs zusammengehalten; gerade

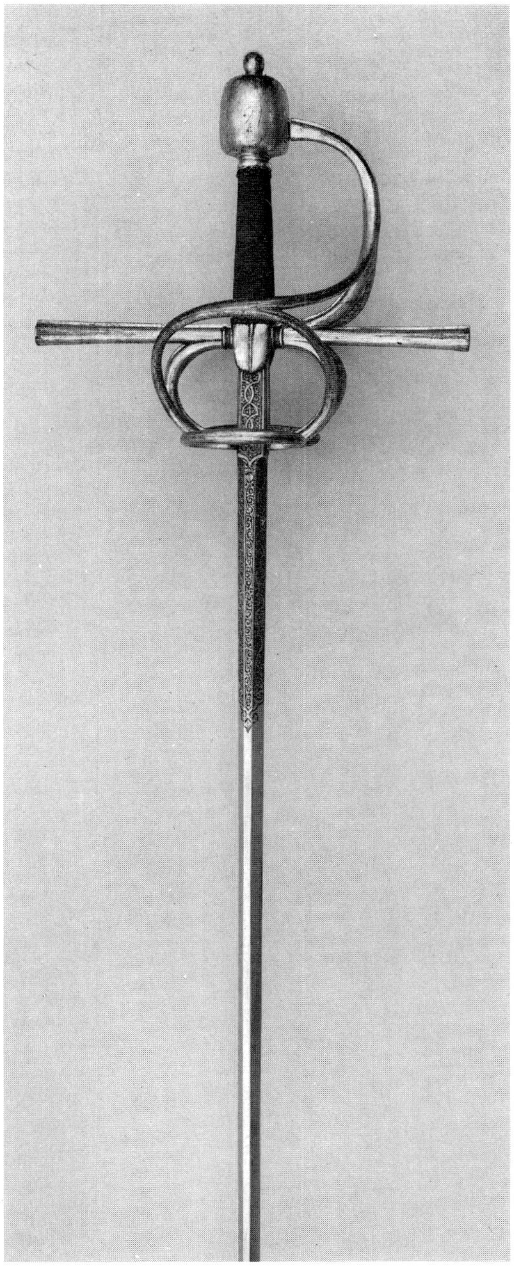

133

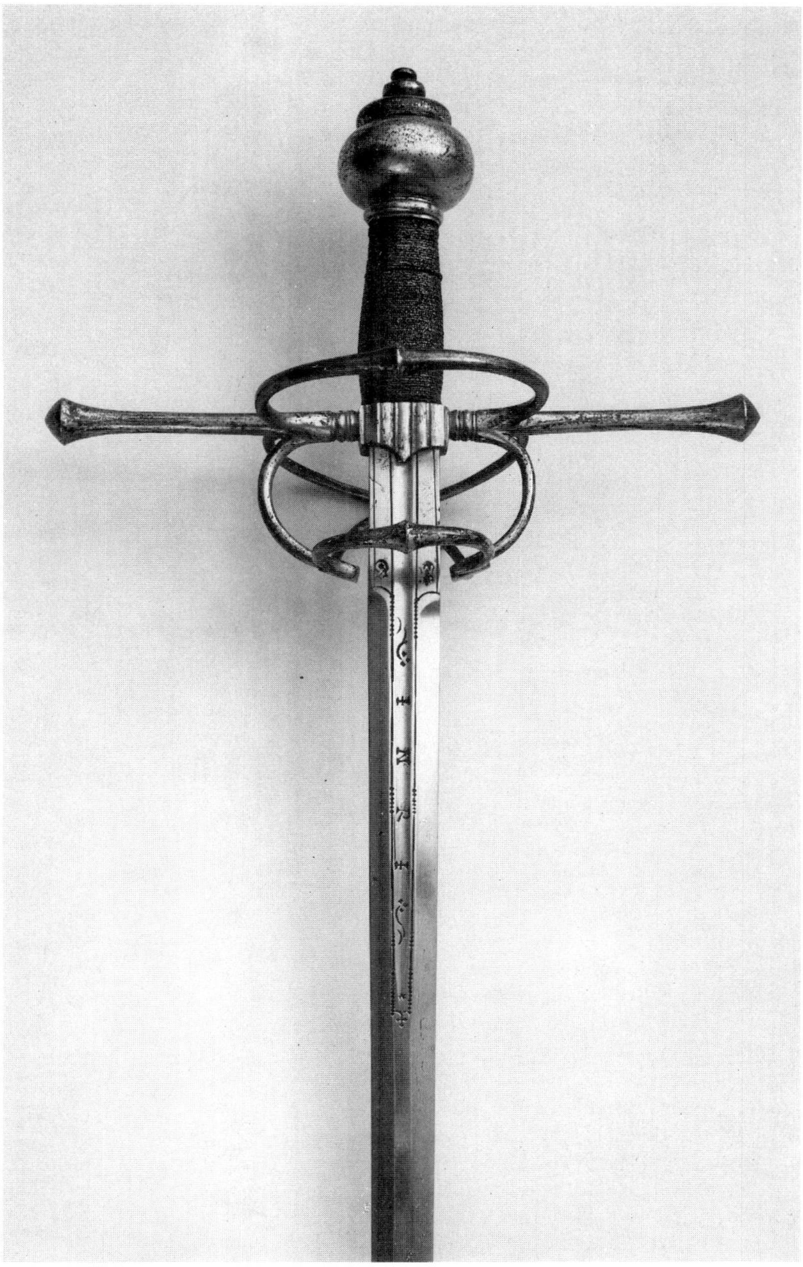

134

Parierstangen; die Griffbügel an die Knäufe herangezogen; die Faustschutzbügel und Parierbügel münden in die Klingenbügel.

Schmale Holzgriffe mit verdrillter Kupferdrahtumwicklung und je zwei Türkenbunden. Die massiven Knäufe und Vernietknäufchen sind aus einem Stück gearbeitet.

Gesamtlänge: 127 cm, Klingenlänge: 111 cm, Breite der Klingen an der Fehlschärfe: 15 mm, Gewicht des rechten Rapiers: 795 g, Gewicht des linken Rapiers: 855 g

Historisches Museum Dresden, Inv.-Nr. IX 60

Inventarnachweis: Gesamtinv. von 1606, S. 406 (Verz. 72): «Ein Vergult Rappier mit Zwoen geraden doppelten Creutzstangen, so man zusammen leget, mit zwoen Klingen, einer liedern schaiden, beneben einem schwartz sammeten vber Zeugk vndt zugehörigen Ortbendern, Ist von dem Obristen Herrn Heinrich von Schinetzky vorehret worden.» Inv. Kurkammer von 1671, S. 32 f., Nr. 75 (Verz. 129); von 1683, S. 47, Nr. 75 (Verz. 130); von 1716, S. 35 f., Nr. 75 (Verz. 131); von 1784, S. 53 f., Nr. 75 (Verz. 132); von 1821, S. 138, Nr. 219 (Verz. 133); Gesamtinv. von 1836, S. 385 f., Nr. 451 (Verz. 81)

Lit.: M. v. Ehrenthal, Führer durch das Königliche Historische Museum in Dresden, S. 164, G 155; J. Schöbel, Prunkwaffen, S. 87, Abb. 58–59; The Splendor of Dresden, S. 123, Abb. 167; Historisches Museum Dresden, 1979, Kat.-Nr. 52

134 Rapier mit Dolch des Kurfürsten August von Sachsen, Klinge vermutlich Mailand, Gefäß Dresdner Arbeit, 1581

Rapier: Zweischneidige Klinge mit abgeflachtem Mittelgrat, im oberen Klingendrittel mit Hohlschliff, darin beiderseitig eingeschlagene Inschrift «INRI» und Zierlinien.

Eisernes, vergoldetes Gefäß, gerade Parierstange mit rundem Querschnitt, kräftiger Faustschutzbügel, der Parierbügel in den Klingenbügel mündend, quartseitig zwei sich in der Mitte kreuzende Spangen; massiver, mit Holzschalen belegter Eisengriff, darüber Parallelwicklung aus gezwirntem silbernem Metallfaden (alte Retuschenreste aus Silberbronze erkennbar); der kugelige massive Eisenknauf mit abgeflachter Scheitelfläche ist mit der Angel außermittig vernietet; Knauf und Griff sind zur Aufnahme des Dolches vertikal durchbrochen.

Gesamtlänge: 123 cm, Klingenlänge: 111 cm, Klingenbreite: 2,9 cm, Gewicht: 1510 g

Historisches Museum Dresden, Inv.-Nr. V 37

Der zum Rapier dazugehörige Dolch mit Gratklinge, rechteckigem massivem Eisengriff, zwei federnd gelagerten kurzen Parierstangen und flachrundem Eisenknauf, wird mit eingeklappten Parierstangen in den Knauf und die Griffhülse des

Rapiers geschoben, wobei die Dolchklinge auf der Rückseite des Rapiers liegt.

Der Dolch wird durch die Parierstangen im Griff arretiert und kann bei Gebrauch leicht mit der Hand herausgezogen werden.
Gesamtlänge: 47 cm, Klingenlänge: 35 cm, Klingenbreite: 1,7 cm, Gewicht: 370 g

Historisches Museum Dresden, Inv.-Nr. P 43

Inventarnachweis: Gesamtinv. von 1606, S. 486, 487 (Verz. 72) und Inv. Kurkammer von 1671, S. 133 f., Nr. 287 (Verz. 129): «Ein Rappier und Dolch, an dem ein glatter vergoldeter runder Knopf, gerades Creutze und Bogen, auf der Klingen INRI. Der Dolch aber steckt in dem Rappier und wird oben durch den Knopff heraußgezogen, wozu eine schwartz sammete Scheide mit verguldeten orthbande, auch Meßer und Pfriem, Welches Churfürst Augustus, Christseel. Gedechtnüs an: 1581. alhier in Dresden machen laßen.»
Inv. Kurkammer von 1683, S. 197, Nr. 287 (Verz. 130); von 1716, S. 149, Nr. 287 (Verz. 131); von 1784, S. 201, Nr. 287 (Verz. 132); von 1821, S. 302, Nr. 430 (Verz. 133); Gesamtinv. von 1836, S. 388, Nr. 454 (Verz. 81)

Lit.: A. Erbstein, Beschreibung des Königlichen Historischen Museums und der Königlichen Gewehrgalerie zu Dresden, S. 67/68

135 Degen mit Springklinge im Griff, von Ottmar Wetter, Dresden 1594

Gratklinge, Fehlschärfe mit graviertem Beschlagwerkdekor. Eisengefäß geschwärzt, Gefäßteile reich geschmückt mit geschnittenen erhabenen figürlichen Darstellungen, Masken, Ranken und Blüten; S-förmige Parierstange in geflügelter weiblicher Halbfigur endend, Faustschutzbügel in großen Klingenbügel mündend, Quartbügel mit Quartspangen, Innenseite des Mitteleisens signiert und datiert «Ottmar Wetter inve (nit) 1594»; Griff mit verdrillter Drahtwicklung, zwei Türkenbunde, Knauf mit Vernietknäufchen. Im Griff befindet sich eine verborgene Springklinge, die beim Lösen einer Sperre hervorschnellt.

Gesamtlänge: 138 cm, Klingenlänge: 109 cm, Länge der Springklinge: 13 cm, Gewicht: 1580 g

Tøjhusmuseet København, Inv.-Nr. 184/42

Lit.: H. Seitz, Blankwaffen, Bd. I, S. 328, Abb. 235

136 Degen mit verborgenem Stilett, Florenz, ca. 1660

Sechskantklinge mit beiderseitigem schmalem Hohlschliff. Gefäß: doppeltes Stichblatt mit Zierrand, Parierring, kurze balusterförmige Parierstange, mehrfach abgefaßte Griffhülse, kugeliger Knauf mit Vernietknäufchen. Aus zwei Hälften bestehender Griff, die obere Griffhälfte mit Stilettklinge, die in eine Aussparung des Degengriffes eingefügt ist. Stillettgriff mit Federarretierung.

Florenz, Museo Nazionale del Bargello, BA m 268

Lit.: L. Boccia / E. Coelho, Armi Bianche Italiane, Nr. 638/639

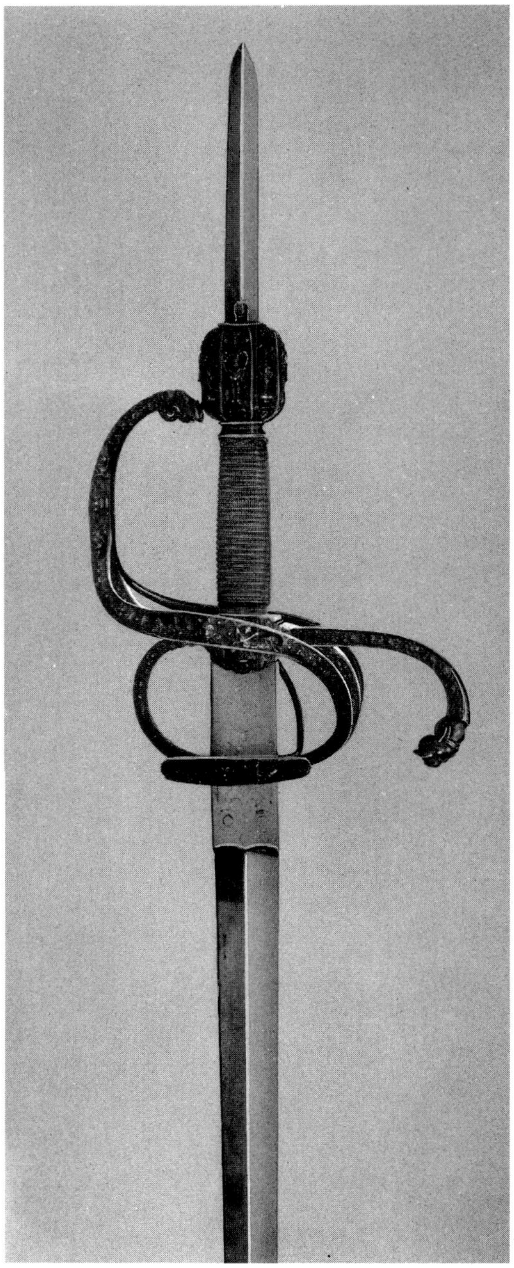

135

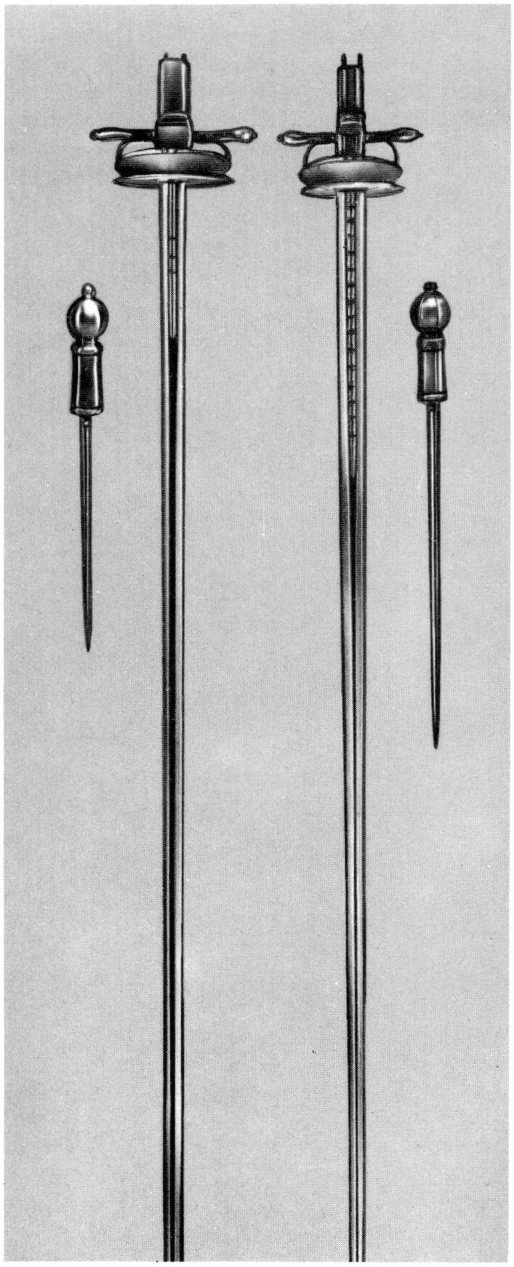

136 / 137

137 Degen mit verborgenem Stilett, Florenz, ca. 1660

Sechskantklinge im oberen Drittel mit beiderseitigem Hohlschliff, darin die Inschrift «DE PEDRO DE VELMONTE EN TOLEDO». Gefäß: doppeltes Stichblatt mit Zierrand, Parierring, balusterförmige Parierstange mit Blätterdekor, Griffhülse vertikal gekehlt, an der Parierstange mit Blätterdekor; gekanteter Kugelknauf mit Vernietknäufchen, Knaufhals mit Blätterdekor. Griff aus zwei Hälften bestehend, die obere Griffhälfte mit Stilettklinge, die in eine Aussparung des Degengriffes eingefügt ist. Stilettgriff mit Federarretierung.

Florenz, Museo Nazionale del Bargello, BA m 267

Lit.: L. Boccia / E. Coelho, Armi Bianche Italiane, Nr. 636/637

138 Rapier mit vorspringender Klinge, süddeutsch, um 1570

Die Klinge ist in drei Felder unterteilt, im unteren Drittel von rhombischem Querschnitt, das Mittelstück mit abgeflachtem Mittelgrat, die Klingenstärke achtkantig mit flachem Mittelgrat, auf der Vorderseite undeutliche Schlagmarke, die Fehlschärfe als rechteckige Hülse ausgebildet.

Die Fehlschärfe zeigt auf der Vorder- und Rückseite als Hochfüllung angelegte gravierte Ornamente; auf der Vorderseite über einer Fruchtschale Ranken, Grotesken und Fruchtbündel, auf der Rückseite aus einer Fruchtschale sich entwikkelnde Ranken, darüber gefiederte weibliche Grotesken und Fruchtbündel. Die Schmalseiten der Fehlschärfe sind mit hintereinanderliegenden Bohrungen ausgestattet; auf der Rückseite der Fehlschärfe sind in der Mitte des gravierten Stückes zwei nebeneinanderliegende und in dem oberen ungravierten Stück jeweils zwei hintereinanderliegende Bohrungen angebracht.

Das Gefäß Messing, gegossen und vergoldet, reich graviert und geschnitten, aus mehreren Teilen zusammengesetzt; lange gerade Parierstange von rundem Querschnitt, an den abgeflachten Enden mit tropfenförmig eingefaßten geschnittenen Fruchtbündeln auf gepunztem Grund geschmückt; Faustschutzbügel, Griffbügel, Klingenbügel und Quartbügel zeigen in der Mitte in rautenförmiger Umgrenzung geschnittene Fruchtbündel mit Granatäpfeln auf fein gepunztem Grund. Der Quartbügel mit zwei Spangen und Daumenring sowie der Parierbügel und der Klingenbügel sind mit einer rechteckigen Messinghülse, in die die Fehlschärfe der beweglichen Klinge eingeschoben ist, verschraubt. Die Rückseite der Klinge in der Mitte mit rechteckiger Aussparung für die drehbar gelagerte Arretierungsvorrichtung der Klinge. Die Arretierungsvorrichtung besteht aus einem Deckel mit zwei auf der Unterseite angebrachten Zapfen und dem Abzugshebel.

Die rechteckige gravierte Messinghülse zeigt auf der Vorderseite eine aus einer Fruchtschale aufsteigende gefiederte weibliche Groteske, darüber Fruchtbündel; auf der Rückseite ein sich aus einer antikisierenden Vase entwickelndes Ornament von Ranken, Blüten, Adler und geflügelter Groteske. Die Federkapseln sind mit gravierten Blüten, Blättern und Fruchtbündeln bandförmig umzogen.

Die rechteckige Griffhülse mit dem großen Knauf hart verlötet, zeigt auf der Vorderseite gravierte männliche Groteske, umgeben von Fruchtbündeln, auf der Rückseite in Rollwerk eingefügte weibliche Groteske und auf den Seitenflächen graviertes Schuppenornament.

Der hohle vasenförmige Knauf mit scheibenförmiger Grundplatte zeigt am Knauffuß graviertes umlaufendes Blüten- und Rankenwerk, anschließend feine gedrehte Profilringe, der manschettenförmige Knaufabschluß mit zwei seitlichen Durchbrüchen.

Zur Funktion der Springklinge: In den Federkapseln befindet sich je ein Zahnrad, das durch einen Stift zentriert wird und mit einer Triebfeder vernietet ist. Das Zahnrad greift in die als Zahnstange ausgebildete Schmalseite der Fehlschärfe ein. Beim Zurückschieben der Klinge wird die Feder um den Kern des Zahnrades gewickelt und somit gespannt. Die Arretierungsvorrichtung rastet in die Bohrungen auf der Breitseite der Fehlschärfe ein und hält die Klinge. Der Abzugshebel, der auf Druck die Klinge freigibt, kann mit dem Zeigefinger bedient werden. Die Klinge schnellt, durch die Federkraft bewegt, um 18 cm vor.

Dolch: Der zum Rapier gehörige Dolch mit kräftiger Gratklinge zeigt auf der Fehlschärfe beiderseitig gravierte Fruchtbündel, an den Schmalseiten Schuppenmuster. Das kleine bewegliche Stichblatt mit federnd gelagerten, einklappbaren achtkantigen kurzen Parierstangen; der in Messing gegossene kugelförmige Knauf hat in der unteren Hälfte zwei seitliche Federzapfen. Beim Einschieben des Dolches in das Griffstück des Rapiers werden zuvor die Parierstangen ortwärts eingeklappt, die Parierstangenenden werden in entsprechenden Bohrungen im scheibenförmigen Ansatz des Rapierknaufes gehalten. Beim Eindrücken des Dolches in den Knauf des Rapiers bewegt sich das Stichblatt nach oben, wobei die Feder zusammengedrückt und so gespannt wird. Die Federstifte des Dolchknaufes arretieren den Dolch im Knauf des Rapiers. Durch Druck auf die Federstifte springt der Dolch um etwa drei Zentimeter aus dem Knauf des Rapiers und kann mit der Hand herausgezogen werden.

Maße des Rapiers: Gesamtlänge mit ausgefahrener Klinge: 162 cm, Länge der Klinge mit Fehlschärfe: 137 cm, Klingenbreite an der Fehlschärfe: 2,4 cm, Gesamtgewicht mit Dolch: 2400 g, Gesamtlänge des Dolches: 35 cm, Länge der Klinge: 27 cm

Historisches Museum Dreden, Inv.-Nr. VI 410

Inventarnachweis: Inv. Kurkammer 1671, S. 138, Nr. 298 (Verz. 129): «Ein Rappier mit einem starkken Meßingen Gefäße, großen hohlen und Klein gerieffelten Knopffe, worinnen ein Dolch mit einem Meßingen Knopffe, verborgen, Der Grieff mit Figuren gestochen, auch etwas außgehauenen Bügel, langen geraden Creutze und Bogen mit einer einschiebigen und durch verborgene Räder, ausfahrenden Klingen, oben schwartz gestochen, und mit einen Meßingnen gestochenen langen Klappe, ohne Scheide.»
Inv. Kurkammer 1683, S. 203, Nr. 298 (Verz. 130); von 1716, S. 153 f., Nr. 298 (Verz. 131); von 1784, S. 208, Nr. 298 (Verz. 132); von 1821, S. 48f., Nr. 94 (Verz. 133); Gesamtinv. 1836, S. 402f., Nr. 470 (Verz. 81)

Lit.: M. v. Ehrenthal, Führer durch das Königliche Historische Museum in Dresden, S. 164, G 158; J. Schöbel, Prunkwaffen, S. 95, Abb. 91; The Splendor of Dresden, S. 122, Abb. 166

Bei Ehrenthal, Führer durch das Königliche Historische Museum zu Dresden, sind auf S. 164 drei Rapiere mit vorspringender Klinge angegeben: G 150, G 151, G 158.

G 150/ «Rappier mit vorspringender Klinge nebst Dolch, dessen Griff durch den ersteren Knauf hindurchgeht. Auf der Rappierklinge bekannte Mailänder Schmiedezeichen, so das ‹M mit der Krone›, die ‹Brille›, der ‹ganze Reichsapfel› und die Marke G 1. Geschenk des Erzherzogs Ferdinand von Tirol an Kurfürst August um 1575.»

G 151: «Rappier mit vorspringender Klinge. Das Gefäß geätzt und vergoldet. Um 1575.»

G 158: «Rappier mit vorspringender Klinge, nebst Dolch; Mechanismus wie bei 150, doch steckt ein Teil der Dolchklinge in dem ausgehöhlten Ansatz der Rappierklinge.»

Von den bei Ehrenthal angegebenen Rapieren befinden sich heute nur noch zwei im Historischen Museum. J. Schöbel gibt in «Prunkwaffen», S. 95, Abb. 91, die Ehrenthal-Nr. G 150 an und bezieht diese Zuschreibung auf das Rapier HMD VI 410. Das Rapier HMD VI 410 ist auf der Klinge nur mit einer undeutlichen Schlagmarke versehen; das «M mit der Krone», die «Brille», der «ganze Reichsapfel» sind nicht zu erkennen. Die Zuschreibung des Rapiers als Geschenk des Erzherzogs Ferdinand von Tirol an Kurfürst August dürfte nicht gerechtfertigt sein, zumal im angegebenen Inventar von 1616–20, S. 8, Nr. 13, eine andere Waffe verzeichnet ist. Der Inventarhinweis, Kurkammer von 1671, S. 198, Nr. 298, trifft auf das Rapier HMD VI 410 zu, hier ist aber kein Hinweis gegeben, der die Waffe als Geschenk des Erzherzogs von Tirol an Kurfürst August ausweist. Im Gesamtinventar von 1606 konnte die Waffe nicht entdeckt werden. Die Waffe mit der Ehrenthal-Nr. G 150 ist demnach nicht mehr vorhanden.

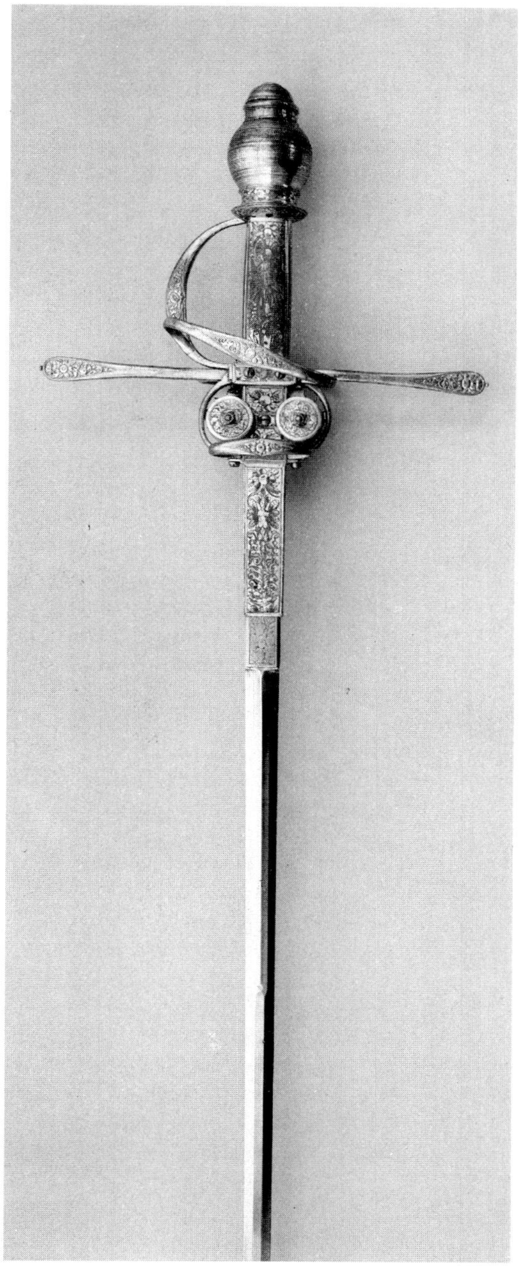
138

139 Rapier mit vorspringender Klinge, süddeutsch, um 1570

Die Klinge im unteren Drittel von rhombischem Querschnitt, anschließend mit abgeflachtem Mittelgrat, die Klingenstärke mit beiderseitigem Hohlschliff, lange rechteckige Fehlschärfe mit seitlicher Zahnung, auf der Rückseite der Fehlschärfe am Ansatz und oben je eine Bohrung für die Arretierungsvorrichtung. Die Fehlschärfe zeigt auf der Vorderseite schwarzgeätztes, als Hochfüllung angelegtes Ranken- und Blütenornament, dazwischen Vögel, auf der Rückseite schwarzgeätzte Ranken- und Blütenornamente, dazwischen laufender Hase und Hund.

Das Eisengefäß geätzt und vergoldet, die Vergoldung stark abgegriffen; gerade achtkantige Parierstange mit profilierten knotenförmigen Enden; achtkantiger Griffbügel am Knauf nach außen gebogen; der aus der Parierstange sich entwickelnde, am Ansatz kräftige Faustschutzbügel spaltet sich auf in drei weitere kantige Faustspangen, die mit dem Griffbügel und dem Parierring feuerverschweißt sind; achtkantiger Quartbügel mit drei Quartspangen und Daumenring; der Parierbügel ist mit einer rechteckigen Hülse, die gleichzeitig die bewegliche Klinge führt, verschweißt. Zwei zylinderförmige Federkapseln mit Deckplatte sind zwischen Parierstange und Klingenbügel angebracht, auf der Rückseite der Hülse eine rechteckige Aussparung für den federnd gelagerten geraden Arretierungshebel.

Federkapsel und Hülse zeigen in Goldätzung auf der Vorderseite Ranken und Masken, auf der Rückseite Blattranken, Blüten und Masken; die rechteckige Griffhülse mit abgefasten Kanten ist mit dem Knauf verschweißt, die Griffhülse zeigt beiderseitig geätzte Masken und Ranken, auf den abgefasten Kanten Flechtbandornament; der facettierte hohle Knauf mit aufgesetzter rechteckiger Hülse und angedeutetem, profiliertem Vernietknäufchen zeigt geätzte Masken und Ranken.

Gesamtlänge: 142 cm, Klingenlänge: 124 cm, Klingenbreite an der Fehlschärfe: 2,4 cm, Gewicht: 1810 g
Die Klinge springt 17,5 cm vor; das Funktionsprinzip wie bei dem Rapier mit Springklinge Kat.-Nr. 138

Historisches Museum Dresden, Inv.-Nr. IX 121

Inventarnachweis: Inv. Kurkammer 1671, S. 137 f., Nr. 297 (Verz. 129): «Ein Rappier mit einem ganz eisernen geetzten und vergüldeten Knopfe, Grieffe, langen Knöfichten Stangen und Bogen mit einschiebender und durch verborgene Räder und einem Abdrucke, ausfahrenden Klingen, oben schwartz geetzt, in schwarz sammeten Scheiden mit Meßingen gestochenen Orthbande.» Inv. Kurkammer von 1683, S. 203, Nr. 297 (Verz. 130); von 1717, S. 153, Nr. 297 (Verz. 131); von 1784, S. 207 f., Nr. 297 (Verz. 132); von 1821, S. 46, Nr. 91 (Verz. 133); Gesamtinv. von 1836, S. 387 f., Nr. 453 (Verz. 81)

Lit.: M. v. Ehrenthal, Führer durch das Königliche Historische Museum in Dresden, S. 164, G 151

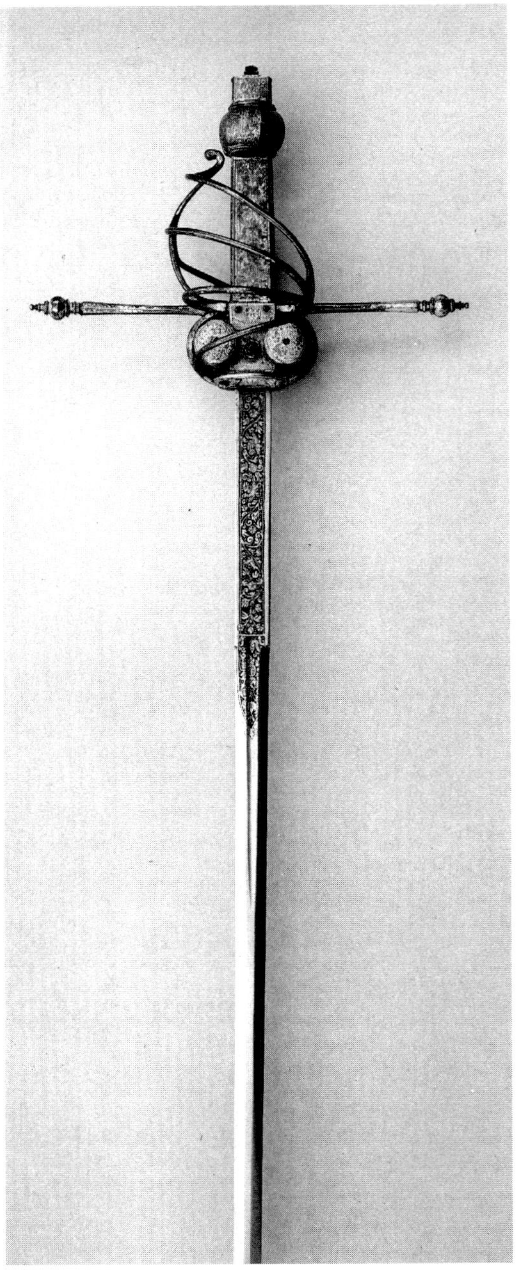

139

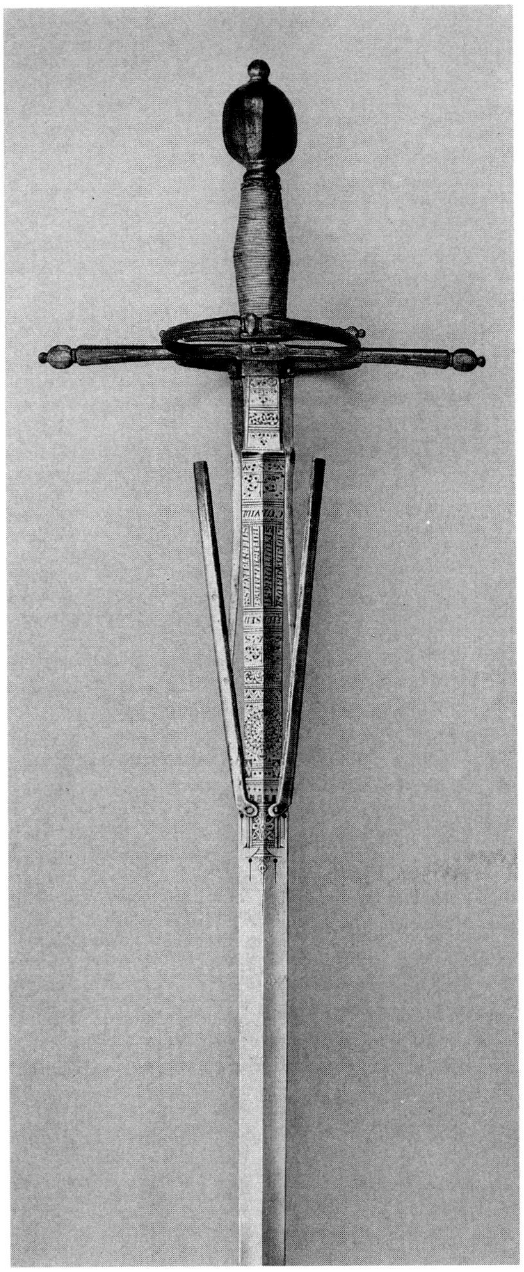

140

140 Rapier mit Pariervorrichtung an der Klinge von Paulus Willems, Solingen, um 1640

Zweischneidige Gratklinge, im oberen Drittel schmaler, ohne Schneiden; beide Klingenseiten reich dekoriert mit gravierten geometrischen und floralen Ornamenten. Die Klinge trägt im oberen Drittel beiderseitig gravierte Devisen; auf der Vorderseite die längsgerichtete Devise «GLORIA : VIRTUTEM/SEQUITUR:» (Ruhm folgt der Tüchtigkeit), «INTER : ARMA :/SILENT LEGES:» (Zwischen den Waffen schweigen die Gesetze); die quergerichtete Inschrift «FIDE SED/CUI : VIDE» (Trau, aber schau wem), auf der Gegenseite die quergerichtete Inschrift «SOLI DEO/GLORIA» (Gott allein die Ehre) und die längsgerichtete Devise «NEC : TEMERE/NEC : TIMIDE» (Weder unbesonnen noch furchtsam), «VIRTUS : FUNERI/SUPERSTES» (Tüchtigkeit überdauert das Begräbnis); auf der Fehlschärfe beiderseitig eingeschlagene Meistermarke (die Heiligen Drei Könige mit dem Stern von Bethlehem).[1]

Das Gefäß Eisen, vergoldet, aus zwei Teilen bestehend; kurze feststehende Parierstange mit nodusartigen Enden; Holzgriff mit vergoldeter Kupferdrahtwicklung aus abwechselnd einem glatten und einem zweifach verdrillten Draht; zwei Türkenbunde; olivenförmiger, vielfach gekanteter Knauf mit Vernietknäufchen, der Knaufhals mehrfach profiliert; die untere Parierstange gerade, beiderseitig mit großem Faustschutzbügel; die lange Fehlschärfe dient als Führung für die untere bewegliche Parierstange.

Mit der Klinge und der unteren Parierstange ist eine Vorrichtung aus schmalen Eisenschienen, die das Abgleiten bzw. das Einfangen der gegnerischen Klinge bezwecken soll, verbunden. Wird die untere Parierstange mit dem Daumen ortwärts geschoben, öffnet sich die Vorrichtung fächerartig. Beim Zurückschieben der Parierstange legen sich die Eisenschienen der Vorrichtung beidseitig an die Klinge an.

Gesamtlänge: 114 cm, Klingenlänge: 99 cm, Klingenbreite: 2,6 cm, Breite der ausgeklappten Pariervorrichtung: 33 cm, Gewicht: 1050 g

Historisches Museum Dresden, Inv.-Nr. IX 4

Inventarnachweis: Inv. Kurkammer von 1671, S.94, Nr.199 (Verz.129): «Ein Hau Degen mit eisernen vergüldeten eckigten Knopffe geraden langen Creutz und Bogen, die Klinge oben mit Zweyen ausfahrenden Spitzen und vielen Lateinischen Schrift in schwartz lederner Scheiden mit verguldetem orthbande, worbey Ein Leibgürtel und Gehencke von braunen Atlas mit guldenen silbernen und bund seidenen Blumenwerg gesticket auch mit braunen Sammet gefüttert woran ein eisernes vergüldetes Beschläge.»
Inv. Kurkammer von 1683, S.137f., Nr.199 (Verz.130); von 1716, S.103f., Nr.199 (Verz.131); von 1784, S.133, Nr.185 (Verz.132); von 1821, S.66, Nr.118 (Verz.133); Gesamtinv. von 1836, S.275, Nr.297 (Verz.81)

Lit.: M.v.Ehrenthal, Führer durch das Königliche Historische Museum in Dresden, S.164, G 158

[1] Paulus Willems als Schwertschmied 1640 in Solingen vereidigt; sein Zeichen war die Heilige-Drei-Königsmarke; vgl. H.Seitz, Blankwaffen, Bd.II, S.263.

141 Streitaxt mit versenkbarer Klinge, norditalienisch, Ende 16.Jahrhundert

Das kleine Axteisen mit dreipaßartigem Durchbruch zeigt beiderseitig grob geschnittene Blattranken und Eicheln; die runde Eisentülle, am Ansatz durch wulstartigen Ring verstärkt, oben durch Scharnierdeckel verschließbar; vierkantiger Haken mit Kantenwechsel; Haken und Tülle ebenfalls mit geschnittenen Blättern dekoriert.

Hohler runder Schaft aus Eisenblech, mit schwarzem Leder überzogen; Eisenschuh mit knaufähnlichem Abschluß aus Holz. Durch ruckartige Bewegung läßt sich aus dem Schaft eine lange vierkantige Spießklinge herausschleudern, die durch einen am unteren Ende der Klinge angebrachten Federbolzen, der in eine entsprechende Aussparung der Axttülle einrastet, arretiert wird. Durch Druck auf den Federbolzen wird die Arretierung gelöst, und die Klinge kann in den Schaft zurückgeschoben werden.

Gesamtlänge mit herausstehender Klinge: 177,5 cm, Länge bei versenkter Klinge: 98 cm, Klingenlänge: 85 cm, Gewicht: 1560 g

Historisches Museum Dresden, Inv.-Nr. T 97
Bei Ehrenthal nur im Zusammenhang mit ähnlichen Stücken erwähnt.

Lit.: H.Müller / H.Kölling, Europäische Hieb- und Stichwaffen, S.393, Nr.261, 262 (ähnliche Stücke); L.Boccia / E.Coelho, Armi Bianche Italiane, S.401, Nr.601, 602 (ähnliche Stücke)

141

142

142 Streithammer mit versenkbarer Spießklinge, norditalienisch, Ende 16.Jahrhundert

Achtkantiger Hammer, die Schlagfläche in Form eines vierteiligen polierten Dorns; achtkantige Tülle mit seitlichem Vierkantstachel, oben durch einen runden Scharnierdeckel, der einen vierkantigen Stachel trägt, verschließbar; Hammer und Tülle vergoldet, mit gepunzten kreis- und blattförmigen Mustern verziert; dreikantiger Haken.

Belederter Schaft mit rundem Querschnitt, im unteren Drittel aus Holz, anschließend als hohler Eisenschaft ausgebildet; die Belederung zeigt Fehlstellen; das untere Schaftende mit Eisenzwinge. Im Schaft untergebracht eine lange Spießklinge mit rhombischem Querschnitt. Funktionsprinzip wie bei Streitaxt Kat.-Nr. 141.

Gesamtlänge mit herausstehender Klinge: 221 cm, Länge bei versenkter Klinge: 145 cm, Klingenlänge: 82 cm, Gewicht: 1880 g

Historisches Museum Dresden, Inv.-Nr. R 81

Inventarnachweis: Gesamtinv. von 1606, S.903f., (Verz.72): «Zween Stäb, mit Zweyen vergülten Zscheckeneisen, außfahrenden viereckten Spietzen, hölzern mit schwartzen leder überzogen Schäften, roten Seidenfransen bewunden, der eine durch Jahn Maria, der andere von Josten von Breda, in die Cammer geantwortet.»
Inv. Türkenkammer von 1674, S.99, Nr.269 (Verz.244); von 1683, S.135, Nr.270 (Verz.245); von 1716, S.96, Nr.270 (Verz.246); von 1783, S.135, Nr.277 (Verz.247); von 1821, S.197, Nr.320 (Verz.248); Gesamtinv. von 1836, S.158f. (Verz.79)

143

144

145

143 Streithammer mit versenkbarer Spießklinge, norditalienisch, Ende 16. Jahrhundert

Streithammer, Eisen, vergoldet, kreisförmige gepunzte Verzierungen auf kantigem Haken und Hammer, rosettenförmige Hammerbahn; die eiserne Tülle am Ansatz mit starkem Ringwulst, oben durch ovalen Scharnierdeckel mit kugeliger Handhabe verschließbar.

Runder Schaft aus Eisenblech, mit schwarzem Leder überzogen, die Belederung nur z.T. erhalten; im Schaft untergebracht eine lange Spießklinge mit rhombischem Querschnitt.

Gesamtlänge mit herausstehender Klinge: 221 cm, Länge bei versenkter Klinge: 145 cm, Klingenlänge: 84 cm, Gewicht: 1800 g

Historisches Museum Dresden, Inv.-Nr. R 82

Inventarnachweis: Gesamtinv. 1606, S. 903f., (Verz. 72): «Zween Stäb, mit Zweyen vergülten Zscheckeneisen, außfahrenden viereckigten Spietzen, hölzern mit schwartzen leder überzogenen Schäften, roten Seidefransen bewunden, der eine durch Jahn Maria, der andere von Josten von Breda, in die Cammer geantwortet.»
Weitere Inventarangaben wie bei Streithammer HMD R 81.

Lit.: H. Müller / H. Kölling, Europäische Hieb- und Stichwaffen, S. 393, Nr. 261, 262 (ähnliche Stücke); L. Boccia / E. Coelho, Armi Bianche Italiane, S. 401, Nr. 601, 602 (ähnliche Stücke)

144 Streitaxt mit versenkbarer Spießklinge, norditalienisch, 1. Hälfte 17. Jahrhundert

Beil halbmondförmig, schlanker kantiger Haken, Tülle mit rundem Scharnierdeckel. Beil und Haken zeigen linear gepunzte Verzierungen.

Schaft aus Eisenblech von rundem Querschnitt, am unteren Schaftende runde, mit dem Schaft verschraubte Eisenkugel. Im Schaft verborgene Vierkantklinge mit Federarretierung, die Klinge im kurzen Hohlschliff bezeichnet «SOLINGEN» (in Italien nachgeahmte Inschrift).

Gesamtlänge mit herausstehender Klinge: 179 cm, Länge mit versenkter Klinge: 104 cm, Gewicht: 1640 g

Museum für Deutsche Geschichte Berlin, Inv.-Nr. W 2679 (PC 5013)

Lit.: H. Müller / H. Kölling, Europäische Hieb- und Stichwaffen, S. 260, Kat. Nr. 262

145 Streitaxt mit versenkbarer Spießklinge, norditalienisch, 1. Hälfte 17. Jahrhundert

Axteisen mit sechs runden Durchbrüchen, nach vorn gerichteter Vierkanthaken, kombiniert mit kleiner Sichel, profilierte Tülle mit rundem Scharnierdeckel.

Eiserner Rundschaft mit Zierwulst, am Schaftende eiserne Hohlkugel. Der Schaft enthält eine zweischneidige Klinge mit Federarretierung, am Klingenansatz stark verwischte, nicht lesbare Inschrift.

Gesamtlänge mit herausstehender Klinge: 172 cm, Länge bei versenkter Klinge: 104 cm, Gewicht: 2040 g

Museum für Deutsche Geschichte Berlin, Inv.-Nr. W 2678 (PC 5012)

Lit.: H. Müller / H. Kölling, Europäische Hieb- und Stichwaffen, S. 260, Kat. Nr. 261; E. v. Lenz, Mitteilungen aus der Renaissance-Abteilung der Kaiserlichen Ermitage zu St. Petersburg. In: ZHWK 2 (1900–1902), S. 314–316, 351–355; L. Boccia / E. Coelho, Armi Bianche Italiane, S. 401–402, Nr. 601–604

146 Streithammer mit versenkbarer Vierkantklinge, norditalienisch, Ende 16. Jahrhundert

Zierlicher, mit dem Schaft verschraubter Streithammer; schlanker Vierkanthaken mit blattförmig ausgebildetem Hals; kurzer vasenförmiger Hammerkopf mit runder Schlagfläche, die Tülle mit seitlich verschraubtem Tragehaken.

Schaft aus Eisenblech, mit rundem Querschnitt; oben durch einen Scharnierdeckel mit halbkugelförmigem Kopf zu verschließen; am Schaftende kugeliger gekerbter Buchsbaumknauf.

Durch ruckartige Bewegung läßt sich aus dem Schaft eine vierkantige Klinge herausschleudern, die durch einen seitlichen, an der Klinge angebrachten Federbolzen, der in eine entsprechende Aussparung des Schaftes einrastet, arretiert wird. Durch Druck auf den Federbolzen wird die Arretierung gelöst, und die Klinge kann in den Schaft zurückgeschoben werden.

Gesamtlänge mit herausstehender Klinge: 100,5 cm, Länge mit versenkter Klinge: 58 cm, Gewicht: 700 g

Historisches Museum Dresden, Inv.-Nr. T 69

Inventarnachweis: Inv. Türkenkammer von 1674, S. 33, Nr. 95 (Verz. 244): «Ein Streithammer mit einer ausfahrenden viereckigten Spitz an einem schwartz eisernen hohlen Schaffte und schwartz Sammeten Grieffe mit einem schwartz hölzernen ausgeschnittenen Knopfe.»
Inv. Türkenkammer von 1683, S. 54, Nr. 95 (Verz. 245); von 1716, S. 35, Nr. 95 (Verz. 246); von 1783, S. 115, Nr. 222 (Verz. 247); von 1821, S. 165, Nr. 263 (Verz. 248); Gesamtinv. von 1836, S. 157 (Verz. 79)

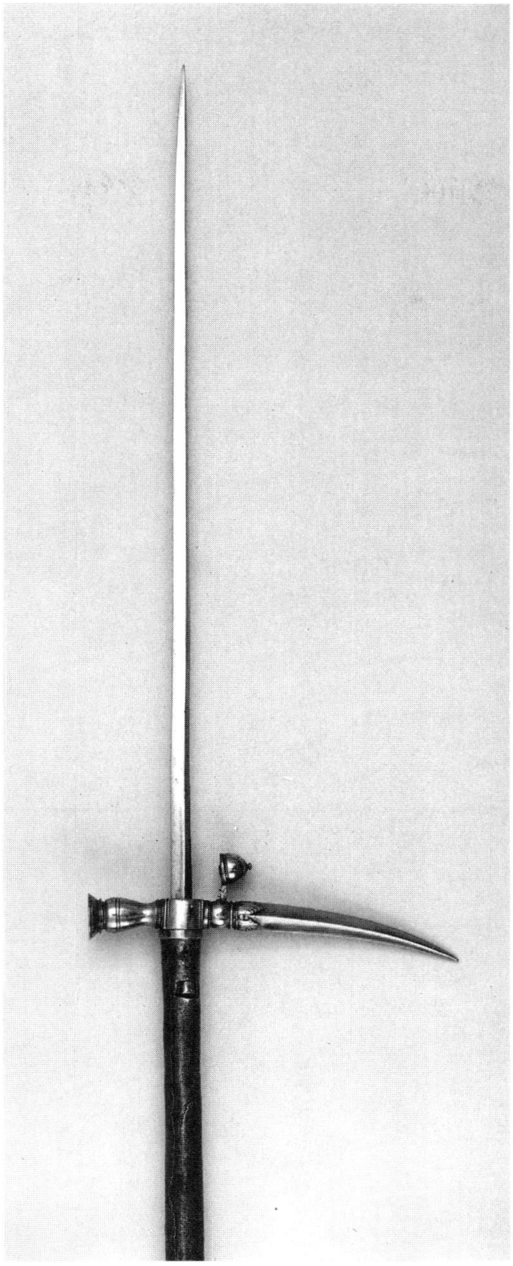

146

147

147 Klappbare Runka, italienisch, um 1550

Dreiteilige Klinge mit kastenförmiger Tülle; kräftige Mittelklinge von rhombischem Querschnitt, zwei einschwenkbare halbmondförmige Seitenklingen, beiderseitig reicher Ätzdekor auf schwarzem Grund: Trophäen, Armaturen, Musikinstrumente (Geigen, Fanfaren, Trommeln und Panflöten). Die kastenförmige Klinge mit Klappmechanismus, kräftiges Scharnier, doppelte Federarretierung mit eingeschraubten Druckknöpfen. Durch Handdruck wird die Federarretierung gelöst, und die Klinge kann umgeklappt werden, wobei die Seitenklingen einschwenken. Holzschaft von ovalem Querschnitt, konischer Eisenstiefel mit Vierkantnagel, gleicher Ätzdekor wie auf der Klinge.

Gesamtlänge: 248 cm, Klingenlänge: 106 cm, Breite der Mittelklinge: 3,4 cm, Gewicht: 3420 g

Historisches Museum Dresden, Inv.-Nr. R 77

Lit.: W. Boeheim, Handbuch der Waffenkunde, S. 350; L. Boccia/E. Coelho, Armi Bianche Italiane, Nr. 338; O. Gamber/Ch. Beaufort-Spontin, Curiositäten aus Kunst- und Rüstkammer, S. 37

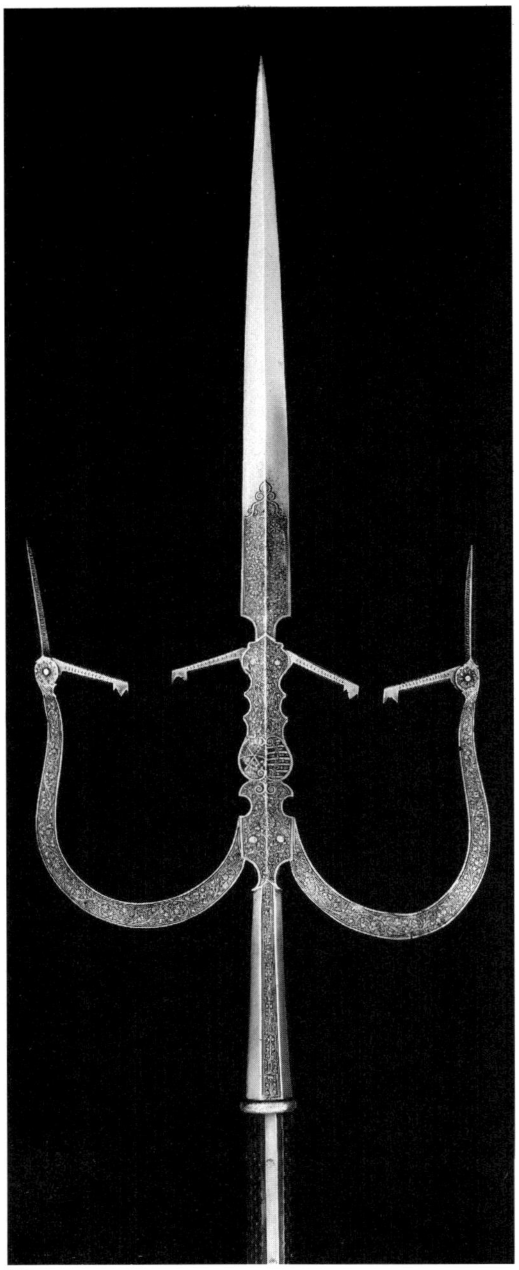

148

148 Menschenfänger, vermutlich von Martin Feil (Feyhel), Dresden, 1587

Ungewöhnlich große, reich geätzte Waffe, mit kräftiger Mittelklinge und zwei U-förmigen gebogenen Seitenhaken mit feststehender Vierkantspitze und je einem durch Federdruck nach innen beweglichen Seitenarm mit gezacktem Kopf.

Die Mittelklinge als Gratklinge ausgebildet, mit langem Hals von bewegtem Umriß und achtkantiger, zum Klingenhals sich verjüngender Tülle. Unmittelbar unter dem Klingenansatz sind mit dem Klingenhals zwei durch Federdruck nach innen bewegliche Seitenarme mit gezacktem Kopf vernietet, der Klingenhals zur Aufnahme der Seitenarme entsprechend ausgespart. Die Seitenarme der Mittelklinge und die der Seitenhaken schließen gemeinsam die Öffnung. Das untere Drittel der Mittelklinge, der Klingenhals und die Seitenhaken sind mit feingliedrigen geätzten Ranken auf schwarzem Grund dekoriert; der Klingenhals trägt beiderseitig das geätzte kursächsische Wappen. Von den acht Seiten der Tülle sind vier geätzt. Die Tülle am Ansatz durch Ringwulst verstärkt, darüber auf den Seiten die eingeschlagene Initiale «KB» und die Jahreszahl «1587» sowie die Initiale «MF» und «1587».

Achtkantiger genoppter Holzschaft, vier lange blanke, mit gekerbten Eisenkopfnägeln befestigte Schaftfedern; der Schaftschuh fehlt.

Gesamtlänge: 313 cm, Länge der Mittelklinge: 96,7 cm, Durchmesser der Öffnung zwischen Seitenhaken und Mittelklinge: 15,5 cm, Größte Breite: 41,6 cm, Gewicht: 5930 g

Historisches Museum Dresden, Inv.-Nr. R 76

Inventarnachweis: Gesamtinv. von 1836, 2. Galerie, S. 363 ff. (Verz. 79)

Lit.: E. Haenel, Kostbare Waffen aus der Dresdner Rüstkammer, S. 140, Tafel 69 b; J. Schwietering, Menschenfänger und Fangeisen. In: ZHWK, 7 (1915–1917), S. 143

149 a Granatgewehr und Gewehrgabel mit Klappbajonett von Tobias Graefenstein, Gotha, 1729, Geschenk des Herzogs von Sachsen-Gotha, Friedrich II., an König August II. von Polen

Die Waffe wurde zum Schießen von Feuerwerkskörpern benutzt. Reich dekorierter Damastlauf mit aufgelegtem, graviertem, zum Teil vergoldetem Silber; im hinteren Laufstück achtkantig, anschließend rund, mit kräftigem Wulst als Übergang zum mörserartig erweiterten vorderen Laufstück. Der Mörser mit wulstiger profilierter Mündung, hinter dem Wulst mit silbernem graviertem Band von Akanthusblättern aus gepunztem Goldgrund umzogen, darin stiftförmiges Korn aus Silber.

Auf dem Mörser zwei silberne Schriftbänder, in Goldtauschierung «FORTITUDO ARSETEX PERIENCIA» «SUNT MILITUM PROBRIA» (Tapferkeit, Gewandtheit und Ausdauer sind dem Soldaten eigen), darunter in einer Kartusche mit silbernen Ranken auf gepunztem Goldgrund der v. Seebachsche Wappenschild in Silber. Der Möreransatz mit silbernem Akanthusblattkranz auf vergoldetem Grund.

Das runde Laufstück auf der Unterseite mit graviertem und vergoldetem Haken, zeigt vorn Bandelwerk in Silber auf Goldgrund, dahinter unter einer goldenen Krone ein Silbermedaillon mit graviertem «F» als Spiegelmonogramm, dem Monogramm Herzog Friedrichs II. von Sachsen-Gotha. Der Übergang vom runden zum achtkantigen Laufstück durch Profilringe betont, daran anschließend von silbernem Bandelwerk umgebenes kleines Medaillon mit der Jahreszahl 1729, weiterhin zeigt die Laufoberseite in Goldtausia die Inschrift «TANDEM» (Endlich); das Schwanzschraubenblatt, mit graviertem Bandelwerk verziert, trägt ein Visier in Form eines plastischen Hundekopfes aus teilweise vergoldetem Silber, auf dem Hinterkopf des Hundes ist der v. Seebachsche Wappenschild zu sehen.

Steinschloß Eisen, poliert; reich dekoriert mit geschnittenen Ranken und Trophäen auf gepunztem Goldgrund; der Hahn mit flach ausgeschmiedetem Hals zeigt ebenfalls Ranken auf Goldgrund; zwischen den Schenkeln der Batteriefeder gravierte Inschrift «GRAEFENSTEIN GOTHA».

Montierung: Abzugsbügel aus Silber, zum Teil vergoldet, reich graviert mit Bandelwerk, der hintere Abschluß des Abzugsbügels als Akanthusblatt ausgebildet; gebläutes Abzugsblech; die Gegenplatte aus Silber, zum Teil vergoldet; als kräftiger Schnörkel optisch in drei Teile untergliedert, ovales leeres Mittelmedaillon, rechte Seite zeigt gravierte Ranken, linke Seite als Fisch gestaltet.

Hinter der Gegenplatte silbernes Pendellot mit Einteilung von 0 bis 50°, von 0 bis 45° angegeben, das balusterförmige Pendel aus vergoldetem Silber; Kolbenplatte Silber mit Bandelwerk auf vergoldetem Grund, auf dem Kolbensporn ein berittener Feldherr mit Dreispitz, in der linken Hand einen Marschallstab haltend, rechts und links von Zelten gerahmt; zwei silberne Riemenbügel.

Nußbaumschaft mit Konturschnitt und geschnittenen Blattranken, der Vorderschaft unter der Laufmündung in Silber gefaßt.

Gesamtlänge: 79,5 cm, Lauflänge mit Mörser: 41 cm, Kaliber des Laufes: 18 mm, Durchmesser des Mörsers: 73 mm, Gewicht: 3340 g

Historisches Museum Dresden, Inv.-Nr. G 1570

Inventarnachweis: Inv. Büchsenkammer von 1730, S. 23, Nr. 123 (Verz. 170): «Ein Mordier oder Musqvedon der Laufft damacieret, stark mit Silber eingelegt, vorn aufm Lauffte ein Wappen, hinten nach der Schwanzschraube diese Schrift Tandem, mit Golde eingeschlagen, die ganze mondur Silber und mit Gold eingeschlagen, dabey ein rauhes Futteral 1. Hirschfänger mit eyßern Gefäße, auffm Griff 6. eyßerne Pucell, in einem schlechten leder Gurthe mit Meßingener Schnalle, dabey noch 1. Hellebardte mit einem Bajonett beydes mit Goldte ammelirt, ist von Herzog von Gotha, an Ihro Königl. Majt. verehret worden.»
Inv. Büchsenkammer, 1730, S. 24, Nr. 123 (Verz. 171), Inv. königl. Leibgewehr, 1748, S. 243, Nr. 55 (Verz. 181)
«. . . hierbey auch ein Estativ, den Mortier aufzulegen, so zugleich als eine Helleparde zu gebrauchen und woran ein Bajonet, das Eisenwerk ausgehauen, und in Goldt eingeschlagen, benebst einem schlechten Balasch mit hirschhornernen Griff, in deßen Scheide der Lade Stock obigen Mortiers stecket . . .»
Inv. königl. Leibgewehr, 1754, Bd. 1, S. 243, Nr. 55 (Verz. 185), Inv. kurfüstliches Leibgewehr, 1799, Bd. 1, S. 263, Nr. 56 (Verz. 190), Inv. königl. Gewehrgalerie, 1856, Bd. 2, Nr. 56 (Verz. 201)

Lit.: M. v. Ehrenthal, Führer durch die Königliche Gewehrgalerie zu Dresden, S. 76, 1570 a, b

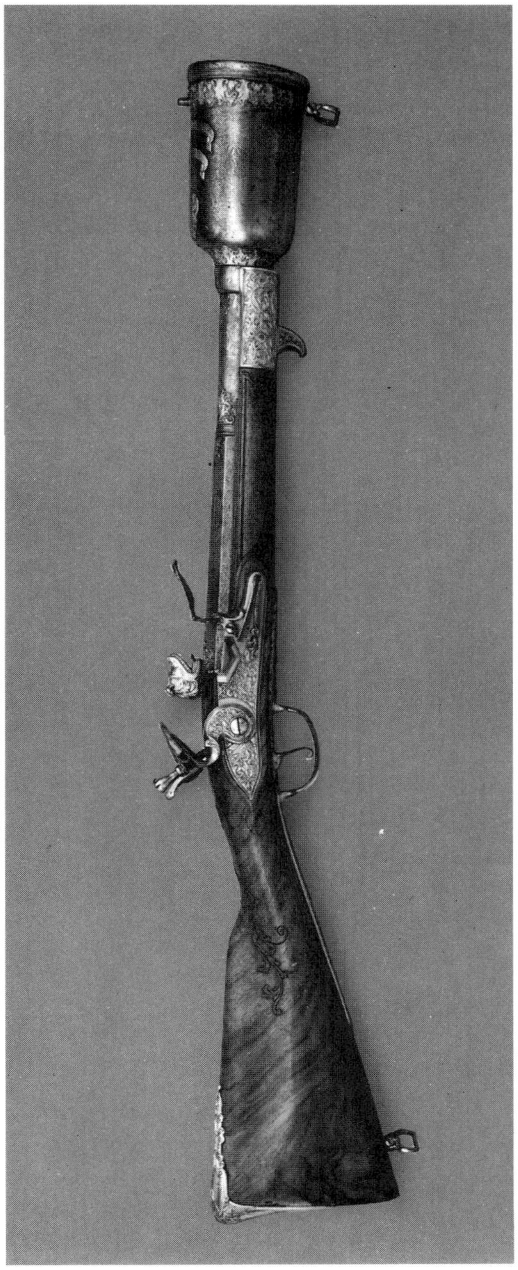

149a

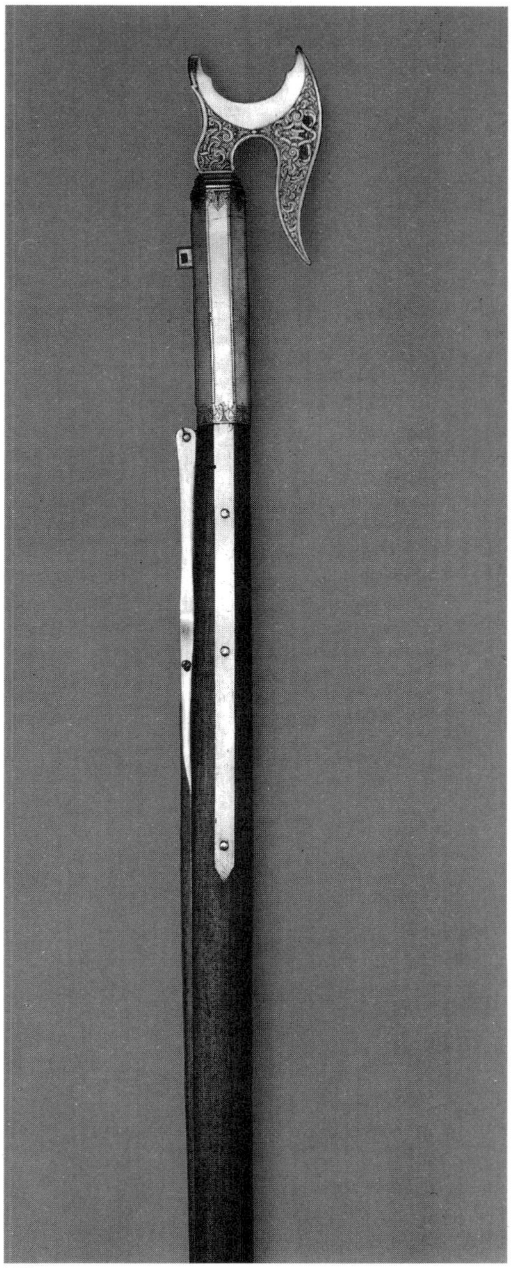

149b

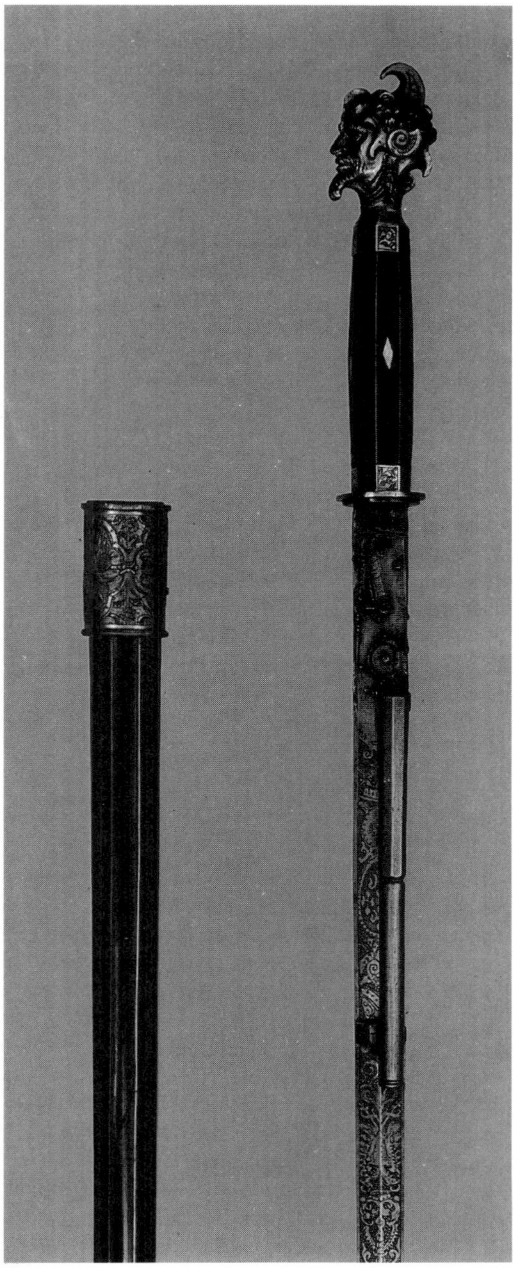

150

149 b Gewehrgabel mit Klappbajonett von Tobias Graefenstein, Gotha, 1729

Gewehrgabel Eisen, in Form einer halben Helmbarte mit kleinem, S-förmigem Axteisen und halbmondförmiger polierter Gabel; die Klinge beiderseitig mit geschnittenem Bandelwerk auf vergoldetem Grund dekoriert, der achtkantige, mehrfach profilierte Klingenhals mündet in kurze achtkantige Tülle, deren Ober- und Unterkante einen gravierten Akanthusblattkranz trägt. Die mit dem Schaft zweifach verschraubte Tülle wird zusätzlich von vier langen Schaftfedern gehalten. Das Klappbajonett mit vierkantigem Hals zeigt auf der pfriemartigen Klinge geätztes Rankenwerk auf goldenem Grund.

Das Bajonett, mit dem Schaft durch ein Scharnier verbunden, wird von einem seitlich am Klingenhals angebrachten Federbolzen, der in einen mit der Tülle vernieteten durchbrochenen Zapfen einrastet, arretiert.

Holzschaft mit rundem Querschnitt, in der oberen Hälfte achtkantig; kegelförmiger eiserner, von zwei kurzen Schaftfedern gehaltener Schaftschuh mit Zierwulst, unter dem Wulst gravierter Akanthusblattkranz. Der Schaft trägt in der Mitte ein Eisenblech mit ovalem Federschieber. Die eingeklappte Klinge wird an der Spitze durch einen Federschieber gehalten. Nach Lösen der Arretierung kann die Klinge mit der Hand nach vorn ausgeschwenkt werden.

Gesamtlänge mit ausgeklappter Klinge: 223 cm, Länge bis zum Mittelpunkt der Gewehrgabel: 183 cm, Klingenlänge: 64 cm, Gewicht: 2650 g

Historisches Museum Dresden, Inv.-Nr. T 98

STÖCKE MIT VERBORGENER KLINGE

150 Stockdegen mit Radschloßfeuerwaffe, Augsburg, Ende 16. Jahrhundert

Gratklinge beiderseitig reich geschmückt mit geätzten Ranken und Trophäen auf schwarzem punktiertem Grund, das obere Klingenstück zeigt auf der rechten Seite den doppelköpfigen Reichsadler mit dem Wappen von Jerusalem, auf der Gegenseite ein Wappenschild mit vier Lilien.

Die Radschloßfeuerwaffe rechtsseitig mit der Klinge verschraubt; glatter, in der vorderen Hälfte runder, anschließend achtkantiger Lauf; zierliches Radschloß, flache Schloßplatte, außenliegendes Rad mit gemarkter Radkappe, zweifach verschraubte Radführung, Pfannenschiebedeckel, gravierter Hahn mit ringförmiger Handhabe.

Achtkantiger Griff mit schmalen Platten aus Ebenholz und Mahagoni belegt, darin auf vier Seiten rhombenförmige Perlmuttereinlagen, Beinzierkanten, die Griffenden mit gravierten Perlmuttereinlagen belegt.

Rundes Stichblatt aus vergoldeter Bronze, der Knauf aus vergoldetem Bronzeguß in Form eines bärtigen Kopfes mit groteskem Helm.

Rundstock mit Vertikalstreifen aus Ebenholz und Mahagoni belegt, dazwischen Zierlinien aus Elfenbein.

Mund- und Ortblech Kupfer, vergoldet, mit getriebenen und gravierten Masken, Fruchtgebinden und Bandwerk dekoriert.

Gesamtlänge: 127,3 cm, Klingenlänge: 107,4 cm, Lauflänge: 17 cm, Gewicht: 1500 g
The Wallace Collection London
Reproduced by permission of the Trustees of the Wallace Collection

Lit.: Wallace Collection Catalogues, European Arms and Armour, Vol. II, A 1240, Tafel 157; J. F. Hayward, Augsburg Swords. In: WKK 22 (1980) 1, S. 8, Abb. 11

151 Stockdegen mit Radschloßfeuerwaffe, Augsburg, Ende 16. Jahrhundert

Gratklinge, im oberen Drittel beiderseitig mit Hohlschliff, reicher Ätzdekor, Ranken und Trophäen auf schwarzem geperltem Grund. Das Radschloß mit der rechten Klingenseite verschraubt, der Lauf im Hohlschliff der Gegenseite liegend; flache Schloßplatte mit außenliegendem Rad, zweifach verschraubte Radführung, Schiebepfannendeckel, Hahn mit balusterförmigem Fuß und graviertem Kopf, Abzugssicherung, knopfförmiger Abzug.

Achtkantiger Ebenholzgriff mit Beinzierkanten; rundes Stichblatt, vergoldeter Bronzeknauf in Form eines bärtigen Kopfes mit spanischer Halskrause.

Runder Ebenholzstock mit gravierten Beinstreifen und Zierlinien; Mund- und Ortblech Kupfer, vergoldet, reicher Dekor: getriebene und gravierte Masken, Fruchtgebinde und Bandwerk; Stockstiefel mit Vierkantspitze.

Klingenlänge: 116 cm, Lauflänge: 36,7 cm, Gewicht: 2280 g

Nationalmuseet København, Inv.-Nr. 10165
Kunstmusset C. D. c. Kunstkammeret I – 866 – 150

Lit.: J. F. Hayward, Augsburg Swords. In: WKK 22 (1980) 1, S. 8, Abb. 12

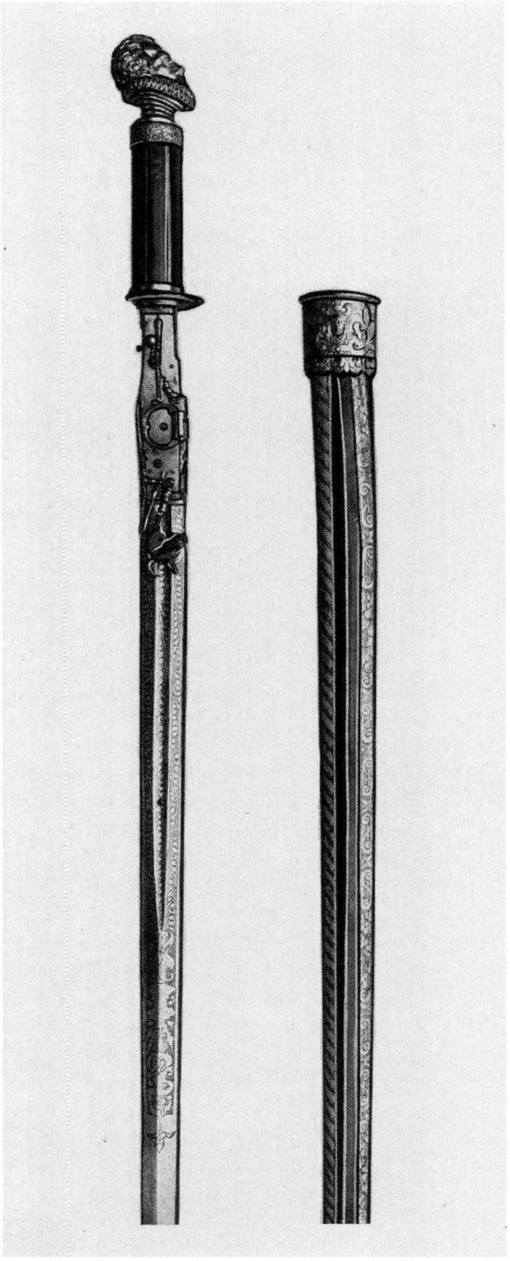

151

152

152 Stockdegen, kombiniert mit Radschloßfeuerwaffe, Augsburg, Ende 16. Jahrhundert

Gratklinge, im oberen Drittel dekoriert mit Kriegsarmaturen in Goldätzung auf schwarzem geperltem Grund, darin die Wappen von Burgund und Spanien. Seitlich mit der Klinge verschraubte Radschloßfeuerwaffe; der Lauf in der vorderen Hälfte rund, anschließend achtkantig, ist reich geschmückt mit Bandmauresken und feingliedrigem Rankenwerk auf schwarzem Grund; Schlagmarke «Stehender Mann»; die Schloßplatte zeigt Bandmauresken auf schwarzem Grund, außenliegendes Rad mit durchbrochener Radkappe; Hahn mit profiliertem Fuß, gravierte Hahnlippen in Form eines Monstrekopfes, Abzugssicherung, knopfförmiger Abzug. Griff mit Vertikalstreifen aus Ebenholz und Bein belegt; kleines rundes Stichblatt; kugeliger Knauf, horizontal mit Streifen aus graviertem Bein und Ebenholz furniert; mehrfach profiliertes Vernietknäufchen.

Stock (Scheide) von rundem Querschnitt, abwechselnd vertikale Streifen aus Ebenholz und Bein, ohne Mundblech.

Klingenlänge: 109 cm, Klingenbreite: 3 cm, Lauflänge: 36,7 cm, Gewicht: 2280 g

Tøjhusmuseet København, Inv.-Nr. C 105/42

Lit.: J. F. Hayward, Augsburg Swords. In: WKK 22 (1980) 1, S. 10, Abb. 15

153 Stockdegen des Kurfürsten August von Sachsen von Hans Frost, Dresden, um 1580

Dreikanthohlschliffklinge, im unteren Drittel poliert, anschließend reich dekoriert mit geätzten Ornamenten in Form von fortlaufenden symmetrischen Bändern und darin eingebundenen Ranken auf schwarzem Grund, das obere Klingenstück zeigt in Goldätzung die personifizierten Tugenden Caritas, Spes und Fides auf punktiertem schwarzem Grund. Die nur schwer als weibliche Figuren zu erkennenden, etwas überlängten und grob geätzten Gestalten stehen unter Baldachinen, darüber in Goldätzung von schmalen Bändern gerahmte Inschriften «CARITAS», «SPES» und «FIDES». Die gekrönte Caritas (Liebe) in langem herabfallendem Gewand, auf dem rechten Arm ein Kind haltend, die linke Hand liegt auf dem Kopf eines zu ihren Füßen stehenden Kindes. Spes (Hoffnung), dargestellt als gekrönte weibliche Figur, lang gewandet mit hoher Taille, als Attribut eine Sichel in den Händen haltend. Fides (Glaube), ebenfalls als gekrönte weibliche Figur dargestellt, in langem Gewand mit hoher Taille, als Attribut in der rechten Hand einen Kelch und in der linken Hand ein Kreuz haltend.

Gedrechselter, reich verbeinter Nußbaumgriff für zwei Hände, mit halbkugelförmigem, unten zur Aufnahme des Stockes entsprechend ausgedrehtem Ansatz; balusterförmiger, durch Zierring in der Mitte betonter Griff mit kugelförmigem Knauf, dessen abgeflachte Scheitelfläche eine beinerne Horizontalsonnenuhr trägt (Deckel, Polfaden, Kompaß und Glas fehlen); Knauf und Griffansatz des Stockdegens sind mit gravierten blattförmigen Einlagen zwischen Horizontal- und Vertikalstreifen verziert.

Der Griff, dessen Mittelstück mit spiralförmigen Ranken zwischen Schräglängsstreifen geschmückt ist, wird oben und unten von einer Beinmanschette umfangen. Die untere Manschette trägt gravierte ovale Porträtmedaillons mit Bildnissen einer Frau, eines bärtigen Mannes und eines Bauern, die obere Manschette zeigt Amor mit gespanntem Bogen und aufgelegtem Pfeil, auf einen am Boden liegenden Hirsch zielend.

Runder Stock (Scheide) aus Nußbaumholz, überaus reich verbeint. Zwischen Längsstreifen in Form von zweifach gedrehten Seilen, übereinander gelegten Blättern und ungravierten Beinstreifen umziehen fortlaufende spiralförmige Ranken den Schaft in seiner Längsrichtung. In den einzelnen Ornamentpartien sind in loser Folge Raubvögel, Tauben, Papageien, ein durch die Beine nach hinten schauender Affe, Eichhörnchen, ein Ochse und ein liegender Löwe, liegende oder stehende Putten, die aufgeschlagene Bücher mit Buchstaben in der Reihenfolge des Alphabets in den Händen halten, eingestreut.

Ein Putto hält ein Täfelchen mit dem Monogramm des Schäfters «HF». Der Schaft ist oben von einer Manschette gefaßt, auf der figürliche Szenen dargestellt sind. Dargestellt sind drei Bauernpaare nach Vorlagen aus der Kupferstichfolge von Sebald Beham «Das Bauernfest» oder «Die zwölf Monate» (Kupferstichfolge von 10 Blättern, dat. 1546 und 1547).[1]

Die auf der Manschette des Stockes gravierten Bauernpaare sind bis ins Detail identisch mit den Sebald-Behamschen Vorlagen, jedoch etwas unbeholfener in der Zeichnung, was allerdings auch zum Teil auf die Umsetzung in das recht spröde Material zurückzuführen ist. Beham personifiziert die 12 Monate des Jahres durch 12 Bauern, denen er Monats- und Vornamen gibt. Die auf der Stockmanschette dargestellten Bauern tragen keine Monatsnamen, sind jedoch eindeutig als die von Beham bezeichneten Monate «HER GREGORIVS MERCZ», «MARCVS APRIL» und «EGIDIVS HERBSTMON» zu erkennen.

Gesamtlänge des Stockdegens: 143 cm, Klingenlänge: 111 cm, Gewicht: 940 g, Gewicht mit Stock: 1650 g

Historisches Museum Dresden, Inv.-Nr. J 231

Lit.: A. Bartsch, Le Peintre-Graveur, Nr. 155, 158; G. Pauli, Hans Sebald Beham, Nr. 178, 181

Inventarnachweis: Inventar der Kunstkammer von 1587, S. 262 (Verz. 1): «Vorbeinter Stab mit einem eisernen Stachell, Invendik ein geetzter Deyecker, oben mit einem Sonnen Compahs mit einem silbern vorgöldten Deckell.»

Der Stockdegen befand sich ursprünglich in der Kunstkammer und kam später in die Rüstkammer, wo er im Gesamtinventar der Rüstkammer von 1680/89, No. 394 erwähnt wird. Dieses Inventar zählt leider zu den Kriegsverlusten, der Inventarvermerk konnte deshalb nicht nachgeprüft werden. Vermutlich bezieht sich Ehrenthal auf diesen Inventarvermerk, wenn er die Waffe als dem Kurfürsten August von Sachsen gehörig (d. h., die Waffe wurde vom Kurfürsten persönlich getragen) bezeichnet.[1]

Viktor Hantzsch weist den Stockdegen als in der Kunstkammer befindlich und von Martin Feil gefertigt aus.[2] Martin Feil war Mechaniker und Uhrmacher, er kann deshalb kaum als Hersteller der Waffe in Frage kommen, möglicherweise hat er die Sonnenuhr gefertigt. Ehrenthal gibt als Hersteller der Waffe, d. h. des Stockes und des Griffes, Hans Frost oder Hans Fleischer, beide Büchsenschäfter in Dresden, an. In den Beständen des Historischen Museums und in anderen Sammlungen befinden sich noch mehrere Handfeuerwaffen, die das Monogramm «HF» tragen, jedoch in unterschiedlicher Schreibweise. Bisher konnte nicht festgestellt werden, welches Monogramm für Hans Frost oder Hans Fleischer zutrifft. Ausgehend von der Tatsache, daß Hans Frost der Ältere ist und die Waffe im Kunstkammerinventar von 1857 erwähnt wird, kann mit Sicherheit angenommen werden, daß Hans Frost der Hersteller war, womit zugleich das Monogramm des Hans Frost und das des Hans Fleischer identifiziert wäre.[3]

1 M. v. Ehrenthal, Führer durch das Königliche Historische Museum in Dresden, S. 203: «. . . dahinter, zweite Reihe, ein langer Stockdegen, des Kurfürsten August mit geätzter Panzerstecherklinge und verbeintem Stab (das Monogramm HF bedeutet Hans Fleischer oder Hans Frost, beide Büchsenschäfter zu Dresden).»

2 V. Hantzsch, Beiträge zur älteren Geschichte der kurfürstlichen Kunstkammer in Dresden.

153

In: Neues Archiv für Sächsische Geschichte und Altertumskunde, Dresden 23 (1902), S. 232.

3 E. Heer, Der Neue Støckel, Bd. 1, S. 405: «Hans Frost, erw. 1576–96, Büchsenschäfter und Tischler. Arbeitet 1576–82 für den Hof», «. . . Hans Fleischer, Dresden, erw. 1590–ca. 1625. Büchsenschäfter, arbeitet für den kurfürstlichen Hof.»

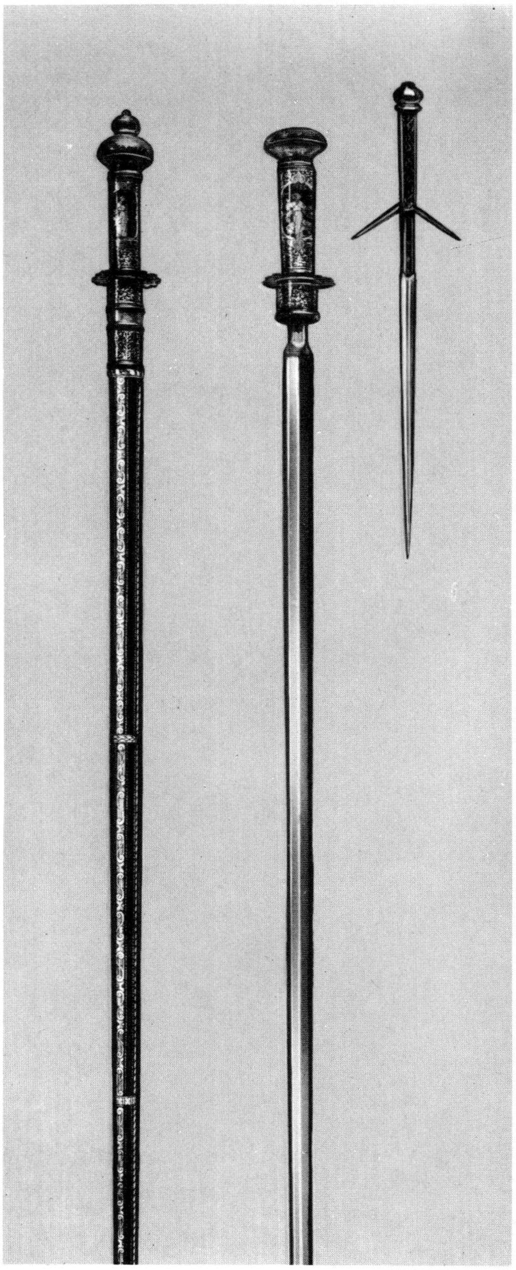

154

155

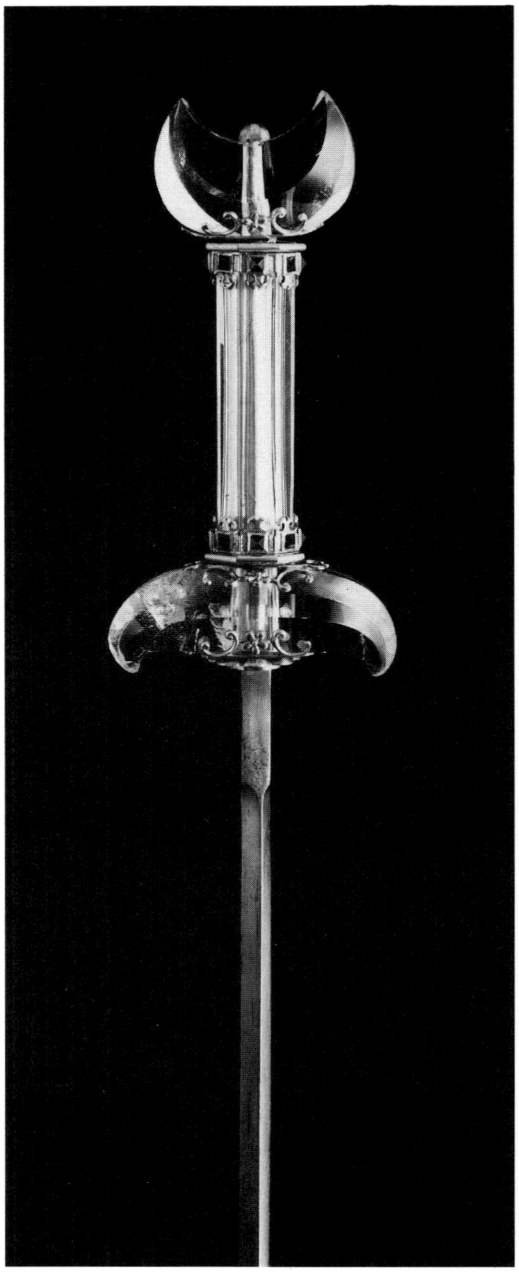

156

154 Stockdegen mit verborgenem Stilett, Mailand, etwa 1560 bis 1580

Gratklinge, Angel gemarkt; hülsenförmiger Eisengriff reich mit feingliedrigen Ranken in Gold- und Silbertausia sowie figürlichen Darstellungen «FIDES» und «SPES» geschmückt; scheibenförmiger Handteller von gezacktem Umriß, kugeliger Knauf. Der vertikal durchbrochene Knauf verbirgt ein Stilett. Stilett: Gratklinge; gebläutes Eisengefäß mit Rankendekor in Gold- und Silbertausia, einklappbare Parierstangen, nodusförmiger Knauf.

Ebenholzstock mit gravierten Beinstreifen, drei gravierte Beinzwingen; hülsenförmiges Mundblech, Stiefel mit Nagel, beides gebläutes Eisen mit gold- und silbertauschiertem Rankendekor.

Firenze, Museo Nazionale del Bargello, Inv.-Nr. BA.M 284–285

Lit.: L. G. Boccia/E. T. Coelho, Armi Bianche Italiane, Nr. 441–445; C. Dike, Les Cannes à Système, Abb. 29/2

155 Stockdegen, deutsch, um 1650, Griff von Caspar Spät, München, Klinge von Juan Martinez d. Ä., Toledo

Gratklinge, auf der Fehlschärfe drei Schlagmarken, Toledos Beschauzeichen (O über T), die Marke des Klingenschmiedes Juan Martinez d. Ä. und gekrönte Lilienmarke, die dessen Stellung als Espadero del Rey am Hofe Philipps IV. von Spanien bezeichnet. Griff Eisen, gebläut und teilvergoldet, mit geschnittenem Reliefdekor; Knauf durchbrochen, reicher geschnittener Reliefdekor, profiliertes Vernietknäufchen.

Achtkantiger Holzschaft (Scheide) mit geschnittenem Ort- und Mundblech, drei Eisenzwingen.

Gesamtlänge: 128 cm
Metropolitan Museum of Art, New York, Inv.-Nr. 04.3.42

Lit.: C. Dike, Les Cannes à Système, Abb. 29/7

156 Stockdegen, Gefäß aus geschliffenem Bergkristall, vermutlich Augsburg, Mitte 17. Jahrhundert

Lange schmale Vierkantklinge, unterhalb der Parierstange mit Kantenwechsel.

Gefäß aus geschliffenem Bergkristall; kurze kantige Parierstange auf einer rosettenförmigen Scheibe aus vergoldetem Silber ruhend, die Parierstange beiderseits mit zartem vergoldetem Silberbeschlag besetzt. Der Griff mit rundem Querschnitt, die Oberfläche längs facettiert, von zwei Manschetten aus vergoldetem Silber umfangen, die mit jeweils acht Granaten in quadratischen Fassungen besetzt sind. Halbmondförmiger flächiger Knauf, mit zierlichem vergoldetem Silberbeschlag.

Durch Parierstange, Griff und Knauf führt eine vergoldete Silberhülse, durch die die Angel geschoben ist; die Angel mit dem Knauf durch ein schraubbares Knäufchen aus vegoldetem Silber verbunden.

157

Gesamtlänge: 129 cm, Klingenlänge: 114,5 cm, Klingenbreite: 7,5 cm, Gewicht: 550 g

Historisches Museum Dresden, Inv.-Nr. VI 436

Inventarnachweis: Inventar Kurkammer von 1683, Nr. 159 (Verz. 130): «Ein Rappier mit Christallinen Knopffe, wie ein halber Mond formiret, auch glatten christallinen Grieffe, und unter sich gebogenen Creuze, mit vergüldeten Silber beschlagen, auch oben am Knopfe und unten am Creuze mit Sechzehn spitzigen granaten versezet, die Klinge ein Stillet, in einem braun hölzernen außgezogenen Stabe oben und unten mit vergüldeten Silber beschlagen auch mit einem Stachel, dazu ein futeral von, schwarzem gedruckten Leder, inwendig mit weichem Leder gefüttert.»

Lit: E. Haenel, Kostbare Waffen aus der Dresdner Rüstkammer, S. 126, Tafel 63 b; Historisches Museum Dresden, 1981, Nr. 59

157 Stab mit versenkbarer Spießklinge von Martin Feil (Feyhel), Dresden, um 1580

Runder starker Holzschaft, mit schwarzem, goldgeprägtem Leder bezogen; die nur noch zum Teil erhaltene Belederung zeigt Ranken und Blüten. Der Schaft mit zwei geschwärzten eisernen, vertikal ausgesparten Schaftfedern beschlagen; runde eiserne Knaufzwinge mit Messingkappe, daran messingner Scharnierdeckel mit rechteckigem Durchbruch für die Klinge.

Im Schaft befindet sich eine lange kräftige Spießklinge mit zwei federnd gelagerten kurzen Nebenklingen. Durch ruckartige Bewegung schnellt die Klinge aus dem Schaft hervor, wobei die Nebenklingen ausklappen. Eine längsseitig im Schaft untergebrachte Federschiene mit rundem, über den Schaft hinausragendem Knopf arretiert die Klinge. Um die Klinge in den Schaft zurückschieben zu können, wird die Federschiene mittels Knopf an die Schaftinnenseite zurückgezogen, wodurch die Sperre gelöst wird. Beim Zurückschieben der Spießklinge werden die Nebenklingen eingeklappt und liegen in einer entsprechenden Aussparung der Fehlschärfe der Spießklinge.

Die kräftige, spitz auslaufende sechskantige Spießklinge am Ort mit quadratischem Querschnitt, am Übergang zur langen Fehlschärfe beiderseitig doppelt gekehlt; die mit einfacher Liniengravur dekorierte Fehlschärfe ist zur Aufnahme der Nebenklingen seitlich entsprechend durchbrochen. Die messerartigen Nebenklingen zeigen geätzte Ranken und Blüten auf schwarzem Grund.

Gesamtlänge mit herausstehender Klinge: 198 cm, Länge des Stabes: 140 cm, Stabdurchmesser: 4,1 cm, Gewicht: 2040 g

Historisches Museum Dresden, Inv.-Nr. R 79

Inventarnachweis: Inventar Kunstkammer von 1587, S. 262 (Verz. 1): «Stab mit leder vberzogen vnd goldd gestempft, mit einem verborgenen hinausfahrenden Spieße hat Martin Feill gemacht.»

Inventar Schwarze Gewehrkammer von 1674, S. 32 (Verz. 139): «Ein Spieß mit einem langen Eisen und Zweyen ausspringenden geetzten Meßern, an einem von schwartzem leder über zogenen und mit güldenen Laubwerk gedruckten Schaffte, in welchen das Eisen verborgen werden kann.»

Inv. Schwarze Gewehrkammer von 1683, S. 45, Nr. 209 (Verz. 139); von 1716, S. 59 f., Nr. 209 (Verz. 140); von 1783, S. 82, Nr. 204 (verz. 141); von 1821, S. 129, Nr. 296 (Verz. 142)

Lit.: Bei M. v. Ehrenthal, Führer durch das Königliche Historische Museum in Dresden, im Zusammenhang mit zwei anderen Stücken erwähnt, S. 151, G 47; A. Erbstein, Beschreibung des Königl. Historischen Museums und der Königl. Gewehrgalerie zu Dresden, S. 27

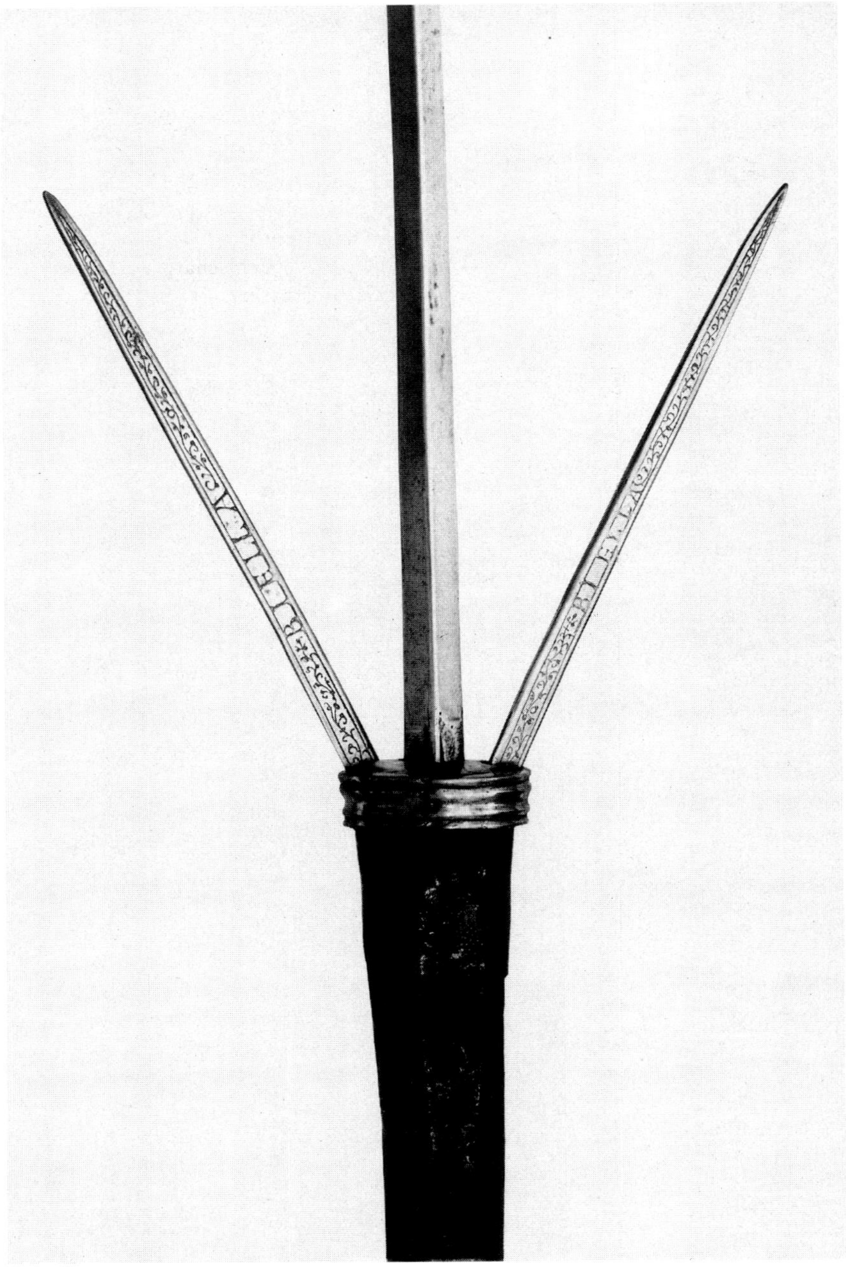

158

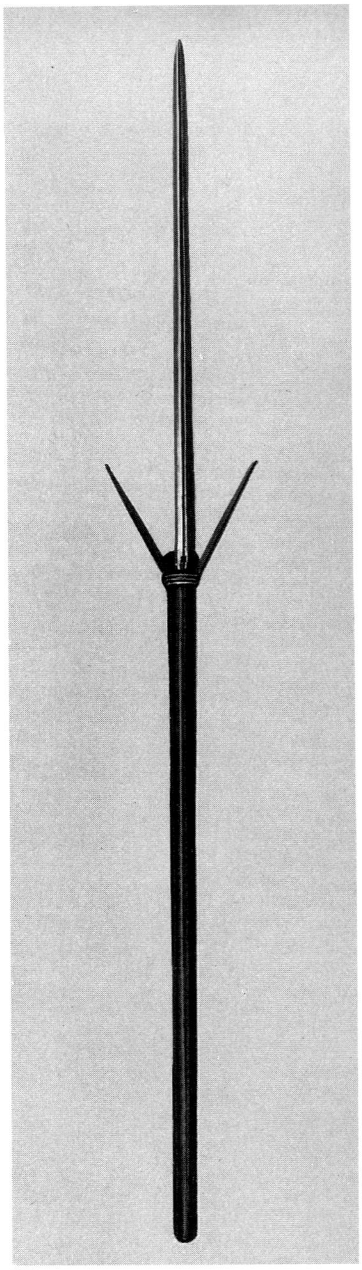

159

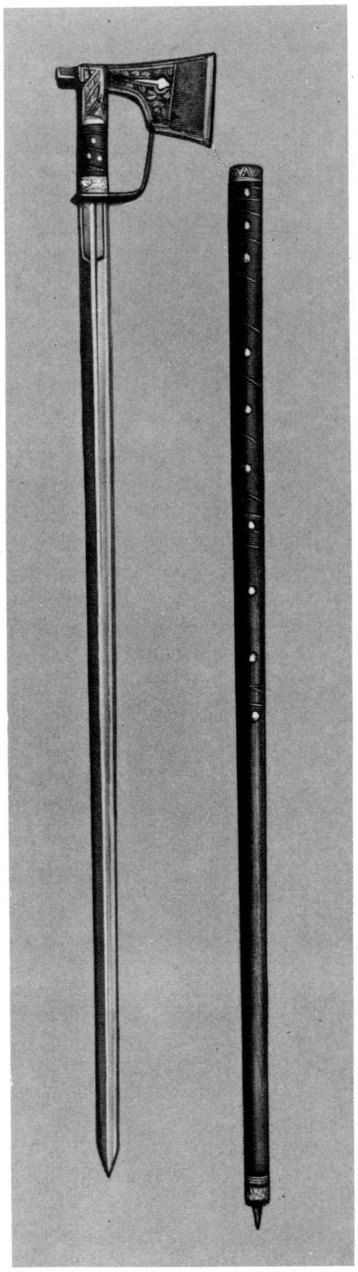

160

158 Stab mit versenkbaren Klingen, norditalienisch, um 1630

Rundschaft aus Eisenblech, mit Leder bezogen, am oberen Schaftende profilierte Verschlußkappe; eiserner Stocknagel. Im Schaft verborgen eine lange spießartige Mittelklinge und zwei kurze Seitenklingen mit Federarretierung; die Seitenklingen zeigen Reste von Vergoldung und zwischen gravierten Ranken die Inschrift «BIELLA», auf der Gegenseite «BARTOLAME». Durch kurze ruckartige Bewegungen können die Klingen herausgeschleudert werden und arretieren. Beim Zurückschieben der Klingen in den Schaft ist die Federsperre durch Druck von Hand zu lösen.

Gesamtlänge mit herausstehender Klinge: 172 cm, Länge des Stabes: 99 cm, Gewicht: 1816 g

Tower of London, Inv.-Nr. XIV. 17

Lit.: L. G. Boccia/E. T. Coelho, Armi Bianche Italiane, Abb. 600

159 Stab mit versenkbaren Klingen italienisch, um 1600

Rundschaft aus Eisenblech mit Lederbezug, am oberen Ende Scharnierdeckel. Schaft enthält eine lange spießartige Mittelklinge und zwei kurze Seitenklingen mit Federarretierung; die Seitenklingen zeigen jeweils auf einer Seite geätzte Armaturen, Delphin und Inschrift «DEL GAT». Durch kurze ruckartige Bewegungen können die Klingen herausgeschleudert werden und arretieren. Beim Zurückschieben der Klingen in den Schaft ist die Federsperre durch Druck von Hand zu lösen.

Gesamtlänge mit herausstehender Klinge: 189 cm, Länge des Stabes: 104 cm, Gewicht 2330 g

Germanisches Nationalmuseum Nürnberg, Inv.-Nr. W 1616

Lit.: L. G. Boccia/E. T. Coelho, Armi Bianche Italiane, Abb. 600

160 Stockschwert, kombiniert mit Beil, süddeutsch, 1577

Zweischneidige Klinge, im oberen Drittel mit beiderseitigem Hohlschliff. Holzgriff mit Drahteinlagen; Kopfnägel, am Griffansatz Beinzwinge, mit gravierten Hunden geschmückt. Kräftiges Beil mit Dreipaßdurchbruch, beiderseitig auf geschwärztem Grund geätztes Band- und Rankenwerk, eine Klingenseite trägt geätzte Inschrift «Wo du unrecht siehst an mir So laß sein ein warnung dir: 15:77 igr». Griffbügel wohl spätere Zutat. Stock mit Drahteinlagen und Kopfnägeln beschlagen, gravierte Beinzwinge am oberen und unteren Stockende, eiserner Stocknagel.

Germanisches Nationalmuseum Nürnberg, Inv.-Nr. W 2854

161

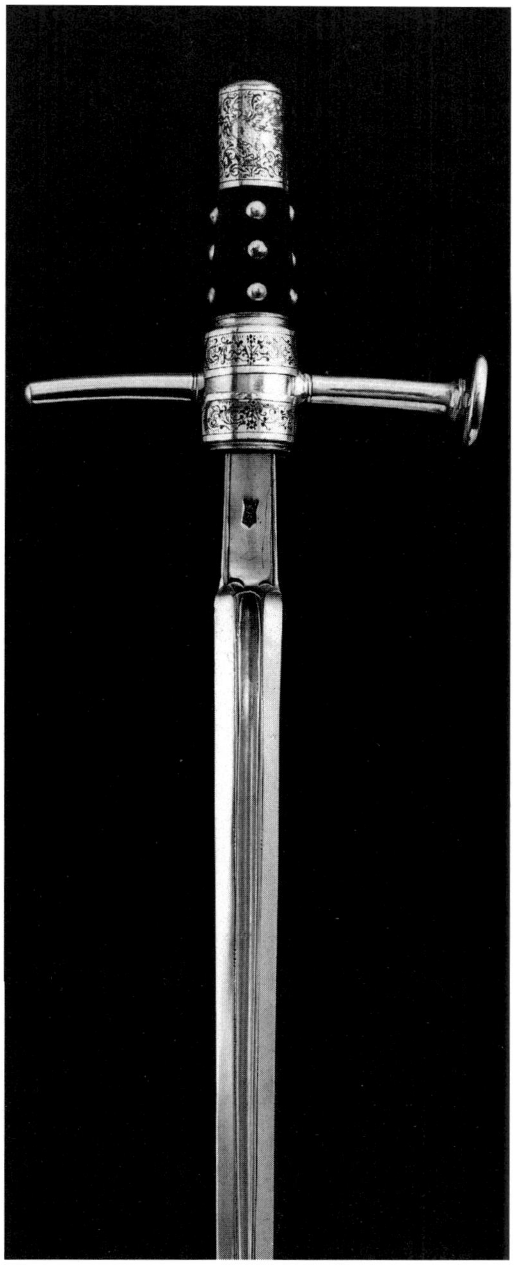

162

161 Stockdegen, kombiniert mit Streithammer, vermutlich Dresdner Arbeit, um 1580/90

Kräftige hohlgeschliffene Gratklinge, auf der Fehlschärfe beiderseitig undeutlich gemarkt. Das Gefäß aus Eisen, die Parierstange in Form eines Streithammers ausgebildet, der vierkantige Haken ortwärts gebogen, der Hammerkopf mit balusterförmigem Hals und quadratischer Schlagfläche.

Hölzerner Griff, mit zweifach verdrilltem Eisendraht umwickelt, zwei Türkenbunde; runder, zweifach gegliederter, turbanähnlicher Knauf mit Vernietknäufchen. Streithammer und Knauf sind reich mit schwarzgeätztem Rankendekor bedeckt, das Mittelstück des Hammers zeigt zwischen Ranken und Blüten je einen auffliegenden Raubvogel.

Gesamtlänge: 107 cm, Klingenlänge: 90 cm, Klingenbreite: 2,1 cm, Gewicht: 1280 g

Historisches Museum Dresden, Inv.-Nr. IX 11

Inventarnachweis: Inventar Türkenkammer von 1674, S. 83, Nr. 254 (Verz. 244): «Ein viereckigter stecher, das gefäße auff Zschackan arth, mit einer eisernen geetzten Hacke Hammer und Knopffe, der Griff mit schwartzen Drahte umbwunden, in einer runten mit schwartzen leder überzogenen Scheiden, mit eiserner geetzten Kappe, Bande und orthbande, mit einem Stachel.»
Inv. Türkenkammer von 1683, S. 128, Nr. 254 (Verz. 245); von 1717, S. 88, Nr. 254 (Verz. 246); von 1783, S. 80, Nr. 147 (Verz. 247); von 1821, S. 227, Nr. 368 (Verz. 248); Gesamtinv. von 1836, 2. Galerie, S. 153 f., Nr. 41 (Verz. 79)

Lit: E. Haenel, Kostbare Waffen aus der Dresdner Rüstkammer, S. 144, Tafel 71 d

162 Stockdegen mit Streithammer, Klinge von Andrea Ferrara, Belluno, um 1580, Gefäß vermutlich sächsisch

Die Waffe ist als Spazierstock, Degen und Streithammer zu verwenden.

Die kräftige Klinge am Ort von rhombischem Querschnitt, im oberen Drittel mit beiderseitigem tiefem Hohlschliff, die Fehlschärfe beiderseitig mit flachem Hohlschliff, darin eingeschlagene Meistermarke des Andrea Ferrara.[1]

Die polierte Parierstange in Form eines Streithammers mit kurzem achtkantigem, vorn abgerundetem Haken (die Spitze des Hakens ist abgebrochen), rundes starkes Mittelstück, der Hammer mit achtkantigem Hals und runder, scheibenförmiger Schlagfläche. Das Mittelstück des Streithammers (Parierstange) wird von zwei runden, mit gravierten Ranken verzierten Silberhülsen eingefaßt; die nach unten offene Silberhülse dient der Arretierung des Stockes; die obere Silberhülse umfaßt den mit schwarzem Samt bezogenen und mit Silberkopfnägeln beschlagenen Holzgriff (der Samt 1982 erneuert); die silberne Griffkappe zeigt feingliedrige gravierte Ranken, dazwischen zwei Adler, auf der Scheitelfläche der Griffkappe die gravierte altenburgische Rose.

Gesamtlänge: 105 cm, Klingenlänge: 92 cm, Klingenbreite an der Fehlschärfe: 2,4 cm, Gewicht: 950 g

Historisches Museum Dresden, Inv.-Nr. IX 12

Inventarnachweis: Gesamtinventar von 1606, S. 64 f.: «Ein Stab, mit einem Silbern runden beschlege schwartz Sammaten hefft, mit silbern Negeln beschlagen, einem Zscheken Creutz, mit Silber beschlagen, vnd schwarz eingelaßen, die Schaiden hölzern, mit schwarzem Sammat vberzogen, oben vnd vnden mit Silber beschlagen, vnd eisern Stachel, ist Heinrich Wachtels gewest.»
Inv. Rüstkammer von 1602-1604, S. 191 (Verz. 95); von 1614, S. 172 f. (Verz. 73); Inv. Altdeutsche Gewehrkammer von 1821, S. 11, Nr. 16 (Verz. 138); von 1836, II Galerie, S. 154 f. (Verz. 79)

[1] Andrea Ferrara: Klingenschmied in Belluno, arbeitete zwischen 1560–1590; vgl. M. v. Ehrenthal, Führer durch das Königliche Historische Museum in Dresden, S. 270.

163

164

163 Stockdegen, kombiniert mit Streithammer, deutsch, um 1570/80

Starke Gratklinge, die Fehlschärfe einseitig gemarkt. Hölzernes gedrechseltes Gefäß; die Parierstange in Form eines Streithammers; achtkantiger Schnabelhaken mit Silberbeschlag, am Ansatz des Hakens zwei Profilringe; das kugelförmige Mittelstück zur Aufnahme der Scheide bzw. des Stockes unten entsprechend ausgedreht; der Hammer mehrfach profiliert, die Schlagfläche mit aufgenagelter Silberkappe.

Hölzerner, mit Rochenhaut bezogener Griff; der kräftige, mehrfach profilierte Knauf trägt eine mit Silbernägeln befestigte glockenförmige Silberkappe. Die Silberbeschläge zeigen geätzte Mauresken auf schwarzem Grund.

Gesamtlänge: 132 cm, Klingenlänge: 110 cm, Klingenbreite: 2,6 cm, Gewicht: 1500 g

Historisches Museum Dresden, Inv.-Nr. IX 13

Inventarnachweis: Gesamtinventar von 1606, S. 646 (Verz. 72): «Ein Stab mit einem lenglichten zugespitzten Knopf, einer Silbernen Hauben, das Creutz eines Zschecken art, mit Silber beschlagen, das Hefft mit einer Fischhaut und Fransen vmbwunden, langen glatten Klingen, vnd hölzern mit Leder über zogener Schaiden, vnd eisern Stachel.»

Inv. Rüstkammer von ca. 1602, S. 190, Nr. 95 (Verz. 95); Inv. Türkenkammer von 1764, S. 83, Nr. 253, (Verz. 244); von 1716, S. 87, Nr. 253, (Verz. 246); von 1783, S. 79 f., Nr. 146 (Verz. 247); von 1821, S. 227, Nr. 367 (Verz. 248); Gesamtinv. von 1836, 2. Galerie, S. 152 f. (Verz. 79)

164 Stockdegen, kombiniert mit Streithammer, deutsch, um 1570/80

Kräftige Gratklinge, die Fehlschärfe beiderseitig gemarkt. Hölzernes gedrechseltes Gefäß; die Parierstange in Form eines Streithammers, das kugelige Mittelstück zur Aufnahme der Scheide bzw. des Stockes unten entsprechend ausgedreht; der gedrechselte, mehrfach profilierte Hammer mit konvexer Hammerbahn, im Hammer ist eine Trillerpfeife eingearbeitet; gedrechselter, durch Zierringe profilierter Holzgriff; Knauf und Knaufabschluß, ebenfalls gedrechselt und profiliert, sind miteinander verschraubt.

Gesamtlänge: 132 cm, Klingenlänge: 112 cm, Klingenbreite: 1,9 cm, Gewicht: 720 g

Historisches Museum Dresden, Inv.-Nr. IX 14

Inventarnachweis: Inventar Indianische Kammer 1684, S. 97, Nr. 79 (Verz. 249): «Eine Rappier

165

Klinge, der grieff von braunen holtze, das Creutze dergleichen wie ein Tzschäckan formieret, mit einer feiffen, eine hierzugehörige Knörichte hölzerne Scheide.»

Inv. Indianische Kammer um 1710, S. 24, Nr. 79 (Verz. 249); von 1716, S. 20, Nr. 79 (Verz. 250); von 1821, S. 1, Nr. 3 (Verz. 251); Armatur-Pistolen-Indianische Kammer von 1783, S. 214, Nr. 72 (Verz. 215); Gesamtinv. von 1836, S. 152 (Verz. 79)

165 Stockdegen des Kurfürsten Johann Georg I. von Sachsen, Gefäß kursächsisch, Klinge vermutlich süddeutsch, um 1615

Kräftige Gratklinge, das obere Drittel der Klinge zeigt beiderseitig geätzte Trophäen und Kriegsarmaturen auf schwarzem, geperltem Grund.

Das Gefäß besteht aus einer runden Klingenhülse, der runden Parierscheibe, dem Degengriff und dem als Stockgriff dienenden Axteisen. Die eiserne Klingenhülse zeigt in Goldätzung Flechtbandornament; die flache Parierscheibe Messing, gegossen, auf der Oberseite und am Rand mit Bandwerkornamenten dekoriert, dazwischen Puttoköpfe. Die Griffhülse Messing, gegossen, mit zwei schmalen Längsstreifen, am Ansatz drei kräftige Profilringe, darüber beiderseitig Reliefdarstellungen mit Szenen aus dem Alten Testament: der Tanz um das Goldene Kalb, auf der Gegenseite Josua und der die Gesetzestafeln zerschmetternde Moses, darüber das Goldene Kalb, Zelte, Israeliten und in einer Wolke «Gott Vater» (Moses 32, 15–19). Der Übergang vom Griff zum Knauf bzw. Axteisen durch Profilringe betont.

Der Stockgriff ist als Streitaxt ausgebildet, die Streitaxt mit schmalem Axteisen, gekanteter Tülle und kurzem rundem Hammerkopf. Das Axteisen zeigt beiderseitig geätzte Kriegsarmaturen und Trophäen auf schwarzem, geperltem Grund. Die Tülle trägt gegossene schmale Messingmedaillons, die Medaillons zeigen auf einer Seite gravierte Früchte, auf der Gegenseite eine weibliche Gestalt, eisernes Vernietknäufchen.

Die runde Scheide, die gleichzeitig als Stock dient, aus schwarzgefärbtem Holz, nach unten konisch verlaufend, darin eingelegt drei gravierte Beinstreifen und drei ungravierte schmale Beinstreifen, in der Stockmitte gravierte Messingmanschette; Eisenschuh mit kugeliger Spitze.

Gesamtlänge des Stockdegens: 121 cm, Klingenlänge: 107 cm, Klingenbreite: 1,9 cm, Gewicht: 850 g

Historisches Museum Dresden, Inv.-Nr. IX 55

Inventarnachweis: Inventar Kurkammer von 1683, Nr. 200, Nachtrag S. 299 (Verz. 130): «Ein Tschäckan von geetzten eisen, der grief und die Blatte von Meßing und vergöldet mit ausgehauenen Figuren darinnen ein Rappierklinge obenher geetzt, und etwas auf zierath vergöldet, in einen rund braun hölzernen stocke stadt der scheiden verborgen, welcher durchgehend 3 mahl mit weis und schwartz gerißenen Lienen eingelegt in der mitten mit einen meßingen gestochenen Bande und einen Pohlierten eisernen orthbande.»

Nachtrag S. 292: «Vorherbeschriebener Tschäkan, hat Churfürst George der Erste glor: würdigst: und l. a. d. bey dero eroberung Budisin geführet, und ist solcher itzo regierender Churf. Herr Johann George der 3. u. g. H. von dero gewesenen Futtermarschall, Wolf Voigten unterthst. Präsentiert, von Churf. gn. also alhier zur Verwahrg. d. 9. Juny 1684 überschicket worden.»

Inv. Kurkammer von 1716, S. 104 ff., Nr. 200 (Verz. 131); von 1784, S. 133 ff., Nr. 186 (Verz. 132); von 1821, S. 66 ff., Nr. 119 (Verz. 133); Gesamtinv. von 1836, S. 615, Nr. 688 (Verz. 81)

166 Stockdegen mit Gewehrgabel, vermutlich süddeutsch, um 1560/70

Kräftige Gratklinge, der im oberen Klingendrittel abgeflachte Grat zeigt beiderseitig in Messing tauschiertes Wolfszeichen und Kreuz.

Runder hölzerner Zweihandgriff, unten mit schwarzer Eisenhülse zur Arretierung der Scheide; der Griffansatz mit grün gefaßtem Akanthusblattkranz verziert, die Griffmitte durch profilierten Wulst akzentuiert; der Knauf ist als Gewehrgabel ausgebildet; die Gewehrgabel mit brauner Belederung, darüber Reste eines ehemaligen Seidenbezuges erkennbar. Die untere Griffhälfte mit genähtem Netzgrund aus grünem Seidenband bezogen, der Netzgrund ist beschädigt und geflickt. Der Griff über dem geschnitzten Akanthusblatt in der Mitte und am Knauf umwunden mit grüner Seidenfranse.

Gesamtlänge: 148 cm, Klingenlänge: 89 cm, Klingenbreite: 2,8 cm, Gewicht: 1290 g

Historisches Museum Dresden, Inv.-Nr. IX 137

Inventarnachweis: Gesamtinv. von 1606, S. 656/57 (Verz. 72): «Eine Schießgabel, Knopf hefft vnd Creutz höltzern, mit grünen Seidenatlas, schnüren vnd Fransen bewunden, einer spitzigen Klinge, höltzern mit schwartzem Leder überzogenen Schaiden, mit einen eisernen beschläge.»

167 Stockdegen, kombiniert mit Gewehrgabel, vermutlich süddeutsch, um 1560/70

Lange Mittelgratklinge mit undeutlicher Schlagmarke im oberen Klingendrittel.

Gerade eiserne Parierstange mit rundem Querschnitt, kleines eisernes Stichblatt; Parierstange und Stichblatt zeigen Reste einer ehemaligen grünen Fassung.

Runder hölzerner Zweihandgriff, unten mit genopptem grüngefaßtem Wulst umzogen; birnenförmiger grüngefaßter Holzknauf mit halbmondförmiger eiserner Gewehrgabel.

Der Griff ist mit genähtem Netzgrund aus grüner Seidenschnur bezogen und mit grünem Kettatlas unterlegt; Knauf und Griffholz sind mit zweifach gelegter grüner Seidenfranse umwunden. Der Kettatlas ist nur noch fragmentiert erhalten, der Netzgrund stark beschädigt und zum Teil geflickt.

Gesamtlänge: 181 cm, Klingenlänge: 143 cm, Klingenbreite: 3,2 cm, Gewicht: 2240 g

Historisches Museum Dresden, Inv.-Nr. IX 139

Inventarnachweis: Gesamtinv. von 1606, S. 654 f. (Verz. 72): «Eine lange Schießgabel, Knopf vnd Hefft höltzern, mit grünen Cardecke, schnüren vnd Fransen vmbwunden, mit kleinem Stichblätlein, vnd geraden Stänglein, hohlaußgezogen starcken Klingen, in schwartz lidern schaiden, mit eisernm Ortband vnd Stachel.»

168 Stockdegen mit Gewehrgabel, vermutlich süddeutsch, um 1560/70

Kräftige Mittelgratklinge, im oberen Drittel mit eingeschlagener undeutlicher Messingmarke.

Braunhölzerner Zweihandgriff, daran unten eine schwarze Eisenhülse zur Arretierung der Scheide; der Knauf ist als Gewehrgabel ausgebildet. Der Griff kaschiert mit grünem leinenbindigem Seidengewebe, darüber netzartige Palästinaspitze mit Doppelknoten aus verdrehtem vier- und dreistufigem Seidenzwirn. Die Griffwulste sind mit grüner Seidenfranse umwunden; die Gabel ist mit rot-schwarz-gestreiftem Tuch unterlegt, an den Seiten zwei übereinanderliegende Knotenschlingen aus dem gleichen Material wie der Netzgrund. Die Gewebe zeigen starke Zerstörungen, der Netzgrund ist beschädigt und geflickt.

Gesamtlänge: 162 cm, Klingenlänge: 110 cm, Klingenbreite: 3,00 cm, Gewicht: 1260 g

Historisches Museum Dresden, Inv.-Nr. IX 138

Inventarnachweis: Gesamtinv. von 1606, S. 655 (Verz. 72): «Eine Schießgabel mit höltzern Knopf vnd hefft, grünen Cardeck, schnüren vnd Fransen bewunden, einer hohlausgeschlieffenen spitzigen Klingen, höltzern mit leder überzogenen Schaiden.»

169 Stockdegen, kombiniert mit Streithammer und Gewehrgabel, deutsch, Ende 16. Jahrhundert

Schlanke Vierkantklinge; die Gefäßteile aus vergoldetem Eisen, die Vergoldung ist zum Teil stark abgegriffen; die Parierstange als Streithammer ausgebildet mit zierlichem Schnabelhaken, hülsenförmiger Tülle und viereckigem Hammereisen mit flacher achtkantiger Schlagfläche. Runder Holzgriff; die Gewehrgabel unten mit Tülle, ist mit der Angel der Klinge vernietet.

Gesamtlänge: 129 cm, Klingenlänge: 110 cm, Klingenbreite: 1,1 cm, Gewicht: 540 g

Historisches Museum Dresden, Inv.-Nr. IX 141

Inventarnachweis: Inventar Türkenkammer von 1674, S. 102, Nr. 278 (Verz. 244): «Eine leichte Schießgabel mit einer Stilett Klingen, oben an dem Gefäß ein eisernes vergüldetes Gäbelchen, auch ein Zschakan Hammer mit einer Spitzigen Hacken, woran eine gelb und schwarz feine Schnurre mit dergleichen Trodel, in einer Knorrichten Von schwartzen Leder umbwundenen Scheiden mit eisern schwartzen orthbändgen und Stachel.»

Lit.: M. v. Ehrenthal, Führer durch das Königliche Historische Museum in Dresden, S. 159 – dort im Zusammenhang mit ähnlichen Exemplaren erwähnt.

166 / 167 / 168

170 Stockdegen, kombiniert mit Gewehrgabel, imitierte spanische Klinge, deutsch, Ende 16. Jahrhundert

Kräftige Sechskantklinge, im oberen Drittel beiderseitig schmale Doppelzüge, darin die eingeschlagene Inschrift «SPADNA DELREI» (= Espadero del Rey – Schmied des Königs).

Runder, ehemals mit Samt bezogener Holzgriff mit nach unten offener Griffhülse; zwei Eisenmanschetten mit gezacktem Rand; die Gewehrgabel mit Gewindestück ist mit der Angel der Klinge verschraubt; Gewehrgabel und Beschlagteile sind aus vergoldetem Eisen, die Vergoldung ist zum Teil abgegriffen.

Die als Stock dienende hölzerne Scheide mit vergoldetem eisernem Mundblech und kräftigem, vergoldetem Eisenschuh mit langer Vierkantspitze ist mit schwarzem Leder bezogen und mit vergoldeten Eisenkopfnägeln beschlagen.

Gesamtlänge mit Gewehrgabel: 117 cm, Klingenlänge: 90 cm, Klingenbreite an der Fehlschärfe: 3,2 cm, Gewicht ohne Scheide: 870 g

Historisches Museum Dresden, Inv.-Nr. IX 140

Inventarnachweis: Inventar Türkenkammer von 1674, S. 100, Nr. 273 (Verz. 245): «Eine Schießgabel mit einer breiten Rappier Klingen, der Grieff mit einer eisernen vergüldeten Gabel, der Grieff von schwartzem Sammet umbwunden mit eisernen vergüldeten Zwingen in einer von schwartzen leder umbwundenen und mit vergüldeten Bockelgen beschlagenen Scheiden, mit einer eisernen vergüldeten Kappe orthbande und Stachel.»

Lit.: M. v. Ehrenthal, Führer durch das Königliche Historische Museum in Dresden, S. 159 – dort im Zusammenhang mit ähnlichen Stücken erwähnt.

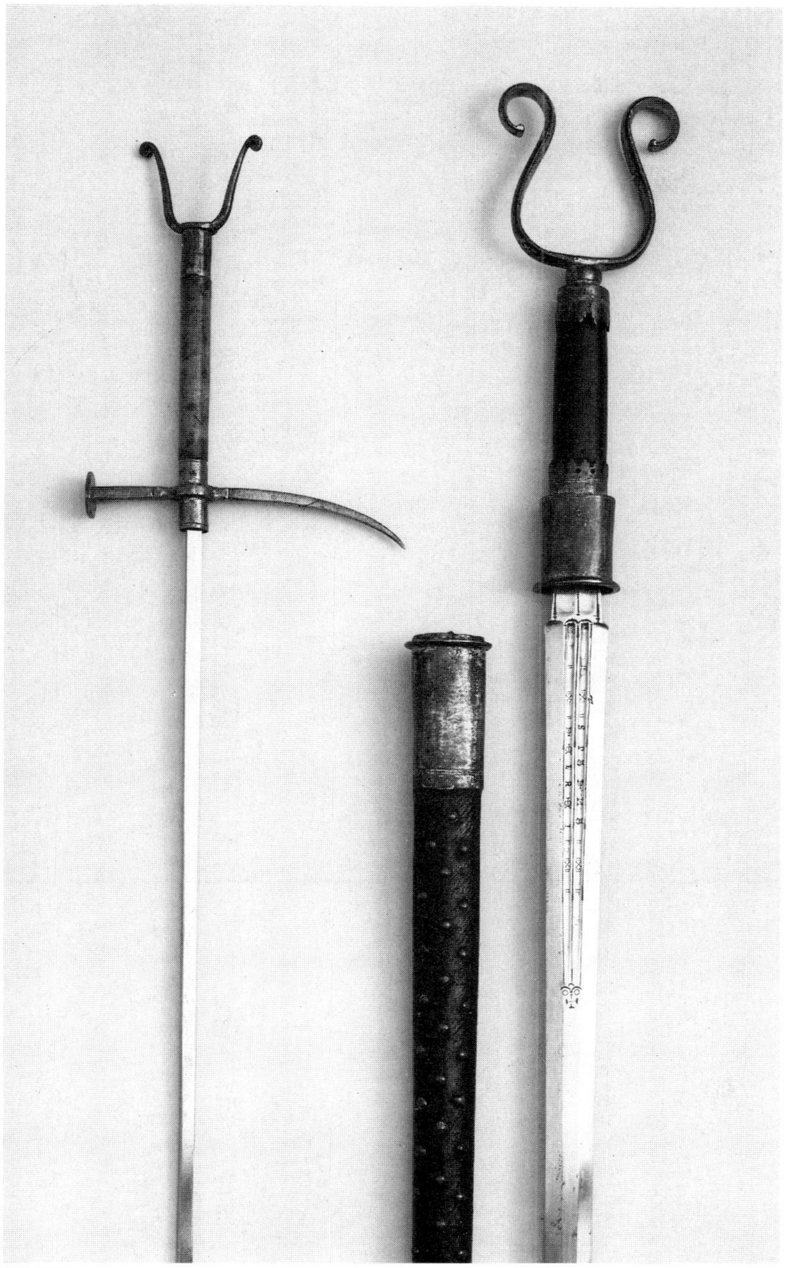

169 / 170

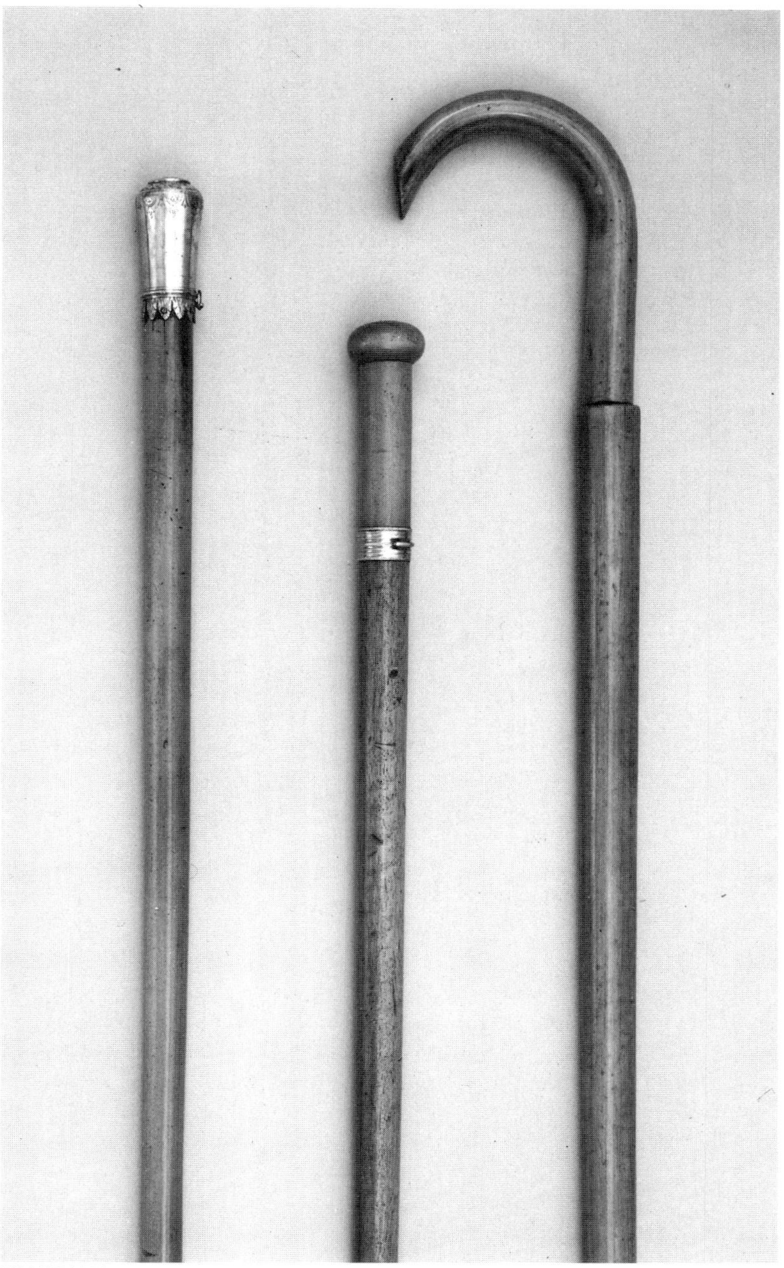

171/ 172 / 173

171 Stock mit versenkbarer Klinge, vermutlich deutsch, um 1730

Nach unten konisch verlaufender Rohrstock mit rundem Querschnitt. Silberne Knaufkappe mit kleinem Scharnierdeckel, auf der Scheitelfläche graviertes Bandelwerk, unten profilierter Ring mit blattförmigen gravierten Spitzen. Silberschuh mit eiserner vierkantiger Spitze. Durch ruckartige Bewegung läßt sich aus dem Stock eine vierkantige Klinge herausschleudern, ein seitlich an der Klinge angebrachter Federbolzen rastet in eine entsprechende Aussparung des Stockes ein und arretiert die Klinge. Durch Druck auf eine der gravierten Blattspitzen, die mit dem Federbolzen vernietet ist, wird die Arretierung gelöst, und die Klinge kann in den Stock geschoben werden.

Länge des Stockes mit herausstehender Klinge: 106 cm, Länge des Stockes mit versenkter Klinge: 92 cm, Gewicht: 340 g

Historisches Museum Dresden, Inv.-Nr. I 471

172 Stockdegen, deutsch, um 1880

Gratklinge vernickelt, im oberen Drittel geätzter Rankendekor. Rundgriff mit kugeligem Knauf aus Birnbaumholz, Griffansatz mit Neusilberzwinge. Stock deutscher Nußbaum, profilierte Messingzwinge am oberen Stockende mit Öse für Handriemen, Messingschuh.

Gesamtlänge: 83 cm, Klingenlänge: 73,5 cm, Klingenbreite: 16 mm, Gewicht: 350 g

Historisches Museum Dresden, Inv.-Nr. I 509

173 Stockdegen, deutsch, 2. Hälfte 19. Jahrhundert

Schlanke Rückenklinge mit beiderseitigem Hohlschliff. Griff und Stock aus Birnbaumholz; eiserner Stockschuh.

Gesamtlänge: 93 cm, Klingenlänge: 72 cm, Klingenbreite: 12 mm, Gewicht: 420 g

Privatsammlung

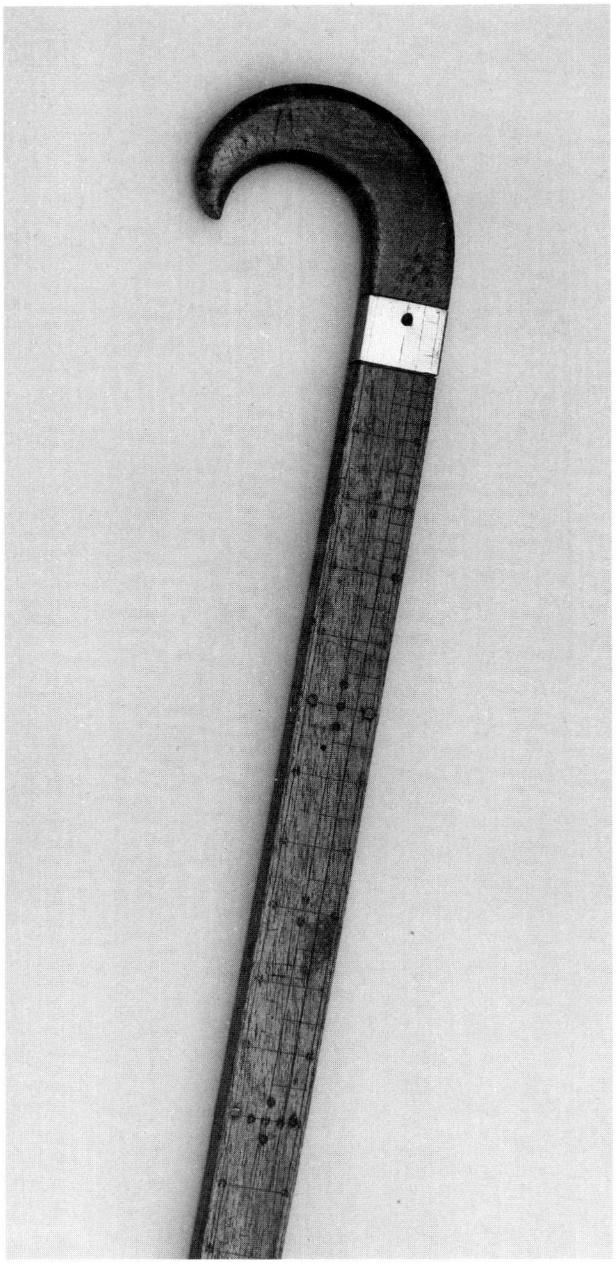

174

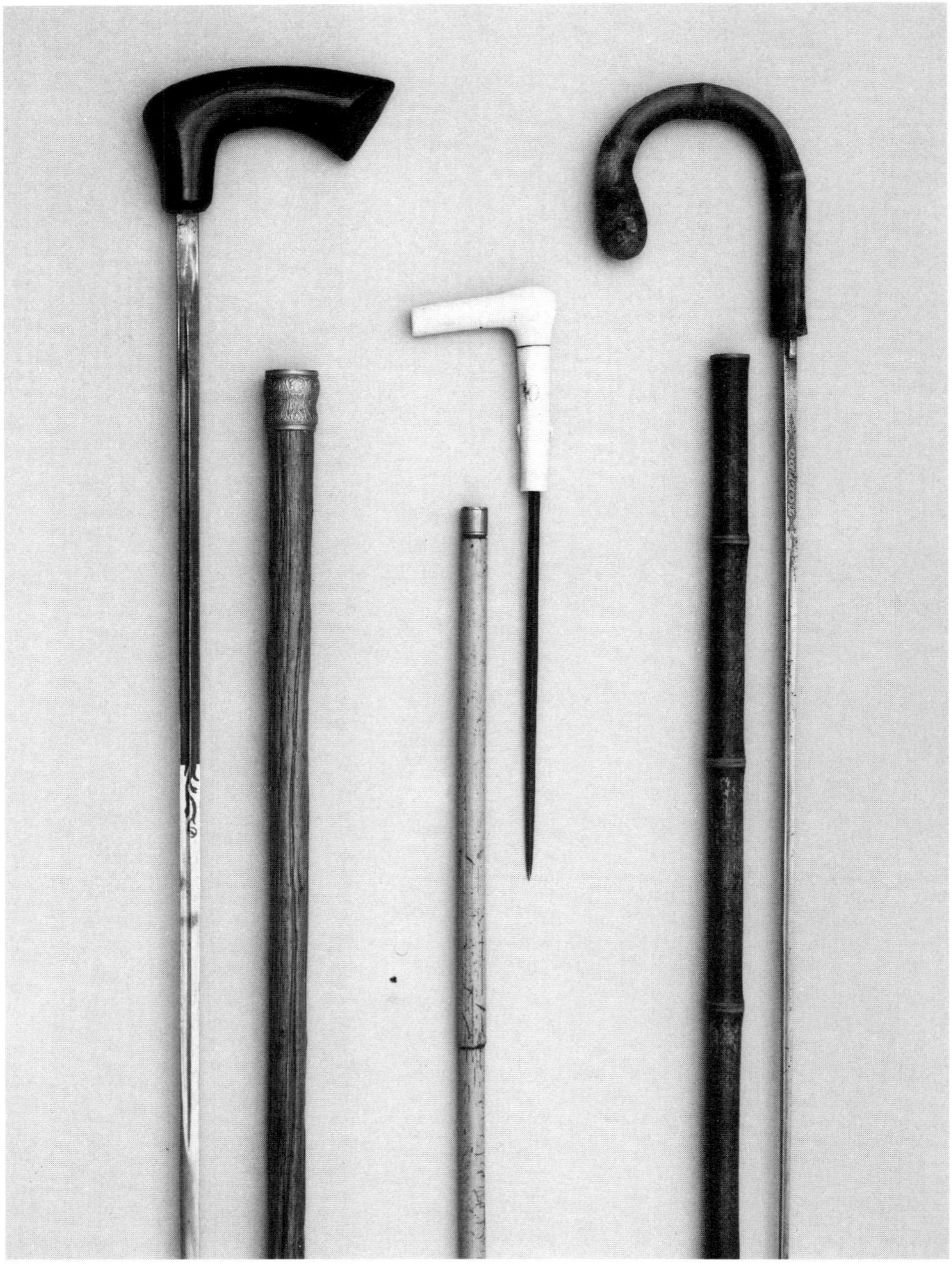

175 / 176 / 177

174 Stockdegen mit Ellenmaß
Sachsen, um 1820/30

Klinge von rhombischem Querschnitt, im oberen Drittel beiderseitig abgeflacht; Nußbaumgriff mit kastenförmiger Messingzwinge. Stock von rechteckigem Querschnitt, am oberen und unteren Ende Messingzwinge, eiserne Stockspitze.

Der Stock trägt sächsischen Maßstab von insgesamt 1 Elle und $^1/_2$ Fuß, die Elle unterteilt in 2 Fuß und 24 Zoll, das Zoll in $^1/_2$ und $^1/_4$ Zoll aufgeteilt. Der $^1/_2$ Fuß markiert durch 2 Messingstifte und 3 gepunzte Sternchen; 1 Fuß markiert durch 2 Messingstifte und 5 Sternchen; die Elle markiert durch 7 über Kreuz gesetzte Sternchen.

Gesamtlänge: 88 cm, Klingenlänge: 62,5 cm, Klingenbreite: 16 mm, Gewicht: 500 g

Stadt- und Bergbaumuseum Freiberg, Inv.-Nr. 77/633

175 Stockdegen, deutsch,
Ende 19. Jahrhundert

Schlanke Rückenklinge mit beiderseitigem Hohlschliff, oberes Klingendrittel gebläut; Horngriff. Rosenholzstock mit gravierter Neusilberzwinge.

Gesamtlänge: 75 cm, Klingenlänge: 68 cm, Klingenbreite: 1,2 cm, Gewicht: 470 g

Privatsammlung

176 Stock mit Stilett, deutsch,
Ende 19. Jahrhundert

Elfenbeingriff mit gebläuter Vierkantklinge. Malakkastock mit Neusilberzwinge.

Gesamtlänge: 86 cm, Klingenlänge: 20,5 cm, Klingenbreite: 0,6 cm, Gewicht: 210 g

Privatsammlung

177 Stockdegen, deutsch,
Ende 19. Jahrhundert

Klinge von rechteckigem Querschnitt, beiderseitig gekehlt, im oberen Klingendrittel bezeichnet: «TOLEDO»; Bambusgriff mit Federarretierung. Bambusstock, eiserner Stockschuh.

Gesamtlänge: 82,5 cm, Klingenlänge: 70 cm, Klingenbreite: 0,8 cm, Gewicht: 310 g

Privatsammlung

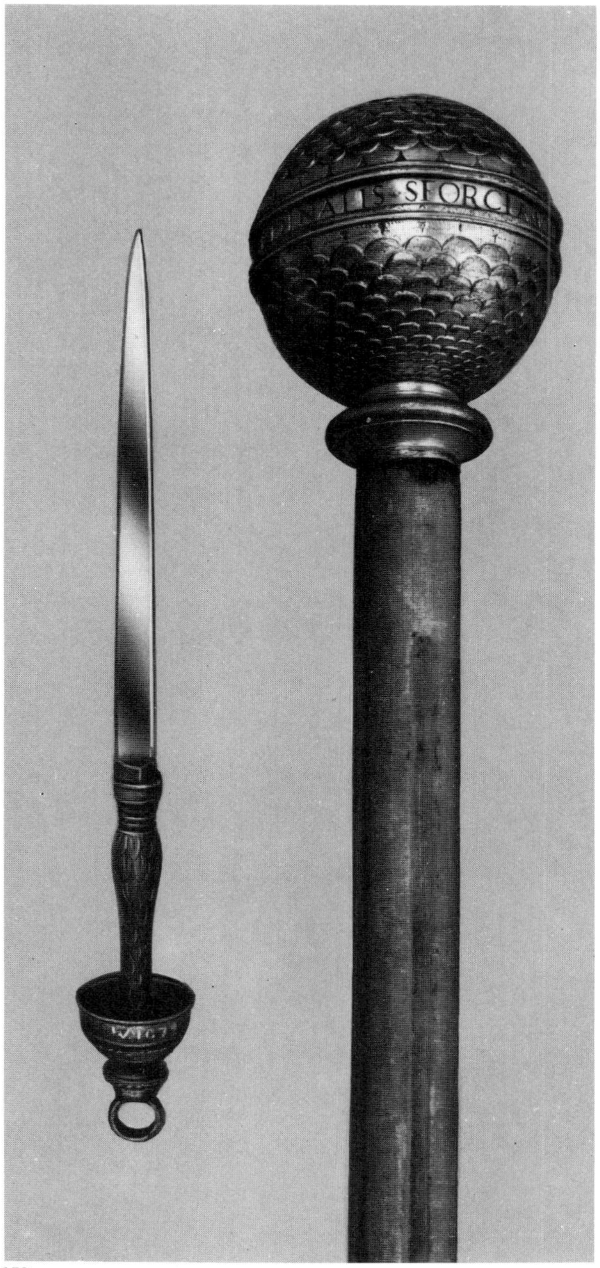

178

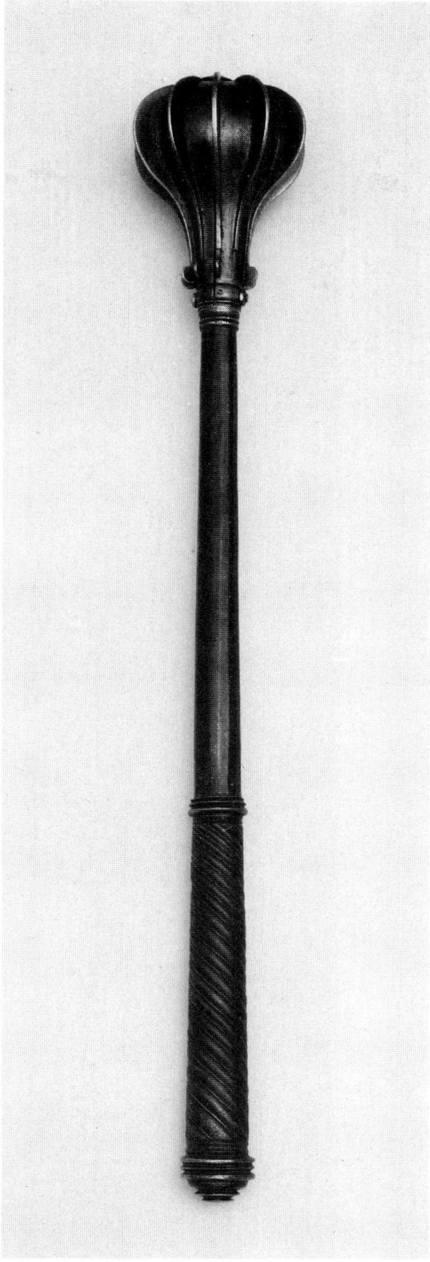

179

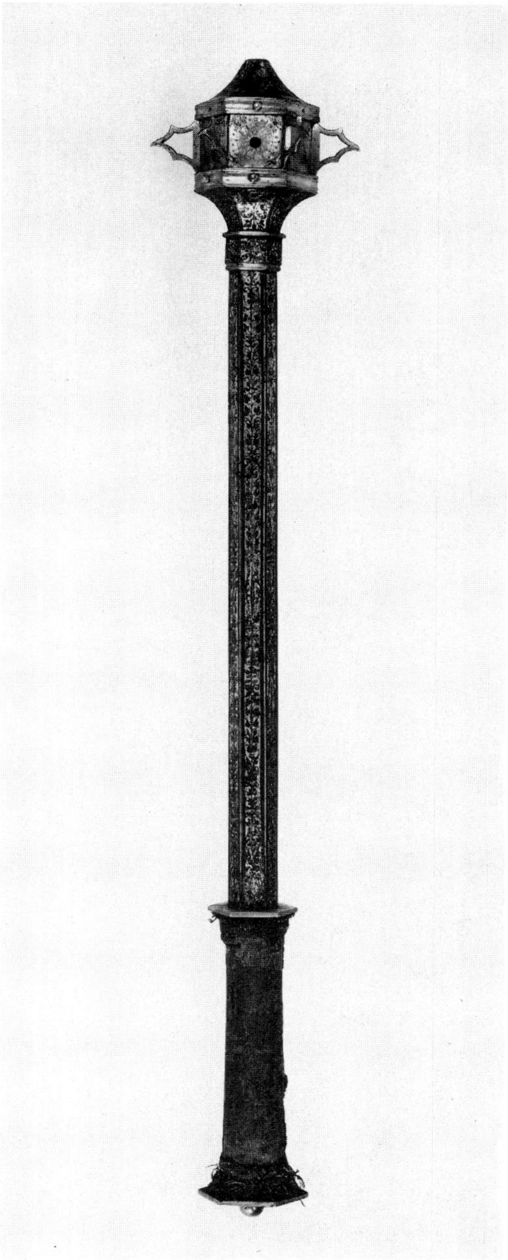

180

WAFFEN, KOMBINIERT MIT GEBRAUCHS-GEGENSTÄNDEN

178 Streitkolben des Kardinals Ascanio Maria Sforza mit verborgenem Stilett, Mailand, um 1500

Kugeliger Schlagkopf, Kupfer, vergoldet, ziselierter Schuppendekor, auf der Stirnfläche das Wappen des Kardinals, in vertieftem Streifen die Umschrift «ASCANIUS · MARIA · CARDINALIS · SFORCIA · VICECOMES». Längsprofilierter Holzschaft mit rotem Samtbezug (sehr verschossen); Griff mit ringförmigem Handteller aus vergoldetem Kupfer; im hohlen Griff und Schaft verborgenes Stilett, das Stilett mit dreikantiger Klinge, eisernem rundem Griff und haubenförmigem Knauf mit Schraubverschluß, gravierter Blattdekor (Reste von Vergoldung), Ringöse.

Museum für Deutsche Geschichte Berlin, Inv.-Nr. W 1072 (PC 4493)

Lit.: B. Köhne, Des Kardinals Ascanio Maria Sforza Feldherrnstab, in der Waffenhalle Sr. Königl. Hoheit des Prinzen Karl von Preussen; G. Hiltl, Waffen-Sammlung Sr. Königlichen Hoheit des Prinzen Carl von Preussen, Mittelalterliche Abteilung, S. 3, Nr. 18

179 Streitkolben, kombiniert mit Pfeffermühle, vermutlich deutsch, 2. Hälfte 16. Jahrhundert

Die Waffe ist vollständig aus Eisen gefertigt. Birnenförmiger, mit zehn Schlagblättern besetzter Kolbenkopf (ein Schlagblatt fehlt). Runder Schaft mit längsfacettierter Oberfläche. Spiralförmiger Handgriff mit Ringwulst am Übergang zum Schaft; mehrfach profilierter runder Knauf.

Der aus zwei Halbschalen bestehende Kolbenkopf ist am Ansatz durchbohrt, der Schaft ist ebenfalls durchbohrt. Eine durch die Bohrungen führende Kopfschraube verbindet die Hälften des Kolbenkopfes mit dem Schaft. Der Kolbenkopf wird zusätzlich oben durch eine Schraubverbindung arretiert. Im Kolbenkopf befindet sich eine Pfeffermühle, die mittels eines Gewindebolzens mit dem Schaft verschraubt ist. Die Pfeffermühle besteht aus einem Eisengehäuse mit geriffelter Innenseite und einer schräggeriffelten Kegelwalze, die von zwei in der Mitte kreisrund durchbrochenen Schellen, die mit dem Gehäuse doppelt verschraubt sind, zentriert wird. Die Kegelwalze hat eine vierkantige Aussparung zum Aufstecken einer Kurbel.

Gesamtlänge: 61 cm, Gewicht: 1550 g

Historisches Museum Dresden, Inv.-Nr. T 39

Inventarnachweis: Inventar Türkenkammer von 1674, S. 81, Nr. 247 (Verz. 244): «Ein eisenfarbener starcker Faustkolben der Knopff mit gefeilten Ekken so mann abschrauben kann, inwendig mit einer Schraube, an einem eckigten Holme, mit rothen tuche und bindfeden überzogenen umbgehenden Grieffe.»

180 Streitkolben mit Uhr, deutsch, um 1580

Sechskantiger kastenförmiger Schlagkopf aus Eisen, an den Kanten sitzende Schlagblätter, durchbrochen gearbeitet; die Wangen des Schlagkopfes ursprünglich mit vergoldeten Messingplatten belegt (5 Platten fehlen); dachförmige Bekrönung unvollständig (wahrscheinlich knopfförmiger Abschluß); Schaft von sechskantigem Querschnitt, Oberfläche reich geschmückt mit geätztem Rankenwerk auf goldenem Grund; flacher sechskantiger Handteller; Rundgriff mit rotem Samt bezogen, an den Rändern Quasten (Samt stark abgegriffen), unterer Handteller mit kugeligem eisernem Knauf.

Uhr: eiserner Schlagkopf diente als Uhrgehäuse; Uhrwerk und Zeiger nicht mehr vorhanden, ehemals aus Eisen (z. T. mit späteren Veränderungen: zum Beispiel Kette statt Darmseite und Radunruhe, Spindelgang), noch vorhandenes Zifferblatt mit gravierten Strahlen und arabischen Ziffern (1–12); eiserner Stundenzeiger (fehlt); Aufzugsblech rückseitig unten.

Gesamtlänge: 59,6 cm, Länge des Kolbens: 9 cm

Bayerisches Nationalmuseum München, Inv.-Nr. W 613

Lit.: E. Bassermann-Jordan, Die Geschichte der Räderuhr unter besonderer Berücksichtigung der Uhren des Bayerischen Nationalmuseums, S. 74, Tafel 8

181

181 Streithammer mit Stoßklinge, von Balthasar Hacker, Dresden, 1593

Der schwere eiserne, reich geätzte und gravierte Streithammer ist eine Kombination von Werkzeug und Waffe.

Der vierseitige Schlagkopf besteht aus Axteisen, Hammer, vierkantigem Haken und dem als Nageleisen ausgebildeten Hammer. Die einzelnen Elemente sind als Werkzeuge zu verwenden, bilden jedoch durch ihre kreuzförmige Anordnung und die sich daraus ergebende Zusammengehörigkeit eine Streitaxt und einen Streithammer. Alle Teile sind reich geätzt mit Rankenwerk auf schwarzem Grund. Der vierkantige hohle Schaft ist mit Ranken- und Blattwerk, Trophäen, geharnischten Kriegern und antiken Köpfen graviert, er trägt am Handteller, in der Mitte und oben messingvergoldete Beschläge, die Beschläge auf der Schaftmitte zeigen die von Löwen gehaltenen Wappen vom Herzogtum Sachsen und von Kursachsen.

Der runde, rohgeschmiedete eiserne Griff mit profiliertem Handteller hat einen in Messing gegossenen, vergoldeten, mit Löwenköpfen dekorierten drehbaren Knauf. Mit dem Knauf fest verschraubt ist ein Gewindebolzen, der in das Gewindestück der Stoßklinge führt. Die Klinge kann durch Drehen des Knaufes in den Schaft versenkt werden, was die Verwendung der Waffe auch als Werkzeug zuläßt. Die hohlgeschliffene vierkantige Klinge ist reich geätzt mit Ranken und Blattwerk auf schwarzem Grund, auf der Klingenmitte jeweils die geätzten Wappen von Sachsen und Kursachsen.

Gesamtlänge mit heraussstehender Klinge: 95 cm, Länge mit versenkter Klinge: 69 cm, Gewicht: 2460 g

Historisches Museum Dresden, Inv.-Nr. T 66

Inventarverzeichnis: Gesamtinventar von 1606, S. 975 (Verz. 72): «In der Ungerischen Cammer; Ein Hammer mit Viereckechten Spitzen, Dorin ein hohlausgezogen Spießeisen, mit Verguld. geetzten vnd gestochenen laubwerg, mit Durchbrochenen vergulten messing geziert, Das hefft von schwartzen Sammet, vnd mit schwartzer seiden gestickt, der Knopf von messing getriebener arbeit Vndt angesichtlein gezieret, Welchen Baltzer Hacker gemacht, Vndt Vberantworten lassen, Derselbe ist hernachmahls durch die Cammerräthe mit 30. Thalern zubezahlen befolen worden, Vnd ist solcher Hammer durch den Herrn Stallmeister Nicol von Miltitz, auf die Cammer geantwortet den 1. July Ao 93.»

Inv. Türkenkammer von 1674, S. 76, Nr. 223 (Verz. 244); von 1683; S. 117, Nr. 223 (Verz. 245); von 1716, S. 79, Nr. 223 (Verz. 246); von 1783, S. 74f., Nr. 136 (Verz. 247); von 1821, S. 305–307, Nr. 495 (Verz. 248); Gesamtinventar von 1836, S. 159–161, Nr. 41 (Verz. 79)

Lit.: M. v. Ehrenthal, Führer durch das Königliche Historische Museum in Dresden, S. 164, G 156. – W. v. Seidlitz, Die Kunst in Dresden vom Mittelalter bis zur Neuzeit, Bd. 1, S. 316. – E. Haenel, Kostbare Waffen aus der Dresdner Rüstkammer, S. 144, Tafel 71 c

182 a Rapier und Dolch, kombiniert mit Uhr in den Knäufen, Gefäß Dresdner Arbeit. Die Uhren von Hofuhrmacher Tobias Reichel, Weihnachtsgeschenk des Herzogs Johann Georg an seinen Bruder, Kurfürst Christian II. von Sachsen, 1610

Rapier: Klinge mit linsenförmigem Querschnitt, im oberen Drittel beiderseitig mit flachem Hohlschliff, darin eingeschlagen sogenannte Weihekreuze; die Fehlschärfe trägt auf beiden Seiten je eine undeutliche Schlagmarke.

Gefäß aus vergoldetem Messing, alle Teile reich mit feingliedrigem Rankenwerk graviert; S-förmig gebogene Parierstange; kräftiger, in den Klingenbügel mündender Parierbügel, auf der Quartseite mit Klingen- und Parierbügel verbundener kleiner Faustschutzbügel.

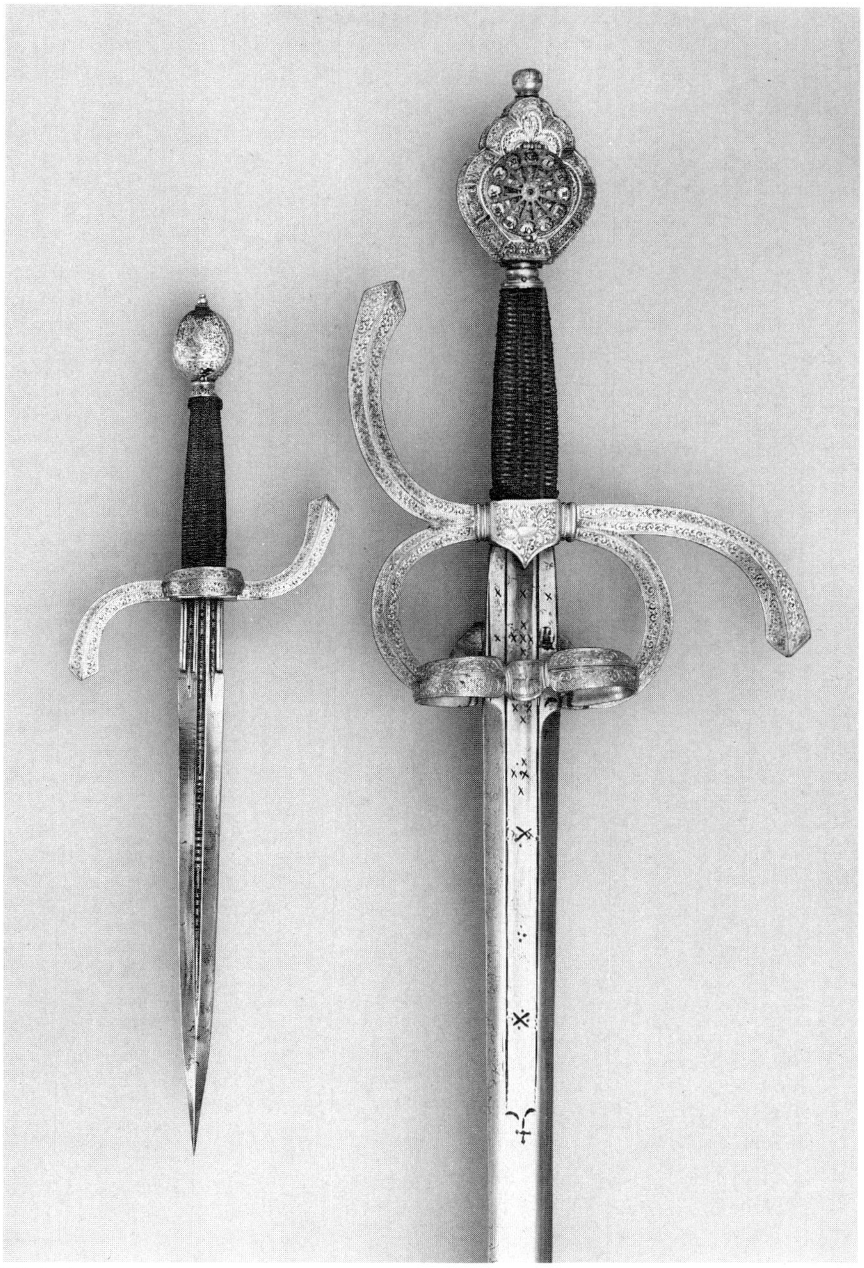

182a/b

Vertikal profilierter Holzgriff mit vergoldeter Kupferdrahtwicklung aus zwei verdrillten und zwei glatten Drähten; zwei Türkenbunde aus dem gleichen Material.

Pinienzapfenförmiger flacher Knauf mit schraubbarem kugeligem Knäufchen. Im Knauf befindet sich eine Uhr mit Stundenzeiger; auf der Vorderseite des Knaufes silbernes graviertes Zifferblatt mit einem Durchmesser von 30 mm; das Zifferblatt trägt zwei Ziffernkränze, der äußere mit römischen Ziffern: I bis XII, der innere zeigt arabische Ziffern: 13 bis 24; mehrfach profilierter eiserner, gebläuter Stundenzeiger (der Zeiger ergänzt); das Zifferblatt durch zwölfpässigen gewölbten und durchbrochenen Deckel geschützt. Die volle Stunde wird durch Schlag auf eine flache Stahlglocke angezeigt; der Schlaghammer in Form eines Delphins ausgebildet; gleichmäßige Kraftübertragung der Feder wird durch Stackfreed erreicht; das Schlagwerk hat eine stählerne gebläute Schloßscheibe mit Innenverzahnung für die Steuerung der Stundenschläge; mehrfach profilierte Federfüße. Die Uhr weist Unrast aus Stahl auf, zweischenklig mit gewölbtem Reif, Schweinsborstenregulierung. In der oberen Ecke der Rückplatine Meisterpunzen des Dresdner Hofuhrmachers Tobias Reichel. Der Rückdeckel als Schallöffnung in filigranem Rankendekor durchbrochen. Die abgeflachten Seiten des Knaufes zeigen graviertes Rankenornament, auf dem Mittelfeld der Rückseite durchbrochenes Rankenwerk.

Gesamtlänge: 111 cm, Klingenlänge: 94 cm, Klingenbreite an der Fehlschärfe: 2,8 cm, Gewicht: 1020 g

Maße der Uhr: Länge (ohne Knäufchen): 60 mm, Breite: 51 mm, Höhe: 30 mm

Historisches Museum Dresden, Inv.-Nr. VI 434

182 b Dolch mit Uhr

Klinge mit rhombischem Querschnitt; Mittelgrat mit fast bis zur Spitze reichender, dekorativ durchbrochener Mittelkannelüre; die Fehlschärfe ebenfalls kanneliert und durchbrochen, an den Schmalseiten eingeschlagene Initiale «W. B.». Gefäß Messing, vergoldet, reich mit feingliedrigem Rankenwerk graviert; S-förmig geschwungene Parierstange mit ovalem Parierring. Längsprofiliertes Griffholz mit vergoldeter Kupferdrahtwicklung aus abwechselnd einem glatten und zwei verdrillten Drähten, zwei Türkenbunde.

Der ovale Knauf mit schraubbarem profiliertem Knäufchen enthält eine Uhr; auf der Vorderseite der Uhr messingvergoldetes Zifferblatt mit stählernem, gebläutem, mehrfach profiliertem Stundenzeiger; das Zifferblatt trägt römischen Zierring mit den Ziffern I–XII; gleichmäßige Kraftübertragung der Feder wird durch Stackfreed erreicht; Unrast mit Schweinsborstenregulierung, im oberen Teil der Rückplatine Meisterpunzen des Tobias Reichel. Vorder- und Rückseite werden durch gewölbten, messingvergoldeten Scharnierdeckel abgedeckt. Die Deckel zeigen gravierte Ranken und einen Vogel.

Gesamtlänge: 31,5 cm, Klingenlänge: 20 cm, Klingenbreite an der Fehlschärfe: 1,7 cm, Gewicht: 200 g
Maße der Uhr: Länge: 27 mm, Breite: 23,5 mm, Höhe: 20 mm

Dolchscheide: Holz mit schwarzem Lederbezug; das messingvergoldete rechteckige Mundblech zeigt auf der Vorderseite gravierte Ranken und einen flügelschlagenden Vogel, auf den Schmalseiten ebenfalls gravierte Ranken, die Rückseite mit Trageöse. Das Ortblech aus vergoldetem Messing, nach unten konisch verlaufend, mit profilierter kugelförmiger Spitze, trägt gravierten Vogel und Eule zwischen Ranken.

Inventarnachweis: Kurkammer von 1671, S. 141 f., Nr. 304 (Verz. 129): «Ein Rappier und Dolch, mit Messingen vergüldeten und gestochenen Knöpfen, ober und unter sich gebogenen Creutze und Bogen und seind in dem Rappier Knopfe eine Schlange uhr in dem Dolch Knopffe aber eine weise uhr stochen orthbänden und Dach Kappen, Welches Churfürst Christian dem Anderen von dero Herrn Bruder damahls Hertzog Johann Georgen dem Ersten, beydersits Christ seel. andencken Ao: 1610. Zum Heiligen Christ verehret worden, worbey Ein Leibgürtel und Gehencke.»

Inv. Kurkammer von 1683, S. 207, Nr. 304 (Verz. 130); von 1716, S. 156 f., Nr. 304 (Verz. 131); von 1784, S. 212 f., Nr. 304 (Verz. 132); von 1821, S. 272, Nr. 393 (Verz. 133); Gesamtinv. von 1836, S. 73 f. (Verz. 81)

Lit.: M. v. Ehrenthal, Führer durch das Königliche Historische Museum in Dresden, S. 108, E 690 a, b; E. Haenel, Kostbare Waffen aus der Dresdener Rüstkammer, S. 118, Tafel 59 e, f; H. Seitz, Blankwaffen Bd. II, S. 35; J. Schöbel, Prunkwaffen, S. 95, Abb. 93; The Splendor of Dresden, Nr. 157; Historisches Museum Dresden, 1981, Nr. 56

183

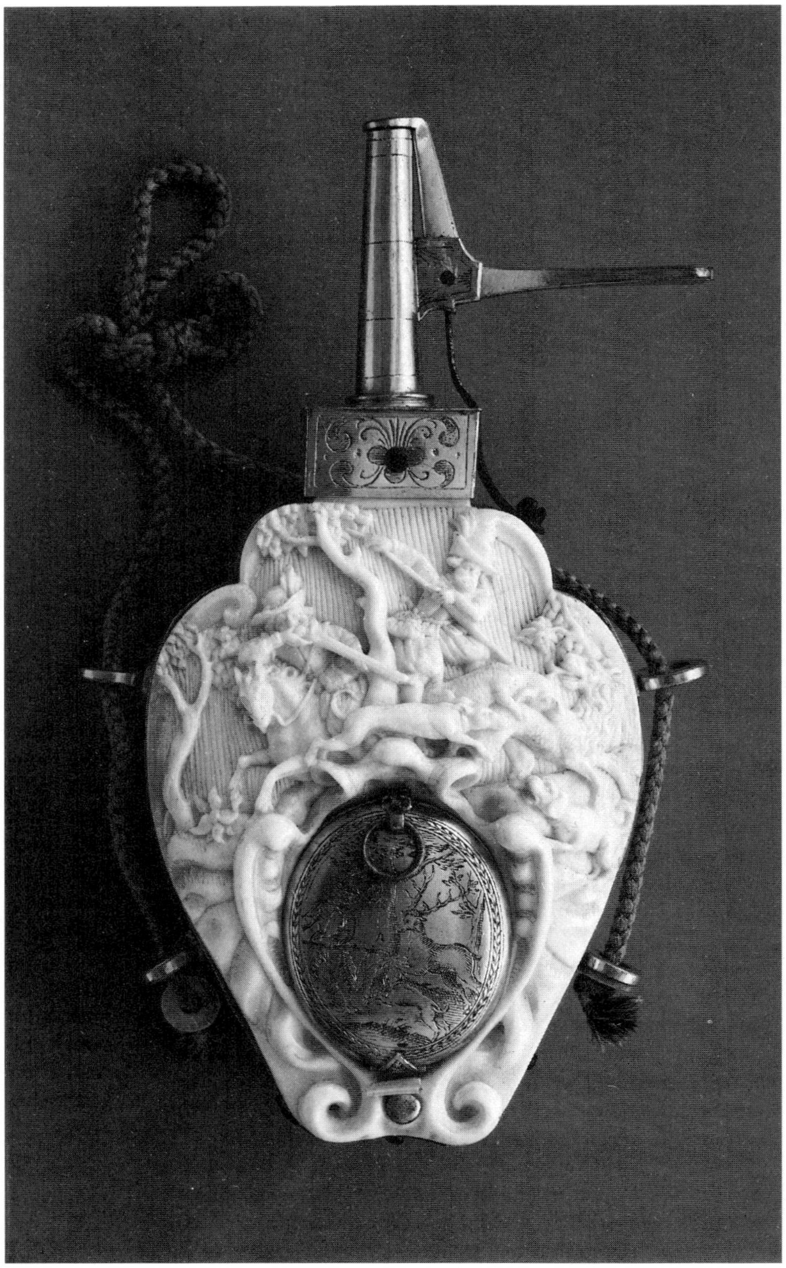

184

183 Pulverflasche mit Sonnenuhr, süddeutsch, um 1550

Pulverflasche Messing, feuervergoldet, beiderseitig gravierter Rankendekor und Mauresken, auf der Rückseite in Medaillon weibliches Brustbildnis; Seitenwände Messing, gegossen, feingliedriger Rankendekor.

Kleine runde Horizontalsonnenuhr mit klappbarem Poldeckel, im Zentrum kleiner Kompaß zum Einnorden, Ziffernlinien von 6 Uhr morgens bis 8 Uhr abends, von 5–8 Uhr abends in arabischen Ziffern gekennzeichnet. Sonnenuhr wird durch Scharnierdeckel mit Verschlußhaken geschützt, auf der Vorderseite des Deckels gravierter Kriegerkopf mit Sturmhaube.

Höhe: 11 cm, Breite: 5 cm, Gewicht: 110 g

Historisches Museum Dresden, Inv.-Nr. X 1258

184 Pulverflasche mit Uhr, Augsburg, um 1620

Pulverflasche Elfenbein, geschnitten, auf der Vorderseite Löwenjagd: berittener Jäger, sein Gewehr auf einen Löwen anlegend, ein zweiter Jäger mit Spieß, den von Hunden gestellten Löwen angreifend; auf der Rückseite der Pulverflasche eine Sauhatz.

Montierung Messing, feuervergoldet, die Seitenflächen der Pulverflasche mit rankenförmig durchbrochenem Messingband belegt, daran vier Trageösen, konische Ausgußröhre auf kastenförmigem graviertem Ansatz, Schnepperverschluß mit gebläuter Stahlfeder, geflochtene grüne Tragkordel.

Uhr in Form einer ovalen Halsuhr, Messing, feuervergoldet, Scharnierdeckel auf der Vorderseite mit graviertem Jagddekor: Jäger mit Spieß, Hirsch und Hund von graviertem Blattfries medaillenförmig eingerahmt; aufgelegter silberner Camplevé-Zifferring mit römischen Stundenziffern von I–XII, pfeilförmiger Stundenzeiger aus Messing; Uhrwerk ausklappbar, fein gedrehte Platinenpfeiler, Gehwerk mit Federantrieb, Stackfreed, zweischenkelige polierte Stahlunruhe unter durchbrochen gearbeitetem Kolben, Spindelhemmung, Schweinsborstenregulierung, Stundenschlagwerk mit feststehendem Federhaus und Schloßscheibe, Stahlglocke, Gehäuseumwandung mit runden Schallöffnungen, Gehäuserückwand mit durchbrochenem graviertem Jagddekor: Wolfsjagd.

Höhe: 22,5 cm, Breite 11 cm, Gewicht: 800 g

Historisches Museum Dresden, Inv.-Nr. X 1255

Lit.: J. Schöbel, Prunkwaffen, S. 177, Abb. 116

185 Hirschfänger mit Uhr, deutsch um 1740

Rückenklinge mit beiderseitigem Hohlschliff, im unteren Drittel von rhombischem Querschnitt, reicher vergoldeter Ätzdekor auf gebläutem Grund, an der Fehlschärfe Hirsch- und Schweinsjagdszenen in Goldtausia. Scheide mit grüner Fischhaut bezogen. Mund- und Ortblech Gold; Messer der Scheide fehlt. Gefäß aus Goldblech, getriebenes muschelförmiges Stichblatt mit eingebautem Taschenuhrwerk; Griff getriebenes Goldblech; Griff, Griffbügel und ortwärts gebogene Parierstange mit ausgeprägtem Rocaillendekor; am Ende des Griffes Tintenfaß und Streusanddose (beides fehlt).

Uhrwerk: signiert «Bèno Hueber, Wienn 614», um 1710/20; bombiertes Emailzifferblatt (am Sperrhaken leicht ausgebrochen) mit römischen Stundenziffern und arabischen Minutenzahlen; vergoldete Minuten- und Stundenzeiger (Spitze abgebrochen), durchbrochen gearbeitet; Spindelhemmung; zifferblattseitiger Aufzug über Schnecke und Kette; mit Maskaron, Akanthus und Blattwerk reich verzierter Spindelkolben. Regulierungszifferblatt Silber; goldener Deckel fehlt (Scharnieransätze noch vorhanden).

Gesamtlänge des Hirschfängers: 66,5 cm

Bayerisches Nationalmuseum, München, Inv.-Nr. 13/1150

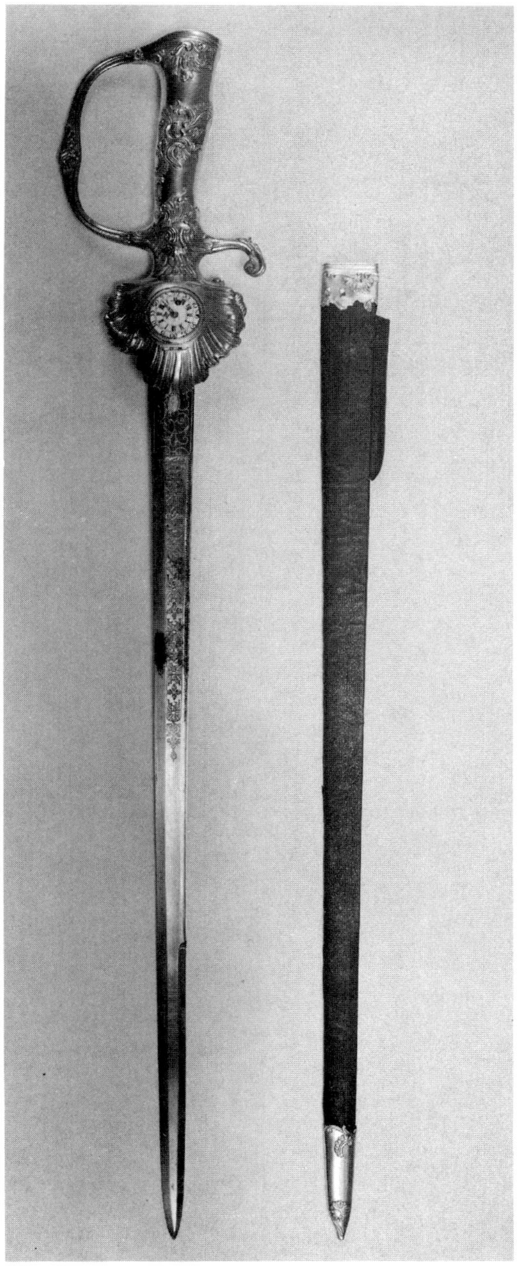

185

186

186 Hirschfängerklinge mit Schrittzähler, vermutlich Augsburg, Ende 17. Jahrhundert

Rückenklinge im unteren Drittel zweischneidig mit beiderseitigem Hohlschiff, am Rücken zwei Kanelüren, lange kastenförmige Fehlschärfe mit eingebautem Schrittzähler; vergoldete Klingenätzung, teilweise graviert, im Hohlschiff geätzte Rankenornamente, laufender Hund und Wildschwein.

Die mit Ranken geschmückte, 130 mm lange, 7 mm starke und 30 mm breite, zugleich als Gehäuse für den Schrittzähler dienende Fehlschärfe trägt auf Vorder- und Rückseite jeweils drei übereinander angeordnete Zifferblätter. Der Schrittzähler zeigt auf sechs Zifferblättern Doppelschritte von 1–10, 10 bis 100, 100–1000, 1000–10000, 10000–100000 und 100000–1000000 an. Am oberen Ende der Fehlschärfe befindet sich ein Auslösehebel mit kreisrundem Durchbruch, der den Schaltmechanismus betätigt. Der ursprünglich komplette Hirschfänger wurde am Gürtel befestigt und mittels eines Riemens so mit dem Schalthebel und dem linken Bein des Schreitenden verbunden, daß der Schaltmechanismus bei jeder Bewegung des Beines um einen Zähler weitersprang. Die Übertragung auf die Zeiger erfolgte dann durch ein einfaches Räderwerk im Inneren des Gehäuses (Fehlschärfe).

Klingenlänge: 54 cm, Klingenbreite: 2,8 cm, Gewicht: 450 g

Armeemuseum der DDR, Dresden, Inv.-Nr. 86-3716

Lit.: M. Engelmann, Die Wegmesser des Kurfürsten August von Sachsen. In: Mitteilungen aus den Sächsischen Kunstsammlungen, Dresden, VI (1915), S. 11–43

187 Hirschfänger mit Schrittzähler, Klinge vermutl. Augsburg, Ende 17. Jahrhundert, Gefäß 1810/20

Rückenklinge im unteren Drittel zweischneidig, mit beiderseitigem Hohlschliff, darin durchbrochenes Rankenwerk, kastenförmige Fehlschärfe mit Schrittzähler, vergoldete Klingenätzung, teilweise graviert; Messinggefäß gegossen, kleines, ortwärts gerichtetes Stichblatt mit reliefiertem Jegddekor, Griff mit Zierwulsten, Knauf mit blattförmiger Knaufplatte.

Die mit Ranken geschmückte, zugleich als Gehäuse für den Schrittzähler dienende Fehlschärfe trägt auf Vorder- und Rückseite jeweils drei übereinander angeordnete Zifferblätter. Der Schrittzähler zeigt auf sechs Zifferblättern Doppelschritte von 1–10, 10–100, 100–1000, 1000–10000, 10000 bis 100000, und 100000–1 000 000 an. Der am oberen Ende angebrachte Auslösehebel betätigt den Schaltmechanismus.

Gesamtlänge: 77,8 cm, Klingenlänge: 63,5 cm, Klingenbreite an der Fehlschärfe 3,3 cm

Glasgow Museum & Art Galleries

Lit.: H. L. Blackmore, Hunting Weapons, Abb. 37

187

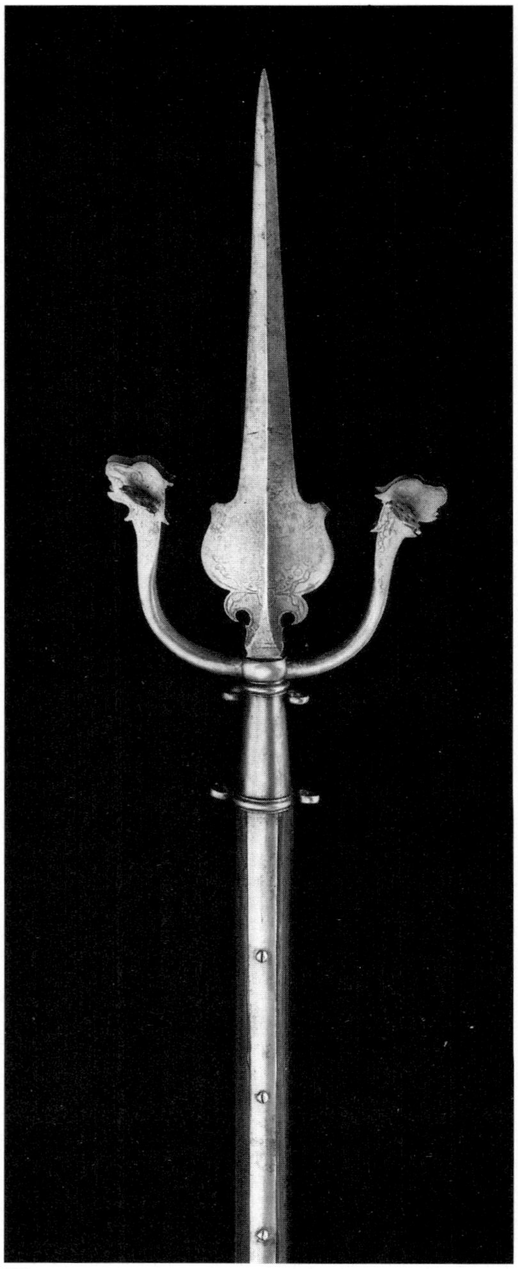

188

188 Luntenspieß, deutsch, Ende 17. Jahrhundert

Gratklinge mit geätztem griechischem Kreuz, zwei seitliche Arme mit Luntenklemmen in Form von Monstreköpfen, Feststellschraube für Lunte mit herzförmiger Handhabe, darin drei Bohrungen. Klinge und Tülle miteinander verschraubt, seitlich an der Tülle je zwei Ösen zur Führung der Lunte.

Hölzener Rundschaft, zwei Schaftfedern mit je sechs Kopfnägeln, Schaftschuh fehlt.

Gesamtlänge: 226 cm, Klingenlänge mit Tülle: 35 cm, Breite des Blattes: 6 cm, Gewicht: 1240 g

Museum für Deutsche Geschichte Berlin, Inv.-Nr. W 59 (AD 10668)

Lit.: H. Müller / H. Kölling, Europäische Hieb- und Stichwaffen, S. 306, Kat. Nr. 374; W. Eckhardt / O. Morawietz, Die Handwaffen des brandenburgisch-preußisch-deutschen Heeres 1640–1945, S. 31, Bild 11, Nr. 1

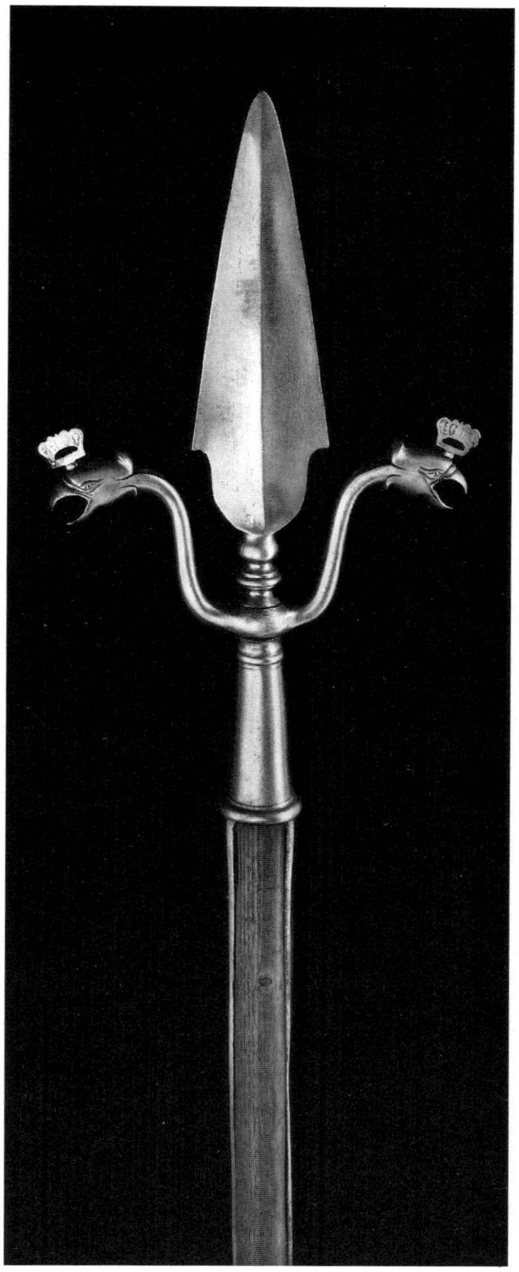

189

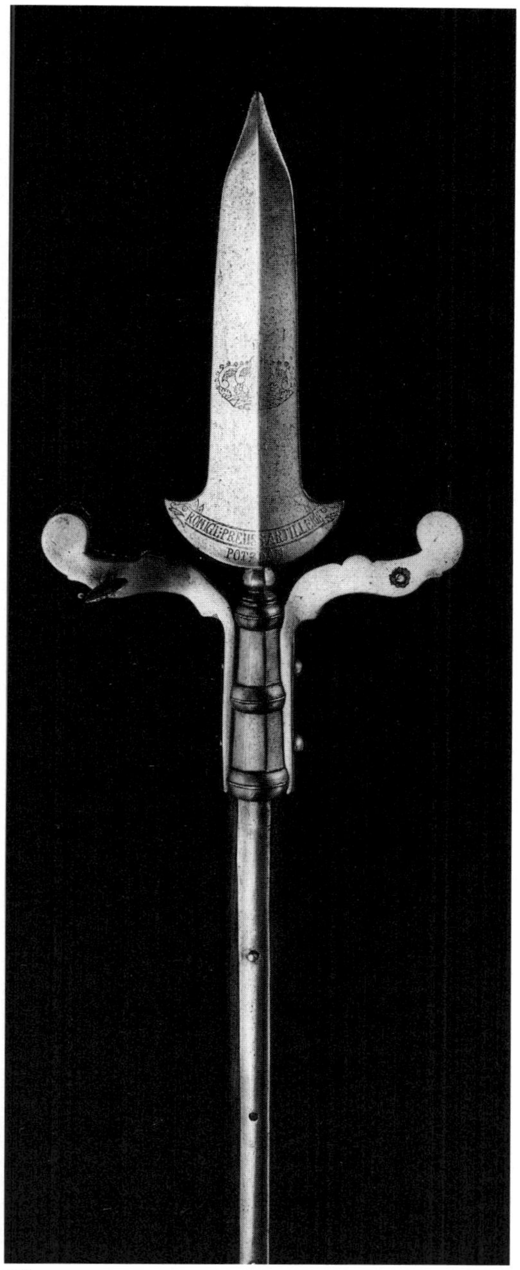

190

191

189 Luntenspieß,
Sachsen oder Polen,
Ende 17./Anfang 18. Jahrhundert

Gratklinge mit profiliertem Klingenhals, zwei seitliche Arme mit Luntenklemmen in Form von stilisierten hohlen Fischköpfen, Spannschraube für die Lunte mit kronenförmiger Handhabe, konische Tülle mit Zierwulst. Rundschaft, zwei Schaftfedern mit je vier Kopfnägeln, Messingschuh.

Gesamtlänge: 229 cm, Klingenlänge mit Tülle: 38 cm, Breite des Blattes 7,2 cm, Gewicht 2370 g

Museum für Deutsche Geschichte Berlin, Inv.-Nr. W 59.3350

Lit.: H. Müller / H. Kölling, Europäische Hieb- und Stichwaffen, S. 306, Kat.-Nr. 375

190 Artilleriekurzgewehr (Luntenspieß), Preußen,
1. Hälfte 18. Jahrhundert

Gratklinge, beiderseitig geätzte Königskrone, Klinge in fliegendem Band bezeichnet «KÖNIGL. PREUSS. ARTILLERIE», darunter «POTZDAM». Achtkantige konische Tülle mit Zierwulsten, zwei seitlich mit der Tülle verschraubte Arme mit Luntenhalter, Spannschraube für die Lunte mit flach ausgeschmiedeter Handhabe. Rundschaft, zwei Schaftfedern mit je sechs Kopfnägeln, Messingschuh.

Gesamtlänge: 218 cm, Klingenlänge mit Tülle 33,8 cm, Breite des Blattes: 8,7 cm, Gewicht: 1840 g

Museum für Deutsche Geschichte Berlin, Inv.-Nr. W 58 (AD 10571 c)

Lit.: H. Müller / H. Kölling, Europäische Hieb- und Stichwaffen, S. 306, Kat.-Nr. 376

191 Luntenspieß,
deutsch, um 1700

Gratklinge geschmückt mit dem geätzten Wappen: Franz Lothar Graf Schönborn, Erzbischof von Mainz, Kurfürst (1695–1729). Luntenarme enden in Monstreköpfen, Spannschrauben für die Lunte mit kronenförmiger Handhabe; konische Tülle mit vier Ringschrauben besetzt, zwei Schaftfedern mit je drei Kopfnägeln am Rundschaft befestigt.

Gesamtlänge: 199,7 cm, Klingenlänge: 33,3 cm, Gewicht: 1005 g

Metropolitan Museum of Art, New York, Inv.-Nr. 32.75.205

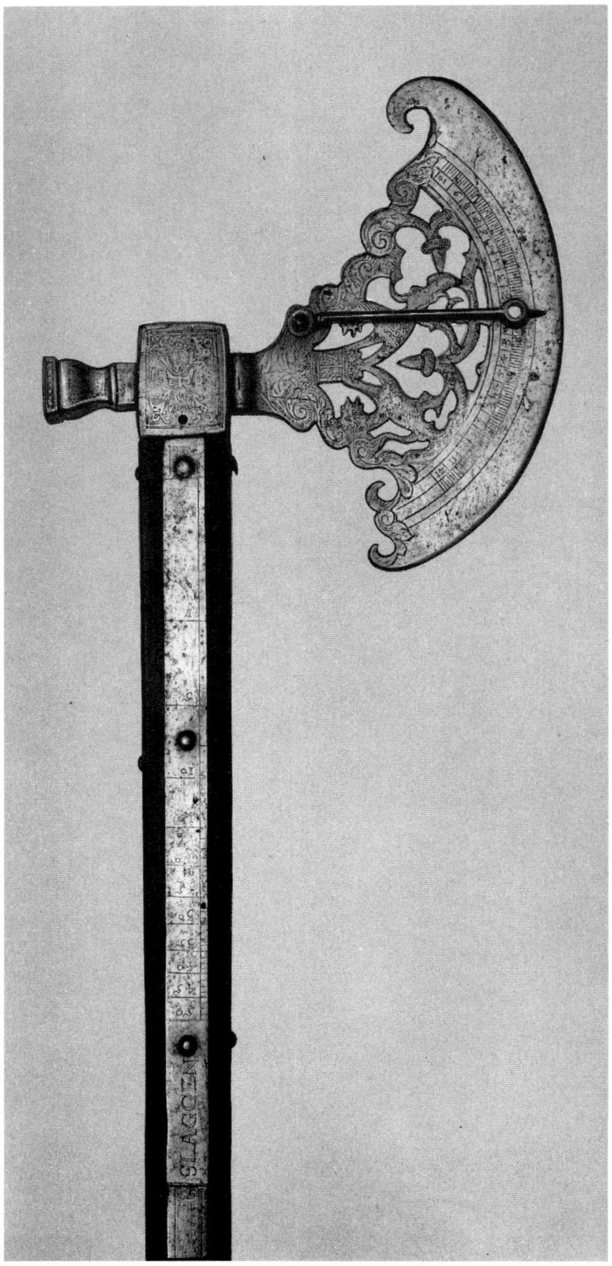

192

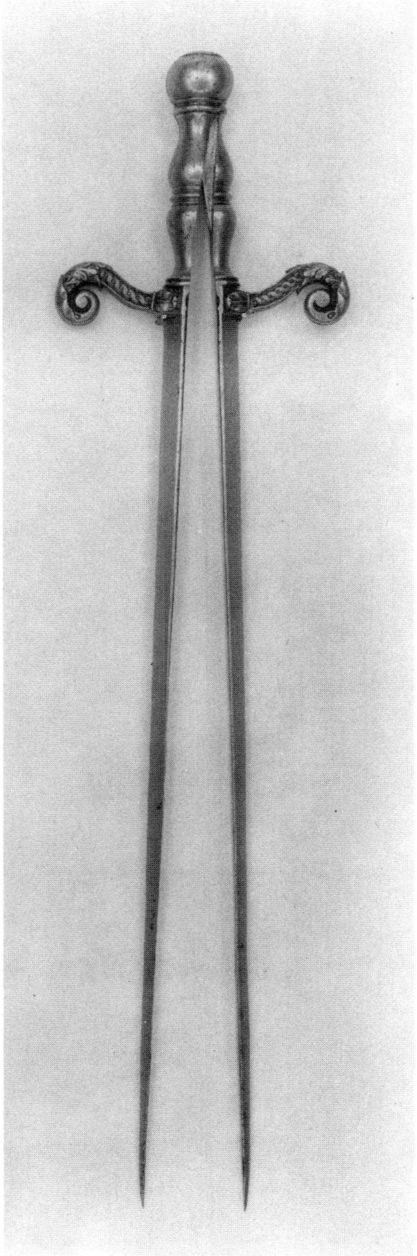

193

193 Büchsenmeisterzirkel und Dolch, italienisch, um 1630 bis 1640

Stechzirkel, Ganzmetall poliert, in Form eines Dolches. Doppelklingen, in geschlossenem Zustand von rhombischem Querschnitt; volutenförmige Parierstangen mit Akanthusdekor, balusterförmiger Griff mit Zierringen.

Der aus zwei Hälften bestehende Dolch wird im Knauf durch ein Scharnier zusammengehalten. Ein auf der inneren Griffhälfte aufgesetzter schmaler Steg, der im zusammengeklappten Zustand in eine entsprechende Aussparung der Gegenhälfte eingreift, stabilisiert die Waffe. Die Doppelklingen klappen aus wie die Beine eines Stechzirkels und können zu einem rechten Winkel ausgedehnt werden.

Gesamtlänge: 50 cm, Klingenlänge: 40,3 cm, Gewicht: 870 g

The Wallace Collection London
Reproduced by permission of the Trustees of the Wallace Collection

Lit.: Wallace Collection Catalogues, European Arms and Armour, Vol. II, A 1247, Tafel 144; R. Forrer, Die Waffensammlung Zschille in Großenhain, Tafel 152, Nr. 433

192 Streitaxt mit Artilleriequadrant des Herzogs Julius von Braunschweig-Wolfenbüttel, Braunschweig, 1585

Axteisen mit hochgezogener Schneide, mehrfach durchbrochenes Blatt, beiderseitig geätzter Dekor: Eicheln und Ranken, im Zentrum zwei Löwen, einen gekrönten Schild mit dem Monogramm der herzoglichen Devise «IHZS» (Jesus Hilf Zur Seligkeit) haltend. Die linke Seite der Axtklinge trägt die geätzte lateinische Inschrift «Princeps Julius Dux Brunswigensis et Luneborgensis me fieri fecit Henricopoli aliis in serviendo consumor. 1585» (Herzog Julius von Braunschweig und Lüneburg hat mich in Braunschweig machen lassen. Indem ich anderen diene, verzehre ich mich selbst. 1585). Auf der Gegenseite Quadrantbogen mit Teilung: 12 . . . 0 . . . 10, darüber ein Pendellot; die vierkantige Tülle trägt auf der linken Seite das geätzte Ordenszeichen vom Goldenen Vlies (stilisierter Feuerstrahl und Flammen, darüber Krone, unterhalb des Feuerstrahls das Goldene Vlies), zu beiden Seiten die geteilte Jahreszahl 15–85, auf der Gegenseite geätzter Rankendekor. Vierkantiger Axtkopf mit quadratischer Schlagfläche, Ätzdekor, Punkte und Ranken; der Axtkopf ist längs durchbohrt und dient zugleich als Rohrvisier.

Holzschaft von rechteckigem Querschnitt mit vier aufgenagelten Verstärkungsbändern aus Eisen, die Verstärkungsbänder tragen gravierte Kalibermaßstäbe für «SLAGGEN (Schlacke) / BLEI / EISEN / STEIN» zur Bestimmung des Kugeldurchmessers und der für den Schuß benötigten Pulvermenge; am Schaftende Eisenzwinge mit V-förmiger, eingeschnittener Kerbe.

Gesamtlänge: 132 cm, Gewicht: 2355 g

HM Tower of London, Inv.-Nr. XIV. 19

Lit.: W. Bernt, Altes Werkzeug, Taf. 57; The Armouries, Tower of London, 1910, Taf. 23

194

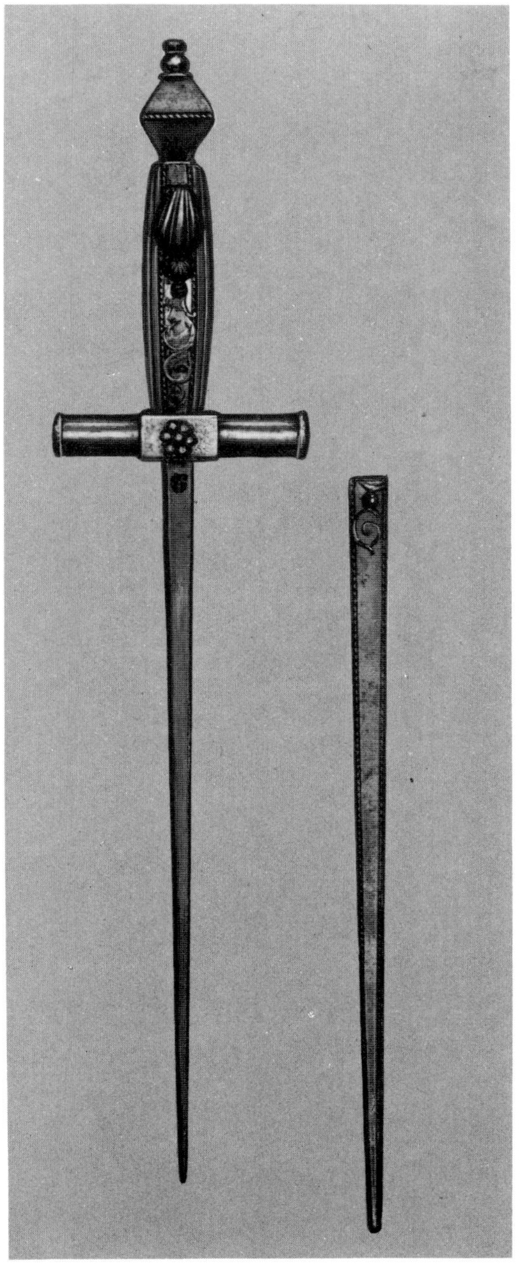

195

194 Stilett mit Artilleriemaßstab, Venedig, 2. Hälfte 17. Jahrhundert

Dreikantklinge mit punzierter Kaliberskala (Ziffern stark abgegriffen), von oben nach unten: «120 – 100 – 90 – 60 – 50 – 30 – 20 – 16 – 14 – 12 – 9 – 6 – 3 – 1», vierkantiger Klingenansatz mit rundem profiliertem Zwischenstück.

Gefäß Eisen, geschnitten, gerade Parierstange mit gewundenen Enden, dunkelbrauner gewundener Horngriff, darin eingeschlagener Messingstift, spiralig gewundener Knauf.

Gesamtlänge: 40,4 cm, Klingenlänge: 28,4 cm, Gewicht: 170 g

Privatsammlung Lothar Gärtner, Dresden

Lit.: Waffensammlung von Schwerzenbach (Auktionskatalog), Galerie Fischer Zürich, 1935, Abb. 254, 264; L. Boccia / E. Coelho, Armi Bianche Italiane, Nr. 664, 665

195 Stilett, kombiniert mit Radschloßschlüssel und Pulverflasche, deutsch, um 1660

Vierkantklinge, zwei Schlagmarken, auf der Vorderseite Lilie, darüber die Initiale «C · L», auf der Gegenseite in Schild zwei gekreuzte Schlüssel unter undeutlichen Buchstaben.

Eisengefäß poliert; gerade Parierstange von rundem Querschnitt mit eingearbeitetem Vierkant, als Radschloßschlüssel zu verwenden, Mittelschild mit Messingrosette besetzt, Hohlgriff sechseckig, vertikal ausgekehlt, als Pulverbehälter dienend; Vorderseite Messingbeschlag mit Kerbkante, im Zentrum groteske Maske und Ranke, muschelförmiger Druckknopf für Pulversperre mit Federverschluß; kantiger Knauf von quadratischem Querschnitt mit profilierter Ausgußtülle.

Scheide Eisen, poliert, von quadratischem Querschnitt mit Kerbkante, dazwischen Messingbeschläge (nur in Fragmenten erhalten).

Gesamtlänge: 36,6 cm, Klingenlänge: 23,5 cm, Gewicht: 320 g

The Wallace Collection London
Reproduced by permission of the Trustees of the Wallace Collection

Lit.: Wallace Collection Catalogues, European Arms and Armour, Vol. II, A 1309, Tafel 144

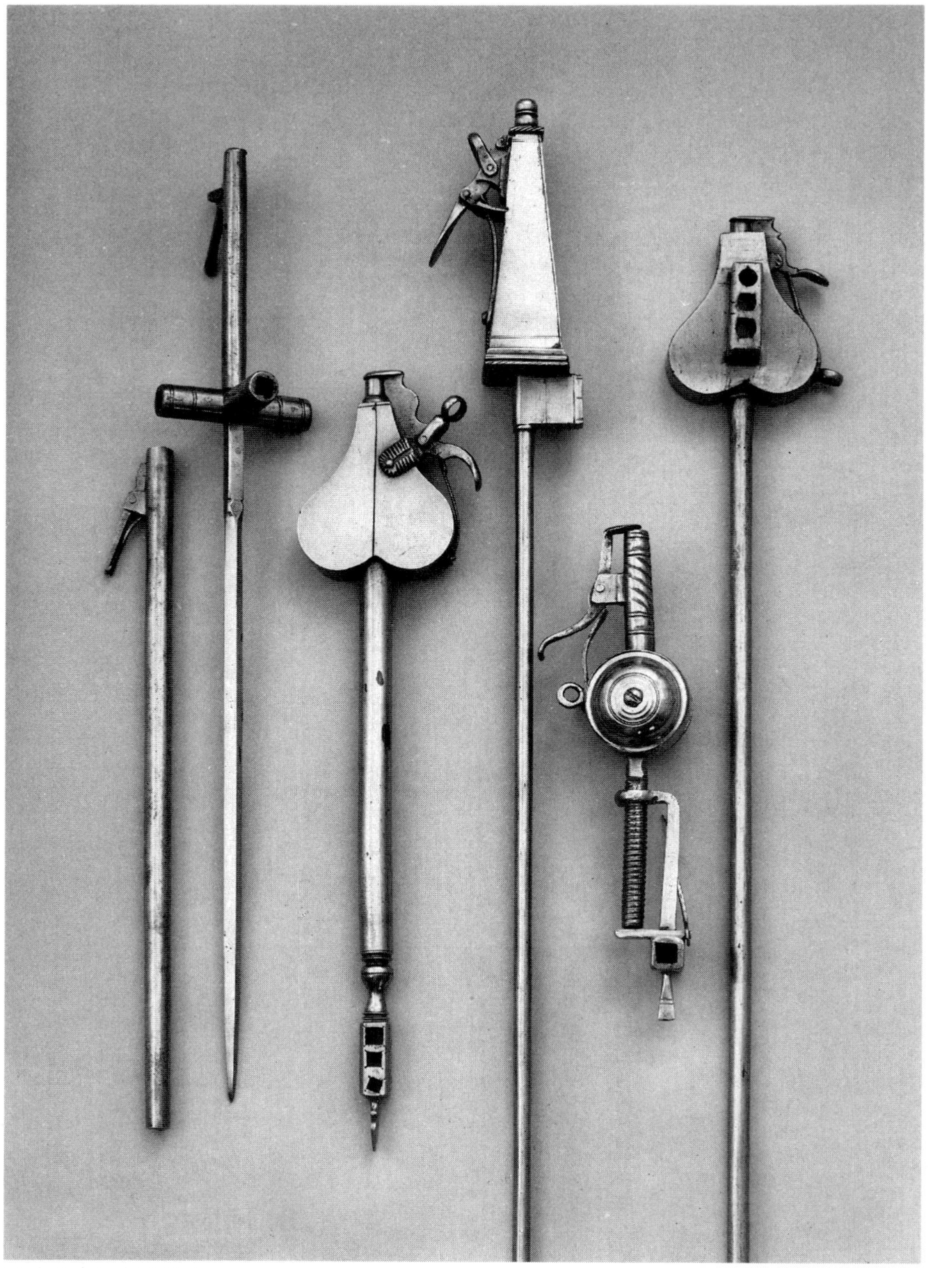

196 / 197 / 198 / 199 / 200

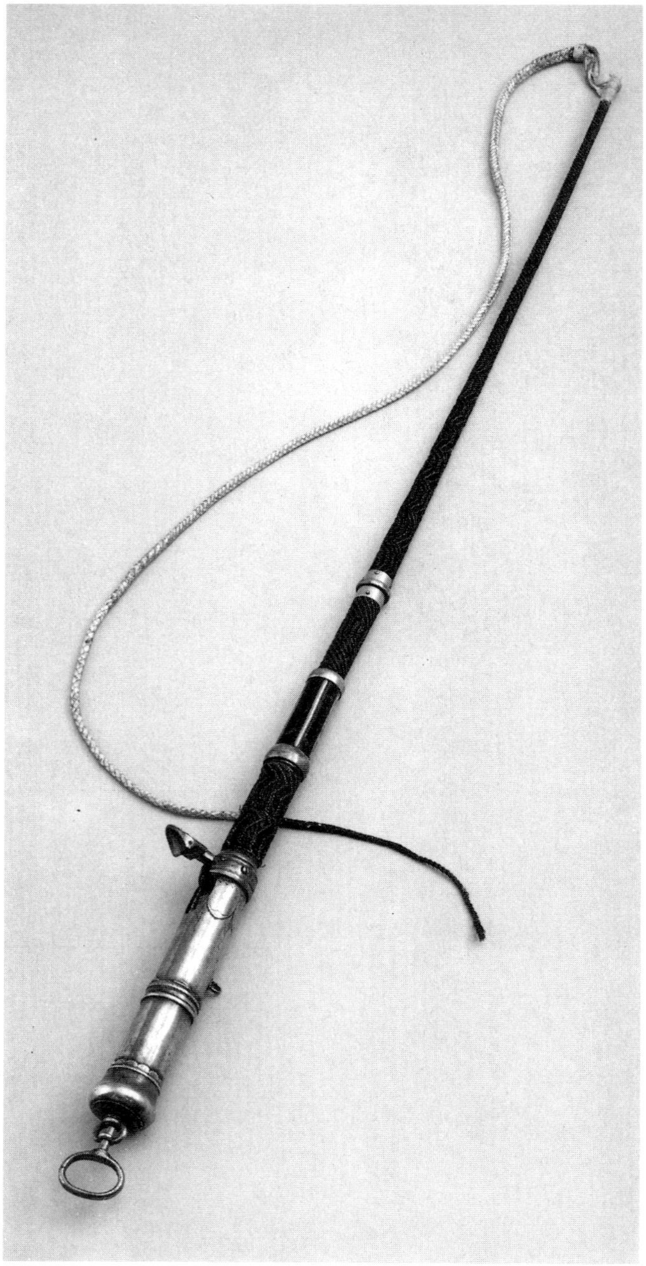

201

196 Stilett, kombiniert mit Ladestock, Radschloßschlüssel und Zündkrautflasche, deutsch, 17. Jahrhundert

Vierkantige Stilettklinge, am Ansatz mit Kantenwechsel; Parierstange als dreifacher Radschloßschlüssel ausgebildet; Griff gleichzeitig Zündkrautröhre, oben mit Schnepperverschluß und Trageöse; der hohle eiserne Ladestock dient gleichzeitig als Scheide und wird durch einen federnd gelagerten Hebel mit kleinem Haken, der in eine entsprechende Aussparung der Klinge eingreift, arretiert.

Gesamtlänge: 42 cm, Länge der Klinge: 29,2 cm, Gewicht: 290 g

Historisches Museum Dresden, Inv.-Nr. X 1125

197 Zündkrautflasche, kombiniert mit Radschloßschlüssel und Schraubenzieher, deutsch, 17. Jahrhundert

Herzförmige polierte Zündkrautflasche mit Schnepperverschluß und Tragöse, unten mit Zündkrautrohr, dem dreifachen Radschloßschlüssel und Schraubenzieher.

Gesamtlänge: 34 cm, Gewicht: 340 g

Historisches Museum Dresden, Inv.-Nr. X 1122

198 Ladestock, kombiniert mit Zündkrautflasche und Radschloßschlüssel, deutsch, 17. Jahrhundert

Polierter eiserner Ladestock, oben kastenartiger doppelter Radschloßschlüssel, darüber Zündkrautflasche in Form einer steilen Pyramide; das Ausgußrohr unter der Basis mit innenliegender Pulversperre, die durch einen seitlich angebrachten, federnd gelagerten Hebel betätigt wird; der Federhebel mit Tragöse.

Gesamtlänge: 66,5 cm, Gewicht: 355 g

Historisches Museum Dresden, Inv.-Nr. X 1120

199 Pulverflasche, kombiniert mit Schraubenzwinge, Radschloßschlüssel, Schraubenzieher und Räumnadel, deutsch, 17. Jahrhundert

Eisen poliert; runde Pulverflasche mit Messingschalen und Tragöse; längsprofiliertes Mundstück mit Schnepperverschluß; nach unten Gewindebolzen, darauf kleine Schraubzwinge mit doppeltem kastenförmigem Radschloßschlüssel, kurzem Schraubenzieher und Räumnadel.

Länge: 22 cm, Gewicht: 250 g

Historisches Museum Dresden, Inv.-Nr. X 1127

202

200 Ladestock, kombiniert mit Zündkrautflasche und Radschloßschlüssel, deutsch, 17. Jahrhundert

Polierter eiserner Ladestock; herzförmige Zündkrautflasche mit Schnepperverschluß, trägt auf einer Seite vernieteten rechteckigen Basisblock mit drei Vierkantöffnungen als Radschloßschlüssel.

Gesamtlänge: 59 cm, Gewicht: 440 g

Historisches Museum Dresden, Inv.-Nr. X 1117

201 Reitpeitsche, kombiniert mit Steinschloßfeuerwaffe von Andrew Dolep, London, um 1690

Der Schloßmechanismus ist in einem hohlen Eisenzylinder des Griffes untergebracht und wird von einer runden Silberhülse mit kugeligem Knauf verdeckt. Die Entzündung des Pulvers erfolgt mittels Feuerstein, der auf die Reibfläche der Batterie schlägt. Die Batterie läßt sich in einen Ausschnitt der Hülse einklappen. Im Zylinder befinden sich die Pulverpfanne, die Abzugseinrichtung und eine gleitende, auf eine Druckfeder geschobene Eisenschiene mit flachem Hahnkopf. Der über den Knauf ragende Eisenstift mit ringförmiger Handhabe ist mit der Eisenschiene verschraubt. Beim Zurückziehen des Stiftes wird die Druckfeder gespannt, die Schiene arretiert. Die Abzugseinrichtung ohne Sicherung, als Drückermechanismus ausgebildet (der Drücker fehlt). Das vordere, ringförmig verstärkte Ende des Eisenzylinders dient als Schwanzschraube für den auf ein Gewindestück aufgeschraubten kurzen Pistolenlauf. Die Laufoberseite trägt die Signatur «DOLEP»[1].

Griffstück und Peitschenstiel sind durch eine bewegliche eiserne Hülse mit Silbermontierung verbunden, wodurch das Laden und Schießen ermöglicht wird. Der Peitschenstiel besteht aus einer Holzrute mit gemusterter Hanfschnurumwicklung, die Peitschenschnur aus geflochtenem weißem Sämischleder, ihr unteres Ende ist mit grünem Garn umwickelt.

Gesamtlänge: 92 cm, Länge des Griffes: 15 cm, Lauflänge: 12 cm, Kaliber: 12 mm, Gewicht: 540 g

Historisches Museum Dresden, Inv.-Nr. GG 80

Lit.: M. v. Ehrenthal: Führer durch die Königliche Gewehrgalerie, Nr. 80

1 Dolep, Andrew: aus den Niederlanden stammender Büchsenmacher, von 1681 bis 1713 in London tätig; vgl. E. Heer, Der Neue Støckel, Bd. 1, S. 301.

202 Gebetbuch Francesco Morosinis mit eingebauter Schnappschloß-Feuerwaffe, italienisch, um 1650

Größe des Buches: 11,5 x 16,5 x 7 cm

Venedig, Museo Correr

Lit.: Die Türken vor Wien, Kat.-Nr. 3/5

203

203 Buchattrappe mit zwei Steinschloßfeuerwaffen, französisch, Ende 17. Jahrhundert

Attrappe in Form eines Buches mit rotem, reich in Gold gepreßtem Ledereinband; auf der Innenseite der hölzernen Buchdeckel jeweils eine aufgeschraubte Steinschloßfeuerwaffe.

Rundläufe, Kammern oktogonal, geätzter Blatt- und Rankendekor; Schlösser mit flachen Schloßplatten, reich geschmückt mit Ätzdekor und dem kurpfälzischen Wappen; S-förmige Hähne, geschnitten und geätzt, die Köpfe der Hähne in Form geschnittener Monstreköpfe.

Das Auslösen des Schusses erfolgt mittels eines im Schnitt verborgenen Druckzapfens.

Größe des Buches: 19 x 11 x 10 cm

Bayerisches Nationalmuseum München, Inv.-Nr. 13/1094

ANHANG

ANMERKUNGEN

1 O. Gamber / C. Beaufort-Spontin, Curiositäten und Inventionen aus Kunst- und Rüstkammer, S. 14
2 G. Seifert, Einführung in die Blankwaffenkunde, S. 17
3 Vgl. R. Forrer, Die ältesten gotischen ein- und mehrläufigen Faustrohrstreitkolben, in: ZHWK IV (1906–1908), S. 55–61
4 Vgl. J. K. W. Willers, Die Nürnberger Handfeuerwaffen bis zur Mitte des 16. Jh., S. 47–51
5 Vgl. W. Glage, Das Kunsthandwerk der Büchsenmacher im Land Braunschweig, S. 26–30
6 Abgebildet bei J. F. Hayward, Die Kunst der alten Büchsenmacher, Bd. 1, Abb. 100/102
7 A. Hoff, Feuerwaffen, Bd. I, S. 62, Abb. 54a
8 O. Gamber / C. Beaufort-Spontin, a. a. O., S. 42
9 H. Seitz, Blankwaffen, Bd. I, S. 253, Abb. 255
10 Vgl. J. Abeler, Meister der Uhrmacherkunst, S. 618
11 Vgl. E. Zinner, Deutsche und niederländische astronomische Instrumente des 11.–18. Jh., Bd. II, S. 548–550, und H. Wunderlich, Kursächsische Feldmeßkunst, artilleristische Richtverfahren und Ballistik im 16. und 17. Jh., S. 60 ff., S. 124 ff., S. 163 ff. u. S. 184 ff.
12 Vgl. H. Müller / H. Kölling, Europäische Hieb- und Stichwaffen, S. 96
13 J. F. Hayward, Augsburg Swords, in: WKK 22 (1980) 1, S. 3–14
14 Abgebildet in: L. Tarassuk, Antique European and American Firearms at the Hermitage Museum, Abb. 524
15 Abgebildet in: L. G. Boccia / E. T. Coelho, Armi Bianche Italiane, Abb. 628, 629/630
16 Vgl. H. Seitz, a. a. O., Bd. I, S. 304
17 J. F. Hayward, Die Kunst der alten Büchsenmacher, Bd. I, S. 77
18 R. Daenhardt, Lefaucheux-Curiosa, in: Deutsches Waffenjournal (1971) 12, S. 1130–1133
19 H. G. Frost, Blades and Barrels, S. 138
20 Vgl. T. Lenk, Steinschloßfeuerwaffen, S. 153
21 Vgl. S. V. Grancsay, A Wheellock Dagger for the Court of the Medici, in: Arms and Armour Annual 1 (1973), S. 48–55
22 M. v. Ehrenthal, Führer durch das Königliche Historische Museum in Dresden, S. 130, F 270
23 H. G. Frost, a. a. O., S. 158
24 B. Spooner, The Unwin and Rodgers and other Knife-Pistols, in: The Journal of the Arms and Armour Society V (1967) 9, S. 361–367
25 Vgl. E. Schalkhaußer, Peter Peck, ein Münchener Büchsenmacher des 16. Jh., in: WKK (1974) 1, S. 21
26 Vgl. ebenda, S. 28
27 Ebenda, S. 29–34, Abb. 1–12
28 Waffen und Uniformen in der Geschichte, Katalog des Museums für Deutsche Geschichte, S. 23
29 Vgl. H. Nickel, Unter den gekreuzten Schwertern – Bemerkungen zu den Blankwaffen der kursächsischen Schweizergarde, in: K. Stüber/ H. Wetter, Blankwaffen, Festschrift Hugo Schneider, S. 169–190
30 Vgl. A. Hoff, a. a. O., Bd. I, S. 50, Abb. 43
31 Vgl. H. Müller / H. Kölling, a. a. O., S. 112
32 Vgl. J. F. Hayward, Die Kunst der alten Büchsenmacher, Bd. 2, S. 47
33 Vgl. H. Müller, Gewehre, Pistolen, Revolver, S. 155
34 C. Dike, Les Cannes à Système, S. 277, Abb. 30/ 21
35 Abgebildet in: L. Winant, Firearms Curiosa, S. 139
36 E. Hobusch, Das große Halali, S. 192
37 Vgl. H. Wotte, Jagd im Zwielicht, S. 262–271
38 Reichstagsgesetzblatt Nr. 24/1871 (Strafgesetzbuch für das Deutsche Reich vom 15. 5. 1871), S. 200
39 Ebenda, Nr. 6/1876 (Strafgesetzbuch für das Deutsche Reich vom 16. 2. 1876), S. 115
40 Ebenda, Nr. 24/1871, S. 294
41 Ebenda, Nr. 6/1876, S. 17
42 Vgl. T. Dite, Stockflinten und Stockbüchsen, in: Deutsches Waffenjournal (1975) 12, S. 1382–1384
43 Manufacture Française d'armes et cycles St. Etienne, Katalog, um 1914, S. 163
44 Hauptkatalog 1913/14 über Waffen, Munition, Jagdgeräte, Artikel für Scheibenschützen und Touristen-Artikel der Firma Albrecht Kind, Fabrik und Lager von Jagdgeräten und Waffen, Hunsting bei Dieringhausen (Rheinland), S. 198 f.
45 Vgl. M. Boeheim, Handbuch der Waffenkunde, S. 187
46 Vgl. ebenda, S. 190
47 Vgl. O. Gamber / C. Beaufort-Spontin, a. a. O., S. 51, Abb. 10
48 J. Burckhardt, Die Kultur der Renaissance in Italien, S. 304
49 H. Nickel / S. Pyhr / L. Tarassuk, The Art of Chivalry, S. 139, Kat.-Nr. 91
50 E. Harmuth, Die Armbrust, S. 11
51 C. Blair, Further Notes on the Origins of the Wheellock, in: Arms and Armour Annual I (1973), S. 29–47
52 H. Seitz, a. a. O., Bd. I, S. 346
53 Vgl. P. Jessen, Der Ornamentstich, S. 117
54 Vgl. O. Gamber / C. Beaufort-Spontin, Curiositäten und Inventionen aus Kunst- und Rüstkammer, S. 67, Abb. 9
55 W. Steguweit, Geschichte der Münzstätte Gotha vom 12. bis zum 19. Jh., S. 119
56 M. v. Boehn, Das Beiwerk der Mode, S. 106. – Boehn bemerkt hierzu: «. . . eine Vorschrift, die ja nur für ihn selbst Geltung haben konnte. Einige Wochen nach dieser wichtigen Veröffentlichung begab er sich zur Enthüllung des Bismarck-Denkmals mit der Reitpeitsche in der Hand.»
57 Ebenda, S. 11
58 Vgl. J. F. Hayward, Augsburg Swords, in: WKK (1980) 1, S. 10–12
59 A. Bartsch, Le Peintre-Graveur, Bd. 8, S. 155, 158; G. Pauli, Hans Sebald Beham, S. 178
60 M. v. Ehrenthal, Führer durch das Königliche Historische Museum zu Dresden, S. 151, Nr. 47–49
61 Vgl. E. v. Lenz, Mitteilungen aus der Renaissance-Abteilung der Kaiserlichen Eremitage zu St. Petersburg, in: ZHWK 2 (1900–1902), S. 314
62 Vgl. W. Boeheim, a. a. O., S. 367
63 Vgl. E. Lieber, Frühe Eisenschnittdegen im Historischen Museum Dresden, in: Jahrbuch der Staatlichen Kunstsammlungen Dresden 11 (1978/79), S. 138
64 Vgl. W. v. Seidlitz, Die Kunst in Dresden, Bd. 1, S. 88
65 Vgl. ebenda, S. 303
66 Ebenda, S. 379
67 Vgl. R. Forrer, Über kombinierte Waffen, in: ZHWK 5 (1909–1911), S. 104
68 Deutsche Spielmanns-Erzählungen des Mittelalters, S. 133
69 B. Köhne, Des Kardinals Ascanio Maria Sforza Feldherrnstab, in der Waffenhalle Sr. Königl. Hoheit des Prinzen Karl von Preussen, S. 8
70 O. Gamber / C. Beaufort-Spontin, a. a. O., S. 15 u. 39
71 Vgl. J. Abeler, Meister der Uhrmacherkunst, S. 618
72 Vgl. J. Menzhausen, Dresdener Kunstkammer und Grünes Gewölbe, S. 80
73 Welt im Umbruch, Augsburg zwischen Renaissance und Barock, Bd. 2, S. 450
74 M. Terenzi, Gunner's Daggers, in: Arms and Armour Annual I (1973), S. 171–179
75 O. Potier, Zwei merkwürdige Handfeuerwaffen, in: ZHWK 2 (1900–1902), S. 171–173
76 Vgl. J. F. Hayward, Die Kunst der alten Büchsenmacher, Bd. 2, S. 47

QUELLENVERZEICHNIS

Inventare der Staatlichen Kunstsammlung Dresden

Die Verzeichnisnummer, hier in Klammern gesetzt, bezieht sich auf die im Verzeichnis der Inventare der Staatlichen Kunstsammlung Dresden 1568–1945, bearbeitet von Elfriede Lieber, Dresden 1979, angegebenen Inventarbandnummern.

(1) Inventarium über des Kurfürsten zu Sachsen und Burggrafen zu Magdeburg . . . Kunstkammer in . . . Schloß und Festung zu Dresden, wie desselben vornehme Sachen, Kunststücke und zugehöriger Vorrat jedes besonders sortiert und ordiniert worden und [an] nachfolgenden Orten zu befinden. Inventiert und aufgerichtet anno 1587

(72) Inventarium über die Rüst- und Inventionskammern auf dem . . . Neuen Stall. Anno 1606 revidiert.

(77) Inventarium über die in dem Turniersaale des Königl. Historischen Museums befindlichen Gegenstände. (1836)

(79) Inventarium über die in dem Schlachtensaale des Königl. Historischen Museums befindlichen Gegenstände. (1836–1864)

(81) Inventarium über die in dem Paradesaale des Königl. Historischen Museums befindlichen Gegenstände. (1838–1863)

(130) Inventarium über die Kurkammer, worinnen der alten Kur- und Fürsten zu Sachsen allerhand Gewehre, so teils ganz goldene, mit orientalischen Steinen versetzt, und ganz silberne Gefäße: an Schlachtschwertern, Cordelassen, Pallaschen, Panzerstechern, Rapieren, Banddegen und Dolchen; ingleichen ganz goldene, mit Diamanten reichlich versetzte, wie auch mit Silber beschlagene und andere Leibgürtel und Gehänge . . . zu befinden. Revidiert mense Martio et Augusto anno 1683. (1683–1714)

(131) Inventarium über die Kurkammer, worinnen der alten Kur- und Fürsten zu Sachsen allerhand Gewehre, so teils ganz goldene, mit orientalischen Steinen versetzt, und ganz silberne Gefäße: an Schlachtschwertern, Cordelassen, Pallaschen, Panzerstechern, Rapieren, Banddegen und Dolchen; ingleichen ganz goldene, mit Diamanten versetzte, wie auch mit Silber beschlagene und mit orientalischen Perlen gestickte Leibgürtel und Gehänge zu befinden. Im Monat Novembri und Dezembri 1716 gefertigt und beschrieben.

(132) Inventarium über die Kurkammer, worinnen der alten Kur- und Fürsten zu Sachsen goldene und silberne Degen, Schlachtschwerter, Cordelasse, Pallasche, Panzerstecher, Banddegen und Dolche, ingleichen goldene und silberne, teils mit orientalischen Diamanten oder Perlen besetzte und gestickte Leibgürtel und Gehänge zu finden. Gefertigt im Monat August 1784.

(133) Inventarium über die Kurkammer, worin der ehemaligen Kur- und Fürsten zu Sachsen goldene und silberne Degen, Schlachtschwerter, Cordelasse, Pallasche, Panzerstecher, Banddegen und Dolche, ingleichen goldene und silberne gestickte Leibgürtel und Gehänge, auch andere Sachen sich befinden. Revidiert im August 1821.

(138) Inventarium über die Altdeutsche Gewehrkammer, worinnen der älteren Kur- und Fürsten zu Sachsen Schlacht- und Reitschwerter, Pallasche, Panzerstecher, Cordelasse, Degen, Dolche, Czákane, Reitpistolen und andere Sachen befindlich. Revidiert im Monat Mai und gefertigt im Monat Oktober 1821.

(139) Inventarium über die Kleinere schwarze Gewehrkammer, mense Maio anno 1674, wie auch über das daran befindliche kleine Vorgemach. Revidiert den 12. Julii anno 1677.

(139) Inventarium über die Kleine schwarze Gewehrkammer, worinnen allerhand Gewehre: an Beidenfäustern, Schlacht- und Reitschwertern, Rapieren, Dolchen, Pistolen, Pulverflaschen, Reitmützen und Hüten zu finden. Revidiert mense Maio et Augusto . . . anno 1683.

(140) Inventarium über die Kleine schwarze Gewehrkammer, worinnen allerhand Gewehre: an Beidenfäustern, Schlacht- und Reitschwertern, Rapieren, Dolchen, Pistolen, Pulverflaschen, Reitmützen und Hüten, Schefflinen und Knebelspießen zu befinden. Revidiert im Monat September anno 1716.

(141) Inventarium über die Schwarze Gewehrkammer, worinnen allerhand Gewehre: an Beidenfäustern, Schlacht- und Reitschwertern, Rapieren, Dolchen, Degen und Klingen, Pistolen und Pulverflaschen, Schefflinen und Knebelspießen, auch anderem mehr, nebst den Gärtnerei-Instrumenten zu finden. Gefertigt im Monat September 1783.

(142) Inventarium über die Schwarze Gewehrkammer, worinnen allerhand Gewehre: an Beidenfäustern, Schlacht- und Reitschwertern, Rapieren, Dolchen, Degen und Klingen, Pistolen und Pulverflaschen, Schefflinen und Knebelspießen, auch anderen Sachen, nebst den Gärtnerei-Gerätschaften befindlich. Revidiert im Mai und Juni 1821.

(146) Inventarium über die Spießpagenkammer, worinnen altdeutsche Hüte oder Hauben, Pistolen, Pulverflaschen mit Spannern, Schwerter, Beidenfäuster, Cordelasse, Rapiere, Dolche, Banddegen und Gehänge, Sporen, Partisanen und andere Sachen befindlich. Revidiert im Mai 1821.

(152) Inventarium über die Jägerkammer. Revidiert und beschriebenermaßen richtig befunden mense Septembri anno 1677. (1668, 1677)

(154) Inventarium über die Jägerkammer, worinnen allerhand Vorrat von den zur Jägerei gehörigen Sachen, so von den . . . Kurfürsten zu Sachsen ehemals . . . selbst gebraucht worden, ingleichen Gärtnerei-Geräte und unterschiedene andere Pretiosa vorhanden. Revidiert und beschrieben mense Martio 1717.

(155) Inventarium über die Jägerkammer, worinnen die zur Jägerei gehörigen Gewehre, Degen, Weidmesser, Jagdhörner, auch Hirschfänger und silberne Kürasse nebst anderen Sachen zu finden. Gefertigt im Monat Juni 1784.

(156) Inventarium über die Jägerkammer, worinnen sich verschiedene zur Jagd gehörige Gewehre, Degen, Weidmesser, Jagdhörner und Hirschfänger, auch silberne Kürasse nebst anderen Sachen befinden. Revidiert im August 1821.

(161) Inventar der Büchsenkammer
Enthält: Neue Büchsenkammer, darinnen des jetzigen Kurfürsten, Herzog Johann Georgs zu Sachsen, Rohre und andere Sachen zu finden. – Andere Büchsenkammer. – Büchsenstube. (1617–1638)

(170) Inventarium über des . . . Königs in Polen und Kurfürsten zu Sachsen, . . . Herrn Friedrich Augusti . . . Gewehre und Jägerei-Sachen, so in der vormaligen, auf dem Residenzschlosse zu Neu-Dresden gewesenen, nunmehr aber im Jägerhause zu Alt-Dresden befindlichen Büchsenkammer vorhanden. (1730–1763)

(171) Inventarium über des . . . Königs in Polen und Kurfürsten zu Sachsen, . . . Herrn

Friedrich Augusti . . . Gewehre und Jägerei-Sachen, wie solches alles anno 1730 befunden, in gehörige Ordnung gebracht und aufgezeichnet worden. (1730)

(179) Inventarium über das königl. Leibgewehr auf der Stallgalerie zu Dresden. 1740
Inventarium über das königliche Leibgewehr auf der Stallgalerie zu Dresden. 1748

(181) Inventarium über das königl. Leibgewehr
(182) auf der Stallgalerie zu Dresden.
Bd. 2: Flinten und Pistolen. (1748)

(186) Inventarium über das königliche Leibgewehr auf der Stallgalerie zu Dresden. 1754
Bd. 1: Büchsen. Dabei auch die preziösen Jägerzeuge und Zubehör nebst Berghäuser-Gerätschaft.

(190) Inventarium über das kurfürstliche Leibgewehr auf der Stallgalerie zu Dresden.
Bd. 1: Büchsen. (1799)

(215) Inventarium über die Armatur- und Pistolenkammer, worinnen diejenigen Standarten, Fahnen, Spontons, Kurzgewehre, Degen, Säbel, Pallasche, Bajonette und Klingen, Ringkragen, Feld- und Armbinden, Banderolen und anderen Sachen, welche Se. königl. Maj. in Polen und kurfüstl. Durchl. zu Sachsen . . . bei dem anno 1730 gehaltenen Campement zur Probe machen und nachher den 16. April 1731 in Verwahrung geben lassen; ferner allerhand Pistolen, Puffer und Pulverflaschen sich befinden. Gefertigt im Monat Octobri 1783.

(244) Inventarium über die Türkische Kammer. Anno 1674, mense Julio.

(245) Inventarium über die Türkenkammer, worinnen allerhand Gewehre: als Rundtartschen, Hauben, Schlacht- und Richtschwerter, türkische und tartarische Säbel, Pusikane, türkische Köcher, Bogen und Pfeile, ingleichen türkische Copien, tartarische Standarten und ein geschmücktes Roß zu befinden. Revidiert mense Maio et Augusto . . . anno 1683.

(246) Inventarium über die Türkenkammer, worinnen allerhand Gewehre: als Rundtartschen, Hauben, Schlachtschwerter, türkische und tartarische Säbel, Pusikane, türkische Köcher, Bogen und Pfeile, ingleichen türkische Copien, tartarische Standarten wie auch türkische Rohre und Messer zu befinden. Im Monat September anno 1716 gefertigt.

(247) Inventarium über die Türkenkammer, worinnen allerhand Rundtartschen, Hauben, türkische und tartarische Bogen, Köcher und Pfeile, Säbel, Pusikane, Messer, Rohre, auch Schlachtschwerter nebst anderen Sachen zu finden. Gefertigt im Monat Oktober 1783.

(248) Inventarium über die Türkenkammer, worinnen verschiedene Schilde, Tartschen, Fahnen, türkische und tartarische Bogen, Köcher und Pfeile, Säbel, Pusikane, Messer, Rohre, auch Schlachtschwerter und andere Sachen sich befinden. Revidiert im Juli 1821.

(249) Inventarium über die Indianische Kammer, worinnen allerhand Naturalia, teils an aufgesetzten Tieren, Vögeln, Seefischen, Muscheln; auch indianische, japanische und andere Gewehre, wie hernach beschrieben, zu befinden und ist . . . von neuem den 28. Aprilis bis 3. Maii aufgerichtet . . ., den 9., 10. und 11. Junii 1684 de novo revidiert und richtig befunden worden.

(250) Inventarium über die Indianische Kammer, worinnen allerhand Naturalia, teils an aufgesetzten Tieren, Vögeln, Seefischen, Muscheln; auch indianische, japanische und andere Gewehre, wie hernach beschrieben, zu finden. . . . im Monat November anno 1716 neu beschrieben worden.

(251) Inventarium über die Indianische und Alte Schlittenkammer, worinnen sich verschiedene indianische und japanische Gewehre, Dolche, Spieße, Pfeile, Bogen, auch lappländische Sachen sowie einige Schlittenzeuge, Maultier- und Pferdedecken etc. befinden. Revidiert im Juni und Juli 1821.

LITERATUR

Abkürzungen:

ZHWK – Zeitschrift für Historische Waffenkunde. Organ des Vereins für historische Waffenkunde. Dresden 1897–1922. Neue Folge: Zeitschrift für Historische Waffen- und Kostümkunde. Berlin 1923–1944

WKK – Waffen- und Kostümkunde. Zeitschrift der Gesellschaft für historische Waffen- und Kostümkunde. München, Berlin 1959 ff.

Abeler, Jürgen: Meister der Uhrmacherkunst. Wuppertal 1977

Babinger, Maximilian: Alt-Augsburger Kompassmacher. Augsburg 1966

Bartsch, Adam: Le Peintre-Graveur. Bd. VIII. Leipzig 1866

Bassermann-Jordan, Ernst: Die Geschichte der Räderuhr unter besonderer Berücksichtigung der Uhren des Bayerischen Nationalmuseums. Frankfurt/Main 1905

Beiträge zur Geschichte der Handfeuerwaffen. Festschrift zum achtzigsten Geburtstag von Moritz Thierbach, hrsg. von Karl Koetschau. Dresden 1905

Berliner, Rudolf, und Egger, Gerhart: Ornamentale Vorlageblätter des 15.–19. Jh. 2. Aufl. Bd. 1–3. München 1981

Bernt, Walther: Altes Werkzeug. München 1939

Blackmore, Howard L.: Hunting Weapons. London 1964

Blair, Claude: European and American Arms ca. 1100–1850. London 1962

Blair, Claude: Further Notes on the Origins of the Wheellock. In: Arms and Armor Annual, Chicago, I (1973), S. 29–47

Blair, Claude: Pistols of the World. London 1968

Boccia, Lionello G., und Coelho, Eduardo T.: Armi Bianche Italiane. Milano 1975

Boccia, Lionello G.: Il Museo Stibbert a Firenze. Bd. 1–2. Milano 1975

Boeheim, Wendelin: Handbuch der Waffenkunde. Leipzig 1890

Boehn, Max v.: Das Beiwerk der Mode. München 1928

Bosson, Clément: Armes combinées jouets princiers. In: Musées de Genève, 10 (1969) No. 95, S. 11–13

Burckhardt, Jacob: Die Kultur der Renaissance in Italien. 2. Aufl. Wien o. J.

Daenhardt, Rainer: Lefaucheux-Curiosa. In: Deutsches Waffenjournal, Schwäbisch Hall, (1971) 12, S. 1130–1133

Das Wiener Bürgerliche Zeughaus. Rüstungen und Waffen aus fünf Jahrhunderten. Sonderausstellung im Schloß Schallaburg bei Melk. Wien 1977 (Katalog)

Der Weidmann. Blätter für Jäger und Jagdfreunde. Dresden. Bd. 26 (1894)

Deutsche Spielmannserzählungen des Mittelalters. Leipzig 1982

Deutsches Jagdmuseum München, Katalog 1977. München 1977

Die Türken vor Wien. Europa und die Entscheidung an der Donau 1683. Wien 1983 (Katalog)

Diener von Schönberg, Alfons: Geschichte der Gewehrfabrik zu Olbernhau in Sachsen. In: Beiträge zur Geschichte der Handfeuerwaffen (Festschrift Thierbach), Dresden 1905, S. 155 bis 195

Diezel, Carl Emil: Erfahrungen auf dem Gebiet der Niederwildjagd. Offenbach 1849

Dike, Catherine: Les Cannes à Système. Paris, Genf 1982

Dite, Tibor: Stockflinten und Stockbüchsen. In: Deutsches Waffenjournal, Schwäbisch Hall, (1975) 12, S. 1382–1384

Dreier, Franz Adrian: Winkelmeßinstrumente vom 16. bis zum frühen 19. Jahrhundert. In: Staatliche Museen Preußischer Kulturbesitz Berlin (West), Katalog der Ausstellung 9. 11. 1979–23. 2. 1980, Berlin 1979, S. 114

Durdik, Jan, Mudra, Miroslav, und Šáda, Miroslav: Alte Handfeuerwaffen. 3. Aufl. Prag 1982

Eckardt, Werner, und Morawietz, Otto: Die Handwaffen des brandenburgisch-preußisch-deutschen Heeres 1640–1945. 2. Aufl. Hamburg 1973

Ehrenthal, Max v.: Führer durch die Königliche Gewehrgalerie zu Dresden. Dresden 1900

Ehrenthal, Max v.: Führer durch das Königliche Historische Museum in Dresden. 3. Aufl. Dresden 1899

Engelmann, Max: Die Wegmesser des Kurfürsten August von Sachsen. In: Mitteilungen aus den Sächsischen Kunstsammlungen Dresden, VI (1915), S. 11–43

Erbstein, Albert: Beschreibung des Königlichen Historischen Museums und der Königlichen Gewehrgalerie zu Dresden. Dresden 1889

Feldhaus, Franz M.: Leonardo da Vinci – der Techniker und Erfinder. Jena 1913

Fleming, Hanns Friedrich v.: Der vollkommene teutsche Jäger. Leipzig 1719

Forrer, Rudolf: Die ältesten gotischen ein- und mehrläufigen Faustrohrstreitkolben. In: ZHWK IV (1906–1908), S. 55–61

Forrer, Rudolf: Die frühgotischen Dolchstreitkolben. In: ZHWK V (1909–1911), S. 79–83

Forrer, Rudolf: Über kombinierte Waffen. In: ZHWK V (1909–1911), S. 97–104

Forrer, Rudolf: Die Waffensammlung Zschille in Großenhain (Sachsen). Berlin 1894

Frost, H. Gordon: Blades and Barrels, six Centuries of Combination Weapons. El Paso, Texas 1972

Führer durch das Historische Museum. Dresden 1959

Gamber, Ortwin, und Beaufort-Spontin, Christian: Curiositäten und Inventionen aus Kunst- und Rüstkammer. Kunsthistorisches Museum Wien, Sonderausstellung in der Neuen Burg, Katalog. Wien 1978

Gehring, Rudolph: Renaissance-Ornamentik. Kaiserslautern 1895–1898

Glage, Wolfgang: Das Kunsthandwerk der Büchsenmacher im Land Braunschweig. Braunschweig 1983 (= Veröffentlichungen des Braunschweigischen Landesmuseums; 36)

Glage, Wolfgang. In: Stadt im Wandel, Kunst und Kultur des Bürgertums in Norddeutschland 1150–1650, Stuttgart 1985, Bd. 2, S. 757–758, Kat.-Nr. 668

Grancsay, Stephen V.: A Wheellock Dagger for the Court of the Medici. In: Arms and Armor Annual, Chicago, 1 (1973), S. 48–55

Gurlitt, Cornelius: Das Barock- und Rokokoornament Deutschlands. Berlin 1885

Haenel, Erich: Kostbare Waffen aus der Dresdener Rüstkammer. Leipzig 1923

Haenel, Erich: Zur ältesten Geschichte der Dresdener Rüstkammer. In: ZHWK 8 (1918 bis 1920), S. 128–151

Harmuth, E.: Die Armbrust. Graz 1975

Hayward, John F.: Augsburg Swords. In: WKK 22 (1980) 1, S. 3–14

Hayward, John F.: Die Kunst der alten Büchsenmacher. Bd. 1–2. Hamburg, Berlin 1968–1969

Heer, Eugène: Der Neue Støckel. Bd. 1–3. Schwäbisch Hall 1978–1979

Hedicke, Robert: Cornelis Floris und die Florisdekoration. Berlin 1913

Hergesell, G.: Die Fechtkunst. Wien, Pest, Leipzig 1881

Hiltl, Georg: Waffen-Sammlung Sr. Königlichen Hoheit des Prinzen Carl von Preussen. Mittelalterliche Abteilung. Berlin 1876

Historisches Museum. 2. Aufl. Dresden 1981

Hobusch, Erich: Das große Halali. Leipzig 1978

Hoff, Arne: Feuerwaffen. Bd. I–II. Braunschweig 1969

Hoopes, Thomas T.: Drei Beiträge zum Radschloß. In: ZHWK, N. F. 4 (1932–1934), S. 224–229

Ineichen, Peter: Auktionshaus Peter Ineichen Zürich, Kataloge der Auktionen XXVI (9.5.1978) und 62 (25./26.10.1985)

Jahn, Johannes: Deutsche Renaissance. Leipzig 1969
Jähns, Max: Die Entwicklungsgeschichte der alten Trutzwaffen. Berlin 1899
Jähns, Max: Geschichte der Kriegswissenschaften, vornehmlich in Deutschland. Bd. 1–2. München, Leipzig 1889–1890
Jessen, Peter: Der Ornamentstich. Berlin 1920

Kalmár, János: Régi magyar fegyverek. Budapest 1971
Klingenburg, Karl-Heinz: Gestaltung in der Renaissance. Berlin 1970
Koetschau, Karl: Ein Axthammer mit Schießvorrichtung. In: Beiträge zur Geschichte der Handfeuerwaffen (Festschrift Thierbach), Dresden 1905, S.116–123
Köhne, Bernhard: Des Kardinals Ascanio Maria Sforza Feldherrnstab, in der Waffenhalle Sr. Königl. Hoheit des Prinzen Karl von Preussen. Berlin 1845
Kroener, Dietmar: Pistolen aus vier Jahrhunderten. Museum Burg Kriebstein, Sonderausstellung 1979 (Katalog)

Lenk, Torsten: Steinschloß-Feuerwaffen. Bd. 1–2. Hamburg, Berlin 1973
Lenz, Eduard v.: Mitteilungen aus der Renaissance-Abteilung der Kaiserlichen Ermitage zu St. Petersburg. In: ZHWK 2 (1900–1902), S.314–316, 351–355
Lichtwark, Alfred: Die Kleinmeister als Ornamentisten. Berlin o.J.
Lieber, Elfriede: Frühe Eisenschnittdegen. In: Jahrbuch der Staatlichen Kunstsammlungen Dresden, 11 (1978/79), S.117–158
Lugs, Jaroslav: Handfeuerwaffen. Bd. 1–2. 4. Aufl. Berlin 1973

Meier, Jörg A., In: Auktionshaus Peter Ineichen Zürich, Katalog der 62. Auktion (25./26.10.1985), Teil 1, S.88, Nr.813
Menzhausen, Joachim: Dresdener Kunstkammer und Grünes Gewölbe. Leipzig 1977
Müller, Heinrich: Gewehre, Pistolen, Revolver. Leipzig 1979
Müller, Heinrich, und Kölling, Hartmut: Europäische Hieb- und Stichwaffen aus der Sammlung des Museums für Deutsche Geschichte. Berlin 1981

Nickel, Helmut, Pyhr, Stuart, und Tarassuk, Leonid: The Art of Chivalry (European Arms and Armor from the Metropolitan Museum of Art). New York 1982 (Katalog)
Nickel, Helmut: Ullstein Waffenbuch. Berlin, Frankfurt/M., Wien 1974
Nickel, Helmut: Unter den gekreuzten Schwertern – Bemerkungen zu den Blankwaffen der kursächsischen Schweizergarde zu Dresden, 1656 bis 1814. In: Stüber, Karl, und Wetter, Hans, Blankwaffen, Festschrift Hugo Schneider zu seinem 65. Geburtstag, Stäfa (Zürich) 1982, S.169–190
Nollain, Friedrich: Die Königliche Gewehrgalerie in Dresden. Dresden 1835

Ossbahr, C.A.: Das Fürstliche Zeughaus in Schwarzburg. Rudolstadt 1895

Pauli, Gustav: Hans Sebald Beham. Straßburg 1901
Peterson, Harold L.: Alte Feuerwaffen. München 1966
Pope, Dudley: Feuerwaffen, Entwicklung und Geschichte. Bern, München, Wien 1965
Potier, O.: Zwei merkwürdige Handfeuerwaffen. In: ZHWK 2 (1900–1902), S.171–173

Quaas, Gerhard: Kombinationswaffen, in: Visier, Berlin, (1979) 6, S.20–21
Quandt, Johann Gottlieb v.: Andeutungen für Beschauer des Historischen Museums. Dresden 1834

Rahnfeld, Friedrich August: Notizen für den Beschauer des Königlichen Historischen Museums im Zwingergebäude zu Dresden. Dresden 1834
Ricketts, Howard: Feuerwaffen. London, Stuttgart o.J.
Rose, Walter: Die Bedeutung des gotischen Streitkolbens als Waffe und als Würdezeichen. In: ZHWK 2 (1900–1902), S.359–366
Russische Prunkwaffen und Rüstungen. Leningrad 1982

Schaal, Dieter: Katalog Dresdener Büchsenmacher 16.–18.Jh. Dresden 1975
Schalkhaußer, Erwin: Die Handfeuerwaffen des Bayerischen Nationalmuseums. In: WKK 9 (1967) 1, S.1–3
Schalkhaußer, Erwin: Peter Peck, ein Münchener Büchsenmacher des 16.Jh. In: WKK 16 (1974) 1, S.21–40
Schedelmann, Hans: Die großen Büchsenmacher. München 1972
Schlosser, Julius v.: Die Kunst- und Wunderkammern der Spätrenaissance. Leipzig 1908
Schöbel, Johannes: Jagdwaffen und Jagdgerät des Historischen Museums zu Dresden. Berlin 1976
Schöbel, Johannes: Prunkwaffen. Leipzig 1973
Schwietering, J.: Menschenfänger und Fangeisen. In: ZHWK 7 (1915–1917), S.141–143
Seidlitz, Woldemar v.: Die Kunst in Dresden vom Mittelalter bis zur Neuzeit. Bd. 1. Dresden 1921
Seifert, Gerhard: Einführung in die Blankwaffenkunde. Haiger 1982
Seifert, Gerhard: Fachwörter der Blankwaffenkunde. Haiger 1981
Seifert, Gerhard: Der Hirschfänger. Schwäbisch Hall 1973
Seiler, Harald: Klingenätzungen des Ambrosius Gemlich. In: ZHWK, N.F. 7 (1940), S.11–19
Seitz, Heribert: Blankwaffen. Bd. I–II. Braunschweig 1965
Speltz, Alexander: Das Ornament der Renaissance, das Barock und Rococo, des Louis XVI. – und Empirestiles, sowie des klassizierenden Englischen Stiles. Berlin o.J.
Spooner, Boland: The Unwin and Rodgers and other Knife-Pistols. In: The Journal of the Arms and Armour Society, London, V (1967) 9, S.361–367
Stadt im Wandel. Kunst und Kultur des Bürgertums in Norddeutschland 1150–1650. Landesausstellung Niedersachsen 1985. Stuttgart, Bad Cannstadt 1985 (Katalog)
Steguweit, Wolfgang: Geschichte der Münzstätte Gotha vom 12. bis zum 19. Jahrhundert. Weimar 1987
Stone, George Cameron: A Glossery of the Construction, Decoration and Use of Arms and Armor in all Countries and all Times. New York 1961

Tarassuk, Leonid: Antique European and American Firearms at the Hermitage Museum. Leningrad 1972
Terenzi, Marcello: Gunner's Daggers, in: Arms and Armor Annual, Chicago, I (1972), S.171 bis 179
The Armouries, Tower of London. London 1910
The Splendor of Dresden. Five Centuries of Art Collecting. An Exhibition from the State Art Collections of Dresden, German Democratic Republic. New York 1978 (Katalog)
Thiel, Erika: Geschichte des Kostüms. Berlin 1980
Thierbach, Moritz: Die geschichtliche Entwicklung der Handfeuerwaffen, bearbeitet nach den in den deutschen Sammlungen noch vorhandenen Originalen. Bd. I–II. Dresden 1886–1887 (Reprint Graz 1965)
Thierbach, Moritz: Über die Entwicklung des Bajonetts. In: ZHWK 2 (1900–1902), S.423–432
Thomas, Bruno: Gesammelte Schriften zur Waffenkunde I und II. Graz 1972

Uffenbach, Zachar. Conrad v.: Zachar. Conrad v. Uffenbach's merkwürdige Reisen durch Niedersachsen, Holland und England (hrsg. v. I.W. Schellhorn). Bd. 1–3. Frankfurt, Leipzig 1753–1754
Uhlemann, Heinz R.: Kostbare Blankwaffen aus dem Deutschen Klingenmuseum Solingen. Düsseldorf 1968.

Verzeichnis der Inventare der Staatlichen Kunstsammlungen Dresden 1568–1945. Bearbeitet von Elfriede Lieber. Dresden 1971

Waffen und Uniformen in der Geschichte. Katalog des Museums für Deutsche Geschichte. Berlin 1957
Waffensammlung v. Schwerzenbach, Bregenz. Galerie Fischer, Zunfthaus zur Meise (Auktionskatalog). Zürich 1935
Wagner, Eduard: Hieb- und Stichwaffen. Prag 1966
Wallace Collection Catalogues. European Arms and Armour, Vol. I–II. London 1962
Welt im Umbruch. Augsburg zwischen Renaissance und Barock. Augsburg 1980 (Katalog)
Willers, Johann Karl Wilhelm: Die Nürnberger Handfeuerwaffe bis zur Mitte des 16. Jahrhunderts. Erlangen, Phil. Diss. (Schriftenreihe des Stadtarchivs Nürnberg; 11/1973)
Winant, Lewis: Firearms Curiosa. New York 1961
Wotte, Herbert: Jagd im Zwielicht. Berlin 1983
Wunderlich, Herbert: Kursächsische Feldmeßkunst, artilleristische Richtverfahren und Ballistik im 16. u. 17.Jh. Berlin 1977

Zinner, Ernst: Deutsche und niederländische astronomische Instrumente des 11.–18. Jahrhunderts. Bd. I–II. München 1967

REGISTER

BILDQUELLENVERZEICHNIS

Nachfolgende Aufnahmen verdanken wir folgenden Institutionen und Privatpersonen:
Kunstsammlungen Ambras Kat. Nr. 17
Braunschweigisches Landesmuseum Kat. Nr. 18
Veste Coburg Kat. Nr. 13, 93
Chuk Grimes, Denver (Col.) Kat. Nr. 56, 88, 89
Staatliche Kunstsammlungen Dresden Abb. 136, 137
Keresztény Múzeum Esztergom Kat. Nr. 55
Museo Nazionale del Bargello Florenz Kat. Nr. 23, 136, 137, 154
Catherine Dike, Genf Kat. Nr. 95, 105
Glasgow Museums & Art Galleries Kat. Nr. 74, 187
W. Keith Neal, Guernsey Kat. Nr. 54
Nationalmuseet Kopenhagen Kat. Nr. 151
Tojhusmuseet Kopenhagen Kat. Nr. 135, 152
Staatliche Ermitage Leningrad Kat. Nr. 24, 30, 37, 115
The Tower of London Kat. Nr. 11, 16, 19, 36, 44, 45, 46, 63, 121, 158, 192
The Wallace Collection London Kat. Nr. 10, 68, 129, 150, 156, 193, 195
Bayerische Staatsbibliothek München Textabb. 1
Bayerisches Nationalmuseum München Kat. Nr. 119, 180, 185, 203
Biblioteca Ambrosiana Milano Textabb. 2
Deutsches Jagd- und Fischereimuseum München Kat. Nr. 47
The Metropolitan Museum of Art, New York Kat. Nr. 20, 25, 27, 28, 39, 48, 49, 50, 51, 113, 114, 116, 117, 120, 155, 191
Germanisches Nationalmuseum Nürnberg Kat. Nr. 159, 160
Musée de l'Armée Paris Kat. Nr. 69
Museo Correr Venedig Kat. Nr. 202
Palazzo Ducale Venedig Kat. Nr. 3, 118
Kunsthistorisches Museum Wien Kat. Nr. 33, 34, 70, 112
Auktionshaus Peter Ineichen Zürich Kat. Nr. 38
Schweizerisches Landesmuseum Zürich Kat. Nr. 1